Technische Standardsetzung und das Europäische Kartellverbot

AF828365

Europäische Hochschulschriften

European University Studies

Publications Universitaires Européennes

Reihe II **Rechtswissenschaft**

Series II Law

Série II Droit

Band/Volume **5924**

Johanna Keisenberg

Technische Standardsetzung und das Europäische Kartellverbot

Ein Beitrag zur Anwendbarkeit von Art. 101 AEUV auf Vereinbarungen über Normen unter besonderer Berücksichtigung der Horizontalleitlinien der Europäischen Kommission

PL ACADEMIC RESEARCH

Bibliografische Information der Deutschen Nationalbibliothek
Die Deutsche Nationalbibliothek verzeichnet diese Publikation in der Deutschen Nationalbibliografie; detaillierte bibliografische Daten sind im Internet über http://dnb.d-nb.de abrufbar.

Zugl.: Braunschweig, Techn. Univ., Diss., 2016

D 84
ISSN 0531-7312
ISBN 978-3-631-72347-0 (Print)
E-ISBN 978-3-631-72348-7 (E-PDF)
E-ISBN 978-3-631-72349-4 (EPUB)
E-ISBN 978-3-631-72350-0 (MOBI)
DOI 10.3726/b11151

© Peter Lang GmbH
Internationaler Verlag der Wissenschaften
Frankfurt am Main 2017
Alle Rechte vorbehalten.
PL Academic Research ist ein Imprint der Peter Lang GmbH.
Peter Lang – Frankfurt am Main · Bern · Bruxelles · New York · Oxford · Warszawa · Wien

Das Werk einschließlich aller seiner Teile ist urheberrechtlich geschützt.
Jede Verwertung außerhalb der engen Grenzen des Urheberrechtsgesetzes ist ohne Zustimmung des Verlages unzulässig und strafbar.
Das gilt insbesondere für Vervielfältigungen, Übersetzungen, Mikroverfilmungen und die Einspeicherung und Verarbeitung in elektronischen Systemen.

Diese Publikation wurde begutachtet.

www.peterlang.com

Vorwort

Die vorliegende Arbeit ist im Frühjahr 2016 fertiggestellt und von der Carl-Friedrich-Gauß-Fakultät der Technischen Universität Carolo-Wilhelmina zu Braunschweig angenommen worden. Zur Drucklegung sind Gesetzesstand, Rechtsprechung und Literatur bis Frühjahr 2016 berücksichtigt worden.

An dieser Stelle möchte ich aufrichtigen Dank sagen. Zunächst Herrn Professor Dr. Brandt. Er hat es mir durch die Übernahme der Betreuung, die Anregungen und Denkanstöße überhaupt ermöglicht, die Arbeit fertig zu stellen. Weiterhin gilt mein Dank Herrn Professor Dr. Smeddinck für die hilfsbereite Übernahme und zügige Erstellung des Zweitgutachtens.

Bedanken möchte ich mich weiterhin bei dem vormaligen Lehrstuhlinhaber des Lehrstuhls für Bürgerliches Recht und Unternehmensrecht an der TU Braunschweig Dr. Klees, der mir den Anstoß für die vorliegende Arbeit gegeben und während meiner Tätigkeit als wissenschaftliche Mitarbeiterin die Möglichkeit gemeinsamer Publikationen eröffnet hat.

Außerdem danke ich ganz herzlich den Mitarbeitern des Lehrstuhls, Sebastian Hanke und Rita Andall, für die stetige Motivation und Unterstützung während der gesamten Zeit der Erstellung der Doktorarbeit sowie für die fundierte Mitwirkung bei der Manuskriptkorrektur. Dieser Dank gilt ebenso weiteren Freunden, die nicht alle Erwähnung finden können. Mein Dank ist ihnen jedoch ebenfalls gewiss.

Weiterhin möchte ich mich bei Christian und meinen Eltern, Elisabeth und Theodor Keisenberg, bedanken. Ihr Zuspruch war und ist mein Antrieb. Ihnen ist diese Arbeit gewidmet.

Braunschweig, im Februar 2017 Johanna Keisenberg

.... XVII

Abkürzungen XXXIX

Abbildungen XLV

Einleitung 1

Kapitel 1: Grundlagen 9

A. Begriff der technischen Norm bzw. des technischen Standards 9

I. Definition 9

1. Definition der Verordnung 1025/2012 des Europäischen Parlaments und des Rates vom 25.10.2012 9
2. Definitionen der anerkannten Normungsorganisationen 10
3. Auswahl einer Definition für diese Untersuchung 12
4. Keine Differenzierung zwischen „Norm“ und „Standard“ 14

II. Abgrenzung zu vom Gesetzgeber festgesetzten Vorschriften 15

III. Abgrenzung zu innerbetrieblichen Normen 15

IV. Abgrenzung zu de-facto-Standards 16

V. Keine Abgrenzung zu sonstiger Konsortialnormung 17

VI. Keine Abgrenzung nach dem Regelungsgehalt des technischen Standards 17

VII. Zusammenfassung 18

B. Auswirkungen von technischer Standardisierung auf den Wettbewerb, die Marktteilnehmer und Verbraucher 19

I. Wettbewerbsfördernde Aspekte und positive Auswirkungen auf Marktteilnehmer und Verbraucher 20

1. Kompatibilität 20
2. Austauschbarkeit 22
3. Vergleichbarkeit und Erhöhung der Markttransparenz 22
4. Rationalisierung und Kostenersparnis 23

5. Förderung des Fortschritts und der Innovation ....
6. Ordnungsfunktion ....
7. Qualitätssicherung..................
II. Netzwerkeffekte 27
III. Wettbewerbsbeschränkende Aspekte 30
1. Reduzierung der Angebotsvielfalt 30
2. Reduzierung von Innovationen 32
3. Lock-in-Effekt 33
4. Erhöhung der Marktzutrittsschranken 35
IV. Zusammenfassung und Bewertung 36

C. Der Standardisierungsprozess – Erarbeitung einer technischen Norm........ 37
I. Standardisierung durch das Deutsche Institut für Normung e.V. (DIN) 39
1. Organisationsstruktur 40
2. Normungsverfahren 41
3. Mitgliedschaft 43
II. Standardisierung durch das Comité Européen de Normalisation (CEN) 44
1. Organisationsstruktur 45
2. Normungsverfahren 46
3. Mitgliedschaft 50
III. Standardisierung durch das European Telecommunications Standards Institute (ETSI) 52
1. Organisationsstruktur 53
2. Normungsverfahren 54
3. Mitgliedschaft 56
IV. Standardisierung durch die International Organization for Standardization (ISO) 58
1. Organisationsstruktur 59
2. Normungsverfahren 60
3. Mitgliedschaft 64
V. Standardisierung durch das World Wide Web Consortium (W3C) 65
1. Organisationsstruktur 66

2. Verfahren 68
3. Mitgliedschaft 70
VI. Standardisierung durch die Trusted Computing Group (TCG) 71
1. Organisationsstruktur 72
2. Mitgliedschaft 73
VII. Zusammenarbeit zwischen nationalen, europäischen und internationalen Normungsorganisationen 74
VIII. Zusammenfassung und Bewertung 77

Kapitel 2: Kartellrechtliche Grenzen technischer Standardisierung durch Art. 101 AEUV 81

A. Der Tatbestand des Art. 101 Abs. 1 AEUV 81
I. Anwendungsbereich 81
1. Sachlicher Anwendungsbereich 82
2. Persönlicher Anwendungsbereich 82
a) Mitgliederstruktur der Standardisierungsorganisationen 82
b) Wirtschaftliche Tätigkeit 85
aa) Fall: Selex 86
bb) Fall: Fra.bo 86
cc) Bewertung 87
3. Räumlicher Anwendungsbereich 89
4. Zusammenfassung 91
II. Verbotene Formen wettbewerbsbeschränkenden Zusammenwirkens 92
1. Vereinbarungen zwischen Unternehmen, Beschlüsse von Unternehmensvereinigungen und aufeinander abgestimmte Verhaltensweisen 93
a) Vereinbarungen zwischen Unternehmen 93
b) Beschlüsse von Unternehmensvereinigungen 96
c) Aufeinander abgestimmte Verhaltensweisen 97
2. Die Stadien des Normungsprozesses als Formen wettbewerbsbeschränkenden Zusammenwirkens 99
a) Festlegung von Standardisierungszielen und -verfahren 99
b) Erarbeitung von Standards 101

c) Verabschiedung des endgültigen Standards ... 103
d) Veröffentlichung der Norm ... 104
3. Zusammenfassung ... 108
III. Verhinderung, Verfälschung oder Einschränkung des Wettbewerbs ... 110
1. Relevanter Markt ... 110
a) Produkt- und Dienstleistungsmärkte ... 112
b) Technologiemärkte ... 115
c) Markt für die Festsetzung von Normen und Markt für die Prüfung und Zertifizierung ... 116
2. Wettbewerbsbeschränkung ... 117
a) Auswirkungen auf die Handlungsfreiheit beteiligter Unternehmen oder auf die Wahl- und Betätigungsmöglichkeit von Verbrauchern und unbeteiligten Dritten ... 119
b) Rule of Reason ... 120
aa) Verschiedene Auffassungen in Literatur, Kommissionspraxis und Rechtsprechung der europäischen Gerichte ... 122
aaa) Streitstand in der Literatur ... 122
bbb) Auffassung der Rechtsprechung ... 123
ccc) Auffassung der Kommission ... 124
ddd) Zusammenfassung und Stellungnahme ... 125
bb) Auswirkungen auf die Bewertung technischer Standardisierung ... 126
aaa) Exkurs: Leitlinien der Europäischen Kommission ... 126
(1) Rechtsnatur ... 127
(a) Bindungswirkung für die Mitgliedstaaten ... 127
(b) Selbstbindung der Europäischen Kommission ... 130
(c) Bedeutung für die Bewertung von Standardisierungskooperationen ... 132
(2) Verhältnis der Leitlinien zueinander ... 132
(3) Zusammenfassung ... 133
bbb) Normenvereinbarungen, die nach Auffassung der Kommission keine Wettbewerbsbeschränkung darstellen ... 134

(1) Horizontalleitlinien 2001 ... 134
(2) Horizontalleitlinien 2011 ... 136
ccc) Stellungnahme ... 141
c) Bezweckte oder bewirkte Wettbewerbsbeschränkung ... 147
d) Spürbarkeit der Wettbewerbsbeschränkung ... 149
3. Zwischenstaatlichkeit ... 150
4. Zusammenfassung und Bewertung ... 152

B. Freistellung nach Art. 101 Abs. 3 AEUV ... 156
I. Die gesetzlichen Freistellungsvoraussetzungen ... 157
1. Beitrag zur Verbesserung der Warenerzeugung oder -verteilung oder zur Förderung des technischen oder wirtschaftlichen Fortschritts ... 158
2. Angemessene Beteiligung der Verbraucher am Gewinn ... 160
3. Unerlässlichkeit ... 161
4. Keine Ausschaltung des Wettbewerbs ... 163
5. Zusammenfassung ... 164
II. Entwicklungspfade eines Normungsprozesses – Konkrete Voraussetzungen für die Freistellung von Vereinbarungen über Normen ... 165
1. Teilnahmemöglichkeit der interessierten Kreise ... 169
a) Grundprinzip ... 170
b) Kleine und mittelständische Unternehmen ... 174
aa) Umsetzungsdefizite ... 174
bb) Mitgliedermodelle ... 175
cc) Maßnahmen zur Unterstützung von KMU ... 176
aaa) Kostenreduzierung ... 176
bbb) Bedarf nach Stärkung der Interessenvertretung von KMU ... 177
(1) Fall: CEN TC 89 ... 177
(2) Fall: Allied Tube v. Indian Head ... 178
(3) Schutz der KMU durch Abstimmungsregeln ... 179
(4) Verbesserte Information ... 180

ccc) Weiterer Lösungsansatz: Finanzielle Unterstützung und Stärkung der Interessenvertretung auf nationaler Ebene 182
c) Verbraucher ... 182
aa) Bedarf an separater Vertretung von Verbraucherinteressen ... 183
aaa) Der Verbraucherrat des DIN ... 184
bbb) Die European Association for the Co-ordination of Consumer Representation in Standardisation (ANEC) ... 184
bb) Umsetzungsdefizite ... 185
cc) Lösungsansätze ... 186
d) Beschränkung des Teilnehmerkreises ... 187
aa) Notwendigkeit der Beschränkung bei „kleinen" Standardisierungsorganisationen ... 189
bb) Fall: X/Open Group ... 190
cc) Fall: Schiffsklassifikation ... 193
e) „Ausgleich" für Beschränkungen ... 195
aa) Zügige Offenlegung der Arbeitsergebnisse nach Abschluss des Normungsverfahrens ... 195
bb) Transparenz des Normungsverfahrens ... 196
cc) Verfahren zur kollektiven Interessenvertretung ... 197
f) Die Stellung der Mitglieder in der Standardisierungsorganisation ... 198
aa) Mitgliederhierarchie ... 198
bb) Kosten ... 200
aaa) Mitgliedsbeiträge ... 200
bbb) Sitzgelder ... 202
ccc) Kosten für den Erwerb von Normen ... 202
g) Zusammenfassung und Bewertung ... 203
2. Konsensprinzip ... 206
3. Gefahr der „Overstandardisation" – Wie weit darf technische Normung gehen? ... 209
a) Technische Normung durch Standardisierungsorganisationen ... 209
b) Inhalte technischer Normen ... 210

aa) Bedarf nach technischer Normung ... 210
bb) Vorrang ergebnisorientierter Normen gegenüber verfahrensorientierten Normen ... 211
aaa) Grundsatz ... 211
bbb) Fall: DVSI ... 213
ccc) Fall: EMC ... 213
ddd) Exkurs: Unterlassene Normung ... 215
eee) Fall: CECED ... 215
cc) Aufnahme substituierbarer Technologien in eine technische Norm ... 216
c) Nachvollziehbarkeit der Technologieauswahl ... 219
d) Zeitpunkt der technischen Normung ... 220
e) Herstellung und Vertrieb vom Standard abweichender Produkte ... 222
aa) Fall: Video-Cassetterecorders ... 222
bb) Exkurs: Vereinbarung von Gütezeichen – insbesondere Fall: Kraanverhuur ... 223
cc) Stellungnahme ... 226
f) Zusammenfassung ... 228
4. Offener Zugang zur endgültigen Norm ... 229
a) Kaufpreis ... 230
b) Lizenzgebühren – Lizenzierung zu FRAND-Bedingungen ... 232
aa) Keine Aufnahme geschützter Technologien in einen Standard? ... 232
bb) FRAND – Eine Frage des Art. 101 AEUV? ... 234
cc) Bedeutung von FRAND ... 240
dd) Die IPR-Policies der Standardisierungsorganisationen ... 245
aaa) Offenlegungspflicht mit Aufforderung zur Abgabe einer FRAND-Verpflichtung ... 247
(1) Fall: ETSI GSM 03.19 ... 252
(2) Übergang der FRAND-Selbstverpflichtung bei Übertragung des maßgeblichen Schutzrechtes ... 253

(3) Geltung der FRAND-Verpflichtung auch zugunsten nicht an der Standardisierungsorganisation beteiligter Dritter ... 255
(4) Exkurs: Overdeclaration ... 256
bbb) „Licensing by default“ bzw. „negative disclosure“ ... 258
ccc) Lizenzgebührenfreiheit ... 263
c) Zusammenfassung und Bewertung ... 267
5. Informationsaustausch ... 271
a) Allgemeine Grundsätze ... 273
b) Informationsaustausch im Rahmen von Standardisierungsorganisationen ... 276
aa) Verpflichtung zur Offenlegung noch nicht veröffentlichter Patentanmeldungen ... 278
bb) Ex-ante Offenlegung der restriktivsten Lizenzbedingungen ... 281
cc) Ex-ante Verhandlungen der Lizenzbedingungen ... 289
aaa) Praktische Probleme und wettbewerbsbeschränkende Aspekte von ex-ante Lizenzverhandlungen ... 291
(1) Verzögerung des Standardisierungsprozesses ... 291
(2) „Reverse hold-ups“ ... 292
bbb) Freistellung von ex-ante Lizenzabsprachen ... 295
(1) Wettbewerbsfördernde Aspekte von ex-ante Lizenzverhandlungen ... 296
(2) Verhinderung von „royalty stacking“ ... 297
(3) Exkurs: Patent Pools ... 300
(4) Beschränkung der ex-ante Verhandlungen auf einen Informationsaustausch über Lizenzbedingungen ... 302
ccc) Zukünftig positive Bewertung von ex-ante Lizenzverhandlungen ... 304
c) Zusammenfassung und Bewertung ... 306
6. Revision der Standards ... 310
C. Exkurs: Rechtsfolgen des Verstoßes gegen das Kartellverbot ... 310

Kapitel 3: Schlussbetrachtung 315

A. Ergebnisse 315

B. Materielle Vorgaben an die Organisation von Standardsetzungsverfahren nach Art. 101 AEUV und Verfahrensverbindlichkeit 318

C. Folgerungen für die Horizontalleitlinien der Kommission 321

Literatur

Abbott, Alden F./Gebhard, Theodore A., Standard-Setting Disclosure Policies: Evaluating Antitrust Concerns in Light of Rambus, Antitrust 2002, Vol. 16, 29.

Ackermann, Thomas, Art. 85 Abs. 1 EGV und die rule of reason, (Köln u.a.), 1997.

Adams, Michael, Normen, Standards, Rechte, JZ 1991, 941.

Alban, David, Rambus v. Infineon: Patent Disclosures in Standard-Setting Organizations, Berkeley Technology Law Journal 2004, Vol. 19, 309.

American Bar Association, Handbook on Antitrust Aspects of Standard Setting, 2. Edition, 2011.

Anderman, Steven/Schmidt, Hedvig, EU Competition Law and Intellectual Property Rights – The Regulation of Innovation, 2. Edition, (New York), 2011.

Anselmann, Norbert, Die Rolle der europäischen Normung bei der Schaffung des europäischen Binnenmarktes, RIW 1986, 936.

Anton, James/Yao, Dennis, Standard-Setting Consortia, Antitrust, and High-Technology Industries, Antitrust Law Journal 1995, Vol. 64, 247, verfügbar unter: https://faculty.fuqua.duke.edu/~jja1/bio/PDF/Scan%20Anton%20Yao%20ALJ%201995.PDF (abgerufen am 14.03.2016).

Appl, Clemens, Technische Standardisierung und Geistiges Eigentum, (Wien), 2012.

Ascheid, Gerd, Neue technologische Entwicklungen im Mobilfunkbereich und ihre faktische Kanalisierung durch Patentrechte – Eine problemorientierte Perspektive aus der Praxis, in: Leistner, Matthias (Hrsg.), Europäische Perspektiven des Geistigen Eigentums, (Tübingen), 2010, S. 3–13.

Auf'mkolk, Hendrik, Der reformierte Rechtsrahmen der EU-Kommission für Vereinbarungen über horizontale Zusammenarbeit, WuW 2011, 699.

Axster, Oliver, Abgrenzung anti-kompetitiver von den zulässigen Wettbewerbsbeschränkungen im deutschen, im US-amerikanischen und im EG-Kartellrecht, in: FS Lieberknecht, (München), 1997, S. 225–237.

Babey, Fabio/Rizvi, Salim, Die Frand-Selbstverpflichtung – Fair, Reasonable and Non-Discriminatory terms (FRAND) im Lichte des Kartellrechts, WuW 2012, 808.

Backherms, Johannes, Zur Einführung: Recht und Technik, JuS 1980, 9.

Van Bael, Ivo/Bellis, Jean-François, Competition Law of the European Community, (Alphen aan den Rijn), 2010.

Balitzki, Anja, Patente und technische Normen – Zugangsmöglichkeiten für Normnutzer, (Marburg), 2013.

Balto, David A., Standard Setting in the 21st Century Network Economy, The Computer & Internet Lawyer 2001, Vol. 18, No. 6, 5.

Baron, Justus/Pohlmann, Tim, Who Cooperates in Standards Consortia – Rivals or Complementors?, verfügbar unter: https://www.law.northwestern.edu/research-faculty/searlecenter/innovationeconomics/documents/Who_Cooperates_in_Standards_Consortia_2013.pdf (abgerufen am 14.03.2016).

Barthelmeß, Stephan/Gauß, Nicolas, Die Lizenzierung standardessentieller Patente im Kontext branchenweit vereinbarter Standards unter dem Aspekt des Art. 101 AEUV, WuW 2010, 626.

Basedow, Jürgen, Konsumentenwohlfahrt und Effizienz – Neue Leitbilder der Wettbewerbspolitik?, WuW 2007, 712.

Bechtold, Rainer, Faktische Rechtssätze aus Brüssel – Zur Bedeutung von Bekanntmachungen, Leitlinien und Mitteilungen der Kommission für die Auslegung europäischen und deutschen Kartellrechts, in: FS Hirsch, (München), 2008, S. 223–230.

–, Leitlinien der Kommission und Rechtssicherheit – am Beispiel der neuen Horizontal-Leitlinien, GRUR 2012, 107.

Bechtold, Rainer/Bosch, Wolfgang/Brinker, Ingo/Hirsbrunner, Simon, EG-Kartellrecht Kommentar, 2. Aufl., (München), 2009.

Becker, Mirko, Wettbewerbsbeschränkungen im System der Legalausnahme, (Köln u.a.), 2006.

Bekkers, Rudi, Mobile Telecommunications Standards, (Norwood), 2001.

Bekkers, Rudi/Liotard, Isabelle, European Standards for Mobile Communications: The Tense Relationship between Standards and Intellectual Property Rights, E.I.P.R. 1999, Issue 3, 110.

Bennett, Matthew/Collins, Philip, The Law and Economics of Information Sharing: The Good, The Bad and The Ugly, European Competition Journal 2010, Vol. 6, No. 2, 311.

Besen, Stanley/Levinson, Robert, Standards, Intellectual Property Disclosure, and Patent Royalties after Rambus, North Carolina Journal of Law & Technology 2009, Vol. 10, Issue 2, 233.

Besen, Stanley/Saloner, Garth, The Economics of Telecommunications Standards, in: Crandall, Robert/Flamm, Kenneth, Changing the Rules: Technological Change, International Competition, and Regulation in Communications, (Washington), 1989, S. 177–220.

Beurskens, Michael, An offer you can't refuse, 2009, verfügbar unter: http://www.law.washington.edu/Casrip/WWIP/Papers/2009/An%20offer%20you%20cant%20refuse.pdf (abgerufen am 14.03.2016).

Beuthien, Volker, Handelskooperationen und europäisches Wettbewerbsrecht, (Göttingen), 1998.

Blattmann, Andreas, Der Informationsaustausch zwischen Wettbewerbern, (Baden-Baden), 2012.

Blind, Knut, The Economics of Standards: Theory, Evidence, Policy, (Cheltenham/Northampton), 2004.

–, Standardisierung als Katalysator für Innovationen, 2009, verfügbar unter: https://www.inno.tu-berlin.de/fileadmin/a38335100/Aktuelles/Brosch_Prof_Blind_akt.pdf (abgerufen am 14.03.2016).

Blind, Knut/Gauch, Stephan/Hawkins, Richard, How stakeholders view the impacts of international ICT standards, Telecommunications Policy 2010, Vol. 34, 162.

Blind, Knut/Iversen, Eric, The Interrelationship between IPR and Standardisation: Patterns and Policies, in: Bousquet, Françoise/Buntzly, Yves/Coenen, Heide/Jakobs, Kai (Hrsg.), 9th EURAS Proceedings, 2004, S. 227–248.

Böttger, J., Die zwei Seiten der Medaille „Normung", WuW 1984, 365.

Bolenz, Eckhard, Technische Normung zwischen „Markt" und „Staat" – Untersuchungen zur Funktion, Entwicklung und Organisation verbandlicher Normung in Deutschland, (Bielefeld), 1987.

Bopp-Schmehl, Annemarie/Heibült, Uwe/Kypke, Ulrich, Technische Normung und Verbraucherinteressen im gesellschaftlichen Wandel, (Frankfurt a.M.), 1984.

Bornkamm, Joachim/Montag, Frank/Säcker, Franz Jürgen (Hrsg.), Münchener Kommentar Europäisches und Deutsches Wettbewerbsrecht, Band 1, Europäisches Wettbewerbsrecht, 2. Aufl., (München), 2015.

Bousquet, Françoise, Role and Best practices of "technical officers" in Standards Setting Organizations, in: Bousquet, Françoise/Buntzly, Yves/Coenen, Heide/Jakobs, Kai (Hrsg.), 9th EURAS Proceedings, 2004, S. 157–170.

Boutin, Alexandra/Emanuelson, Anna/Leupold, Henning/Woods, Donncadh, The new EU Competition Rules on Horizontal Cooperation Agreements, Competition Policy Newsletter 2011/1, 10.

Brakhahn, Doris, Manipulation eines Standardisierungsverfahrens durch Patenthinterhalt und Lockvogeltaktik, (Frankfurt a.M.), 2014.

Brenning, Magdalena, Competition & Intellectual Property Policy Implications of Late or No IPR Disclosure in Collective Standard-Setting, 2002, verfügbar unter: http://ec.europa.eu/competition/speeches/text/sp2002_037_en.pdf (abgerufen am 14.03.2016).

Bundeskartellamt, Diskussionspapier: Kooperationen zwischen Wettbewerbern – Ist eine Neubewertung erforderlich?, 2000, verfügbar unter: http://www.bundeskartellamt.de/SharedDocs/Publikation/DE/Diskussions_Hintergrundpapier/Bundeskartellamt%20-%20Kooperation%20zwischen%20Wettbewerbern.pdf?__blob=publicationFile&v=4 (abgerufen am 14.03.2016).

Bundesministerium für Wirtschaft und Technologie, Innovation im Spannungsfeld zwischen Wettbewerb, geistigem Eigentum und Standardisierung, Schlaglichter der Wirtschaftspolitik, Monatsbericht Februar 2010, S. 18ff., verfügbar unter: http://www.bmwi.de/Dateien/BMWi/PDF/Monatsbericht/schlaglichter-der-wirtschaftspolitik-02-2010,property=pdf,bereich=bmwi,sprache=de,rwb=true.pdf (abgerufen 14.03.2016).

Bundesministerium für Wirtschaft und Technologie, Normen und Standards stärken Europas Wettbewerbsfähigkeit, Schlaglichter der Wirtschaftspolitik, Monatsbericht Oktober 2012, S. 7ff., verfügbar unter: http://www.bmwi.de/Dateien/BMWi/PDF/Monatsbericht/schlaglichter-der-wirtschaftspolitik-10-2012,property=pdf,bereich=bmwi2012,sprache=de,rwb=true.pdf (abgerufen am 14.03.2016).

Bunte, Hermann-Josef, Empfehlungen im europäischen Kartellrecht, in: FS Everling, Band I, (Baden-Baden), 1995, S. 163–179.

Burghartz, Heribert, Technische Standards, Patente und Wettbewerb, (Berlin), 2011.

Burrone, Esteban, Standards, Intellectual Property Rights (IPR) and Standard-setting Process, 2002, verfügbar unter: www.wipo.int/export/sites/www/sme/en/documents/pdf/ip_standards.pdf (abgerufen am 14.03.2016).

Calderini, Mario/Giannaccari, Andrea, Standardization in the ICT Sector: the (complex) Interface between Antitrust and Intellectual Property, verfügbar unter: http://www.imtlucca.it/whos_at_imt/researchers/_publications/publication3-4888_Standard_in_ICT_by_Giannaccari.pdf (abgerufen am 24.03.2014).

Calliess, Christian/Ruffert, Matthias (Hrsg.), EUV/EGV Kommentar, 3. Aufl., (München), 2007.

Caspar, Ute, Wettbewerbliche Gesamtwürdigung von Vereinbarungen im Rahmen von Art. 81 Abs. 1 EGV: ein Beitrag zur Auslegung des Tatbestandsmerkmals der Wettbewerbsbeschränkung im europäischen Kartellverbotsrecht, (Köln u.a.), 2001.

Chappatte, Philippe, FRAND Commitments – The Case For Antitrust Intervention, European Competition Journal 2009, 319.

Chiao, Benjamin/Lerner, Josh/Tirole, Jean, The Rules of Standard Setting Organizations: An Empirical Analysis, 2006, verfügbar unter: http://neeo.univ-tlse1.fr/216/1/setting_organizations.pdf (abgerufen am 01.12.2014).

Choi, Jay Pil, Standardization and experimentation: Ex ante vs. ex post standardization, European Journal of Political Economy 1996, Vol. 12, 273.

Cordes, Philipp/Hagendorf, Stephan/Stolzenhain, Till, Standardisierung in der IT – ISO und DIN, 2007, verfügbar unter: http://www.ag-nbi.de/lehre/07/S_STAND/iso_din_cordes_stolzenhain.pdf (abgerufen am 14.03.2016).

Cotter, Thomas F., Patent Holdup, Patent Remedies, and Antitrust Responses, The Journal of Corporation Law 2009, Vol. 34, No. 4, 1151.

Crane, Daniel A., Patent Pools, RAND Commitments, and the Problematics of Price Discrimination, Cardozo Legal Studies Research Paper No. 232, 2008, verfügbar unter: http://papers.ssrn.com/sol3/papers.cfm?abstract_id=1120071 (abgerufen am 14.03.2016).

Curran, Patrick D., Standard-Setting Organizations: Patents, Price Fixing, and Per Se Legality, The University of Chicago Law Review 2003, 983.

DeLacey, Brian/Herman, Kerry/Kiron, David/Lerner, Josh, Strategic Behavior in Standard-Setting Organizations, 2006, verfügbar unter: http://papers.ssrn.com/sol3/papers.cfm?abstract_id=903214 (abgerufen am 14.03.2016).

Deml, Hans-Michael, Europarechtliche Anforderungen und Grenzen der technischen Normung, (Aachen), 2008.

Deutsche Vereinigung für gewerblichen Rechtsschutz und Urheberrecht, Stellungnahme zu den Entwürfen der neuen Horizontal-Leitlinien, der neuen Forschungs- und Entwicklungs-GVO und der neuen Spezialisierungs-GVO, GRUR 2010, 897.

Dietrich, Michael, Wettbewerb in Gegenwart von Netzwerkeffekten: Eine kartellrechtliche Untersuchung des Wettbewerbs zwischen inkompatiblen proprietären Systemen, (Frankfurt a.M. u.a.), 2006.

Di Fabio, Udo, Produktharmonisierung durch Normung und Selbstüberwachung, (Köln), 1996.

DIN, Handbuch der Normung, Band 1, 8. Aufl., (Berlin), 1991.

DIN, Handbuch der Normung, Band 3, 4. Aufl., (Berlin), 1991.

DIN, Gesamtwirtschaftlicher Nutzen der Normung, 2000, verfügbar unter: http://www.snv.ch/fileadmin/snv/Normung/Dokumente/nutzen_der_normung.pdf (abgerufen am 14.03.2016).

Dixon, Allen N., The ETSI Compliant and the European Commission's Communication on Standardization, in: Hansen, International Intellectual Property Law and Policy 1996, Vol. 1, 369.

Dobler, Christian/Sattler, Sven, Das Spannungsfeld von Wettbewerb, geistigem Eigentum und Standardisierung – Problemaufriss, Konfliktfelder und Lösungsansätze, in: FS Canenbley, 2012, S. 139–154.

Dolmans, Maurits, Standards for Standards, 2002, verfügbar unter: http://apps.americanbar.org/antitrust/committees/intell_property/dolmans.pdf (abgerufen am 14.03.2016).

–, A Tale of Two Tragedies – A plea for open standards, International Free and Open Source Software Law Review 2010, Vol. 2, Issue 2, 115.

Dommann, Monika, 08/15, QWERTY, PAL-SECAM, Paletten und MP3: Standards als kulturelle Artefakte, in: Möllers, Thomas (Hrsg.), Geltung und Faktizität von Standards, (Baden-Baden), 2009, S. 253–260.

Dorn, Stephan, Technische Standardisierung im Spannungsfeld von Immaterialgüterrecht, Kartellrecht und Innovation, (Hamburg), 2014.

Dreher, Meinrad/Hoffmann, Jens, Kartellverstöße durch Informationsaustausch?, WuW 2011, 1181.

Drexl, Josef, Anticompetitive Stumbling Stones on the Way to a Cleaner World: Protecting Competition in Innovation without a Market, Journal of Competition Law & Economics 2012, Vol. 8, No. 3, 507.

Ebert-Kern, Beate, Ökonomische und rechtliche Auswirkungen technischer Harmonisierungskonzepte im europäischen Normungssystem, (Frankfurt a.M.), 1994.

Egyedi, Tineke Mirjam, Shaping Standardization – A study of standards processes and standards policies in the field of telematic services, (Delft), 1996.

–, Institutional Dilemma in ICT Standardization: Coordinating the diffusion of technology?, in: Jakobs, Kai, Information Technology Standards and Standardization: A Global Perspective, (Hershey/London), 2000, S. 48–62.

Egyedi, T.M./Toffaletti, S., Standardising Social Responsibility: Analysing ISO Representation Issues from an SME Perspective, in: Jakobs, Kai/Söderström, Eva (Hrsg.), 13th EURAS Proceedings, 2008, S. 121–135.

Eltzroth, Carter, IPR Policy of the DVB Project: Negative Disclosure, FR&ND Arbitration Unless Pool Rules OK, Part 1, Journal of IT Standards & Standardization Research 2008, Vol. 6, No. 2, 21.

–, IPR Policy of the DVB Project: Negative Disclosure, FR&ND Arbitration Unless Pool Rules OK, Part 2, Journal of IT Standards & Standardization Research 2009, Vol. 7, No. 2, 1.

Emanuelson, Anna, Standardisation Agreements in the Context of the Now Horizontal Guidelines, E.C.L.R. 2012, Issue 2, 69.

ETSI, Guidelines for Antitrust Compliance, 27. January 2011, verfügbar unter: http://www.etsi.org/images/files/IPR/etsi%20guidelines%20for%20antitrust%20compliance.pdf (abgerufen am 14.03.2016).

Europäische Kommission, Eine strategische Vision der europäischen Normung: Weitere Schritte zur Stärkung und Beschleunigung des nachhaltigen Wachstums der europäischen Wirtschaft bis zum Jahr 2020, KOM(2011) 311 endg., 2011, verfügbar unter: http://eur-lex.europa.eu/LexUriServ/LexUriServ.do?uri=COM:2011:0311:FIN:DE:PDF (abgerufen am 14.03.2016).

Europäische Kommission, Public Consultation on Standardisation Package – Overview of the responses, 2010.

Europäische Kommission, Mitteilung „Gewerbliche Schutzrechte und Normen", KOM(92) 445 endg., 1992, verfügbar unter: http://eur-lex.europa.eu/LexUriServ/LexUriServ.do?uri=COM:1992:0445:FIN:DE:PDF (abgerufen am 31.01.2014).

Europäische Kommission, Elfter Bericht über die Wettbewerbspolitik, 1982.

Europäische Kommission, Vierzehnter Bericht über die Wettbewerbspolitik, 1985.

Europäische Kommission, XXV. Bericht über die Wettbewerbspolitik, 1996, verfügbar unter: http://ec.europa.eu/competition/publications/annual_report/1995/de.pdf (abgerufen am 14.03.2016).

Europäische Kommission, XXX. Bericht über die Wettbewerbspolitik, 2000, verfügbar unter: http://ec.europa.eu/competition/publications/annual_report/2000/de.pdf (abgerufen am 14.03.2016).

Europäische Kommission, Bericht über die Wettbewerbspolitik 2010, 2011, verfügbar unter: http://ec.europa.eu/competition/publications/annual_report/2010/part1_de.pdf (abgerufen am 14.03.2016).

Everling, Ulrich, Zur Wettbewerbskonzeption in der neueren Rechtsprechung des Gerichtshofs der Europäischen Gemeinschaften, WuW 1990, 995.

Fabisch, Gottlobe, Consumers and Standards: Consumer Representation in Standards Setting, 2003, verfügbar unter: http://www.stanhopecentre.org/cotswolds/Fabisch%20Paper%202003.pdf (abgerufen am 14.03.2016).

–, The need for consumer representation in standardisation, TUTB Newsletter June 2004, 51.

Fahrendorf, Klaus, Die überbetriebliche technische Normung im amerikanischen Antitrustrecht, (Köln u.a.), 1974.

Falke, Josef, Rechtliche Aspekte der Normung in den EG-Mitgliedstaaten und der EFTA, Band 3 Deutschland, (Luxemburg), 2000.

Farrell, Joseph, Standardization and Intellectual Property, Jurimetrics Journal 1989, Vol. 30, 35.

Farrell, Joseph/Hayes, John/Shapiro, Carl/Sullivan, Theresa, Standard Setting, Patents, and Hold-Up, Antitrust Law Journal 2007, Vol. 74, 603.

Farrell, Joseph/Saloner, Garth, Standardization, Compatibility, and Innovation, The Rand Journal of Economics 1985, Vol. 16, No. 1, 70.

Faull, Jonathan/Nikpay, Ali (Hrsg.), The EC Law of Competition, 2. Aufl., (New York), 2007.

Fischer, Daniel, Die Behandlung technischer Handelshemmnisse im Welthandelsrecht, (Heidelberg), 2004.

Fischmann, Filipe, Die Pflicht zur Lizenzerteilung in Patent-Ambush-Fällen nach deutschem und europäischem Kartellrecht, GRUR Int 2010, 185.

Fleischer, Holger/Körber, Torsten, Der Einfluss des US-amerikanischen Antitrustrechts auf das Europäische Wettbewerbsrecht, WuW 2001, 6.

Fomin, Vladislav V./de Vries, Henk J., How Balanced is Balanced Enough? Case Studies of Stakeholders' (Under-)Representation in Standardization Process, in: Jakobs, Kai (Hrsg.), Proceedings, 2009, S. 79–91.

Ford, Henry, in collaboration with Samuel Crowther, My Life and Work, (New York), 1923.

Frankfurter Kommentar zum Kartellrecht, Band II, EG-Kartellrecht (Teil I), (Loseblatt).

Fräßdorf, Henning, Rechtsfragen des Zusammentreffens gewerblicher Schutzrechte, technischer Standards und technischer Standardisierung, (Wiesbaden), 2009.

Friedl, Gunther/Ann, Christoph, Entgeltberechnung für FRAND-Lizenzen an standardessentiellen Patenten, GRUR 2014, 948.

Fritzsche, Alexander, Die neuen Regeln über horizontale Kooperation im europäischen Wettbewerbsrecht, EuZW 2011, 208.

Fröhlich, Michael, Standards und Patente – Die ETSI IPR Policy, GRUR 2008, 205.

Früh, Alfred, Immaterialgüterrechte und der relevante Markt – Eine wettbewerbsrechtliche und schutzrechtliche Würdigung technologischer Innovation, (Köln), 2012.

Fuchs, Andreas, Neue Entwicklungen beim Konzept der Wettbewerbsbeschränkung in Art. 81 Abs. 1 EG, ZWeR 2007, 369.

–, Entwicklung und Praktizierung von Industriestandards im Spannungsfeld von Immaterialgüter- und Kartellrecht, in: Lange, Knut Werner/Klippel, Diethelm/Ohly, Ansgar (Hrsg.), Geistiges Eigentum und Wettbewerb, (Tübingen), 2009, S. 147–176.

Fuchs, Thomas, Die Konkretisierung rechtlicher Anforderungen durch technische Regeln, 2005, verfügbar unter: http://delegibus.com/2005,9.pdf (abgerufen am 14.03.2016).

Gabler Wirtschaftslexikon, 17. Aufl., (Wiesbaden), 2010.

Gandal, Neil, Compatibility, Standardization, & Network Effects: Some Policy Implications, verfügbar unter: http://www.tau.ac.il/~gandal/netpolicy.pdf (abgerufen am 14.03.2016).

Gates, Sean P., Standards, Innovation, and Antitrust: Integrating Innovation concerns into the Analysis of Collaborative Standard Setting, Emory Law Journal 1998, Vol. 47, 583.

Geiger, Andreas, Die neuen Leitlinien der EG-Kommission zur Anwendbarkeit von Art. 81 EG auf Vereinbarungen über horizontale Zusammenarbeit, EuZW 2000, 325.

Geiger, Rudolf/Khan, Daniel-Erasmus/Kotzur, Markus, EUV/AEUV Kommentar, 5. Aufl., (München), 2010.

Geradin, Damien, Reverse Hold-ups: The (Often Ignored) Risks Faced by Innovators in Standardized Area, in: The Pros and Cons of Standard Setting, 2010, verfügbar unter: http://papers.ssrn.com/sol3/papers.cfm?abstract_id=1711744 (abgerufen am 14.03.2016).

–, Standardization and technological innovation: Some reflections on ex-ante licensing, FRAND, and the proper means to reward innovators, 2006, verfügbar unter: http://ist-socrates.berkeley.edu/~scotch/DigitalAntitrust/Geradin_Frand.pdf (abgerufen am 14.03.2016).

Geradin, Damien/Layne-Farrar, Anne/Padilla, A. Jorge, Royalty Stacking in High Tech Industries: Separating Myth from Reality, 2007, verfügbar unter: ftp://ftp.cemfi.es/wp/07/0701.pdf (abgerufen am 14.03.2016).

Geradin, Damien/Rato, Miguel, Can Standard-Setting lead to Exploitative Abuse? A Dissonant View on Patent Hold-Up, Royalty Stacking and the Meaning of FRAND, 2007, verfügbar unter: http://www.ucl.ac.uk/laws/jevons/papers/colloquium_2007/jevons07_soames_01.pdf (abgerufen am 14.03.2016).

–, FRAND Commitments and EC Competition Law: A Reply to Philippe Chappatte, European Competition Journal 2010, 129.

Germelmann, Claas Friedrich, Private Regelwerke im Geltungsbereich der Warenverkehrsfreiheit – Konsequenzen der Fra.bo-Entscheidung für die technische Normung in Deutschland, GewArch 2014, 335.

GHK/Technopolis, Evaluation of the EU Actions for the Promotion of Craft and SMEs' Interests in the European Standardisation Area, 2009, verfügbar unter: http://www.pedz.uni-mannheim.de/daten/edz-h/gdb/09/evaluation_mainreport_en.pdf (abgerufen am 14.03.2016).

Gilbert, Richard, Deal Or No Deal? Licensing Negotiations By Standard Development Organizations, 2010, verfügbar unter: http://escholarship.org/uc/item/1642q403#page-1 (abgerufen am 14.03.2016).

–, Deal Or No Deal? Licensing Negotiations By Standard Setting Organizations, 2011, verfügbar unter: http://elsa.berkeley.edu/users/gilbert/wp/Gilbert_Deal%20or%20No%20Deal_15%20June%202011.pdf (abgerufen am 14.03.2016).

Glader, Marcus, Open Standards: Public Policy Aspects and Competition Law Requirements, European Competition Journal 2010, Vol. 6, No. 3, 611.

Glanz, Axel, Ökonomie von Standards, (Frankfurt a.M. u.a.), 1993.

Good, Diana, How Far should IP Rights have to Give Way to Standardisation: The Policy Positions of ETSI and the EC, E.I.P.R. 1992, 295.

Goodman, David J./Myers, Robert A., 3G Cellular Standards and Patents, 2005, verfügbar unter: http://eeweb.poly.edu/dgoodman/wirelesscom2005.pdf (abgerufen am 14.03.2016).

Grabitz, Eberhard/Hilf, Meinhard (Hrsg.), Das Recht der Europäischen Union, Band II, EGV, (München), Stand 32. EL 2007.

von Graevenitz, Albrecht, Mitteilungen, Leitlinien, Stellungnahmen – Soft Law der EU mit Lenkungswirkung, EuZW 2013, 169.

Greenstein, Shane M., Invisible Hands and Visible Advisors: An Economic Interpretation of Standardization, Journal of the American Society for Information Science 1992, 538.

Grindley, Peter/Salant, David/Waverman, Leonard, Standards Wars: The Use of Standard Setting as a Means of Facilitating Cartels – Third Generation Wireless Telecommunications Standard Setting, International Journal of Communications Law and Policy 1999, Issue 3, 1.

von der Groeben, Hans/Schwarze, Jürgen (Hrsg.), Kommentar zum Vertrag über die Europäische Union und zur Gründung der Europäischen Gemeinschaft, Band 2 Art. 81–97 EGV, 6. Aufl., (Baden-Baden), 2003.

von der Groeben, Hans/Schwarze, Jürgen/Hatje, Armin (Hrsg.), Europäisches Unionsrecht, 7. Aufl., (Baden-Baden), 2015.

Gröhn, Andreas, Netzwerkeffekte und Wettbewerbspolitik: Eine ökonomische Analyse des Softwaremarktes, (Tübingen), 1999.

Grune, Jeanette, Anmerkung zu EuGH, Urt. v. 13.12.2012 – C-226/11 (Expedia), EuZW 2013, 113.

Hardenacke, Jens, Die Etablierung neuer Technologien auf Netzeffektmärkten, Eine objektorientierte Simulation mit Hilfe genetischer Algorithmen, (Hamburg), 2005.

Hartlieb, Bernd/Kiehl, Peter/Müller, Norbert, Normung und Standardisierung, (Berlin u.a.), 2009.

Hauck, Ronny, „Erzwungene" Lizenzverträge – Kartellrechtliche Grenzen der Durchsetzung standardessentieller Patente, NJW 2015, 2767.

Heinemann, Andreas, Internet-Plattformen und Kartellrecht: Grundprobleme der Standardisierung und des Informationsaustauschs, in: Büllesbach, Alfred/Dreier, Thomas (Hrsg.), Konvergenz in Medien und Recht, (Köln), 2002, S. 79–103.

–, Standardessenzielle Patente in Normenorganisationen – Kartellrechtliche Vorgaben für die Einlösung von Lizenzierungsversprechen, GRUR 2015, 855.

Hellmich, Waldemar, Zehn Jahre deutscher Normung, in: Deutscher Normenausschuß, DIN 1917–1927, (Berlin), 1927.

Hesser, Wilfried, The Need for Interdisciplinary Research on Standardization, in: Hesser, Wilfried, Neue Tendenzen in der Normungsforschung, (Hamburg), 1998.

Hesser, Wilfried/Inklaar, Alex, An Introduction to Standards and Standardization, (Berlin), 1998.

Hesser, Wilfried/Kleinemeyer, Jens, Standardisierung zwischen Kooperation und Wettbewerb, in: Hesser, Wilfried, Neue Tendenzen in der Normungsforschung, (Hamburg), 1998.

Heyers, Johannes, Systemkonformität der kartellrechtlichen Beurteilung sog. Informationsaustauschs, NZKart 2013, 99.

–, Standard Essential Patent Ambush, WRP 2014, 1253.

Hirsch, Günter/Montag, Frank/Säcker, Franz Jürgen (Hrsg.), Münchener Kommentar zum Europäischen und Deutschen Wettbewerbsrecht (Kartellrecht), Band 1, Europäisches Wettbewerbsrecht, (München), 2007.

Hoenkamp, Robin A./Folmer, Erwin J.A./Huitema, George B., Applying legal principles to stimulate open standards: The role of forums and consortia, in: Orviska, Marta/Jakobs, Kai (Hrsg.), 17th EURAS Proceedings, 2012, S. 163–181.

Holtz, Julia/Louko, Tero, The Standard Setting Process and the European Comission's Draft Horizontal Guidelines, CPI Antitrust Journal 2010, Vol. 1, 1.

Hovenkamp, Herbert, Standards Ownership and Competition Policy, 2006, verfügbar unter: http://papers.ssrn.com/sol3/papers.cfm?abstract_id=889335 (abgerufen am 14.03.2016).

Immenga, Frank/Stopper, Martin, Die europäischen und US-amerikanischen Leitlinien zur horizontalen Kooperation, RIW 2001, 241.

Immenga, Ulrich/Mestmäcker, Ernst-Joachim (Hrsg.), Wettbewerbsrecht, Band 1, EG, 4. Aufl., (München), 2007.

–, Wettbewerbsrecht, Band 2, GWB, 4. Aufl., (München), 2007.

–, Wettbewerbsrecht, Band 1, EU/Teil 1, 5. Aufl., (München), 2012.

Iversen, Eric J., Standardization and Intellectual Property Rights: ETSI's controversial search for new IPR-procedures, 1999, verfügbar unter: http://eprints.utas.edu.au/1297/1/Iversen_ETSI_2OO2.pdf (abgerufen am 14.03.2016).

Jacobsen, Krista S., Intellectual Property in Standards: Does Antitrust Law Impose a Duty to Disclose (Even if the Standard-Setting Organization Does Not)?, Santa Clara Computer & High Technology Law Journal 2010, Vol. 26, 459.

Jakobs, Kai, Information Technology Standards, Standards Setting and Standards Research, verfügbar unter: www.stanhopecentre.org/cotswolds/IT-Standardisation_Jakobs.pdf (abgerufen am 14.03.2016).

–, Standardisation Processes in IT – Impact, Problems and Benefits of User Participation, (Braunschweig u.a.), 2000.

Jakobs, Moritz, Standardsetzung im Lichte der europäischen Wettbewerbsregeln, (Baden-Baden), 2012.

–, Standardessentielle Patente und FRAND-Selbstverpflichtungen – Konkretisierung der kartellrechtlichen Maßgaben durch jüngste Kommissionsentscheidungen und die neuen Technologietransfer-Leitlinien, NZKart 2014, 394.

Jephcott, Mark, Horizontal Agreements and EU Competition Law, (Oxford), 2005.

Van de Kaa, Geerten, Standards Battles for Complex Systems, (Rotterdam), 2009.

Karenfort, Jörg, Der Informationsaustausch zwischen Wettbewerbern – kompetitiv oder konspirativ?, WuW 2008, 1154.

Katz, Michael/Shapiro, Carl, Network Externalities, Competition, and Compatibility, The American Economic Review 1985, Vol. 74, No. 3, 424.

–, Systems Competition and Network Effects, Journal of Economic Perspectives 1994, Vol. 8, Issue 2, 93.

Keil, Thomas, De-facto standardization through alliances – lessons from Bluetooth, Telecommunications Policy 2002, Vol. 26, 205.

Kelly, John J./Prywes, Daniel I., A Safety Zone for the Ex Ante Communication of Licensing Terms at Standard-Setting Organizations, The Antitrust Source March 2006, 1.

Klees, Andreas, Standardsetzung und "patent ambush" im US-amerikanischen und europäischen Wettbewerbsrecht, EWS 2008, 449.

–, Europäisches Kartellverfahrensrecht mit Fusionskontrollverfahren, (Köln), 2005.

Kleinemeyer, Jens, Standardisierung zwischen Kooperation und Wettbewerb – Eine spieltheoretische Betrachtung, (Hamburg), 1997.

Klemperer, Paul, Competition when Consumers have Switching Costs: An Overview with Applications to Industrial Organization, Macroeconomics, and International Trade, Review of Economic Studies 1995, Vol. 62, 515.

Klindt, Thomas, Der „new approach" im Produktrecht des europäischen Binnenmarkts: Vermutungswirkung technischer Normung, EuZW 2002, 133.

Kloepfer, Michael/Greve, Holger, Zur Drittwirkung der Warenverkehrsfreiheit – Die horizontale Wirkung der Warenverkehrsfreiheit am Beispiel der technischen Regelsetzung, DVBl. 2013, 1148.

Koenig, Christian, Fünf goldene Wettbewerbsregeln der kooperativen Normung und Standardisierung, WuW 2008, 1259.

Koenig, Christian/Kulenkampff, Gabriele/Kühling, Jürgen/Loetz, Sascha/Smit, Hilke, Internetplattformen in der Unternehmenspraxis, (Heidelberg), 2002.

Koenig, Christian/Neumann, Andreas, Standardisierung und EG-Wettbewerbsrecht – ist bei vertrauenswürdigen Systemumgebungen wettbewerbspolitisches Misstrauen angebracht?, WuW 2003, 1138.

–, Anforderungen des EG-Wettbewerbsrechts an vertrauenswürdige Systemumgebungen – TCPA, TCG, Palladium und NGSCB, MMR 2003, 695.

–, Standardisierung – ein Tatbestand des Kartellrechts?, WuW 2009, 382.

Koenig, Christian/Schreiber, Kristina, Europäisches Wettbewerbsrecht, (Tübingen), 2010.

Koenig, Christian/Spiekermann, Kristin, EU competition law issues of standard setting by officially-entrusted versus private organisations, European Competition Law Review 2010, Issue 11, 449.

Koenig, Christian/Trías, Ana, Some Standards for Standardisation: A Basis for Harmonisation and Efficiency Maximisation of EU and US Antitrust Control of the Standard-Setting Process, European Intellectual Property Review 2010, Issue 7, 320.

Körber, Torsten, Kartellrechtlicher Zwangslizenzeinwand und standardessentielle Patente, NZKart 2013, 87.

–, Missbräuchliche Patentunterlassungsklagen vor dem Aus?, NZKart 2013, 239.

–, Standardessentielle Patente, FRAND-Verpflichtungen und Kartellrecht – eine Analyse unter besonderer Berücksichtigung der deutschen „Orange-Book-Standard"-Rechtsprechung, (Baden-Baden), 2013.

Krechmer, Ken, Open Standards Requirements, 2005, verfügbar unter: http://www.csrstds.com/openstds.pdf (abgerufen am 14.03.2016).

Krislov, Samuel, How Nations Choose Product Standards and Standards Change Nations, (Pittsburgh), 1997.

Kübel, Constanze, Zwangslizenzen im Immaterialgüter- und Wettbewerbsrecht, (Köln), 2004.

Kuhn, Tilman, Die Abgrenzung zwischen bezweckten und bewirkten Wettbewerbsbeschränkungen nach Art. 101 AEUV, ZWeR 2014, 143.

Kypke, Ulrich, Technische Normung und Verbraucherinteresse, (Köln), 1982.

Langen, Eugen/Bunte, Hermann-Josef (Hrsg.), Kommentar zum deutschen und europäischen Kartellrecht, Band 2, Europäisches Kartellrecht, 11. Aufl., (Köln), 2010.

Langen, Eugen/Bunte, Hermann-Josef (Hrsg.), Kommentar zum deutschen und europäischen Kartellrecht, Band 2, Europäisches Kartellrecht, 12. Aufl., (Köln), 2014.

Lanzenberger, Fritz, Normungs-, Typisierungs- und Spezialisierungskartelle, (Dortmund), 1963.

Lau, Sebastian, Standardisierung und Wettbewerbsstrategien im interaktiven Fernsehen, (Göttingen), 2007.

Layne-Farrar, Anne/Padilla, A. Jorge/Schmalensee, Richard, Pricing Patents for Licensing in Standard Setting Organizations: Making Sense of FRAND Commitments, 2007; verfügbar unter: ftp://ftp.cemfi.es/wp/07/0702.pdf (abgerufen am 14.03.2016).

Lea, Gary/Hall, Peter, Standards and intellectual property rights: an economic and legal perspective, Information Economics and Policy 2004, Vol. 16, 67, auch verfügbar unter: http://www.sciencedirect.com/science/article/pii/S0167624503000544 (abgerufen am 14.03.2016).

Lehr, William, Standardization: Understanding the Process, Journal of the American Society for Information Science 1992, 550.

Lemley, Mark A., Intellectual Property Rights and Standard-Setting Organizations, California Law Review 2002, Vol. 90, Issue 6, 1889.

–, Ten Things to Do about Patents hold-up of standards (and one Not to), Boston College Law Review 2007, 149.

Lemley, Mark A./Shapiro, Carl, Patent Holdup and Royalty Stacking, Texas Law Review 2007, Vol. 85, 1991.

–, A Simple Approach to Setting Reasonable Royalties for Standard-Essential Patents, Berkeley Technology Law Journal 2013, Vol. 28, 1135.

Lenz, Carl Otto/Borchardt, Klaus-Dieter (Hrsg.), EU-Verträge – Kommentar nach dem Vertrag von Lissabon, 6. Aufl., (Köln), 2013.

Leupold, Henning/Weidenbach, Georg, Neues zum Verhältnis von Art. 81 Abs. 1 und Art. 81 Abs. 3 EG-Vertrag?, WuW 2006, 1003.

Liebowitz, Stan J./Margolis, Stephen E., The Fable of the Keys, Journal of Law & Economics 1990, Vol. 30, No. 1, 1.

Loest, Thomas/Bartlik, Martin, Standards und Europäisches Wettbewerbsrecht, ZWeR 2008, 41.

Loewenheim, Ulrich/Meessen, Karl/Riesenkampff, Alexander (Hrsg.), Kartellrecht Kommentar, 2. Aufl., (München), 2009.

Lorenz, Moritz, Die kartellrechtlichen Grenzen für öffentliche Aussagen zur Unternehmensstrategie, WM 2012, 1113.

Lübbig, Thomas, Die Reform der EU-kartellrechtlichen Regeln über die horizontale Zusammenarbeit, EWS 2011, 5.

Luginbühl, Stefan, Das europäische Patent mit einheitlicher Wirkung (Einheitspatent), GRUR Int 2013, 305.

Lukes, Rudolf, Überbetriebliche technische Normen im Recht der Wettbewerbsbeschränkungen, in: Heuss, Ernst/Hoppmann, Erich/u.a., Wettbewerb als Aufgabe – Nach zehn Jahren Gesetz gegen Wettbewerbsbeschränkungen, (Bad Homburg v.d.H. u.a.), 1968, S. 147ff.

–, Industrielle Normen und Standards – Grundzüge und Bedeutung, in: Müller-Graff, Peter-Christian (Hrsg.), Technische Regeln im Binnenmarkt, (Baden-Baden), 1991, S. 17–26.

Lundqvist, Björn, Standardization under EU Competition Rules and US Antitrust Laws – The Rise and Limits of Self-Regulation, (Cheltenham/Northampton), 2014.

Maaßen, Stefan, Normung, Standardisierung und Immaterialgüterrechte, (Köln u.a.), 2006.

MacKie-Mason, Jeffrey K./Netz, Janet S., Manipulating interface standards as an anticompetitive strategy, in: Greenstein, Shane M./Stango, Victor, Standards and Public Policy, (Cambridge), 2007, S. 231–259, verfügbar unter: http://deepblue.lib.umich.edu/bitstream/handle/2027.42/50433/standards-tprc-jmm-netz.pdf?sequence=1 (abgerufen am 14.03.2016).

Mäger, Thorsten (Hrsg.), Europäisches Kartellrecht, 2. Aufl., (Baden-Baden), 2011.

Mähönen, Petri, The Standardization Process in IT – Too Slow or Too Fast?, in: Jakobs, Kai, Information Technology Standards and Standardization: A Global Perspective, (Hershey/London), 2000, S. 35–47.

Majoras, Deborah, Recognizing the Procompetitive Potential of Royalty Discussions in Standard Setting, Speech v. 23.09.2005, verfügbar unter: http://www.ftc.gov/sites/default/files/documents/public_statements/recognizing-procompetitive-potential-royalty-discussions-standard-setting/050923stanford.pdf (abgerufen am 14.03.2016).

Marburger, Peter, Die Regeln der Technik im Recht, (Köln u.a.), 1979.

Mariniello, Mario, European Antitrust Control and Standard Setting, Bruegel Working Paper, 2013/01.

Mayer, Heinz (Hrsg.), Kommentar zu EU- und EG-Vertrag: unter Berücksichtigung der österreichischen Judikatur und Literatur, Band 2, (Wien), 2006.

Meffert, Jürgen, Standards als Integrationsinstrument in der Computer- und Kommunikationsindustrie – Wettbewerbsstrategische Bedeutung und Durchsetzung, (Konstanz), 1993.

Mertens, Silvia, Kompatibilitäts- und Sicherheitsstandards in der Telekommunikation, (Wiesbaden), 1998.

Mestmäcker, Ernst-Joachim/Schweitzer, Heike, Europäisches Wettbewerbsrecht, 3. Aufl., (München), 2014.

Meyer, Lena/Müller, Ulf, Die Zukunft des Geheimwettbewerbs in einer vernetzten Welt, WuW 2007, 117.

Mintzer, Erica S./Breed, Logan M., How to Keep the Fox Out of the Henhouse: Monopolization in the Context of Standards-Setting Organizations, Intellectual Property & Technology Law Journal 2007, Vol. 19, No. 9, 5.

Mohr, Peter Michael, Technische Normen und freier Warenverkehr, (Köln u.a.), 1989.

Montag, Frank, Gewerbliche Schutzrechte, wesentliche Einrichtungen und Normung im Spannungsfeld zu Art. 86 EGV, EuZW 1997, 71.

Morse, M. Howard, Standard Setting and Antitrust: The Intersection Between IP Rights and the Antitrust Laws, IP Litigator May/June 2003, 17.

Müller, Andreas, Wirtschaftlichkeit der Integration: Eine ökonomische Analyse der Standardisierung betrieblicher Anwendungssysteme, (Wiesbaden), 2005.

Nemec, Juraj/Orviska, Marta/Hudson, John, Standardization and the European Standards Organizations, in: Orviska, Marta/Jakobs, Kai (Hrsg.), 17th EURAS Proceedings, 2012, S. 281–294.

Nestler, Anke/Ordosch, Michael, Angemessene Lizenzierung nach FRAND, GRUR Prax 2012, 372.

Nicolas, Florence/Repussard, Jacques, Gemeinsame Normen für die Unternehmen, (Luxemburg), 1994.

Niedziella, Wolfgang, Wie funktioniert Normung?, 2. Aufl., (Berlin), 2007.

Ohana, Gil/Hansen, Marc/Shah, Omar, Disclosure and Negotiation of Licensing Terms Prior to Adoption of Industry Standards: Preventing Another Patent Ambush?, European Competition Law Revue 2003, Issue 12, 644.

Pampel, Gunnar, Rechtsnatur und Rechtswirkungen horizontaler und vertikaler Leitlinien im reformierten europäischen Wettbewerbsrecht, (Baden-Baden), 2005.

–, Europäisches Wettbewerbsrecht – Rechtsnatur und Rechtswirkungen von Mitteilungen der Kommission im europäischen Wettbewerbsrecht, EuZW 2005, 11.

Patterson, Mark R., Inventions, Industry Standards, and Intellectual Property, Berkeley Technology Law Journal 2002, Vol. 17, 1043.

Perera, Chandana, Standardization and Innovation, in: Hesser, Wilfried/Feilzer, Albert/de Vries, Henk (Hrsg.), Standardisation in Companies and Markets, (Hamburg), 2006, S. 259–293.

Petritsi, Eliza G., The Case of Unilateral Patent Ambush Under EC Competition Rules, World Competition 2005, Vol. 28, No. 1, 25.

Pfeiffer, Günter, Kompatibilität und Markt: Ansätze zu einer ökonomischen Theorie der Standardisierung, (Baden-Baden), 1989.

Pham, Thai Hung, Economic Aspects of Standardization, in: Hesser, Wilfried/Feilzer, Albert/de Vries, Henk (Hrsg.), Standardisation in Companies and Markets, (Hamburg), 2006, S. 61–100.

Picht, Peter, Strategisches Verhalten bei der Nutzung von Patenten in Standardisierungsverfahren aus der Sicht des europäischen Kartellrechts, (Bern), 2013.

–, Standardsetzung und Patentmissbrauch – Schlagkraft und Entwicklungsbedarf des europäischen Kartellrechts, GRUR Int 2014, 1.

Piesiewicz, Grazyna/Schellingerhout, Ruben, Intellectual property rights in standard setting from a competition law perspective, Competition Policy Newsletter 2007/3, 36.

Pilny, Karl H., Schnittstellen in Computerprogrammen – Zum Rechtsschutz in Deutschland, den USA und Japan, GRUR Int 1990, 431.

Pischel, Gerhard/Hausner, Sebastian, Informationsaustausch zwischen Wettbewerbern – Zum Stand der kartellrechtlichen Entwicklung, EuZW 2013, 498.

Pohlmann, Petra, Keine Bindungswirkung von Bekanntmachungen und Mitteilungen der Europäischen Kommission, WuW 2005, 1005.

Pohlmeier, Julia, Netzwerkeffekte und Kartellrecht, (Baden-Baden), 2004.

Polley, Romina/Seeliger, Daniela, Das neue EG-Kartellrecht für Vereinbarungen über horizontale Zusammenarbeit, WRP 2001, 494.

Rapp, Richard T./Stiroh, Lauren J., Standard Setting and Market Power, 2002, verfügbar unter: http://www.nera.com/content/dam/nera/publications/archive1/5156.pdf (abgerufen am 14.03.2016).

Reiß, Christoph, Patente und Produktmarktwettbewerb, (Tübingen), 2011.

Riefler, Bernd, The Composition of Working Groups in Industry-Specific Standardization Organizations, in: Jakobs, Kai/Söderström, Eva (Hrsg.), 13th EURAS Proceedings, 2008, S. 221–232.

Riesenhuber, Karl (Hrsg.), Europäische Methodenlehre, 2. Aufl., (Berlin), 2010.

Röhling, Eike, Überbetriebliche technische Normen als nichttarifäre Handelshemmnisse im Gemeinsamen Markt, (Köln u.a.), 1972.

Rönck, Rüdiger, Technische Normen als Gestaltungsmittel des Europäischen Gemeinschaftsrechts: Zulässigkeit und Praktikabilität ihrer Rezeption zur Realisierung des Gemeinsamen Marktes, (Berlin), 1995.

Roth, Rudolf Heinrich, Technische Normung im Recht, (Zürich), 1983.

Roth, Wulf-Henning, Schnittstellenkooperation und europäischen Kartellrecht, CR 1988, 195.

–, Die „horizontale“ Anwendbarkeit der Warenverkehrsfreiheit (Art. 34 AEUV), EWS 2013, 16.

Rubin, Jonathan L., Patents, Antitrust, and Rivalry in Standard-Setting, Rutgers Law Journal 2007, Vol. 38, 509.

Schellingerhout, Ruben, Standard-setting from a competition law perspective, Competition Policy Newsletter 2011/1, 3.

Schellingerhout, Ruben/Cavicchi, Piero, Patent ambush in standard-setting: the Commission accepts commitments from Rambus to lower memory chip royalty rates, Competition Policy Newsletter 2010/1, 32.

Schepel, Harm/Falke, Josef, Legal aspects of standardization in the Member States of the EC and EFTA, Volume 1 Comparative report, (Luxemburg), 2000.

Schießl, Martin, EG-kartellrechtliche Anforderungen an die europäischen Normungsorganisationen CEN, CENELEC und ETSI, (Frankfurt), 1995.

Schießl, Martin/Prins, Corien, The New European Telecommunications Standards Institute Policy: Conflicts Between Standardisation and Intellectual Property Rights, E.I.P.R. 1993, 263.

Schimansky, Herbert/Bunte, Hermann-Josef/Lwowski, Hans-Jürgen, Bankrechts-Handbuch, 3. Aufl., (München), 2007.

Schmahl, Stefanie/Jung, Florian, Horizontale Drittwirkung der Warenverkehrsfreiheit?, NVwZ 2013, 607.

Schmitz, Stefan, Doch eine Rule of Reason im deutschen Kartellrecht?, WuW 2002, 6.

Schottelius, Dieter, Das Schiedsverfahren im Rahmen des DIN Deutsches Institut für Normung e.V., in: FS Bülow, (Köln u.a.), 1981, S. 199–210.

Schrey, Andreas, Drittwettbewerb im europäischen und deutschen Kartellrecht, (Berlin), 2005.

Schroeder, Dirk, Informationsaustausch zwischen Wettbewerbern, WuW 2009, 718.

Schöler, Karolina, Patents and Standards: The Antitrust Objection as a Defense in Patent Infringement Proceedings, in: Prinz zu Waldeck und Pyrmont, Wolrad/Adelman, Martin J./Brauneis, Robert/Drexl, Josef/Nack, Ralph, Patents and Technological Progress in a Globalized World, (Berlin), 2009, S. 177–196.

Schröter, Helmuth/Jakob, Thinam/Mederer, Wolfgang (Hrsg.), Kommentar zum Europäischen Wettbewerbsrecht, (Baden-Baden), 2003.

Schröter, Helmuth/Jakob, Thinam/Klotz, Robert/Mederer, Wolfgang (Hrsg.), Kommentar zum Europäischen Wettbewerbsrecht, 2. Aufl., (Baden-Baden), 2014.

Schulte, Martin/Schröder, Rainer (Hrsg.), Handbuch des Technikrechts, 2. Aufl., (Berlin), 2011.

Schultheiß, Kerstin, Europäische Telekommunikationsstandardisierung – Eine normative Betrachtung, (Münster), 2004.

Schwappach, Jürgen (Hrsg.), EU-Rechtshandbuch für die Wirtschaft, (München), 1996.

Schwarze, Jürgen (Hrsg.), EU-Kommentar, 2. Aufl., (Baden-Baden), 2009.

Schwarze, Jürgen (Hrsg.), EU-Kommentar, 3. Aufl., (Baden-Baden), 2012.

Schweda, Marc, Die Bindungswirkung von Bekanntmachungen und Leitlinien der Europäischen Kommission, WuW 2004, 1133.

Schweitzer, Heike, European Standard Setting Policy and the Role of Competition Law, in: Baudenbacher, Carl, Current Developments in European and International Competition Law, 15th St. Gallen International Competition Law Forum, (Basel), 2008, S. 29–76.

–, Standardisierung als Mittel zur Förderung und Beschränkung des Handels und des Wettbewerbs, EuZW 2012, 765.

Shapiro, Carl, Navigating the Patent Thicket: Cross Licenses, Patent Pools, and Standard Setting, verfügbar unter: http://faculty.haas.berkeley.edu/shapiro/thicket.pdf (abgerufen am 14.03.2016).

–, Setting Compatibility Standards: Cooperation or Collusion?, in: Dreyfuss, Rochelle Cooper/Zimmerman, Diane Leenheer/First, Harry, Expanding the Boundaries of Intellectual Property, 2001, S. 81–101, verfügbar unter: http://faculty.haas.berkeley.edu/shapiro/standards.pdf (abgerufen am 14.03.2016).

Shapiro, Carl/Varian, Hal R., Information Rules: A Strategic Guide to the Network Economy, (Boston), 1999.

–, The Art of Standard Wars, California Management Review 1999, Vol. 4, No. 2, 8.

Shurmer, Mark/Lea, Gary, Telecommunications Standardization and Intellectual Property Rights: A Fundamental Dilemma?, StandardView 1995, Vol. 3, No. 2, 50.

Sidak, J. Gregory, Holdup, Royalty Stacking, and the Presumption of Injunctive Relief for Patent Infringement: A Reply to Lemley and Shapiro, Minnesota Law Review 2008, Vol. 92, 714.

–, Patent Holdup and Oligopsonistic Collusion in Standard-Setting Organizations, Journal of Competition Law & Economics 2009, Vol. 5, No. 1, 123.

Simmering, Volker, The Evolution of Standards, (Wiesbaden), 2003.

Simpson, Craig, Standardising technology – A further look at patent ambush and FRAND licensing undertakings, Competition Law Insight 2008, 8, verfügbar unter: http://www.steptoe.com/assets/attachments/3415.pdf (abgerufen am 14.03.2016).

Skitol, Robert A., Concerted Buying Power: Its Potential for Addressing the Patent Holdup Problem in Standard Setting, Antitrust Law Journal 2005, Vol. 72, 727.

Soyez, Volker, Parke Davis & Co. Plädoyer für eine Rückbesinnung, EuZW 2010, 361.

Spivak, Steven M./Brenner, F. Cecil, Standardization Essentials: Principles and Practice, (New York), 2001.

Stancke, Fabian, Marktinformation, Benchmarking und Statistiken – Neue Anforderungen an Kartellrechts-Compliance, BB 2009, 912.

Staniszewski, Piotr, The interplay between IP rights and competition law in the context of standardization, Journal of Intellectual Property Law & Practice 2007, Vol. 2, No. 10, 666, auch verfügbar unter: http://jiplp.oxfordjournals.org/content/2/10/666.full.pdf+html (abgerufen am 14.03.2016).

Starkowski, Reinhard, Die Angleichung technischer Rechtsvorschriften und industrieller Normen in der Europäischen Wirtschaftsgemeinschaft, (Berlin), 1973.

Stefener, Wolfgang, DIN-Normen – Ihre Zulässigkeit nach dem Gesetz gegen Wettbewerbsbeschränkungen, (Münster), 1970.

Stopper, Martin, Leitlinien für Horizontalvereinbarungen: Ende des Regel-Ausnahme-Prinzips von Art. 81 EG?, EuZW 2001, 426.

Straube, Frank/Vogeler, Stefan/Bensel, Philipp/Spiegel, Timo, Aktuelle Situation der RFID-Standardisierung, Nr. 1, (Berlin), 2007, verfügbar unter: https://depositonce.tu-berlin.de/bitstream/11303/1960/1/Dokument_21.pdf (abgerufen am 14.03.2016).

Straus, Joseph, Das Regime des European Telecommunications Standards Institute – ETSI: Grundsätze, anwendbares Recht und die Wirkung der ETSI gegenüber abgegebenen Erklärungen, GRUR Int 2011, 469.

Streinz, Rudolf (Hrsg.), EUV/AEUV, 2. Aufl., (München), 2012.

Studienvereinigung Kartellrecht e.V., Stellungnahme zu den Vorschlägen der Kommission für die Änderung der Horizontalleitlinien und der Gruppenfreistellungsverordnungen für Forschung und Entwicklungs- sowie Spezialisierungsvereinbarungen vom 25.06.2010, verfügbar unter: http://ec.europa.eu/competition/consultations/2010_horizontals/studienvereinigungkartellrecht_de.pdf (abgerufen am 14.03.2016).

Sucker, Michael, Normsetzung durch Kartelle und Marktbeherrscher im Bereich der Datenverarbeitungsindustrie – Eine Betrachtung aus Sicht des EG-Kartellrechts, CR 1988, 271.

Swanson, Daniel G./Baumol, William J., Reasonable and Nondiscriminatory (RAND) Royalties, Standards Selection, and Control of Market Power, Antitrust Law Journal 2005, Vol. 73, 1.

Tale-Yazdi, Georg, Mitarbeit in nationalen und internationalen Normungsausschüssen, DS 2015, 109.

Tamm Hallström, Kristina, Organizing the Process of Standardization, in: Brunsson, Nils/Jacobsson, Bengt, A world of standards, (Oxford), 2000, S. 85–99.

Tapia, Claudia, Industrial Property Rights, Technical Standards and Licensing Practices (FRAND) in the Telecommunications Industry, (Köln), 2010.

Teece, David J./Sherry, Edward F., Standards Setting and Antitrust, Minnesota Law Review 2003, Vol. 87, 1913.

Temple Lang, John, Eight Important Questions on Standards under European Competition Law, Competition Law International 2011, 32.

Terhechte, Jörg Philipp, Die ungeschriebenen Tatbestandsmerkmale des europäischen Wettbewerbsrechts, (Baden-Baden), 2004.

Thomas, Stefan, Die Bindungswirkung von Mitteilungen, Bekanntmachungen und Leitlinien der EG-Kommission, EuR 2009, 423.

Thum, Marcel, Netzwerkeffekte, Standardisierung und staatlicher Regulierungsbedarf, (Tübingen), 1995.

Treacy, Pat/Lawrance, Sophie, FRANDly fire: are industry standards doing more harm than good?, Journal of Intellectual Property Law & Practice 2008, Vol. 3, No. 1, 22.

Tuckett, Roger, ETSI's IPR policy: The implications for companies using European telecoms standards, Patent World September 1993, 23.

Den Uijl, Simon/de Vries, Henk, Setting a technological standard: which factors can organizations influence to achieve dominance?, in: Jakobs, Kai/Söderström, Eva (Hrsg.), 13th EURAS Proceedings, 2008, S. 105–119.

Ullrich, Hanns, Lizenzkartellrecht auf dem Weg zur Mitte, GRUR Int 1996, 555.

–, Patente, Wettbewerb und technische Normen: Rechts- und ordnungspolitische Fragestellungen, GRUR 2007, 817.

–, Patente und technische Normen: Konflikt und Komplementarität in patent- und wettbewerbsrechtlicher Sicht, in: Leistner, Matthias (Hrsg.), Europäische Perspektiven des Geistigen Eigentums, (Tübingen), 2010, S. 14–95.

Updegrove, Andrew, Ex Ante Disclosure: Risks, Rewards, Process and Alternatives, Consortium Standards Bulletin 2006, Vol. V, No. 6, verfügbar unter: http://www.consortiuminfo.org/bulletins/jun06.php#feature (abgerufen am 14.03.2016).

U.S. Department of Justice and the Federal Trade Commission, Antitrust Enforcement and Intellectual Property Rights: Promoting Innovation and Competition, 2007, verfügbar unter: http://www.ftc.gov/reports/antitrust-enforcement-intellectual-property-rights-promoting-innovation-competition-report (abgerufen am 14.03.2016).

Välimäki, Mikko, A flexible approach to RAND licensing, 2008, verfügbar unter: http://www.valimaki.com/org/frand_web.pdf (abgerufen am 14.03.2016).

Van de Valle de Ghelcke, Geoffroy, The Commission's New Guidance on Standardisation, Journal of European Competition Law & Practice 2011, Vol. 2, No. 4, 352, verfügbar unter: http://jeclap.oxfordjournals.org/content/2/4/352.full.pdf+html (abgerufen am 14.03.2016).

Vedder, Christoph/Heintschel von Heinegg, Wolff (Hrsg.), Europäisches Unionsrecht, (Baden-Baden), 2012.

Verbruggen, Johann/Lõrincz, Patente und technische Normen, GRUR Int 2002, 815.

Vieweg, Klaus, Technische Normen im EG-Binnenmarkt, in: Müller-Graff, Peter-Christian (Hrsg.), Technische Regeln im Binnenmarkt, (Baden-Baden), 1991, S. 57ff.

Vollmer, Andrew N., Product and Technical Standardisation Under Article 85, E.C.L.R. 1986, 388.

De Vries, Henk, Standards for the Nation – Analysis of National Standardization Organizations, (Boston u.a.), 1999.

–, Fundamentals of Standards and Standardization, in: Hesser, Wilfried/Feilzer, Albert/de Vries, Henk (Hrsg.), Standardisation in Companies and Markets, (Hamburg), 2006, S. 1–33.

Wagner-von Papp, Florian, Information Exchanges in the Draft Horizontal Cooperation Guidelines, KSzW 2011, 87.

–, Marktinformationsverfahren: Grenzen der Information im Wettbewerb, (Baden-Baden), 2004.

Walther, Michael/Baumgartner, Ulrich, Standardisierungs-Kooperationen und Kartellrecht, WuW 2008, 158.

Walz, Axel, Patentverletzungsklagen im Lichte des Kartellrechts, GRUR Int 2013, 718.

Walzel, Daisy Karoline, Bindungswirkungen ungeregelter Vollzugsinstrumente der EU-Kommission, (Köln u.a.), 2008.

Weck, Thomas, Schutzrechte und Standards aus Sicht des Kartellrechts, NJOZ 2009, 1177.

Van Wegberg, Marc, Intellectual Property Rights and Competitively Fragmented Standardization Processes, in: Bousquet, Françoise/Buntzly, Yves/Coenen, Heide/Jakobs, Kai (Hrsg.), 9th EURAS Proceedings, 2004, S. 214–226.

Weitbrecht, Andreas/Mühle, Jan, Europäisches Kartellrecht 2009, EuZW 2010, 327.

Weitzner, Daniel J., Standards, Patents and the Dynamics of Innovation on the World Wide Web, 2004, verfügbar unter: http://www.w3.org/2004/10/patents-standards-innovation.html (abgerufen am 14.03.2016).

Werle, Raymund, Institutional Aspects of Standardization: Jurisdictional conflicts and choice of standardization organizations, MPIfG Discussion Paper 00/1, verfügbar unter: http://www.econstor.eu/bitstream/10419/43727/1/314050728.pdf (abgerufen am 14.03.2016).

Wey, Christian, Marktorganisation durch Standardisierung: ein Beitrag zur Neuen Institutionenökonomik des Marktes, (Berlin), 1998.

Wiebe, Andreas, Wettbewerbs- und zivilrechtliche Rahmenbedingungen der Vergabe und Verwendung von Gütezeichen, WRP 1993, 74.

Wiedemann, Gerhard (Hrsg.), Kartellrecht, 2. Aufl., (München), 2008.

Wiesendahl, Stefan, Technische Normung in der Europäischen Union, (Berlin), 2007.

Winckler, Rudolf, Verfahren und Organisation der Harmonisierung technischer Normen – weltweit und im europäischen Rahmen, in: Müller-Graff, Peter-Christian (Hrsg.), Technische Regeln im Binnenmarkt, (Baden-Baden), 1991, S. 79ff.

Wölker, Thomas, Entstehung und Entwicklung des Deutschen Normenausschusses, (Berlin), 1991.

Wolf, Gunnar, Kartellrechtliche Grenzen von Produktinnovationen, (Baden-Baden), 2004.

Wolfrum, Patrique, Die Rolle von Komitees bei der Standardsetzung in den Bereichen des Internets und der Informationstechnologien, (Baden-Baden), 2013.

Zemlin, Hans, Die überbetrieblichen technischen Normen – ihre Wesensmerkmale und ihre Bedeutung im rechtlichen Bereich, (Köln u.a.), 1973.

Zerdick, Axel/Picot, Arnold/Schrape, Klaus/Artopé, Alexander/Goldhammer, Klaus/Heger, Dominik/Lange, Ulrich/Vierkant, Eckart/López-Escobar, Esteban/Silverstone, Roger, Die Internet-Ökonomie – Strategien für die digitale Wirtschaft, 3. Aufl., (Berlin u.a.), 2001.

Zhang, Liguo, How IPR Policies of Telecommunication Standard-Setting Organizations Can Effectively Address the patent Ambush Problem, IIC 2010, 380.

Zorn, Dieter, Die Schaffung neuer Technologiestandards unter besonderer Berücksichtigung des Europäischen Kartellrechts – Ein juristischer Leitfaden, 2002.

Zubke-von Thünen, Thomas, Technische Normung in Europa, (Berlin), 1999.

Abkürzungen

a.A.	andere Ansicht
Abb.	Abbildung
ABl.	Amtsblatt
Abs.	Absatz
AEUV	Vertrag über die Arbeitsweise der Europäischen Union
a.F.	alte Fassung
ANEC	European Association for the Co-ordination of Consumer representation in Standardisation
Art.	Artikel
Aufl.	Auflage
AVBWasserV	Verordnung über Allgemeine Bedingungen für die Versorgung mit Wasser
Az.	Aktenzeichen
BB	Betriebs-Berater
Bd.	Band
BKartA	Bundeskartellamt
BMWi	Bundesministerium für Wirtschaft und Energie
bspw.	beispielsweise
BT-Drs.	Bundestags-Drucksache
BVerfGE	Sammlung der Entscheidungen des Bundesverfassungsgerichts
bzw.	beziehungsweise
ca.	circa
CDMA	Code Division Multiple Access
CECED	Conseil Européen de la Construction d'Appareils Domestiques
CEN	Comité Européen de Normalisation
CENELEC	Comité Européen de Normalisation Electrotechnique
CEPT	Conférence Européenne des Administrations des Postes et des Télécommunications
CR	Computer und Recht
DB	Der Betrieb
Ders.	Derselbe
d.h.	das heißt
Dies.	Dieselbe/Dieselben
DIN	Deutsches Institut für Normung e.V.
DIS	Draft International Standard
DKE	Deutsche Kommission Elektrotechnik Elektronik Informationstechnik
DNA	Deutscher Normenausschuss

DOJ	Department of Justice
DVB	Digital Video Broadcasting Project
DVBl.	Deutsche Verwaltungsblätter
DVGW	Deutsche Vereinigung des Gas- und Wasserfaches e.V.
DVSI	Digital Voice Systems., Inc.
EAG	Europäische Atomgemeinschaft
ebd.	ebenda
E.C.L.R.	European Competition Law Review
EFTA	European Free Trade Association
EG	Europäische Gemeinschaften
EGKS	Europäische Gemeinschaft für Kohle und Stahl
EGV	Vertrag der Europäischen Gemeinschaften
Einl.	Einleitung
E.I.P.R.	European Intellectual Property Review
EL	Ergänzungslieferung
EN	Europäische Norm
endg.	endgültig
ES	ETSI Standard
etc.	et cetera
ETSI	European Telecommunication Standards Insitute
EU	Europäische Union
EuG	Europäisches Gericht erster Instanz
EuGH	Europäischer Gerichtshof
EuR	Europarecht
EURAS	European Academy for Standardisation e.V.
EUV	Vertrag über die Europäische Union
EuZW	Europäische Zeitschrift für Wirtschaftsrecht
EWG	Europäische Wirtschaftsgemeinschaft
EWS	Europäisches Wirtschafts- und Steuerrecht
f.	folgende (Seite, Randnummer)
FAZ	Frankfurter Allgemeine Zeitung
FDIS	Final Draft International Standard
ff.	Folgende (Seiten, Randnummern)
FK	Frankfurter Kommentar
Fn.	Fußnote
FNK	Federatie van Nederlandse Kraanverhuurbedijven
FRAND	Fair, Reasonable and Non-Discriminatory
FS	Festschrift
FTC	Federal Trade Commission
F&E	Forschung und Entwicklung
gem.	gemäß
ggf.	gegebenenfalls
grds.	grundsätzlich
GRUR	Gewerblicher Rechtsschutz und Urheberrecht

GRUR Int	Gewerblicher Rechtsschutz und Urheberrecht Internationaler Teil
GRUR Prax	Gewerblicher Rechtsschutz und Urheberrecht Praxis im Immaterialgüter- und Wettbewerbsrecht
GSM	Global System for Mobile Communications
GVO	Gruppenfreistellungsverordnung
GWB	Gesetz gegen Wettbewerbsbeschränkungen
HD DVD	High Density Digital Versatile Disc
Hervorh.	Hervorhebung
Horizontalleitlinien-E	Entwurf der Horizontalleitlinien
Hrsg.	Herausgeber
HTML	Hypertext Markup Language
IACS	International Association of Classification Societies und International Association of Classification Societies Limited
i.d.R.	in der Regel
IEC	International Electrotechnical Commission
IIC	International Review of Intellectual Property and Competition Law
Inc.	Incorporated
insb.	insbesondere
IPR	Intellectual Property Rights
i.S.d.	im Sinne des
ISO	International Organization for Standardization
IT	Informationstechnologie
ITU	International Telecommunication Union
JEDEC	Joint Electron Device Engineering Council
JuS	Juristische Schulung
JZ	JuristenZeitung
Kap.	Kapitel
KMU	Kleine und mittelständische Unternehmen
KOM	Dokumente der Kommission der Europäischen Union
KSzW	Kölner Schrift zum Wirtschaftsrecht
K&R	Kommunikation & Recht
Lfg.	Lieferung
lit.	littera
LS	Leitsatz
max.	maximal
mind.	mindestens
MMR	MultiMedia und Recht
Mrd.	Milliarden
MüKo	Münchener Kommentar
m.V.a.	mit Verweis auf
m.w.N.	mit weiteren Nachweisen
NADI/NDI	Normenausschuss der Deutschen Industrie

NJOZ	Neue Juristische Online Zeitschrift
No.	numero
NORMAPME	European Office of Crafts, Trades and Small and Medium sized Enterprises for Standardisation
Nr.	Nummer
NVwZ	Neue Zeitschrift für Verwaltungsrecht
NZKart	Neue Zeitschrift für Kartellrecht
ÖNORM	Österreichische Norm
o.g.	oben genannte
PAG	Patent Advisory Group
PAS	Publicly Available Specification
PatG	Patentgesetz
PVC	Polyvinylchlorid
RAND	Reasonable and Non-Discriminatory
RFID	Radio-Freqency Identification
RIW	Recht der Internationalen Wirtschaft
RL	Richtlinie
Rn.	Randnummer
s.	siehe
S.	Seite/Satz
SBS	Small Business Standards
SCK	Stichting Certificatie Kraanverhuurbedrjif
SDRAM	Synchronous Dynamic Random Access Memory
Sec.	Section
Slg.	Amtliche Sammlung der Rechtsprechung des Gerichtshofes und des Gerichts erster Instanz
sog.	sogenannte
SSNIP-Test	Small but significant non-transitory increase in price - Test
TAG	Technical Architecture Group
TCG	Trusted Computing Group
TCPA	Trusted Computing Platform Alliance
TMB	Technical Management Board
TS	Technische Spezifikation
u.a.	und andere/unter anderem
UMTS	Universal Mobile Telecommunications System
urspr.	ursprünglich
Urt.	Urteil
U.S.	United States
USD	United States Dollar
usw.	und so weiter
v.	vom
VCR	Video Cassette Recorder
VDI	Verein Deutscher Ingenieure
Verf.	Verfasserin

vgl.	vergleiche
VHS	Video Home System
VITA	VMEbus International Trade Association
VMD	Versatile Multilayer Disc
VO	Verordnung
Vol.	Volume
Vorb.	Vorbemerkungen
vs.	versus
WCDMA	Wideband Code Division Multiple Access
WM	Zeitschrift für Wirtschafts- und Bankrecht
WRP	Wettbewerb in Recht und Praxis
WSC	World Standards Cooperation
WuW	Wirtschaft und Wettbewerb
W3C	World Wide Web Consortium
XML	Extensible Markup Language
z.B.	zum Beispiel
Ziff.	Ziffer
ZWeR	Zeitschrift für Wettbewerbsrecht

Abbildungen

Abbildung 1 Kreislauf der positiven Rückkopplungen 29
Quelle: angelehnt an Zerdick u.a. und Hardenacke

Abbildung 2 Verfahrensabschnitte und dazugehörige Dokumente 60
Quelle: 2.1.3.1 der ISO/IEC Directives Part 1

Einleitung

Technische Standards sind ein seit langem bekanntes Phänomen. Aufgrund ihres gesamtwirtschaftlichen Nutzens sind sie aus keinem Lebensbereich mehr hinwegzudenken. Standardsetzung ist nicht nur wettbewerbsfördernd, sondern notwendig für das Funktionieren moderner Wirtschaften; mögen die Standards einfach und trivial oder diffizil und komplex sein. So erhöhen sie die Austauschbarkeit und Interoperabilität von Gütern, sodass bei grenzüberschreitender Vereinheitlichung von Standards zudem Handelshemmnisse abgebaut werden. Die Standardisierung spielt damit eine wichtige Rolle bei einem der „berühmtesten" Projekte der Europäischen Union – dem Binnenmarkt. Vor der Einführung eines neuen Standards kommt es jedoch häufig zu Auseinandersetzungen und Konflikten zwischen den beteiligten Parteien, da Standards nicht nur enorm wichtig für die Weiterentwicklung und das Wachstum eines Marktes sind, sondern auch über den Erfolg oder Misserfolg einzelner Unternehmen bestimmen können. Denn wessen Technologie zum Standard erhoben wird, der hat zumindest einen Startvorteil gegenüber der Konkurrenz, in vielen Fällen auch die Hoffnung auf die Marktführerschaft.

Als Beispiel aus jüngerer Vergangenheit kann der Streit um einen international oder auch „nur" europaweit genormten Stecker und eine standardisierte Ladetechnologie für Elektroautos dienen.[1] Um Elektroautos länderübergreifend und ähnlich weitgehend wie durch Verbrennungsmotoren betriebene Fahrzeuge nutzen zu können, ist die Verfügbarkeit kompatibler Ladestationen ein ausschlaggebender Faktor. Nur wenn solche vereinheitlichten Lademöglichkeiten bestehen, erscheint ein dauerhafter Erfolg von Elektrofahrzeugen wahrscheinlich. Und auch insoweit gilt, wer zuerst einen entsprechenden Standard setzt, hat gute Chancen, ihn weltweit durchzusetzen.[2] Aus diesem Grund prallten die Interessen der verschiedenen Hersteller, der Zulieferer, der Stromkonzerne und der Telekommunikationsunternehmen bei der Suche nach einem genormten Ladestecker aufeinander, sodass erst nach

---

1 Vgl. Spiegel online v. 29.08.2010 („Fehlende Standards bei Elektroautos – Sorry, falsches Ladekabel!"), verfügbar unter: http://www.spiegel.de/auto/aktuell/fehlende-standards-bei-elektroautos-sorry-falsches-ladekabel-a-711158.html (abgerufen am 14.03.2016); FAZ-Beilage v. 08.09.2010, S. B2 („Noch kein grenzenloses Vergnügen"); FAZ v. 06.04.2011, S. 14 („Normen-Institut warnt vor Vormachtstellung der Amerikaner – Grenzkontrollen und Elektromobilität als Zukunftsfelder").

2 Vgl. Spiegel online v. 02.09.2010 („Chinas E-Auto-Offensive – Stromstoß aus Fernost"), verfügbar unter: http://www.spiegel.de/auto/aktuell/chinas-e-auto-offensive-stromstoss-aus-fernost-a-713699.html (abgerufen am 14.03.2016). Zur Durchsetzung des Mennekes-Stecker auf deutscher Ebene siehe FAZ v. 17.08.2010, S. 14 („Die Norm kommt aus dem Sauerland").

jahrelangen Verhandlungen zu Beginn des Jahres 2013 ein europäischer Standard gefunden werden konnte.[3]

Bei der Erarbeitung technischer Normen strebt jede Partei an, dass ihre Interessen möglichst effektiv in den Prozess eingebracht und bei der Abfassung der Norm berücksichtigt werden. Diese Interessendurchsetzung kann eine Partei alleine, aber auch in Zusammenarbeit mit anderen Teilnehmern, die ggf. ähnliche Ziele verfolgen, forcieren. Die Schaffung technischer Standards bietet somit Potenzial für Absprachen zwischen Unternehmen, um sich gegenüber Konkurrenten einen Vorteil zu verschaffen. Der Vorteil kann für alle Mitglieder der Standardisierungskooperation gegenüber Nichtmitgliedern oder auch nur für einzelne Teilnehmer eines Standardisierungsverfahrens dadurch eintreten, dass die Ausgestaltung der Norm insbesondere ihre Interessen berücksichtigt. Während es üblicherweise Ziel des Wettbewerbs ist, dass die Akteure auf dem Markt durch die Produktmerkmale um die Gunst der Marktgegenseite wetteifern und daran interessiert sind, dass sich ihre Produkte positiv von denen der Konkurrenten unterscheiden und aus diesem Grund die Produktmerkmale fortlaufend verbessern, wirkt eine technische Standardsetzung genau in die entgegengesetzte Richtung, indem sie Produktmerkmale vereinheitlicht.[4] Die Standardsetzung erfolgt, indem Unternehmen, die eigentlich in einem Wettbewerbsverhältnis zueinander stehen, sich zusammensetzen und gemeinsam aus verschiedenen Technologien eine auswählen, die zum Standard werden soll, während dadurch andere Technologien ausgeschlossen werden. So versteht sich z.B. das Deutsche Institut für Normung (DIN) selbst als den „runde[n] Tisch, an dem sich Hersteller, Handel, Verbraucher, Handwerk, Dienstleistungsunternehmen, Wissenschaft, technische Überwachung, Staat, jedermann, der ein Interesse an der Normung hat, zusammensetzen, um den Stand der Technik zu ermitteln und unter Berücksichtigung neuer Erkenntnisse in Deutschen Normen niederzuschreiben“.[5] Obwohl die technische Standardisierung aufgrund der mit ihr verknüpften gesamtwirtschaftlichen Vorteile traditionell wohlwollend betrachtet worden ist,[6] erscheint eben aufgrund dieses Potenzials für Absprachen zwischen Wettbewerbern ein kritischer kartellrechtlicher Blick auf die Art und Weise der Standardsetzung angemessen. So äußerte sich die ehemalige EU-Kommissarin *Neelie Kroes* in einer Rede am 10.06.2008 wie folgt: „(...) Allowing companies to sit around a table and agree technical developments for their industry is not something that the competition rules would usually allow. So when it is allowed we have to look carefully at how it is done.“[7]

---

3 Vgl. FAZ online v. 03.02.2013 („Der Mennekes-Stecker ist europäische Norm“), verfügbar unter: http://www.faz.net/aktuell/wirtschaft/elektroautos-der-mennekes-stecker-ist-europaeische-norm-12049549.html#Drucken (abgerufen am 14.03.2016).

4 Vgl. auch *Picht*, S. 1f.

5 Vgl. DIN, Grundlagen der Normungsarbeit, Handbuch der Normung, Bd. 1, S. 1–1.

6 Vgl. *González Díaz*, in: Faull/Nikpay, S. 736f.

7 *Kroes*, Being Open About Standards, Speech/08/317 v. 10.06.2008, verfügbar unter: http://europa.eu/rapid/press-release_SPEECH-08-317_en.htm (abgerufen am 14.03.2016).

Auch wenn technische Standardsetzung bereits aus verschiedenen Blickwinkeln betrachtet worden ist, lag der Fokus bislang nicht auf dem Standardisierungs*prozess* und dessen Ausgestaltung zur Verhinderung von Kartellrechtsverstößen. In der bisherigen wissenschaftlichen Diskussion standen hingegen Fallgestaltungen im Vordergrund, die die Situation nach bereits erfolgter Festlegung eines Standards betrafen. Gegenstand war vielfach das Verhältnis von Standardisierung zu Art. 102 AEUV und dabei insbesondere die konfliktreiche Beziehung zwischen Kartellrecht und Rechten des geistigen Eigentums;[8] erörtert wurden Fallgestaltungen, in denen ein Marktmachtmissbrauch darin lag, dass Wettbewerbern der Zugang zu Standards verweigert wurde[9], oder darin, dass der Inhaber von geistigen Schutzrechten an einer im Standard implementierten Technologie von Wettbewerbern überhöhte Lizenzgebühren für die Nutzung der Schutzrechte verlangte. Schließlich waren Fälle des sog. „patent ambush“[10] – auch aufgrund der in diesem Zusammenhang ergangenen „Rambus-Entscheidung“ der U.S.-amerikanischen Federal Trade Commission (FTC) sowie der von der Europäischen Kommission gegen die Unternehmen

---

8 Vgl. z.B. *Appl*, Technische Standardisierung und Geistiges Eigentum; *Brakhahn*, Manipulation eines Standardisierungsverfahrens durch Patenthinterhalt und Lockvogeltaktik; *Deml*, Europarechtliche Anforderungen und Grenzen der technischen Normung; *Drexl*, Journal of Competition Law & Economics 2012, Vol. 8, No. 3, 507, 530ff.; *Fischmann*, Die Pflicht zur Lizenzerteilung in Patent-Ambush-Fällen nach deutschem und europäischem Kartellrecht, GRUR Int 2010, 185; *Fräßdorf*, Rechtsfragen des Zusammentreffens gewerblicher Schutzrechte, technischer Standards und technischer Standardisierung; *Loest/Bartlik*, Standards und Europäisches Wettbewerbsrecht, ZWeR 2008, 41; *Maaßen*, Normung, Standardisierung und Immaterialgüterrechte; *Petritsi*, The Case of Unilateral Patent Ambush Under EC Competition Rules, World Competition 2005, Vol. 28, No. 1, 25; *Tapia*, Industrial Property Rights, Technical Standards and Licensing Practices (FRAND) in the Telecommunications Industry; *Weck*, Schutzrechte und Standards aus Sicht des Kartellrechts, NJOZ 2009, 1177.
Vom 14.10.2014 bis zum 31.01.2015 fand eine öffentliche Konsultation der Europäischen Kommission zum Zusammenspiel zwischen technischen Standards und Rechten des geistigen Eigentums statt. Deren Ziel ist es, festzustellen, ob und wie sich das gegenwärtige System weiterentwickeln müsste, um den immer schneller wechselnden Anforderungen des wirtschaftlichen und technischen Umfelds gerecht zu werden; siehe dazu http://ec.europa.eu/growth/industry/intellectual-property/ (abgerufen am 14.03.2016).

9 EuG, Urt. v. 17.09.2007, II-3601 – Microsoft; *Lange*, Europäisches Kartellrecht und geistiges Eigentum – der Fall Microsoft, in: Lange/Klippel/Ohly, Geistiges Eigentum und Wettbewerb, 2009, S. 131ff.

10 Unter „patent ambush“ fasst man Situationen zusammen, in denen ein an der Standardsetzung beteiligtes Unternehmen seine für den Standard wesentlichen Schutzrechte (zunächst) nicht offenbart; erst nach Annahme des Standards macht das Unternehmen Rechte aus den Schutzrechten gegenüber anderen Unternehmen, die den Standard verwenden, geltend.

Rambus[11] und Qualcomm[12] eingeleiteten Verfahren – Gegenstand verschiedener Untersuchungen.[13]

Wie gezeigt wirft aber auch die Phase der Schaffung technischer Standards aufgrund des kooperativen Charakters solcher Verfahren eine Reihe bisher nicht geklärter kartellrechtlicher Fragen auf, da jede beteiligte Partei anstrebt, ihre Interessen möglichst effektiv in den Standardisierungsprozess einzubringen und Absprachen untereinander für Unternehmen interessant sein können, um sich gegenüber Konkurrenten einen Vorteil zu verschaffen.

Ziel dieser Arbeit ist es zum einen, festzustellen, ob technische Standardsetzung unter das Europäische Kartellverbot des Art. 101 Abs. 1 AEUV[14] fällt; zum anderen, inwieweit die konkrete Ausgestaltung eines Normungsverfahrens dazu beiträgt, dass die technische Standardsetzung in den Genuss der Freistellung vom Kartellverbot nach Art. 101 Abs. 3 AEUV kommen kann.

Dazu wird ein analytischer Ansatz verfolgt. In einem ersten Schritt sollen die Tatbestandsmerkmale des Art. 101 Abs. 1 AEUV ausgelegt werden. Dabei ist zu beachten, dass EU-kartellrechtliche Begriffe aufgrund ihrer spezifisch wettbewerbsbezogenen Wertung autonom auszulegen sind, d.h. den Begriffen können nicht ohne Weiteres Bedeutungen beigemessen werden, die aus anderen Verwendungszusammenhängen bekannt sind.[15] Ausgangspunkt der Auslegung ist insofern – wie auch bei der Auslegung deutschen Rechts – zwar zunächst der Wortlaut der Vorschrift; die grammatikalische Auslegung bzw. Wortlautauslegung stößt bei Unionsrecht jedoch relativ schnell an ihre Grenzen, da das Unionsrecht in verschiedenen Sprachen abgefasst ist und alle Sprachfassungen gem. Art. 55 EUV verbindlich sind.[16] Für die Wortlautauslegung präzisierte der Gerichtshof seine Auslegungsmethode dahingehend, dass er zunächst verschiedene Sprachfassungen vergleicht und bei sich widersprechenden Sprachfassungen nicht einer von ihnen den Vorzug gibt; er wendet nicht automatisch diejenige nationale Bedeutung des Rechtsbegriffes

11 MEMO/07/330 v. 23.08.2007.

12 MEMO/07/389 v. 01.10.2007.

13 Anstatt vieler mit weiteren Nachweisen *Klees*, Standardsetzung und „patent ambush“ im US-amerikanischen und europäischen Wettbewerbsrecht, EWS 2008, 449; *Klees*, Standardsetzung und Kartellrecht, Von der „Patentfalle“ in eine „Vergleichsfalle“?, EuZW 2010, 161; *Fischmann*, Die Pflicht zur Lizenzerteilung in Patent-Ambush-Fällen nach deutschem und europäischem Kartellrecht, GRUR Int 2010, 185; *Tapia*, S. 84ff., 99ff.

14 Vertrag über die Arbeitsweise der Europäischen Union, ABl. 2008 C 115/47, in Kraft getreten am 01.12.2009.

15 *Ackermann*, in: Riesenhuber, § 21, Rn. 15.

16 *Pechstein/Drechsler*, in: Riesenhuber, § 8, Rn. 13, 18. Eine Durchbrechung der Gleichrangigkeit erfolgt, wenn der Gerichtshof unbestimmte Rechtsbegriffe nicht unionsautonom interpretiert; dann greift er auf wenige Sprachfassungen – inbs. die französische, englische und deutsche – zurück, *Pechstein/Drechsler*, in: Riesenhuber, § 8, Rn. 22 m.w.N.

an, welche die meiste Verbreitung in den nationalen Rechtsordnungen gefunden hat. Für die endgültige Bestimmung des Inhalts der Norm werden die systematische und teleologische Auslegungsmethode herangezogen.[17] Auch der historischen Auslegung kommt nur untergeordnete Bedeutung zu, da die hierfür relevanten Entstehungsdokumente zu den Gründungsverträgen nicht zugänglich sind und nach mittlerweile über 50-jähriger Geltung der Verträge gegenüber aktuellen Fragen aufgrund der Dynamik des Unionsrechts in den Hintergrund treten müssten.[18] Anwendung finden daher in erster Linie die systematische und die teleologische Auslegung, nach der einerseits die Überschrift der Norm, unter der sie zu finden ist, der Stand der Norm im gesamten Normgefüge und ihre Funktion für das Vertragswerk bzw. Ziel und Zweck der Norm zu betrachten sind.[19]

Aus den genannten Gründen werden bei der Auslegung der Merkmale des Art. 101 Abs. 1 AEUV in dieser Arbeit die „klassischen" Auslegungsmethoden folglich nicht streng dogmatisch für jedes Tatbestandsmerkmal in der Folge Auslegung nach Wortsinn, Historie, Systematik und schließlich Sinn und Zweck der Norm angewandt – eine trennscharfe Abgrenzung ist auch nicht immer möglich[20] –, sondern es werden nach einem eher praktischen Ansatz die Aspekte herausgegriffen, die im Ergebnis den Ausschlag geben. Die Arbeit strebt keinen Beitrag zur europarechtlichen Methodendiskussion an.

In einem zweiten Schritt werden die Freistellungsvoraussetzungen des Art. 101 Abs. 3 AEUV im Hinblick auf die für technische Standardisierung maßgeblichen Gesichtspunkte ausgelegt. Während sich eine Prüfung von Vereinbarungen über Normen mithilfe der Tatbestandsmerkmale des Art. 101 Abs. 1 AEUV systematisch durchführen lässt, bieten die Freistellungsmerkmale des Art. 101 Abs. 3 AEUV aufgrund ihrer offenen Formulierung weniger Anhaltspunkte für eine systematische Prüfung und Einordnung von Normenvereinbarungen unter die einzelnen Freistellungsmerkmale. Aus diesem Grund wird auf mögliche sog. Entwicklungspfade zurückgegriffen, die ein Standardisierungsprozess nehmen kann. Diese Entwicklungspfade bilden verschiedene Aspekte ab, in denen es zu Konflikten mit dem Kartellrecht kommen kann, ohne dabei Anspruch darauf zu erheben, flächendeckend alle konfliktträchtigen Bereiche zu erfassen. Die Entwicklungspfade orientieren sich am Ablauf des Normungsprozesses und betreffen z.B. die Teilnahmemöglichkeit am Normungsprozess, den Inhalt der Norm, den Zugang der Normungsteilnehmer und Dritter zur festgelegten Norm etc. Im Rahmen der Untersuchung dieser Aspekte werden verstärkt die Horizontalleitlinien der Europäischen Kommission herangezogen, da die Kommission als europäische Wettbewerbsbehörde in den

17 *Pechstein/Drechsler*, in: Riesenhuber, § 8, Rn. 20 m.w.N.
18 *Pechstein/Drechsler*, in: Riesenhuber, § 8, Rn. 14, 32 m.w.N.
19 *Pechstein/Drechsler*, in: Riesenhuber, § 8, Rn. 14, 17, 23, 29.
20 So kombiniert auch der EuGH bei der Auslegung des Unionsrechts insbesondere die systematische und die teleologische Auslegungsmethode, um die Plausibilität seiner Ergebnisse zu unterstreichen, vgl. *Pechstein/Drechsler*, in: Riesenhuber, § 8, Rn. 39.

Horizontalleitlinien ihre Auffassung zu einigen – wenn auch nicht zu allen – dieser kartellrechtlich relevanten Bereiche niedergelegt hat und den Horizontalleitlinien somit erhebliche praktische Bedeutung für die Normanwender zukommt.

Auch wenn die Kommission im Rahmen der Horizontalleitlinien über Standardisierungsvereinbarungen hinaus verschiedene Kooperationsformen behandelt (z.B. Forschungs- und Entwicklungskooperationen), sollen Gegenstand der gesamten Untersuchung allein „reine" Standardisierungsvereinbarungen im Rahmen von Kooperationen sein, die sich vorwiegend mit der Schaffung technischer Standards befassen. Vereinbarungen, bei denen die Standardisierung nur Teil einer F&E-Vereinbarung ist, werden nicht behandelt, da sich dort die kartellrechtliche Bewertung aufgrund der Einflüsse dieser Kooperationensformen erheblich verändern kann.[21] Auch sollen keine empirischen Untersuchungen zur Auswirkung technischer Standardisierung auf den Wettbewerb und die Marktteilnehmer und Verbraucher vorgenommen werden, sondern die in verschiedenen wirtschaftswissenschaftlichen Arbeiten als zutreffend erkannten wettbewerblich relevanten Auswirkungen sollen als Anknüpfungspunkt dienen, um die Standardisierung in das Problemfeld des Art. 101 AEUV einzuordnen. Ziel ist es also nicht, die ökonomischen Folgen in allen Einzelheiten darzulegen oder die Auswirkungen zunächst erst mit ökonomischen Methoden zu ermitteln. Es sollen allein die typischen Folgen technischer Normung deskriptiv aufgezeigt werden.

Von der Kommission oder den europäischen Gerichten entschiedene Fälle oder Fallbeispiele werden lediglich zur Anschaulichkeit hinsichtlich einzelner Problembereiche vorgestellt. Es ist keine umfassende Darstellung oder Diskussion der gesamten bisherigen Komissionsentscheidungen oder Rechtsprechung der europäischen Gerichte angestrebt. Schließlich werden spezielle Problembereiche eines sog. „hold-ups" oder eines sog. „patent ambushes" insoweit nicht im Rahmen dieser Arbeit behandelt, wie sie vorwiegend das Missbrauchsverbot des Art. 102 AEUV betreffen.

Die Arbeit gliedert sich in drei Kapitel. Am Ende jedes thematischen Abschnitts oder Unterabschnitts erfolgt eine Zusammenfassung und Bewertung der wichtigsten Ergebnisse, die für die fortgehende Untersuchung maßgeblich sind. Im ersten Kapitel der Arbeit finden sich die für die weitere Untersuchung erforderlichen Grundlagen. Die bestehende uneinheitliche Terminologie im Bereich der technischen Standardsetzung macht es zunächst erforderlich, den für die Arbeit verwendeten Begriff des technischen Standards festzulegen. Weiterhin ist eine Darstellung der einzelnen wettbewerbsrelevanten Auswirkungen von Standardisierung nötig, um einen Anknüpfungspunkt für die Beantwortung der Frage zu liefern, ob eine Wettbewerbsbeschränkung im Sinne des Art. 101 Abs. 1 AEUV vorliegt. Ferner soll die Mitgliederstruktur der standardsetzenden Organisationen anhand verschiedener anerkannter Normungsorganisationen und sonstiger Foren und Konsortien

21 Zu Fällen an der Schnittstelle zwischen F&E und Standardsetzung siehe *Lundqvist*, S. 214ff.

beispielhaft aufgezeigt werden. Denn wer unter welchen Voraussetzungen Mitglied einer Standardisierungsorganisation werden kann, kann erheblichen Einfluss auf das Ergebnis des Standardsetzungsprozesses haben. Schließlich ist eine Kenntnis der derzeitig in Standardisierungsorganisationen durchgeführten Verfahren erforderlich, um im Weiteren beurteilen zu können, ob ein Standardisierungsverfahren gegen Art. 101 Abs. 1 AEUV verstößt und ob es ggf. in den Genuss einer Freistellung nach Art. 101 Abs. 3 AEUV kommen kann.

Anschließend werden im zweiten Kapitel Vereinbarungen über Normen daraufhin untersucht, ob sie gegen das Kartellverbot des Art. 101 AEUV verstoßen. Zunächst wird anhand der einzelnen Tatbestandsmerkmale herausgearbeitet, ob technische Standardisierung trotz ihrer durchaus auch erheblichen positiven Auswirkungen auf den Wettbewerb grundsätzlich unter das Kartellverbot des Art. 101 Abs. 1 AEUV fällt. Besonderes Augenmerk wird auf die verschiedenen Stadien des Standardisierungsprozesses und ihre Bewertung als wettbewerbsbeschränkende Verhaltensweise im Sinne des Kartellverbotes, sowie das Eintreten einer Wettbewerbsbeschränkung durch technische Standardisierung gelegt. Diese Aspekte werden in der bisherigen Auseinandersetzung mit technischer Standardsetzung häufig ohne genaue Untersuchung unter Berufung auf die zahlreichen positiven Auswirkungen von Standardisierung und die von der Europäischen Kommission in den Horizontalleitlinien aufgestellten Voraussetzungen (Offenheit, Transparenz des Normungsverfahrens etc.) verneint. Es schließt sich die Untersuchung an, ob und unter welchen Voraussetzungen für wettbewerbsbeschränkende Vereinbarungen über Normen eine Freistellung nach Art. 101 Abs. 3 AEUV in Betracht kommt. Die gesetzlich genannten Voraussetzungen der Freistellung werden zunächst in Grundzügen dargestellt. Der darauf folgende Abschnitt der Untersuchung ist den einzelnen möglichen Entwicklungspfaden eines Standardisierungsverfahrens gewidmet. Ziel ist es festzustellen, wie diese einzelnen Aspekte des Normungsprozesses ausgestaltet werden können und sollten, um eine Freistellung nach Art. 101 Abs. 3 AEUV möglich zu machen. Dazu werden auch die Horizontalleitlinien der Kommission herangezogen. Sollten zu einzelnen Bereichen Entscheidungen der Europäischen Kommission oder der europäischen Gerichte existieren, werden sie im Zusammenhang mit dem jeweiligen Sachmerkmal hinsichtlich der für Art. 101 AEUV maßgeblichen Kriterien beleuchtet. Am Ende dieses Abschnitts werden kurz die möglichen Rechtsfolgen eines Verstoßes gegen Art. 101 AEUV durch technische Standardsetzung aufgezeigt.

Die Untersuchung schließt mit einem Fazit, in dem die wesentlichen Ergebnisse der Arbeit in Thesen zusammengefasst werden. Weiterhin werden in einem Ausblick normativ Vorschläge unterbreitet, welche Konsequenzen die Standardisierungsorganisationen für ihre Verfahrensordnungen aus den herausgearbeiteten materiellen Voraussetzungen an einen Normungsprozess ziehen sollten. Zudem werden in bestimmten Bereichen, in denen die Auffassung der Kommission als unzutreffend oder zu eng erkannt wurde, Empfehlungen ausgesprochen, wie die Europäische Kommission ihre Horizontalleitlinien ändern sollte.

Kapitel 1: Grundlagen

Dieses Kapitel enthält die Grundlagen, auf die sich die Untersuchung im weiteren Verlauf der Arbeit stützen wird. Aufgrund der uneinheitlichen Terminologie ist es erforderlich, zunächst eine Definition des zentralen Begriffes „technische Norm“ bzw. „technischer Standardard“, die für diese Arbeit durchgehend verwendet wird, festzulegen (unter Kap. 1. A.). In einem weiteren Schritt werden sowohl die wettbewerblich positiven als auch negativen Auswirkungen technischer Standardisierung dargestellt (unter Kap. 1. B.), um die Grundlage für die spätere kartellrechtliche Bewertung anhand des Art. 101 AEUV, der maßgeblich auf die Wettbewerbsauswirkungen einer Absprache abstellt, zu legen. Im Anschluss werden verschiedene Standardisierungsorganisationen sowie die von ihnen praktizierten Standardisierungsverfahren – allerdings bereits eingeschränkt mit Blick auf eine Bewertung anhand des Art. 101 AEUV – beschrieben (unter Kap. 1. C.). Die Kenntnis zumindest der wesentlichen Merkmale der verschiedenen aktuell praktizierten Verfahren ist erforderlich, um eine kartellrechtliche Bewertung vornehmen zu können.

A. Begriff der technischen Norm bzw. des technischen Standards

I. Definition

Der Begriff der technischen Norm bzw. des technischen Standards steht zunächst im Mittelpunkt. Um ein einheitliches Verständnis für die gesamte Untersuchung sicherzustellen, soll im Folgenden eine für diese Arbeit gültige Definition gefunden werden.

1. Definition der Verordnung 1025/2012 des Europäischen Parlaments und des Rates vom 25.10.2012

Auf europäischer Ebene bestand im Zusammenhang mit dem Bestreben nach der Reduzierung von Handelsbeschränkungen durch unterschiedliche nationale technische Vorschriften durch die Richtlinie 83/189/EWG des Rates vom 28.03.1983 über ein Informationsverfahren auf dem Gebiet der Normen und technischen Vorschriften[22] eine Legaldefinition. Diese legte eine Norm als eine

> *„[t]echnische Spezifikation, die von einer anerkannten Normenorganisation zur wiederholten oder ständigen Anwendung angenommen wurde, deren Einhaltung jedoch nicht zwingend vorgeschrieben ist“*[23],

22 ABl. 1983 L 109/8.
23 Art. 1 Nr. 2 RL 83/189/EWG.

fest. Die Richtlinie wurde durch die Richtlinie 98/34/EG des Europäischen Parlaments und des Rates vom 22.06.1998 über ein Informationsverfahren auf dem Gebiet der Normen und technischen Vorschriften[24] aufgehoben und diese durch die Verordnung 1025/2012[25] geändert, welche den Begriff Norm nun als

> *„eine von einer anerkannten Normungsorganisation angenommene technische Spezifikation zur wiederholten oder ständigen Anwendung, deren Einhaltung nicht zwingend ist und die unter eine der nachstehenden Kategorien fällt:*
>
> *a) „internationale Norm": eine Norm, die von einer internationalen Normungsorganisation angenommen wurde;*
> *b) „europäische Norm": eine Norm, die von einer europäischen Normungsorganisation angenommen wurde;*
> *c) „harmonisierte Norm": eine europäische Norm, die auf der Grundlage eines Auftrags der Kommission zur Durchführung von Harmonisierungsrechtsvorschriften der Union angenommen wurde;*
> *d) „nationale Norm": eine Norm, die von einer nationalen Normungsorganisation angenommen wurde;"*[26]

legaldefiniert.

2. *Definitionen der anerkannten Normungsorganisationen*

Auf nationaler Ebene existiert im deutschen Recht jedoch keine Legaldefinition des Begriffs der technischen Norm/des technischen Standards bzw. der technischen Normung/Standardisierung. In der bisherigen wissenschaftlichen Auseinandersetzung mit Standardisierung wird daher auch kein einheitlicher Begriff verwendet. Es gilt noch immer: „There is no standard way of defining standards".[27] Für eine Begriffsbestimmung kommt erschwerend hinzu, dass sich nicht nur Juristen, sondern vor allem auch Ökonomen und Ingenieure mit technischer Standardsetzung beschäftigen; im Rahmen dieser Disziplinen sind für die Begriffsfindung zweifellos andere Zielvorstellungen maßgeblich. Zumindest eine Vielzahl der deutschsprachigen Autoren griff auf den vom Deutschen Institut für Normung (DIN) verwendeten Begriff der Normung zurück und tut dies auch weiterhin.[28] Das DIN versteht unter Normung *„die planmäßige, durch die interessierten Kreise gemeinschaftlich durchgeführte Vereinheitlichung von materiellen und immateriellen Gegenständen zum Nutzen der Allgemeinheit"*[29]. Eine Norm wird durch DIN EN 45020:2007-03 als ein *„Dokument, das mit Konsens erstellt und von einer anerkannten Institution angenommen*

24 ABl. 1998 L 204/37.
25 ABl. 2012 L 316/12.
26 Art. 2 Nr. 1 VO 1025/2012.
27 *Krislov*, S. 7.
28 Z.B. *Marburger*, S. 40, 42; *Mohr*, S. 7; *Kübel*, S. 8; *Rönck*, S. 22.
29 Vgl. Norm DIN 820-1:1994-04.

wurde und das für die allgemeine und wiederkehrende Anwendung Regeln, Leitlinien und Merkmale für die Tätigkeiten oder deren Ergebnisse festlegt, wobei ein optimaler Ordnungsgrad in einem gegebenen Zusammenhang angestrebt wird" beschrieben.

Auch andere europäische und internationale Normungsorganisationen haben ihrer Tätigkeit eigene Definitionen des Begriffes Norm bzw. Standard zugrundegelegt. So definiert das Comité Européen de Normalisation (Europäisches Komitee für Normung, CEN) einen Standard als „*a document that provides rules, guidelines or characteristics for activities or their results, for common and repeated use. Standards are created by bringing together all interested parties including manufacturers, users, consumers and regulators of a particular material, product, process or service (...)*"[30]. Das European Telecommunications Standards Institute (Europäisches Institut für Telekommunikationsnormen, ETSI) hingegen beschrieb seine Standards in einem umfassenden Verständnis als „*definitions and specifications for products and processes requiring repeated use*", übernimmt jetzt aber die Definition der Internationalen Organisation für Normung (ISO).[31] Diese versteht unter einem Standard „*[a] document, established by consensus and approved by a recognized body, that provides, for common and repeated use, rules, guidelines or characteristics for activities or their results, aimed at the achievement of the optimum degree of order in a given context*"[32].

All diese Definitionen haben folgende Merkmale gemein: Vereinheitlichung von Gegenständen oder Prozessen[33], unter Teilnahme der interessierten Kreise[34], von einer anerkannten Stelle im Konsens erstellt[35] und zum Nutzen der Allgemeinheit[36]. Diese Merkmale stimmen im Wesentlichen mit der auf europäischer Ebene existierenden, oben genannten Legaldefinition des Norm-Begriffes überein.

30 So verfügbar unter: http://www.cen.eu/work/products/ENs/Pages/default.aspx (abgerufen am 08.12.2015).

31 Abrufbar unter: http://etsi.org/WebSite/Standards/WhatIsAStandard.aspx (abgerufen am 08.12.2015).

32 Festgelegt in ISO/IEC Guide 2:2004 Standardization and related activities – General vocabulary. Diese Definition wird ebenfalls vom Comité Européen de Normalisation Électrotechnique (Europäisches Komitee für Elektrotechnische Normung, CENELEC) verwendet, vgl. http://www.cenelec.eu/aboutcenelec/whatwedo/whatisastandard/index.html (abgerufen am 08.12.2015) m.V.a. Teil 3 der CEN/CENELEC Geschäftsordnung, verfügbar unter: ftp://ftp.cen.eu/BOSS/Reference_Documents/IR/CEN_CLC/IR3_E_F_D.pdf (abgerufen am 08.12.2015).

33 DIN, bzw. "*a document that provides rules, guidelines or characteristics for activities or their results*" – CEN, "*definitions and specifications for products and processes*" – ETSI, "*rules, guidelines or characteristics for activities or their results*" – ISO.

34 So DIN, bzw. "*all interested parties*" – CEN.

35 Bzw. "*established by consensus and approved by a recognized body*" – ISO.

36 So DIN, bzw. "*for common use*" – ISO.

3. *Auswahl einer Definition für diese Untersuchung*

Wie aus der beispielhaften Aufzählung der Begriffsbestimmungen anerkannter deutscher, europäischer und internationaler Normungsorganisationen hervorgeht, besteht eine Vielzahl verschiedener Definitionen, die in unterschiedlichem Maße voneinander abweichen.[37] Die für diese Arbeit im Weiteren verwendete Begriffsbestimmung soll danach ausgewählt werden, welche Art von Normen und Standards beschrieben und untersucht werden soll und welche Ziele mit der konkreten Definition verfolgt werden:

Da sich diese Arbeit mit der Schaffung technischer Standards unter dem Blickwinkel des Europäischen Kartellverbotes befasst, erscheint es sinnvoll und zweckmäßig, für die Untersuchung die auf europäischer Ebene bestehende, bereits beschriebene Legaldefinition der Richtlinie 98/34/EG[38] und Verordnung 1025/2012 als Grundlage zu nehmen und mit ihr eine Definition auszuwählen, die innerhalb der EU und ihren Mitgliedstaaten eine gewisse Geltungskraft besitzt. Darüber hinaus wurde die Normung bereits in der Definition der Richtlinie 83/189/EWG unter dem Aspekt der „Verminderung möglicher Beeinträchtigungen des freien Warenverkehrs" betrachtet.[39] Diese zielorientierte Perspektive der Beseitigung technischer Handelshemmnisse setzt sich in der Richtlinie 98/34/EG[40] und Verordnung 1025/2012 fort, sodass sich mithin diese Definition als Grundlage für eine auf Art. 101 AEUV gestützte Untersuchung besonders anbietet.

Auch vereint – wie bereits oben festgestellt – gerade diese Begriffsbestimmung der Verordnung 1025/2012 in sich eine Vielzahl der wesentlichen Merkmale der in der wissenschaftlichen Literatur und von den anerkannten Normungsorganisationen verwendeten Definitionen und bildet damit eine breite Grundlage. Dabei soll das Kriterium, dass die technische Spezifikation von einem staatlich anerkannten Normungsgremium angenommen sein muss,[41] jedoch vernachlässigt werden.[42] Unter einer staatlich anerkannten Standardisierungsorganisation versteht man auf nationaler Ebene das Normungsgremium, das aufgrund eines Vertragsschlusses

37 Für weitere Definitionen, die in der technischen, wirtschaftswissenschaftlichen und rechtswissenschaftlichen Literatur verwendet werden, siehe z.B. *Fräßdorf*, S. 5; *de Vries*, in Hesser/Feilzer/de Vries, S. 7; *Heinemann*, in: Büllesbach/Dreier, S. 92f.; *Burghartz*, S. 34; *de Vries*, S. 19; *Nicolas/Repussard*, S. 14ff.; *Lea/Hall*, Information Economics and Policy 2004, Vol. 16, 67, 71; *Koenig/Neumann*, WuW 2003, 1138, 1141; *Ullrich*, GRUR 2007, 817, 818; *Verbruggen/Lõrincz*, GRUR Int 2002, 815, 816, Fn. 1, 818.

38 Eine Richtliniendefinition ist hinsichtlich ihres Zieles gem. Art. 288 Abs. 3 AEUV (Art. 249 Abs. 3 EGV a.F.) verbindlich, überlässt den innerstaatlichen Stellen jedoch die Wahl der Form und der Mittel.

39 Vgl. *Zubke-von Thünen*, S. 111 m.V.a. die Begründung des Rates zur RL 83/189/EWG.

40 Vgl. *Schultheiß*, S. 61.

41 So auch in der Definition der ISO enthalten (*"approved by a recognized body"*).

42 Kritisch auch *de Vries* (S. 20, 153) hinsichtlich der Definition von ISO/IEC („This definition restricts the term standard too much to standards from FSOs [formal standardization organizations]").

mit der Bundesrepublik Deutschland als deutsche Normungsorganisation an den europäischen und internationalen Standardisierungsorganisationen teilnehmen darf.[43] Eine Anerkennung auf europäischer Ebene bedeutet, dass die entsprechenden Normungsgremien als europäische Organisationen an den internationalen Standardisierungsorganisationen teilnehmen dürfen.[44] Die Anerkennung eines Normungsgremiums hat jedoch nicht zur Folge, dass die entsprechenden Organisationen ab diesem Zeitpunkt in Ausübung hoheitlicher Befugnisse handeln; sie stellt kein „Betrauen" dar, da keine Hoheitsrechte übertragen werden.[45] Da Gegenstand der Arbeit die Untersuchung der Vereinbarkeit von technischer Standardisierung mit Art. 101 AEUV ist, kann es dabei nicht darauf ankommen, ob das Gremium, das die entsprechende Norm entwickelt, durch eine staatliche Stelle anerkannt ist oder nicht.[46] Auch in Verfahren nicht staatlich anerkannter Gremien können sowohl positive als auch negative Auswirkungen für den Wettbewerb auftreten, die unter dem Blickwinkel des Art. 101 AEUV relevant werden.

Ebenfalls soll das Konsensprinzip zur Festlegung einer Norm, wie es in verschiedenen Definitionen enthalten ist (z.B. ISO („established by consensus")), hier bewusst nicht in die Definition aufgenommen werden, da der Standardisierungsprozess erst Gegenstand der weiteren Untersuchung ist und insoweit nicht von vornherein feststeht, wie das Konsensprinzip genau zu verstehen ist und ob unter kartellrechtlichen Gesichtspunkten ein Konsens der Teilnehmer zur Festlegung eines Standards erforderlich ist.[47]

Dass es sich bei einer Norm um eine technische Spezifikation handelt, meint nach Art. 2 Nr. 4 der Verordnung 1025/2012, dass ein Schriftstück vorliegt,

---

43 In der Bundesrepublik Deutschland handelt es sich um das DIN. Die Anerkennung als nationale Normungsorganisation erfolgte durch den Normenvertrag vom 05.06.1975, abrufbar unter: http://www.din.de/blob/79648/de461d1194f708a6421e0413fd1a050d/vertrag-din-und-brd-data.pdf (abgerufen am 08.12.2015).

44 Die Anerkennung von CEN/CENELEC als europäische Normungsorganisationen erfolgte durch die Entschließung des Rates vom 07.05.1985 über eine neue Konzeption auf dem Gebiet der technischen Harmonisierung und der Normung, ABl. 1985 C 136/1; siehe auch Anhang I der Richtlinie 98/34/EG, ABl. 1998 L 204/37. ETSI wurde durch die Änderung der Informationsrichtlinie im Jahr 1992 als europäische Normungsorganisation anerkannt, vgl. Änderung des Anhangs I zur Informationsrichtlinie durch Entscheidung Nr. 92/400/EWG zur Änderung der Liste der Normungsgremien, die im Anhang der Richtlinie 83/189/EWG des Rates aufgeführt sind, ABl. 1992 L 221/55.

45 Dazu auch Kap. 1. A. II.

46 Auch sind die Grenzen zwischen diesen beiden Formen der Standards – auf der einen Seite Standards anerkannter Standardisierungsorganisationen, auf der anderen Seite Standards der Konsortien – fließend, so auch *Schultheiß*, S. 72, Fn. 261.

47 Vgl. auch *de Vries* (S. 153), der ebenfalls die Aufnahme des Konsens-Prinzips in eine Definition des Begriffes „Standard" ablehnt („In the case of one dominating party that sets a standard (...) there is no consensus, but we still call it standardization").

„in dem die technischen Anforderungen dargelegt sind, die ein Produkt, ein Verfahren, eine Dienstleistung oder ein System zu erfüllen hat und das einen oder mehrere der folgenden Punkte enthält:" z.B. *„Qualitätsstufen, Leistung, Interoperabilität, Umweltverträglichkeit, Gesundheit, Sicherheit oder Abmessungen, einschließlich der Anforderungen an die Verkaufsbezeichnung, Terminologie, Symbole, Prüfungen und Prüfverfahren, Verpackung, Kennzeichnung oder Beschriftung des Produkts sowie die Konformitätsbewertungsverfahren."*

Der Begriff „technisch" dient somit nur zur Abgrenzung von natürlichen Beschaffenheiten und Prozessen; er meint z.B. keine Technizität im Sinne des Patentrechts.[48]

4. *Keine Differenzierung zwischen „Norm" und „Standard"*

Wie bereits den bisherigen Ausführungen zu entnehmen ist, sollen die Begriffe „Norm" und „Standard" hier synonym verwendet werden.[49] Einige Autoren[50] differenzieren zwischen diesen Begriffen und bezeichnen als „Norm" nur die von staatlich anerkannten, privaten Einrichtungen aufgestellten technischen Spezifikationen, während ein „Standard" nach ihrer Auffassung eine technische Spezifikation darstelle, die aufgrund privater Initiative entstehe, wobei keine besondere Anerkennung der Organisation durch den Staat vorliege.[51] Wiederum andere sehen den Begriff „Standard" als Oberbegriff für verschiedene Formen der Normung an.[52]

Eine solche Differenzierung wird im Rahmen dieser Arbeit jedoch nicht erforderlich. Hinsichtlich des Untersuchungsgegenstandes – der Bewertung von Standardisierungsverfahren anhand des Art. 101 AEUV – ist es wie gezeigt ohne Belang, ob das den Standard entwickelnde Normungsgremium staatlich anerkannt ist oder nicht. Eine Differenzierung zwischen „Norm" und „Standard" nach diesem Gesichtspunkt bietet sich somit nicht an. Des Weiteren wird in der englischsprachigen Literatur einheitlich der Begriff „standardization/standardisation" bzw. „standard" als Fachbegriff für technische Normen verwendet,[53] sodass sich eine differenzierte Einordnung unter die Begriffe „Norm" und „Standard" als schwierig erweisen und zu Irritationen führen könnte.

---

48 *Maaßen*, S. 9f., Rn. 20.

49 So auch DIN EN 45020:2007-03; *Koenig/Neumann*, WuW 2003, 1138, 1141; *Loest/Bartlik*, ZWeR 2008, 41, 43, Fn. 7; *Fuchs*, in: Lange/Klippel/Ohly, S. 147, Fn. 2; *Weck*, NJOZ 2009, 1177, 1184, Fn. 40; *Ebert-Kern*, S. 34f.; wohl auch *Pilny*, GRUR Int 1990, 431.

50 Z.B. *Hardenacke*, S. 60f.; *Rönck*, S. 22f.; *Zorn*, S. 25ff.; *Appl*, S. 32.

51 Vgl. *Maaßen*, S. 10, Rn. 23ff.

52 Z.B. *Schultheiß*, S. 57; *Brakhahn*, S. 21ff.; vgl. auch die differenzierte Darstellung der verschiedenen Verwendungsmöglichkeiten des Begriffes „Standard" bei *Zubke-von Thünen*, S. 124.

53 Vgl. auch *Fahrendorf*, S. 1; *Spivak/Brenner*, S. 15; *Straube/Vogeler/Bensel/Spiegel*, Aktuelle Situation der RFID-Standardisierung – Nr. 1, S. 2, verfügbar unter: : https://depositonce.tu-berlin.de/bitstream/11303/1960/1/Dokument_21.pdf (abgerufen am 18.12.2015); so auch *Marburger*, S. 40, der eine Unterscheidung zwischen „Standard" und „Norm" als willkürlich ansieht; *Wiesendahl*, S. 23 m.V.a. *Marburger*, in: Müller-Graff, S. 27f.

II. Abgrenzung zu vom Gesetzgeber festgesetzten Vorschriften

Zur Klarstellung sind technische Normen von rechtlichen Normen abzugrenzen. Im Gegensatz zu rechtlichen Normen beruht die Anwendung technischer Normen auf Freiwilligkeit; sie sind anders als rechtliche Normen nicht aufgrund hoheitlicher Befugnisse erlassen worden.[54]

Technische Normen, die nach der oben ausgewählten Definition für diese Untersuchung von Interesse sind, sind zudem auch von solchen technischen Vorschriften zu unterscheiden, die durch staatliche Organe in Wahrnehmung ihrer hoheitlichen Aufgaben festgesetzt werden. Bei der Schaffung solcher letztgenannter technischen Vorschriften sind unmittelbar keine privatrechtlichen Gremien und interessierten Kreise beteiligt. Zudem kommt solchen technischen Vorschriften als Ergebnis staatlichen Handelns – im Gegensatz zu den von der Definition der Verordnung 1025/2012 erfassten technischen Normen – in aller Regel Verbindlichkeit zu.[55] Allerdings entwickeln die Hoheitsträger die technische Vorschrift häufig nicht selbst, sondern übernehmen den Standard einer (privaten) Standardisierungsorganisation und erklären diesen für verbindlich oder verweisen in einer Rechtsnorm auf einen bestimmten technischen Standard.

Allein die staatliche bzw. zwischenstaatliche Anerkennung bestimmter Standardisierungsorganisationen[56] macht die von diesen Organisationen entwickelten Standards allerdings nicht automatisch zu technischen Vorschriften des Gesetzgebers, da die offizielle Anerkennung der Standardisierungsorganisationen nichts daran ändert, dass es sich weiterhin um privatrechtliche Vereinigungen handelt, deren Standards nicht automatisch rechtliche Verbindlichkeit zukommt.[57] Diese Standardisierungsorganisationen sind trotz der staatlichen Anerkennung keine Beliehene, da keine Übertragung von Hoheitsrechten stattfindet.[58]

III. Abgrenzung zu innerbetrieblichen Normen

Auch rein innerbetriebliche Normen[59], d.h. technische Regeln, die ein Unternehmen für seinen internen Gebrauch zur Rationalisierung und Kostenersparnis einführt, sollen nicht Gegenstand der Untersuchung sein. Bei diesen Normen fehlt es offensichtlich

---

54 Vgl. *Schultheiß*, S. 83.

55 Vgl. auch *Zubke-von Thünen*, S. 222; *Kübel*, S. 9. Anschaulich *Kypke*, in: Bopp-Schmehl/Heibült/Kypke, S. 38 m.w.N. („Eine technische Regel beschreibt, eine Rechtsnorm dagegen schreibt vor").

56 Dazu bereits oben Kap. 1. A. I. 3. sowie unten Fn. 162, 201, 256.

57 Vgl. *Burghartz*, S. 35.

58 BGH, GRUR 1984, 117, 118 – VOB/C.

59 Diese werden teilweise auch als Werk(s)normen bezeichnet, vgl. DIN 820-3:2010-07 Ziff. 3.3.18; *Lukes*, in: Heuss u.a., S. 163, Fn. 59; *Wölker*, S. 16; *Kübel*, S. 9; *Hartlieb*, in: DIN, Handbuch der Normung, Band 3, S. 1–1f.

schon an der unter dem Blickwinkel des Art. 101 AEUV kartellrechtlich relevanten Absprache zwischen verschiedenen Wettbewerbern.[60]

IV. Abgrenzung zu de-facto-Standards

Ebenso wenig soll sich diese Arbeit mit sog. de-facto-Standards beschäftigen.[61] Darunter sind technische Regeln zu verstehen, die nicht auf einem Normungsverfahren einer Normungsorganisation beruhen, sondern die sich durch tatsächliche Übung einer oder mehrerer Marktteilnehmer bewährt haben und von anderen schließlich als Standard übernommen werden.[62] Gegen eine Einbeziehung von de-facto-Standards in die weitere Untersuchung spricht bereits, dass es ihnen an einer Verständigung zwischen verschiedenen Marktteilnehmern fehlt; die Übernahme der technischen Regeln durch weitere Marktteilnehmer erfolgt durch diese unabhängig voneinander und ist vielmehr auf eine wirtschaftliche Notwendigkeit als auf eine bewusste Verständigung zwischen den Wettbewerbern zurückzuführen, wie es hingegen bei kollektiver Standardsetzung der Fall ist.[63] Wenn einheitliche technische Regeln auf einem bestimmten Markt[64] weit verbreitet genutzt werden, so sind andere Wettbewerber nach Überschreitung einer kritischen Masse aus wirtschaftlicher Sicht gezwungen, ebenfalls diese technischen Regeln zu übernehmen, um weiterhin auf

---

60 Zum Erfordernis der rechtlichen Unterscheidbarkeit der an einer Absprache beteiligten Unternehmen siehe Kap. 2. A. I. 2. a). Zu innerbetrieblichen Normen siehe *Marburger*, S. 43f.

61 Diese werden auch als Industriestandards, Marktstandards oder Quasi-Standards bezeichnet, vgl. *Katz/Shapiro*, American Economic Review 1985, Vol. 74, No. 3, 424; *Schultheiß*, S. 72f. Im Gegensatz zu de-facto-Standards werden von anerkannten Normungsorganisationen festgelegte Normen häufig als „de-jure-Standards" bezeichnet. Dieser Begriff ist jedoch keine gute Wahl, da er eine Verbindlichkeit suggeriert, die den Standards von Normungsorganisationen gerade nicht zukommt. Vgl. auch *Lea/Hall*, Information Economics and Policy 2004, Vol. 16, 67, 69; *Egyedi*, S. 5; *Fuchs*, in: Lange/Klippel/Ohly, S. 154, Fn. 26. Ein völlig anderes Verständnis des Begriffes „de-jure-Standard" vertritt *Meffert*, S. 18, der darunter eine offiziell von der Regierung verlangte Spezifikation versteht, die als Voraussetzung gilt, um ein entsprechendes Produkt in dem entsprechenden Land anbieten zu dürfen. *Mertens*, S. 8 will unter dem Begriff tatsächlich nur Standards mit rechtlicher Bindungswirkung verstehen. Zur unterschiedlichen Verwendung des Begriffes „de-jure-Standard" siehe auch *Zorn*, S. 24.

62 Zu diesem Begriff siehe auch Monopolkommission, IX. Hauptgutachten 1990/1991, BT-Drs. 12/3031, Rn. 817.

63 Es wird zum Teil von kollektiver, zum Teil von kooperativer Standardsetzung gesprochen. Beiden Begriffen kommt jedoch insofern die Bedeutung „gemeinschaftlich" zu (vgl. auch Duden, 25. Aufl. 2010, „kollektiv" sowie „kooperativ"), sodass sie synonym verwendet werden.

64 Dieses Phänomen tritt verstärkt bei Märkten mit hohen Netzwerkeffekten auf (siehe dazu unten Kap. 1. B. II.), da dort die Konsumenten das Produkt nur sinnvoll nutzen können, wenn viele ein Produkt entsprechender Technik verwenden.

dem Markt bestehen zu können. Als bereits „klassisches" Beispiel für einen de-facto-Standard lässt sich das VHS-Format für Videogeräte anführen, das sich durch immer stärkere Verbreitung auf dem Markt schließlich vollständig gegenüber dem konkurrierenden Betamax-System durchgesetzt hat.[65]

V. Keine Abgrenzung zu sonstiger Konsortialnormung

Als weitere Kategorie sind Standardisierungsvereinbarungen zu nennen, die von Unternehmen außerhalb einer anerkannten Normungsorganisation geschlossen werden.[66] Diese Gruppe von Standards wird gelegentlich den de-facto-Standards zugeordnet.[67] Dabei handelt es sich nach dem hier vertretenen Verständnis jedoch weder um de-facto-Standards noch um Normen nach der Definition der Verordnung 1025/2012. Von den Normen, die der Verordnung 1025/2012 unterfallen, unterscheiden sich diese Standards dadurch, dass es ihnen an dem institutionalisierten Verfahrensablauf einer anerkannten Standardisierungsorganisation mangelt.[68] Im Unterschied zu de-facto-Standards kommen sie jedoch innerhalb eines Konsortiums zustande, zu dem sich Unternehmen gerade zur Erarbeitung einer einheitlichen Technologie zusammengeschlossen haben. Aufgrund dieses Zusammenschlusses verschiedener, ggf. auf demselben Markt tätiger Unternehmen besteht auch bei dieser Konsortialnormung die Gefahr von Konflikten mit Art. 101 AEUV. Daher soll grds. auch die Standardisierung in solchen Konsortien Gegenstand dieser Untersuchung sein. Als Beispiele für Standards, die aus solchen Unternehmenskonsortien hervorgegangen sind, können die Bluetooth-Technik ebenso wie die Blu-ray disc, die sich gegenüber der HD DVD und der VMD Technik durchgesetzt hat, genannt werden.

VI. Keine Abgrenzung nach dem Regelungsgehalt des technischen Standards

Teilweise wird zudem zwischen verschiedenen Typen von Standards nach ihrem Regelungsgehalt differenziert. Es werden für technische Normen Begriffe wie z.B. Kompatibilitäts-, Qualitäts-, Uniformitäts-, Schnittstellen-, Informations-, Sicherheits-, Interoperabilitäts-, Umwelt- und Zertifizierungsstandard gebildet.[69] Eine

65 Ausführlich zu VHS als de-facto-Standard vgl. *Thum*, S. 126ff.; weitere Beispiele für de-facto-Standards finden sich bei *Zubke-von Thünen*, S. 222, Fn. 1.

66 Sie werden gelegentlich auch als „grey standards" bezeichnet, vgl. *Egyedi*, S. 6; *Egyedi*, in: Jakobs, S. 54f.

67 Vgl. *Keil*, Telecommunications Policy 2002, Vol. 26, 205, verfügbar unter: http://www.sciencedirect.com/science/article/pii/S0308596102000101#sec4 (abgerufen am 08.12.2015); *Walther/Baumgartner*, WuW 2008, 158, 159; *Mähönen*, in: Jakobs, S. 40.

68 So auch *Loest/Bartlik*, ZWeR 2008, 41, 44.

69 Vgl. ABA, Handbook, S. 6ff. *Lundqvist*, S. 224ff. will zwischen vier verschiedenen Arten von Standards differenzieren (Basic-Standards, Design-Standards, Interface- bzw. Interoperability-Standards und Standards, in deren Anwendungsbereich eine hohe

solche Unterscheidung wird im Rahmen dieser Arbeit jedoch nicht aufgegriffen, da eine technische Norm sich in aller Regel nicht allein einer der Klassen zuordnen lässt. So ist z.B. eine Norm für eine Steckerverbindung möglicherweise mit dem vorrangigen Zweck entwickelt worden, die Kompatibilität zwischen zwei Geräten herzustellen, sie enthält jedoch gleichzeitig auch Elemente, die eine bestimmte Qualität sichern und Anwender und Verbraucher über die besonderen Eigenschaften der standardkonformen Produkte informieren. Bei einem technischen Standard ist also allenfalls die eine oder andere der genannten Kategorien etwas stärker als die übrigen ausgeprägt, sodass es für die wettbewerblichen Auswirkungen stets auf den Einzelfall ankommt. Eine Kategorisierung nach Regelungsgehalt des technischen Standards ist aus kartellrechtlicher Sicht insofern nicht nutzenbringend.

VII. Zusammenfassung

Für die weitere Untersuchung sollen die Begriffe „Norm" und „Standard" synonym verwendet und auf Basis der Definition der Verordnung 1025/2012 des Europäischen Parlaments und des Rates als *eine von einem Normungsgremium angenommene technische Spezifikation zur wiederholten oder ständigen Anwendung, deren Einhaltung nicht zwingend ist,* definiert werden. Es muss sich nicht um ein auf nationaler, europäischer oder internationaler Ebene anerkanntes Normungsgremium handeln, welches den Standard entwickelt hat, sodass auch sonstige Konsortialnormung innerhalb verschiedener Foren und Konsortien von der Definition erfasst wird.[70]

Unter die gewählte Definition fallen jedoch weder vom Gesetzgeber festgelegte Vorschriften, da es ihnen an der Unverbindlichkeit fehlt, noch innerbetriebliche Normen oder de-facto-Standards, da diese nicht in einem Kommunikationsprozess zwischen verschiedenen Marktteilnehmern entwickelt werden.

Patentdichte herrscht) und geht z.B. davon aus, dass Interoperabilitätsstandards bereits keine wettbewerbswidrigen Effekte hervorrufen, da sie Märkte entwickeln und Wettbewerb schaffen (S. 367). Ein „try and error", d.h. Wettbewerb um den Standard, sei in diesem Zusammenhang nicht sinnvoll (S. 368). Dies ist sicherlich richtig, dennoch können auch bei Standards, die vorwiegend Interoperabilität herstellen sollen, Wettbewerbsbeschränkungen auftreten, sodass die Standardisierungs*prozesse*, die zu entsprechenden Standards führen, ebenfalls am Kartellrecht zu messen sind, um z.B. den Ausschluss bestimmter Interessengruppen zu verhindern. Dass der Prozess der Normerstellung auch bei Interoperabilitätsstandards im Blick zu behalten ist, deutet dann auch *Lundqvist* (S. 370) an.

70 Als Standardsetzungsorganisation, Standardisierungsorganisation, Normungsorganisation oder Normungsgremium werden im Folgenden alle Organisationsstrukturen bezeichnet, in denen Standards auf privatrechtlicher Grundlage gesetzt werden.

B. Auswirkungen von technischer Standardisierung auf den Wettbewerb, die Marktteilnehmer und Verbraucher

Die Erarbeitung und Etablierung von technischen Standards stellt bei weitem keinen reinen Selbstzweck dar, sondern erfolgt aus wirtschaftlichen und wettbewerblichen Gesichtspunkten. Sie kann vielfältige, sowohl positive als auch negative Auswirkungen auf den Wettbewerb haben. Standardisierung wird deshalb häufig als ambivalent beschrieben.[71] Feststeht dabei aber, dass allein die bloße Existenz eines Standards keine Auswirkungen auf den Wettbewerb haben kann. Wettbewerbshemmende oder -fördernde Einflüsse können von einer technischen Norm nur ausgehen, wenn und soweit sie befolgt wird.[72]

So hat eine vom DIN in Auftrag gegebene Studie durch die Befragung einer Vielzahl von Unternehmen in Deutschland, Österreich und der Schweiz festgestellt, dass Unternehmen Anreize für eine Teilnahme am Normungsprozess insbesondere darin sehen, einen Zeit- und Wissensvorteil gegenüber nichtteilnehmenden Unternehmen zu erlangen sowie das Normungsergebnis in die von ihnen gewünschte Richtung beeinflussen zu können.[73] Weiterhin können sie ihre Handelskosten reduzieren, sind allerdings auch einem verstärkten Konkurrenzdruck ausgesetzt.[74] Aber auch auf gesamtwirtschaftlicher Ebene hat technische Standardisierung keinen unbedeutenden Einfluss. So sind Normen besonders dazu geeignet, technisches Wissen zu verbreiten; ihr gesamtwirtschaftlicher Nutzen beträgt nach Berechnungen des DIN seit dem Jahr 1992 zwischen 0,7 und 0,8 Prozent des Bruttoinlandsproduktes, was durchschnittlich 16,77 Mrd. Euro pro Jahr entspricht.[75]

Die Auswirkungen von Standardisierung auf den Wettbewerb werden im Folgenden den Kategorien „wettbewerbsfördernd“ (dazu Kap. 1. B. I.) und „wettbewerbsbeschränkend“ (dazu Kap. 1. B. III.) zugeordnet, auch wenn es im Ausnahmefall

---

71 Vgl. *Klees*, EWS 2008, 449, 449; *Koenig/Neumann*, WuW 2003, 1138, 1141; *Hesser*, in: Hesser, The Need for Interdisciplinary Research on Standardization, S. 4; *Schweitzer*, EuZW 2012, 765; siehe auch *Fischer*, S. 21 („janusköpfiger Doppelcharakter“); a.A. *Lukes*, in: Heuss u.a., S. 170ff., der technische Normen aus verschiedensten Gesichtspunkten als wettbewerbshemmend bezeichnet.

72 Vgl. *Marburger*, S. 268. Missverständlich *Fahrendorf*, S. 117 („Normen haben Bindungswirkung kraft ihrer Existenz“). Bei *Blind/Gauch/Hawkins*, Telecommunications Policy 2010, Vol. 34, 162, insb. 169f. findet sich die Auswertung einer Umfrage unter Beteiligten verschiedener Standardisierungsorganisationen über die Frage, inwiefern die vermuteten Auswirkungen technischer Standards aus ihrer Sicht tatsächlich eintreten.

73 DIN, Gesamtwirtschaftlicher Nutzen der Normung, 2000, S. 12, verfügbar unter: http://www.snv.ch/fileadmin/snv/Normung/Dokumente/nutzen_der_normung.pdf (abgerufen am 08.12.2015).

74 DIN, Gesamtwirtschaftlicher Nutzen der Normung, 2000, S. 14f.

75 Betreffend den Zeitraum 2002–2006, vgl. DIN, Der gesamtwirtschaftliche Nutzen der Normung, 2011, S. 4, 16, verfügbar unter: http://www.din.de/blob/79542/946e70a818ebdaacce9705652a052b25/gesamtwirtschaftlicher-nutzen-der-normung-data.pdf (abgerufen am 08.12.2015).

fraglich sein kann, ob eine bestimmte Wirkung den Wettbewerb eher fördert oder einschränkt. Zudem werden in diesem Zusammenhang einige Auswirkungen technischer Standardsetzung dargestellt, die sich nicht unmittelbar auf den Wettbewerb als solchen beziehen, sondern auf andere Weise den Marktteilnehmern und Verbrauchern zugute kommen, da auch diese Auswirkungen im Rahmen der kartellrechtlichen Bewertung – insbesondere im Zusammenhang mit einer möglichen Freistellung nach Art. 101 Abs. 3 AEUV – Relevanz erlangen können.[76] Eine besondere Position nehmen sog. Netzwerkeffekte ein (dazu Kap. 1. B. II.).

I. Wettbewerbsfördernde Aspekte und positive Auswirkungen auf Marktteilnehmer und Verbraucher

1. Kompatibilität

Eine der bedeutendsten positiven Auswirkungen von Standardisierung auf den Wettbewerb ist das Eintreten von Kompatibilität zwischen verschiedenen Produkten, wodurch eine Verbesserung der Anwendbarkeit von Produkten, Prozessen und Dienstleistungen erzielt wird. Kompatibilität wird in der wissenschaftlichen Untersuchung von Standardisierung sowie in verschiedenen europäischen Dokumenten als eines der wichtigsten Ziele von Standardisierung überhaupt betrachtet.[77] Die Frage, was genau unter Kompatibilität zu verstehen ist, wird in der wirtschafts- und rechtswissenschaftlichen Auseinandersetzung mit Standardisierung jedoch unterschiedlich beantwortet. Für diese Arbeit erscheint es ausreichend, den Begriff Kompatibilität ohne weitere Unterteilungen in Unterkategorien zu definieren als *die Fähigkeit verschiedener Produkte zusammenzuwirken*[78] (ohne Einsatz eines weiteren Zwischenproduktes, wie z.B. eines Adapters)[79]. Miteinander kompatibel sind also solche Produkte, „die hinsichtlich einer durch eine Schnittstelle definierten Funktion vollständig substituierbar“ sind.[80]

Legt man diese Definition von Kompatibilität der folgenden Betrachtung zugrunde, so lässt sich eindeutig feststellen, dass Normen zur Kompatibilität verschiedener

---

76 Dabei handelt es sich insbesondere um die „Ordnungsfunktion“ (siehe Kap. 1. B. I. 6.) sowie die „Qualitätssicherung“ (siehe Kap. 1. B. I. 7.) durch technische Standardisierung.

77 Vgl. *Schultheiß*, S. 172f. m.w.N.

78 In Anlehnung an *Farrell*, Jurimetrics Journal 1989, Vol. 30, 36; *Fräßdorf*, S. 10. Für eine ausführlichere Betrachtung des Begriffes Kompatibilität siehe *Schultheiß*, S. 172ff.; *Hardenacke*, S. 22ff.; *Lau*, S. 71ff.

79 Auch *Katz/Shapiro*, Journal of Economic Perspectives 1994, Vol. 8, Issue 2, 93, 110 beschreiben zwei Mechanismen, um Kompatibilität zu erreichen: „(...) there are two mechanisms: standardization, whereby systems are designed to have interchangeable components; and adapters, which attach to a component of one system to allow it to interface with another system“.

80 *Pfeiffer*, S. 23. Vgl. zur Fähigkeit eines Produktes, insgesamt die Aufgaben eines anderen Produktes übernehmen zu können, unten Kap. 1. B. I. 2.

Produkte beitragen. Durch Verwendung eines einheitlichen Standards sind die „Schnittstellen“[81] zwischen verschiedenen Produkten aufeinander abgestimmt; die Produkte sind miteinander kombinierbar. Warum hat Kompatibilität von Produkten aber positive Auswirkungen sowohl auf den Wettbewerb als auch auf die allgemeine Wohlfahrt?[82] Warum entsteht durch Kompatibilität Wettbewerb bzw. warum wird dieser durch Kompatibilität verstärkt? Kompatibilität von Produkten führt dazu, dass Verbraucher, die ein bestimmtes Produkt erwerben, für benachbarte bzw. ergänzende Produkte nicht zwangsläufig auf Produkte desselben Herstellers angewiesen sind. Wenn z.B. verschiedene Hersteller von MP3-Playern für Kopfhörer denselben standardisierten Anschluss am Abspielgerät vorsehen, so ist der Verbraucher beim Erwerb von Kopfhörern nicht zwangsläufig auf diejenigen des Herstellers des MP3-Players angewiesen, sondern kann sich aufgrund der Kompatibilität ebenso gut für Produkte anderer Hersteller entscheiden. Selbstverständlich nur unter der Voraussetzung, dass die Hersteller der Kopfhörer ebenfalls den entsprechenden Standard für den Stecker der Kopfhörer verwenden. So entsteht auf Märkten für solche benachbarten Produkte oder Komponenten (z.B. Kopfhörer) größerer Wettbewerb, da auch solche Hersteller auf diesen Märkten zumindest den technischen Voraussetzungen nach erfolgreich tätig sein können, die das Grundprodukt (z.B. MP3-Player) gar nicht anbieten.[83]

Bezogen auf den Europäischen Binnenmarkt, dem im Rahmen dieser Arbeit mit Blick auf Art. 101 AEUV eine besondere Bedeutung zukommt, wird durch Kompatibilität verschiedener Produkte grenzüberschreitender Warenverkehr erst ermöglicht. Ohne Kompatibilität der verschiedenen nationalen Standards auch untereinander

---

81 Damit sollen nicht nur technische Schnittstellen zwischen verschiedenen technischen Geräten gemeint sein, sondern z.B. auch Schnittstellen bei Software, bei denen eine übereinstimmende Programmiersprache verwendet wird und eine Datenübertragung erfolgen kann. Allgemein ausgedrückt: Alle Berührungspunkte an denen Produkte mit anderen Produkten in Kontakt treten.

82 *Shapiro*, in: Dreyfuss/Zimmerman/First, 81, 81f. m.w.N., verfügbar unter: http://faculty.haas.berkeley.edu/shapiro/standards.pdf (abgerufen am 08.12.2015) veranschaulicht die sich aus der Standardisierung ergebenden Vorteile für die allgemeine Wohlfahrt mit folgender Anekdote: „(...) during the great Baltimore fire of 1904, fire fighters called in from neighboring cities were unable to fight the blaze effecitvely because their hoses would not fit the Baltimore hydrants. The following year, national standards for fire hoses were adopted."

83 Genau in die entgegengesetzte Richtung könnte der jüngst von Apple durchgeführte Zukauf des Unternehmens Beats wirken. Apple könnte zukünftig daran interessiert sein, die Kopfhörer-Marke Beats zum Monopolisten für iPhone-Kopfhörer zu machen, indem bei neuen iPhone-Modellen nur noch ein Kopfhöreranschluss per sog. Lightning zugelassen wird. Kunden wären dann auf entsprechende Kopfhörer des Unternehmens Beats festgelegt oder andere Hersteller von Kopfhörern müssten Lizenzen für diese Technologie bei Apple erwerben, vgl. FAZ v. 06.06.2014 („Hat Apple deshalb Beats gekauft?“), verfügbar unter: http://www.faz.net/aktuell/technik-motor/audio-video/neue-kopfhoerer-vorgaben-fuer-das-iphone-hat-apple-deshalb-beats-gekauft-12976473.html (abgerufen am 08.12.2015).

würde Standardisierung den Wettbewerb nicht fördern, sondern im Gegensatz vielmehr ein Handelshemmnis für den Europäischen Markt darstellen.[84]

2. *Austauschbarkeit*

Vergleichbare positive Effekte auf den Wettbewerb hat die durch die Standardisierung eintretende Austauschbarkeit von Produkten. Austauschbarkeit soll in diesem Zusammenhang als (vollständige) Substituierbarkeit verstanden werden. Sie geht folglich noch einen Schritt weiter als Kompatibilität.

Für jeden ist es nahezu selbstverständlich, dass bei der Reparatur eines Pkw statt der „Originalersatzteile" auch Ersatzteile anderer Hersteller verwendet, dass in jede Lampenfassung eine entsprechende Glühbirne jedes beliebigen Herstellers eingeschraubt und dass jede Maus an jeden PC oder Laptop angeschlossen werden kann. Durch die Verwendung eines einheitlichen Standards in Produkten verschiedener Hersteller besteht für den Verbraucher die Möglichkeit, das von ihm zunächst erworbene Produkt bei Nichtgefallen oder bei Auftreten von Defekten durch ein Produkt eines anderen Herstellers zu ersetzen. Die Verwendung des Standards führt dazu, dass eine standardisierte Ware durch eine andere standardisierte Ware ersetzbar ist. Diese Austauschbarkeit ist wettbewerbsförderlich, da auf diese Weise u.a. auf Märkten für Ersatzteile und Komponenten überhaupt erst Wettbewerb entstehen kann. Die unterschiedlichen Anbieter können erst so in ein direktes Wettbewerbsverhältnis zueinander treten und die Verbraucher sind nicht auf die Produkte des ursprünglichen Herstellers angewiesen, sondern können entsprechende Teile ebenso von Konkurrenten beziehen. Die Austauschbarkeit verhindert oder erschwert „die Entstehung von Ersatzteilmonopolen mit ihrer möglichen Tendenz zu überhöhten Preisen"; in die Abhängigkeit eines solchen Monopols könnte der Käufer geraten, wenn passende Ersatzteile für ein bestimmtes Gut ausschließlich von dessen Hersteller angeboten würde.[85]

3. *Vergleichbarkeit und Erhöhung der Markttransparenz*

Standards erhöhen zudem die Markttransparenz. Durch die Verwendung von Standards werden Gegenstände oder Prozesse vereinheitlicht.[86] Bei einem standardisierten Produkt oder Prozess steht fest, dass der Hersteller die entsprechenden Merkmale des Standards verwendet hat. Unter den standardisierten Produkten entsteht erst dadurch Vergleichbarkeit. Denn entspricht ein Produkt einem bestimmten Standard,

---

84 Siehe unten Fn. 129. Eine positive Einstellung der Europäischen Kommission gegenüber technischen Normen im Bereich des Telekommunikationswesens lässt sich aus diesem Grund bereits in den „Leitlinien für die Anwendung der EG-Wettbewerbsregeln im Telekommunikationsbereich", ABl. 1991 C 233/2, Rn. 32, 49, 61 finden.

85 *Marburger*, S. 253.

86 Zu den negativen Auswirkungen der Vereinheitlichung durch Reduzierung der Angebotsvielfalt siehe unten Kap. 1. B. III. 1.

so bedeutet dies, dass das Produkt die im Standard definierten Eigenschaften besitzt.[87] Das hat zur Folge, dass der Verbraucher beim Erwerb eines entsprechenden Produktes grundsätzlich von denselben technischen Eigenschaften der verschiedenen angebotenen Produkte ausgehen und somit besser Preise vergleichen kann. Den Abnehmern wird insgesamt eine Orientierung im vielfältigen Produktangebot erleichtert.[88] So kann ein Verbraucher in dem oben begonnen Beispiel davon ausgehen, dass z.B. alle Kopfhörer mit einem Klinkenstecker an sein Smartphone angeschlossen werden können. Er kann seine Auswahlentscheidung dann auf andere Merkmale wie Preis oder auch Tonqualität oder Design verlagern. Der Wettbewerb zwischen verschiedenen Herstellern wird dadurch angeregt, da sie die Qualität ihrer Produkte in anderen Parametern verbessern müssen, um die Kaufentscheidung der Kunden zu ihren Gunsten zu beeinflussen.

Andererseits kann in Extremfällen die Vergleichbarkeit insbesondere auf oligopolistisch geprägten Märkten die Gefahr von Preisabsprachen oder zumindest die Gefahr, dass es durch bloßes gegenseitiges Beobachten zu Parallelverhalten seitens der Hersteller kommt, erhöhen.[89] Aus Sicht der Hersteller führt die Erhöhung der Markttransparenz insoweit zu (Wettbewerbs-)Vorteilen[90], dass sie durch die aufgrund des Standards mögliche einfachere Bezeichnung und Beschreibung von Gegenständen Transaktionskosten[91] verringern können.[92]

4. Rationalisierung und Kostenersparnis

Eine weitere positive, in der Standardisierungsforschung seit langem bekannte und angestrebte Auswirkung technischer Normung auf den Wettbewerb sind die eintretenden Rationalisierungseffekte, welche wiederum zu Kosteneinsparungen führen können. Bereits die Gründung der Normungsvereine erfolgte mit dem Ziel der Rationalisierung und Gewinnmaximierung.[93] Die Rationalisierungseffekte sowie die Realisierung von Kostenersparnissen folgen aus verschiedenen Aspekten der Normung:

---

87 Vgl. *Fräßdorf*, S. 11.

88 Vgl. *Lanzenberger*, S. 11; *Fuchs*, in: Lange/Klippel/Ohly, S. 148.

89 *Schießl*, S. 45f.

90 A.A. *Rönck*, S. 31 (m.V.a. *Kypke*, S. 15), der darin auch einen Nachteil für den Produzenten erblickt, da sich aufgrund der Vergleichbarkeit und Überprüfbarkeit der Abstand zu Konkurrenten verkürze.

91 Transaktionskosten sind Kosten, die im Zusammenhang mit schuldrechtlichen Geschäften oder Verfügungen entstehen; vor der Transaktion z.B. Kosten für die Informationsbeschaffung, für die Anbahnung des Vertrages und für Vertragsverhandlung und Formulierung; nachdem die Transaktion durchgeführt wurde z.B. Kosten für die Abwicklung und den Transport, sowie Kontrollkosten; vgl. *Salje*, in: Schulte/Schröder, S. 113f.; *Kleinemeyer*, S. 62f.

92 So *Fräßdorf*, S. 11 m.w.N.

93 Vgl. *Backherms*, JuS 1980, 9, 11.

Ein wesentlicher Aspekt liegt darin, dass die Vereinheitlichung von Spezifikationen deren wiederholte Anwendung ermöglicht. Dies bedeutet, dass das in technischen Standards inkorporierte Wissen nur ein einziges Mal erzeugt werden muss.[94] Die Herstellungskosten eines Produktes sinken, da keine bzw. geringere Forschungs- und Entwicklungskosten anfallen. Auch die finanziellen Risiken, mit denen sich Entwickler neuer Technologien konfrontiert sehen, entfallen bei Umsetzung eines Standards. Besonders kleineren Unternehmen, die noch nicht auf dem entsprechenden Markt tätig sind, kann durch die mit der Standardisierung verbundene Senkung der erforderlichen Forschungs- und Entwicklungskosten der Marktzutritt erleichtert werden.[95] Das fördert den Wettbewerb, indem mehr Unternehmen ihre entsprechenden Produkte auf dem Markt anbieten. Weiterhin kann durch diese Bündelung der Entwicklungskapazitäten auf dem durch die Standardisierung vorgegebenen Pfad eine größere Technologietiefe erreicht werden.[96]

Darüber hinaus entstehen positive Skaleneffekte[97], die aus der Reduzierung der Vielfalt an verschiedenen Produkten folgen. Die vielfaltsreduzierende Wirkung von Standardisierung kann somit neben ihren wettbewerbsbeschränkenden Auswirkungen[98] auch positive Effekte haben: Eine Fokussierung auf eine begrenzte Zahl von Modellen bzw. Technologien erlaubt den Unternehmen Massenproduktion[99] und Vorteile durch Massenvertrieb.[100] Ähnliche wichtige Rationalisierungseffekte der Normung folgen aus der Kompatibilität,[101] da Kompatibilität erweiterte Märkte und damit größere Produktserien, billigere Produktion, Effizienzsteigerung und höheren Umsatz bedeutet.[102] Durch Standards wird u.a. die Materialbeschaffung vereinfacht, denn genormte Gegenstände sind durch die Norm in vielen Parametern (wie z.B. Benennungen, Abmessungen und Qualitätseigenschaften) genau bestimmt. Eine Bezugnahme auf die Norm erleichtert die Abwicklung von An- und Verkäufen genormter Gegenstände und erfordert somit geringeren Arbeits- und Zeitaufwand.[103] Darüber

---

94 Vgl. *Hesser/Inklaar*, in: Hesser/Inklaar, S. 141; *Fräßdorf*, S. 9; *Müller*, S. 173; *Appl*, S. 49.

95 So auch *Walther/Baumgartner*, WuW 2008, 158, 160.

96 *Schultheiß*, S. 109.

97 Man spricht von positiven Skaleneffekten, economics of scale oder Größenvorteilen, wenn die Produktionsmenge stärker steigt als die eingesetzten Faktoren. Eine Erhöhung der eingesetzten Faktoren führt also zu einer überproportionalen Erhöhung der Produktionsmenge. Dadurch sinken die durchschnittlichen Kosten für ein Produkt; vgl. auch Gabler Wirtschaftslexikon, Bd. BF-E, S. 777.

98 Dazu siehe Kap. 1. B. III. 1.

99 Die Vorteile der Massenproduktion sind jedoch keine Besonderheit der (überbetrieblichen) technischen Standardisierung. Sie treten ebenfalls auf, wenn es sich um Vereinheitlichungen auf Betriebsebene (siehe zu Werksnormen Kap. 1. A. III.) handelt, vgl. *Marburger*, S. 249.

100 Vgl. *Blind*, S. 20.

101 Siehe dazu ausführlich Kap. 1. B. I. 1.

102 *Kübel*, S. 331.

103 Vgl. *Stefener*, S. 9; *Marburger*, S. 250; *Starkowski*, S. 32; *Falke*, S. 216.

hinaus sind standardisierte Produkte in der Regel relativ schnell zu beschaffen. Eine Vorratslagerung großer Mengen der Produkte oder Ersatzteile wird überflüssig. Die Unternehmen können Lagerraum sowie den mit der Lagerung verbundenen Arbeitsaufwand reduzieren. Folglich können die Hersteller ihre Kapazitäten insgesamt effektiver nutzen und die Einsparungen können sich in Kostenreduzierungen niederschlagen, die – zumindest bei funktionierendem Wettbewerb – auch den Verbrauchern durch Preisreduzierungen zu Gute kommen können.[104]

Eine weitere Kosteneinsparungsmöglichkeit folgt aus der durch die Standardisierung eintretenden Austauschbarkeit von Produkten.[105] Die Austauschbarkeit erleichtert und verbilligt die Instandsetzung technischer Systeme.[106] Ist eine Komponente eines bestehenden Systems defekt, so ist es nicht (mehr) erforderlich, das gesamte System zu erneuern. Der Standard ermöglicht, dass die einzelne Komponente durch ein entsprechendes Ersatzteil mit denselben Funktionen ersetzt werden kann. Darüber hinaus verhindert Austauschbarkeit insbesondere das Entstehen von Monopolen des Herstellers für Ersatzteile eines Produktes.[107] Die Öffnung des Ersatzteilmarktes für Konkurrenz führt i.d.R. zu niedrigeren Preisen der Ersatzteile, sodass für den Verbraucher auch insoweit Kostenvorteile entstehen können.

Auch die Vermeidung von sog. „Formatkriegen" lässt sich bei genauer Betrachtung als ein Aspekt der Rationalisierung und Kostenersparnis durch Standardisierung ansehen. „Formatkriege" treten in Situationen auf, in denen verschiedene Produkte für ein und dieselbe Aufgabe zur Verfügung stehen, diese Produkte aber untereinander aufgrund der Verwendung unterschiedlicher Technologien inkompatibel sind.[108] Erst in einem häufig langwierigen und kostenintensiven Konkurrenzkampf setzt sich i.d.R. ein Produkt als de-facto-Standard auf dem Markt durch.[109] Vor allem Investitionen von Herstellern und Verbrauchern in die später unterlegene Technologie sind dann vergeblich gewesen. Durch eine (frühzeitige)

---

104 Vgl. *Fuchs*, in: Lange/Klippel/Ohly, S. 148.

105 Siehe dazu Kap. 1. B. I. 2.

106 *Marburger*, S. 253.

107 Vgl. dazu Kap. 1. B. I. 2.

108 Vgl. zur Definition von „Formatkriegen", „standard wars" bzw. „standard battles" auch den Bericht des U.S. Department of Justice und der Federal Trade Commission, Antitrust Enforcement And Intellectual Property Rights: Promoting Innovation And Competition, April 2007, S. 34, Fn. 6, verfügbar unter: http://www.ftc.gov/reports/innovation/P040101PromotingInnovationandCompetitionrpt0704.pdf (abgerufen am 08.12.2015). Siehe auch *Van de Kaa*, S. 2ff.; mit Beispielen *Shapiro/Varian*, California Management Review 1999, Vol. 4, No. 2, 8.

109 Z.B. das VHS für Videorecorder gegenüber dem Betamax-System, vgl. oben Kap. 1. A. IV. Siehe auch NZZ Folio 02/05: Der Krieg der Formate, verfügbar unter: http://www.nzzfolio.ch/www/d80bd71b-b264-4db4-afd0-277884b93470/showarticle/17e3a566-1597-4e6b-acfc-cdb06351d2b3.aspx (abgerufen am 08.12.2015). Es kann jedoch auch passieren, dass es keine Technologie schafft, sich gegenüber der anderen am Markt durchzusetzen; so existiert z.B. weiterhin ein „standard war" im Bereich von Spielekonsolen (Playstation vs. Xbox), bei dem kein Ende abzusehen ist.

Standardisierung können diese mit den „Formatkriegen“ verbundenen Kosten reduziert bzw. vergebliche Kosten in eine sich nicht durchsetzende Technologie vermieden werden, sodass es sich um einen besonderen Fall der Kostenersparnis durch Standardisierung handelt.

5. Förderung des Fortschritts und der Innovation

Obwohl es auf den ersten Blick gerade so erscheinen mag, dass technische Normen aufgrund der durch sie getroffenen Festlegungen Innovationen verhindern oder zumindest erschweren könnten,[110] wird häufig angeführt, dass Standardisierung auch zum Fortschritt und zur Innovation beitragen kann.[111] Fast ebenso häufig wird dieses Schlagwort genannt, ohne eine Erläuterung der innovationsfördernden Wirkung von Normung folgen zu lassen. Die innovationsfördernde Wirkung von Standards liegt darin, dass zumindest auf nachgelagerten Märkten eines standardisierten Produktes gerade aufgrund des Standards die Möglichkeit besteht, neue Waren zu entwickeln. Der Wettbewerb auf diesen Märkten wird angeregt. Unternehmen haben aufgrund der Standardisierung des vorgelagerten Produktes eine gewisse Sicherheit, dass Waren, die sie neu entwickeln, für eine Vielzahl von vorgelagerten (standardisierten) Produkten verwendbar sind. Es besteht also eine begründete Aussicht, dass sich die Forschungs- und Entwicklungskosten auf den nachgelagerten Märkten eher „lohnen“, als in einem Fall, in dem die vorgelagerten Produkte keinem Standard entsprechen. Diese Förderung des Fortschritts und der Innovation auf nachgelagerten Märkten kann damit als Folge der Kompatibilität angesehen werden und steigert dort den Wettbewerb.

6. Ordnungsfunktion

Ferner wird Standards – zumindest solchen, die innerhalb anerkannter Normungsorganisationen oder sonstiger Konsortien entwickelt werden – eine sog. Ordnungsfunktion zugeschrieben.[112] Mit der Ordnungsfunktion von Standards ist der Effekt gemeint, dass Unternehmen durch die Teilnahme am Standardisierungsprozess

---

110 Zur innovationshemmenden Wirkung von Standardisierung siehe unten Kap. 1. B. III. 2.

111 So auch allgemein *Braun*, in: Langen/Bunte, Band 2, 12. Aufl., 2014, Nach Art. 101 AEUV, Rn. 268; ausführlicher *Blind*, Standardisierung als Katalysator für Innovationen, abrufbar unter: https://www.inno.tu-berlin.de/fileadmin/a38335100/Aktuelles/Brosch_Prof_Blind_akt.pdf (abgerufen am 08.12.2015). Vgl. auch Kommission, Pressemitteilung IP/06/1403 v. 16.10.2006; zur Norm als Mittel zur Verbreitung von Innovationen siehe *Ullrich*, GRUR 2007, 817, 819.

112 Vgl. *Fräßdorf*, S. 12. Ein etwas anderes Verständnis der Ordnungsfunktion findet sich bei *Zubke-von Thünen*, S. 135, der unter der Ordnungsfunktion die Schaffung eines besseren Ordnungsgrades versteht, der durch die Anwendung für das gesamte Normenwerk gültiger, genormter Regeln und Methoden während des Normungsprozesses entsteht.

bereits während des Verfahrens oder durch den Erwerb der Informationen über den Standardisierungsprozess im Nachhinein die Möglichkeit haben, sich auf den neuesten Stand der Technik zu bringen. Denn während des Normungsverfahrens werden, sobald verschiedene technische Möglichkeiten für die Lösung eines Problems existieren, diese Möglichkeiten unter den Teilnehmern diskutiert und gegeneinander abgewogen, bevor es endgültig zu einer Standardfestlegung kommt. Dieser Auswahl- und Abwägungsprozess führt zu einer Transparenz hinsichtlich der bestehenden Technologien. Deutlich gemacht werden muss insoweit, dass nicht die Umsetzung des schließlich festgesetzten Standards eine Ordnungsfunktion hat, da nicht zwingend der neueste Stand der Technik durch die Mitglieder der Normungsorganisation zum Standard erhoben wird. Aus gesamtwirtschaftlichen oder sonstigen Interessen Einzelner kann ggf. auch eine ältere Technologie Standard werden. Vielmehr dem Standardisierungsprozess als solchem kommt die Ordnungsfunktion zu.[113]

7. Qualitätssicherung

Schließlich kann als eine weitere, insbesondere für die Verbraucher positive Funktion von Standardisierung die Qualitätssicherung durch technische Normen angeführt werden. Sobald ein Produkt einem Standard entspricht und zwangsläufig die vom Standard vorgegebenen Eigenschaften aufweist, wird dadurch nicht nur die Markttransparenz erhöht und die Vergleichbarkeit zwischen verschiedenen normgemäßen Produkten hergestellt[114], sondern der Verbraucher kann auch darauf vertrauen, dass das Produkt eine gewisse Qualität, die ihm durch den Standard bekannt ist, besitzt. Der Standard bzw. die Übereinstimmung von Waren oder Prozessen mit einem Standard kann aus Sicht des Verbrauchers somit gleichsam als Qualitätsmerkmal des Produktes fungieren.[115]

II. Netzwerkeffekte

Ein in zahlreichen Untersuchungen beschriebenes weiteres Phänomen, das durch Standardisierung auftritt, ist das Entstehen von Netzwerkeffekten.[116] Sie nehmen

---

113 De-facto-Standards können diese Ordnungsfunktion naturgemäß nicht erfüllen, da sie ohne Absprache verschiedener Marktteilnehmer untereinander zustande kommen und somit kein gegenseitiger Informationsprozess stattfindet, der Transparenz herstellen könnte.

114 Siehe dazu oben Kap. 1. B. I. 3.

115 Vgl. auch *Fröhlich*, GRUR 2008, 205, 206; *König/Neumann*, WuW 2009, 382, 387; *Staniszewski*, Journal of Intellectual Property Law & Practice 2007, Vol. 2, No. 10, 666, 667; *Balto*, The Computer & Internet Lawyer 2001, Vol. 18, No. 6, 5.

116 Auf der anderen Seite folgt aber auch aus dem Wissen um die Auswirkungen von Netzwerkeffekten erst das Bedürfnis nach einheitlichen Normen und Standards, vgl. *Dietrich*, S. 22.

eine Sonderstellung zwischen den wettbewerbsfördernden und den wettbewerbsbeschränkenden Effekten technischer Standardisierung ein. Unter Netzwerkeffekten versteht man zunächst ganz allgemein, dass der Wert eines Produktes mit zunehmender Anzahl der Nutzer steigt.[117] Ein typisches Beispiel ist das Telefon(netz): Je mehr Telefonanschlüsse vergeben sind, desto höher ist der Wert des gesamten Telefonnetzes. Denn für den einzelnen Anschlussinhaber besteht die Möglichkeit jeden hinzutretenden Teilnehmer zu kontaktieren, sodass sich der Nutzen des Netzwerkes für ihn steigert.[118] Dies kann nicht nur gelten, wenn es sich um gleiche, sondern auch wenn es sich um kompatible Güter handelt.[119] Die Nutzensteigerung folgt nämlich nicht nur durch das Hinzutreten z.B. weiterer Festnetzanschlüsse (= gleiche Güter), sondern auch durch das Hinzukommen von z.B. Mobiltelefonanschlüssen (= kompatible Güter).

Man unterscheidet in der Untersuchung von Netzwerkeffekten zwischen direkten und indirekten Netzwerkeffekten. Direkte Netzwerkeffekte resultieren unmittelbar aus der Vergrößerung des Bestandes. D.h. jeder Nutzer profitiert potenziell unmittelbar von dem Netzeintritt jedes weiteren Nutzers.[120] Im o.g. Beispiel vergrößert jeder neue Anschluss den Kreis der erreichbaren Teilnehmer und es wächst zumindest die Wahrscheinlichkeit, mit einer gewünschten Person in Kontakt treten zu können. Dadurch steigt der Wert des gesamten Netzwerkes. Als entsprechendes Beispiel können „soziale Netzwerke", wie Facebook, XING etc. angeführt werden. Der Wert des Netzwerkes steigt auch hier für jedes einzelne Mitglied, je mehr Personen sich zu einer Mitgliedschaft entschließen. Indirekte Netzwerkeffekte sind dadurch gekennzeichnet, dass sich der Nutzen eines Gutes auf indirektem Weg erhöht, d.h. der Nutzengewinn ist allgemein auf die größere Verbreitung des Produktes zurückzuführen.[121] Der zunehmende Absatz von Primärprodukten und die damit einhergehende Vergrößerung des Netzwerkes haben z.B. positive Auswirkungen auf Preis, Verfügbarkeit und Vielfalt von Sekundärprodukten.[122] Indirekte Netzwerkeffekte bestehen somit auf Märkten, die aus Systemen in Form von verschiedenen Komponenten (Primärprodukt und Sekundärprodukt) bestehen.[123] Werden z.B. eine Vielzahl von Blu-ray-Playern verkauft, so steigt auch das Angebot und

117 Grundlegend *Katz/Shapiro*, American Economic Review 1985, Vol. 75, No. 3, 424.

118 Ob sich die Wertsteigerung exponentiell verhält, kann hier dahinstehen, da die grundsätzlichen Auswirkungen aufgezeigt werden sollen. Eine exponentielle Abhängigkeit (so in ihren Modellen *Dietrich*, S. 23; *Shapiro/Varian*, S. 184) erscheint jedoch eher fraglich, da insbesondere bei großen Netzwerken nicht jeder Teilnehmer mit einem neu hinzutretenden in Kontakt tritt oder treten will.

119 Vgl. *Fräßdorf*, S. 10.

120 *Hardenacke*, S. 14; *Gates*, Emory Law Journal 1998, Vol. 47, 583, 594; *Wolf*, S. 84.

121 Vgl. *Hardenacke*, S. 16.

122 Vgl. *Dietrich*, S. 23.

123 Vgl. dazu ausführlicher *Katz/Shapiro*, American Economic Review 1985, Vol. 75, No. 3, 424, 424; *Katz/Shapiro*, Journal of Economic Perspectives 1994, Vol. 8, Issue 2, 93, 97f.; *Simmering*, S. 8f.; *Gates*, Emory Law Journal 1998, Vol. 47, 583, 594.

die Verfügbarkeit von Filmen im Blu-ray-Format. Aufgrund der erhöhten Produktionsmenge ist ebenfalls von einer Preissenkung bei Blu-rays auszugehen. Weiterhin versteht man auch die Ausbildung von Servicenetzen und Lernvorteile als indirekte Netzwerkeffekte. Sie entstehen dadurch, dass eine Technik, die häufiger gekauft wird, auch besser bekannt ist, es mehr Servicestellen für Reparatur etc. gibt und die erlernten Fähigkeiten universell einsetzbar sind.[124]

Es stellt sich die Frage, ob Netzwerkeffekte eher wettbewerbsfördernder oder wettbewerbsbeschränkender Natur sind. Zwar bringen Netzwerkeffekte einerseits für das einzelne Unternehmen oder die einzelne Technologie durchaus starke positive Effekte mit sich, denn sie erzeugen positive Rückkopplungen.[125] Dies verdeutlicht folgendes Schaubild:

Abb. 1: Kreislauf der positiven Rückkopplungen

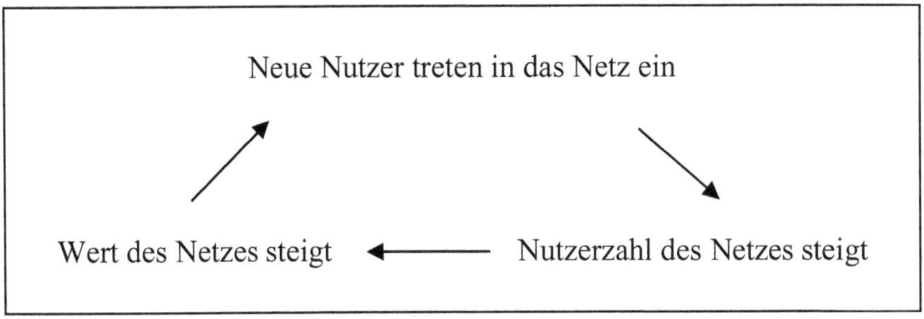

Quelle: angelehnt an *Zerdick u.a.*, S. 160 und *Hardenacke*, S. 67, der jedoch die Kausalkette etwas abweichend darstellt

In Branchen, in denen starke Netzwerkeffekte herrschen, wird ein bestimmtes Produkt vom Verbraucher ausgewählt, da mit dem Produkt weitere Vorteile verbunden sind, weil bereits (viele) andere Verbraucher ein entsprechendes oder kompatibles Produkt besitzen. Dadurch steigt die Nutzerzahl, was wiederum zur Wertsteigerung des Netzwerkes führt. Der höhere Wert des Netzes zieht wieder neue Nutzer an, usw.[126] Netzwerkeffekte sind also andererseits eigentlich eine Form des Marktversagens,[127] da sie dazu führen, dass Produkte nicht aufgrund ihrer Qualität oder ihres Preises von Verbrauchern ausgewählt werden, sondern aufgrund des

124 *Schultheiß*, S. 104; *Glanz*, S. 31.
125 Vgl. *Hardenacke*, S. 67.
126 Sog. „bandwagon-Effekt“, vgl. *Wey*, S. 114, *Zorn*, S. 64 m.w.N.
127 Vgl. *Fischmann*, GRUR Int 2010, 185, 186; *Kleinemeyer*, S. 37. Siehe aber *Koenig/Neumann*, WuW 2003, 1138, 1141, die eher auf die wettbewerbsfördernde Tendenz von Netzwerkeffekten abstellen.

weiteren Nutzens des Netzwerkes.[128] Da sich sowohl die positiven als auch die negativen Auswirkungen technischer Standardisierung auf Märkten, die von Netzwerkeffekten geprägt sind, verstärken, lassen sich Netzwerkeffekte nicht einer der Kategorien „wettbewerbsfördernd“ oder „wettbewerbsbeschränkend“ zuordnen. Sie stehen als Verstärker der Vor- und Nachteile dazwischen. Wo es üblicherweise zu einer Verstärkung der Auswirkungen von Standards auf den Wettbewerb durch Netzwerkeffekte kommt, wird bei dem jeweiligen Aspekt darauf hingewiesen.

III. Wettbewerbsbeschränkende Aspekte

Den genannten positiven Auswirkungen auf den Wettbewerb, die Marktteilnehmer und Verbraucher stehen verschiedene Gefahren für den Wettbewerb gegenüber, die sich ebenfalls aus der technischen Normung ergeben können.[129] Diese Risiken sollen im Folgenden näher betrachtet und dargestellt werden.

1. Reduzierung der Angebotsvielfalt

Die wahrscheinlich offenkundigste negative Auswirkung von Standardisierung auf den Wettbewerb ist die Reduzierung der Angebotsvielfalt und damit die Reduzierung der Auswahlmöglichkeit für den Verbraucher. Durch die Festlegung eines Standards wird eine Produktgruppe hinsichtlich eines oder mehrerer bestimmter Merkmale, wie Größe, Qualität oder sonstiger technischer Spezifikationen, vereinheitlicht;[130]

---

128 Anders wäre dies wohl zu sehen, wenn alle Marktteilnehmer in nur einem einzigen Netzwerk verbunden sind. Dann würde die Wertsteigerung des Netzes allen zu Gute kommen und der Wettbewerb nicht beschränkt. Vgl. *Shapiro*, in: Dreyfuss/Zimmerman/First, 81, 89 („Under incompatibility, firms will compete for the market. (...) In contrast, under compatibility, firms will compete within the market.”).

129 Zu Beginn der rechtswissenschaftlichen Auseinandersetzung mit technischer Normung wurde eine wesentliche wettbewerbsbeschränkende Wirkung der Standardisierung für den Europäischen Binnenmarkt noch darin gesehen, dass in den Mitgliedstaaten der EG jeweils eigenständige Standards existierten, vgl. *Mohr*, S. 2f. („Wegen ihrer [=der technischen Normen] unterschiedlichen nationalen Ausgestaltung wirken sie sich (...) nachteilig auf den freien Warenverkehr zwischen den Mitgliedstaaten aus. (...) Produkte, die zwar den technischen Normen des Herkunftsstaates entsprechen, nicht aber denjenigen des Importlandes, sind deshalb dort in aller Regel schwerer absetzbar als die inländischen Erzeugnisse.“); siehe auch S. 69f.; *Marburger*, S. 272; *Bolenz*, S. 31; *Lukes*, S. 171f.; *Starkowski*, S. 38f.; *Rönck*, S. 36f., 40 mit einigen Beispielen und zum Beginn der Harmonisierung auf europäischer Ebene *Anselmann*, RIW 1986, 936. Auch in jüngerer Zeit führen in bestimmten Bereichen unterschiedliche Standards noch zu Handelshindernissen: Z.B. können auch innerhalb Europas aufgrund verschiedener Steckerformen elektrische Geräte nicht ohne Weiteres in jedem anderen europäischen Land, in dem das Gerät nicht erworben wurde, benutzt werden.

130 Vgl zur ambivalenten Wirkung der Reduzierung der Angebotsvielfalt *Pham*, in: Hesser/Feilzer/de Vries, S. 69.

es werden alternative Technologien ausgeschlossen. Je umfangreicher die Standardisierung ist, desto weniger Spielraum verbleibt den Marktteilnehmern, sich durch die Ausgestaltung ihrer Produkte von der Konkurrenz abzusetzen, was eine Wettbewerbsdämpfung bewirken kann.[131] Die Unternehmen, die ihre Produkte dem Standard anpassen und diesen nutzen wollen, werden vorwiegend nur noch Produkte auf den Markt bringen, die dem Standard entsprechen. Zwar bleibt es den Unternehmen auch weiterhin überlassen, alternative Produkte, d.h. Produkte, die den festgelegten Standard nicht umsetzen, herzustellen und zu vertreiben.[132] Es muss jedoch davon ausgegangen werden, dass die Unternehmen, die sich an der Entwicklung eines Standards beteiligt haben, den gemeinsam entwickelten Standard für den Großteil ihrer Produkte umsetzen werden. Denn wenn sich ein Unternehmen an einem Standardsetzungsverfahren beteiligt, bringt es dadurch auch zum Ausdruck, dass es in der Existenz und Einhaltung eines Standards mögliche Vorteile für die eigene unternehmerische Tätigkeit erkannt hat; dann wird es diese erkannten Vorteile durch Umsetzung des entsprechenden Standards auch für sich nutzen wollen. Darüber hinaus werden Verbraucher durch Schwierigkeiten in der Ersatzteilversorgung und beim Austausch nicht normgemäßer Teile zum Verzicht auf nicht genormte Produkte veranlasst,[133] sodass für Unternehmen nur ein geringeres Interesse an der Produktion nicht standardisierter Güter besteht. Zudem werden häufig weitere Unternehmen, die selbst nicht unmittelbar an der Standardsetzung beteiligt waren, ihre Produkte dem Standard anpassen, um ebenfalls in den Genuss der Vorteile der Verwendung eines Standards zu kommen. Dem Verbraucher verbleibt dann in der Regel nur noch die Möglichkeit standardisierte Waren zu erwerben. Er kann nicht (mehr) zwischen verschiedenen möglichen technischen Lösungen für ein Problem wählen. Sollte er eine zum Standard alternative Technologie für ein entsprechendes Produkt vorziehen, so kann dieser Wunsch gegebenenfalls nicht mehr befriedigt werden.[134] Dies gilt in ähnlicher Weise für Hersteller, die Teile für ein nunmehr standardisiertes Produkt liefern sollen. Sie müssen sich ebenfalls den technischen Festlegungen des Standards anpassen; möglichen eigenen Präferenzen kann nicht mehr nachgegangen werden.

---

131 *Loest/Bartlik*, ZWeR 2008, 41, 46; vgl. auch *Dolmans*, Standards for Standards, S. 10f., abrufbar unter: http://apps.americanbar.org/antitrust/committees/intell_property/dolmans.pdf (abgerufen am 08.12.2015).

132 Dies gilt wegen des Grundsatzes der Freiwilligkeit eines Standards.

133 Vgl. *T. Fuchs*, Die Konkretisierung rechtlicher Anforderungen durch technische Regeln, S. 2, verfügbar unter: http://delegibus.com/2005,9.pdf (abgerufen am 08.12.2015).

134 Wenn auch nicht auf einen überbetrieblichen Standard bezogen, verdeutlicht die Aussage *Henry Fords* die für Verbraucher auswahlreduzierende Wirkung der Vereinheitlichung sehr anschaulich: „Any customer can have a car painted any colour that he wants so long as it is black.“, *Ford*, S. 72.

2. *Reduzierung von Innovationen*

Eng mit der Reduzierung der Angebotsvielfalt durch Standardisierung ist auch die Reduzierung von Innovationen verbunden.[135] Sobald eine Norm existiert, die von einer Vielzahl der Marktteilnehmer angewendet wird, besteht für diese ebenso wie für weitere Marktteilnehmer häufig nur ein geringer Anreiz zur Entwicklung alternativer Technologien. Denn es ist zu befürchten, dass ein etablierter Standard nur schwer überwunden werden kann.[136] Allenfalls bei großen Innovationssprüngen ist

135 Vgl. *Lukes*, in: Heuss u.a., S. 165, der dies als „Zementierungswirkung" beschreibt; *Fuchs*, in: Immenga/Mestmäcker, GWB, § 2, Rn. 118 m.V.a. negative Auswirkungen auf die Innovationsfähigkeit; *Loest/Bartlik*, ZWeR 2008, 41, 46 mit Hinweis auf die Einschränkung des Innovationspotenzials.
Kübel, S. 336f. setzt sich mit dem Spannungsfeld zwischen Normung und Innovation unter dem Blickwinkel auseinander, dass „Innovation im weitesten Sinne (...) das Ziel ständiger Veränderung und Weiterentwicklung [verfolgt, während] die Aufgaben der Normung in erste Linie als ordnend, festschreibend und bewahrend angesehen [werden]." Normung stelle deshalb ein Innovationshemmnis dar, weil „die Erarbeitung einer Norm (...) Jahre dauern [kann]. Die Normung läuft daher Gefahr, besonders in dynamischen Fachgebieten mit hoher Entwicklungsgeschwindigkeit nicht immer mit dem eigentlichen Stand der Technik Schritt halten zu können. Gleiches gilt für entwicklungsbegleitende Normung." Dieser Ansatz soll nicht weiter verfolgt werden, da in dieser Arbeit nicht zwingend nur die Normungsarbeit in anerkannten Normungsorganisationen untersucht werden soll (siehe oben Kap. 1. A. V.) und dieser Ansatz somit zumindest nicht (mehr) uneingeschränkt auf alle Sektoren der Normung übertragbar ist. Insbesondere im Informations- und Kommunikations-Technologie (IKT) –Sektor werden technische Spezifikationen in Foren und Konsortien entwickelt, um schneller zu einem gemeinsamen Ergebnis zu gelangen. Vgl. z.B. die Öffentliche Konsultation der EU-Kommission zur Überprüfung des europäischen Normungssystems vom 23.03.2010 bis 21.05.2010, Overview of the responses, S. 7f. verfügbar unter http://ec.europa.eu/enterprise/policies/european-standards/files/public-consultation/overview_results_public_consultation_en.pdf (abgerufen am 30.03.2015).

136 Das wohl bekannteste und umstrittenste Beispiel für einen Standard, der seit seiner Entwicklung in den 1870er Jahren nicht überwunden worden ist, ist die QWERTZ- bzw. in englischsprachigen Gebieten die QWERTY-Anordnung der Buchstaben auf einer Schreibmaschinen-/PC-Tastatur. Der Grund für diese Tastaturbelegung lag in den alten Schreibmaschinen begründet, bei denen ein Haken am Buchstaben direkt mechanisch mit der Taste des Buchstabens verbunden war. Um zu verhindern, dass sich die Haken beim Schreiben mit hohem Tempo verhakten, legte man die Haken mit den am meisten verwendeten Buchstaben nach außen. So wurde ein höherer Schreibfluss erreicht. Durch den Austausch der mechanischen durch elektronische Maschinen ist diese Anordnung der Buchstaben nicht mehr erforderlich und es wurden alternative Anordnungen entwickelt, die – so wird zum Teil behauptet – eine höhere Schreibgeschwindigkeit möglich machen. Doch da sich die QWERTZ-/QWERTY-Anordnung als Standard durch viele Generationen von Nutzern verfestigt hat, hat sich bis heute keine Innovation am Markt durchgesetzt.

dies wahrscheinlich.[137] Es wäre lebensfremd zu erwarten, dass bei einer nur kleinen technischen Verbesserung ein etablierter Standard fallengelassen wird oder dass einzelne Unternehmen oder Verbraucher „ausscheren" und eine neue Technologie verwenden. Denn diese neue Technologie kann keine der Vorteile bieten, der der etablierten Technologie aufgrund ihrer Standardisierung zukommen. Dieses Verharren in den möglicherweise veralteten Strukturen wird auch als „Standardträgheit" bezeichnet.[138] Auch insoweit tritt eine Wettbewerbsdämpfung ein.

3. *Lock-in-Effekt*

Bevor sich Unternehmer oder Verbraucher für einen bestimmten Standard entscheiden, sind sie frei, zwischen verschiedenen technischen Spezifikationen zu wählen. Entscheidet sich ein Unternehmen aber für die Umsetzung eines bestimmten Standards, so richtet es in der Regel seine gesamte Herstellung des betreffenden Produktes auf den Standard aus. Ebenso wird ein Verbraucher, der sich für den Erwerb eines bestimmten Produktes entscheidet, häufig auch für die Zukunft an entsprechende Produkte gebunden. Denn sollten die Marktteilnehmer zu einem späteren Zeitpunkt alternative Technologien verwenden wollen, so werden häufig hohe Kosten für den Wechsel auftreten[139] (sogenannte Wechselkosten bzw. switching costs). Zu den switching costs zählen alle beim Wechsel einer Technologie anfallenden Kosten: z.B. Transaktionskosten, Lernkosten oder künstliche Wechselkosten.[140] Dies führt dazu, dass die Marktteilnehmer nicht selten bei dem „alten" Standard bleiben, da sie hohe Wechselkosten scheuen und sie aufgrund dieser Kosten eine Umstellung des Produktes sogar dann als unvernünftig betrachten würden, wenn die neuen

---

Vgl. *Dommann*, in: Möllers, S. 257f.; *Thum*, S. 17f., sowie *Perera*, in: Hesser/Feilzer/de Vries, S. 262f. mit weiteren Beispielen. *Liebowitz/Margolis*, Journal of Law & Economics 1990, Vol. 30, No. 1, 1ff. kritisieren das QWERTY-Paradigma als „Marktversagensfabel"; kritisch auch *Pohlmeier*, S. 81; *Dietrich*, S. 41f./93; *Fischmann*, GRUR Int 2010, 185, 187. Ausführlich mit Gegenüberstellung der verschiedenen Theorien *Wey*, S. 49ff.

137 Vgl. *Fuchs*, in: Lange/Klippel/Ohly, S. 151.

138 Siehe *Schultheiß*, S. 111. Vgl. auch *Adams*, JZ 1991, 941, 948f.

139 Für weitere Ursachen für das Auftreten von Wechselkosten siehe *Klemperer*, Review of Economic Studies 1995, Vol. 62, 515, 517f., verfügbar unter http://www.nuffield.ox.ac.uk/users/klemperer/competition.pdf (abgerufen am 08.12.2015).

140 Vgl. *Dietrich*, S. 33. Unter Transaktionskosten versteht man in diesem Zusammenhang Kosten, die für die Anpassung alter Einrichtungen an die neue Technologie anfallen. Lernkosten entstehen deshalb, weil ein Nutzer einer bestimmten Technologie Erfahrungen mit der Anwendung der bisherigen Technologie gemacht hat, während er für eine neue Technologie dieses Wissen erst noch ausbilden muss. Künstliche Wechselkosten werden durch das Verhalten der Marktteilnehmer ausgelöst, z.B. indem besondere Vergünstigungen nur mit der Verwendung eines konkreten Produktes verbunden sind. Ausführlich zu den Arten von Technologiewechselkosten siehe *Fräßdorf*, S. 94f.

Produkte technisch besser wären (sog. Lock-in[141]).[142] Der zeitliche Ablauf (d.h. welches Produkt zuerst „Standard geworden" ist) und nicht die Qualität des Produktes entscheidet dann über das Marktergebnis.[143] Es entsteht kaum oder kein Wettbewerb mit alternativen Produkten. Dieser Lock-in-Effekt kann einerseits für Unternehmen, andererseits aber genauso für Verbraucher bestehen. Er tritt umso stärker auf, umso höhere Netzwerkeffekte in dem betreffenden Wirtschaftszweig bestehen, „[d]enn die Konkurrenten, die insoweit alternative Produkte oder Dienstleistungen anbieten wollen (...) müssen nicht nur weitaus bessere innovative Güter anbieten, sondern auch den *„added value"* aus dem Netzwerk überbieten, der die [Marktteilnehmer zusätzlich] im Standard festhält."[144]

Im Gegensatz zu dem oben beschriebenen wirtschaftlichen Lock-in beruht ein technologiebedingter Lock-in in erster Linie darauf, dass bei manchen Produkten eine Technologie auf einer anderen aufbaut.[145] Zum Beispiel führt die Festlegung eines einheitliches Formates für Papier (insb. A4) dazu, dass auch die Größen des Einzugs bei Druckern oder Faxgeräten auf die standardisierten Formate ausgerichtet sind. Weiterhin sind verschiedene Büroartikel, wie Briefumschläge, Locher und Ordner auf das Papierformat abgestimmt. Dies bedeutet, dass die Änderung einer festgelegten Größe (hier im Beispiel: des A4-Papier-Formates) weitere Änderungen

141 Oder auch als „excess inertia" bezeichnet, wenn ein Lock-in in eine ineffiziente, ältere Technologie besteht, vgl. bereits *Farrell/Saloner*, Rand Journal of Economics 1985, Vol. 16, No. 1, 70, 72; siehe auch *Katz/Shapiro*, Journal of Economic Perspectives 1994, Vol. 8, Issue 2, 93, 108; *Thum*, S. 19; *Gandal*, Compatibility, Standardization, & Network Effects, S. 7, Fn. 6, verfügbar unter: http://www.tau.ac.il/~gandal/netpolicy.pdf (abgerufen am 08.12.2015). Mit dem Stichwort „excess momentum" wird der gleichsam gegenteilige Effekt beschrieben, nämlich eine Situation, in der es aus objektiver Sicht effizient wäre, den etablierten Standard beizubehalten; der Markt lässt die Konsumenten jedoch zu einer neuen Technologie wechseln, da sie vermuten, dass viele andere die neue Technologie anwenden und diese sich durchsetzen wird, vgl. *Thum*, S. 20.

142 Vgl. *Fischmann*, GRUR Int 2010, 185, 187.

143 Vgl. *Heinemann*, in: Büllesbach/Dreier, S. 85; für den Softwaremarkt unter Betrachtung verschiedener Modelle siehe *Gröhn*, S. 48ff. Damit steht freilich nicht fest, dass der Lock-in-Effekt aufgrund der anfallenden Wechselkosten so stark ist, dass ein Wechsel zu konkurrierenden Technologien auf Dauer vollständig unterbleibt, vgl. auch *Dietrich*, S. 37. Denn es werden offensichtlich stets neue, auch nicht kompatible Technologien erfolgreich in den Markt eingeführt und auf ihm etabliert, vgl. auch *Katz/Shapiro*, Journal of Economic Perspectives 1994, Vol. 8, Issue 2, 93, 108. Die beschriebene Erschwerung und mögliche erhebliche Verzögerung eines Technologiewechsels wird jedoch nicht abzustreiten sein. Für eine Betrachtung aus Sicht eines einzelnen Unternehmens, für das eine Lock-in-Situation reizvoll sein kann, siehe *Zerdick u.a.*, S. 162.

144 *Fuchs*, in: Lange/Klippel/Ohly, S. 151.

145 Unterscheidung zwischen wirtschaftlichem und technischem Lock-in auch bei *Fräßdorf*, S. 11f.

nach sich ziehen würde und müsste. Je komplexer das System der aufeinander aufbauenden Technologien ist, desto eher werden die Nutzer des Standards vor Änderungen einer der festgelegten Größen zurückschrecken, um nicht das gesamte System ändern und neu ordnen zu müssen. Denn dies würde einen erheblichen Arbeits- und Zeitaufwand und damit in der Regel im Ergebnis wieder eine erhebliche Kostenbelastung mit sich bringen. In bestimmten Fällen ist es sogar denkbar, dass in einem System der aufeinander aufbauenden Technologien der Austausch eines Teiles und die damit verbundene Änderung einer festgelegten Größe – selbst bei der Bereitschaft hohe Kosten zu tragen – tatsächlich gar nicht möglich ist, da es keine Geräte gibt, die in dem System mit der nun neuen Größe weiterarbeiten könnten.[146] Diese Situation könnte dann tatsächlich als „rein" technologiebedingter Lock-in beschrieben werden.

Vereinzelt wird geäußert, dass sich Standardisierung negativ auf den Verbrauchernutzen auswirken kann, „wenn bereits bestehende Produkte durch die Standardisierung unverhältnismäßig schnell überholt und auf diese Weise die entsprechenden Investitionen der Verbraucher entwertet werden".[147] Die Aussage steht im Gegensatz zu dem oben beschriebenen Lock-in-Effekt, den gerade das Verharren in alten Strukturen kennzeichnet. Dass bestehende Produkte durch die Einführung neuer Güter überholt werden, würde ohne die Existenz von Standards wohl genauso schnell oder sogar noch eher erfolgen;[148] denn ohne einheitliche Standards auf einem Markt, würden sich Unternehmen auch bei nur kleinen Änderungen oder Verbesserungen ihrer Produkte durch nichts gehindert sehen, diese Änderungen umzusetzen, sodass die bisherigen Produkte noch schneller als überholt gelten würden. Dass bestehende Produkte unverhältnismäßig schnell „veralten", wird hier also nicht als typische negative Auswirkung von Standardisierung angesehen.

4. Erhöhung der Marktzutrittsschranken

Als weitere zentrale negative Auswirkung von Standardisierung auf den Wettbewerb kann eine Erhöhung von Marktzutrittsschranken für dritte Unternehmen, insbesondere Unternehmen, die nicht an der Standardsetzung beteiligt waren, angeführt werden.[149] Wenn ein Standard proprietäre, d.h. durch Rechte des geistigen Eigentums geschützte Informationen enthält – was häufig der Fall sein wird – eröffnet die Standardsetzung den Rechteinhabern zumindest die Möglichkeit, andere Unternehmen vom Marktzugang auszuschließen, sodass eine Gefahr der Abschottung von Märkten besteht. Wenn eine Gruppe von Unternehmen sich auf einen

146 Ein Beispiel findet sich bei *Fräßdorf*, S. 12.

147 *König/Neumann*, WuW 2009, 382, 393; so auch Horizontalleitlinien 2001, ABl. 2001 C 3/2, Rn. 170.

148 Ein ähnlicher Ansatz ist auch bei *Chappatte*, European Competition Journal 2009, 319, 323 zu finden.

149 Vgl. auch *Loest/Bartlik*, ZWeR 2008, 41, 45; *Bunte*, in: FK, Band 2, EG-Kartellrecht, Art. 81 Abs. 1, 3 EG, 63. Lfg. 2007, Rn. 14.

Standard einigt und fast ausschließlich die in dem Standard festgelegten Technologien anwendet,[150] so sind bei weiter Verbreitung des Standards auf dem betreffenden Markt nahezu nur noch standardkonforme Produkte anzutreffen und von den Verbrauchern zu erwerben. Die Verbraucher richten zwangsläufig auch die mit dem standardisierten Produkt zusammenhängenden Produkte auf den Standard aus. Wenn z.B. Musiktitel von den Vertreibenden übereinstimmend nur noch in einem bestimmten Format angeboten werden, so werden nach einiger Zeit bei den Verbrauchern fast ausschließlich Abspielgeräte anzutreffen sein, die zumindest auch dieses bestimmte Format abspielen. Ein dritter Wettbewerber, der ebenfalls Musik vertreiben will, wird sich gezwungen sehen, ebenfalls dieses bestimmte Format zu verwenden. Andere Formate wird er voraussichtlich nur schwer oder gar nicht an die Verbraucher verkaufen können, da diese unter Umständen zwar ein Abspielgerät für das standardisierte Format, jedoch keines für andere Formate besitzen. Für Dritte sind durch die Standardisierung die Zutrittsschranken für den Markt somit erhöht worden, da ihnen de facto nur noch die standardisierte Technik verbleibt, um überhaupt einen Zutritt zum Markt zu erhalten. Die Standardkonformität ist damit zur faktischen Marktzugangsvoraussetzung geworden.[151]

Dies gilt insbesondere, wenn der Markt durch direkte oder indirekte Netzwerkeffekte geprägt ist.[152] In solchen Wirtschaftszweigen bietet die Einhaltung der Standardkonformität zusätzlich die darüber hinausgehenden Vorteile des Netzwerkes, das effektiver wird, je mehr Teilnehmer es hat. Ist zur Nutzung des Standards der Erwerb bestimmter Nutzungsrechte erforderlich, weil proprietäre Technologien in den Standard aufgenommen worden sind, so stellen die beim Erwerb der Nutzungsrechte regelmäßig anfallenden Gebühren eine weitere Erhöhung der Marktzutrittsbarrieren dar.

IV. Zusammenfassung und Bewertung

Die Festlegung und Etablierung von Standards hat zahlreiche sowohl positive als auch negative Auswirkungen auf den Wettbewerb, die Marktteilnehmer und Verbraucher. Typische wettbewerbsfördernde Aspekte der Standardsetzung sind die eintretende Kompatibilität und Austauschbarkeit verschiedener Produkte, die Erhöhung der Markttransparenz, die es Verbrauchern erleichtert, verschiedene Güter miteinander zu vergleichen, auftretende Rationalisierungseffekte, die zu Kosteneinsparungen führen können, und die Förderung von Fortschritt und Innovation auf nachgelagerten Märkten. Weiterhin kommen der Normung eine Ordnungs- sowie eine Qualitätssicherungsfunktion zu. Wettbewerbshemmnisse werden durch Standards typischerweise erzeugt, indem sie zu einer Reduzierung der Angebotsvielfalt

150 Davon muss ausgegangen werden, da andernfalls die Vorteile eines Standards überwiegend verloren gehen würden.

151 Vgl. *Marburger*, S. 271; *Koenig/Neumann*, WuW 2009, 382, 387. Vgl. auch *Hartlieb/Kiehl/Müller*, S. 7.

152 *Fuchs*, in: Lange/Klippel/Ohly, S. 151; *Fischmann*, GRUR Int 2010, 185, 186f.

und der Innovationen führen, Marktzutrittsschranken für weitere Wettbewerber erhöhen und einen Wechsel zu alternativen Technologien durch die, für den Wechsel anfallenden hohen switching costs erschweren (Lock-in). Netzwerkeffekte können für den Einzelnen ggf. positive Rückkopplungen erzeugen, auf bestimmten Märkten führen sie aber dazu, dass Produkte nicht aufgrund ihrer Qualität oder ihres Preises ausgewählt werden, sondern aufgrund des sich aus dem Netzwerk ergebenden Nutzens. Sie können somit gleichsam als Verstärker sowohl der positiven als auch der negativen Folgen technischer Standardisierung auf den Wettbewerb wirken.

Bei Betrachtung dieser wettbewerbsrelevanten Effekte fällt die Ambivalenz der Standardisierung ins Auge: Nicht nur die Standardsetzung insgesamt hat positive und negative Auswirkungen, sondern auch einzelne auftretende Phänomene selbst weisen sowohl positive als auch negative Aspekte für den Wettbewerb auf. Zum Beispiel stellt die Reduzierung der Vielfalt einerseits eine negative Auswirkung dar, da die Auswahlmöglichkeiten der Verbraucher eingeschränkt werden. Andererseits führt sie zu Rationalisierungs- und Kosteneinsparungsmöglichkeiten und hat dadurch wettbewerbsfördernde Wirkung indem der Marktzutritt erleichtert wird. Bei einer Heranziehung der wettbewerblichen Auswirkungen von Standards und Standardisierung zur Beurteilung der kartellrechtlichen Zulässigkeit ist jedoch stets zu berücksichtigen, dass alle beschriebenen Auswirkungen auf den Wettbewerb eintreten *können* und typische Folgen von Standardisierungsprozessen sind; sie müssen aber nicht in jedem Fall eintreten, sondern können sich durch ihr Zusammenspiel gegenseitig beeinflussen oder gar aufheben. Besonders deutlich kann dies am Beispiel des Marktzutritts Dritter gemacht werden. Auf der einen Seite wird besonders kleineren Unternehmen, die noch nicht auf dem Markt eines bestimmten Produktes tätig sind, durch die mit der Standardisierung verbundene Senkung der erforderlichen Forschungs- und Entwicklungskosten der Marktzutritt erleichtert. Auf der anderen Seite kann genau diesen Unternehmen durch den Standard der Marktzutritt erschwert werden, indem ihnen faktisch nur noch die standardisierte Technik verbleibt, um überhaupt einen Zutritt zum Markt zu erhalten, wenn die Standardkonformität zur faktischen Marktzugangsvoraussetzung geworden ist.

Aufgrund der dargestellten Verflechtungen zwischen den verschiedenen einzelnen wettbewerblichen Auswirkungen und ihrer gegenseitigen Beeinflussung erscheint es kaum möglich, einzelne Aspekte völlig isoliert von den anderen darzustellen und zu bewerten. Eine abschließende allgemeingültige Aussage, ob Standardsetzung den Wettbewerb insgesamt fördert oder ihn behindert, kann nicht getroffen werden. Dies muss – wie so oft – vielmehr anhand des Einzelfalles entschieden werden.

C. Der Standardisierungsprozess – Erarbeitung einer technischen Norm

Nachdem in den vorausgegangenen Abschnitten eine für diese Untersuchung gültige Definition des zentralen Begriffes des technischen Standards herausgearbeitet und die Auswirkungen solcher technischer Standards auf den Wettbewerb, die Marktteilnehmer und Verbraucher dargestellt wurden, stellt sich die Frage, wie technische Standards überhaupt zustande kommen; auf welche Art und Weise sie entwickelt werden und wer daran beteiligt ist.

Die Untersuchung des Standardisierungsprozesses beginnt mit der Überlegung, welche Institutionen für eine Normsetzung in Frage kommen. In der Literatur werden dabei drei Idealtypen unterschieden: Markt, Komitee und Staat.[153] Bei einer Standardisierung durch den Markt entsteht eine Norm, indem sich eine von einem Marktteilnehmer verwendete Technologie dadurch durchsetzt, dass weitere Akteure auf dem Markt diese übernehmen (sog. de-facto-Standards). Durch Komitees[154] werden Standards im Rahmen eines – wie auch immer im Einzelnen ausgestalteten – Verhandlungsprozesses entwickelt. Bei der Normung durch staatliche Organe wird die Norm aufgrund staatlicher Autorität verbindlich festgelegt. Nach der auf die kartellrechtliche Problematik ausgelegten Definition einer technischen Norm im Rahmen dieser Arbeit[155] scheiden folglich Markt und Staat als Normungsinstitutionen aus. Untersuchungsgegenstand bleibt allein die Standardisierung durch anerkannte Normungsorganisationen sowie sonstige Foren und Konsortien.

In den unterschiedlichen Normungsorganisationen erscheint der Standardisierungsprozess durch Beteiligung verschiedenster Ausschüsse, Kommissionen und Komitees oft komplex und unverständlich.[156] Hinzu kommt, dass die Entwicklung von Standards in anerkannten nationalen, regionalen[157] und internationalen Normungsgremien sowie sonstigen Foren und Konsortien auf unterschiedliche Art und Weise erfolgt. So stellten schon *Besen* und *Saloner* fest: „There is no standard way in which standards are developed."[158] Damit im zweiten Kapitel der Arbeit die sich aus Art. 101 AEUV ergebenden kartellrechtlichen Ansprüche an ein Standardisierungsverfahren untersucht werden können, sollen zunächst einige typische Verfahren der Normung vorgestellt werden, wie sie derzeit in den verschiedenen Organisationen durchgeführt werden. Aus diesem Ansatz ergibt sich auch, dass es im Folgenden nicht darum gehen soll, umfassend die Normungstätigkeit auf nationaler, europäischer und internationaler Ebene darzustellen. Vielmehr sollen die wesentlichen Merkmale der (unterschiedlichen) Standardisierungsprozesse anhand verschiedener Standardisierungsorganisationen in den Blickpunkt gerückt werden. Exemplarisch werden die Standardisierungsorganisationen DIN, CEN, ETSI, ISO W3C und TCG

153 Vgl. *Thum*, S. 32; *Blind/Iversen*, in: 9th EURAS Proceedings, 2004, S. 227, 231.

154 Darunter werden in diesem Zusammenhang anerkannte Normungsorganisationen sowie sonstige Foren und Konsortien gefasst.

155 Siehe dazu insb. Kap. 1. A. I. 3.

156 So auch *Mähönen*, in: Jakobs, S. 36.

157 Regional meint in diesem Zusammenhang, dass sich die Normung auf eine über eine einzelne Nation hinausgehende Region bezieht. Es sind also insbesondere europäische, aber ggf. auch amerikanische oder asiatische Normungsinstitutionen gemeint.

158 *Besen/Saloner*, in: Crandall/Flamm, S. 178.

vorgestellt, da bei ihnen charakteristische Merkmale der Mitgliederstruktur oder des durchgeführten Normungsverfahrens voneinander abweichen. Zunächst wird jeweils ein Überblick über die Organisationsstruktur der Normungsorganisation gegeben (jeweils unter 1.), um die Zusammenarbeit der verschiedenen Organe innerhalb einer Organisation verständlich zu machen, bevor der Standardisierungsprozess der betreffenden Normungskooperation in seinen Einzelheiten betrachtet wird (jeweils unter 2.). Anschließend werden die Mitgliedschaftsvoraussetzungen und die Mitgliederstruktur der einzelnen Organisationen vorgestellt (jeweils unter 3.).

I. Standardisierung durch das Deutsche Institut für Normung e.V. (DIN)

Als Beispiel für technische Standardisierung durch eine nationale Normungsorganisation soll die wohl bekannteste deutsche Normungsorganisation, das Deutsche Institut für Normung e.V. (DIN), dienen. Sein Normensystem gilt als das umfassendste nationale Normensystem und ist zum Vorbild vieler anderer nationaler Normungsinstitute geworden.[159]

Das DIN wurde als Normenausschuss der deutschen Industrie (NADI bzw. NDI) im Jahr 1917 gegründet. Im Jahr 1926 wurde der Name in Deutscher Normenausschuss (DNA)[160] geändert, womit der Tatsache Rechnung getragen wurde, dass sich die Normung mittlerweile neben der industriellen Produktion auf zahlreiche andere Sachgebiete erstreckte.[161] Die Umbenennung in Deutsches Institut für Normung e.V. (DIN) erfolgte im Jahr 1975 im Zusammenhang mit dem zwischen der Organisation und der Bundesrepublik Deutschland geschlossenen Normenvertrag[162], durch den das DIN seine führende Position in der deutschen Normungslandschaft ausbauen konnte.[163] Das DIN Deutsches Institut für Normung e.V. ist ein technisch-wissenschaftlicher Verein

159 Vgl. *Thum*, S. 158. Zur Geschichte der Normung insbesondere bezogen auf DIN-Normen siehe *Hartlieb/Kiehl/Müller*, S. 27ff.

160 Ausführlich über die Entstehung und Entwicklung des Deutschen Normenausschusses *Wölker*, insb. S. 84ff.

161 Vgl. *Stefener*, S. 13; *Marburger*, S. 197.

162 Abrufbar unter: http://www.din.de/blob/79648/de461d1194f708a6421e0413fd1a050d/vertrag-din-und-brd-data.pdf (abgerufen am 06.03.2016). Mit dem Normenvertrag (auch Kooperationsvertrag genannt) vom 05.06.1975 zwischen dem DIN und der Bundesrepublik Deutschland erfolgte u.a. die Anerkennung des DIN als zuständige Normenorganisation für Deutschland, das DIN verpflichtete sich, bei der Normungsarbeit das öffentliche Interesse zu berücksichtigen und der Bundesregierung wurde eine Beteiligung bei der Normungsarbeit eingeräumt, indem sie Sitze in den Normenausschüssen erhielt.

163 Für einen ausführlichen geschichtlichen Abriss über die Entstehung und Entwicklung des DIN siehe *Zubke-von Thünen*, S. 244ff.; *Thum*, S. 157f. Eine kurze Chronik des DIN ist verfügbar unter: http://www.din.de/de/din-und-seine-partner/din-e-v/chronik (abgerufen am 06.03.2016).

mit Sitz in Berlin.[164] Gemäß 1.2 und 1.4 seiner Satzung verfolgt das DIN ausschließlich und unmittelbar gemeinnützige Zwecke, indem es „zum Nutzen der Allgemeinheit unter Wahrung des öffentlichen Interesses in geordneten und transparenten Verfahren" die Normung anregt, organisiert, steuert und moderiert. Die Arbeitsergebnisse dienen „der Innovation, Sicherheit und Verständigung in Wirtschaft, Wissenschaft, Verwaltung und Öffentlichkeit sowie der Qualitätssicherung und Rationalisierung und dem Arbeits-, Umwelt- und Verbraucherschutz". Sie werden veröffentlicht und ihre Anwendung gefördert.

1. Organisationsstruktur

Die eigentliche fachliche Normungsarbeit findet in sog. Arbeitsausschüssen bzw. Komitees statt.[165] Diese bestehen aus maximal 21 Mitgliedern,[166] welche die Norm bzw. einen Normenentwurf erarbeiten.[167] Dabei ist jeder Arbeitsausschuss nur für eine bestimmte Normungsaufgabe zuständig. Dieser Ausschuss vertritt das DIN im Bedarfsfall in der entsprechenden Angelegenheit auch in den europäischen oder internationalen Normungsorganisationen.[168] In der Regel werden mehrere Arbeitsausschüsse bzw. Komitees nach den von ihnen behandelten Sachbereichen in einem Normenausschuss zusammengefasst. Das DIN besitzt derzeit 69 solcher Normenausschüsse.[169] Neben den Arbeitsausschüssen/Komitees, in das er untergliedert ist, besitzt jeder Normenausschuss u.a. einen Beirat oder Lenkungsausschuss, der von ihm zur Festlegung seines Arbeitsprogrammes und der Überwachung der Durchführung desselben gebildet wird.[170]

---

164 1.1 und 1.4 der am 29.11.2012 vom Präsidium beschlossenen Satzung des DIN, verfügbar unter: http://www.din.de/blob/75564/bc45c7473241e9f0c9d04a0fe62d8540/satzung-din-data.pdf (abgerufen am 06.03.2016). Siehe auch DIN 820-1:2009-05 Ziff. 5.1.

165 Zurzeit gibt es 3.600 (Stand 2014) Arbeitsausschüsse bzw. Komitees im DIN, vgl. DIN Geschäftsbericht 2014, S. 12, abrufbar unter: http://www.din.de/blob/64106/6570a56696dfb9f971b8b77dd09e86b8/din-geschaeftsbericht-2014-data.pdf (abgerufen am 22.01.2016).

166 Eine Überschreitung dieser Anzahl ist nur mit Genehmigung des Beirates bzw. Lenkungsgremiums möglich, vgl. Richtlinie für Normenausschüsse im DIN, 7.7 m) und 10.1.

167 Zu den Einzelheiten des Normungsprozesses siehe unten Kap. 1. C. I. 2.

168 Vgl. DIN 820-1:2009-05 Ziff. 5.2; Richtlinie für Normenausschüsse im DIN, 10.6 d).

169 Eine Übersicht über die einzelnen Normenausschüsse mit ihren Aufgabenbereichen ist unter http://www.din.de/de/mitwirken/normenausschuesse (abgerufen am 06.03.2016) zu finden.

170 Vgl. Richtlinie für Normenausschüsse im DIN, 7.7 c).

2. Normungsverfahren

Das Verfahren der Entwicklung einer DIN-Norm ist in DIN 820-4 sowie der Richtlinie für Normenausschüsse im DIN[171] geregelt.[172] Es beginnt mit einem Antrag. Jedermann ist antragsbefugt und kann einen solchen Antrag auf Normung beim DIN einreichen.[173] Voraussetzung ist jedoch, dass der Antrag eine Begründung enthält; möglichst sollte auch schon ein konkreter Vorschlag für die spätere Norm gemacht werden.[174]

Innerhalb des DIN wird der Antrag an den zuständigen Normenausschuss, der sich mit dem betreffenden Sachgebiet beschäftigt, abgegeben oder es wird ein neuer Ausschuss eingerichtet.[175] Der Ausschuss klärt zunächst, ob überhaupt ein Bedarf für eine Normung des entsprechenden Produktes bzw. Prozesses besteht[176] und ob ausreichend finanzielle Mittel für eine solche Normungsarbeit zur Verfügung stehen. Auch wird darüber entschieden, ob die Entwicklung einer nationalen Norm sinnvoll ist, oder ob eine Standardisierung auf europäischer oder internationaler Ebene vorzugswürdig erscheint. Wird Bedarf für eine nationale Norm gesehen und sind ausreichend Finanzmittel vorhanden, so wird die Öffentlichkeit über die Aufnahme der neuen Normungstätigkeit im DIN-Anzeiger für technische Regeln informiert.[177] Jeder Interessierte kann eine Stellungnahme abgeben. Fehlen die genannten Voraussetzungen, so wird der Antrag abgelehnt.[178]

---

171 Richtlinie für Normenausschüsse im DIN Deutsches Institut für Normung e.V. vom September 2013, verfügbar unter: http://www.din.de/blob/79602/c010e-6a9a16f9452a8772ffa93d9d9cc/richtlinie-fuer-normenausschuesse-data.pdf (abgerufen am 06.03.2016).

172 In den Vorgängerorganisationen des DIN, dem NADI bzw. DNA, gab es hingegen noch keine Verfahrensregeln anhand deren Vorgaben der Normungsprozess verlief. So stellte *Hellmich*, S. 13 zum zehnjährigen Jubiläum des NADI bzw. DNA fest, dass der Vollzug der Arbeiten nicht in vorgeschriebenen Bahnen verlaufe, sondern man sich flexibel den Bedürfnissen des Wirtschaftslebens anpasse. Auch ein Organisationsmuster eines Normenausschusses sei nicht darstellbar.

173 Ein Organ eines Normenausschusses kann aber auch aus seiner Arbeit heraus selbst die Notwendigkeit einer neuen Normungsarbeit feststellen, vgl. DIN 820-4:2010-07 Ziff. 4.1.2.5.

174 Vgl. DIN 820-4:2010-07 Ziff. 4.1.2.1.

175 Vgl. DIN 820-4:2010-07 Ziff. 4.1.2.1; Richtlinie für Normenausschüsse im DIN, 3.1 a).

176 Vgl. DIN 820-1:2009-05 Ziff. 7.2 a).

177 Vgl. DIN 820-1:2009-05 Ziff. 5.7/7.3. Neben der Information über die Aufnahme einer neuen Normungsarbeit wird die Öffentlichkeit ebenfalls durch Mitteilung im DIN-Anzeiger für technische Regeln über die Ablehnung eines Normungsantrags oder die Einstellung eines Norm-Projektes informiert, DIN 820-4:2010-07 Ziff. 4.1.2.6.

178 Gegen die Ablehnung kann der Antragsteller beim zuständigen Normenausschuss Widerspruch einlegen. Gegen diese Entscheidung kann von ihm die Geschäftsleitung und gegen deren ablehnende Entscheidung das Präsidium des DIN angerufen werden, vgl. DIN 820-4:2010-07 Ziff. 4.1.2.4; ferner *Marburger*, S. 200.

Im Anschluss erarbeitet ein Arbeitsausschuss, der dem zuständigen Normenausschuss zugeordnet ist,[179] in meist mehreren Sitzungen einen Norm-Entwurf, indem – soweit vorhanden – der bei der Antragstellung vorgelegte Norm-Vorschlag diskutiert oder ein neuer entworfen wird. Ziel ist es, auf Grundlage bereits bekannter Lösungen einen technischen Standard zu erstellen, nicht vorwiegend, neue Erkenntnisse zu erlangen.[180] Es erfolgen so viele Beratungen, bis innerhalb des Ausschusses ein Konsens erreicht wird, d.h. insoweit alle am Prozess Beteiligten sich einig sind,[181] einen konkreten Vorschlag für eine Norm öffentlich zur Diskussion zu stellen.[182] Dieser Norm-Entwurf wird – nachdem die Gruppe „Prozessqualität und Prüfung" des DIN bestätigt hat, dass die für die Normungsarbeit geltenden Grundsätze und Gestaltungsregeln eingehalten worden sind[183] – durch den Beuth Verlag[184] veröffentlicht und es besteht für die Öffentlichkeit die Möglichkeit zur Stellungnahme regelmäßig innerhalb von vier Monaten.[185] Im Anschluss daran berät der Ausschuss unter Berücksichtigung der eingegangenen Stellungnahmen erneut über die Norm.[186] Ziel dieser Beratungen ist das Verfassen eines abschließenden Manuskripts.[187] Erst

179 Siehe zum Verhältnis der Normenausschüsse zu den Arbeitsausschüssen oben Kap. 1. C. I. 1.

180 *Maaßen*, S. 32, Rn. 93.

181 *Hartlieb/Kiehl/Müller*, S. 30.

182 Wird kein Konsens erreicht, so können dennoch Dokumente als sog. Spezifikationen verabschiedet werden, vgl. *Hartlieb/Kiehl/Müller*, S. 30, 38f.

183 Vgl. DIN 820-4:2010-07 Ziff. 4.3.1.2.

184 Das DIN hat im Jahr 1924 zusammen mit dem VDI eine Tochtergesellschaft, den Beuth Verlag, gegründet, auf den sie sowie weitere Institutionen aus Wirtschaft, Wissenschaft und Technik ihre verlegerische Arbeit übertragen haben und über den sie die von ihnen entwickelten Normen vertreiben.

185 Vgl. DIN 820-4:2010-07 Ziff. 4.4.1.3. Aktuelle Norm-Entwürfe, zu denen noch Stellung genommen werden kann, sind zu finden unter: http://www.din.de/de/mitwirken/entwuerfe/ne-stellung (abgerufen am 06.03.2016).

186 Dazu sind die Stellungnehmenden einzuladen, damit sie ihre Ansicht gegenüber dem Arbeitsausschuss vertreten können (DIN 820-4:2010-07 Ziff. 4.4.1.5). Nehmen sie nicht an den Beratungen teil, so sind sie über das Ergebnis zu informieren (DIN 820-4:2010-07 Ziff. 4.4.1.6). Sollten Einwände nicht ausreichend berücksichtigt werden, so haben die Stellungnehmenden das Recht innerhalb eines Monats nach Erhalt der Entscheidung ein Schlichtungsverfahren zu beantragen. Das Schlichtungsverfahren kann zunächst beim Vorsitzenden des für den Arbeitsausschuss zuständigen Normenausschusses, bei erfolglosem Schlichtungsversuch bei der Geschäftsleitung des DIN beantragt werden (*Marburger*, S. 201). Ist auch dieses erfolglos, so findet auf weiteren Antrag beim Präsidium ein Schiedsverfahren statt; dazu wird zur endgültigen Entscheidung vom Präsidium ein Schiedsausschuss eingesetzt. Die Schiedsverfahrensregeln untersucht *Schottelius*, in: FS Bülow, S. 199ff.

187 Weicht das Manuskript wesentlich von dem zunächst veröffentlichten Norm-Entwurf ab, so wird ggf. vor abschließender Festlegung der Norm ein zweiter Norm-Entwurf der Öffentlichkeit mit der Möglichkeit zur Stellungnahme unterbreitet, vgl. DIN 820-4:2010-07 Ziff. 4.4.1.8.

wenn innerhalb des Ausschusses Konsens herrscht, wird ein Manuskript für die technische Norm verabschiedet. Bevor die Norm in das Normenwerk aufgenommen und durch den Beuth Verlag gedruckt wird, wird sie erneut der Gruppe „Prozessqualität und Prüfung“ vorgelegt. Diese überwacht, ob bei der Normungsarbeit die Verfahrensvorschriften der DIN 820 eingehalten worden sind.[188] Ist dies der Fall, so wird die Norm in das Deutsche Normenwerk aufgenommen[189]; eine neue Norm ist damit entstanden. Diese Norm besteht jedoch nicht zwangsläufig für alle Zeiten in der festgelegten Form fort. Eine Überprüfung der Norm durch den zuständigen Normenausschuss des DIN erfolgt mindestens alle fünf Jahre. Für diese Überprüfung gelten grundsätzlich die gleichen Regeln wie für die erstmalige Erarbeitung einer Norm.[190] Die Norm besteht danach entweder fort, oder sie wird bei Bedarf ergänzt, überarbeitet und ggf. sogar ganz zurückgezogen.

Die Dauer eines solchen Normungsprozesses sollte nach den Vorstellungen des DIN drei Jahre nicht überschreiten.[191] Bisher sind 33.856 (Stand 2014) Normen durch das DIN entwickelt worden. Davon allein 1.801 Normen im Jahr 2014.[192]

3. *Mitgliedschaft*

Nach 6.1 seiner Satzung können nur Unternehmen und juristische Personen Mitglieder des DIN werden. Eine Mitgliedschaft natürlicher Personen ist nicht vorgesehen. Zurzeit hat das DIN über 2.000 Mitglieder.[193] Die Interessen und wirtschaftliche Bedeutung der Mitglieder des DIN sind höchst unterschiedlich. So sind kleine und mittelständische Unternehmen, Großkonzerne, aber auch Behörden sowie Verbände und Interessenvertretungen Mitglieder im DIN. Sie sind z.B. als Hersteller, Verbraucher, auf dem Gebiet des Handels oder der Wissenschaft, als Sachverständige oder Prüfinstitute am Markt tätig. Jedes DIN-Mitglied muss einen jährlichen Mitgliedsbeitrag entrichten. Dieser ist nach der Belegschaftsanzahl des beigetretenen Unternehmens gestaffelt.[194] Mitgliedsvorteile, mit denen das DIN wirbt, sind – neben der Einflussnahme auf normungspolitische Entscheidungen – Preisnachlässe beim

---

188 Vgl. *Maaßen*, S. 34, Rn. 95; *Marburger*, S. 201.

189 Das Deutsche Normenwerk ist gemäß der Definition des DIN die „Gesamtheit der vom DIN herausgegebenen Deutschen Normen“, vgl. DIN 820-3:2010-07 Ziff. 3.3.9.

190 Vgl. DIN 820-4:2010-07 Ziff. 7.

191 Vgl. DIN 820-4:2010-07 Ziff. 4.1.2.8. Zum Jahr 2000 betrug die durchschnittliche Dauer eines Normungsprozesses beim DIN fünf Jahre (vgl. DIN, Gesamtwirtschaftlicher Nutzen der Normung, 2001, S. 14), zuvor fünf bis zehn Jahre (vgl. *Bolenz*, S. 119).

192 Vgl. DIN Geschäftsbericht 2014, S. 12.

193 Eine Liste der aktuellen Mitglieder, die einer Veröffentlichung ihres Namens zugestimmt haben, ist abrufbar unter: http://www.din.de/de/mitwirken/din-mitgliedschaft/din-mitglieder (abgerufen am 06.03.2016).

194 Der DIN-Beitragsschlüssel für das Jahr 2016 ist verfügbar unter: http://www.din.de/blob/109514/b51e34f4153cb1f347a420a8c7f5026b/beitragsschluessel-2016-data.pdf (abgerufen am 06.06.2016).

Erwerb von Normen sowie das Recht, DIN-Normen für innerbetriebliche Zwecke zu vervielfältigen und in interne elektronische Netzwerke einzuspeisen.

Von den Mitgliedsbeiträgen sind sog. Kosten- oder Sitzbeiträge[195] zu unterscheiden. Gemäß dem Präsidialbeschluss 10/1997 des DIN können die Normenausschüsse einen Kostenbeitrag pro Mitarbeiter und Ausschuss erheben. Da die Einflussnahme auf die Normeninhalte nur über eine Teilnahme an der zugehörigen Fachabteilung eines Normenausschusses möglich ist, verlangt das DIN also für die Teilnahme von Unternehmen an einem konkreten Normungsprojekt in einem Ausschuss ein Sitzgeld.[196] Dieser Beitrag dient u.a. dazu, die Kosten des DIN für die Durchführung von Sitzungen und die Bereitstellungen von Arbeitsunterlagen und -materialien zu decken.[197] Auch soll durch das Sitzgeld denjenigen ein Beitrag zur Normungsarbeit abverlangt werden, die andernfalls keinen solchen leisten würden. Denn eine Mitgliedschaft im DIN ist für die Teilnahme an einem Normenausschuss – wenn auch erwünscht – keine zwingende Voraussetzung;[198] zumindest eine vorübergehende Mitarbeit von „Gästen" an bestimmten Normungsvorhaben ist grundsätzlich möglich.[199] Ohne die Möglichkeit ein Sitzgeld zu erheben, wäre also nicht gewährleistet, dass jeder an einem Normungsprojekt Mitarbeitende die Normungsarbeit des DIN auch finanziell unterstützt.[200]

II. Standardisierung durch das Comité Européen de Normalisation (CEN)

Eine der drei wichtigsten und bekanntesten Normungsorganisationen auf europäischer Ebene ist das Comité Européen de Normalisation (CEN)[201]. CEN wurde

195 In 7.2 der Satzung als „Sonderbeiträge" bezeichnet.

196 Vgl. *Maaßen*, S. 26, Rn. 78; *Kübel*, S. 351f.; *Cordes/Hagendorf/Stolzenhain*, Standardisierung in der IT – ISO und DIN, S. 11, verfügbar unter: http://www.ag-nbi.de/lehre/07/S_STAND/iso_din_cordes_stolzenhain.pdf (abgerufen am 06.03.2016).

197 Vgl. DIN – Finanzierung der Normung, S. 10, verfügbar unter: http://www.din.de/sixcms_upload/media/2510/DIN_Finanzierung_der_Normung_2009-09.70118.pdf (abgerufen am 30.03.2015).

198 Vgl. DIN 820-1:2009-05 Ziff. 5.5; *Kübel*, S. 351.

199 Siehe Richtlinie für Normenausschüsse im DIN, 10.1.

200 Zu den konträren Reaktionen auf die Einführung der Sitzgelder vgl. *Kübel*, S. 351f.

201 Im Englischen „European Committee for Standardization" und im Deutschen „Europäisches Komitee für Normung", vgl. Artikel 2 der Satzung des CEN von 2015, abrufbar unter: ftp://ftp.cencenelec.eu/CEN/AboutUs/Governance/Statutes/Statutes_CEN-EN.pdf (abgerufen am 06.03.2016). Die Anerkennung von CEN/CENELEC als Normungsorganisation erfolgte durch die Entschließung des Rates vom 07.05.1985 über eine neue Konzeption auf dem Gebiet der technischen Harmonisierung und der Normung, ABl. 1985 C 136/1; siehe auch Anhang I der Richtlinie 98/34/EG, ABl. 1998 L 204/37.

1961 als erste europäische Normungsorganisation in Paris gegründet.[202] Seit 1975 besteht es als gemeinnütziger Verein nach belgischem Recht und hat seinen Sitz in Brüssel.[203] Als Abschluss eines längeren Kooperationsprozesses[204] schloss sich das CEN im Januar 1988 mit dem Comité Européen de Normalisation Electrotechnique (CENELEC)[205] insoweit zusammen, dass die Organisationen seitdem mit gemeinsamer Geschäftsordnung nach außen als „Joint European Standards Institution"/ „Gemeinsame Europäische Normungsinstitution" auftreten.[206] Die juristische Eigenständigkeit sowohl des CEN als auch des CENELEC bleibt jedoch weiterhin erhalten.

Das Ziel des CEN ist in Artikel 5 der Satzung festgelegt. Danach wird die Förderung der Entwicklung des Austausches von Waren und Dienstleistungen angestrebt, indem durch Normung auf europäischer Ebene Handelshemmnisse abgebaut werden sollen, die durch technische Bestimmungen hervorgerufen werden.

1. *Organisationsstruktur*

Die eigentliche Normungsarbeit findet im Rahmen einer Organisationsstruktur von verschiedenen Ausschüssen und Komitees statt.[207] An deren Spitze steht der Technische Lenkungsausschuss („Technical Board"), der das Normungsprogramm des CEN steuert. Dabei entscheidet er über alle Angelegenheiten, die die Organisation und

---

202 Damals noch unter dem Namen „Comité Européen de Co-ordination de Normes". Die Namensänderung erfolgte im Jahr 1974, da sich das Aufgabenspektrum des CEN von urspr. einer reinen Koordinierungstätigkeit durch Unterbreitung von Vorschlägen zur Harmonisierung nationaler Normen hin zu einer eigenständigen Normungsentwicklung erweitert hatte, vgl. auch *Marburger*, S. 241, Fn. 43.

203 Vgl. Artikel 1 und 4 der Satzung des CEN.

204 Zuvor hatten CEN und CENELEC im Jahr 1981 bereits einer „Vereinbarung über die gegenseitige Zusammenarbeit" zugestimmt und 1985 verschiedene „gemeinsame Regeln" verabschiedet, vgl. *Rönck*, S. 54.

205 Englisch „European Committee for Electrotechnical Standardization" und deutsch „Europäisches Komitee für elektrotechnische Normung". CENELEC weist bis auf wenige Ausnahmen eine identische Organisationsstruktur wie CEN auf. Auch das Standardsetzungsverfahren läuft innerhalb dieser beiden Organisationen im Wesentlichen übereinstimmend ab, was durch die Existenz der gemeinsamen Geschäftsordnung von CEN und CENELEC besonders deutlich wird. Der entscheidende Unterschied liegt in der sachlichen Zuständigkeit: So ist CENELEC für die europäische Normung auf dem Gebiet der Elektrotechnik zuständig, während CEN die Normungstätigkeit grds. in allen anderen Bereichen (eine weitere Ausnahme bildet die Telekommunikation; in dem Gebiet obliegt die Normung ETSI) übernimmt. Die folgenden Aussagen zu CEN gelten somit auch für die Normungsorganisation CENELEC. ETSI wird aufgrund seiner abweichenden Organisationsstruktur im Anschluss an das CEN dargestellt, siehe Kap. 1. C. III.

206 Vgl. *Rönck*, S. 54; *Deml*, S. 39.

207 Derzeit handelt es sich um 311 aktive Technische Komitees, 49 Unterkomitees und 1.464 Arbeitsgruppen (Stand Oktober 2014).

Planung der Normungsarbeit betreffen. Weiterhin setzt der Technische Lenkungsausschuss die Technischen Komitees („Technical Committees") ein, weist ihnen eine konkrete technische Aufgabe zu und löst sie nach Abschluss dieser Aufgabe wieder auf.[208] Die Technischen Komitees setzen sich aus den nationalen CEN-Mitgliedern zusammen.[209]

Ausnahmsweise kann ein Technisches Komitee ein oder mehrere Unterkomitees („Subcommittees") einrichten, wenn die Größe seines Arbeitsprogrammes dies erfordert und zusätzlich unterschiedliche Fachkenntnisse sowie deren Koordinierung über einen langen Zeitraum nötig sind. In der Regel setzt ein Technisches Komitee aber ausschließlich verschiedene Arbeitsgruppen („Working Groups") ein, um von ihnen bestimmte kurzfristige Aufgaben innerhalb einer vorgegebenen Zeit ausführen zu lassen.[210] Jede Arbeitsgruppe erhält vom übergeordneten Gremium klare Handlungsanweisungen.[211] Die Arbeitsgruppen setzen sich aus Experten zusammen, die vom übergeordneten Technischen Komitee oder von den nationalen Mitgliedern ernannt werden. Sie sind ehrenamtliche Fachleute und werden von Sekretariaten unterstützt, die wiederum durch die Wirtschaft finanziell ausgestattet werden.[212] Die Experten können aber nicht nur von aktiven Mitgliedern sondern auch von Organisationen entsandt werden, die im Technischen Komitee lediglich einen Beobachterstatus[213] haben. Dadurch wird das Prinzip der nationalen Repräsentation, nach dem nur die nationalen CEN-Mitglieder Experten ernennen, durchbrochen bzw. aufgeweicht.[214]

2. *Normungsverfahren*

Das Normungsverfahren[215] des CEN beginnt ähnlich wie beim DIN mit dem Vorschlag („Proposal") einer interessierten Partei. Dabei handelt es sich zumeist um nationale Normungsorganisationen, die Europäische Kommission oder die

---

208 Vgl. 3.1.1 e) der Geschäftsordnung von CEN/CENELEC, Teil 2 – Gemeinsame Regeln für die Normungsarbeit, 2015, verfügbar unter: http://boss.cen.eu/ref/IR2_D.pdf (abgerufen am 06.03.2016).

209 Bei der Normungsarbeit in den Technischen Komitees muss jede Delegation eines Mitgliedes einen einheitlichen nationalen Standpunkt vertreten, vgl. 3.2.3.1 der Geschäftsordnung von CEN/CENELEC. Die Arbeit in den Technischen Komitees soll auf schriftlichem Wege durchgeführt werden; Sitzungen sollen nur stattfinden, wenn die Arbeit soweit fortgeschritten ist, dass durch eine Sitzung erkennbare Fortschritte erreichbar sind, vgl. 3.2.4 der Geschäftsordnung von CEN/CENELEC, Teil 2.

210 Auch Subkomitees können zu diesem Zweck Arbeitsgruppen einrichten.

211 Vgl. 3.4.1 der Geschäftsordnung von CEN/CENELEC, Teil 2.

212 *Di Fabio*, S. 36.

213 Vgl. dazu unten Kap. 1. C. II. 3.

214 Vgl. auch *Wiesendahl*, S. 117, der die Aufweichung zu Recht als nur graduell bezeichnet, da letztlich das übergeordnete Technische Komitee, welches strikt dem Prinzip der nationalen Repräsentation folgt, die Entscheidungen trifft.

215 Neben Europäischen Normen (EN) werden durch das CEN noch weitere Dokumente mit unterschiedlicher Bedeutung erarbeitet, z.B. Technische Spezifikationen,

Europäische Freihandelsassoziation EFTA (European Free Trade Association)[216], die einen Vorschlag für ein neues Normungsprojekt bei CEN einreichen. Aber auch jedes CEN-Fachgremium, eine internationale Organisation sowie europäische Wirtschafts-, Berufs-, Fach- oder Wissenschaftsorganisationen sind vorschlagsbefugt.[217]

Bevor der Vorschlag für die Einleitung eines neuen Normungsverfahrens angenommen wird, prüft das innerhalb des CEN zuständige Technische Komitee[218], ob bereits ein Referenzdokument vorliegt, das als Europäische Norm annehmbar wäre. Dabei kann es sich um ein bereits veröffentlichtes, internationales Arbeitsergebnis handeln oder ein sonstiges Dokument, das als Europäische Norm dienen könnte.[219] Liegt ein solches vor, so kommt das sog. „Fragebogenverfahren" in Betracht:[220] Es werden Fragebögen an die CEN-Mitglieder versendet, die diese innerhalb von drei Monaten beantworten und etwaige Vorschläge für Abänderungen, Ergänzungen etc. ausführlich erläutern müssen. Ziel dieses Verfahrens ist es, herauszufinden, ob genügend Interesse an der Harmonisierung des vorgeschlagenen Gegenstandes besteht und in welchem Grad eine nationale Harmonisierung mit dem betreffenden Referenzdokument bereits vorhanden ist.[221] Basierend auf den Antworten wird entschieden, ob weitere Facharbeit erforderlich ist, die Harmonisierung mangels Interesses nicht notwendig ist oder das Referenzdokument zur Abstimmung gestellt werden kann.[222]

Liegt kein passendes Referenzdokument vor, so nimmt das Verfahren wie folgt seinen Gang: Das Technische Komitee prüft, ob der zu erwartende Zeitaufwand und die verfügbaren Ressourcen den Beginn eines neuen Standardisierungsprozesses rechtfertigen. Berücksichtigt wird ebenfalls, ob auf dem entsprechenden Gebiet unterschiedliche nationale Normen oder Vorschriften den Austausch von Wissen,

Technische Berichte und Leitfäden; vgl. dazu 11.3, 11.4 und 11.5 der Geschäftsordnung von CEN/CENELEC, Teil 2.

216 Bei der EFTA handelt es sich um eine Internationale Organisation, die im Jahr 1960 zur Förderung von Wachstum und Wohlstand ihrer Mitgliedstaaten und zur Vertiefung des Handels und der wirtschaftlichen Zusammenarbeit untereinander gegründet wurde. Gleichzeitig sollte sie ein Gegengewicht zu den Europäischen Gemeinschaften bilden. Die EFTA verlor ab 1973 jedoch massiv an Bedeutung, da viele Ihrer Gründungsmitglieder zur Europäischen Wirtschaftsgemeinschaft übertraten. Seit 1995 hat die EFTA nur noch vier Mitglieder, namentlich Norwegen, Liechtenstein, Schweiz und Island.

217 Vgl. 11.1.3 der Geschäftsordnung von CEN/CENELEC, Teil 2.

218 Sollte der Vorschlag ein neues Gebiet der Standardisierung betreffen, so entscheidet zunächst der Lenkungsausschuss und gibt den Vorschlag dann an ein bereits bestehendes Technisches Komitee ab oder richtet ein neues ein, vgl. CEN-Compass, S. 6, verfügbar unter: ftp://ftp.cen.eu/CEN/AboutUs/Publications/Compass.pdf (abgerufen am 06.03.2016).

219 Vgl. 11.2.1.2 a) und 11.2.1.3 a) der Geschäftsordnung von CEN/CENELEC, Teil 2.

220 Für weitere Einzelheiten siehe 11.2.2 der Geschäftsordnung von CEN/CENELEC, Teil 2.

221 Vgl. 11.2.2.1 der Geschäftsordnung von CEN/CENELEC, Teil 2.

222 *Wiesendahl*, S. 118.

Waren und Dienstleistungen behindern und die Serienproduktion stören.[223] Wenn eine Entscheidung zugunsten der Annahme des Normenvorschlages ausfällt, so sind alle entsprechenden nationalen Normungsvorhaben während der Dauer des Verfahrens bei CEN „eingefroren" und dürfen nicht vorangetrieben werden. Diese Stillhaltevereinbarung[224] soll verhindern, dass sich widersprechende nationale und europäische Normen entstehen. Das Technische Komitee gibt den Normenvorschlag nach Annahme des Normungsvorhabens an eine Arbeitsgruppe („Working Group") zur konkreten Ausarbeitung des Standards ab. Die Arbeitsgruppe ist in der Gestaltung ihrer Arbeit grundsätzlich frei, bleibt dem Technischen Komitee jedoch verantwortlich.[225] Innerhalb der Arbeitsgruppe sind die Mitglieder zu größtmöglicher Anstrengung verpflichtet, Konsens hinsichtlich eines Normenentwurfes zu erreichen.[226] Wird ein solcher nicht erzielt, so erfolgt eine Abstimmung, bei der zur Annahme des Normenentwurfes die einfache Mehrheit der abgegebenen Stimmen ausreicht.[227] Liegt durch Herstellung von Konsens oder nach einer Abstimmung der Entwurf einer Norm vor, so wird dieser an die nationalen Mitglieder verteilt, die den Normenentwurf veröffentlichen. Jeder Interessierte kann innerhalb von üblicherweise drei Monaten zu dem Normenentwurf Stellung nehmen („CEN Umfrage" bzw. „CEN Enquiry").[228] Die eingehenden Stellungnahmen werden von den jeweiligen nationalen Normungsorganisationen gesammelt und nach Ablauf der Stellungnahmefrist durch das Technische Komitee des CEN analysiert. Daraufhin wird unter Berücksichtigung der Stellungnahmen eine endgültige Fassung der Norm entwickelt[229], über die die CEN-Mitglieder anschließend formal abstimmen.[230] Zur Annahme ist die einfache Mehrheit der Abstimmenden erforderlich; zusätzlich dazu werden die von den Mitgliedern abgegebenen Stimmen besonders gewichtet („Weighted Formal

223 Vgl. *Röhling*, S. 29; *Bolenz*, S. 109.

224 Vgl. 5.1 der Geschäftsordnung von CEN/CENELEC, Teil 2.

225 Vgl. CEN-Compass, S. 6.

226 Siehe 6.1.1 der Geschäftsordnung von CEN/CENELEC, Teil 2 („In allen Fällen, in denen ein Beschluss gefasst werden muss, ist mit größtem Nachdruck Einstimmigkeit anzustreben.").

227 Vgl. 6.1.3 der Geschäftsordnung von CEN/CENELEC, Teil 2.

228 Vgl. 11.2.3.2 und 11.2.3.3 der Geschäftsordnung von CEN/CENELEC, Teil 2.

229 Wenn die Ergebnisse der CEN-Umfrage zeigen, dass keine genügende Zustimmung für den Normenentwurf besteht, kann einmalig ein zweites Umfrageverfahren unter identischen Bedingungen durchgeführt werden (11.2.3.6 der Geschäftsordnung von CEN/CENELEC, Teil 2). Misslingt auch dies, so ist das Normungsprojekt gescheitert, vgl. *Wiesendahl*, S. 119.

230 Die Abstimmungsfrist beträgt zwei Monate; eine Verlängerung um einen weiteren Monat ist möglich, vgl. 11.2.4.1 der Geschäftsordnung von CEN/CENELEC, Teil 2.

Vote")[231] und der Vorschlag gilt als angenommen, wenn 71,00 %[232] oder mehr der gewichteten abgegebenen Stimmen (ohne Enthaltungen) Ja-Stimmen sind.[233] Für die Annahme eines Norm-Entwurfes als Europäische Norm (EN) müssen folglich kumulativ zwei Voraussetzungen vorliegen: zum einen muss die einfache Mehrheit der Abstimmenden dem Normenentwurf zustimmen; zum anderen müssen 71,00 % oder mehr der nach dem besonderen Schlüssel gewichteten Stimmen Ja-Stimmen sein. Fällt das Abstimmungsergebnis für die Europäische Norm positiv aus, so stellt der Technische Lenkungsausschuss – wenn nicht ausnahmsweise von einem CEN-Mitglied ein Berufungsverfahren durchgeführt wird[234]– die Annahme der Europäischen Norm fest. Nach 11.2.6.1 der Geschäftsordnung von CEN/CENELEC, Teil 2 muss jede nationale Normungsorganisation die Europäische Norm innerhalb einer vom Technischen Lenkungsausschuss festgelegten Frist[235] unverändert als nationale Norm umsetzen. Abweichende nationale Normen müssen zurückgezogen werden.

Die Europäische Norm wird durch das CEN mindestens alle fünf Jahre überprüft. Als Ergebnis der Überprüfung wird sie bestätigt, geändert, überarbeitet oder

---

231 Vgl. 6.1.4 a) der Geschäftsordnung von CEN/CENELEC, Teil 2. Der Gewichtungsschlüssel ergibt sich aus Anhang D der Geschäftsordnung von CEN/CENELEC, Teil 2. Damit haben CEN/CENELC grundsätzlich die Stimmgewichtung übernommen, die für die Europäische Union im Vertrag von Nizza festgelegt ist.

232 Zuvor waren es 77,00 %, vgl. *Rönck*, S. 55.

233 Vgl. 6.2.1 der Geschäftsordnung von CEN/CENELEC, Teil 2. Jede Nein-Stimme muss begründet werden, vgl. 11.2.4.2 der Geschäftsordnung von CEN/CENELEC, Teil 2. Wenn der Vorschlag nach 6.2.1 der Geschäftsordnung nicht angenommen worden ist, erfolgt gemäß 6.2.2 eine weitere Auszählung: es werden die Stimmen der EWR-Länder gesondert gezählt. Der Vorschlag ist auch dann angenommen, wenn 71,00 % oder mehr der gewichteten abgegebenen Stimmen dieser Länder (ohne Enthaltungen) Ja-Stimmen sind. Dieser Abstimmungsprozess kann sich also erheblich von einer Einstimmigkeit entfernen; kritisch auch *Simmering*, S. 173.

234 Gem. 7.1 der Geschäftsordnung von CEN/CENELEC, Teil 2 kann jedes Mitglied innerhalb von zwei Monaten nach Erhalt des entsprechenden Abstimmungsergebnisses gegen jede Tätigkeit oder Unterlassung eines Technischen Komitees oder eines anderen Gremiums Berufung einlegen, wenn es aus fachlichen oder verfahrensrechtlichen Gründen der Meinung ist, dass diese Tätigkeit oder Unterlassung gegen die Satzung oder die CEN/CENELEC-Geschäftsordnung verstößt oder in anderer Weise mit den Zielen der Organisation unvereinbar ist. Die Berufung muss schriftlich begründet werden. Über sie wird vom Technischen Lenkungsausschuss aber nur entschieden, wenn sie Grundsatzfragen betrifft oder die angegriffene Norm ihrem Inhalt nach dem Ansehen von CEN, z.B. aufgrund unzureichenden Sicherheits- oder Qualitätsniveaus, Schaden zufügen könnte, vgl. 7.2 der Geschäftsordnung von CEN/CENELEC, Teil 2. Das Berufungsverfahren bietet jedem Mitglied unter den genannten Voraussetzungen damit die Möglichkeit, den Beschluss über die Annahme einer Europäischen Norm einer „vorerst" letzten Prüfung zu unterziehen, vgl. auch *Wiesendahl*, S. 120.

235 Diese Frist beträgt normalerweise sechs Monate ab dem Verfügbarkeitsdatum der Europäischen Norm.

zurückgezogen.[236] Dabei ist jede Abänderung, Ergänzung oder Streichung eines Textes einer Europäischen Norm demselben Verfahren wie der ursprüngliche Text unterworfen.[237] Der im Jahr 2002 bei CEN eingeführte Standardisierungsprozess soll nach den von CEN gemachten Vorgaben maximal drei Jahre dauern.[238] Bislang hat das CEN 14.056 Europäische Normen in ihrem Gesamtbestand (Stand Dezember 2015); davon wurden allein 977 Europäische Normen im Jahr 2015 entwickelt, Tendenz steigend.[239]

3. *Mitgliedschaft*

CEN hat 33 sog. nationale Mitglieder (Stand März 2016). Diese sind die nationalen Standardsetzungsorganisationen der 28 EU-Mitgliedstaaten sowie Mazedoniens und der Türkei sowie die nationalen Standardsetzungsorganisationen von drei der EFTA-Mitgliedsländer[240] (namentlich Norwegen, Island und Schweiz).[241] Jedes Land entsendet nur eine Normungsorganisation als Mitglied.[242] Eine Mitgliedschaft als nationales Mitglied setzt weiterhin die Zahlung eines Jahresbeitrages voraus, der u.a. der Finanzierung der Normungstätigkeit des CEN dient.[243] Für den Beitritt als Mitglied ist weiterhin die Zustimmung von ¾ der nationalen Mitglieder in der Generalversammlung erforderlich.[244]

Sog. Partnerorganisation des CEN können solche Organisationen werden, die auf europäischer Ebene wirtschaftliche und soziale Interessen vertreten. Zurzeit gibt es 9 Partnerorganisationen, die bestimmte Sektoren der Industrie sowie Verbraucher, Umweltschützer, Arbeitnehmer und kleine und mittelständische

---

236 Vgl. 11.2.8 der Geschäftsordnung des CEN/CENELEC, Teil 2.

237 Vgl. auch *Zubke-von Thünen*, S. 655.

238 Vgl. CEN-Compass, S. 7. Werden die festgelegten Fristen überschritten, so wird das Normungsprojekt gestrichen, vgl. *Hartlieb/Kiehl/Müller*, S. 45. Es bestehen jedoch stets Bestrebungen, den Normungsprozess zu verkürzen, um besser mit technischen Entwicklungen Schritt halten und den Nutzen der Normung dadurch steigern zu können. So ist es Ziel der Europäischen Kommission, die durchschnittliche Entwicklungszeit für von ihr in Auftrag gegebene Europäische Normen durch finanzielle Anreize bis zum Jahr 2020 von 36 auf 18 Monate zu reduzieren, vgl. Kommission, Eine strategische Vision der europäischen Normung, KOM(2011) 311 endg., S. 9.

239 Vgl. CEN http://www.cen.eu/about/CENinFigures/Pages/default.aspx (abgerufen am 06.03.2016).

240 Zur EFTA siehe oben Fn. 216.

241 Eine Liste der CEN-Mitglieder ist verfügbar unter: http://standards.cen.eu/dyn/www/f?p=CENWEB:5 (abgerufen am 06.03.2016).

242 Das DIN vertritt die Bundesrepublik Deutschland im CEN. Im CENELEC wird die Bundesrepublik durch die Deutsche Kommission Elektrotechnik Elektronik Informationstechnik (DKE) vertreten.

243 Der Finanzierung dienen daneben auch Zuwendungen der EU und EFTA.

244 Vgl. Artikel 7.2 der Satzung des CEN.

Unternehmen repräsentieren (Stand März 2016).[245] Sie müssen jedes Jahr einen von der Generalversammlung festgelegten Beitrag an das CEN zahlen. Der Status einer Liaison-Organisation wird solchen Institutionen angeboten, die Interessengruppen repräsentieren, die sich zur Unterstützung eines oder mehrerer technischer Gremien des CEN verpflichtet haben.[246] Daneben kennt CEN die Gruppe der sog. Affiliates. Dieser Gruppe gehören Normungsorganisationen solcher Länder an, die als mögliche Beitrittsstaaten für die Europäische Union oder EFTA gelten. Die Position als Affiliate soll eine spätere Mitgliedschaft im CEN vorbereiten. Derzeit gibt es 16 Länder, deren Normungsorganisation den Status eines Affiliate im CEN innehaben (Stand März 2016).[247] Affiliates haben im Wesentlichen die Befugnis – ohne Stimmrecht – an der Generalversammlung des CEN, sowie als Beobachter an Technischen Komitees und Unterkomitees teilzunehmen.[248] Eine Sonderrolle nehmen die Standards Australian Limited, die Mongolian Agency for Standardization and Metrology und das Committee for Standardization, Metrology and Certification of Kazakhstan ein, da sie sog. Partner-Normungsgremium im CEN sind. Partner-Normungsgremien können nationale Standardisierungsorganisationen werden, die Mitglied der ISO sind, die aber aus politischen oder geografischen Gründen kaum CEN-Mitglied oder Affiliate werden können. Partner-Normungsgremien können ebenfalls wie Affiliates ohne Stimmrecht an Sitzungen der Generalversammlung und der Technischen Komitees teilnehmen.[249]

Eine Teilnahme am Standardisierungsprozess erfolgt somit grundsätzlich über die nationalen Normungsorganisationen. CEN empfiehlt Unternehmen, um an der europäischen Normung mitwirken zu können, sich an einem nationalen „Spiegelausschuss" („Mirror Committee") zu beteiligen, welcher für die nationale Position hinsichtlich eines Standards verantwortlich ist. Für eine direkte Teilnahme besteht für ein Unternehmen bzw. dessen Mitarbeiter nur die Möglichkeit, Mitglied einer

---

245 Die Partnerorganisationen (zuvor als assoziierte Mitglieder bezeichnet) sind: European Association for the Co-ordination of Consumer Representation in Standardisation (ANEC), AQUA Europa (AQUA), European Environmental Citizens Organisation for Standardisation (ECOS), European Trade Union Confederation (ETUC), European Trade Union Institute (ETUI), Alliance of European medical technology associations (MedTech Europe), European Construction Industry Federation (FIEC), European Engineering Industries Association (ORGALIME) und Small Business Standards (SBS).

246 Derzeit besitzt das CEN 233 solcher Liaison-Organisationen, vgl. http://standards.cen.eu/dyn/www/f?p=CENWEB:42:::NO::: (abgerufen am 06.03.2016).

247 Eine Liste der Staaten und ihrer Normungsorganisation ist verfügbar unter: http://standards.cen.eu/dyn/www/f?p=CENWEB:9:::NO::: (abgerufen am 06.03.2016).

248 Die Affiliates verpflichten sich, trotz ihres fehlenden Stimmrechts bei der Entwicklung einer Norm, den festgesetzten Europäischen Standard als nationale Norm umzusetzen.

249 Sie müssen sich ebenfalls zur Umsetzung der Europäischen Normen in nationale Normen verpflichten.

nationalen Delegation oder als Experte für eine Arbeitsgruppe ausgewählt zu werden.[250] Die Beteiligungsmöglichkeit einzelner Unternehmen am Standardisierungsprozess des CEN ist folglich insgesamt nur mittelbar vorhanden. Eine direkte Einwirkung ist insbesondere schwierig, da z.B. in den Technischen Komitees jede nationale Delegation stets einen einheitlichen nationalen Standpunkt einnehmen muss.[251]

III. Standardisierung durch das European Telecommunications Standards Institute (ETSI)

Neben dem CEN und dem CENELEC ist das European Telecommunications Standards Institute (ETSI, Europäisches Institut für Telekommunikationsnormen) die dritte große Normungsorganisation auf europäischer Ebene. Sein Zuständigkeitsbereich ist in Abgrenzung zu CEN und CENELEC im Wesentlichen auf die Normung auf dem Gebiet der Telekommunikation beschränkt.[252] Das ETSI wurde im Jahr 1988 gegründet. Es ging aus der Conférence Européenne des Administrations des Postes et des Télécommunications (CEPT, Europäische Konferenz der Verwaltungen für Post und Telekommunikation) hervor.[253] Die Initiative dazu kam von der Europäischen Kommission,[254] die mit flexibleren Strukturen der neuen Organisation den Standardisierungsprozess beschleunigen wollte, um sich gegenüber der

250 Zur Durchbrechung des Prinzips der nationalen Delegation und zur Teilnahmemöglichkeit aller Interessierten an einem CEN/CENELEC Workshop Agreement (CWA) siehe *Hartlieb/Kiehl/Müller*, S. 46.

251 Vgl. auch Fn. 209.

252 Neben dem hauptsächlichen Zuständigkeitsbereich der Telekommunikation wird ETSI auch in Überschneidungsbereichen mit der Informationstechnik und mit der Technik bei Rundfunk- und Fernsehausstrahlungen in Zusammenarbeit mit anderen Organisationen tätig, vgl. *Schultheiß*, S. 289.

253 CEPT wurde im Jahr 1959 von den Monopolbetrieben im Post- und Fernmeldewesen zur Zusammenarbeit bei kommerziellen, betrieblichen, rechtlichen und technischen Fragen der Normung gegründet. Im Zusammenhang mit der Trennung zwischen Post bzw. Telekommunikation und Politik bzw. Regulierung wurde CEPT 1992 eine Einrichtung politischer Entscheidungsträger und Regulierungsbehörden. Im Jahr 1995 definierte CEPT seine Rolle neu. Die Tätigkeit von CEPT wurde insbesondere auf die Schaffung eines Europäischen Forums zur Diskussion regulatorischer Fragestellungen im Bereich Post und Telekommunikation, auf die gegenseitige Hilfe unter den Mitgliedern in diesen Bereichen und die Erarbeitung gemeinsamer Positionen ausgerichtet. Mitglied können nur öffentliche Post- und Telekommunikationsverwaltungen der Europäischen Länder werden, vgl. http://www.cept.org (abgerufen am 08.12.2015). Für eine ausführliche Darstellung der historischen Entwicklung von CEPT und ETSI siehe *Schultheiß*, S. 239f., 288f.

254 Vgl. Grünbuch über die Entwicklung einer gemeinschaftlichen Telekommunikationspolitik v. 30.06.1987, KOM (87) 290 endg.

globalen Konkurrenz im IT-Bereich durchsetzen zu können.[255] In den Status einer anerkannten europäischen Normungsorganisation wurde ETSI durch die Änderung der Informationsrichtlinie im Jahr 1992 erhoben.[256]

ETSI ist gem. Artikel 1 und 4 seiner Satzung ein gemeinnütziges Institut, das seinen Sitz in Sophia-Antipolis in Frankreich hat und somit dem französischen Privatrecht unterworfen ist. Ziel des ETSI ist die Erarbeitung technischer Normen, die zur Herstellung eines einheitlichen europäischen Marktes für Telekommunikations- und sonstige elektronische Kommunikationsnetze und -dienste erforderlich sind.[257]

1. *Organisationsstruktur*

Die Erstellung von Normen ist nach Artikel 14.1 der Satzung Aufgabe der Technischen Organisation. ETSI unterscheidet drei verschiedene Typen von Technischen Einrichtungen. Zunächst sind die Technischen Komitees zu nennen; dies sind zeitweilige Einrichtungen, die für die Normungsarbeit in einem bestimmten technischen Bereich zuständig sind. Sie widmen sich häufig Aufgaben, deren Ergebnisse von mehreren ETSI Projekten und Partnerschaftsprojekten verwendet werden können und die somit nicht geeignet sind von einer der anderen Technischen Einrichtungen durchgeführt zu werden.[258] Technische Komitees setzen sich aus ehrenamtlichen Experten der Vollmitglieder, der assoziierten Mitglieder und der Berater zusammen.[259] ETSI Projekte – der zweite Typus der Technischen Einrichtung – sind den Technischen Komitees relativ ähnlich, werden jedoch aufgrund eines bestimmten Marktbedarfes tätig. Ihr Ziel ist es, ein genau definiertes Ergebnis innerhalb eines bestimmten Zeitrahmens zu erreichen.[260] Sie sind somit stärker in sich abgeschlossen. Die dritte Gruppe von Technischen Einrichtungen sind die ETSI-Partnerschaftsprojekte. Sie werden installiert, wenn es einen Bedarf an Kooperation mit externen Standardisierungsgremien gibt. Dies erfolgt in der Regel kurzfristig, aufgrund eines bestimmten Marktbedarfs.[261] Optional können weitere „Special Committees" und „Industry Specification Groups" eingerichtet werden.[262]

---

255 Vgl. *Schultheiß*, S. 289. Zur Interessenlage bei der Gründung des ETSI siehe auch *Straus*, GRUR Int 2011, 469, 470f.

256 Vgl. Änderung des Anhangs I zur Informationsrichtlinie durch Entscheidung Nr. 92/400/EWG zur Änderung der Liste der Normungsgremien, die im Anhang der Richtlinie 83/189/EWG des Rates aufgeführt sind, ABl. 1992 L 221/55.

257 Vgl. Artikel 2 der Satzung des ETSI, verfügbar unter: https://portal.etsi.org/directives/35_directives_dec_2015.pdf (abgerufen am 06.03.2016).

258 Vgl. 1.1.2 der ETSI Technical Working Procedures.

259 Mit Genehmigung des Generaldirektors und des Vorstandes dürfen ausnahmsweise auch Vertreter von Nichtmitgliedern in einem Technischen Komitee mitwirken, vgl. *Schultheiß*, S. 295, Fn. 1260.

260 Vgl. 1.1.1 der ETSI Technical Working Procedures.

261 Vgl. 1.1.3 der ETSI Technical Working Procedures.

262 Sonderausschüsse werden von der Generalversammlung bei Bedarf für die Normung auf spezifischen Technologiegebieten eingerichtet, vgl. Artikel 7 der

Jede der genannten Einrichtungen kann wiederum selbst Arbeitsgruppen errichten, wenn dies aufgrund hoher Arbeitsbelastung erforderlich sein sollte, und an diese Arbeitsgruppen Teile der eigenen Aufgaben delegieren.

2. *Normungsverfahren*

Das Verfahren des ETSI zur Erarbeitung einer Europäischen Norm (EN)[263] ist dem bei CEN/CENELEC durchzuführenden Verfahren sehr ähnlich. Es beginnt damit, dass ein ETSI-Mitglied oder eine Gruppe von Mitgliedern der Ansicht ist, es bestehe ein Bedarf für die Standardisierung eines bestimmten Produktes oder Prozesses. Die Mitglieder unterbreiten in diesem Fall einem Technischen Komitee einen entsprechenden Vorschlag für einen Standard. Dieses sogenannte Work Item wird von einem für den fachlichen Bereich zuständigen Technischen Komitee gebilligt, wenn mindestens vier Mitglieder des ETSI sich bereit erklärt haben, die Arbeit zu unterstützen.[264] Nach der Billigung des Work Items kann die Erarbeitung eines Normenentwurfes beginnen. Durch ein kleines Team innerhalb des Technischen Ausschusses („Rapporteur Group“) wird das Work Item bearbeitet, bis ein Normenentwurf vorliegt.[265] Das ETSI gibt für diesen Bearbeitungsschritt eine Zeitspanne von einem Monat bis zu über einem Jahr an, je nach Umfang und Kontroversität des Inhalts.[266] Dieser Normenentwurf muss erneut durch den Technischen Ausschuss gebilligt werden, bevor es zum EN-Annahmeverfahren oder zum zweistufigen Annahmeverfahren des Entwurfes kommen kann.[267]

Geschäftsordnung von ETSI. „Industry Specification Groups“ werden auf Anfrage von mindestens vier ETSI-Mitgliedern an den Generaldirektor als eine schnelle und einfache Alternative zu Schaffung eines Industrieforums gegründet, vgl. 3.1 und 3.2 der ETSI Technical Working Procedures.

263 Es soll sich hier darauf beschränkt werden, die Entwicklung einer Europäischen Norm (EN) durch das ETSI in Einzelheiten nachzuvollziehen. ETSI entwickelt neben Europäischen Normen aber auch weitere sog. ETSI-Deliverables, namentlich ETSI Standards (ES) und Technische Spezifikationen (TS), deren Verfahren teilweise von dem hier beschriebenen abweichen.

264 Vgl. 1.6.2 der ETSI Technical Working Procedures; *Schultheiß*, S. 296f.

265 Vgl. *Schultheiß*, S. 297.

266 Vgl. Homepage des ETSI, http://etsi.org/WebSite/Standards/StandardCreationProcess.aspx (abgerufen am 13.05.2013).

267 Zuvor wurde beim ETSI zwischen einem einstufigen und einem zweistufigen Verfahren unterschieden: Das einstufige Verfahren wurde für die Annahme von ETSI-Deliverables (also Europäischen Normen, ETSI Standards und Technischen Spezifikationen) verwendet, wenn zu erwarten war, dass das ETSI-Deliverable ohne Änderung umgesetzt werden konnte, wenn ein bereits vorhandener ETSI Standard in eine Europäische Norm transferiert werden sollte oder wenn das ETSI-Deliverable bereits einen hohen Reifegrad erlangt hatte (vgl. 2.2.1.1 der ETSI Technical Working Procedures a.F.). Andernfalls wurde das zweistufige Annahmeverfahren durchgeführt.

Das EN-Annahmeverfahren setzt sich aus einer öffentlichen Umfrage („Public Enquiry“) und einer Abstimmung, bei der die Stimmen der nationalen Normungsorganisationen nach einem bestimmten Schlüssel gewichtet werden („weighted national vote“)[268], zusammen; beide Verfahrensteile werden in einem einzigen Prozess durchgeführt. Bei dem zweistufigen Annahmeverfahren folgt die Abstimmung hingegen erst auf die öffentliche Umfrage. Es wird nur für die Entwicklung von Europäischen Normen angewendet, die in Zusammenarbeit mit einem Kooperationspartner, z.B. CEN oder CENELEC entstehen.[269]

Bei dem EN-Annahmeverfahren wird der vom Technischen Komitee genehmigte Normenentwurf an die nationalen Normungsgremien übermittelt.[270] Diese führen über einen Zeitraum von 120 Tagen eine öffentliche Umfrage („Public Enquiry“) durch, in deren Rahmen jeder Interessierte eine Stellungnahme zu dem Normenentwurf abgeben kann. Die während der Konsultation eingegangenen Stellungnahmen und die sich daraus ergebende nationale Position legen die nationalen Normungsorganisationen nach Ablauf der 120-Tage-Frist dem ETSI-Sekretariat vor, welches aus diesen eine Zusammenstellung anfertigt, die sowohl dem Technischen Komitee als auch den nationalen Normungsgremien, den ETSI-Mitgliedern und den Beratern zugänglich gemacht wird.[271] Die nationale Position kann in einem (bedingungslosen) „Ja“, einem „Nein“ oder einer Enthaltung bestehen. Zusammen mit den „Nein“-Stimmen sollen die Gründe angegeben werden, warum der Normenentwurf als nicht akzeptabel angesehen wird. Werden keine oder nur redaktionelle Kommentare zum Normenentwurf abgegeben, so wird aus den nationalen Positionen wie folgt das Ergebnis der Abstimmung über den Normenentwurf ermittelt: Die abgegebenen nationalen Stimmen werden nach einem speziellen Schlüssel gewichtet[272] und der Normenentwurf gilt dann als angenommen, wenn mindestens 50 % der gewichteten Stimmen abgegeben worden sind[273] und sich mindestens 71,00 % der abgegebenen gewichteten Stimmen (Enthaltungen werden nicht berücksichtigt) für den Entwurf aussprechen.[274] Bei erfolgreicher Abstimmung gilt der Entwurf als angenommen und die Europäische Norm wird veröffentlicht.[275] Werden inhaltliche Anmerkungen

268 Bei Abstimmungen über ETSI Standards (ES) finden „weighted individual votes“ statt, vgl. 14 und 11.2.3 der Geschäftsordnung von ETSI.

269 Vgl. 2.2.1.1 der ETSI Technical Working Procedures.

270 Der Vorsitzende der Generalversammlung kann auch entscheiden, dass die Stimmabgabe innerhalb einer Mitgliederversammlung erfolgt, vgl. 2.2.1.1.1 der ETSI Technical Working Procedures.

271 Vgl. 2.2.1.1.1 der ETSI Technical Working Procedures.

272 Der Schlüssel für die Gewichtung der Stimmen findet sich in Annex 3 der Geschäftsordnung von ETSI.

273 Vgl. 12.2 der Geschäftsordnung von ETSI.

274 Vgl. 11.3 der Geschäftsordnung von ETSI.

275 Ist die Abstimmung nicht erfolgreich, so entscheidet der Vorsitzende des Technischen Komitees, wie mit dem Work Item weiter vorgegangen werden soll, vgl. 2.2.1.1.1 der ETSI Technical Working Procedures.

innerhalb der 120-Tage-Frist abgegeben, so wird der Normenentwurf innerhalb von 60 Tagen überarbeitet. Wenn wesentliche Änderungen vorgenommen wurden, kann der Vorsitzende des Technischen Ausschusses beschließen, dass erneut eine öffentliche Umfrage durchgeführt werden soll; andernfalls findet erneut eine Abstimmung nach der aufgezeigten Vorgehensweise statt.[276]

Das zweistufige Annahmeverfahren unterscheidet sich vom EN-Annahmeverfahren im Wesentlichen dadurch, dass die Abstimmung der nationalen Standardisierungsgremien nicht gleichzeitig mit der öffentlichen Anhörung („Public Enquiry") durchgeführt wird: Nachdem die öffentliche Umfrage durchgeführt worden ist, wird erst in einem zweiten Schritt innerhalb von einer weiteren 60-Tages-Frist die nationale Position im Rahmen der nationalen Standardisierungsorganisationen ermittelt.[277]

Während des gesamten Normungsverfahrens gilt für die nationalen Normungsorganisationen, ebenso wie bei dem CEN/CENELEC-Verfahren, eine sog. Stillhalteverpflichtung; d.h. es ist den nationalen Normungsgremien untersagt, neue oder überarbeitete Standards zu veröffentlichen, die der zu entwickelnden Europäischen Norm vorgreifen könnten und die nicht völlig mit einer bereits bestehenden Europäischen Norm übereinstimmen.[278] Etwaige Normungsaktivitäten müssen ruhen. Seit dem Gründungsjahr 1988 hat ETSI 4605 Europäische Normen (EN) (Stand Ende 2014) im Bereich der Telekommunikation entwickelt.[279] Die durchschnittliche Dauer eines Standardisierungsprozesses von EN hat sich bei einigen Schwankungen im Zeitraum von 1993 bis 2010 von knapp sechs Jahren auf eine Dauer von 1 ½ Jahren im Durchschnitt verkürzt.[280]

3. *Mitgliedschaft*

In seiner Mitgliederstruktur unterscheidet sich ETSI grundlegend von CEN/CENELEC, denn Mitglied bei ETSI kann jede juristische Person werden.[281] Im Gegensatz zu einer Mitgliedschaft im CEN/CENELEC ist diese bei ETSI nicht auf die nationalen Standardsetzungsorganisationen beschränkt. Jede juristische Person wird dabei gem. Artikel 1.1 der Geschäftsordnung von ETSI einer der folgenden

276 Vgl. 2.2.1.1.1 der ETSI Technical Working Procedures.

277 Vgl. 2.2.1.1.2 der ETSI Technical Working Procedures.

278 Vgl. Artikel 13.3 der Geschäftsordnung von ETSI.

279 Daneben 28.119 Technische Spezifikationen (TS) und 727 ETSI Standards (Stand Ende 2014), vgl. ETSI Jahresbericht 2014, S. 22, verfügbar unter: https://www.etsi.org/images/files/AnnualReports/etsi-annual-report-april-2015.pdf (abgerufen am 06.03.2016).

280 Bei ETSI Standards beträgt die durchschnittliche Dauer im selben Zeitraum statt ca. 3 ½ Jahren nur noch etwas mehr als ein Jahr. Eine tabellarische Darstellung der Daten findet sich bei *Wolfrum*, S. 302f.

281 *Schultheiß*, S. 293 und *Wiesendahl*, S. 121 gingen noch von der Möglichkeit der Mitgliedschaft natürlicher Personen aus.

Kategorien zugeordnet: Verwaltung, andere staatliche Stellen und nationale Normungsorganisationen, Netzbetreiber, Hersteller, Nutzer und schließlich Service Provider, Forschungseinrichtungen, Universitäten, Beratungsunternehmen/Partnerschaften und andere.[282] Es ist grundsätzlich die Zugehörigkeit zu nur einer dieser Kategorien möglich.[283]

Weiterhin kennt das ETSI drei verschiedene Mitgliedschaftsarten; die Vollmitgliedschaft, die assoziierte Mitgliedschaft und den Beobachterstatus. Vollmitglied kann gem. Artikel 1.2.2 der Geschäftsordnung von ETSI jede juristische Person werden, die ihren Sitz in einem Land des CEPT-Gebietes[284] hat. Vollmitglieder haben das Recht zur Teilnahme – inklusive Stimmrecht – an der Generalversammlung, an Fachausschüssen sowie an sonstigen Gremien der Technischen Organisation. Nur ausnahmsweise kann die Teilnahme an einem Partnerschaftsprogramm von der Zahlung eines Beitrages, der zuvor von der Generalversammlung festgesetzt worden ist, abhängig gemacht werden. Etwa 81 % (Stand Ende 2014) der ETSI-Mitglieder sind Vollmitglieder.[285]

Assoziierte Mitglieder haben nahezu dieselben Rechte wie Vollmitglieder.[286] Das Hauptunterscheidungskriterium zur Vollmitgliedschaft liegt in der geografischen Lage, d.h. assoziierte Mitglieder haben ihren Sitz in einem Staat, der nicht in das Gebiet von CEPT fällt. Aufgrund der fast übereinstimmenden Rechte stimmen auch die von den Vollmitgliedern und den assoziierten Mitgliedern zu entrichtenden Jahresbeiträge überein.[287]

---

282 Eine Definition der Begriffe findet sich in Annex 1 der Geschäftsordnung von ETSI. Die Mitgliederstruktur des ETSI sieht wie folgt aus (Stand Ende 2014): etwa 41 % der vollen und assoziierten Mitglieder sind Hersteller, 9 % Netzbetreiber, 15 % Forschungseinrichtungen, 8 % Verwaltungseinrichtungen, 8 % Service Provider, 9 % Unternehmensberatungen, 4 % Nutzer, 2 % andere staatliche Stellen und 4 % sonstige, vgl. ETSI Jahresbericht 2014, S. 23.

283 Derzeit hat ETSI 782 Mitglieder (Stand März 2016). Eine Aufstellung aller aktuellen Mitglieder mit näheren Angaben zu Herkunftsland und Kategorie ist abrufbar unter: http://portal.etsi.org/Portal_IntegrateAppli/QueryResult.asp?Alone=1&SortBy=&SortDirection=&Param= (abgerufen am 06.03.2016).

284 Zu CEPT siehe oben Fn. 253.

285 ETSI Jahresbericht 2014, S. 23.

286 Vgl. Artikel 1.2.3 der Geschäftsordnung von ETSI. Etwa 16 % (Stand Ende 2014) der ETSI-Mitglieder haben den Status eines assoziierten Mitgliedes.

287 Die Beiträge werden nach sogenannten Klassen berechnet. Die Klasse jedes Mitgliedes wird aus seiner jährlichen ECRT Band (Electronic Communications Related Turnover Band; die ECRT berücksichtigt den Anteil der Einnahmen des Mitgliedes bei Informations- und Telekommunikationsprodukten und -dienstleistungen, die auf den von ETSI entwickelten Leistungen beruhen) abgeleitet. Bei Regierungsorganisationen wird die Klasse nach dem Bruttoinlandsprodukt des Landes bestimmt, dem sie angehören. Jede Klasse entspricht einer Anzahl von Einheiten. Der Beitrag für die erste Einheit beträgt 6.000 Euro (außer für Universitäten, öffentliche Forschungseinrichtungen, Non-Profit-Benutzer-Verbände und Kleinstunternehmen;

Einen Beobachterstatus („Observer“) bei ETSI können gem. Artikel 1.2.4 der Geschäftsordnung diejenigen juristischen Personen erlangen, die auch berechtigt wären, eine Voll- oder assoziierte Mitgliedschaft im ETSI zu erhalten. Ihnen ist zwar eine Teilnahme an den Sitzungen der Generalversammlung möglich, ein Stimmrecht haben sie jedoch nicht. Beobachter sind folglich solche juristische Personen, die sich ohne aktive Teilnahme an Entscheidungen über die Normungsarbeit informieren wollen.[288] Dies sind etwa 3 % (Stand Ende 2014) aller Mitglieder des ETSI.[289] Sie müssen unabhängig von ihrer Größe oder ihres Umsatzes eine jährliche Pauschale von 4.000 Euro an ETSI entrichten.

Eine Sonderrolle außerhalb der genannten Mitgliedskategorien kommt gem. Artikel 1.5 der Satzung von ETSI Vertretern der Europäischen Kommission sowie Vertretern des Sekretariats der EFTA zu. Sie sind Berater und nehmen als solche an den Sitzungen der Generalversammlung teil. Sie können sich ebenfalls an der Arbeit des Vorstandes, der Ausschüsse sowie der Technischen Organisation beteiligen. Ein Stimmrecht haben die Berater nicht.

IV. Standardisierung durch die International Organization for Standardization (ISO)

Die weltweit größte Entwicklerin und Veröffentlicherin von internationalen Standards ist die International Organization for Standardization (ISO, Internationale Organisation für Normung)[290]. Sie wurde im Jahr 1946 von 25 Ländern zur Erleichterung der internationalen Koordination und Vereinheitlichung von Industriestandards gegründet. Sie ist die Nachfolgeorganisation der schon 1928 entstandenen „International Federation of the National Standardizing Associations“ (ISA), deren Tätigkeit im Jahr 1942 durch den Zweiten Weltkrieg unterbrochen wurde.[291] Der

---

bei diesen Mitgliedern ist er geringer). Die Kosten für jede weitere Einheit liegen bei 3.380 Euro. Die aktuellen Beiträge können auf der Homepage von ETSI eingesehen werden, vgl. http://etsi.org/WebSite/Membership/fees.aspx (abgerufen am 06.03.2016).

288 Eine tabellarische Übersicht der Rechte der einzelnen Mitgliedskategorien findet sich unter: http://etsi.org/WebSite/membership/MemberBenefits.aspx (abgerufen am 06.03.2016).

289 ETSI Jahresbericht 2014, S. 23.

290 Dabei stellt die Kurzbezeichnung „ISO“ nicht wie bei anderen Standardsetzungsorganisationen eine Abkürzung des Namens dar, sondern leitet sich vom griechischen „isos“, zu Deutsch „gleich“ ab.

291 *Marburger*, S. 236. Aufgrund der Entwicklung von Telegraphie und Telephonie wurde der Bedarf nach internationaler Normung bereits früh erkannt. Schon 1865 wurde die Internationale Telephonunion gegründet, vgl. *Maaßen*, S. 30, Rn. 86. Darüber hinaus entstanden internationale Normungsorganisationen aus der Erkenntnis, dass unterschiedliche nationale Normen den grenzüberschreitenden Warenverkehr behinderten, vgl. dazu Fn. 129. Ausführlicher zur Entstehung und Entwicklung der ISO siehe *Bolenz*, S. 106.

offizielle Arbeitsbeginn der ISO erfolgte in Genf am 23.02.1947. Mittlerweile handelt es sich bei der ISO um ein Netzwerk von nationalen Standardsetzungsinstituten aus 163 Ländern.

Ähnlich der Zuständigkeitsverteilung auf europäischer Ebene zwischen CEN/CENELEC und ETSI, hat auch auf internationaler Ebene eine Aufteilung der Kompetenzen stattgefunden: So ist die ISO für die technische Normung in allen Bereichen mit Ausnahme der Elektrotechnik – dort liegt die Zuständigkeit bei der International Electrotechnical Commission (IEC, Internationale Elektrotechnische Kommission)[292] – und der Telekommunikation – dort ist die International Telecommunication Union (ITU, Internationale Fernmeldeunion) verantwortlich – zuständig. Satzungsmäßiges Ziel der ISO ist die Förderung der Entwicklung von Normen in der Welt und die Stärkung der Zusammenarbeit auf wissenschaftlichem, technischem und wirtschaftlichem Gebiet.[293]

1. *Organisationsstruktur*

Wie auf europäischer Ebene CEN und CENELEC eine vergleichbare Organisationsstruktur (sowie gemeinsame Directives) besitzen, gilt dies auf internationaler Ebene auch für die ISO und die IEC, sodass die sich anschließenden Aussagen über das Normungsverfahren bei der ISO auch auf die IEC übertragbar sind.[294]

Die Normungsarbeit vollzieht sich bei der ISO in der Zusammenarbeit der verschiedenen Komitees und Gruppen des Technical Management Board (TMB). Dieses setzt sich aus einem Vorsitzenden und 14 Mitgliedsorganisationen zusammen, die vom Rat ernannt oder gewählt werden.[295] Aufgabe des TMB ist es, die technischen Arbeiten in der ISO zu koordinieren.[296] Dazu setzt es Technische Komitees („Technical Committees") und bei Bedarf auch Unterausschüsse („Subcommittees") dieser Technischen Komitees ein.[297] Gemäß 2.1.1 der ISO/IEC Directives, Part 1 ist primäre Aufgabe der Technischen Komitees und Subkomitees die Entwicklung und Pflege internationaler Standards. Seinen genauen Titel, seinen Anwendungsbereich und sein Arbeitsprogramm muss sich ein Technisches Komitee vom TMB genehmigen lassen.[298] Die Technischen Komitees und Subkomitees wiederum können im Rahmen

---

292 Die IEC ist mit ihrem Gründungsjahr 1906 die älteste internationale Normungsorganisation.

293 Vgl. Artikel 2.1 der Satzung der ISO, verfügbar unter: http://www.iso.org/iso/statutes.pdf (abgerufen am 07.03.2016).

294 Für eine ausführlichere Darstellung der Entwicklung der Zusammenarbeit zwischen ISO und IEC siehe *Egyedi*, S. 100ff.

295 Vgl. Artikel 9.1 der Satzung der ISO.

296 Vgl. 1.1 g) der ISO/IEC Directives, Part 1, verfügbar unter: www.iso.org/directives (abgerufen am 07.03.2016).

297 Vgl. 1.1 a) und 1.5.1 der ISO/IEC Directives, Part 1, sowie 1.1 e) der ISO/IEC Directives, Part 1.

298 Vgl. 1.1 d) der ISO/IEC Directives, Part 1.

ihrer Normungstätigkeit für spezielle Aufgaben zeitlich begrenzt Arbeitsgruppen einsetzen.[299] Für die Gesamtleitung eines Technischen Komitees, einschließlich der Unterausschüsse und Arbeitsgruppen ist der Vorsitzende des Technischen Komitees verantwortlich.[300]

2. *Normungsverfahren*

Das Verfahren zur Entwicklung eines Standards durch die ISO gliedert sich in verschiedene Projektstufen. Folgendes Schaubild aus den ISO-Directives gibt einen kurzen Überblick über die Verfahrensstadien und die dazugehörigen Dokumente:

Abb. 2: Verfahrensabschnitte und dazugehörige Dokumente

Project stage	**Associated document**	
	Name	**Abbreviation**
Preliminary stage	Preliminary work item	PWI
Proposal stage	New work item proposal	NP
Preparatory stage	Working draft(s) 1)	WD
Committee stage	Committee draft(s) 1)	CD
Enquiry stage	Enquiry draft 2)	ISO/DIS IEC/CDV
Approval stage	final draft International Standard 3)	FDIS
Publication stage	International Standard	ISO, IEC or ISO/IEC

1) These stages may be omitted, as described in Annex F.

2) Draft International Standard in ISO, committee draft for vote in IEC.

3) May be omitted (see 2.6.4).

Quelle: 2.1.3.1 der ISO/IEC Directives Part 1

Im Folgenden werden die einzelnen Verfahrensstadien etwas ausführlicher dargestellt: Das Normungsverfahren beginnt damit, dass ein Vorschlag für ein neues Work Item gemacht wird.[301] Vorschlagsberechtigt sind gem. 2.3.2 der ISO/IEC Directives,

299 Vgl. 1.12.1 der ISO/IEC Directives, Part 1.

300 Vgl. 1.8.2 der ISO/IEC Directives, Part 1.

301 Ausnahmsweise kann schon die sog. „Preliminary Stage" vorgeschaltet sein. In einer solchen Phase können Technische Komitees oder Subkomitees durch einfache Mehrheit der Stimmen ihrer P-Mitglieder (dazu siehe Kap. 1. C. IV. 3.) „Preliminary Work Items" in ihr Arbeitsprogramm aufnehmen, vgl. 2.2.1 der ISO/

Part 1 nationale Stellen, das Sekretariat des zuständigen Technischen Komitees oder Unterkomitees, ein anderes Technisches Komitee oder Unterkomitee, eine verbundene Organisation, das TMB oder eine seiner beratenden Gruppen und der Generalsekretär („Chief Executive Officer"). Häufig äußert auch ein Industrie- oder Wirtschaftssektor einen Normungsbedarf gegenüber einem nationalen Mitglied der ISO. Da Unternehmen kein Recht haben, einen Vorschlag einzubringen, muss sich ein Unternehmen, wenn es seine Normungsvorstellungen auf internationaler Ebene verwirklicht sehen will, der nationalen Normungsorganisation „bedienen"; diese kann dann in der ISO das neue Work Item anregen. Bevor der Vorschlag jedoch weiter bearbeitet wird, muss er zunächst angenommen werden.[302] Zur Annahme bedarf es zum einen je nach Größe des entsprechenden Komitees der Verpflichtung von vier bzw. fünf ISO-Mitgliedern zur aktiven Teilnahme an der Normungsarbeit.[303] Zum anderen muss das neue Work Item mit einfacher Mehrheit der P-Mitglieder[304] des Technischen Komitees oder Subkomitees genehmigt werden.[305] Wenn beide Voraussetzungen erfüllt sind, gilt das neue Work Item als angenommen und wird im Arbeitsprogramm des sachlich zuständigen Technischen Komitees oder Subkomitees registriert.[306] Sollte kein zuständiges Technisches Komitee bestehen, dem die weitere Normungsarbeit zugewiesen werden kann, so wird vom TMB ein neues Komitee eingesetzt. Damit findet das erste Verfahrensstadium, die Vorschlagsphase („Proposal Stage"), ihren Abschluss.

In der sich anschließenden Vorbereitungsphase („Preparatory Stage") erfolgt die Erstellung eines Arbeitsentwurfes.[307] Das Sekretariat des zuständigen Komitees kann vorschlagen, entweder in einer Sitzung oder auf schriftlichem Wege eine Arbeitsgruppe zu schaffen, die für eine vom Technischen Komitee festgelegte Aufgabe innerhalb eines bestimmten Zeitraumes zuständig ist. Einer solchen Arbeitsgruppe

IEC Directives, Part 1. Dabei handelt es sich um mögliche Normungsgegenstände, die noch nicht reif für eine weitere Bearbeitung in den nachfolgenden Stadien sind. Diese Vorstufe ist folglich für Work Items geschaffen, für die noch keine Zieldaten (das sind angestrebte Daten, zu denen die entsprechenden Zwischenschritte des Normungsprozesses z.B. der erste Arbeitsentwurf, Komitee-Entwurf etc. abgeschlossen sein sollen, vgl. auch 2.1.6 der ISO/IEC Directives, Part 1) festgelegt werden können. Die „Preliminary Stage" kann auch für die Ausarbeitung eines neuen Vorschlags genutzt werden. Ein Übergang in die Vorbereitungsphase („Preparatory Stage") ist aber nur dann möglich, wenn für den Vorschlag die in der Vorschlagsphase („Proposal Stage") beschriebenen Voraussetzungen eingehalten werden, vgl. 2.2.5 der ISO/IEC Directives, Part 1.

302 Vgl. 2.1.4 der ISO/IEC Directives, Part 1.

303 Vgl. 2.3.5 b) der ISO/IEC Directives, Part 1.

304 Zur Unterscheidung zwischen P-Mitgliedern und O-Mitgliedern siehe Kap. 1. C. IV. 3.

305 Vgl. 2.3.5 a) der ISO/IEC Directives, Part 1.

306 Vgl. 2.3.6 der ISO/IEC Directives, Part 1.

307 Vgl. 2.4.1 der ISO/IEC Directives, Part 1.

gehören von den P-Mitgliedern ausgewählte Experten an.[308] Die Vorbereitungsphase endet, wenn ein Arbeitsentwurf („Working Draft") zur Weitergabe an die Mitglieder des Technischen Komitees als erster sog. Komitee-Entwurf („Committee Draft") zur Verfügung steht.[309] Dabei muss innerhalb der Arbeitsgruppe Konsens über den Entwurf erreicht werden.[310] Es besteht die Möglichkeit, dass das Technische Komitee diesen Arbeitsentwurf als „Publicly Available Specification" (PAS)[311] veröffentlicht, um durch mögliche eingehende Stellungnahmen besondere Marktinteressen berücksichtigen zu können.

Die Komitee-Phase („Committee Stage") stellt die Hauptphase des Normungsprozesses dar, in der Stellungnahmen nationaler Stellen berücksichtigt werden.[312] Das Technische Komitee legt einen Zeitraum von zwei, drei oder vier Monaten zur Möglichkeit der Stellungnahme fest. Die nationalen Normungsorganisationen haben in dieser Zeit die Gelegenheit, Kritik und Kommentare zu formulieren. Anschließend stellt das Sekretariat die eingegangenen Anmerkungen und Hinweise zusammen und teilt sie den Mitgliedern des Technischen Komitees mit.[313] Die Entscheidung, einen Komitee-Entwurf als Umfrage-Entwurf in der nächsten Verfahrensstufe in Umlauf zu bringen, soll durch Konsens getragen werden. Konsens meint dabei jedoch nur das Fehlen anhaltenden Widerstandes. Einstimmigkeit ist nicht erforderlich. In Zweifelsfällen reicht auch die Zustimmung von 2/3 der P-Mitglieder des Technischen Komitees bzw. Subkomitees aus, einen Entwurf als Umfrage-Entwurf für das folgende Verfahrensstadium qualifizieren zu können.[314]

Es folgt die Umfrage-Phase („Enquiry Stage"). In diesem Verfahrensabschnitt wird ein Umfrage-Entwurf („Draft International Standard"/DIS) erneut an die nationalen Normungsorganisationen zur Abstimmung weitergeleitet. Viele Mitgliedsorganisationen haben ein eigenes Verfahren, um den DIS der Öffentlichkeit und den interessierten Kreisen bekannt zu machen. Die nationalen Organisationen können dann innerhalb von drei Monaten positiv oder negativ über den Umfrage-Entwurf abstimmen oder sich einer Stimmabgabe enthalten.[315] Bei Abgabe einer „Nein"-Stimme sind gleichzeitig die technischen Gründe darzulegen, aufgrund derer das Mitglied der Auffassung ist, dass der Umfrage-Entwurf nicht akzeptiert werden kann. Nach Ablauf der Abstimmungsfrist werden die Stimmen der nationalen

308 Vgl. 1.12.1 der ISO/IEC Directives, Part 1.

309 Vgl. 2.4.8 der ISO/IEC Directives, Part 1.

310 Vgl. *Hardenacke*, S. 57.

311 Bei einer PAS handelt es sich um eine einstweilige Spezifikation, die vor der Entwicklung des gesamten Internationalen Standards veröffentlicht werden kann. Es ist ein Dokument, das nicht den Anforderungen an einen Standard entspricht, vgl. 3.2.1 der ISO/IEC Directives, Part 1.

312 Vgl. 2.5.1 der ISO/IEC Directives, Part 1.

313 Vgl. 2.5.3 der ISO/IEC Directives, Part 1.

314 Dazu insgesamt 2.5.6 der ISO/IEC Directives, Part 1.

315 Vgl. 2.6.1 und 2.6.2 der ISO/IEC Directives, Part 1. Bei der IEC beträgt der Zeitraum fünf Monate.

Standardisierungsorganisationen ausgewertet. Der Umfrage-Entwurf gilt nur unter zwei Bedingungen, die kumulativ vorliegen müssen, als angenommen: Erstens muss eine 2/3-Mehrheit der von den P-Mitgliedern abgegebenen Stimmen „Ja“-Stimmen sein. Zweitens dürfen nicht mehr als 1/4 aller Stimmen „Nein“-Stimmen sein. Bei der Auszählung werden Stimmenthaltungen jedoch ebenso wenig berücksichtigt, wie „Nein“-Stimmen, denen keine technische Begründung der Ablehnung beigefügt ist.[316] Nach Ermittlung des Abstimmungsergebnisses werden die weiteren Schritte vom Vorsitzenden des Technischen Komitees eingeleitet. Ihm verbleiben je nach Abstimmungsergebnis drei Handlungsmöglichkeiten:[317] a) Wenn der Umfrage-Entwurf nach den beschriebenen Voraussetzungen angenommen wurde, so wird er als Internationaler Schluss-Entwurf („Final Draft International Standard“/FDIS) registriert. b) Sollten gar keine ablehnenden Stimmen abgegeben worden sein, wird der nächste Verfahrensschritt, die Genehmigungsphase, übersprungen und es kommt direkt zur Veröffentlichung des Internationalen Standards. c) Ist der Umfrage-Entwurf nach den o.g. Voraussetzungen nicht angenommen worden, so kann entweder ein überarbeiteter Entwurf zur erneuten Umfrage, zur erneuten Abstimmung oder zur Diskussion in der nächsten Sitzung des Technischen Komitees gestellt werden. Die Umfragephase endet mit der Registrierung des Umfrage-Entwurfes als FDIS oder der Veröffentlichung als Internationaler Standard.[318]

In der Genehmigungsphase („Approval Stage“) erfolgt eine Mitteilung des FDIS an alle nationalen Normungsorganisationen zur abschließenden Abstimmung.[319] Die Abstimmungsfrist beträgt zwei Monate.[320] Der FDIS gilt unter denselben beiden Voraussetzungen, die auch schon in der Umfrage-Phase entscheidend sind, als angenommen: Zum einen müssen mindestens 2/3 der abgegebenen Stimmen der P-Mitglieder „Ja“-Stimmen sein; zum anderen dürfen sich nicht mehr als 1/4 aller Stimmen gegen den FDIS ausgesprochen haben. Stimmenthaltungen und ohne Begründung abgegebene „Nein“-Stimmen werden – wie auch in der Umfragephase – bei der Stimmenauszählung nicht berücksichtigt. Wenn der FDIS angenommen worden ist, folgt der letzte Verfahrensschritt im Normungsprozess, die Veröffentlichungsphase. Ist mindestens eine der beiden Voraussetzungen nicht erfüllt, so ist der FDIS nicht angenommen. In diesem Fall findet eine erneute Überarbeitung durch das Technische Komitee statt. Dieses legt entweder einen modifizierten Entwurf zur Genehmigung vor oder das Normungsverfahren wird abgebrochen.[321]

316 Vgl. 2.6.3 der ISO/IEC Directives, Part 1.
317 Vgl. 2.6.4 der ISO/IEC Directives, Part 1.
318 Vgl. 2.6.8 der ISO/IEC Directives, Part 1.
319 Nur wenn in der Umfragephase keine negative Stimme von den nationalen Mitgliedsorganisationen abgegeben worden ist, entfällt die Genehmigungsphase.
320 Vgl. 2.7.1 der ISO/IEC Directives, Part 1.
321 Vgl. 2.7.7 der ISO/IEC Directives, Part 1. Eine weitere Handlungsmöglichkeit besteht darin, dass der FDIS zwar nicht als Internationaler Standard, aber als Technische Spezifikation veröffentlicht wird.

Das letzte Stadium des Normungsprozesses stellt die Veröffentlichungsphase („Publication Stage") dar. Innerhalb von zwei Monaten wird der Internationale Standard gedruckt und vom Generalsekretariat veröffentlicht.[322] Damit endet dieser Verfahrensabschnitt und auch das Verfahren zur Erstellung eines Internationalen Standards durch die ISO insgesamt.[323] Eine Überprüfung des Internationalen Standards erfolgt jedoch spätestens drei Jahre nach seiner ersten Veröffentlichung; ab dann mindestens alle fünf Jahre. Ergebnis der Überprüfung kann sein, dass der Internationale Standard in seiner bisherigen Form bestätigt, dass er überarbeitet oder dass er zurückgezogen wird. In den ISO/IEC Directives ist für die Dauer des Standardisierungsprozesses ein Richtwert von 36 Monaten angegeben.[324] Bislang hat die ISO 19.977 Internationale Standards bzw. „standards-type documents" (Stand Dezember 2014) erarbeitet. Davon im Jahr 2014 1.468.[325]

3. *Mitgliedschaft*

Eine Mitgliedschaft in der ISO ist den nationalen Normungsorganisationen vorbehalten.[326] Dabei kann jedes Land nur eine nationale Normungsorganisation als Mitglied entsenden.[327] Natürliche oder juristische Personen können nicht Mitglied werden. Ihnen verbleibt allein die Möglichkeit, sich auf nationaler Ebene in der Normungsarbeit zu engagieren und ggf. als Experten oder durch Teilnahme an den nationalen Spiegelausschüssen, die die nationale Position in der ISO vertreten, auf die internationale Normung Einfluss zu nehmen.

Ebenso wie andere anerkannte Normungsorganisationen kennt auch die ISO verschiedene Formen der Mitgliedschaft. Zunächst sind die Vollmitglieder

322 Vgl. 2.8.1 der ISO/IEC Directives, Part 1. Bei der IEC ist eine Frist von 1,5 Monaten maßgeblich.

323 Jede nationale Stelle hat das Recht innerhalb von drei Monaten gegen Entscheidungen von Subkomitees, Technischen Komitees oder Entscheidungen des TMB Beschwerde einzulegen. Jedes P-Mitglied kann ein solches Rechtsmittel einlegen, wenn es der Auffassung ist, dass die angegriffene Tätigkeit oder Unterlassung nicht im Einklang mit der Satzung, der Geschäftsordnung oder den ISO/IEC Directives steht oder nicht im Interesse des internationalen Handels oder öffentlichen Gütern wie Sicherheit, Gesundheit und Umwelt liegt. Rechtsmittel gegen Entscheidungen über neue Work Items, Komitee-Entwürfe, Umfrage-Entwürfe und FDIS sind nur dann ausreichend qualifiziert, wenn sie Grundsatzfragen betreffen, oder der Inhalt des Entwurfes sich nachteilig auf den Ruf der ISO oder des IEC auswirken kann, vgl. 5.1.2 und 5.1.3 der ISO/IEC Directives, Part 1.

324 Vgl. 2.1.6 der ISO/IEC Directives, Part 1; siehe auch *Hartlieb/Kiehl/Müller*, S. 52.

325 Vgl. http://www.iso.org/iso/home/about/iso-in-figures.htm (abgerufen am 07.03.2016).

326 Die ISO stellt also, wie auch die anderen untersuchten Standardisierungsorganisationen, eine Nicht-Regierungs-Organisation dar. Einige der Mitglieder sind jedoch auf nationaler Ebene in die Regierungsstrukturen ihres Heimatlandes eingebunden.

327 Die Bundesrepublik Deutschland wird in der ISO durch das DIN vertreten.

(„Member Bodies"/„Full Members") zu nennen. Sie haben das Recht, an der Arbeit der Technischen Komitees und Subkomitees teilzunehmen, und besitzen bei Abstimmungen – unabhängig von der Größe ihres Heimatlandes und unabhängig von dessen Wirtschaftsstärke – je eine Stimme.[328] Um maximale Effizienz und die notwendige Arbeitsdisziplin zu erreichen, soll jedes Vollmitglied bzgl. jedes konkreten Normungsvorhabens entscheiden und dem Generalsekretariat mitteilen, ob es als sog. P-Mitglied oder als O-Mitglied an der Normungsarbeit teilnehmen will.[329] Vollmitglieder, die den Status eines P-Mitgliedes (abgeleitet von „participate") einnehmen, bringen damit zum Ausdruck, dass sie aktiv an der Normungsarbeit teilnehmen wollen, einschließlich der Verpflichtung, über alle formell zur Abstimmung gestellten Fragen über neue Work Items, Umfrage-Entwürfe und FDIS abzustimmen und an Sitzungen mitzuwirken. Vollmitglieder, die einer bestimmten Normungsarbeit nur als Beobachter folgen wollen, werden O-Mitglieder (abgeleitet von „observe") genannt. Sie erhalten weiterhin die Komitee-Dokumente und Ihnen steht das Recht zur Abgabe von Stellungnahmen und zum Besuch der Sitzungen der Technischen Komitees und Subkomitees zu.

Die zweite Gruppe der Mitglieder der ISO sind die sog. „Correspondent Members". Sie sind berechtigt, an jedem politischen oder technischen Gremium der ISO als Beobachter teilzunehmen. Ein Stimmrecht haben sie jedoch nicht. Aufgrund des fehlenden Stimmrechts haben sie auch nur einen reduzierten Mitgliedsbeitrag zu entrichten. Schließlich ist für Normungsinstitute aus Ländern mit sehr kleinen Volkswirtschaften, die aber dennoch Kontakt zur internationalen Normung halten möchten, eine Mitgliedschaft in der ISO als „Subscriber Member" möglich. Auch sie haben kein Stimmrecht und müssen nur einen gegenüber den Vollmitgliedern reduzierten Mitgliedsbeitrag zahlen. Derzeit (Stand März 2016) hat die ISO insgesamt 162 Mitglieder, unterteilt in 119 Vollmitglieder, 39 Correspondent Members und 4 Subscriber Members.[330]

V. Standardisierung durch das World Wide Web Consortium (W3C)

Das World Wide Web Consortium (W3C) ist keine sog. anerkannte Normungsorganisation, sondern ein internationales Konsortium, das sich der Entwicklung einheitlicher Web-Standards, wie HTML, XML etc. verschrieben hat. Ziel des W3C ist es, Protokolle und Richtlinien zu entwickeln, die ein langfristiges Wachstum und eine dauerhafte Nutzung des Web für alle möglich machen.[331] Das W3C besitzt

---

328 Eine Gewichtung der Stimmen wie z.B. im CEN oder im ETSI findet nicht statt. Vgl. zur Stimmengewichtung bei CEN und ETSI Kap. 1. C. II. 2. bzw. Kap. 1. C. III. 2.

329 Vgl. 1.7.1 der ISO/IEC Directives, Part 1.

330 Eine Aufstellung aller aktuellen Mitglieder, der der jeweilige Mitgliedsstatus zu entnehmen ist, ist verfügbar unter: http://www.iso.org/iso/home/about/iso_members.htm (abgerufen am 07.03.2016).

331 Vgl. http://www.w3.org/Consortium/mission#vision (abgerufen am 07.03.2016).

keine eigene Rechtspersönlichkeit, sondern seine Arbeit wird gemeinschaftlich von drei „Host-Institutionen" – dem European Research Consortium for Informatics and Mathematics (ERCIM), der Keio Universität in Japan und dem Massachusetts Institute of Technology (MIT) – gesteuert. Auch in rechtlichen Belangen wird das W3C durch diese drei „Host-Institutionen" vertreten.[332]

1. *Organisationsstruktur*

Die für die Entwicklung von Web-Standards wichtigsten Stellen innerhalb des W3C sind das Beratungskomitee („Advisory Committee"/AC), das W3C-Team, der Beirat („Advisory Board"/AB) und die Technical-Architecture-Group (TAG). Das Advisory Committee besteht aus je einem Vertreter jedes Mitglieds des W3C.[333] Es tagt zweimal jährlich in sog. Face-to-Face-Treffen, d.h. persönlichen Treffen, in denen die Mitglieder an einem Ort versammelt sind.[334] Aufgaben des Advisory Committees sind die Wahl des Advisory Boards sowie der TAG; auch im Verfahren zur Erarbeitung von Web-Standards kommen dem Advisory Committee verschiedene Funktionen zu.[335]

Das W3C-Team organisiert und verwaltet die sog. Activities zur Erarbeitung eines Web-Standards. Es kommuniziert mit den Mitgliedern und der Öffentlichkeit.[336] Geführt wird das Team vom Direktor, dem die Aufgabe des leitenden „technischen Architekten" zukommt, dem Vorsitzenden, der für den Kontakt zu den Mitgliedern und anderen Organisationen sowie zur Öffentlichkeit zuständig ist, und dem Chief Operating Officer (COO), der den Betrieb des W3C führt.[337] Im Jahr 1998 wurde das Advisory Board gegründet. Es berät das W3C-Team hinsichtlich strategischen, Management-, Rechts-, Prozess- und Konfliktlösungsfragen und leitet die ständig fortdauernde Entwicklung des W3C Process Document.[338] Eigene Entscheidungsbefugnisse kommen ihm jedoch nicht zu, es hat allein eine beratende Funktion im W3C inne. Das Advisory Board setzt sich aus neun vom Advisory Committee für zwei Jahre ausgewählten Teilnehmern sowie einem Vorsitzenden zusammen.[339]

Die Technical Architecture Group (TAG) wurde im Februar 2001 gegründet. Ihre primäre Aufgabe ist die Verwaltung der Web-Architektur. In diesem Rahmen soll die TAG Einigung unter den Mitgliedern des W3C über die Grundsätze der

---

332 Vgl. 2.2 des W3C Process Document, verfügbar unter: http://www.w3.org/2014/Process-20140801/ (abgerufen am 07.03.2016).

333 Bereits beim Beitritt zum W3C muss die beitretende Organisation ihren Vertreter für das Advisory Committee benennen, vgl. 2.1.3 des W3C Process Document.

334 Vgl. 2.1.3.2 des W3C Process Document.

335 Siehe dazu unten Kap. 1. C. V. 2.

336 Vgl. 2.2 des W3C Process Document.

337 Vgl. 2.2 des W3C Process Document.

338 Vgl. 2.3 des W3C Process Document. Die letzte Änderung erfolgte zum 01.08.2014.

339 Nähere Informationen zu den Mitgliedern des Advisory Board sind zu finden unter: www.w3.org/2002/ab/ (abgerufen am 07.03.2016).

Web-Architektur herbeiführen und dokumentieren; bei Bedarf soll sie die gefundenen Grundsätze erläutern und klarstellen und generelle Fragen der allgemeinen Web-Architektur lösen.[340] Ihr Aufgabenbereich ist somit auf technische Fragestellungen begrenzt. Die TAG besteht gem. 2.4.1 des W3C Process Documents aus acht für einen Zeitraum von zwei Jahren gewählten oder ernannten Teilnehmern,[341] sowie einem Vorsitzenden, der vom W3C-Team ernannt wird und der häufig personenidentisch mit dem Direktor des W3C ist.

Bezüglich der Teilnehmer des Advisory Boards und der TAG legt 2.5.1 des W3C Process Document fest, dass jedes Mitglied des W3C maximal einen Vertreter im Advisory Board und einen in der TAG haben darf. Durch diese Regelung soll eine zu große Einflussmöglichkeit eines einzelnen Mitglieds auf den Standardisierungsprozess und eine Vorzugsstellung gegenüber den übrigen Mitgliedern verhindert werden. Weiterhin wird von den Teilnehmern des Advisory Board und der TAG regelmäßige Beteiligung erwartet, da sie innerhalb des W3C eine besondere Rolle einnehmen: Sie sind von den Mitgliedern des W3C durch das Advisory Committee gewählt oder vom Direktor ernannt, in der Erwartung, dass sie die beste Lösung für Web-Technologien finden und nicht zugunsten einzelner Technologien, Lieferanten oder Nutzer entscheiden.[342]

Die eigentliche Entwicklung von gemeinsamen Web-Standards findet in Arbeitsgruppen („Working Groups“) statt.[343] Ihre vorrangige Aufgabe ist es, W3C-Deliverables zu produzieren. Eine Arbeitsgruppe setzt sich aus drei verschiedenen Teilnehmerarten zusammen: Vertretern der W3C-Mitglieder, eingeladenen Experten und Vertretern des W3C-Teams. Alle Teilnehmer dieser drei Kategorien haben grundsätzlich die gleichen Rechte und Pflichten innerhalb der Arbeitsgruppe.[344] Damit die Arbeitsgruppe rasch Fortschritte erzielen kann, soll sie klein sein (d.h. sie soll in der Regel weniger als 15 Teilnehmer umfassen) und die Teilnehmer sollen

---

340 Vgl. 2.4 des W3C Process Document.

341 Fünf dieser Teilnehmer werden vom Advisory Committee gewählt, die übrigen drei vom Direktor ernannt.

342 Vgl. 2.5 des W3C Process Document.

343 Weiterhin gibt es neben den Arbeitsgruppen zum einen sog. Interessengruppen („Interest Groups“), deren Ziel es gem. 6 des W3C Process Document ist, „to bring together people who wish to evaluate potential Web technologies and policies“. Die Interessengruppen fördern also den Interessenaustausch. Neben den drei bei den Arbeitsgruppen aufgeführten Teilnehmerarten ist die vierte Kategorie einer Interessengruppe die der Vertreter der Öffentlichkeit. Eine maximale Teilnehmeranzahl ist für Interessengruppen nicht vorgeschrieben. Zum anderen besitzt das W3C Koordinierungsgruppen („Co-ordination Groups“), die die Kommunikation mit anderen Gruppierungen innerhalb und außerhalb des W3C organisieren und verwalten.

344 Ausnahmen sind im W3C Process Document ausdrücklich festgelegt.

besondere Fachkenntnisse auf dem von der Arbeitsgruppe zu behandelnden Gebiet aufweisen.[345]

2. *Verfahren*

Erklärte Ziele des W3C bei der Entwicklung von Web-Standards („Recommendations") sind die Herstellung und die Beibehaltung von Qualität und Fairness bei technischen Entscheidungen. Diese Ziele soll das W3C Process Document fördern, indem es das Konsensprinzip als Grundsatz des W3C festlegt.[346] Auch durch die Gestaltung des Verfahrens zur Entwicklung eines Web-Standards soll der Konsens innerhalb der Mitglieder des W3C gesteigert werden; insbesondere durch häufige Veröffentlichungen der (vorläufigen) Arbeitsergebnisse sowie durch frühzeitige Überprüfungen dieser Arbeitsergebnisse durch andere Gruppen innerhalb und außerhalb des W3C. Man erhofft sich auf diese Weise schnell Unstimmigkeiten und Fehler finden zu können.[347] Konsens meint nach den Grundsätzen des W3C, dass eine erhebliche Anzahl der Mitglieder die Entscheidung unterstützt und kein Mitglied einen formellen Einwand erhebt.[348] Enthaltungen sind unschädlich; Einstimmigkeit ist nur ein besonderer Fall des Konsenses. Das W3C Process Document präferiert grundsätzlich Einstimmigkeit bei Entscheidungen; wo jedoch keine Einstimmigkeit hergestellt werden kann, soll wenigstens Konsens angestrebt werden. Ist auch dieser nicht möglich, so kann der Vorsitzende der entsprechenden Gruppe eine Abstimmung herbeiführen, um ein Fortschreiten der Arbeiten zu gewährleisten.[349] Im Folgenden wird das auf diesen Grundsätzen basierende Verfahren des W3C detaillierter dargestellt:

Die notwendige Arbeit für die Entwicklung einer einheitlichen Web-Technologie wird von sog. Activities organisiert. Eine solche Activity wird bei genügend Interesse der W3C-Mitglieder und des Teams begonnen. Das Interesse der Mitglieder wird durch Diskussionen zwischen Repräsentanten des Advisory Committees und des Teams abgesteckt. Basierend auf den Vorstellungen der Mitglieder über die Struktur und den Anwendungsbereich einer neuen Activity schickt das Team einen Activity-Vorschlag („Activity Proposal") an das Advisory Committee. Wenn innerhalb des Advisory Committees Konsens über den Umfang und die Struktur

---

345 Vgl. 6.2.1 des W3C Process Document.

346 Vgl. 1 (Introduction) des W3C Process Document.

347 Vgl. 7.3 des W3C Process Document 2005.

348 Vgl. 3.3 des W3C Process Document. Das Gegenteil eines Konsenses wird vom W3C Process Document als Dissens bezeichnet und beschreibt den Fall, dass mindestens ein Mitglied einen formellen Einwand gegen eine Entscheidung einlegt. Unter „formellem Einwand" versteht man das Verlangen eines Mitgliedes, dass sich der Direktor mit der angegriffenen Entscheidung befassen soll. Ein formeller Einwand sollte technische Argumente anführen und Änderungsvorschläge enthalten, vgl. 3.3.2 des W3C Process Document.

349 Vgl. 3.3.1 und 3.4 des W3C Process Document.

herrscht, beginnt das W3C eine neue Activity.[350] Die Ergebnisse einer Activity können „Recommendations“ oder andere „Technical Reports“ sein. Das W3C bezeichnet die von ihm entwickelten Web-Standards nicht als Standards oder Normen, sondern als „Recommendations“ (Empfehlungen). Dadurch soll eine Abgrenzung zu anerkannten Normungsorganisationen stattfinden und eine Verwechslung vermieden werden. Die folgende Darstellung beschränkt sich, entsprechend der Fokussierung bei anerkannten Normungsorganisationen auf die Erarbeitung von Standards in Abgrenzung zu anderen technischen Spezifikationen, auf den Prozess der Erarbeitung einer Recommendation.

Die hauptsächlich mit der Entwicklung einer Recommendation beschäftigte Arbeitsgruppe folgt in der Regel vier Schritten, um eine Web-Technologie zu standardisieren: 1. First Public Working Draft (plus ggf. überarbeitete Public Working Drafts), 2. Publication of a Candidate Recommendation, 3. Publication of a Proposed Recommendation, 4. Publication of a W3C Recommendation. In der ersten Phase wird der von der Arbeitsgruppe angefertigte Arbeitsentwurf vom Direktor den übrigen, nicht unmittelbar mit der Entwicklung der Recommendation beschäftigten W3C-Gruppen und der Öffentlichkeit zugänglich gemacht. Dadurch sollen diese in die Lage versetzt werden, bereits in diesem frühen Stadium mit der Überprüfung des Technical Reports zu beginnen.[351] Auch nach der Veröffentlichung überarbeitet die Arbeitsgruppe den Technical Report weiterhin. Sie soll dabei flexibel auf die eingehenden Hinweise und Vorschläge reagieren und Überarbeitungen, die wesentliche Änderungen des ursprünglichen Arbeitsentwurfes enthalten, erneut veröffentlichen.[352] Nachdem in aller Regel eine Reihe von Arbeitsentwürfen veröffentlicht worden ist, folgt die Veröffentlichung als Candidate Recommendation, bei der unter anderem eine Frist[353] zur letztmöglichen Abgabe von Stellungnahmen zu den veröffentlichen Arbeitsentwürfen gesetzt und die Öffentlichkeit zur Überprüfung des Technical Reports aufgefordert wird.[354] Sie stellt also die letzte Aufforderung an andere W3C-Gruppen und die Öffentlichkeit dar und signalisiert, dass es sich – soweit zu diesem Zeitpunkt absehbar – um den letzten Arbeitsentwurf handelt und die Arbeitsgruppe der Auffassung ist, dass dieser Entwurf alle erforderlichen technischen Anforderungen für eine Recommendation und damit auch alle Anforderungen für ein Fortschreiten im Arbeitsprozess erfüllt.

Es folgt die dritte Stufe des Arbeitsprozesses: Die Veröffentlichung als Proposed Recommendation. Der Direktor muss die Veröffentlichung gegenüber dem Advisory

350 Vgl. 5 des W3C Process Document.

351 Vgl. 7.3.2 des W3C Process Document.

352 Vgl. 7.3.2 des W3C Process Document. Auch wenn sechs Monate ohne wesentliche Änderungen verstrichen sind, soll ein überarbeiteter Working Draft und die Gründe für den Mangel an weiteren Änderungen veröffentlicht werden.

353 Diese muss mindestens vier Wochen betragen, soll aber eine längere Zeitspanne umfassen, wenn es sich um einen komplexen Technical Report handelt.

354 Vgl. 7.4 des W3C Process Document. Sollten wesentliche Änderungen erfolgen, wird eine überarbeitete Candidate Recommendation veröffentlicht.

Committee bekannt geben;[355] sie stellt den Beginn eines mindestens 28 Tage dauernden Überprüfungszeitraums dar.[356] Sollten wesentliche Änderungen erforderlich sein, muss der Technical Report auf die Stufe der Candidate Recommendation oder des Working Draft zurückgesetzt werden, da die spätere W3C Recommendation nicht in entscheidenden Punkten von der Proposed Recommendation abweichen darf.[357] Andernfalls – wenn keine wesentlichen Änderungen erfolgen – schließt sich die letzte Phase des Arbeitsprozesses, die Veröffentlichung des Technical Reports als W3C-Recommendation, an.[358] Sie wird vom Direktor durchgeführt und soll nach den Vorgaben des Process Document erfolgen, wenn die Inhalte des Technical Reports für einen weit verbreiteten Einsatz geeignet sind und die Ziele des W3C fördern.[359] Der Direktor kann die fertige W3C-Recommendation ebenfalls anderen, auch anerkannten Standardisierungsorganisationen zukommen lassen, damit diese sie als Standard annehmen. Mögliche nächste Schritte einer Recommendation sind nur noch ihre Änderung oder Aufhebung, sollte dies bei einer Überarbeitung erforderlich werden.

Ergebnis aller dargestellten Phasen kann nicht nur der Aufstieg in die nächst höhere Entwicklungsstufe des Technical Reports sein. Die Wiederaufnahme der Arbeit durch die Arbeitsgruppe zur Ausbesserung von Mängeln ist ebenso möglich, wie – bei dauerhaften Hindernissen – der endgültige Abbruch der Arbeiten des W3C hinsichtlich des entsprechenden Technical Reports.

3. *Mitgliedschaft*

Eine Mitgliedschaft im W3C ist für alle Einrichtungen – einschließlich kommerzieller Unternehmen, Bildungs- und Regierungsstellen – offen;[360] sie müssen für ihre Teilnahme am W3C einen jährlichen Mitgliedsbeitrag entrichten. Die Gebühren variieren dabei nach den jährlichen Einnahmen der Einrichtung, der Art des Unternehmens und dem Sitz des Unternehmens.[361] Dabei gibt es zwei Klassen von Mitgliedern: Die „Full Members" und die „Affiliate Members". Sie unterscheiden sich nur in der Höhe der Beiträge; die mit der Mitgliedschaft verbundenen Rechte sind dieselben. Die Vollmitgliedschaft steht jedem offen, die Möglichkeit „Affiliate

355 Vgl. 7.5 des W3C Process Document.
356 Vgl. 7.5 des W3C Process Document.
357 Vgl. 7.5 des W3C Process Document.
358 Vgl. 7.6 des W3C Process Document.
359 Vgl. 7.6 des W3C Process Document.
360 Vgl. 2.1 des W3C Process Document.
361 Für das Jahr 2011 lagen die Beiträge für europäische Einrichtungen zwischen 975 Euro für gemeinnützige Einrichtungen und Verwaltungsbehörden und 68.000 Euro für gewinnorientierte Organisationen, die jährliche Bruttoeinnahmen von mind. 51.000.000 Euro haben. Ein Beitragsrechner zur Ermittlung des genauen Mitgliedsbeitrags für eine Einrichtung findet sich auf der Homepage des W3C; vgl. www.w3.org/Consortium/fees (abgerufen am 07.03.2016).

Member" zu werden, besteht nur für Unternehmen ohne Gewinnerzielungsabsicht, für (Regierungs-)Behörden, für Unternehmen mit einem Jahresumsatz von weniger als 50.000.000 USD und Einzelpersonen. Es gibt keine gesonderte Mitgliedskategorie für Einzelpersonen und keine auf sie zugeschnittene Beitragskategorie, sodass Einzelpersonen allein unter denselben Voraussetzungen, die für Unternehmen und Einrichtungen gelten, Mitglied des W3C werden können. Da die Struktur des W3C nicht auf die Teilnahme einer Vielzahl von Einzelpersonen ausgerichtet ist, empfiehlt das W3C ihnen, sich über die Beteiligung der Öffentlichkeit oder als eingeladener Experte in die Arbeit des W3C einzubringen.[362]

Jedes Mitglied hat das Recht auf einen Sitz im Advisory Committee und den Zugriff auf nur für Mitglieder des W3C bestimmte Informationen. Weiterhin nehmen Vertreter der Mitglieder deren Aufgaben in Arbeitsgruppen, Interessengruppen und Koordinierungsgruppen wahr.[363] Um die Integrität des konsensbasierten Prozesses zu gewährleisten gibt es für Mitglieder, die mit anderen Mitgliedern verbunden sind, Einschränkungen. So wird bei Abstimmungen eine Gruppe von verbundenen Mitgliedern wie eine einzige Organisation angesehen.[364] Zwei Mitglieder sind im Sinne von 2.1.2 des Process Document verbunden, wenn entweder 1. ein Mitglied ein Tochterunternehmen des anderen ist, oder 2. beide Mitglieder Tochtergesellschaften einer gemeinsamen Einrichtung sind, oder 3. die Mitglieder einen Arbeitsvertrag oder Beratungsvertrag abgeschlossen haben, der die W3C-Teilnahme beeinflusst. Auf diese Weise verbundene Mitglieder müssen diese Beziehungen offenlegen. Eine entsprechende Regelung gilt gem. 3.1.1 des Process Document auch für individuelle Teilnehmer des W3C: Sie müssen ihre Beziehungen zu anderen Mitgliedern offenlegen, wenn diese Verbindungen einen Interessenkonflikt mit der Rolle des Mitglieds beim W3C befürchten lassen: Z.B. bei bezahlter Beratung einer Organisation, deren Tätigkeit für das W3C relevant ist; wenn das Mitglied bei der anderen Mitgliedsorganisation eine Stellung mit Entscheidungsbefugnissen inne hat(te) etc. Diese Angaben sind stets auf dem neuesten Stand zu halten. Derzeit besitzt das W3C 412 Mitglieder (Stand März 2016).[365]

VI. Standardisierung durch die Trusted Computing Group (TCG)

Als weiteres Beispiel für die Erarbeitung von Standards durch ein Standardisierungskonsortium soll die Trusted Computing Group (TCG) dienen, da ihre Satzung

362 Vgl. http://www.w3.org/Consortium/membership-faq.html (abgerufen am 07.03.2016) „Can I join W3C as an individual?".

363 Siehe dazu Kap. 1. C. V. 1., insbesondere Fn. 343.

364 Vgl. 3.4 und 8.3 des W3C Process Document. Siehe auch 2.5.2 des W3C Process Document: Danach hat eine Gruppe verbundener Mitglieder bei der Wahl des Advisory Board ebenso wie ein „selbstständiges" Mitglied nur eine Stimme.

365 Eine Aufstellung der aktuellen Mitglieder ist verfügbar unter: http://www.w3.org/Consortium/Member/List (abgerufen am 07.03.2016).

(insbesondere im Bereich der IPR-Policy und der Mitgliedsbeiträge) einige Besonderheiten gegenüber den anderen dargestellten Standardisierungsorganisationen aufweist. Die Ausführungen im Folgenden konzentrieren sich auf die für Kapitel 2 der Arbeit wesentlichen Besonderheiten, insbesondere auch deshalb, weil die TCG keine Verfahrensregeln über die verschiedenen Arbeitsschritte zur Erarbeitung eines Standards veröffentlicht hat.

Die TCG entwickelt Standards für sog. Trusted-Computing-Plattformen. Darunter versteht man die Erhöhung der Systemsicherheit bestimmter Plattformen, indem durch Einfügen bestimmter Hardware- und Softwarekomponenten in das System Manipulationen erkannt werden können, wenn sich eine Systemkomponente nicht wie in erwarteter Weise verhält. Das ursprünglich für PCs entwickelte Trusted-Computing ist mittlerweile auch in anderen computergestützten Geräten, wie Mobiltelefonen etc. anwendbar.[366] Im Jahr 2003 hat die TCG die entsprechende Arbeit der früheren Trusted Computing Platform Alliance (TCPA) übernommen und setzt diese fort.

1. *Organisationsstruktur*

Auf der Ebene der Normungsarbeit setzt sich die TCG aus verschiedenen Arbeitsgruppen und Sonderkomitees zusammen. Auf Vorschlag eines Promoters oder Contributors kann der Vorstand eine oder mehrere Arbeitsgruppen einsetzen.[367] Der Vorstand ernennt den Vorsitzenden jedes dieser Komitees, wobei es sich dabei nur um den Vertreter eines Promoters oder Contributors handeln darf; an Sonderkomitees dürfen ohnehin nur Promoter oder Contributor teilnehmen.[368] Jeder Promoter oder Contributor ist berechtigt, einen Vertreter als stimmberechtigtes Mitglied in eine technische Arbeitsgruppe zu entsenden, ggf. können weitere Personen teilnehmen. Voraussetzung ist jedoch, dass jeder Promoter oder Contributor nur eine Stimme in einer technischen Arbeitsgruppe hat.[369] Die Entscheidungen in den Arbeitsgruppen können per Mehrheitsbeschluss getroffen werden. Die in der Vorgängerorganisation TCPA erforderliche Einstimmigkeit behinderte ein Fortschreiten der Arbeit zusehends, sodass dieses Modell durch die TCG nicht übernommen wurde.

---

366 Für eine umfassendere Erläuterung siehe http://www.trustedcomputinggroup.org/trusted_computing (abgerufen am 07.03.2016) sowie *Koenig/Neumann*, MMR 2003, 695.

367 6.3.1 der Satzung der TCG, verfügbar unter: http://www.trustedcomputinggroup.org/files/static_page_files/AA699426-1A4B-B294-D0C7F16E013EEC2E/TCG_Bylaws_20120726_Approved.pdf (abgerufen am 07.03.2016). Zu den verschiedenen Mitgliederkategorien siehe unten Kap. 1. C. VI. 2.

368 6.1 der Satzung der TCG.

369 6.3.2 der Satzung der TCG.

2. *Mitgliedschaft*

Die TCG sieht grds. vier Mitgliederkategorien vor: Adopter, Associate, Contributor und Promoter. Mitglied der TCG kann jedes Unternehmen werden, das die Ziele der TCG unterstützt und den aktuellen Jahresbeitrag der entsprechenden Mitgliederkategorie entrichtet.[370] Zudem sollten potenzielle Promoter, Contributor und Associates ein erhebliches wirtschaftliches Interesse am oder Auswirkungen auf den Erfolg der TCG haben und ihre Mitgliedschaft öffentlich erklären.[371]

Neue Promoter können nur auf Einladung von mindestens ¾ der Mitglieder des Vorstandes hinzutreten. Die Mitgliedschaftsgebühr für Promoter beträgt etwa 50.000 USD pro Jahr. Sie haben u.a. das Recht auf einen dauerhaften Sitz im Vorstand und darauf, neue Promoter vorzuschlagen, weiterhin volle Stimmrechte bei Abstimmungen und über die Möglichkeit an Arbeitsgruppen oder Sonderkomitees teilzunehmen oder ihren Vorsitz einzunehmen die Gelegenheit, die Standardentwicklung maßgeblich mitzubestimmen.[372] Die Mitgliedschaftsgebühr für Contributor beträgt hingegen 15.000 USD (16.500 USD) pro Jahr.[373] Sie haben z.B. das Recht, den Vorsitzenden einer Arbeitsgruppe zu stellen und Änderungsvorschläge für Standards einzureichen; zudem haben sie volle Mitwirkungsrechte in den Arbeitsgruppen.[374] Associates haben u.a. das Recht, Änderungsvorschläge für Standards einzureichen, dürfen jedoch nicht an Arbeitsgruppen teilnehmen und haben auch weder Zugang zur Vorveröffentlichungen von Standards noch anderen internen Dokumenten der Arbeitsgruppen; diese Mitgliedskategorie ist für Unternehmen gedacht, die einen Schwerpunkt auf die Entwicklung von Lösungen unter Verwendung von TCG-Standards legen wollen.[375] Sie haben pro Jahr 10.000 USD zu entrichten. Nur sehr eingeschränkte Mitwirkungsrechte kommen den Adopters zu; sie können an einigen Programmen der TCG teilnehmen, haben jedoch keine Stimmrechte. Der Mitgliedsbeitrag für Adopter beträgt jährlich 7.500 USD (8.250 USD); eine Reduzierung auf einen Betrag von 1.000 USD (2.500 USD) pro Jahr findet für Adopter statt, die weniger als 100 Beschäftigte haben.[376] Alle Mitglieder haben unabhängig von ihrem Status u.a. das Recht, an den Mitgliederversammlungen der

---

370 12.2 der Satzung der TCG.

371 14.1, 14.2 und 14.3 der Satzung der TCG.

372 Siehe 14.1 der Satzung der TCG sowie http://www.trustedcomputinggroup.org/join_now/membership_benefits (abgerufen am 07.03.2016).

373 Die Angaben zur Höhe der Beiträge aller Mitgliederkategorien durch die TCG widersprechen sich, siehe TCG Membership Agreement, verfügbar unter: http://www.trustedcomputinggroup.org/files/resource_files/B1D9627C-1A4B-B294-D04B3FDF580DC72A/TCG%20Membership%20Agreement_20120224.pdf (abgerufen am 07.03.2016) sowie http://www.trustedcomputinggroup.org/join_now/membership_benefits (abgerufen am 07.03.2016).

374 14.2 der Satzung der TCG.

375 14.3 der Satzung der TCG.

376 Eine Kurzübersicht der Mitgliedschaftsrechte findet sich auch unter: https://www.trustedcomputinggroup.org/files/static_page_files/6B7005CC-1A4B-B294-

TCG teilzunehmen, Stellungnahmen zu TCG-Standards abzugeben, bevor sie von der TCG endgültig angenommen werden, sowie Zugang zum nicht-öffentlichen Bereich der TCG-Homepage inklusive einem Zugang zu Dokumenten, bevor sie veröffentlicht werden.[377] Derzeit hat die TCG etwa 100 Mitglieder (Stand März 2016).

2004 hat die TCG ein sog. Liaison-Programm eingeführt. Daran sind – auf Einladung des TCG-Vorstandes – akademische Institutionen, Behörden, Interessengruppen sowie andere Standardisierungsgremien teilnahmeberechtigt. Sie haben keine Gebühr zu entrichten, allerdings kommt ihnen auch kein Stimmrecht zu. Damit die Teilnehmer des Liaison-Programmes an einzelnen Arbeitsgruppen teilnehmen dürfen, ist die Zustimmung des jeweiligen Vorsitzenden der Arbeitsgruppe erforderlich.[378]

VII. Zusammenarbeit zwischen nationalen, europäischen und internationalen Normungsorganisationen

Die dargestellten Normungsorganisationen agieren keineswegs streng getrennt voneinander, sondern es gibt vielfältige Verknüpfungen zwischen nationaler[379], europäischer[380] und internationaler[381] Normungstätigkeit. Bereits frühzeitig erkannte man, dass unterschiedliche nationale Normen und Standards zu Handelshemmnissen auf dem europäischen aber auch auf dem weltweiten Markt führten.[382] Auf europäischer Ebene erfolgten deshalb Bestrebungen verschiedenster Intensität, um eine

---

D0CD96773110D2A6/TCG%20Membership%20Benefits_v3_De.pdf (abgerufen am 07.03.2016).

377 12.1 der Satzung der TCG sowie http://www.trustedcomputinggroup.org/join_now/membership_benefits (abgerufen am 07.03.2016).

378 Vgl. https://www.trustedcomputinggroup.org/files/static_page_files/6B7005CC-1A4B-B294-D0CD96773110D2A6/TCG%20Membership%20Benefits_v3_De.pdf (abgerufen am 07.03.2016).

379 Für eine Darstellung der Zusammenarbeit des DIN mit anderen nationalen normschaffenden privaten und staatlichen Institutionen siehe *Zubke-von Thünen*, S. 261ff.

380 1991 beschlossen ETSI und CEN/CENELEC ein Grundsatzdokument über ihre Zusammenarbeit, welches die Bildung gemeinsamer Gremien und verschiedene Formen der Kooperation zwischen den Organisationen vorsieht. So wurden die Abgrenzung der Aufgabenbereiche zur Vermeidung von Doppelarbeit und Widersprüchen sowie das Bestreben hinsichtlich der Entwicklung gemeinsamer Positionen bezüglich grundsätzlicher europäischer Normungsprinzipien festgelegt, vgl. *Zubke-von Thünen*, S. 659. Siehe auch 4.2.1.1 der Geschäftsordnung von CEN/CENELEC, Teil 2.

381 2001 wurde von ISO, IEC und ITU die World Standards Cooperation (WSC) gegründet, um gemeinsam die internationale Standardisierung zu stärken und zu fördern. Weitere Informationen finden sich unter: http://www.worldstandardscooperation.org/international-standards/ (abgerufen am 07.03.2016).

382 Vgl. Fn. 129.

Harmonisierung der technischen Normen zu erreichen. So wurden 1983 die Mitgliedstaaten durch die Informationsrichtlinie 83/189/EWG[383] zu gegenseitiger rechtzeitiger Information über Normungsvorhaben verpflichtet.[384] Weiterhin verpflichtete Artikel 7 Abs. 1 der Informationsrichtlinie die Mitgliedstaaten zur Einstellung nationaler Normungsvorhaben, die zu Parallelnormierungen auf EU-Ebene in Widerspruch geraten könnten.[385] Der sog. *new approach* vom Mai 1985[386] führte dann zu einer entscheidenden Verschiebung von nationaler zu regionaler, d.h. europäischer Normung.[387] Die als *new approach* bezeichnete Entschließung des Rates beinhaltet, dass sich im Rahmen von Richtlinien die Harmonisierung auf europäischer Ebene bei Vorschriften technischen Inhaltes nur noch auf grundlegende Sicherheitsanforderungen beziehen soll; d.h. dass in den europäischen Richtlinien nur noch die Grundanforderungen festgelegt werden und im Übrigen ein Verweis auf Europäische Normen stattfindet. Im Ergebnis werden somit technische Detailfragen aus dem Gesetzgebungsprozess ausgesondert und auf die private Ebene der Normungsinstitute verlagert.[388] Dadurch kam der Tätigkeit der europäischen Normungsorganisation erheblich mehr Bedeutung zu. Die Informationsrichtlinie 83/189/EWG wurde durch die Richtlinie 98/34/EG des Europäischen Parlaments und des Rates vom 22.06.1998 über ein Informationsverfahren auf dem Gebiet der Normen und technischen Vorschriften[389] aufgehoben und diese durch die Verordnung 1025/2012[390] geändert. Die Regelungen zur gegenseitigen Information und der Einstellung nationaler Normungsvorhaben wurden entsprechend übernommen.

Weiteres entscheidendes Mittel zur Harmonisierung ist die in den Geschäftsordnungen der europäischen Normungsorganisationen enthaltene Verpflichtung der Mitglieder, die dort durch eigenständige europäische Beratungen erarbeiteten oder durch Übernahme internationaler Dokumente zustande gekommenen

---

383 Richtlinie 83/189/EWG des Rates vom 28.03.1983 über ein Informationsverfahren auf dem Gebiet der Normen und technischen Vorschriften, ABl. 1983 L 109/8.

384 Vgl. Art. 2 Abs. 1 und 8 Abs. 1 der Informationsrichtlinie.

385 Vgl. *Vieweg*, in: Müller-Graff, S. 64.

386 Entschließung des Rates über eine neue Konzeption auf dem Gebiet der technischen Harmonisierung und der Normung, ABl. 1985 C 136/1. Der *new approach* ist weiterhin in der Entschließung des Rates Nr. 90/C 10/01 vom 21.12.1989 zu einem Gesamtkonzept für die Konformitätsbewertung, ABl. 1990 C 10/1, und dem Beschluss des Rates Nr. 90/683/EWG vom 13.12.1990 über die in den technischen Harmonisierungsrichtlinien zu verwendenden Module, ABl. 1990 L 380/13, verankert.

387 Vgl. *Vieweg*, in: Müller-Graff, S. 64.

388 Vgl. *Deml*, S. 32; *Fischer*, S. 101. Dabei bleibt die Befolgung der Normen freiwillig. Es gilt allerdings die Vermutung, dass ein Produkt den wesentlichen Anforderungen der jeweiligen Richtlinie entspricht, wenn es normenkonform produziert worden ist; vgl. auch *Klindt*, EuZW 2002, 133, 134.

389 ABl. 1998 L 204/37.

390 ABl. 2012 L 316/12.

europäischen Normen als nationale Normen zu übernehmen.[391] Durch diese Übernahmeverpflichtung der Mitglieder der europäischen Normungsorganisationen hat sich die Erarbeitung technischer Normen ebenfalls zunehmend von nationalen auf regionale und internationale Organisationen verlagert.[392] Auch die in den Geschäftsordnungen festgelegten sog. Stillhalteverpflichtungen[393] während laufender Normungsarbeiten auf europäischer und internationaler Ebene zielen darauf ab, zu vermeiden, dass sich widersprechende nationale und europäische bzw. internationale Standards entstehen. Zudem ist z.B. vor Beginn einer DIN-Normungsarbeit zu prüfen, ob nicht Bedarf für eine Standardisierung auf europäischer oder internationaler Ebene besteht. Sollte dies der Fall sein, so lehnt das DIN den Normungsvorschlag ab und beginnt keine selbstständige Tätigkeit. Vor diesem Hintergrund verwundert es nicht, dass mittlerweile 85–90 % aller Normungsvorhaben des DIN europäischen bzw. internationalen Ursprungs sind; 1984 waren noch 80 % aller DIN-Normungsvorhaben rein nationalen Ursprungs.[394] Diese Zusammenarbeit zwischen nationalen, regionalen und internationalen Normungsorganisationen wird insbesondere dadurch möglich, dass dieselbe nationale Organisation (in Deutschland das DIN[395]) die Mitgliedschaft in der entsprechenden Normungsorganisation auf europäischer und internationaler Ebene ausübt.[396] So unterliegt die fachliche Betreuung einzelner Aufgaben einem Arbeitsausschuss des DIN, einem sog. Spiegelgremium.[397] Dieser Ausschuss ermittelt und entwickelt den deutschen Standpunkt und entsendet Delegierte, die ihn z.B. im CEN oder der ISO vertreten.

Die Zusammenarbeit zwischen dem CEN und der ISO ist seit 1991 durch die Wiener Vereinbarung geregelt.[398] Sie dient der Vermeidung von doppelter Arbeit

---

391 Vgl. 11.2.6.1 der Geschäftsordnung von CEN/CENELEC, Teil 2 und Artikel 13.7 der Geschäftsordnung von ETSI; siehe auch *Winckler*, in: Müller-Graff, S. 85. Diese Übernahmeverpflichtung bedeutet jedoch nicht, dass Unternehmen als Adressaten der Normen zu ihrer Anwendung verpflichtet wären; dies erfolgt auf freiwilliger Basis. Auf internationaler Ebene hingegen erfolgt auch die Übernahme von internationalen Standards als europäische oder nationale Norm auf freiwilliger Basis, vgl. auch *Maaßen*, S. 35, Rn. 96.

392 Vgl. *Marburger*, S. 246.

393 5.1 der Geschäftsordnung von CEN/CENELEC, Teil 2; 13.3.1 der Geschäftsordnung von ETSI. Siehe auch Kap. 1 C. II. 2. und Kap. 1. C. III. 2.

394 Vgl. http://www.din.de/de/din-und-seine-partner/din-in-europa (abgerufen am 07.03.2016).

395 1.3 der Satzung des DIN.

396 Vgl. *Winckler*, in: Müller-Graff, S. 81/82.

397 Vgl. auch http://www.din.de/de/din-und-seine-partner/din-in-der-welt/internationale-normung (abgerufen am 07.03.2016).

398 Agreement on Technical Cooperation between ISO and CEN (Vienna Agreement), verfügbar unter: http://boss.cen.eu/ref/Vienna_Agreement.pdf (abgerufen am 07.03.2016). Die Zusammenarbeit zwischen CENELEC und dem IEC regelt das Lugano-Abkommen von 1991, aktualisiert durch das Dresdener Abkommen von 1996.

sowie der Steigerung der Geschwindigkeit der Entwicklung von Standards dadurch, dass die Notwendigkeit Konsens der Beteiligten zu erreichen nur einmal besteht.[399] Artikel 4 der Wiener Vereinbarung sieht als Formen der Zusammenarbeit u.a. einen regelmäßigen Informationsaustausch zwischen dem CEN und der ISO vor sowie die Annahme von internationalen Normen als europäische Normen. Weiterhin ist sowohl in der Geschäftsordnung von CEN/CENELEC als auch der Geschäftsordnung von ETSI die internationale Ausrichtung der Normungsarbeit vorgesehen, indem die Normungstätigkeit auf internationalen Normen aufbauen soll.[400] Sollte ein Normungsgegenstand bereits von ISO/IEC behandelt werden oder behandelt worden sein, so ist jegliche CEN/CENELEC-Arbeit darauf gerichtet, die ISO/IEC-Norm zu übernehmen und falls nötig zu ergänzen.[401] Somit stellen CEN/CENELEC und auch ETSI ein „Vehikel der einheitlichen Übernahme internationaler Normen" der ISO, IEC und ITU als Europäische Normen und damit folglich auch als nationale Normen der EU-Mitgliedstaaten dar.[402] Bei CEN waren im April 2010 32 % des CEN-Normenbestandes identisch mit ISO-Normen; bei CENELEC stimmen 79 % der Normen mit Normen des IEC überein.[403]

VIII. Zusammenfassung und Bewertung

Die Entstehung von Organisationen zur Erarbeitung von Standards, seien es anerkannte Normungsorganisationen oder sonstige Foren und Konsortien, beruht auf der Erkenntnis, dass unterschiedliche technische Lösungen für ein und dasselbe Problem – sollten die Produkte nicht „zufällig" kompatibel sein – zu Handelshemmnissen auf nationaler, europäischer und internationaler Ebene führen. Nachdem die Normung zunächst auf die industrielle Produktion beschränkt war, dehnte sie sich stetig auf viele weitere Sachbereiche aus. Aus diesem Grund erfolgte auf europäischer und internationaler Ebene eine Aufteilung der Zuständigkeit der anerkannten Normungsorganisationen nach drei großen Sachbereichen: Elektrotechnik (CENELEC bzw. IEC), Telekommunikation (ETSI bzw. ITU) und sonstige Normungsgegenstände, die nicht den Gebieten der Elektrotechnik und Telekommunikation zuzurechnen sind (CEN bzw. ISO).[404] Darüber hinaus findet Standardisierung in Foren und Konsortien statt, die sich mit der Entwicklung von Standards in kleineren, speziellen Sachbereichen beschäftigen.

---

399 Vgl. Art. 2 der Wiener Vereinbarung.

400 Vgl. 11.2.1.2 und 11.2.1.4 der Geschäftsordnung von CEN/CENELEC, Teil 2; Artikel 13.8 der Geschäftsordnung von ETSI.

401 Vgl. *Zubke-von Thünen*, S. 648.

402 Vgl. *Zubke-von Thünen*, S. 667.

403 Vgl. www.din.de – DIN in der Welt – Weltweit – Internationale Normung (abgerufen am 25.04.2014).

404 In Deutschland ist für elektrotechnische Themen neben dem DIN noch der VDE, der Verband der Elektrotechnik Elektronik Informationstechnik e.V., zuständig.

Nicht nur die anerkannten Normungsorganisationen sondern in der Regel auch sonstige Foren und Konsortien, die sich mit der Erarbeitung von Standards beschäftigen, haben sich detaillierte Verfahrensregeln gegeben, um der Entwicklung von Standards einen geordneten und nachvollziehbaren Rahmen zu geben. Obwohl es aufgrund der privatrechtlichen Organisation unmittelbar keine rechtlichen Vorgaben für die innere Organisationsstruktur der Normungsinstitute und Konsortien gibt, weisen die Verfahrensregeln vielfach Übereinstimmungen oder zumindest Parallelen hinsichtlich wesentlicher Grundprinzipien des Organisationsaufbaus und des Ablaufs des Standardisierungsverfahrens auf.[405] So lässt sich bei jeder Organisation ein Verwaltungsapparat, der mittels verschiedener Organe die Institution leitet und verwaltet, von einem Normungsapparat abgrenzen, der sich wiederum aus zahlreichen Gremien, Gruppen und Untergruppen zusammensetzt. Die eigentliche Normungsarbeit findet stets in kleinen, zu diesem Zweck eingerichteten, (Arbeits-)Gruppen statt, die innerhalb einer Organisation grob nach verschiedenen Fachbereichen untergliedert sind. Teilnehmer dieser Gruppen sind Personen, die hinsichtlich des Normungsgegenstandes mit besonderen Fachkenntnissen ausgestattet sind, z.B. Mitarbeiter der Mitglieder der Normungsorganisation oder von den Mitgliedern nominierte Experten.[406] Bei der Besetzung dieser (Arbeits-)Gruppen soll nach den Vorgaben vieler Standardisierungsorganisationen darauf geachtet werden, dass möglichst alle an der Normungsarbeit interessierten Kreise angemessen repräsentiert werden. Um die Tätigkeit der verschiedenen (Arbeits-)Gruppen einerseits innerhalb einer Normungsorganisation, andererseits zwischen den verschiedenen Normungsorganisationen zu koordinieren und darauf zu achten, dass es nicht zu Überschneidungen und Widersprüchen kommt, sind den (Arbeits-)Gruppen Gremien übergeordnet, die diese Abstimmung durchführen.

Der Standardisierungsprozess kann in allen untersuchten Normungsorganisationen durch einen Antrag eines Mitgliedes, häufig aber auch von außen durch Interessenverbände oder sogar durch jedermann (so beim DIN) angestoßen werden; zumindest die Mehrheit Europäischer Normen wird aber von der Industrie initiiert.[407] Bevor ein Normungsverfahren tatsächlich begonnen wird, wird in den verschiedenen Organisationen auf unterschiedliche Weise geprüft, ob überhaupt Bedarf nach entsprechender Standardisierung besteht und ausreichend finanzielle und personelle Ressourcen vorhanden sind. Auf diese Weise soll überflüssige und voraussichtlich nicht zielführende Normung vermieden werden. Im weiteren Verlauf des Prozesses werden durch die zuständige (Arbeits-)Gruppe ein oder mehrere Normentwürfe erarbeitet, die noch während des laufenden Prozesses veröffentlicht werden. Dies dient der Information der Öffentlichkeit und soll auch Interessierten,

---

405 Ein stark vereinfachtes Schema für einen groben Überblick findet sich bei *Hartlieb/Kiehl/Müller*, S. 31.

406 Vgl. auch *Lukes*, in: Müller-Graff, S. 21.

407 Kommission, Eine strategische Vision der europäischen Normung, KOM(2011) 311 endg., S. 1.

die nicht unmittelbar an der Normungsarbeit beteiligt sind, die Möglichkeit zur Stellungnahme geben.

Um zu einem Standard zu gelangen, sehen die Satzungen und Geschäftsordnungen der Normungsorganisationen vor, dass hinsichtlich der endgültigen Fassung einer Norm Konsens unter den Beteiligten herrschen soll. Formelle Abstimmungen sollen vermieden werden. Das Konsensprinzip wird von allen untersuchten anerkannten Normungsorganisationen sowie Foren und Konsortien als wesentliches Merkmal ihrer Standardisierungstätigkeit proklamiert. Dies ist auch der Tatsache geschuldet, dass die Anwendung von Standards auf freiwilliger Basis erfolgt.[408] Würden nicht (nahezu) alle interessierten Kreise mit der endgültigen Fassung einer Norm einverstanden sein, so würde sie nicht angewendet werden und wäre damit nutzlos. Das Bestreben Konsens zu erreichen, dient also der Akzeptanz der Normen. Nicht übersehen werden darf jedoch, dass überwiegend unter Konsens nicht die Übereinstimmung aller Beteiligten verstanden wird, sondern schon innerhalb der Definition eine Relativierung erfolgt. Denn Konsens soll nur das Fehlen formeller Einwände bedeuten (so z.B. bei der ISO und beim W3C). Einstimmigkeit wird nur als ein Sonderfall des Konsenses angesehen. Eine weitere Einschränkung des Konsensprinzips liegt darin, dass fast alle Organisationen für den Fall, dass ein Konsens nicht zu erreichen sein sollte, ein Abstimmungsverfahren eingeführt haben. Die Einführung eines solchen Verfahrens stellt ein wichtiges Instrument zur Verhinderung einer Situation dar, in der eine Minderheit der Beteiligten die gesamte Normungstätigkeit bezüglich eines Normungsgegenstandes blockieren kann. Trotz der Notwendigkeit einer solchen Abstimmungsmöglichkeit sollte man zur Bewertung des Konsensprinzips im Blick behalten, dass die Durchführung eines Abstimmungsverfahrens – je nach Art und Ausgestaltung – dazu führen kann, dass von dem ursprünglich angestrebten Konsens im Ergebnis „nicht mehr viel übrig bleibt".

Weiterhin ist allen Standardisierungsverfahren gemein, dass jede fertige und veröffentlichte Norm in periodischen Zeitabständen (in der Regel nach spätestens fünf Jahren) überprüft wird. Sollte es notwendig sein, so wird die Norm aktualisiert, ergänzt oder ganz aufgehoben.

Hinsichtlich der Mitgliedschaft in den Standardisierungsorganisationen lassen sich zwei unterschiedliche Modelle erkennen. Im ersten Modell steht die Teilnahme am Normungsprozess als Mitglied der Normungsorganisation allen juristischen Personen – beim W3C grds. auch natürlichen Personen – offen. Von den drei größten europäischen und internationalen Normungsorganisationen hat nur ETSI seine Statuten entsprechend ausgestaltet. Das zweite Modell folgt dem Prinzip der nationalen Repräsentation, d.h. nur eine nationale Normungsorganisation kann Mitglied in der europäischen bzw. internationalen Normungsorganisation werden. Sonstige juristische und auch natürliche Personen sind von der Möglichkeit, den Status eines Mitgliedes zu erlangen, ausgeschlossen. Dieses Modelles bedienen sich CEN/CENELEC, sowie ISO und IEC. Eine Mitgliedschaft setzt sowohl in allen anerkannten

---

408 Siehe dazu Kap. 2. A. II. 1. a).

Normungsorganisationen als auch in den Foren und Konsortien die Entrichtung eines jährlichen Mitgliedsbeitrages voraus. Dabei differenzieren die Mitgliedsbeiträge in ihrer Höhe jedoch erheblich, sind bei Foren und Konsortien aber tendenziell höher als bei anerkannten Normungsorganisationen.[409] Die Geschäftsordnungen aller Standardisierungsorganisationen sehen eine weitere, günstigere Teilnahmemöglichkeit am Standardisierungsprozess vor, nämlich die Teilnahme als Affiliate oder Beobachter ohne Stimmrechte. So besteht für Interessierte die Möglichkeit sich über laufende Normungsverfahren unmittelbar zu unterrichten ohne den (höheren) Mitgliedsbeitrag entrichten zu müssen.

Eine ausführlichere Einordnung und Bewertung der dargestellten Strukturen der verschiedenen Normungsverfahren anhand des Art. 101 AEUV, insb. des Abs. 3, erfolgt im zweiten Kapitel der Arbeit. An dieser Stelle war es zunächst nur erforderlich, den tatsächlichen status quo der verschiedenen Normungsprozesse aufzuzeigen.

409 Vgl. *Maaßen*, S. 35, Rn. 100.

Kapitel 2: Kartellrechtliche Grenzen technischer Standardisierung durch Art. 101 AEUV

Nachdem im ersten Kapitel mit der Definition des für diese Arbeit maßgeblichen Begriffes des technischen Standards, der Darstellung der wettbewerblichen Auswirkungen technischer Standardisierung sowie des derzeitigen Ablaufs von Normungsprozessen in verschiedenen Standardisierungsorganisationen die Grundlagen der weiteren Untersuchung gelegt wurden, soll sich das folgende Kapitel den zentralen Fragen widmen, ob technische Standardisierung dem Kartellverbot des Art. 101 Abs. 1 AEUV unterfällt (unter Kap. 2. A.) und inwieweit die konkrete Ausgestaltung eines Standardisierungsverfahrens dazu beiträgt, dass die technische Standardsetzung in den Genuss der Freistellung nach Art. 101 Abs. 3 AEUV kommen kann (unter Kap. 2. B.). Am Ende dieses Kapitels (unter Kap. 2. C.) werden in einem Exkurs kurz die Rechtsfolgen, die sich aus einem Verstoß gegen Art. 101 AEUV ergeben könnten, erläutert.

A. Der Tatbestand des Art. 101 Abs. 1 AEUV

Im Rahmen der nun folgenden Prüfung von Normungsvereinbarungen anhand des Europäischen Kartellverbotes wird herausgearbeitet, dass Vereinbarungen über Normen grundsätzlich dem Anwendungsbereich des Art. 101 Abs. 1 AEUV (in sachlicher, persönlicher und räumlicher Hinsicht) unterfallen (dazu Kap. 2. A. I.), inwieweit die verschiedenen Stadien des Normungsprozesses als Vereinbarungen zwischen Unternehmen, Beschlüsse von Unternehmensvereinigungen oder aufeinander abgestimmte Verhaltensweisen zu werten sind (dazu Kap. 2. A. II.), auf welche Märkte sich Vereinbarungen über Normen auswirken (dazu Kap. 2. A. III. 1.), ob sie zu Wettbewerbsbeeinträchtigungen führen (dazu Kap. 2. A. III. 2.) und ob sie geeignet sind, den Handel zwischen den Mitgliedstaaten zu beeinträchtigen (dazu Kap. 2. A. III. 3.).

I. Anwendungsbereich

Damit sich die Entwicklung von technischen Standards in anerkannten Normungsinstitutionen sowie sonstigen Foren und Konsortien überhaupt am Europäischen Kartellverbot des Art. 101 AEUV messen lassen muss, muss zunächst der Anwendungsbereich des Art. 101 Abs. 1 AEUV in sachlicher, persönlicher und räumlicher Hinsicht eröffnet sein.

1. Sachlicher Anwendungsbereich

Der sachliche Anwendungsbereich des Kartellverbotes ist bei technischer Normungstätigkeit in aller Regel unproblematisch eröffnet: Nach dem sog. Universalitätsprinzip werden von Art. 101 Abs. 1 AEUV aufgrund seiner einschränkungslosen Formulierung alle Bereiche der Wirtschaft erfasst, sofern der AEUV keine Ausnahme vorsieht;[410] d.h. das Kartellverbot gilt grundsätzlich für jede Betätigung und jede Branche.[411] Auf welchen technischen Bereich sich die Normungstätigkeit also im Einzelfall auch beziehen sollte, dieser fällt in der Regel in den sachlichen Anwendungsbereich des Art. 101 Abs. 1 AEUV.

2. Persönlicher Anwendungsbereich

a) Mitgliederstruktur der Standardisierungsorganisationen

Etwas mehr Begründungsaufwand ist hinsichtlich der Frage erforderlich, ob bei Standardisierungsorganisationen der persönliche Anwendungsbereich des Art. 101 Abs. 1 AEUV eröffnet ist. So wird in Teilen der Literatur die Eröffnung des persönlichen Anwendungsbereiches aufgrund der Mitgliederstruktur einiger Normungsorganisationen als fraglich angesehen,[412] da insbesondere einige anerkannte Normungsorganisationen sich nicht aus Wirtschaftsunternehmen, sondern wiederum aus anderen (nationalen) Normungsorganisationen zusammensetzen (z.B. das CEN). Adressaten des Art. 101 Abs. 1 AEUV sind aber Unternehmen und Unternehmensvereinigungen. Kern des persönlichen Anwendungsbereiches ist also der Unternehmensbegriff. Eine Legaldefinition, wie sie noch im EGKS-Vertrag und im EAG-Vertrag vorhanden war, sah jedoch bereits der EG-Vertrag und sieht auch der AEUV nicht mehr vor.[413] Seine Bedeutung kann allerdings der langjährigen Rechtsprechung der europäischen Gerichte entnommen werden. Um den Wirkungsbereich der Vorschrift im Interesse des Schutzes des Binnenmarktes möglichst groß zu fassen, wird der Unternehmensbegriff allgemein weit verstanden.[414] Seit

410 Vgl. *Weiß*, in: Calliess/Ruffert, Art. 81 EGV, Rn. 1. Zu den sektorspezifischen Ausnahmen siehe *Eilmansberger*, in: Streinz, EUV/AEUV, 2. Aufl., 2012, vor Art. 101 AEUV, Rn. 14ff.

411 Vgl. EuGH, Slg. 1987, 405, Rn. 11f. – Verband der Sachversicherer.

412 Vgl. *Koenig*, WuW 2008, 1259, 1259; *Weck*, NJOZ 2009, 1177, 1184 bezeichnet den persönlichen Anwendungsbereich des Art. 101 Abs. 1 AEUV zumindest bei anerkannten Normungsorganisationen als fraglich, da bei diesen ggf. nur nationale Dachverbände, nicht aber Unternehmen beteiligt seien.

413 Vgl. *Herrmann*, in: MüKo, 2. Aufl., Bd. 1, Europäisches Wettbewerbsrecht, Einl. D, Rn. 950. Auch an keiner anderen Stelle des Sekundärrechts wird der Begriff Unternehmen definiert, vgl. *Gippini-Fournier/Mojzesowicz*, in: Loewenheim/Meessen/Riesenkampff, Art. 81 Abs. 1 EG, Rn. 36.

414 Vgl. *Bunte*, in: Langen/Bunte, Band 2, 11. Aufl., 2010, Art. 81, Rn. 5; *Herrmann*, in: MüKo, 2. Aufl., Bd. 1, Europäisches Wettbewerbsrecht, Einl. D, Rn. 946.

der Höfner-Entscheidung des EuGH vom 23.04.1991[415] wird bei der Auslegung des persönlichen Anwendungsbereiches des Art. 101 Abs. 1 AEUV dem funktionalen Unternehmensbegriff gefolgt: Danach ergibt sich der Begriff des Unternehmens funktional aus dem Sinn und Zweck der Wettbewerbsregeln, nämlich der Verwirklichung des Binnenmarktes.[416] Ein Unternehmen ist somit „jede eine wirtschaftliche Tätigkeit ausübende Einheit, unabhängig von ihrer Rechtsform und der Art ihrer Finanzierung".[417] Kennzeichnend für ein Unternehmen ist die wirtschaftliche Betätigung, also das Anbieten von Gütern und Dienstleistungen am Markt bzw. das Erbringen einer Leistung gegen Entgelt.[418] Das Merkmal der Leistungserbringung gegen Entgelt kann jedoch im Einzelfall fast verschwinden oder zumindest stark in den Hintergrund treten, da es nur darauf ankommt, ob die fragliche Leistung „üblicherweise" oder – noch weiter gefasst – „denkbarerweise" gegen Entgelt erbracht wird.[419] Auch eine eigene Rechtspersönlichkeit muss die betreffende wirtschaftliche Einheit nicht zwangsläufig vorweisen können, um als Unternehmen zu gelten.[420]

Durch die Tatbestandsalternative der Unternehmensvereinigung erfolgt keine eigenständige Erweiterung des Adressatenkreises; sie stellt lediglich die Summe der fraglichen Unternehmen dar. Unternehmensvereinigungen im Sinne des Art. 101 Abs. 1 AEUV sind folglich Zusammenschlüsse von Unternehmen, bei denen die Unternehmen jedoch voneinander rechtlich unabhängig bleiben.[421] Dabei ist es nicht von Belang, welcher Rechts- und Organisationsform die betreffende Vereinigung unterliegt.[422] Die Unternehmensvereinigung muss auch selbst kein Unternehmen sein, d.h. sie muss nicht die Merkmale des o.g. Unternehmensbegriffes erfüllen, solange ihre Mitglieder Unternehmen sind. Sollte der Zusammenschluss zudem auch selbst ein Unternehmen darstellen, so hat die Tatbestandsalternative der

415 EuGH, Slg. 1991, I-1979, Rn. 21 – Höfner und Elser.

416 Vgl. *Hengst*, in: Langen/Bunte, Band 2, 12. Aufl., 2014, Art. 101 AEUV, Rn. 5; *Herrmann*, in: MüKo, 2. Aufl., Bd. 1, Europäisches Wettbewerbsrecht, Einl. D, Rn. 952.

417 EuGH, Slg. 1991, I-1979, Rn. 21 – Höfner und Elser; EuGH, Slg. 1995, I-4013, Rn. 14 – Fédération Française des Sociétés d'Assurance; EuGH, Slg. 1997, I-7119, Rn. 21 – Job Centre coop.

418 Vgl. *Eilmansberger*, in: Streinz, EUV/AEUV, 2. Aufl., 2012, vor Art. 101 AEUV, Rn. 24, 26.

419 Vgl. EuGH, Slg. 1991, I-1979, Rn. 22 – Höfner und Elser; siehe auch *Gippini-Fournier/Mojzesowicz*, in: Loewenheim/Meessen/Riesenkampff, Art. 81 Abs. 1 EG, Rn. 41; *Herrmann*, in: MüKo, 2. Aufl., Bd. 1, Europäisches Wettbewerbsrecht, Einl. D, Rn. 959; *Bechtold/Bosch/Brinker/Hirsbrunner*, Art. 81 EG, Rn. 11.

420 EuGH, WuW/E EU-R 913, 916, Rn. 113 – HFB/Isoplus.

421 Würden die Unternehmen ihre rechtliche Unabhängigkeit aufgeben, so läge ein Unternehmenszusammenschluss vor, auf den Art. 101 Abs. 1 AEUV nicht anwendbar ist, da er ein Fortbestehen mehrerer Unternehmen voraussetzt; vgl. *Schröter/Voet van Vormizeele*, in: Schröter/Jakob/Klotz/Mederer, Europäisches Wettbewerbsrecht, 2. Aufl., 2014, Art. 101, Rn. 45. Siehe auch *Müller-Graff*, in: Vedder/Heintschel von Heinegg, Europäisches Unionsrecht, Art. 101 AEUV, Rn. 10.

422 EuGH, Slg. 1985, 391, Rn. 17 – BNIC/Clair.

Unternehmensvereinigung gegenüber der der Unternehmen keine eigenständige Bedeutung.[423] Als grundlegendes Merkmal einer Unternehmensvereinigung wird die Fähigkeit zur Beschlussfassung angesehen. D.h. in einem Zusammenschluss von Unternehmen muss ein Organ existieren, das als Koordinationszentrum handelt, damit der Zusammenschluss als Unternehmensvereinigung gilt.[424] Sinn und Zweck dieses Konzeptes, dass nicht nur Vereinbarungen zwischen Unternehmen sondern auch Beschlüsse von Unternehmensvereinigungen unter das Kartellverbot fallen, ist zu verhindern, dass Unternehmen die Wettbewerbsvorschriften allein durch die Form, in welcher sie ihr Verhalten auf dem Markt koordinieren, umgehen können.[425] Aus diesem Grund müssen konsequenterweise auf einer nächsten Stufe auch Vereinigungen von Unternehmensvereinigungen als Unternehmensvereinigung i.S.d. Art. 101 Abs. 1 AEUV gelten.[426] Eine Unternehmensvereinigung kann damit nicht nur als ein Zusammenschluss von Unternehmen, sondern auch als ein Zusammenschluss von Unternehmensvereinigungen beschrieben werden.

Die als Mitglieder in einer anerkannten Normungsorganisation bzw. in einem Konsortium beteiligten Hersteller von Waren, Erbringer von Dienstleistungen etc. unterfallen als wirtschaftlich tätige Unternehmen bedenkenlos dem persönlichen Anwendungsbereich des Kartellverbotes. Ebenfalls unproblematisch dürften sich unter die genannte Definition der Unternehmensvereinigung anerkannte Normungsorganisationen und Konsortien fassen lassen, deren Mitglieder Hersteller von Waren, Erbringer von Dienstleistungen etc. sind, also Organisationen, an denen Unternehmen unmittelbar beteiligt sind, wie z.B. das DIN, das ETSI oder das W3C.[427] Dass auch Nicht-Unternehmen – beispielsweise Vertreter von Regierungsstellen – Mitglieder dieser Normungsorganisation sind, führt zu keiner abweichenden Bewertung,[428] denn es müssen nicht alle Mitglieder einer Unternehmensvereinigung selbst Unternehmen sein.[429] Jedoch auch andere Normungsorganisationen, wie CEN/CENELEC oder ISO, deren Mitglieder nicht unmittelbar Unternehmen sondern nationale Normungsorganisationen sind, unterfallen entgegen den teilweise aufgeworfenen, oben aufgezeigten Zweifeln dem Begriff der Unternehmensvereinigung. Die Tatsache, dass sich Unternehmen (auf nationaler Ebene) zu einer

423 Vgl. *Bechtold/Bosch/Brinker/Hirsbrunner*, Art. 81 EG, Rn. 25.

424 Vgl. *Herrmann*, in: MüKo, 2. Aufl., Bd. 1, Europäisches Wettbewerbsrecht, Einl. D, Rn. 1022; *Gippini-Fournier/Mojzesowicz*, in: Loewenheim/Meessen/Riesenkampff, Art. 81 Abs. 1 EG, Rn. 64.

425 Vgl. EuGH, Slg. 2006, I-11125, Rn. 32 – Asnef-Equifax.

426 Siehe auch *Grill*, in: Lenz/Borchardt, Vorb. Art. 101–106, Rn. 39.

427 Vgl. auch das Selbstverständnis von ETSI in ETSI Guidelines for Antitrust Compliance, B.2.2 und B.2.3.

428 Vgl. Kommission, ABl. 2005 L 4/10, Rn. 42 – Belgische Architektenkammer, Volltext unter: http://ec.europa.eu/competition/antitrust/cases/dec_docs/38549/38549_71_1.pdf abgerufen am 07.03.2016).

429 Vgl. *Gippini-Fournier/Mojzesowicz*, in: Loewenheim/Meessen/Riesenkampff, Art. 81 Abs. 1 EG, Rn. 65.

Unternehmensvereinigung zusammengeschlossen haben und sich diese Vereinigung mit weiteren Vereinigungen ihresgleichen (auf europäischer oder internationaler Ebene) zusammenschließt, darf aus Sicht des Normzweckes des Art. 101 Abs. 1 AEUV zum Schutz des Binnenmarktes nicht dazu führen, dass die Wettbewerbsvorschriften unanwendbar blieben.

Viele Normungsorganisationen müssen darüber hinaus aber auch unabhängig von ihrer unterschiedlichen Mitgliederstruktur selbst als Unternehmen i.S.d. Art. 101 Abs. 1 AEUV verstanden werden. Jedenfalls dann, wenn ihre Tätigkeit nicht nur auf die Entwicklung von Normen gerichtet ist, sondern sie die entwickelten Normen gegen ein Entgelt am Markt vertreiben. Dies ist z.B. beim DIN der Fall.[430] Solche Normungsorganisationen stellen selbst eine auf eine Leistungserbringung am Markt abzielende, damit eine wirtschaftliche Tätigkeit ausübende Einheit und somit ein Unternehmen i.S.d. Wettbewerbsregeln dar.

Trotz unterschiedlicher Mitgliederstruktur (einerseits: Mitglieder sind vorwiegend Wirtschaftunternehmen; andererseits: Mitglieder sind ausschließlich andere (nationale) Normungsorganisationen) stellen Normungsorganisation folglich Unternehmensvereinigungen im Sinne des persönlichen Anwendungsbereiches des Art. 101 Abs. 1 AEUV dar.

b) Wirtschaftliche Tätigkeit

Zum Teil wird bei bestimmten Standardisierungsorganisationen bezweifelt, ob sie überhaupt eine wirtschaftliche Tätigkeit ausüben oder es sich bei ihrem Handeln nicht vielmehr um staatliche Maßnahmen handelt, sodass die Wettbewerbsregeln der Art. 101ff. AEUV keine Anwendung finden können. *Lundqvist* schließt insbesondere aus den Fällen *Selex* und *Fra.bo* (dazu sogleich), dass die Frage, ob die Arbeit „stärker offiziell organisierter" Standardisierungsorganisationen nach Wettbewerbsrecht zu behandeln ist, noch offen sei. Es könne sein, dass das Handeln dieser Organisationen vielmehr nach Art. 34 AEUV bewertet werden müsse.[431] Er empfiehlt daher Unternehmen, die gegen die Normungstätigkeit anerkannter Organisationen wie z.B. das CEN vorgehen möchten, sich sowohl auf Art. 34 AEUV als auch auf Art. 101ff. AEUV zu stützen; Art. 34 AEUV, wenn gegen die Standardisierungsorganisation selbst, Art. 101 AEUV, wenn gegen die Mitglieder der Organisation vorgegangen werden soll.[432] Für den Fortgang dieser Arbeit wäre es entscheidend, wenn auf die Normungstätigkeit bestimmter Standardisierungsorganisationen (ggf. unter bestimmten Voraussetzungen) die europäischen Wettbewerbsregeln gar nicht

430 Der Vertrieb der Normen erfolgt beim DIN ausschließlich über das Tochterunternehmen Beuth Verlag. Siehe dazu oben Fn. 184. Dieselbe Vorgehensweise hat z.B. das Austrian Standards Institute gewählt, bei dem der Vertrieb der ÖNORMEN ebenfalls über eine Tochtergesellschaft, die Austrian Standards plus GmbH, erfolgt.

431 *Lundqvist*, S. 184ff., 191.

432 *Lundqvist*, S. 191, 194.

anwendbar wären, sodass die genannten Entscheidungen im Folgenden genauer betrachtet werden sollen.

aa) Fall: Selex

Die SELEX Sistemi Integrati SpA (im Folgenden Selex) – ein im Bereich des Luftverkehrsmanagements tätiges Unternehmen – legte bei der Kommission Beschwerde ein, da die Europäische Organisation für Flugsicherung (Eurocontrol) aus ihrer Sicht gegen europäische Wettbewerbsregeln verstoße. Die Kommission wies die Beschwerde zurück und stellte fest, dass Wettbewerbsregeln zwar grundsätzlich auf internationale Organisationen anwendbar seien, wenn die in Frage stehenden Tätigkeiten wirtschaftlicher Natur sind. Die von Eurocontrol ausgeübten Tätigkeiten „der Ausarbeitung von Vorschriften, der Normung und der Validierung" seien jedoch keine „Tätigkeiten eines Unternehmens".[433] Die europäischen Wettbewerbsregeln seien folglich nicht anwendbar. Das EuG hat die Klage der Selex auf Nichtigerklärung der Kommissionsentscheidung abgewiesen; auch das Rechtsmittel vor dem EuGH hatte keinen Erfolg: Die europäischen Gerichte kamen zu dem Ergebnis, dass die Normung durch Eurocontrol keine wirtschaftliche Tätigkeit darstelle, sodass die Wettbewerbsregeln nicht anwendbar seien.[434] Sie stellten fest, dass der Erlass technischer Normen durch den Eurocontrol-Rat in den Bereich der Rechtsetzung falle, da der Rat mit den Direktoren der Zivilluftfahrtverwaltung jedes Mitgliedstaates besetzt sei und somit eine Ausübung von Hoheitsrechten vorliege.[435] Als entscheidend wurde weiterhin angesehen, dass gemäß des Übereinkommens zur Sicherung der Luftfahrt Eurocontrol mit der Ausarbeitung und dem Erlass von Normen betraut war.[436]

bb) Fall: Fra.bo

Im Juni 2005 entzog die deutsche Zertifizierungsstelle DVGW Deutsche Vereinigung des Gas- und Wasserfaches e.V. (im Folgenden DVGW) der Fra.bo SpA (im Folgenden Fra.bo), einem auf die Herstellung und den Vertrieb von insbesondere für Gas- und Wasserleitungen bestimmten Kupferfittings[437] spezialisierten Unternehmen, ihr Konformitätszertifikat mit der Begründung, dass die Fra.bo die Voraussetzungen der entsprechenden Norm nicht erfüllt habe. Dagegen erhob die Fra.bo Klage vor dem LG Köln und rügte u.a. dass die Entziehung und/oder Verweigerung der Verlängerung des Konformitätszertifikats den Bestimmungen der Warenverkehrsfreiheit

433 EuGH, Slg. 2009, I-2207, Rn. 4 – Selex.
434 EuGH, Slg. 2009, I-2207, Rn. 93, 96 – Selex.
435 EuGH, Slg. 2009, I-2207, Rn. 89 – Selex.
436 EuGH, Slg. 2009, I-2207, Rn. 91 – Selex.
437 „Bei Kupferfittings handelt es sich um Verbindungsstücke zwischen zwei Wasser- oder Gasrohrleitungsstücken, die zur Sicherstellung der Dichtigkeit an ihren Enden mit Dichtungsringen aus Elastometer versehen sind", EuGH, Urt. v. 12.07.2012, Az.: C-171/11, EuZW 2012, 797, Rn. 6 – Fra.bo.

des Art. 28 EG-Vertrag (jetzt Art. 34 AEUV) widerspreche. Weiterhin verstoße der DVGW durch die Erstellung der angegriffenen Norm gegen Art. 81 EG-Vertrag (jetzt Art. 101 AEUV). Das Landgericht wies die Klage ab. Das OLG Düsseldorf setzte das Berufungsverfahren aus und legte dem EuGH u.a. folgende Fragen zur Vorabentscheidung vor: Es stellte die Frage, ob Art. 28 EG-Vertrag auf die Erstellung technischer Normen und die Zertifizierung entsprechender Erzeugnisse anwendbar ist, wenn ein nationaler Gesetzgeber die zertifizierten Erzeugnisse ausdrücklich als gesetzeskonform ansieht und ein Vertrieb entsprechender Erzeugnisse ohne Zertifikat zumindest erheblich erschwert ist. Für den Fall, dass die erste Frage verneint wird: Ob auf die Tätigkeit der Erstellung technischer Normen und die Zertifizierung Art. 81 EG-Vertrag anwendbar ist.[438]

Der EuGH bejahte die erste Frage.[439] Als für die Entscheidung maßgeblich führte er im Wesentlichen drei Punkte an. Erstens, dass in der AVBWasserV durch den Gesetzgeber die Vermutung aufgestellt wurde, dass die vom DVGW zertifizierten Erzeugnisse nationalem Recht entsprechen; zweitens, dass der DVGW faktisch die einzige Einrichtung zur Zertifizierung war; und drittens, dass bei einer Nichtzertifizierung der Vertrieb entsprechender Produkte erheblich erschwert wurde.[440] Unter diesen Umständen sei festzustellen, „dass eine Einrichtung wie der DVGW insbesondere aufgrund ihrer Ermächtigung zur Zertifizierung von Erzeugnissen in Wirklichkeit über die Befugnis verfügt, den Zugang von Erzeugnissen wie den im Ausgangverfahren in Rede stehenden Kupferfittings zum deutschen Markt zu regeln."[441] Die Frage zur Anwendbarkeit der Wettbewerbsregeln musste vom EuGH nicht mehr beantwortet werden, da das vorlegende Gericht sie nur für den Fall gestellt hatte, dass die erste Frage verneint wird.

cc) Bewertung

Die Entscheidungen *Selex* und *Fra.bo* könnten darauf hindeuten, dass die Tätigkeit der technischen Normung durch eine Standardisierungsorganisation von den europäischen Gerichten nicht als eine wirtschaftliche Tätigkeit im Sinne der Wettbewerbsregeln angesehen wird, sodass diese nicht zur Anwendung kommen können. Die Besonderheit im Fall *Selex* lag jedoch darin, dass Eurocontrol ausdrücklich durch das Übereinkommen zur Sicherung der Luftfahrt mit der Ausarbeitung und dem Erlass von Normen betraut worden war. Aufgrund dieser Betrauung ist die Tätigkeit der Normerstellung und des Erlasses von Normen ausnahmsweise als nicht-unternehmerische, sondern hoheitliche Maßnahme anzusehen, sodass die Wettbewerbsregeln keine Anwendung finden. Eine Übertragung dieser Entscheidung als allgemeinen Grundsatz auf andere Normungstätigkeit – auch die

---

438 Vgl. EuGH, Urt. v. 12.07.2012, Az.: C-171/11, EuZW 2012, 797, Rn. 16 – Fra.bo. Zum Urteil siehe auch *Kloepfer/Greve*, DVBl. 2013, 1148, 1151ff.

439 EuGH, Urt. v. 12.07.2012, Az.: C-171/11, EuZW 2012, 797, Rn. 32 – Fra.bo.

440 EuGH, Urt. v. 12.07.2012, Az.: C-171/11, EuZW 2012, 797, Rn. 27, 28, 30 – Fra.bo.

441 EuGH, Urt. v. 12.07.2012, Az.: C-171/11, EuZW 2012, 797, Rn. 31 – Fra.bo.

anerkannter Standardisierungsorganisationen – ist mangels ausdrücklicher Betrauung der entsprechenden Organisationen nicht möglich.

In der Entscheidung *Fra.bo* kommt der EuGH zu dem Ergebnis, dass auf die Normungstätigkeit des DVGW die Warenverkehrsfreiheit des Art. 34 AEUV anzuwenden ist. Da Adressaten des Art. 34 AEUV die Mitgliedstaaten und die Europäische Union selbst sind, bezieht sich die Warenverkehrsfreiheit nur auf staatliche Maßnahmen, nicht aber auf Verhaltensweisen von Unternehmen.[442] Wenn also auf eine bestimmte Tätigkeit Art. 34 AEUV angewendet wird, könnte dies im Umkehrschluss bedeuten, dass kein Raum für die Anwendung der Art. 101ff. AEUV verbleibt, da diese Vorschriften gerade die wirtschaftliche Tätigkeit von Unternehmen bzw. Unternehmensvereinigungen voraussetzen.[443]

Zwar trifft der EuGH in der Entscheidung *Fra.bo* keine generelle Aussage zur Tätigkeit privater Normungs- und Zertifizierungseinrichtungen und ihrer Adressatenstellung in Art. 34 AEUV, sondern verweist auf eine Analyse im konkreten Einzelfall.[444] Das Vorliegen der drei angeführten Kriterien – die Verweisung durch den Gesetzgeber auf eine technische Norm, die faktische Alleinstellung der Normungs- bzw. Zertifizierungsorganisation und der Umstand, dass bei Nichtzertifizierung ein Marktzutritt erheblich erschwert ist – erscheint jedoch in einer Vielzahl von Fällen denkbar, in denen der Gesetzgeber nicht selbst technische Vorschriften erlässt, sondern Normen von Standardisierungsorganisationen in Bezug nimmt. Es wäre somit durchaus möglich, dass nach diesen Grundsätzen eine Normungs- und Zertifizierungstätigkeit durch die Rechtsprechung nicht nur in ganz speziellen Einzelfällen anhand der Warenverkehrsfreiheit bewertet wird, sondern diese in größerem Umfang zur Anwendung kommen könnte.

Dennoch bleibt die Frage bestehen, ob eine Anwendung des Art. 34 AEUV zwangsläufig die Anwendbarkeit der Wettbewerbsregeln ausschließt. Nur in einem solchen Fall hätte die Entscheidung in Sachen *Fra.bo* Auswirkungen auf den Fortgang dieser Untersuchung.[445] Der EuGH musste sich zu Anwendbarkeit des Art. 101 AEUV neben Art. 34 AEUV nicht mehr äußern. Trotz der unterschiedlichen Adressatenkreise von Warenverkehrsfreiheit und Wettbewerbsregeln und der Bejahung der Anwendbarkeit des Art. 34 AEUV unter den genannten Voraussetzungen auf eine Normungs- und Zertifizierungstätigkeit, bleibt eine Standardisierungsorganisation weiterhin ein Unternehmen bzw. eine Unternehmensvereinigung im Sinne der Wettbewerbsregeln. Ihre Normungs- bzw. Zertifizierungstätigkeit ist weiterhin auch

---

442 EuGH, Slg. 1987, 3801, Rn. 30.

443 Zur kritischen Bewertung dieser Erweiterung der horizontalen Drittwirkung von Grundfreiheiten auch auf die Warenverkehrsfreiheit siehe *Schmahl/Jung*, NVwZ 2013, 607, 610ff.; *Schweitzer*, EuZW 2012, 765, 768.

444 *Roth*, EWS 2013, 16, 21.

445 Die Frage der Anwendbarkeit der Wettbewerbsregeln neben der Warenverkehrsfreiheit könnte auch Auswirkungen auf die Haftung für widerrechtliche Normen oder den Inhalt des Kontrollmaßstabes haben, vgl. *Schweitzer*, EuZW 2012, 765, 769; siehe auch *Germelmann*, GewArch 2014, 335, 341f.

eine wirtschaftliche Tätigkeit, da sie auch mit Gewinnerzielungsabsicht durchgeführt werden kann (siehe oben). Das Wettbewerbsrecht der Art. 101ff. AEUV bleibt also neben Art. 34 AEUV anwendbar; die Wertungen der Warenverkehrsfreiheit können im Rahmen des Art. 101 Abs. 3 AEUV berücksichtigt werden.[446] Man kann sogar noch einen Schritt weiter gehen: Sollte die nationale Normungstätigkeit von staatlichen Stellen ausgeführt werden (wie dies z.B. in Luxemburg, Portugal und Irland der Fall ist), so steht auch dies der Bewertung der Normungsorganisation als Unternehmen im Sinne des Art. 101 AEUV nicht entgegen. Aufgrund der rechtlichen Unverbindlichkeit der Normen als solche liegt kein rein hoheitliches Handeln vor.[447]

Im Ergebnis sind also einerseits die Mitglieder der Normungskooperationen als Unternehmen, andererseits sowohl die anerkannten Normungsorganisationen als auch sonstige Foren und Konsortien als Unternehmensvereinigungen oder ggf. auch selbst als Unternehmen i.S.d. Art. 101 Abs. 1 AEUV zu qualifizieren, die zumindest auch eine wirtschaftliche Tätigkeit ausüben, und der persönliche Anwendungsbereich ist somit eröffnet. Eine genaue Einordnung jeder einzelnen Normungsorganisation erscheint vor dem Hintergrund der Gleichwertigkeit der Tatbestandsalternativen „Unternehmen“ und „Unternehmensvereinigung“ nicht erforderlich.[448]

3. Räumlicher Anwendungsbereich

Der räumliche Geltungsbereich der EU-Wettbewerbsvorschriften wird durch Art. 52 EUV und Art. 355 AEUV abgesteckt. Er deckt sich somit grundsätzlich – vorbehaltlich der Modifikationen des Art. 355 AEUV – mit dem Hoheitsgebiet der EU-Mitgliedstaaten.[449] Bei Normungsorganisationen, deren Mitglieder ihren Sitz in Mitgliedstaaten der EU haben, dürfte der räumliche Anwendungsbereich des Kartellverbotes also in aller Regel eröffnet sein. Dass durch die Standardisierung ausschließlich ein abgegrenzter nationaler Markt betroffen wird, käme allenfalls bei nationalen Normungsorganisationen in Betracht, dürfte jedoch auch insoweit äußerst selten der Fall sein. Denn insbesondere wenn ein technischer Standard zur Abschottung eines nationalen Marktes führt, hat dies auch Auswirkungen auf den Binnenmarkt insgesamt, da in einem solchen Fall der Handel zwischen den Mitgliedstaaten beeinträchtigt wird.

Zweifel hinsichtlich des räumlichen Anwendungsbereiches des Art. 101 AEUV könnten sich allerdings bei Maßnahmen ergeben, die außerhalb der EU von nicht in

---

446 *Schweitzer*, EuZW 2012, 765, 769f.

447 Vgl. auch *Appl*, S. 337, 339.

448 Vgl. auch *Hengst*, in: Langen/Bunte, Band 2, 12. Aufl., 2014, Art. 101 AEUV, Rn. 70; *Herrmann*, in: MüKo, 2. Aufl., Bd. 1, Europäisches Wettbewerbsrecht, Einl. D, Rn. 1032.

449 Vgl. *Khan*, in: Geiger/Khan/Kotzur, Art. 101 AEUV, Rn. 7; *Grill*, in: Lenz/Borchardt, Vorb. Art. 101–106, Rn. 20.

der EU Ansässigen getroffen werden, die jedoch auf den Binnenmarkt einwirken.[450] Der Anwendung des Art. 101 Abs. 1 AEUV könnte die völkerrechtliche Begrenzung der Hoheitsgewalt auf das eigene Hoheitsgebiet entgegenstehen. Die Kommission stellt hinsichtlich dieser Fragestellung auf das sog. Auswirkungsprinzip ab.[451] Danach wird auch ein Verhalten außerhalb des Staatsgebietes der Mitgliedstaaten der EU vom Kartellverbot erfasst, wenn es die Wettbewerbs- und Marktverhältnisse innerhalb der EU so beeinträchtigt, dass dies für die Verwirklichung des Binnenmarktes schädlich sein könnte.[452] Es reicht also für die Anwendung der EU-Wettbewerbsregeln aus, dass das Verhalten Auswirkungen auf den Binnenmarkt hat.[453] Der EuGH hingegen hält grundsätzlich am Territorialitätsprinzip, also der Begrenzung der EU-Hoheitsgewalt auf das Gebiet der EU-Mitgliedstaaten, fest. Dieses Prinzip hat er aber erweitert, indem er zwischen Handlungsort und Durchführungsort eines möglichen wettbewerbswidrigen Verhaltens unterscheidet.[454] Es genügt nach der Rechtsprechung des EuGH für die Anwendbarkeit des Art. 101 AEUV, wenn der Durchführungsort innerhalb des oben abgesteckten Gebietes liegt, wofür bereits die Teilnahme am Wettbewerb innerhalb der Union ausreicht.[455] Wenn der EuGH auch nicht vom Territorialitätsprinzip abrücken will, so hat er sich durch dessen Erweiterung zumindest stark an das Auswirkungsprinzip angenähert, denn es sind kaum Fälle denkbar, in denen das Abstellen auf eine Durchführungshandlung zu anderen Ergebnissen als das Auswirkungsprinzip führt.[456] So wird man kaum wettbewerbswidrige Verhaltensweisen mit Auswirkungen auf den Binnenmarkt vornehmen können, ohne auf ihm tätig zu werden.[457] Die ausdrückliche Anwendung oder Ablehnung des Auswirkungsprinzips hat der EuGH aber bisher vermieden. Er hat z.B. vielmehr in der von ihm zu entscheidenden Fragestellung das Handeln einer innereuropäischen Tochtergesellschaft

---

450 Vgl. *Weiß*, in: Calliess/Ruffert, Art. 81 EGV, Rn. 7.

451 Kommission, ABl. 1985 L 92/1, Rn. 14.6 – Aluminiumeinfuhren; Kommission, ABl. 1985 L 85/1, Rn. 79 – Zellstoff.

452 EuGH, Slg. 1998, I-1983, Rn. 25 – Javico/YSLP.

453 Um nicht (noch stärker) in Konflikt mit den völkerrechtlichen Grundsätzen zu geraten, soll jedoch nicht jegliche Auswirkung genügen, sondern es muss sich um eine unmittelbare, wesentliche und vorhersehbare Auswirkung der betreffenden Handlung auf den europäischen Binnenmarkt handeln, vgl. *Grill*, in: Lenz/Borchardt, Vorb. Art. 101–106, Rn. 21; *Aicher/Schuhmacher*, in: Grabitz/Hilf, Art. 81 EGV, 23. EL 2004, Rn. 34 m.w.N. Siehe auch EuG, Slg. 1999, II-753, Rn. 92 – Gencor; kritisch zum Kriterium der Unmittelbarkeit *Schröter*, in: Schröter/Jakob/Mederer, Europäisches Wettbewerbsrecht, Vorb. Art. 81 bis 85, Rn. 91.

454 Vgl. EuGH, Slg. 1972, 619, Rn. 126/130 – ICI; EuGH, Slg. 1988, 5193, Rn. 17f. – Ahlström, wird i.d.R. als „Zellstoff" zitiert.

455 Vgl. *Aicher/Schuhmacher*, in: Grabitz/Hilf, Art. 81 EGV, 23. EL 2004, Rn. 39.

456 Vgl. *Aicher/Schuhmacher*, in: Grabitz/Hilf, Art. 81 EGV, 23. EL 2004, Rn. 39; *Weiß*, in: Calliess/Ruffert, Art. 81 EGV, Rn. 12.

457 Vgl. *Weiß*, in: Calliess/Ruffert, Art. 81 EGV, Rn. 12.

der außereuropäischen Muttergesellschaft zugerechnet,[458] sodass er auf diese Weise formal auf der Grundlage des Territorialitätsprinzips für die Anwendung der europäischen Wettbewerbsvorschriften einen Anknüpfungspunkt hatte.

Durch die Aufweichung des strikten Territorialitätsprinzips durch die Rechtsprechung relativiert sich der Streit zwischen Auswirkungsprinzip und Territorialitätsprinzip, sodass letztendlich auch Verhaltensweisen von Normungsorganisationen außerhalb der EU im Einzelfall vom Kartellverbot des Art. 101 AEUV erfasst sein können.[459] Es kommt darauf an, ob sich die relevanten Verhaltensweisen auf den Binnenmarkt auswirken bzw. ob die an der Kooperation Beteiligten auf dem Binnenmarkt tätig sind, was zumindest bei bedeutenden anerkannten Normungsorganisationen und Konsortien regelmäßig der Fall sein wird. Mögliche Zuständigkeitsprobleme und territoriale Konflikte versucht die Kommission zudem bereits im Voraus durch grenzüberschreitende Zusammenarbeit mit den Drittstaaten zu vermeiden. Aus diesem Grund existieren eine Reihe bilateraler Kooperationsabkommen.[460]

4. *Zusammenfassung*

Anerkannte Normungsorganisationen sowie Foren und Konsortien können dem sachlichen, dem persönlichen und dem räumlichen Anwendungsbereich des Art. 101 Abs. 1 AEUV unterfallen. Die EU-Wettbewerbsvorschriften gelten aufgrund ihrer uneingeschränkten Formulierung – bis auf die im AEUV genannten sektorspezifischen Ausnahmen – für jede Wirtschaftsbranche, sodass grundsätzlich bei jeglicher Art von technischer Normungskooperation der sachliche Anwendungsbereich eröffnet ist.

In persönlicher Hinsicht ist Art. 101 Abs. 1 AEUV auf Unternehmen und Unternehmensvereinigungen anzuwenden. Die an den Standardisierungsorganisationen beteiligten Hersteller, Dienstleister etc. stellen aufgrund ihrer wirtschaftlichen Tätigkeit Unternehmen in diesem Sinne, die Normungskooperationen – als Zusammenschlüsse derselben – Unternehmensvereinigungen dar. Aber auch Normungsorganisationen, deren Mitglieder nicht unmittelbar Unternehmen sondern nationale Normungsorganisationen sind, müssen zum Schutz des Binnenmarktes dem persönlichen Anwendungsbereich des Art. 101 Abs. 1 AEUV unterfallen. Die Wirksamkeit des Kartellverbotes würde erheblich beeinträchtigt, wenn bereits allein durch einen weiteren Zusammenschluss der Vereinigungen, die selbst vom Kartellverbot erfasst werden, die Wettbewerbsvorschriften nicht mehr zur Anwendung kommen könnten. Die Normungskooperationen selbst stellen darüber hinaus Unternehmen i.S.d. Art. 101 Abs. 1 AEUV dar, wenn sie ebenfalls wirtschaftlich tätig werden, indem ihr Handeln

---

458 Vgl. EuGH, Slg. 1972, 619, Rn. 126/130–136/141 – ICI; EuGH, Slg. 1974, 223, Rn. 41 – Commercial Solvents.

459 Vgl. auch *Deml*, S. 252.

460 Mit den USA (1995, ABl. 1995 L 95/45 u. L 131/38 und 1998, ABl. L 173/26), Kanada (1999, ABl. 1999 L 175/49), Japan (2003, ABl. 2003 L 183/11), Südkorea (2009, ABl. 2009 L 202/35), sowie ein regelmäßiges Memorandum mit Brasilien (2009).

auf die Entwicklung von Normen gerichtet ist und sie diese Normen gegen Entgelt am Markt vertreiben. Sollte der Gesetzgeber in einer rechtlich verbindlichen Vorschrift auf eine technische Norm Bezug nehmen, die Normungs- und Zertifizierungsorganisation eine Alleinstellung in Bezug auf die Überprüfung der Einhaltung der Norm haben und dadurch bei Nichtzertifizierung bestimmter Unternehmen den Marktzutritt erheblich erschweren können, so kann auf die Normungstätigkeit Art. 34 AEUV anzuwenden sein. Das Wettbewerbsrecht der Art. 101ff. AEUV bleibt jedoch daneben anwendbar. Allenfalls, wenn ausnahmsweise eine Betrauung einer Standardisierungsorganisation mit der Entwicklung einer Norm und damit die Übertragung von Hoheitsrechten stattgefunden hat, liegt keine wirtschaftliche Tätigkeit der Normungsorganisation vor.

Die Eröffnung des Anwendungsbereiches des Art. 101 AEUV gilt – abgesehen von dem praktisch unwahrscheinlichen Fall, dass durch die Standardisierungstätigkeit ausschließlich ein nationaler Markt betroffen ist – in räumlicher Hinsicht sowohl für nationale Normungskooperationen aus EU-Mitgliedstaaten und europäische Normungskooperationen als auch für solche Standardisierungsorganisationen, deren Mitglieder ihren Sitz in Drittländern haben. Denn sobald sich die betreffenden Verhaltensweisen auf den Binnenmarkt auswirken, werden sie nach dem von der Europäischen Kommission vertretenen Auswirkungsprinzip von den europäischen Wettbewerbsvorschriften erfasst. Auch die Anwendung des vom EuGH befolgten Territorialitäts- bzw. Durchführungsprinzip führt zu keiner anderen Beurteilung, da kaum wettbewerbswidrige Verhaltensweisen mit Auswirkungen auf den Binnenmarkt vorstellbar sind, ohne dass die beteiligten Unternehmen auf ihm tätig sind.

II. Verbotene Formen wettbewerbsbeschränkenden Zusammenwirkens

Wenn der Anwendungsbereich der Wettbewerbsregeln eröffnet ist – so wie es bei Standardisierungsorganisationen wie gezeigt der Fall ist –, verbietet Art. 101 Abs. 1 AEUV drei Formen des Zusammenwirkens zwischen Unternehmen bzw. Unternehmensvereinigungen – namentlich Vereinbarungen zwischen Unternehmen, Beschlüsse von Unternehmensvereinigungen und aufeinander abgestimmte Verhaltensweisen – vorbehaltlich der weiteren Voraussetzungen, dass sie eine spürbare Wettbewerbsbeeinträchtigung bezwecken oder bewirken und geeignet sind den Handel zwischen den Mitgliedstaaten zu beeinträchtigen. Allen drei Tatbestandsalternativen ist gemein, dass sie Formen des kollusiven Zusammenwirkens zwischen Unternehmen erfassen – mögen sich die Formen des Zusammenwirkens auch in ihrer Intensität unterscheiden –, die die Unternehmen nutzen, um den Risiken des Wettbewerbs zu entgehen.[461] Eine exakte Abgrenzung der einzelnen Alternativen untereinander gestaltet sich in der Regel schwierig. Da jedoch sowohl die übrigen Tatbestandsvoraussetzungen als auch

461 EuGH, Slg. 2009, I-4529, Rn. 23 – T-Mobile Netherlands; ferner *Hengst*, in: Langen/Bunte, Band 2, 12. Aufl., 2014, Art. 101 AEUV, Rn. 75; *Grill*, in: Lenz/Borchardt, Art. 101, Rn. 5; *Wollmann*, in: Mayer, Art. 81 EGV, Rn. 31.

die Rechtsfolgen hinsichtlich aller drei verbotenen Handlungsformen dieselben sind, verliert eine genaue Abgrenzung im Einzelfall häufig an Bedeutung.[462] Gleichwohl muss im Folgenden geklärt werden, ob die Standardisierungstätigkeit überhaupt einer der drei Tatbestandsalternativen unterfällt.[463]

Für ein Eingreifen des Kartellverbotes bieten sich bei der technischen Standardsetzung verschiedene Anknüpfungspunkte an: So könnte bereits die Festlegung des Standardisierungsverfahrens (dazu Kap. 2. A. II. 2. a)), die Erarbeitung des Standards (dazu Kap. 2. A. II. 2. b)), die Verabschiedung des endgültigen Standards (dazu Kap. 2. A. II. 2. c)) oder auch erst die Veröffentlichung einer Norm (dazu Kap. 2. A. II. 2. d)) eine nach Art. 101 Abs. 1 AEUV verbotene Handlungsform des Zusammenwirkens darstellen. Um eine Einordnung vornehmen zu können, sollen zunächst die einzelnen Tatbestandsalternativen des Art. 101 Abs. 1 AEUV jeweils im Hinblick auf die für die Beurteilung der technischen Standardisierung entscheidenden Fragen skizziert werden (dazu sogleich Kap. 2. A. II. 1.), damit im Anschluss eine Bewertung und Zuordnung der einzelnen Stadien der Standardisierungstätigkeit erfolgen kann.

1. *Vereinbarungen zwischen Unternehmen, Beschlüsse von Unternehmensvereinigungen und aufeinander abgestimmte Verhaltensweisen*

a) Vereinbarungen zwischen Unternehmen

Als eine Form des Zusammenwirkens erfasst das in Art. 101 Abs. 1 AEUV normierte Kartellverbot Vereinbarungen zwischen Unternehmen.[464] Der Begriff der Vereinbarung wird dabei herkömmlicherweise weit ausgelegt, da nach dem Wortlaut der Vorschrift „alle Vereinbarungen" erfasst sein sollen.[465] Eine Vereinbarung kann man bei einem weiten Verständnis als Übereinkunft zwischen zwei oder mehr Parteien begreifen, durch die sie ihren gemeinsamen Willen bekunden, dass sich wenigstens

---

462 So wird infolge dessen bei Mischformen das Kartell durch die Kommission und die Rechtsprechung z.B. als eine (zusammenhängende) „Vereinbarung und aufeinander abgestimmte Verhaltensweise" qualifiziert, vgl. Kommission, ABl. 1986 L 230/1, Rn. 79ff., 86ff. – Polypropylen; Kommission, ABl. 1989 L 74/21, Rn. 39ff. – PVC; Kommission, ABl. 2002 L 100/1, Rn. 101 – Graphitelektroden; EuG, Slg. 1991, II-867, Rn. 127 – Rhône-Poulenc; EuG, Slg. 2002, II-1487, Rn. 186 – HFB Holding u.a.; EuGH, Slg. 1999, I-4125, Rn. 132 – Anic Partecipazioni.

463 Dieser Punkt wird in der bisherigen Auseinandersetzung mit Standardisierung häufig lapidar bejaht oder verneint, vgl. *Loest/Bartlik*, ZWeR 2008, 41, 42; *Walther/Baumgartner*, WuW 2008, 158, 159. Für eine restriktive Anwendung des Art. 101 Abs. 1 AEUV siehe *Soyez*, EuZW 2010, 361.

464 Zum Unternehmensbegriff siehe Kap. 2. A. I. 2.

465 Vgl. *Emmerich*, in: Immenga/Mestmäcker, EG, Art. 81 Abs. 1 EGV, Rn. 65; *Wiedemann*, in: Wiedemann, § 2, Rn. 2; *Wollmann*, in: Mayer, Art. 81 EGV, Rn. 32; *Schröter/Voet van Vormizeele*, in: von der Groeben/Schwarze/Hatje, Art. 101 AEUV, Rn. 39.

einer der Beteiligten in einer bestimmten Weise auf dem Markt verhalten soll.[466] Gegenstand der Vereinbarung muss dabei nicht ein ganz konkretes Verhalten sein; es genügt Konsens über die groben Linien zukünftigen Marktverhaltens.[467] Einer bestimmten Form bedarf die Vereinbarung nicht, d.h. sie kann schriftlich, mündlich oder konkludent getroffen werden.[468] Schließlich ist es für die Annahme einer Vereinbarung – im Gegensatz zur Annahme einer abgestimmten Verhaltensweise – unerheblich, ob sich die beteiligten Unternehmen auch tatsächlich gemäß der Willensübereinkunft verhalten.[469] Ausreichend ist, dass sie eine Vereinbarung getroffen haben; die Umsetzung derselben muss nicht zwangsläufig stattgefunden haben.

Inwieweit einer Vereinbarung Bindungswirkung zukommen muss, ist in Literatur und Rechtsprechung (immer noch) umstritten. So wird teilweise aufgrund der Nähe des Begriffes der Vereinbarung zum zivilrechtlichen Vertragsbegriff eine rechtliche Verbindlichkeit gefordert.[470] In diesem Zusammenhang wird häufig auf die Nichtigkeitsfolge des Art. 101 Abs. 2 AEUV verwiesen, die nach dieser Auffassung nur dann Sinn ergebe, wenn grundsätzlich eine rechtliche Verbindlichkeit der Vereinbarung vorliege. Vertreter einer anderen Ansicht verlangen zwar keine rechtliche Verbindlichkeit, stellen jedoch darauf ab, dass durch die Vereinbarung zumindest faktisch eine Bindungswirkung eintrete.[471] Eine dritte Auffassung in der Literatur und auch Rechtsprechung[472] und

---

466 Angelehnt an *Grill*, in: Lenz/Borchardt, Art. 101, Rn. 1, der von einer „Verpflichtung" spricht, was jedoch angesichts der Uneinigkeit über die Erforderlichkeit einer Bindungswirkung nicht passend erscheint. Siehe auch EuGH, Slg. 1970, 661, Rn. 110/114 – ACF Chemiefirma; EuGH, Slg. 1980, 3125, Rn. 86 – FEDETAB; EuGH, Slg. 1990, I-45, LS 2 – Sandoz; EuG, Slg. 1998, II-1751, Rn. 65 – Mayr-Melnhof Kartongesellschaft; EuG, Slg. 2009, II-2533, Rn. 168 – Peugot.

467 Vgl. EuG, Slg. 2005, II-3033, Rn. 119 – Brasserie Nationale.

468 EuGH, Slg. 1983, 3151, Rn. 38 – AEG/Telefunken; ferner *Schröter/Voet van Vormizeele*, in: Schröter/Jakob/Klotz/Mederer, Europäisches Wettbewerbsrecht, 2. Aufl., 2014, Art. 101, Rn. 43; *Wollmann*, in: Mayer, Art. 81 EGV, Rn. 33.

469 EuGH, Slg. 1978, 131, Rn. 7 – Miller International; EuGH, Slg. 1984, 883, Rn. 46 – Hasselblad. Dies kann aber für die Bemessung eines Bußgeldes und den Nachweis einer Vereinbarung von Bedeutung sein.

470 Vgl. *Schröter*, in: Schröter/Jakob/Mederer, Europäisches Wettbewerbsrecht, Art. 81 Abs. 1, Rn. 66; *Schröter/Voet van Vormizeele*, in: von der Groeben/Schwarze/Hatje, Art. 101 AEUV, Rn. 70; *Müller-Graff*, in: Vedder/Heintschel von Heinegg, Europäisches Unionsrecht, Art. 101 AEUV, Rn. 9, 12.

471 Vgl. *Brinker*, in: Schwarze, Art. 81 EGV, Rn. 32; *Bunte*, in: FS Everling, S. 163, 166f.

472 So subsumiert die Rechtsprechung auch *gentlemen's agreements*, d.h. Absprachen, die ohne rechtlichen Bindungswillen abgegeben werden und die darauf angelegt sind, den erstrebten Erfolg im Vertrauen auf das Wort des Partners oder mithilfe einer Bindung an den Anstand zu erreichen, unter die Tatbestandsvariante der Vereinbarung, vgl. EuG, Slg. 1995, II-791, Rn. 96 – Tréfileurope.

Kommission[473] verzichten schließlich ganz auf eine Bindungswirkung, damit die Beteiligten ihre Abreden nicht dadurch der Reichweite des Kartellverbotes entziehen könnten, dass sie von vornherein auf eine rechtliche Bindung durch die Vereinbarung verzichten.[474] Für die Bewertung von technischer Standardisierung anhand des Art. 101 Abs. 1 AEUV kann diese Streitfrage nicht offen bleiben, denn alle untersuchten Normungsorganisationen sehen als wichtigen Grundsatz ihrer Normungstätigkeit vor, dass die Umsetzung eines Standards ausschließlich auf freiwilliger Basis erfolgt.[475] Die verschiedenen Ansätze könnten somit hinsichtlich der Frage, ob und inwieweit die Standardisierungstätigkeit unter das Europäische Kartellverbot fällt, zu unterschiedlichen Ergebnissen führen.[476] Sollte eine rechtliche Bindung erforderlich sein, so schiede zumindest die Tatbestandsvariante der *Vereinbarungen von Unternehmen* als Anknüpfungspunkt für ein Eingreifen des Art. 101 Abs. 1 AEUV aus.

Die Argumentation der Vertreter der Ansicht, dass eine rechtliche Bindungswirkung erforderlich sei, damit die in Art. 101 Abs. 2 AEUV festgelegte Anordnung der Nichtigkeit Sinn ergebe, erscheint auf den ersten Blick logisch, ist jedoch nicht zwingend. So behält die Nichtigkeitsanordnung des Art. 101 Abs. 2 AEUV auch dann einen Wirkungsbereich, wenn man keine rechtliche Verbindlichkeit für jede Vereinbarung voraussetzt: Denn zumindest in den Fällen, in denen die Beteiligten eine rechtliche Verpflichtung vereinbart haben, findet Art. 101 Abs. 2 AEUV Anwendung und erklärt die Vereinbarung für nichtig. Art. 101 Abs. 2 AEUV behält also auch dann einen sinnvollen Anwendungsbereich, wenn der Vereinbarungsbegriff nicht

---

473 Auch die Kommission ist dazu übergegangen, *gentlemen's agreements* als Vereinbarung i.S.d. Art. 101 Abs. 1 AEUV zu bewerten, vgl. Kommission, ABl. 2000 L 39/1, Rn. 101 – FEG und TU; Kommission, ABl. 2003 L 10/1, Rn. 56 – Natriumkarbonat.

474 Vgl. *Stockenhuber*, in: Grabitz/Hilf, Art. 81 EGV, 16. EL 2000, Rn. 99; *Bechtold/Bosch/Brinker/Hirsbrunner*, Art. 81 EG, Rn. 34; *Emmerich*, in: Immenga/Mestmäcker, EG, Art. 81 Abs. 1 EGV, Rn. 70. So wohl auch *Gippini-Fournier/Mojzesowicz*, in: Loewenheim/Meessen/Riesenkampff, Art. 81 Abs. 1 EG, Rn. 80.

475 Vgl. z.B. für das DIN http://www.din.de/de/ueber-normen-und-standards/basiswissen (abgerufen am 08.03.2016); siehe auch DIN 820-1:2009-05 Ziff. 8.1.

476 Die Abgrenzung der beiden Ansichten – einerseits, dass das möglicherweise kartellrechtswidrige Verhalten zumindest faktisch bindend sein müsse und andererseits, dass gar keine Bindungswirkung vorliegen müsse – ist für die Beurteilung einer Verhaltensweise im Kontext des Art. 101 Abs. 1 AEUV im Endergebnis regelmäßig ohne Belang, da jedenfalls die Tatbestandsvariante der abgestimmten Verhaltensweise in Betracht käme; vgl. auch *Grill*, in: Lenz/Borchardt, Art. 101, Rn. 1. Dies gilt jedoch nicht in jedem Fall, da das Verbot der abgestimmten Verhaltensweise erst dann greift, wenn dadurch tatsächlich ein Marktverhalten verursacht worden ist, vgl. EuGH, Slg. 1999, I-4287, Rn. 161 – Polypropylen; *Bunte*, in: Langen/Bunte, Band 2, 11. Aufl., 2010, Art. 81, Rn. 22. Ein Streitentscheid soll für diese Arbeit deshalb in der notwendigen Kürze erfolgen.

rechtsverbindliche Absprachen einschließt.[477] Die weitreichendste Auffassung, die auf jegliche Bindungswirkung der Vereinbarung verzichtet, führt hingegen dazu, dass die Grenze zur *abgestimmten Verhaltensweise* (dazu Kap. 2. A. II. 1. c)) verwischt wird und bereits theoretisch – und nicht nur häufig praktisch – eine klare Grenzziehung nicht mehr möglich ist.[478] Es ist kein Grund dafür erkennbar, bereits per Definition eine Abgrenzung zwischen den einzelnen Tatbestandsvarianten zu erschweren oder unmöglich zu machen; dies würde die erste Alternative des Kartellverbotes überflüssig werden lassen. Für das Vorliegen einer Vereinbarung von Unternehmen muss nach der hier vertretenen Ansicht somit zumindest eine faktische Verbindlichkeit vorliegen. Diese Auffassung verhilft dem Kartellverbot zur Wirksamkeit, indem sie einerseits effektiv der Gefahr begegnet, dass Unternehmen durch die rechtliche Unverbindlichkeit ihrer Vereinbarung dem Kartellverbot entgehen können und allenfalls auf die in der Regel schwerer zu beweisende Tatbestandsvariante der aufeinander abgestimmten Verhaltensweise zurückgegriffen werden muss;[479] andererseits wird eine Grenzziehung zwischen den drei Tatbestandsvarianten möglichst weitgehend erhalten.

b) Beschlüsse von Unternehmensvereinigungen

Die zweite in das Europäische Kartellverbot einbezogene Verhaltensweise sind Beschlüsse von Unternehmensvereinigungen.[480] Diese Tatbestandsvariante soll Absprachen von Unternehmen erfassen, die aufgrund „eines bereits bestehenden Gesamtrechtsaktes (...) ergehen, durch den die beteiligten Unternehmen zu einer organisatorischen Einheit (...) zusammengefasst sind".[481] Sie soll verhindern, dass Unternehmen sich allein durch die Form, in der sie ihr Marktverhalten abstimmen, den Wettbewerbsregeln entziehen.[482] Die Anforderungen an einen Beschluss einer Unternehmensvereinigung dürfen also nicht höher sein als an eine Vereinbarung zwischen Unternehmen. Denn nur dann ist sichergestellt, dass der Beschlusstatbestand eine Umgehung des Vereinbarungstatbestandes verhindern kann.[483] Beschlüsse von Unternehmensvereinigungen kann man somit als Willensäußerungen der nach der Satzung der Vereinigung zuständigen Organe, die im Einklang mit den

477 *Paschke*, in: MüKo, 2. Aufl., Bd. 1, Europäisches Wettbewerbsrecht, Art. 101 AEUV, Rn. 12.

478 So auch *Emmerich*, in: Immenga/Mestmäcker, EG, Art. 81 Abs. 1 EGV, Rn. 72; *Weiß*, in: Calliess/Ruffert, Art. 81 EGV, Rn. 53.

479 Vgl. auch *M. Jakobs*, S. 57, 61 m.w.N.

480 Zum Begriff der Unternehmensvereinigung siehe oben Kap. 2. A. I. 2.

481 *Schröter/Voet van Vormizeele*, in: Schröter/Jakob/Klotz/Mederer, Europäisches Wettbewerbsrecht, 2. Aufl., 2014, Art. 101, Rn. 49. Siehe auch *Wollmann*, in: Mayer, Art. 81 EGV, Rn. 33.

482 *Hengst*, in: Langen/Bunte, Band 2, 12. Aufl., 2014, Art. 101 AEUV, Rn. 103.

483 *Paschke*, in: MüKo, 2. Aufl., Bd. 1, Europäisches Wettbewerbsrecht, Art. 101 AEUV, Rn. 56.

Vorschriften der Satzung zustande gekommen sind, definieren.[484] Ein Beschluss einer Unternehmensvereinigung liegt aber nicht nur vor, wenn alle Mitglieder einer Unternehmensvereinigung z.B. im Rahmen einer Mitgliederversammlung über bestimmte Fragen abstimmen, sondern auch dann, wenn andere Organe – in denen nicht zwangsläufig alle Mitglieder vertreten sein müssen – Entscheidungen treffen, die das Wettbewerbsverhalten der Unternehmen steuern sollen.[485]

c) *Aufeinander abgestimmte Verhaltensweisen*

Die dritte von Art. 101 Abs. 1 AEUV erfasste Fallkonstellation ist schließlich die der aufeinander abgestimmten Verhaltensweisen.[486] Sie stellt gegenüber den beiden anderen verbotenen Formen des Zusammenwirkens einen Auffangtatbestand dar.[487] D.h. sie soll sicherstellen, dass jede Koordinierung, die zwar nicht zu einer Willenseinigung geführt hat (dann läge eine Vereinbarung vor), in der aber „bewusst eine praktische Zusammenarbeit an die Stelle des mit Risiken verbundenen Wettbewerbs" tritt[488], in den Wirkungsbereich des Kartellverbotes fällt. Größere Bedeutung als der Differenzierung zwischen Vereinbarungen von Unternehmen und aufeinander abgestimmten Verhaltensweisen kommt der Abgrenzung von aufeinander abgestimmten Verhaltensweisen zu einfachem Parallelverhalten zu. Denn einfaches Parallelverhalten der Unternehmen am Markt stellt im Gegensatz zu Vereinbarungen zwischen Unternehmen und aufeinander abgestimmten Verhaltensweisen keinen Fall dar, der vom Kartellverbot erfasst wird.[489] Einfaches Parallelverhalten liegt vor, „wenn die Marktteilnehmer unabhängig voneinander auf bestimmte Marktsignale reagieren".[490] Eine aufeinander abgestimmte Verhaltensweise stellt also ein Weniger gegenüber einer Vereinbarung, die nach der hier vertretenen Auffassung

484 Kommission, ABl. 1985 L 35/20, Rn. 23. Eine Zurechnung des Beschlusses findet auch gegenüber den an der Abstimmung nicht beteiligten oder überstimmten Unternehmen statt, vgl. *Khan*, in: Geiger/Khan/Kotzur, Art. 101 AEUV, Rn. 16; *Schröter/Voet van Vormizeele*, in: von der Groeben/Schwarze/Hatje, Art. 101 AEUV, Rn. 50; *Beuthien*, S. 78.

485 Vgl. *Emmerich*, in: Immenga/Mestmäcker, EG, Art. 81 Abs. 1 EGV, Rn. 90; *Paschke*, in: MüKo, 2. Aufl., Bd. 1, Europäisches Wettbewerbsrecht, Art. 101 AEUV, Rn. 51.

486 Der Begriff stammt aus Sec. 1 Sherman Act des amerikanischen Antitrust-Rechts und ist von dort über das französische Wettbewerbsrecht und den EGKS-Vertrag in das Kartellrecht der EU gelangt, vgl. *Emmerich*, in: Immenga/Mestmäcker, EG, Art. 81 Abs. 1 EGV, Rn. 95; *Stockenhuber*, in: Grabitz/Hilf, Art. 81 EGV, 16. EL 2000, Rn. 106.

487 Vgl. EuGH, Slg. 1999, I-4125, Rn. 103 – Anic Partecipazioni.

488 EuGH, Slg. 1972, 619, Rn. 64/67 – ICI; siehe auch EuGH, Slg. 1975, 1663, Rn. 26/28 – Suiker Unie; EuGH, Slg. 1999, I-4287, Rn. 158 – Polypropylen; EuGH, Slg. 2009, II-4529, Rn. 26 – T-Mobile Netherlands.

489 Vgl. *Wiedemann*, in: Wiedemann, § 2, Rn. 2.

490 *Khan*, in: Geiger/Khan/Kotzur, Art. 101 AEUV, Rn. 18.

zumindest eine faktische Bindungswirkung voraussetzt, und ein Mehr gegenüber einem bewussten oder gleichförmigen Parallelverhalten dar.

Durch die Tatbestandsvariante der aufeinander abgestimmten Verhaltensweise ist nur die Koordinierung zwischen Unternehmen oder Unternehmensvereinigungen in den Anwendungsbereich des Art. 101 Abs. 1 AEUV einbezogen, auch wenn der Adressat des Verbotes von aufeinander abgestimmten Verhaltensweisen im Gesetzestext nicht noch einmal ausdrücklich genannt wird.[491] Nach der Beschreibung der Rechtsprechung besteht eine aufeinander abgestimmte Verhaltensweise in „jeder unmittelbaren oder mittelbaren Fühlungnahme zwischen Unternehmen (...), die bezweckt oder bewirkt, entweder das Marktverhalten eines gegenwärtigen oder potentiellen Mitbewerbers zu beeinflussen oder einen solchen Mitbewerber über das Marktverhalten ins Bild zu setzen, das man selbst an den Tag zu legen entschlossen ist oder in Erwägung zieht."[492] Dieses Verbot jedweder Fühlungnahme folgt aus dem sog. Selbstständigkeitspostulat, d.h. dem zentralen Glauben der Wettbewerbsregeln daran, dass auf einem Markt mit Wettbewerb jedes Unternehmen seine Entscheidungen grundsätzlich autonom treffen und sein Verhalten selbstständig bestimmen sollte, sodass Bestrebungen von Wettbewerbern, die diese Entscheidungen koordinieren wollen, grundsätzlich mit Argwohn zu betrachten sind, da sie wettbewerbswidrig sein könnten.[493] Der Anspruch nach selbstständigem Wettbewerbsverhalten nimmt „den Unternehmen [aber] nicht das Recht (...), sich dem festgestellten oder erwarteten Verhalten ihrer Mitbewerber mit wachen Sinnen anzupassen"[494]; nur eine bewusste Fühlungnahme soll verhindert werden.

Umstritten war, ob neben der Abstimmung zwischen den Unternehmen noch eine Durchführungshandlung nachgewiesen werden musste. Der Begriff der *Verhaltensweise* spricht dafür; andererseits reichen zur Anwendung des Art. 101 Abs. 1 AEUV aber sowohl bewirkte, als auch „nur" bezweckte Wettbewerbsbeschränkungen[495] aus.[496] Die Rechtsprechung hat diese Frage in verschiedenen Entscheidungen klargestellt und angenommen, dass die Tatbestandsvariante der aufeinander abgestimmten

---

491 Vgl. *Emmerich*, in: Immenga/Mestmäcker, EG, Art. 81 Abs. 1 EGV, Rn. 9.

492 EuG, Slg. 1991, II-1087, Rn. 213 – Petrofina. Siehe auch EuGH, Slg. 1975, 1663, Rn. 173f – Suiker Unie.

493 *Gippini-Fournier/Mojzesowicz*, in: Loewenheim/Meessen/Riesenkampff, Art. 81 Abs. 1 EG, Rn. 94; *Emmerich*, in: Immenga/Mestmäcker, EG, Art. 81 Abs. 1 EGV, Rn. 107.

494 EuGH, Slg. 1998, I-3111, Rn. 87 – John Deere; siehe auch EuGH, Slg. 1975, 1663, Rn. 174 – Suiker Unie; EuGH, Slg. 1981, 2021, Rn. 14 – Züchner/Bayr. Vereinsbank.

495 Dazu siehe unten Kap. 2. A. III. 2. c).

496 Vgl. zum Streitstand auch *Bunte*, in: Langen/Bunte, Band 2, 11. Aufl., 2010, Art. 81, Rn. 39. Die Kommission ging davon aus, dass allein die Koordinierung genügte und ein nach außen tretendes Verhalten nur ihrem Nachweis diente, vgl. Kommission, ABl. 1986 L 230/1, Rn. 88 – Polypropylen; Kommission, ABl. 1989 L 33/44, Rn. 63 – Flachglas.

Verhaltensweise ein der Abstimmung entsprechendes Marktverhalten voraussetzt;[497] verboten ist nicht schon die Abstimmung allein, sondern erst in Kombination mit dem ihr folgenden gleichförmigen Verhalten. Aufeinander abgestimmte Verhaltensweisen werden also durch zwei Merkmale charakterisiert: Einerseits die Koordinierung zwischen Unternehmen und andererseits die praktische Zusammenarbeit derselben.[498] Dass Art. 101 Abs. 1 AEUV auch bereits bezweckte Wettbewerbsbeschränkungen verbietet, hat somit zwar nicht zur Folge, dass keine Durchführungshandlung vorliegen müsste, es führt aber dazu, dass sich das erforderliche Marktverhalten nicht bereits konkret in einer Einschränkung oder Verfälschung des Wettbewerbs manifestiert haben muss.[499] Potenzial für negative Auswirkungen reicht insoweit aus.[500]

2. *Die Stadien des Normungsprozesses als Formen wettbewerbsbeschränkenden Zusammenwirkens*

Anhand des dargelegten Verständnisses der Tatbestandsvarianten des Art. 101 Abs. 1 AEUV soll im Folgenden festgestellt werden, ob ein oder mehrere Stadien eines Normungsprozesses als Vereinbarung zwischen Unternehmen, Beschluss einer Unternehmensvereinigung oder als aufeinander abgestimmte Verhaltensweise vom Europäischen Kartellverbot erfasst werden können.

a) Festlegung von Standardisierungszielen und -verfahren

Schon bevor es im Prozess der Entwicklung eines technischen Standards zur eigentlichen fachlichen Normungsarbeit kommt, liegt ein möglicherweise kartellrechtlich relevantes Verhalten vor, das zur Anwendbarkeit des Art. 101 Abs. 1 AEUV führt: Bereits die Festlegung der Standardisierungsziele und -verfahren – bzw. bei späterem Beitritt eines Unternehmens zu einer Normungsorganisation die davon umfasste Zustimmung zu deren Verfahrensregeln – könnte als Anknüpfungspunkt für ein Eingreifen des Europäischen Kartellverbotes dienen. Die Satzung einer Standardisierungsorganisation stellt eine Vereinbarung zwischen Unternehmen, namentlich der Gründungsmitglieder, dar, während die Geschäftsordnung als Beschluss einer

---

497 Vgl. EuGH, Slg. 1999, I-4125, Rn. 118 – Anic Partecipazioni; EuG, Slg. 2002, II-1487, Rn. 212 – HFB Holding.

498 Vgl. EuGH, Slg. 1998, I-3111, Rn. 86 – John Deere. Fehlt die Abstimmung, so liegt lediglich bewusstes Parallelverhalten vor (vgl. *Beuthien*, S. 83), fehlt das aufgrund der Abstimmung folgende gleichförmige Verhalten, so handelt es sich um einen nicht tatbestandsmäßigen Abstimmungsversuch.

499 Vgl. EuGH, Slg. 1999, I-4125, Rn. 121–124 – Anic Partecipazioni. *Schröter* und *Voet van Vormizeele* (*Schröter/Voet van Vormizeele*, in: von der Groeben/Schwarze/Hatje, Art. 101 AEUV, Rn. 62 und *Schröter/Voet van Vormizeele*, in: Schröter/Jakob/Klotz/Mederer, Europäisches Wettbewerbsrecht, 2. Aufl., 2014, Art. 101, Rn. 62) schließen aus der Auffassung des EuGH allerdings, dass „[f]ür die lediglich bezweckte aber noch nicht bewirkte Wettbewerbsbeschränkung (...) kein Raum mehr" bliebe.

500 *Grill*, in: Lenz/Borchardt, Art. 101, Rn. 7.

Unternehmensvereinigung zu qualifizieren ist, da sie von dem dafür zuständigen Organ erlassen wird.[501] Dass ggf. nicht alle Mitglieder der Normungsorganisation, also alle Parteien der Vereinbarung bzw. alle Teilnehmer des Beschlusses, auf derselben Wirtschaftsstufe tätig sind, ist dabei für ein Eingreifen des Kartellverbotes nicht hinderlich; das Kartellverbot erfasst sowohl horizontale als auch vertikale Vereinbarungen.[502]

Die einvernehmliche Festlegung der Standardisierungsziele und Verfahrensvorschriften rückt in den Blickwinkel des Kartellrechts, weil die Teilnehmer einer Normungsorganisation bereits dadurch ihr Verhalten für die Zukunft absprechen, indem sie zum Ausdruck bringen, zukünftig Standards auf die in den Verfahrensregeln festgelegte Art und Weise entwickeln zu wollen. Eine kartellrechtsrelevante Absprache wird man darin jedoch nur sehen können, wenn durch das Verhalten bis zu diesem Zeitpunkt bestehende Alternativen ausgeschlossen werden. Dies ist bei der Festlegung von Standardisierungszielen und -verfahren zunächst nicht der Fall, denn keines der untersuchten anerkannten Normungsinstitute und Konsortien beansprucht Exklusivität; keines verlangt von seinen Mitgliedern, sich der technischen Normsetzung in anderen Organisationen zu enthalten. Dennoch werden faktisch durch die Festlegung von bestimmten Standardisierungszielen und -verfahren Alternativen der Erarbeitung von technischen Standards bezüglich einzelner Normungsgegenstände ausgeschlossen.[503] Denn Unternehmen können kein Interesse daran haben, sich bezüglich ein und demselben Normungsgegenstand in zwei oder mehr Standardsetzungsorganisationen zu beteiligen. Die Vorteile eines Standards liegen gerade in der Vereinheitlichung eines Gegenstandes oder eines Prozesses.[504] Die Entwicklung von zwei oder mehr Standards bezogen auf einen Normungsgegenstand muss dem Interesse eines an der Standardisierung beteiligten Unternehmens vehement zuwiderlaufen. Darüber hinaus wird ein an einer Standardisierungsorganisation beteiligtes Unternehmen in der Regel auch nicht intern nach Alternativen zum Standard streben bzw. eine alternative Erarbeitung vorantreiben.[505] Dies würde

---

501 Vgl. *Schröter/Voet van Vormizeele*, in: Schröter/Jakob/Klotz/Mederer, Europäisches Wettbewerbsrecht, 2. Aufl., 2014, Art. 101, Rn. 51. Zur Möglichkeit, dass bereits die Satzung einer Gesellschaft als Vereinbarung von Unternehmen und eine Geschäftsordnung als Beschluss einer Unternehmensvereinigung zu qualifizieren sein können, siehe auch Kommission, ABl. 1986 L 201/4, S. 6 – SOCEMAS; Kommission, ABl. 1995 L 312/79, Rn. 15/16 – Kraanverhuur.

502 EuGH, Slg. 1966, 282, S. 302f. – Maschinenbau Ulm.

503 So auch *Koenig/Neumann*, WuW 2009, 382, 385, die davon ausgehen, dass Marktrelevanz in dem Umfang vorliegt, in dem wegen der Beteiligung an der Normung von der parallelen Erarbeitung alternativer Anforderungen an Erzeugnisse und Herstellungsmethoden abgesehen wird. Siehe auch *Koenig/Spiekermann*, European Competition Law Review 2010, Issue 11, 449, 453.

504 Siehe dazu oben Kap. 1. B. I.

505 Vgl. auch *Bunte*, in: FK, Band 2, EG-Kartellrecht, Art. 81 Abs. 1, 3 EG, 63. Lfg. 2007, Rn. 13.

ebenfalls dem Interesse des Unternehmens an der Vereinheitlichung widersprechen und die sich aus einer Vereinheitlichung ergebenden Vorteile zunichte machen. Dass sich die Festlegung der Normungsziele und -verfahren allenfalls mittelbar über Vorschlagsberechtigungen, Abstimmungsregeln etc. auf den eigentlichen Inhalt der Norm selbst auswirkt, ist insofern unerheblich, da bereits mit der Festlegung dieser Ziele und Verfahren faktisch Alternativen der Normentwicklung und damit im Ergebnis auch die Entstehung alternativer Normen ausgeschlossen werden.

Wie bereits oben dargelegt ist nach der hier vertretenen Auffassung eine rechtliche Bindungswirkung für das Vorliegen einer Vereinbarung im Sinne des Art. 101 Abs. 1 AEUV nicht maßgeblich,[506] sodass die aufgezeigte faktische Wirkung – dass andere Alternativen der Standardentwicklung ausgeschlossen werden – ausreichend ist, um von einer Vereinbarung im Sinne des Europäischen Kartellverbotes sprechen zu können. Bereits die Festlegung von Standardisierungszielen und -verfahren kann somit als Vereinbarung von Unternehmen bzw. als Beschluss einer Unternehmensvereinigung im Sinne des Art. 101 Abs. 1 AEUV bewertet werden.[507]

b) Erarbeitung von Standards

Als weiterer Anknüpfungspunkt für das Eingreifen des Europäischen Kartellverbotes kommt die eigentliche Normungsarbeit in Betracht. Sie könnte zum einen die Tatbestandsvariante der Vereinbarung zwischen Unternehmen, zum anderen die der aufeinander abgestimmten Verhaltensweise erfüllen. Die Erarbeitung von Standards beinhaltet jedoch streng genommen keine Aussage darüber, ob die an der Standardisierung teilnehmenden Unternehmen die Norm nach Abschluss des Normungsprozesses auch tatsächlich umsetzen wollen und werden. Ein gemeinsamer Wille, sich in Zukunft in einer bestimmten Weise auf dem Markt zu verhalten, ist auf den ersten Blick nicht erkennbar, da die Standardisierungsorganisationen in aller Regel keine Umsetzungsverpflichtung vorsehen.[508] Wenn die Norm später tatsächlich umgesetzt wird, ist eine Bewertung des Erarbeitungsprozesses als Vereinbarung zwischen Unternehmen unproblematisch möglich. Denn das ursprüngliche Fehlen eines Bindungswillens zum Zeitpunkt der Absprache ist bedeutungslos, wenn sie später ausgeführt wird.[509] Die Frage, ob man unabhängig von einer tatsächlichen späteren Umsetzung

---

506 Siehe oben Kap. 2. A. II. 1. a).

507 Vgl. auch *Deml*, S. 257.

508 Falls ausnahmsweise insbesondere kleinere Konsortien die Umsetzung und Befolgung der Norm von vornherein festlegen sollten, läge unproblematisch eine Vereinbarung von Unternehmen bzw. Unternehmensvereinigungen vor, vgl. auch *Maaßen*, S. 157, Rn. 361.

509 Vgl. EuGH, Slg. 1980, 3125, Rn. 85f. – FEDETAB; ferner *Schröter/Voet van Vormizeele*, in: Schröter/Jakob/Klotz/Mederer, Europäisches Wettbewerbsrecht, 2. Aufl., 2014, Art. 101, Rn. 42; *Schröter/Voet van Vormizeele*, in: von der Groeben/Schwarze/Hatje, Art. 101 AEUV, Rn. 42.

der Norm bereits in der Erarbeitung eine Vereinbarung zwischen Unternehmen im Sinne des Art. 101 Abs. 1 AEUV erblicken kann, bleibt jedoch weiterhin bestehen:

Auch bereits zum Zeitpunkt der Erarbeitung der Norm muss davon ausgegangen werden, dass die an der Standardisierung beteiligten Unternehmen grundsätzlich beabsichtigen, die entwickelte technische Norm später umzusetzen.[510] Eine andere Annahme wäre lebensfremd. Wenn ein Unternehmen sich zur Beteiligung an einem Normungsprojekt entschließt und (ggf. hohe) Mitgliedsbeiträge oder Sitzgelder in Kauf nimmt, so macht es dies in aller Regel nur, weil es sich davon (wirtschaftliche) Vorteile verspricht. Wenn ein Unternehmen hingegen von vornherein kategorisch ausschließen würde, diese erkannten Vorteile später nutzen zu wollen, indem es den Standard keinesfalls umsetzen wird, wäre die Teilnahme an der Normung insgesamt ihres vorrangigen Zwecks beraubt. Von einem solchen Verhalten wird man bei einem wirtschaftlich handelnden Unternehmen nicht ausgehen können. Bereits mit der Teilnahme an einem Normungsverfahren bekunden die Unternehmen also zumindest ihren ursprünglich bestehenden, übereinstimmenden Willen, den späteren Standard auch umsetzen zu wollen. Die Frage, ob sie den Standard später tatsächlich auch umsetzen, ist davon unabhängig und nicht mit der ursprünglichen Absicht zu verwechseln. Die eigentliche Normungsarbeit stellt folglich eine Vereinbarung im Sinne des Art. 101 Abs. 1 AEUV dar.[511]

Wenn man der hier vertretenen Auffassung nicht folgen und in der Teilnahme der Unternehmen an der Erarbeitung einer Norm keine auf ein bestimmtes Verhalten gerichtete Willensübereinkunft erkennen mag, könnte die Teilnahme am Erarbeitungsprozess eines technischen Standards jedenfalls den Auffangtatbestand der aufeinander abgestimmten Verhaltensweise erfüllen. Aber auch bei dieser Tatbestandsvariante des Kartellverbotes müsste ein Unternehmen bezwecken – wenn sich ein gemeinsamer Wille auch noch nicht zu einer Übereinkunft verdichtet haben muss –, das Marktverhalten eines Konkurrenten in eine bestimmte Richtung zu beeinflussen oder den Mitbewerber zumindest über ein geplantes eigenes Verhalten in Kenntnis zu setzen. Wenn man aber eine Vereinbarung im Sinne des Art. 101 Abs. 1 AEUV ablehnt und davon ausgeht, dass die Teilnahme an der Standardisierung noch keinerlei Aussage über die spätere Einhaltung der Norm trifft, so liegt in der Teilnahme an der Erarbeitung eines Standards auch keine Information von Mitbewerbern über geplantes eigenes Marktverhalten und die Mitbewerber selbst werden dadurch hinsichtlich ihres Verhaltens ebenfalls nicht in eine bestimmte Richtung

---

510 So wohl auch *Koenig/Neumann*, WuW 2009, 382, 386. Vgl. auch für standardisierte Versicherungsbedingungen Kommission, ABl. 1990 L 15/25, Rn. 18 – Concordato Incendio („Die Mitgliedschaft in der Vereinigung hätte angesichts der mit ihr verfolgten Ziele und der damit verbundenen finanziellen Verpflichtungen keinen Sinn, wenn die Beteiligten nicht die Absicht hätten, die Ergebnisse der Tätigkeit der Vereinigung anzuwenden und den Beschlüssen ihrer Organe Folge zu leisten.“). A.A. *Maaßen*, S. 157, Rn. 361, der davon ausgeht, dass die Entscheidung über die Anwendung der Norm erst zu einem späteren Zeitpunkt fällt.

511 A.A. *Maaßen*, S. 157, Rn. 361.

gelenkt. Die Problematik bei der Einordnung der Erarbeitung eines Standards als aufeinander abgestimmte Verhaltensweise ist also dieselbe wie bei der Einordnung als Vereinbarung zwischen Unternehmen: Die Bejahung des Kartellverbotes hängt in beiden Fällen von der Frage ab, ob Unternehmen, indem sie an der Erarbeitung einer technischen Norm teilnehmen, einen Willen zum Ausdruck bringen, die Norm später auch anzuwenden. Diese Frage kann man für beide Tatbestandsvarianten des Art. 101 Abs. 1 AEUV folglich nur einheitlich beantworten.[512] Wenn man mit der hier vertretenen Auffassung in der Teilnahme an der Standardisierung einen solchen Willen der Unternehmen erkennt, so liegt nicht nur eine aufeinander abgestimmte Verhaltensweise sondern auch eine Vereinbarung vor.[513] Für die Anwendung des Auffangtatbestandes der aufeinander abgestimmten Verhaltensweise bleibt somit bei der Beurteilung dieses Verfahrensstadiums kein Raum.

c) Verabschiedung des endgültigen Standards

Die abschließende Festlegung der technischen Norm stellt im Standardisierungsprozess den letzten Vorgang dar, an dem die Unternehmen unmittelbar beteiligt sind; der die Norm inhaltlich beeinflussende Prozess wird dadurch abgeschlossen. Aus diesem Grund könnte der Verabschiedung des endgültigen Standards im Hinblick auf die Bewertung nach Art. 101 Abs. 1 AEUV eine Sonderrolle zukommen. Untersucht man die Verabschiedung des endgültigen Standards anhand der ersten Tatbestandsvariante des Art. 101 Abs. 1 AEUV (Vereinbarung zwischen Unternehmen), ergeben sich jedoch gegenüber den vorausgegangenen Verfahrensstadien der Erarbeitung des Standards keine Besonderheiten: Auch die endgültige Festlegung der Norm beinhaltet nur dann eine für das Vorliegen einer Unternehmensvereinbarung erforderliche Willensübereinkunft der an der Standardisierung teilnehmenden Unternehmen, wenn man davon ausgeht, dass die Unternehmen bereits zum Zeitpunkt der Erarbeitung bzw. der endgültigen Entscheidung über die Norm durch ihre Teilnahme am Normungsprozess den Willen ausdrücken, die Norm später auch umsetzen zu wollen. Wenn man hingegen einen grundsätzlichen Umsetzungswillen der Unternehmen mit der Begründung ablehnt, dass die Unternehmen durch ihre Teilnahme an der Standardisierung keinerlei Aussage darüber treffen, ob sie die Norm nach Abschluss des Normungsprozesses auch tatsächlich anwenden wollen, wird man auch in der endgültigen Festlegung des Standards keine Willensübereinkunft der Unternehmen sehen können. Ein Wechsel im Umsetzungswillen der

---

512 A.A. wohl *Koenig/Neumann*, WuW 2009, 382, 385f., die das Vorliegen einer aufeinander abgestimmten Verhaltensweise für möglich halten, die Möglichkeit der Einordnung als Vereinbarung aber anzweifeln.

513 A.A. *Maaßen*, S. 161, Rn. 369, der darauf abstellt, dass noch keine Entscheidung über die spätere Anwendung der Norm vorliegt. Etwas anderes soll nur bei Marktsegmenten mit starken Netzwerkeffekten gelten.

Unternehmen zwischen diesen Verfahrensstadien ist nicht zu erwarten und lässt sich nicht erkennen.[514]

Wenn man mit der hier vertretenen Auffassung jedoch eine Willensübereinkunft der Beteiligten bejaht,[515] liegt neben einer Vereinbarung zwischen Unternehmen auch die Tatbestandsalternative des Beschlusses einer Unternehmensvereinigung vor. Die Abstimmung der Mitglieder(-versammlung) über die Festlegung der Norm (wie z.B. bei CEN und ETSI vorgesehen) stellt eine Entscheidung eines Organs der Unternehmensvereinigung dar. Eine dem Beschluss innewohnende Verpflichtung der Unternehmen den Standard umzusetzen, ist nicht erforderlich,[516] denn an einen Beschluss einer Unternehmensvereinigung dürfen keine höheren Anforderungen als an eine Vereinbarung von Unternehmen gestellt werden.[517] Und auch in den Fällen, in denen nicht die Mitgliederversammlung über die endgültige Normfestsetzung entscheidet, sondern diese Aufgabe einem Ausschuss zukommt (wie z.B. beim DIN), führt dies zu keiner abweichenden Beurteilung. Es ist nicht erforderlich, dass alle Mitglieder der Unternehmensvereinigung im beschließenden Organ unmittelbar vertreten sind.[518]

d) Veröffentlichung der Norm

Als letztes Stadium des Normungsprozesses könnte die Veröffentlichung der Norm einen kartellrechtsrelevanten Tatbestand darstellen. Die Veröffentlichung der Norm als Vereinbarung zwischen Unternehmen oder Beschluss einer Unternehmensvereinigung i.S.d. Art. 101 Abs. 1 AEUV zu werten, scheint auf den ersten Blick daran zu scheitern, dass die Veröffentlichung keine (Willens-)Übereinkunft zwischen mehreren Parteien beinhaltet, sondern ein einseitiges Verhalten der Standardisierungsorganisationen darstellt. Einseitige Maßnahmen werden jedoch vom Kartellverbot grundsätzlich nicht erfasst. Durch die Veröffentlichung der Norm wird den an der Normungsorganisation beteiligten Unternehmen, aber auch Dritten, die bislang mit

---

514 Aus diesem Grund könnte man auch davon ausgehen, dass der Erarbeitungsprozess und die Verabschiedung des endgültigen Standards einen einheitlichen wirtschaftlichen Vorgang bilden, der bereits aus diesem Grund eine einzige Vereinbarung darstellt; vgl. auch *Schröter*, in: Schröter/Jakob/Mederer, Europäisches Wettbewerbsrecht, Art. 81 Abs. 1, Rn. 69, 76 m.w.N.; *Wollmann*, in: Mayer, Art. 81 EGV, Rn. 31.

515 Siehe dazu ausführlicher oben Kap. 2. A. II. 2. b).

516 A.A. *Maaßen*, S. 159, Rn. 364/365, der wegen der fehlenden Pflicht zur Umsetzung das Vorliegen eines Beschlusses einer Unternehmensvereinigung verneint, da ein solcher das Marktverhalten der Teilnehmer verbindlich regeln müsse.

517 Siehe oben Kap. 2. A. II. 1. b).

518 Auf welcher Ebene der Vereinigung die Willensbildung erfolgt, ist unerheblich, solange das Organ aufgrund des Gesellschaftsvertrages für eine entsprechende Beschlussfassung zuständig ist; siehe auch *Paschke*, in: MüKo, 2. Aufl., Bd. 1, Europäisches Wettbewerbsrecht, Art. 101 AEUV, Rn. 51; *Emmerich*, in: Immenga/Mestmäcker, EG, Art. 81 Abs. 1 EGV, Rn. 90.

dem Standard nicht in Kontakt gekommen sind, allenfalls empfohlen, die festgelegte technische Norm für ihre Produkte oder Prozesse anzuwenden. Es handelt sich somit um eine Empfehlung.[519]

Das europäische Kartellrecht enthält zwar kein allgemeines Empfehlungsverbot, aber auch eine Empfehlung kann nach der Rechtsprechung des EuGH unter besonderen Umständen vom Kartellverbot erfasst werden,[520] nämlich dann, wenn sie auf einer Vereinbarung beruht[521] oder zu einer aufeinander abgestimmten Verhaltensweise führt.[522] Neben die einseitige Empfehlung muss also ein irgendwie geartetes von der Abstimmung ausgelöstes Verhalten treten.[523] Den bisherigen Entscheidungen des EuGH lässt sich entnehmen, dass die Rechtsprechung insoweit zweierlei verlangt: Zum einen, dass die Empfehlung „getreuer Ausdruck des Willens [der] Vereinigung ist, das Verhalten [der Adressaten] auf dem Markt zu koordinieren“[524]; zum anderen, dass eine Verhaltenskoordinierung seitens der Adressaten tatsächlich vorliegt.[525]

In der Entscheidung *Verband der Sachversicherer* hat der EuGH zum Koordinierungswillen des Empfehlenden festgestellt, dass bereits das gemeinsame Interesse der Mitglieder einer Unternehmensvereinigung an der Einhaltung der Empfehlung einen Hinweis auf den Willen der Vereinigung geben kann, mit der Empfehlung das Verhalten der Adressaten auf dem Markt zu beeinflussen.[526] Eine solche Situation besteht bei der Veröffentlichung technischer Normen, denn von ihnen können nur dann für die Teilnehmer wirtschaftlich positive Wirkungen ausgehen, wenn sie auch tatsächlich befolgt werden. So haben die Mitglieder der Normungsorganisationen ein erhebliches Interesse an der Einhaltung des festgelegten technischen Standards, welches die Vereinigung mit der Veröffentlichung des endgültigen Standards bewusst anspricht. Insbesondere der Umstand, dass die Unternehmen als Adressaten der Empfehlung zuvor zumeist zu großen Teilen an der Erarbeitung

---

519 Vgl. auch *Böshagen*, in: Schwappach, EU-Rechtshandbuch für die Wirtschaft, § 11, Rn. 11; *Falke*, S. 216; *Stefener*, S. 78/79; *Zemlin*, S. 123 bzgl. des Charakters von DIN-Normen i.S.d. Empfehlungsverbotes des § 38 Abs. 2 GWB a.F.

520 Denn der Zweck des Kartellverbotes könnte unterlaufen werden, wenn man in dem Fall, in dem die Mitbewerber sich nicht verabreden, sondern einer von ihnen eine Empfehlung ausspricht und alle ihr folgen, die sich daraus möglicherweise ergebende Wettbewerbsbeschränkung ohne Weiteres zulassen würde.

521 Darauf stellte der EuGH in verschiedenen – sich von der hier untersuchten „reinen“ Standardisierung unterscheidenden – Fallkonstellationen ab, in denen das Vorliegen einer Vereinbarung bereits feststand und nur noch fraglich war, ob die Empfehlung der Vereinbarung zuzuordnen ist, vgl. EuGH, Slg. 1983, 3151 – AEG/Telefunken; EuGH, Slg. 1985, 2725 – Ford II.

522 EuGH, Slg. 1980, 3125, Rn. 85f. – FEDETAB.

523 Vgl. *Müller-Graff*, in: Vedder/Heintschel von Heinegg, Europäisches Unionsrecht, Art. 101 AEUV, Rn. 16.

524 EuGH, Slg. 1987, 405, LS 3 – Verband der Sachversicherer.

525 Vgl. *Weiß*, in: Calliess/Ruffert, 4. Aufl. 2011, Art. 101 AEUV, Rn. 58; *Stockenhuber*, in: Grabitz/Hilf, Art. 101 AEUV, 53. EL 2014, Rn. 113 m.w.N.

526 Vgl. EuGH, Slg. 1987, 405, Rn. 29–32 – Verband der Sachversicherer.

beteiligt waren, kann als Indiz für den Koordinierungswillen gewertet werden.[527] Auch die Bezeichnung einer Empfehlung als unverbindlich steht der Annahme des Koordinierungswillens nicht entgegen,[528] da der technische Standard zumindest faktisch die Mitglieder der Standardisierungsorganisation zur Einhaltung anhält.[529]

Wie bereits aufgezeigt, muss weiterhin ein von der Abstimmung ausgelöstes Verhalten der Adressaten der Empfehlung vorliegen, damit die Empfehlung als nur scheinbar einseitige Maßnahme qualifiziert und von den in Art. 101 Abs. 1 AEUV normierten Formen wettbewerbsbeschränkenden Verhaltens erfasst wird. In der Befolgung der Empfehlung durch die Adressaten kann eine solche Verhaltenskoordinierung liegen.[530] Jedoch nicht jede Befolgung einer Empfehlung stellt eine bewusste praktische Zusammenarbeit der Adressaten dar. Vielmehr könnte es sich auch um bloßes gleichförmiges Parallelverhalten, d.h. eine autonome Anpassung des Verhaltens an die Marktverhältnisse und das festgestellte oder erwartete Verhalten der Mitbewerber, handeln.[531] Ein bloßes Parallelverhalten wird man jedoch nicht annehmen können, wenn aufgrund der Stellung des Empfehlenden und der „bisher geübten Solidarität unter den Empfehlungsempfängern" zu erwarten ist, dass das Ziel der Koordinierung tatsächlich erreicht wird; befolgen die Unternehmen unter diesen Umständen die Empfehlung, so tun sie dies in der begründeten Erwartung, dass sich die Konkurrenten ebenso verhalten.[532] An die Stelle des mit Risiken verbundenen Wettbewerbs ist dann eine bewusste praktische Zusammenarbeit getreten. Eine gesonderte Kontaktaufnahme zwischen den Adressaten der Empfehlung untereinander ist nicht mehr erforderlich.[533]

Diese Voraussetzungen der Verhaltenskoordinierung dürften in der Regel bei der Veröffentlichung von technischen Normen durch Standardisierungsorganisationen vorliegen. Wenn auch nicht stets dieselben Unternehmen (aktiv) an der Normungsarbeit beteiligt sind und schon dadurch ihr Interesse an der späteren Einhaltung der Norm zum Ausdruck bringen, so wird insbesondere bei großen Normungsorganisationen aufgrund ihrer bedeutenden Stellung zu erwarten sein, dass sich eine Reihe von Unternehmen findet, die eine veröffentlichte Norm auch umsetzt. Ein Unternehmen, das sich zur Einhaltung eines solchen Standards entschließt, tut

527 Vgl. auch EuGH, Slg. 1987, 405, Rn. 28 – Verband der Sachversicherer; ferner *Maaßen*, S. 158, Rn. 362.

528 Vgl. EuGH, Slg. 1987, 405, Rn. 30/32 – Verband der Sachversicherer.

529 Vgl. oben Kap. 2. A. II. 2. a).

530 Vgl. EuGH, Slg. 1980, 3125, Rn. 86 – FEDETAB; ferner *Bunte*, in: Schimansky/Bunte/Lwowski, § 141, Rn. 14; *Hengst*, in: Langen/Bunte, Band 2, 12. Aufl., 2014, Art. 101 AEUV, Rn. 137; *Stefener*, S. 79.

531 Vgl. *Hengst*, in: Langen/Bunte, Band 2, 12. Aufl., 2014, Art. 101 AEUV, Rn. 128f.; *Gippini-Fournier/Mojzesowicz*, in: Loewenheim/Meessen/Riesenkampff, Art. 81 Abs. 1 EG, Rn. 96; ferner *Mäger*, in: Mäger, 1. Kap., Rn. 85.

532 *Bunte*, in: Schimansky/Bunte/Lwowski, § 141, Rn. 14; *Hengst*, in: Langen/Bunte, Band 2, 12. Aufl., 2014, Art. 101 AEUV, Rn. 137.

533 *Bunte*, in: FS Everling, S. 136, 171 m.w.N.

dies aufgrund der bisherigen Erfahrungen und in dem Bewusstsein, dass sich eine Vielzahl anderer Unternehmen entsprechend verhalten wird. Damit liegt nicht nur ein bloßes Parallelverhalten der Unternehmen vor. Die Gleichförmigkeit im Verhalten der Unternehmen ergibt sich nicht allein aus den Marktverhältnissen heraus, sondern hat sich aufgrund der Empfehlung als marktfremdem Faktor entwickelt.[534]

Auch ein Vergleich mit der Rechtsprechung zu einseitigen Maßnahmen im Rahmen von Vertriebssystemen erscheint insoweit nicht abwegig.[535] Der EuGH hatte bisher über Fallgestaltungen zu entscheiden, in denen Hersteller im Rahmen fortlaufender Geschäftsbeziehungen „einseitige" Maßnahmen gegenüber den Händlern vornahmen. Es stellte sich die Frage, ob schon der weitere geschäftliche Kontakt zwischen Händler und Hersteller als Zustimmung des Händlers zur Erklärung des Herstellers gedeutet werden konnte, mit der Folge, dass es sich nicht mehr um eine zulässige einseitige Maßnahme des Herstellers, sondern vielmehr um eine Vereinbarung zwischen Hersteller und Händler handelte. Der EuGH hat insoweit klargestellt, dass es „für die Annahme, dass eine Vereinbarung (...) durch stillschweigende Zustimmung zustande gekommen ist, (...) erforderlich [ist], dass die auf ein wettbewerbswidriges Ziel gerichtete Willensbekundung einer der Vertragsparteien eine stillschweigende oder konkludente Aufforderung an die andere Seite darstellt, dieses Ziel *gemeinsam* [Hervorh. d. Verf.] zu verwirklichen".[536] Dafür spricht auch die Formulierung des EuGH: „Eine (...) Vereinbarung [kann] nicht durch etwas begründet werden, was nur Ausdruck der einseitigen Politik einer der Vertragsparteien ist, die ohne Unterstützung durch die andere durchgeführt werden kann."[537] Dieser Grundgedanke erscheint auf die Bewertung einer Empfehlung übertragbar, die sich – wie es bei der Veröffentlichung von Normen der Fall ist – nicht nur an die an der Standardisierungsorganisation beteiligten Unternehmen, sondern auch an Dritte richtet. Eine Empfehlung unterfällt danach folglich dann dem Kartellverbot, wenn der Empfehlende mit ihrer Hilfe das Marktverhalten der Adressaten in eine bestimmte Richtung lenken will und die Adressaten ihrer Zustimmung stillschweigend dadurch Ausdruck verleihen, dass sie die Empfehlung befolgen. Das Befolgen der Empfehlung drückt aber nur dann eine Zustimmung der Adressaten aus, wenn der Empfehlende nicht sowieso einseitig das von ihm gewünschte Ziel erreichen könnte. Diese Voraussetzungen treffen auf die technische Standardisierung zu: Durch die Veröffentlichung des Standards wollen die Normungsorganisationen die an der Normungsarbeit beteiligten sowie dritte Unternehmen veranlassen, den festgelegten technischen Standard zu befolgen. Die Einhaltung der Norm kann als eine konkludente Zustimmung der Unternehmen gewertet werden, da andernfalls

534 Vgl. dazu auch *Bunte*, in: Schimansky/Bunte/Lwowski, § 141, Rn. 14.

535 So trennen auch *Paschke*, in: MüKo, 2. Aufl., Bd. 1, Europäisches Wettbewerbsrecht, Art. 101 AEUV, Rn. 37/38 und *Emmerich*, in: Immenga/Mestmäcker, EG, Art. 81 Abs. 1 EGV, Rn. 84 nicht strikt zwischen einseitigen Maßnahmen und Empfehlungen.

536 EuGH, Slg. 2004, 23, Rn. 102 – Adalat.

537 EuGH, Slg. 2004, 23, Rn. 101 – Adalat.

die Normungsorganisationen ihr Ziel nicht einseitig erreichen könnten. Dass die die Empfehlung aussprechende Normungsorganisation selbst nicht unmittelbar am Wettbewerb beteiligt ist, ist insoweit unerheblich,[538] denn Art. 101 Abs. 1 AEUV erfasst auch Handlungen von Unternehmen, die nicht selbst auf dem entsprechenden Markt tätig sind, sondern sich lediglich durch Ratschläge oder das Überwachen einer Kartellvereinbarung an einer Absprache beteiligen.[539] Dies kann man auf den Fall übertragen, dass eine Organisation durch die Veröffentlichung eines Standards eine Verhaltenskoordinierung veranlasst, ohne selbst auf dem Produktmarkt tätig zu sein, auf den sich der Standard bezieht.[540]

Insgesamt lässt sich also feststellen, dass die Veröffentlichung einer Norm, obwohl sie auf den ersten Blick als (zulässige) einseitige Empfehlung der Standardisierungsorganisationen erscheint, ebenfalls unter das Kartellverbot des Art. 101 Abs. 1 AEUV fallen kann, da die Organisationen durch die Veröffentlichung der Norm das Verhalten ihrer Mitglieder und dritter Unternehmen auf dem Markt beeinflussen wollen und die Unternehmen dieser Erklärung konkludent zustimmen, indem sie die Norm tatsächlich befolgen. Festzuhalten ist jedoch, dass zu der reinen Veröffentlichung des Standards ein koordiniertes Verhalten der Adressaten hinzutreten muss.

3. *Zusammenfassung*

Im Standardisierungsprozess ergeben sich verschiedene Anknüpfungspunkte für das Eingreifen des Europäischen Kartellverbotes. Bereits die Festlegung der Normungsziele und -verfahren aber auch die Erarbeitung einer Norm sowie die Verabschiedung des endgültigen Standards und schließlich die Veröffentlichung der Norm können Formen des wettbewerbsbeschränkenden Zusammenwirkens i.S.d. Art. 101 Abs. 1 AEUV darstellen.

Die Festlegung der Normungsziele und -verfahren kann als Vereinbarung zwischen Unternehmen bzw. als Beschluss einer Unternehmensvereinigung bewertet werden, da die sich an der Standardisierung beteiligenden Unternehmen ihr zukünftiges Verhalten in Bezug darauf festlegen, wie sie technische Standards entwickeln wollen. Bereits durch diese Festlegung werden faktisch alternative Arten der Standardentwicklung ausgeschlossen. Kein Unternehmen kann ein Interesse daran haben, sich an verschiedenen Standardisierungsorganisationen bezüglich ein und desselben Normungsgegenstandes und der Entwicklung mehrerer alternativer Standards zu beteiligen. Die Vorteile eines Standards entspringen gerade der Vereinheitlichung von Produkten oder Prozessen.

Auch der Vorgang der Erarbeitung eines Standards, also die eigentliche Normungsarbeit, erfüllt die Tatbestandsvariante der Vereinbarung zwischen Unternehmen. Wenn wirtschaftlich handelnde Unternehmen an einem Normungsverfahren

538 Vgl. *Stefener*, S. 79.
539 Vgl. *Hengst*, in: Langen/Bunte, Band 2, 12. Aufl., 2014, Art. 101 AEUV, Rn. 142f.
540 So *Maaßen*, S. 158f., Rn. 362.

teilnehmen, ist bei lebensnaher Betrachtung davon auszugehen, dass die Unternehmen zumindest zu diesem Zeitpunkt beabsichtigen, den späteren Standard umzusetzen und damit die sich aus ihm ergebenden wirtschaftlichen Vorteile zu nutzen. Andernfalls würde eine Teilnahme an der Normung nur wenig Sinn ergeben. Durch den durch die Teilnahme am Normungsprozess nach außen tretenden Willen, den erarbeiteten Standard umsetzen zu wollen, binden sich die Unternehmen trotz fehlender Umsetzungsverpflichtung seitens der Standardsetzungsorganisationen zumindest faktisch und legen ihr Marktverhalten für die Zukunft fest. Der Auffangtatbestand der aufeinander abgestimmten Verhaltensweisen muss insoweit nicht mehr bemüht werden.

Der Erarbeitung der Norm entsprechend ist auch die Verabschiedung des endgültigen Standards als Vereinbarung zwischen Unternehmen bzw. als Beschluss einer Unternehmensvereinigung zu bewerten. Die Verabschiedung des endgültigen Standards stellt nur insofern eine Besonderheit dar, dass sie im Standardisierungsprozess die letzte inhaltliche Entscheidung der Unternehmen ist. Auf die Bewertung im Rahmen des Art. 101 Abs. 1 AEUV hat dies keine Auswirkungen: Den für das Eingreifen des Kartellverbotes maßgeblichen Willen der Unternehmen, den entwickelten Standard umsetzen zu wollen und damit ihr Verhalten für die Zukunft festzulegen, kann man bereits während der gesamten Teilnahme am Normungsprozess annehmen, nicht erst bei Verabschiedung des endgültigen Standards.

Schließlich kann die Veröffentlichung der Norm ebenfalls den von Art. 101 Abs. 1 AEUV erfassten Formen des Zusammenwirkens unterfallen. Dass es sich bei der Veröffentlichung auf den ersten Blick um eine einseitige Maßnahme der jeweiligen Standardisierungsorganisation handelt, steht dieser Bewertung nicht entgegen. Durch die Veröffentlichung empfiehlt die Standardisierungsorganisation den an der Normung beteiligten aber auch dritten Unternehmen, den Standard anzuwenden und umzusetzen. Zwar kennt das europäische Kartellrecht kein allgemeines Empfehlungsverbot; eine Empfehlung ist jedoch kartellrechtlich relevant, wenn sie Ausdruck des Willens der empfehlenden Vereinigung ist, das Verhalten der Adressaten auf dem Markt zu koordinieren, und wenn auch seitens der Adressaten tatsächlich eine Verhaltenskoordinierung erfolgt. Durch die Veröffentlichung einer technischen Norm mit der ihr innewohnenden Empfehlung zur Anwendung derselben will eine Standardisierungsorganisation das Verhalten ihrer Mitglieder und Dritter auf dem Markt in eine entsprechende Richtung lenken und koordinieren. Die erforderliche Abstimmung der angesprochenen Unternehmen liegt in der Befolgung der Empfehlung. Diese Befolgung geht über ein zulässiges, bloßes gleichförmiges Parallelverhalten hinaus, da ein den Standard umsetzendes Unternehmen in dem Bewusstsein handelt, dass aufgrund der Beteiligung Vieler an der Normung eine Vielzahl von Unternehmen entsprechend handeln und den Standard anwenden wird; zudem könnte die Standardisierungsorganisation ihr Ziel nicht ohne das Mitwirken der Unternehmen verwirklichen.

III. Verhinderung, Verfälschung oder Einschränkung des Wettbewerbs

Das Europäische Kartellverbot des Art. 101 Abs. 1 AEUV verbietet Vereinbarungen zwischen Unternehmen, Beschlüsse von Unternehmensvereinigungen und aufeinander abgestimmte Verhaltensweisen jedoch nur dann, wenn sie zu einer Verhinderung, Verfälschung oder Einschränkung des Wettbewerbs führen. Nachdem im vorausgegangenen Abschnitt dargestellt worden ist, dass verschiedene Stadien des Normungsprozesses Formen des von Art. 101 Abs. 1 AEUV erfassten Zusammenwirkens darstellen, soll sich der folgende Teil daher mit der Frage befassen, ob Vereinbarungen über Normen zu einer Beschränkung des Wettbewerbs auf dem Markt führen. Die Feststellung einer Wettbewerbsbeschränkung setzt zunächst die Abgrenzung des relevanten Marktes voraus, d.h. des Marktes bzw. der verschiedenen Märkte, die durch Vereinbarungen über Normen betroffen sein können (dazu sogleich Kap. 2. A. III. 1.), um im Anschluss den zentralen Aspekt der möglichen Wettbewerbsbeschränkung in den Blickpunkt zu rücken (dazu Kap. 2. A. III. 2.).

1. Relevanter Markt

Damit eine Auseinandersetzung mit der Frage erfolgen kann, ob Vereinbarungen über Normen zu Wettbewerbsbeschränkungen führen[541], ist zunächst festzustellen, auf welche Märkte sich technische Standardisierung überhaupt auswirken kann. Es sind also die relevanten Märkte abzugrenzen. Dabei soll nicht die umfangreiche Kasuistik zur Marktabgrenzung universal erörtert werden; die Ausführungen beschränken sich vielmehr auf die für die Bewertung von technischer Standardisierung maßgeblichen Aspekte. Für einzelne Normungsvorhaben ist die Marktabgrenzung – wie bei jeder zu untersuchenden Absprache – ohnehin im Einzelfall vorzunehmen. Hier können nur die allgemeinen Grundprinzipien im Hinblick auf technische Standardsetzung dargelegt werden.

---

541 Vgl. auch *Roth/Ackermann*, in: FK, Art. 81 Abs. 1 EG Grundfragen, Rn. 365 (Die Abgrenzung des relevanten Marktes im Rahmen des Art. 101 Abs. 1 AEUV ist kein Selbstzweck, sondern „dient (...) der Prüfung der Wettbewerbsbeschränkung und ihrer Spürbarkeit."). Siehe ferner Bekanntmachung der Kommission über die Definition des relevanten Marktes, ABl. 1997 C 372/5, Rn. 11. Zur Bestimmung der Marktanteile der beteiligten Unternehmen – die für das Eingreifen der Bagatellbekanntmachung relevant werden können (dazu unten Kap. 2. A. III. 2. d)) – ist eine Abgrenzung der relevanten Märkte ebenfalls erforderlich. Schließlich wird in der Praxis beim Zwischenstaatlichkeitskriterium (dazu unten Kap. 2. A. III. 3.) zunehmend stärker auf die wirtschaftlichen Rahmenbedingungen einer Absprache abgestellt und die Frage, ob Unternehmen keinem oder nur schwachem Wettbewerb ausgesetzt sind, spielt zudem für die Anwendung des Art. 101 Abs. 3 AEUV eine wesentliche Rolle, vgl. *Eilmansberger*, in: Streinz, EUV/AEUV, 2. Aufl., 2012, vor Art. 101 AEUV, Rn. 37.

Der relevante Markt ergibt sich durch eine sachliche, räumliche und ggf. zeitliche Marktabgrenzung. Die sachliche Marktabgrenzung erfolgt nach ständiger Rechtsprechung von EuGH und EuG sowie der Entscheidungspraxis der Kommission nach dem Bedarfsmarktkonzept. Danach handelt es sich um ein und denselben Markt, wenn die betreffenden Erzeugnisse oder Dienstleistungen aus Sicht der Marktgegenseite austauschbar sind (Substituierbarkeit).[542] Insoweit kommt es in der Regel auf die Sicht der Nachfrager an.[543] Die Frage der Austauschbarkeit ist dabei keine „Grundsatz-, sondern (...) eine Gradfrage“[544]: Austauschbarkeit meint insofern nicht, dass ein Produkt „eins zu eins“ durch ein anderes ersetzt werden kann (vollkommene Substituierbarkeit); sondern es genügt „ein hinreichender Grad von Austauschbarkeit“.[545] Dies ist eine Wertungsfrage, zu deren Beantwortung im Einzelfall z.B. der SSNIP-Test (dazu unten Kap. 2. A. III. 1. a)) herangezogen wird. Der räumlich relevante Markt wird von der Kommission als das „Gebiet, in dem die beteiligten Unternehmen die relevanten Produkte oder Dienstleistungen anbieten, in dem die Wettbewerbsbedingungen hinreichend homogen sind und das sich von benachbarten Gebieten durch spürbar unterschiedliche Wettbewerbsbedingungen unterscheidet“[546] definiert. Die Kommission stellt in der Regel zumindest auf den Binnenmarkt als räumlich relevanten Markt ab; nur in Ausnahmen legt sie ein engeres Verständnis der räumlich relevanten Marktabgrenzung zu Grunde.[547] Der Abgrenzung des relevanten Marktes in zeitlicher Hinsicht kommt nur vereinzelt besondere Bedeutung zu.[548] Sie wird vorwiegend in Fällen herangezogen, in denen Angebot und Nachfrage nach einem Produkt oder einer Dienstleistung zeitlichen Beschränkungen unterliegen[549] oder in denen die Wirkungen einer Absprache zeitlich begrenzt sind.[550]

Da sich die Wettbewerbsbeeinträchtigungen, die von den durch Art. 101 Abs. 1 AEUV erfassten Verhaltensweisen ausgehen, ggf. in verschiedene Richtungen auswirken, können bei technischer Normung mehrere Märkte relevant sein.[551] Auch die

542 Vgl. Bekanntmachung der Kommission über die Definition des relevanten Marktes, ABl. 1997 C 372/5, Rn. 7; ferner *Hengst*, in: Langen/Bunte, Band 2, 12. Aufl., 2014, Art. 101 AEUV, Rn. 253.

543 *Roth/Ackermann*, in: FK, Art. 81 Abs. 1 EG Grundfragen, Rn. 379. Zur hilfsweise heranzuziehenden Angebotssubstituierbarkeit siehe Bekanntmachung der Kommission über die Definition des relevanten Marktes, ABl. 1997 C 372/5, Rn. 20ff.

544 *Eilmansberger*, in: Streinz, EUV/AEUV, 2. Aufl., 2012, vor Art. 101 AEUV, Rn. 45.

545 EuGH, Slg. 1979, 461, Rn. 28 – Hoffmann-La Roche.

546 Bekanntmachung der Kommission über die Definition des relevanten Marktes, ABl. 1997 C 372/5, Rn. 8. Sie geht davon aus, dass die Abgrenzung der relevanten Märkte im Rahmen des Art. 101 AEUV und des Art. 102 AEUV (ex-Art. 85 bzw. 86 EG-Vertrag) einheitlichen Grundsätzen folgt, vgl. ebd., Rn. 11.

547 *Hengst*, in: Langen/Bunte, Band 2, 12. Aufl., 2014, Art. 101 AEUV, Rn. 258.

548 *Hengst*, in: Langen/Bunte, Band 2, 12. Aufl., 2014, Art. 101 AEUV, Rn. 262; *Roth/Ackermann*, in: FK, Art. 81 Abs. 1 EG Grundfragen, Rn. 396.

549 *Roth/Ackermann*, in: FK, Art. 81 Abs. 1 EG Grundfragen, Rn. 396.

550 Vgl. *Hengst*, in: Langen/Bunte, Band 2, 12. Aufl., 2014, Art. 101 AEUV, Rn. 262.

551 Vgl. auch *Roth/Ackermann*, in: FK, Art. 81 Abs. 1 EG Grundfragen, Rn. 365.

Kommission geht in den Horizontalleitlinien 2011 davon aus, dass vier verschiedene Märkte durch die Standardisierungstätigkeit betroffen sein können: 1. Die Produkt- und Dienstleistungsmärkte, auf die sich die Normen beziehen; 2. Die Technologiemärkte, wenn die Normung die Technologiewahl beinhaltet und die Rechte des geistigen Eigentums getrennt von den Produkten vermarktet werden; 3. Der Markt für die Festsetzung von Normen, wenn mehrere Normenorganisationen bestehen; 4. Der Markt für die Prüfung und Zertifizierung.[552]

a) Produkt- und Dienstleistungsmärkte

Die von technischer Standardisierung betroffenen Produkt- bzw. Dienstleistungsmärkte können nach den oben aufgezeigten Grundsätzen näher bestimmt werden. Für die im Rahmen der sachlichen Marktabgrenzung erforderliche Austauschbarkeit kommt es nach der Bekanntmachung der Kommission über die Definition des relevanten Marktes insbesondere auf die Eigenschaften, die Preise und den vorgesehenen Verwendungszweck der Produkte an.[553] Bei Vereinbarungen über Normen spielen besonders technische Eigenschaften für die Frage der Substituierbarkeit eine entscheidende Rolle. Kann z.B. aufgrund verschiedener Maße, Qualitätsunterschiede oder fehlender Kompatibilität ein Produkt nicht durch ein anderes ersetzt werden, so besteht keine Substituierbarkeit und es sind unterschiedliche Märkte betroffen.

Zweites Kriterium, anhand dessen die Austauschbarkeit von Produkten im Rahmen der sachlichen Marktabgrenzung beurteilt werden kann, ist der Preis. Dies kann jedoch nicht bedeuten, dass bei Vorliegen unterschiedlicher Preisniveaus ohne Weiteres von unterschiedlichen Märkten auszugehen ist. Eine solche Schlussfolgerung würde gerade bei technisch gleichwertigen Produkten häufig zu widersinnigen Ergebnissen führen, da bei homogenen Produkten vorwiegend die Möglichkeit des Preiswettbewerbs verbleibt. Allenfalls erhebliche Preisunterschiede können somit auf unterschiedliche Märkte hindeuten.[554] Allerdings kann der Preis wie folgt als Kriterium zur Feststellung der Austauschbarkeit herangezogen werden: Die Kommission wendet diesbezüglich den sog. SSNIP-Test[555] an.[556] Danach wird geprüft, ob

---

552 Horizontalleitlinien 2011, ABl. 2011 C 11/1, Rn. 261.

553 Bekanntmachung der Kommission über die Definition des relevanten Marktes, ABl. 1997 C 372/5, Rn. 7.

554 Vgl. auch *Füller*, in: MüKo, 2. Aufl., Bd. 1, Europäisches Wettbewerbsrecht, Einl. D, Rn. 1044.

555 „Small but significant non-transitory increase in price"; ebenfalls „Kreuzpreiselastizität" genannt. Auch bei hauptsächlicher Anwendung des Bedarfsmarktkonzeptes und trotz der Schwächen des SSNIP-Tests (dazu *Füller*, in: MüKo, 2. Aufl., Bd. 1, Europäisches Wettbewerbsrecht, Einl. D, Rn. 1040, 1046ff.) ist ein Rückgriff auf diesen möglich (vgl. *Emmerich*, in: Immenga/Mestmäcker, Wettbewerbsrecht, 5. Aufl., 2012, Art. 101 Abs. 1 AEUV, Rn. 155, 157) und wird ergänzend von der Kommission vorgenommen.

556 Bekanntmachung der Kommission über die Definition des relevanten Marktes, ABl. 1997 C 372/5, Rn. 15ff.

Nachfrager auf kleine, dauerhafte Preiserhöhungen eines Produktes zwischen 5 % und 10 % mit einer Abwanderung zu anderen Produkten reagieren würden.[557] Wenn die Abwanderung so groß ist, dass sie die Preiserhöhung unwirtschaftlich machen würde, sind die geprüften Alternativprodukte dem Markt der Ausgangsprodukte zuzurechnen.[558] Bleiben die Nachfrager in ausreichender Zahl trotz Preiserhöhungen beim Ausgangsprodukt, so sind die Alternativprodukte nicht dem relevanten Markt der Ausgangsprodukte zuzuordnen. Insbesondere bei Vorliegen von Netzwerkeffekten (dazu oben Kap. 1. B. II.) ist jedoch bei Anwendung dieses Modells zu berücksichtigen, dass die Abnehmer ggf. einen höheren Preis akzeptieren würden, um sich die aus dem Netzwerk ergebenden Vorteile zu erhalten.[559] Weiterhin wird die Nachfragesubstitution durch die bei einer möglichen Umstellung von einem Produkt auf ein anderes entstehenden Umstellungskosten beeinflusst:[560] Würden bei einer solchen Umstellung hohe Kosten anfallen, so scheuen die Nachfrager häufig den entsprechenden Wechsel. Dies kann insbesondere bei der technischen Standardisierung relevant werden, da Unternehmen, die sich für die Umsetzung eines bestimmten Standards entschieden haben, in der Regel ihre gesamte Herstellung des betreffenden Produktes auf den Standard ausrichten; Entsprechendes gilt auf Verbraucherseite beim Erwerb standardisierter Produkte. Eine Umstellung würde häufig hohe switching costs verursachen, sodass der „alte“ Standard weiterhin verwendet wird (siehe auch oben Kap. 1. B. III. 3.).

Drittes Kriterium, anhand dessen die Austauschbarkeit beurteilt werden kann, ist der Verwendungszweck der Produkte. Produkte, die einen übereinstimmenden Verwendungszweck haben, bilden einen einheitlichen Markt – auch wenn ihre Eigenschaften verschieden sein mögen.[561] Denn bei übereinstimmendem Verwendungszweck konkurrieren die Produkte miteinander. Auch Verbraucherpräferenzen können eine Rolle dabei spielen, ob Produkte als austauschbar anzusehen sind.[562] Obwohl Produkte in ihrem Verwendungszweck übereinstimmen, können sie unterschiedlichen sachlichen Märkten zuzuordnen sein, wenn die Verbraucher sie nicht als gleichwertig ansehen.[563] Umgekehrt können auch objektiv zunächst unterschiedliche Produkte demselben Markt zuzurechnen sein, wenn die Verbraucher sie als austauschbar betrachten.[564]

---

557 Vgl. *Eilmannsberger*, in: Streinz, EUV/AEUV, 2. Aufl., 2012, vor Art. 101 AEUV, Rn. 47.

558 *Roth/Ackermann*, in: FK, Art. 81 Abs. 1 EG Grundfragen, Rn. 374.

559 So auch *Zorn*, S. 96 („spielt der Preis möglicherweise eine untergeordnete Rolle“). Zu generellen Problemen bei der Anwendung des SSNIP-Tests siehe *Roth/Ackermann*, in: FK, Art. 81 Abs. 1 EG Grundfragen, Rn. 375, 387f.

560 *Roth/Ackermann*, in: FK, Art. 81 Abs. 1 EG Grundfragen, Rn. 389.

561 Vgl. *Roth/Ackermann*, in: FK, Art. 81 Abs. 1 EG Grundfragen, Rn. 382.

562 Bekanntmachung der Kommission über die Definition des relevanten Marktes, ABl. 1997 C 372/5, Rn. 41.

563 Vgl. *Roth/Ackermann*, in: FK, Art. 81 Abs. 1 EG Grundfragen, Rn. 390.

564 So auch *Zorn*, S. 95.

Weiterhin kann sich die Frage stellen, ob bei der technischen Normung eines Teilproduktes der relevante Markt auch die Endprodukte umfasst. Tatsächlich betreffen Normen häufig nur eine Komponente eines Endproduktes. Auch insoweit ist wiederum die Sicht der Verbraucher maßgeblich: Werden die Teilprodukte von Abnehmern auch einzeln nachgefragt, so sind die Endprodukte nicht dem Markt der Komponenten zuzurechnen.[565] Erfolgt in der Regel allein eine Abnahme des Endproduktes, so spricht dies für einen einheitlichen Markt, dem auch die Teilprodukte zuzurechnen sind. Zudem kann, wie bereits oben grundsätzlich dargestellt, auch bei der Marktabgrenzung hinsichtlich eines Teilproduktes geprüft werden, ob eine dauerhafte Erhöhung des Preises dieser Komponente dazu führen würde, dass die Abnehmer in solch großen Umfang zu einem anderen Endprodukt abwanderten, dass die Preiserhöhung unwirtschaftlich wäre.

Als räumlich relevanter Markt kann bei technischer Normung – zumindest wenn es sich um europäische Normen handelt – der Binnenmarkt herangezogen werden; bei internationalen Normen ist der Weltmarkt in Betracht zu ziehen. Ein engeres Verständnis des räumlich relevanten Marktes kommt allenfalls bei nationalen Normen in Betracht. Doch selbst bei diesen ist im Einzelfall zu prüfen, ob sie nicht über nationale Grenzen hinaus Wirkung entfalten.[566] Allgemein wird der räumlich relevante Markt bei Standardisierungskooperationen eher weit zu ziehen sein, da sich das angestrebte Ziel der Kompatibilität erst durch eine weite Verbreitung des Standards erreichen lässt.[567]

Auch die zeitliche Dimension kann bei der Marktabgrenzung im Bereich der technischen Standardisierung eine gewisse Rolle spielen. Soll erstmals für einen bestimmten Bereich eine technische Norm festgelegt werden, so sind zu diesem Zeitpunkt dem relevanten Markt noch alle Produkte zuzurechnen, die aufgrund ihrer technischen Eigenschaften und Merkmale austauschbar sind bzw. zu diesem Zeitpunkt noch miteinander konkurrieren.[568] Besteht aber bereits seit geraumer Zeit für ein Produkt ein technischer Standard und soll dieser z.B. durch einen anderen ersetzt werden, so ist es möglich, dass sich der relevante Markt auf den ursprünglichen Standard beschränkt. Denn ist dieser weit verbreitet, so bestehen in der Regel keine oder nur in sehr beschränktem Umfang konkurrierende Standards. Zudem ist zu berücksichtigen, dass eine Vereinbarung über Normen auch über die Geltungsdauer hinaus, die die entsprechende Technologie bei Fehlen ihrer Implementierung in einen technischen Standard auf dem Markt haben würde, Wirkung entfalten kann, wenn die Anwender trotz neuerer oder besserer Technologien aufgrund des Lock-in-Effekts in einem alten Standard verharren.[569]

565 Vgl. auch *Zorn*, S. 97. Ferner *Roth/Ackermann*, in: FK, Art. 81 Abs. 1 EG Grundfragen, Rn. 385; *Eilmansberger*, in: Streinz, EUV/AEUV, 2. Aufl., 2012, vor Art. 101 AEUV, Rn. 48 m.V.a. Kommission, ABl. 1988 L 65/19, Rn. 55 – Eurofix-Bauco/Hilti.
566 Vgl. auch *Zorn*, S. 99.
567 Vgl. *M. Jakobs*, S. 82.
568 Vgl. auch *Zorn*, S. 101.
569 Siehe dazu oben Kap. 1. B. III. 3.

b) Technologiemärkte

Technische Normung kann ebenfalls Auswirkungen auf die Technologiemärkte haben.[570] Technologiemärkte „bestehen aus dem geistigen Eigentum, für das Lizenzen erteilt werden, und seinen nahen Substituten, d.h. anderen Technologien, die die Kunden stattdessen nutzen könnten".[571] Wird Wissen durch Rechte des geistigen Eigentums privatisiert, so kann der Inhaber das erworbene Recht unabhängig von dem Produkt, in dem es ggf. ursprünglich verkörpert war, handeln.[572]

Bei der sachlichen Marktabgrenzung von Technologiemärkten kommen die gleichen Grundsätze wie auch bei der Abgrenzung von Produkt- und Dienstleistungsmärkten zum Tragen. Nach dem Bedarfsmarktkonzept bestehen die relevanten Technologiemärkte somit „aus den lizenzierten Technologierechten und ihren Substituten, das heißt anderen Technologien, die von Lizenznehmern aufgrund ihrer Eigenschaften, ihrer Lizenzgebühren und ihres Verwendungszwecks als mit den lizenzierten Technologierechten austauschbar oder substituierbar angesehen werden".[573] Daraus ergibt sich, dass nicht jede geschützte Technologie bereits aufgrund ihres Schutzes durch ein Recht des geistigen Eigentums einen eigenen Markt darstellen muss; denn auch eine geschützte Technologie kann ggf. durch andere geschützte oder nicht geschützte Technologien nach den oben genannten Kriterien (Verwendungszweck etc.) substituierbar sein.[574] Technische Standardsetzung greift in diese Technologiemärkte ein: Wenn eine Norm eine ganz konkrete, durch Rechte des geistigen Eigentums geschützte Technologie vorsieht, so wird in der Regel der bis dahin bestehende Wettbewerb zwischen verschiedenen konkurrierenden Technologien beendet. Denn ab dem Zeitpunkt der Standardisierung sind die verschiedenen Technologien ggf. nicht mehr untereinander substituierbar, da nur eine bestimmte Technologie den Standard erfüllt.

Für die räumliche Marktabgrenzung der Technologiemärkte gelten ebenfalls die allgemeinen Grundsätze: Der räumlich relevante Markt ist dementsprechend „das Gebiet, in dem die beteiligten Unternehmen die (...) Technologierechte lizenzieren, in dem die Wettbewerbsbedingungen hinreichend homogen sind und das sich von

---

570 Vgl. Horizontalleitlinien 2011, ABl. 2011 C 11/1, Rn. 261. In den Horizontalleitlinien 2001 hat die Kommission die Technologiemärkte im Zusammenhang mit der Normung noch nicht ausdrücklich berücksichtigt. Dort sprach sie davon, dass Vereinbarungen über Normen „ihre Wirkungen auf drei möglichen Märkten [zeitigen]", Horizontalleitlinien 2001, ABl. 2001 C 3/2, Rn. 161. Zur Abgrenzung von Technologiemärkten ausführlich *Früh*, S. 260ff.

571 Vgl. Horizontalleitlinien 2011, ABl. 2011 C 11/1, Rn. 116.

572 *Früh*, S. 235.

573 Leitlinien zur Anwendung von Artikel 101 des Vertrags über die Arbeitsweise der Europäischen Union auf Technologietransfer-Vereinbarungen, ABl. 2014 C 89/3, Rn. 22 (im Folgenden: Technologietransfer-Leitlinien).

574 Vgl. *Picht*, S. 434. Etwas anderes könnte gelten, wenn es sich um eine standardessentielle geschützte Technologie handelt, vgl. *Körber*, S. 32f. sowie *Heyers*, WRP 2014, 1253, 1256. Vgl. dazu auch BGHZ 160, 67, unter A. III. 2. – Standard-Spundfaß.

benachbarten Gebieten durch spürbar unterschiedliche Wettbewerbsbedingungen unterscheidet".[575] Die räumliche Ausdehnung des Technologiemarktes muss also nicht zwangsläufig mit der Ausdehnung der Produktmärkte übereinstimmen.[576] Im Zusammenhang mit technischer Standardsetzung kommt es für die räumliche Abgrenzung des Technologiemarktes damit zum einen auf die „Reichweite" des Standards an, d.h. ob er nur national, europaweit oder weltweit umgesetzt wird und somit für diese Reichweite Lizenzen vergeben werden. Zum anderen auf die räumliche Geltungskraft des entsprechenden Schutzrechts, d.h. ob es sich z.B. um rein nationale Patente oder ein Europäisches Einheitspatent handelt.[577]

In zeitlicher Hinsicht ist zu berücksichtigen, dass die Schutzrechte des geistigen Eigentums nicht unbeschränkt fortbestehen,[578] sodass es nach Ablauf des entsprechenden Rechtes zu einer Ausdehnung des relevanten Marktes kommen kann.

c) Markt für die Festsetzung von Normen und Markt für die Prüfung und Zertifizierung

Schließlich können zwei weitere Märkte durch technische Standardisierung betroffen sein:[579] Zum einen der Markt für die Festsetzung von Normen. Zwar bestehen sowohl auf nationaler, regionaler als auch internationaler Ebene große Normungsorganisationen mit zahlreichen Mitgliedern, die einen Großteil der technischen Normung auf dem entsprechenden Gebiet durchführen. Dennoch existieren auch weiterhin kleinere Foren und Konsortien, die sich der technischen Normung ganz spezieller Bereiche widmen. Folglich kann es hinsichtlich bestimmter Normungsgegenstände zu Überschneidungen von Normen konkurrierender Standardisierungskooperationen kommen und damit ein eigener Markt für die Festsetzung von Normen bestehen. Hinsichtlich der sachlichen Marktabgrenzung gelten insoweit die oben aufgezeigten allgemeinen Grundsätze, nach denen es sich um ein und denselben Markt handelt, wenn die von verschiedenen Normungsorganisationen entwickelten technischen Standards als austauschbar angesehen werden, also denselben Normungsgegenstand betreffen. Bei der räumlichen Marktabgrenzung ist zu berücksichtigen, inwieweit die jeweiligen konkurrierenden Normen „Geltungskraft" besitzen, gemeint ist, in welchem räumlichen Gebiet die jeweilige Normungsorganisation die von ihr entwickelte Norm etabliert hat bzw. etablieren will.

---

575 Technologietransfer-Leitlinien, ABl. 2014 C 89/3, Rn. 24.

576 Vgl. Technologietransfer-Leitlinien, ABl. 2014 C 89/3, Rn. 24.

577 Zu den Wirkungen des Einheitspatents siehe etwa *Luginbühl*, GRUR Int 2013, 305, 308f.

578 So beträgt etwa die Laufzeit eines Europäischen Patents nach Art. 63 Abs. 1 des Europäischen Patentübereinkommens 20 Jahre; die eines eingetragenen Gemeinschaftsgeschmacksmusters fünf Jahre, vgl. Art. 12 der Verordnung (EG) Nr. 6/2002 des Rates vom 12.12.2001 über das Gemeinschaftsgeschmacksmuster, ABl. 2002 L 3/1.

579 S. auch Horizontalleitlinien 2011, ABl. 2011 C 11/1, Rn. 261.

Zum anderen kann durch technische Standardsetzung der Markt für die Prüfung und Zertifizierung betroffen sein. Dieser wird durch Vereinbarungen über Normen betroffen, da Normen häufig auch als Qualitätsmerkmal von Produkten fungieren (siehe dazu oben Kap. 1. B. I. 7.). Die Verbreitung einer Norm kann durch die Verwendung von Gütesiegeln, Logos und sonstiger Zertifikate verbessert werden, die die Normerfüllung belegen und dem Kunden auf diese Weise Sicherheit vermitteln. Prüfungs- und Zertifizierungsvereinbarungen gehen damit aber über das eigentliche Ziel der technischen Standardisierung hinaus und stellen normalerweise eine eigene Vereinbarung und einen eigenen Markt dar.[580]

2. *Wettbewerbsbeschränkung*

Wie bereits dargestellt werden kartellrechtlich relevante Absprachen in Form von Vereinbarungen zwischen Unternehmen, Beschlüssen von Unternehmensvereinigungen und aufeinander abgestimmten Verhaltensweisen nur dann durch Art. 101 Abs. 1 AEUV verboten, wenn sie eine Verhinderung, Einschränkung oder Verfälschung des Wettbewerbs bezwecken oder bewirken. Sowohl in der Rechtsprechung der europäischen Gerichte als auch in der Literatur wird zwischen den Begriffen Verhinderung, Einschränkung und Verfälschung des Wettbewerbs kaum unterschieden[581] und als Oberbegriff für alle Varianten werden u.a. die Bezeichnungen Wettbewerbsbeschränkung[582], Wettbewerbsbeeinträchtigung[583] oder auch Wettbewerbsstörung[584] genutzt.[585] Die vom Gesetz verwendeten Begriffe werden also in der Regel als austauschbar angesehen. Das gilt auch für diese Arbeit.

Um sich mit Wettbewerbsbeeinträchtigungen auseinandersetzen zu können, kommt der Bestimmung des Wettbewerbsbegriffes naturgemäß grundlegende

580 Horizontalleitlinien 2011, ABl. 2011 C 11/1, Rn. 310.

581 Teilweise wird eine Differenzierung zwischen den Begriffen vorgenommen: Dann wird unter Verhinderung des Wettbewerbs dessen gänzliche Ausschaltung oder Beseitigung verstanden, was jedoch nur in sehr begrenzten Ausnahmefällen gegeben sein wird, vgl. *Stockenhuber*, in: Grabitz/Hilf, Art. 81 EGV, 16. EL 2000, Rn. 121.

582 EuGH, Slg. 1980, 3125 – FEDETAB.

583 EuGH, Slg. 1966, 282, S. 303 – Maschinenbau Ulm; EuGH, Slg. 1971, 949, Rn. 31/32 – Béguelin.

584 EuGH, Slg. 1966, 282, S. 303/304 – Maschinenbau Ulm; EuGH, Slg. 1971, 949, Rn. 7/9 – Béguelin; EuGH, Slg. 1980, 3775, Rn. 19 – L'Oréal.

585 Vgl. *Bechtold/Bosch/Brinker/Hirsbrunner*, Art. 81 EG, Rn. 67; *Gonzales-Diáz*, in: Loewenheim/Meessen/Riesenkampff, Art. 81 Abs. 1 EG, Rn. 104; *Eilmansberger*, in: Streinz, EUV/AEUV, 2. Aufl., 2012, Art. 101 AEUV, Rn. 38; *Roth/Ackermann*, in: FK, Art. 81 Abs. 1 EG, Rn. 235; *Fuchs*, ZWeR 2007, 369, 370. Teilweise wird auch der Begriff Verfälschung als Oberbegriff herangezogen, unter den die beiden anderen Varianten als besondere Formen einzuordnen seien, vgl. *Grill*, in: Lenz/Borchardt, Art. 101, Rn. 14; *Schröter/Voet van Vormizeele*, in: Schröter/Jakob/Klotz/Mederer, Europäisches Wettbewerbsrecht, 2. Aufl., 2014, Art. 101, Rn. 84; *Schröter/Voet van Vormizeele*, in: von der Groeben/Schwarze/Hatje, Art. 101 AEUV, Rn. 84.

Bedeutung zu. Eine allgemein anerkannte Definition des Begriffes Wettbewerb gibt es jedoch nicht.[586] Auch der EUV und das sonstige Unionsrecht definieren den Wettbewerb nicht. Was unter Wettbewerb und einer Wettbewerbsbeschränkung zu verstehen ist, muss somit mit Blick auf die Ziele, die das Unionsrecht mit dem Schutz des Wettbewerbs verfolgt, bestimmt werden.[587] Gem. Art. 3 Abs. 3 S. 1 EUV[588] strebt die Europäische Union die Errichtung eines Binnenmarktes an. Dabei ist unter Binnenmarkt der „durch Unionsrecht gestaltete Raum [zu verstehen], in dem sich die Wirtschaftsteilnehmer durch Angebot und Nachfrage ohne das Hindernis von Binnengrenzen auf unzähligen relevanten Märkten wettbewerblich betätigen können."[589] Die Wettbewerbsregeln dienen der Herstellung und Erhaltung dieses Raumes.[590] Um einer Bestimmung des Wettbewerbsbegriffes unter Heranziehung der unionsrechtlichen Ziele näher zu kommen, können die Erwägungen der Europäischen Kommission und der europäischen Gerichte berücksichtigt werden. Die Europäische Kommission hat sich mit dem *more economic approach* einer stärker auf die ökonomischen Auswirkungen abstellenden kartellrechtlichen Bewertung zugewendet und bei der Beschreibung der Funktionen des Wettbewerbs vorwiegend auf den Schutz der Verbraucherinteressen abgestellt.[591] Der EuGH stellt auch weiterhin darauf ab, dass das System des unverfälschten Wettbewerbs Beeinträchtigungen des Wettbewerbs nicht nur zu Gunsten einzelner Unternehmer und der Verbraucher, sondern auch im öffentlichen Interesse vermeiden, d.h. die Struktur des Marktes und den Wettbewerb als solchen schützen soll.[592] Es herrscht also keine Einigkeit

---

586 *Hengst*, in: Langen/Bunte, Band 2, 12. Aufl., 2014, Art. 101 AEUV, Rn. 145; *Weiß*, in: Calliess/Ruffert, 4. Aufl. 2011, Art. 101 AEUV, Rn. 77; *Beuthien*, S. 9f. mit zahlreichen Nachweisen.

587 Vgl. *Schröter/Voet van Vormizeele*, in: Schröter/Jakob/Klotz/Mederer, Europäisches Wettbewerbsrecht, 2. Aufl., 2014, Art. 101, Rn. 73 m.w.N.

588 Die Vorschrift erwähnt entgegen der bisherigen Regelung des Art. 3 Abs. 1 lit g EGV a.F. den freien Wettbewerb nicht mehr. Die Aussagen hinsichtlich des Wettbewerbsbegriffes gelten trotz Wegfalls des Art. 3 Abs. 1 lit. g EGV a.F. jedoch weiter, da die EU auch nach dem Vertrag von Lissabon durch das Protokoll Nr. 27 über den Binnenmarkt und den Wettbewerb der Sicherung unverfälschten Wettbewerbs verpflichtet ist, vgl. *Weiß*, in: Calliess/Ruffert, 4. Aufl. 2011, Art. 101 AEUV, Rn. 2; *Eilmansberger*, in: Streinz, EUV/AEUV, 2. Aufl., 2012, vor Art. 101 AEUV, Rn. 2; *Weitbrecht/Mühle*, EuZW 2010, 327.

589 *Koenig/Schreiber*, S. 1.

590 *Koenig/Schreiber*, S. 1; vgl. auch *Everling*, WuW 1990, 995, 1000.

591 Vgl. Kommission, ABl. 2009 C 45/7, Rn. 5. Siehe auch *Weitbrecht/Mühle*, EuZW 2010, 327, 329; *Weiß*, in: Calliess/Ruffert, 4. Aufl. 2011, Art. 101 AEUV, Rn. 4; *Roth/Ackermann*, in: FK, Art. 81 Abs. 1 EG, Rn. 237; *Basedow*, WuW 2007, 712; Kommission, Bericht über die Wettbewerbspolitik 2010, Rn. 12ff., verfügbar unter: http://ec.europa.eu/competition/publications/annual_report/2010/part1_de.pdf (abgerufen am 08.03.2016).

592 Vgl. EuGH, Slg. 1980, 2033, Rn. 20 – National Panasonic; EuGH, Slg. 2009, I-4529, Rn. 38f.– T-Mobile Netherlands; EuGH, Slg. 2009, I-9291, Rn. 63 – GlaxoSmithKline.

darüber, wessen Interessen der Schutz des unverfälschten Wettbewerbs vorwiegend dient. Als allgemeiner Grundkonsens steht daher allein fest, dass es sich bei Wettbewerb um einen Verhaltensprozess handelt, der „durch die Rivalität selbständiger, miteinander konkurrierender Unternehmen" gekennzeichnet ist.[593]

a) *Auswirkungen auf die Handlungsfreiheit beteiligter Unternehmen oder auf die Wahl- und Betätigungsmöglichkeit von Verbrauchern und unbeteiligten Dritten*

Die verbleibenden Unsicherheiten – auf wessen Interessen in Bezug auf den Wettbewerbsbegriff abzustellen ist – haben zur Folge, dass auch Wettbewerbsbeeinträchtigungen schwerlich klar definierbar sind. So geht ein Teil der Literatur davon aus, dass eine Wettbewerbsbeeinträchtigung dann vorliegt, wenn durch eine der kartellrechtlich relevanten Formen des Zusammenwirkens die wirtschaftliche Betätigungsfreiheit eines oder mehrerer der an der Maßnahme beteiligten Unternehmen beschränkt wird.[594] Die Vertreter einer anderen Konzeption erachten die Auswirkungen auf die Wahl- oder Betätigungsmöglichkeit Dritter (Verbraucher oder an der Absprache unbeteiligter Wettbewerber) zumindest auch für maßgeblich.[595] Während die Kommission, da sie als Schutzgut der Wettbewerbsvorschriften die Verbraucherwohlfahrt ansieht, bei der Prüfung von Wettbewerbsbeschränkungen auf die Auswirkungen auf Verbraucher und Dritte abstellt,[596] stellt der EuGH auf die (eingeschränkten) Handlungsmöglichkeiten der Unternehmen ab,[597] zieht aber ebenfalls im Einzelfall eine Beschränkung der wirtschaftlichen Handlungsfreiheit Dritter als Beurteilungskriterium heran.[598] Eine negative Auswirkung auf

---

593 *Hengst*, in: Langen/Bunte, Band 2, 12. Aufl., 2014, Art. 101 AEUV, Rn. 146; vgl. auch *Fuchs*, ZWeR 2007, 369, 371.

594 Vgl. *Emmerich*, in: Immenga/Mestmäcker, EG, Art. 81 Abs. 1 EGV, Rn. 147/148; *Khan*, in: Geiger/Khan/Kotzur, Art. 101 AEUV, Rn. 19; *Grill*, in: Lenz/Borchardt, Art. 101, Rn. 11. Natürlich ist nicht jede formale Einschränkung der wirtschaftlichen Handlungsfreiheit als Wettbewerbsbeschränkung einzuordnen, da sonst jeder Vertrag erfasst wäre, vgl. statt vieler *Aicher/Schuhmacher*, in: Grabitz/Hilf, Art. 81 EGV, 23. EL 2004, Rn. 11.

595 Vgl. *Stockenhuber*, in: Grabitz/Hilf, Art. 81 EGV, 16. EL 2000, Rn. 122; *Schröter*, in: Schröter/Jakob/Mederer, Europäisches Wettbewerbsrecht, Art. 81 Einführung, Rn. 23; *Pohlmann*, in: FK, Band 2, EG-Kartellrecht, Art. 81 Abs. 3 EG, 65. Lfg. 2008, Rn. 122; *Axster*, in: FS Lieberknecht, S. 227; *Beuthien*, S. 17ff.

596 Kommission, ABl. 1979 L 286/32, Rn. 57f. – BP Kemi-DDSF; Kommission, ABl. 1986 L 348/50, Rn. 82 – MELDOC; Kommission, ABl. 1987 L 35/36, Rn. 32 – X/Open Group. Zum Begriff des „Drittwettbewerbs" im europäischen Recht ausführlich *Schrey*, S. 5f.

597 EuGH, Slg. 1984, 883, Rn. 46 – Hasselblad; EuGH, Slg. 1995, I-3439, Rn. 19/21 – BMW/ALD; EuGH, Slg. 1998, I-1983, Rn. 13 – Javico/YSLP.

598 EuGH, Slg. 1966, 322, S. 387 – Consten und Grundig; EuGH, Slg. 1977, 1875, Rn. 20f. – Metro/SABA I; EuGH, Slg. 1966, 458, S. 485 – Italienische Republik; vgl.

die Verbraucher macht der EuGH aber nicht zur notwendigen Bedingung einer Wettbewerbsbeschränkung.[599]

Eine abschließende Stellungnahme zu der Frage, ob es für eine Wettbewerbsbeeinträchtigung im Sinne des Art. 101 Abs. 1 AEUV erforderlich ist, dass die wirtschaftliche Betätigungsfreiheit der an der Absprache beteiligten Unternehmen beschränkt ist und/oder dass die Wahlmöglichkeiten Dritter eingeschränkt sind, ist für die weitere Untersuchung nicht erforderlich; denn technische Standardisierung wirkt sich sowohl auf die Handlungsfreiheit der beteiligten Unternehmen als auch auf die Auswahlfreiheit der Verbraucher und Dritter aus. Externe Wettbewerbsbeschränkungen, d.h. Beschränkungen der wettbewerblichen Handlungsfreiheit Dritter,[600] drohen zum Beispiel, wenn die Einhaltung des Standards zur faktischen Marktzugangsvoraussetzung für Dritte wird[601] oder wenn der Einhaltung des Standards das Wesen eines Qualitätsmerkmals zukommt, sodass (nur) standardkonformen Produkten eine bestimmte Qualität(shöhe) zugeschrieben wird.[602] Eine interne Wettbewerbsbeschränkung, d.h. eine Beschränkung der wettbewerblichen Handlungsfreiheit der an der Absprache Beteiligten,[603] liegt bereits darin, dass wirtschaftlich handelnde Unternehmen zumindest faktisch an die Umsetzung des Standards gebunden sind, um die sich aus der technischen Standardisierung ergebenden Wettbewerbsvorteile nutzen zu können.[604] Auf weitere besondere Konstellationen, die zu Wettbewerbsbeschränkungen führen können, die über die beschriebenen hinausgehen, wird unter Kap. 2. B. II. eingegangen.

b) Rule of Reason

Ob bei Vorliegen einer Vereinbarung zwischen Unternehmen, eines Beschlusses einer Unternehmensvereinigung oder einer aufeinander abgestimmten Verhaltensweise eine Wettbewerbsbeschränkung anzunehmen ist, kann nicht nur davon abhängen, auf wessen Beeinträchtigung man abstellt (an der Absprache beteiligte

auch EuG, Slg. 1997, II-923, Rn. 156 – Tiercé Ladbroke. Vgl. auch *Bechtold/Bosch/Brinker/Hirsbrunner*, Art. 81 EG, Rn. 57/68.

599 Vgl. auch *Weiß*, in: Calliess/Ruffert, 4. Aufl. 2011, Art. 101 AEUV, Rn. 83/101f., der darüber hinausgehend davon ausgeht, dass sich bei der Einschränkung der Wahlmöglichkeit Dritter stets auch eine Beeinträchtigung der Handlungsfreiheit der Beteiligten feststellen lässt. Ähnlich *Stockenhuber*, in: Grabitz/Hilf, Art. 81 EGV, 16. EL 2000, Rn. 122.

600 Vgl. *Koenig/Neumann*, WuW 2009, 382, 387.

601 Dazu ausführlich Kap. 1. B. III. 4.

602 Vgl. dazu ausführlich Kap. 1. B. I. 7.

603 Vgl. *Koenig/Neumann*, WuW 2009, 382, 387, 390.

604 A.A. wohl *Schrey*, S. 21, der die Erarbeitung von Standards ausschließlich den Drittwettbewerbsfällen zuordnet, „da die Beteiligten über die Verpflichtung, an einem gemeinsamen Projekt mitzuarbeiten, hinaus keinerlei Einschränkung der wettbewerblichen Handlungsfreiheit“ unterliegen, insbesondere wenn „keine Pflicht [besteht], die gemeinsamen Standards zu übernehmen“.

Unternehmen, Verbraucher oder unbeteiligte Dritte), sondern weiterhin davon, ob bereits im Rahmen des Art. 101 Abs. 1 AEUV die positiven Auswirkungen einer solchen Absprache auf den Wettbewerb zu berücksichtigen sind. Eine derartige Berücksichtigung der wettbewerbsfördernden Aspekte und damit eine Einschränkung der Anwendung des Art. 101 Abs. 1 AEUV wird in der Literatur in Erwägung gezogen, da andernfalls durch ein weites Verständnis von Wettbewerbsbeschränkungen bereits jeder Austauschvertrag den Tatbestand verwirklichen und so das Kartellverbot „ad absurdum" geführt würde.[605] Da sich technische Standardisierung ambivalent auf den Wettbewerb auswirkt, d.h. sowohl wettbewerbsbeschränkende als auch -fördernde Wirkungen hervorruft (vgl. Kap. 1. B.), kann es für die Bejahung des Tatbestandes des Art. 101 Abs. 1 AEUV entscheidend sein, ob wettbewerbsfördernde Aspekte bereits auf Tatbestandsebene bei Prüfung der Wettbewerbsbeschränkung (dann läge ggf. bereits keine Wettbewerbsbeschränkung vor) oder erst im Rahmen des Art. 101 Abs. 3 AEUV (dann läge eine Wettbewerbsbeschränkung vor und es käme nur die Möglichkeit der Freistellung in Betracht) einzubeziehen sind. Dies ist allerdings nach wie vor umstritten:[606]

Diese Frage wird in der Regel unter dem Stichwort der Anwendbarkeit einer *rule of reason* im europäischen Wettbewerbsrecht diskutiert.[607] Darunter versteht man im Allgemeinen die Abwägung wettbewerbsbeschränkender mit wettbewerbsfördernden Effekten bereits auf Tatbestandsebene,[608] mit der Folge, dass bei Überwiegen der wettbewerbsfördernden Auswirkungen einer Absprache diese bereits nicht gegen den Tatbestand des Kartellverbotes verstößt. In einem solchen Fall gebiete es schon die Vernunft (*reason*), die Absprache trotz der ihr ebenfalls innewohnenden

---

605 So *Axster*, in: FS Lieberknecht, S. 227. Siehe auch *Schröter*, in: Schröter/Jakob/Mederer, Europäisches Wettbewerbsrecht, Art. 81 Abs. 1, Rn. 110.

606 Der Streit soll im Folgenden nur in den für die weitere Arbeit maßgeblichen Grundzügen dargestellt werden. Eine ausführliche Auseinandersetzung findet z.B. bei *Ackermann*, Art. 85 Abs. 1 EGV und die rule of reason; *Caspar*, Wettbewerbliche Gesamtwürdigung von Vereinbarungen im Rahmen von Art. 81 Abs. 1 EGV: ein Beitrag zur Auslegung des Tatbestandsmerkmals der Wettbewerbsbeschränkung im europäischen Kartellverbotsrecht, statt.

607 Dahinter steht das Problem, dass der Kartelltatbestand häufig als zu weit empfunden und eine teleologische Reduktion als erforderlich angesehen wird, vgl. *Säcker/Molle*, in: MüKo, 2. Aufl., Bd. 1, Europäisches Wettbewerbsrecht, Art. 101 AEUV, Rn. 81; *Weiß*, in: Calliess/Ruffert, Art. 81 EGV, Rn. 112. Ebenso *Beuthien*, S. 98ff. mit umfassender Auslegung des Tatbestandsmerkmals der Wettbewerbsbeschränkung nach verschiedenen Auslegungsmethoden.

608 Vgl. EuG, Slg. 2006, II-1231, Rn. 69 – O2. Zur Verschiedenartigkeit der Verwendung des Begriffes siehe *Ackermann*, S. 6ff. Nach einer weiter gefassten Definition des Begriffes *rule of reason* („europarechtliche rule of reason" oder „european-style rule of reason") sind auch nichtwettbewerbliche Belange in den Abwägungsprozess einzubeziehen, vgl. *Roth/Ackermann*, in: FK, Art. 81 Abs. 1 EG, Rn. 352; *Pohlmann*, in: FK, Art. 81 Abs. 3 EG, Rn. 101.

wettbewerblich negativen Aspekte, zuzulassen.[609] Nach der rule of reason fallen also nur solche Vereinbarungen unter das Kartellverbot, die *unreasonable* sind, d.h. „die neben den wettbewerbsbeschränkenden Wirkungen keine diese ausgleichenden positiven, wettbewerbsfördernden Wirkungen“ zeitigen.[610]

aa) Verschiedene Auffassungen in Literatur, Kommissionspraxis und Rechtsprechung der europäischen Gerichte

In Literatur, Kommissionspraxis und Rechtsprechung der europäischen Gerichte herrschen verschiedene Auffassungen zu der Frage, ob wettbewerbsfördernde Wirkungen einer Absprache bereits auf Tatbestandsebene des Art. 101 Abs. 1 AEUV zu berücksichtigen sind. Die einzelnen Positionen sollen im Folgenden etwas ausführlicher dargestellt werden, da sie für ein Verständnis der Ausführungen der europäischen Gerichte in ihren Entscheidungen und der Kommission in den Horizontalleitlinen zu der Frage, ob eine Normungsvereinbarung zu einer Wettbewerbsbeschränkung führt, grundlegend sind.

aaa) Streitstand in der Literatur

Heftig umstritten war und ist die Frage, ob diese, dem amerikanischen Wettbewerbsrecht entlehnte Konstruktion der rule of reason auch in Art. 101 Abs. 1 AEUV hineingelesen werden muss.[611] Für die Anwendung einer rule of reason wird folgendes Argument angeführt: Wenn man Art. 101 Abs. 1 AEUV nicht schematisch anwenden, sondern auch den tatsächlichen rechtlichen und wirtschaftlichen Zusammenhang der Absprache einbeziehen will, sei es nur folgerichtig, bereits auf Tatbestandsebene wettbewerbsfördernde Aspekte zu berücksichtigen.[612]

---

609 *Schmitz*, WuW 2002, 6, 8.

610 *Brinker*, in: Schwarze, Art. 101 AEUV, Rn. 48.

611 Zur rule of reason im U.S.-Antitrustrecht siehe *Terhechte*, S. 194ff.; *Axster*, in: FS Lieberknecht, S. 229ff.; Bundeskartellamt, Kooperationen zwischen Wettbewerbern, S. 17ff. Insbesondere zur sich wandelnden Bedeutung siehe *Ackermann*, S. 11ff.

612 *Eilmansberger*, in: Streinz, EUV/AEUV, 2. Aufl., 2012, Art. 101 AEUV, Rn. 78ff.; vgl. auch *Axster*, in: FS Lieberknecht, S. 232f. *Caspar*, S. 35f. will auf der Ebene des Art. 101 Abs. 1 AEUV Wettbewerbsvorteile berücksichtigen, bei denen weniger komplexe Abwägungsentscheidungen erforderlich sind, während komplexe Entscheidungen im Rahmen des Art. 101 Abs. 3 AEUV zu fällen seien. Eine Einbeziehung sonstiger Wohlfahrtsaspekte in die Abwägung soll aber auch nach Ansicht der Vertreter einer rule of reason nicht erfolgen, vgl. *Eilmansberger*, in: Streinz, EUV/AEUV, 2. Aufl., 2012, Art. 101 AEUV, Rn. 78, Fn. 254; vgl. auch *Fleischer/Körber*, WuW 2001, 6, 8. A.A. *Roth/Ackermann*, in: FK, Band 2, EG-Kartellrecht, Art. 81 Abs. 1 EG, 68. Lfg. 2009, Rn. 242, 351, 359f.

Die Gegenauffassung lehnt die Übernahme einer rule of reason in das europäische Wettbewerbsrecht ab,[613] sodass auch bei überwiegenden wettbewerbsfördernden Aspekten Art. 101 Abs. 1 AEUV auf die Absprache anwendbar sei. Als Hauptargument dieser Ansicht dient dabei die Struktur des Art. 101 AEUV: Abs. 1 stelle ein Verbot auf, die Ausnahmen davon seien in Abs. 3 geregelt. Für eine Abwägung der wettbewerblichen Vor- und Nachteile einer Absprache sei somit nicht Art. 101 Abs. 1 AEUV der richtige Ort, sondern sie könne nur im Rahmen des Abs. 3 vorgenommen werden.[614] Würde bereits in Abs. 1 eine derartige Bilanzierung zugelassen, so könnten die weiteren Voraussetzungen des Abs. 3 umgangen werden.[615]

bbb) Auffassung der Rechtsprechung

Auch in der bisherigen Rechtsprechung der europäischen Gerichte sind häufiger Konstellationen zu finden, in denen Art. 101 Abs. 1 AEUV in der Vergangenheit – obwohl dessen Voraussetzungen eigentlich erfüllt waren – nicht angewendet worden ist.[616]

Das EuG hat dazu ausgeführt, dass nicht „jede die Handlungsfreiheit eines oder mehrerer Beteiligter beschränkende Vereinbarung zwangsläufig von dem Verbot des Artikels 85 Absatz 1 EG-Vertrag [jetzt Art. 101 Abs. 1 AEUV] erfasst wird. Vielmehr sind bei der Prüfung, ob diese Bestimmung auf eine Vereinbarung anwendbar ist, der konkrete Rahmen zu berücksichtigen, in dem diese ihre Wirkungen entfaltet, insbesondere der wirtschaftliche und rechtliche Kontext, in dem die betroffenen Unternehmen tätig sind, die Art der Waren und/oder Dienstleistungen, auf die sich die Vereinbarung bezieht, sowie die tatsächlichen Bedingungen der Funktion

---

613 *Müller-Graff*, in: Vedder/Heintschel von Heinegg, Europäisches Unionsrecht, Art. 101 AEUV, Rn. 26; *Schröter/Voet van Vormizeele*, in: von der Groeben/Schwarze/Hatje, Art. 101 AEUV, Rn. 91; *Emmerich*, in: Immenga/Mestmäcker, EG, Art. 81 Abs. 1 EGV, Rn. 250; *Becker*, Rn. 17, 636ff.

614 *Schröter/Voet van Vormizeele*, in: Schröter/Jakob/Klotz/Mederer, Europäisches Wettbewerbsrecht, 2. Aufl., 2014, Art. 101, Rn. 91; *Fuchs*, ZWeR 2007, 369, 379; vgl. auch *Terhechte*, S. 234.

615 *Hengst*, in: Langen/Bunte, Band 2, 12. Aufl., 2014, Art. 101 AEUV, Rn. 191. Nach der eine rule of reason ablehnenden Auffassung ist jedoch ebenfalls stets zu prüfen, ob die Absprache wirklich vorhandenen oder potenziellen Wettbewerb beschränkt, oder ob sie ihn nicht vielmehr aufrechterhält oder erst neuen Wettbewerb entstehen lässt, vgl. *Schröter*, in: Schröter/Jakob/Mederer, Europäisches Wettbewerbsrecht, Art. 81 Abs. 1, Rn. 104. Vgl. auch *Hengst*, in: Langen/Bunte, Band 2, 12. Aufl., 2014, Art. 101 AEUV, Rn. 179.

616 So auch *Fleischer/Körber*, WuW 2001, 6, 9. Beispiele sind: selektive Vertriebssysteme, Alleinvertriebsvereinbarungen, Franchiseverträge, Unternehmensveräußerungen, vgl. *Terhechte*, S. 207ff.; *Bunte*, in: Langen/Bunte, Band 2, 11. Aufl., 2010, Art. 81, Rn. 54; *Fuchs*, ZWeR 2007, 369, 378 m.w.N.

und der Struktur des relevanten Marktes".[617] Dies könne aber keineswegs „dahin ausgelegt werden, dass (...) das Bestehen einer rule of reason im Wettbewerbsrecht der Gemeinschaft [anerkannt werde]."[618] Denn Art. 101 Abs. 3 AEUV „würde seine praktische Wirksamkeit weitgehend verlieren, wenn eine derartige Prüfung bereits im Rahmen von Artikel 85 Absatz 1 EG-Vertrag [heute Art. 101 Abs. 1 AEUV] vorgenommen werden könnte".[619]

Auch der EuGH stellt in seinen Urteilen auf die Wirkungen einer Absprache auf den Markt ab, nicht auf rein formale Kriterien.[620] Nach Ansicht des Gerichtshofs soll bei der Anwendung des Art. 101 Abs. 1 AEUV „im Einzelfall (...) der Gesamtzusammenhang, in dem der fragliche Beschluss zustande gekommen ist oder Wirkung entfaltet, und insbesondere dessen Zielsetzung" berücksichtigt werden.[621] Zur Anwendbarkeit einer rule of reason hat sich der EuGH bislang jedoch in keinem Fall ausdrücklich geäußert. In der Entscheidung *Montecantini* konnte er offenlassen, ob die rule of reason „einen Platz im Rahmen von Art. 85 Absatz 1 des Vertrages [heute Art. 101 Abs. 1 AEUV] haben sollte", da sie jedenfalls bei einem Kartell, das „Preisziele, die Einschränkung der Produktion und die Aufteilung des Marktes betrifft", also sog. Kernbeschränkungen, nicht zur Unanwendbarkeit des Art. 101 Abs. 1 AEUV führen kann.[622]

ccc) Auffassung der Kommission

Die Kommission ist im Rahmen des more economic approach dazu übergegangen, den Begriff der Wettbewerbsbeschränkung aus dem Blickwinkel der „efficiency" zu sehen, d.h. abgesehen von den Fällen der sog. Kernbeschränkungen nur noch dann eine Wettbewerbsbeschränkung anzunehmen, wenn durch Eingriffe in die Handlungsfreiheit Dritter die Effizienz ökonomischer Prozesse und insbesondere die Verbraucherwohlfahrt negativ beeinflusst werden.[623] Auch wenn die Kommission

---

617 EuG, Slg. 2001, II-2459, Rn. 76 – M6 u.a./Kommission m.V.a. EuG, Slg. 1998, II-3141, Rn. 136 – European Night Services u.a. Siehe auch EuG, Slg. 2008, II-1501, Rn. 126 – AC-Treuhand.

618 EuG, Slg. 2001, II-2459, Rn. 76 – M6 u.a./Kommission. Siehe auch EuG, Slg. 2003, II-4653, Rn. 106 – Van den Bergh Foods; EuG, Slg. 2006, II-1231, Rn. 69 – O2. Ferner *Roth/Ackermann*, in: FK, Band 2, EG-Kartellrecht, Art. 81 Abs. 1 EG, 68. Lfg. 2009, Rn. 243.

619 EuG, Slg. 2003, II-4653, Rn. 107 – Van den Bergh Foods; siehe auch EuG, Slg. 2001, II-2459, Rn. 74 – M6 u.a./Kommission.

620 Mit entsprechenden Tendenzen bereits EuGH, Slg. 1966, 282, 304 – Maschinenbau Ulm; ferner *Everling*, WuW 1990, 995, 1002.

621 EuGH, Slg. 2002, I-1577, Rn. 97 – Wouters; siehe auch EuGH, Slg. 2006, II-6991, Rn. 42 – Meca-Medina und Majcen; ferner *Hengst*, in: Langen/Bunte, Band 2, 12. Aufl., 2014, Art. 101 AEUV, Rn. 145f.

622 EuGH, Slg. 1999, I-4539, Rn. 133 – Montecantini.

623 *Emmerich*, in: Immenga/Mestmäcker, Wettbewerbsrecht, 5. Aufl., 2012, Art. 101 Abs. 1 AEUV, Rn. 108.

in den Horizontalleitlinien zunächst vermeintlich strikt zwischen der Prüfung des Art. 101 Abs. 1 AEUV und der des Abs. 3 trennt[624], bedeutet dies in der Folge, dass nach Auffassung der Kommission nicht jede Maßnahme, die die Handlungsfreiheit der Beteiligten, der Verbraucher oder Dritter beschränkt, zwangsläufig zu einer Wettbewerbsbeschränkung führe, sondern die Frage nach einer Wettbewerbsbeschränkung anhand der Wirkungen einer Maßnahme untersucht werden solle. Es sei eine Analyse vorzunehmen, bei der das tatsächliche wirtschaftliche und rechtliche Umfeld der Vereinbarung berücksichtigt werden müsse.[625] Auch die Art der Vereinbarung sowie die gemeinsame Marktmacht der Beteiligten der Absprache spiele eine Rolle.[626]

ddd) Zusammenfassung und Stellungnahme

Zumindest ein Teil der Literatur setzt sich ausdrücklich für die Anwendung einer rule of reason im europäischen Wettbewerbsrecht ein. Aus den genannten Entscheidungen des EuG und des EuGH wird teilweise der Schluss gezogen, dass die Rechtsprechungspraxis eine Anwendung der rule of reason im europäischen Wettbewerbsrecht zwar formal ablehnt, in der Sache aber dennoch – immerhin ansatzweise – anwendet.[627] Zumindest nach dem ausdrücklich erklärten Verständnis des EuG soll jedoch gerade keine Abwägung von wettbewerbsfördernden mit wettbewerbsbeschränkenden Auswirkungen einer Absprache im Sinne einer rule of reason stattfinden. Aus dieser Aussage des EuG schließen wiederum andere, dass es sich eher um einen Vergleich der jetzigen Wettbewerbssituation und der Lage, wie sie sich ohne die vermeintlich wettbewerbsbeschränkende Absprache darstellen würde, handele.[628] Wenn durch die Absprache keine Verschlechterungen eintreten, liege keine Wettbewerbsbeschränkung im Sinne des Art. 101 Abs. 1 AEUV vor.[629] Solche Absprachen ermöglichten damit Wettbewerb, der ohne sie gar nicht möglich wäre, oder seien als Nebenabrede für die zulässige „Hauptabsprache"

624 Vgl. Horizontalleitlinien 2011, ABl. 2011 C 11/1, Rn. 20, 29.

625 Horizontalleitlinien 2011, ABl. 2011 C 11/1, Rn. 29; ABl. 2004 C 101/97, Rn. 18.

626 Vgl. Horizontalleitlinien 2011, ABl. 2011 C 11/1, Rn. 39ff.

627 Vgl. *Ackermann*, S. 207; *Eilmansberger*, in: Streinz, EUV/AEUV, 2. Aufl., 2012, Art. 101 AEUV, Rn. 81; *Axster*, in: FS Lieberknecht, S. 235. Siehe auch *Schmitz*, WuW 2002, 6, 10, der den Begriff der rule of reason in diesem Zusammenhang nicht mit der Übernahme des amerikanischen Konzepts gleichgesetzt wissen will, sondern als „bloße Umschreibung der Gesamtheit der einschlägigen EuGH-Rechtsprechung" versteht.

628 Dafür kann auch die Argumentation des EuG, Slg. 2006, II-1231, Rn. 68, 70 – O2 herangezogen werden.

629 Vgl. *Fuchs*, ZWeR 2007, 369, 379. Einen anderen Ansatz verfolgen *Leupold/Weidenbach*, WuW 2006, 1003, 1009, die eine Wettbewerbsbeschränkung dann für gegeben ansehen, „wenn eine (...) Marktuntersuchung zeigt, dass die fragliche Vereinbarung entweder allokative oder dynamische Effizienzverluste bewirkt". Auf der Ebene des Art. 101 Abs. 3 AEUV könne dann eine Gesamtsaldierung der

funktionsnotwendig.[630] Ob sich die aufgezeigte Rechtsprechung jedoch vollständig und widerspruchsfrei in diese Systematik einordnen lässt – oder ob sie nicht doch zumindest eine Tendenz zur Anwendung einer rule of reason aufweist – ist wenigstens fraglich.[631] Eine ebensolche Neigung zur Berücksichtigung der positiven Effekte auf den Wettbewerb bereits auf Tatbestandsebene des Art. 101 Abs. 1 AEUV lässt sich der Kommissionspraxis und den Leitlinien der Kommission entnehmen, wenn sie auch nicht ausdrücklich als rule of reason bezeichnet wird.

bb) Auswirkungen auf die Bewertung technischer Standardisierung

Welche Auswirkungen die Berücksichtigung der wettbewerbsfördernden Aspekte einer Absprache bereits im Rahmen des Tatbestandsmerkmals der Wettbewerbsbeschränkung und damit die eingeschränkte Anwendung des Art. 101 Abs. 1 AEUV auf die Bewertung technischer Standardisierung hat, tritt besonders deutlich hervor, wenn man sich die Leitlinien zur Anwendbarkeit von Artikel 101 des Vertrags über die Arbeitsweise der Europäischen Union auf Vereinbarungen über horizontale Zusammenarbeit (Horizontalleitlinien) der Kommission anschaut. Vor allem in den Horizontalleitlinien führt die Kommission dazu aus, wann sie bei Vereinbarungen über Normen keine kartellrechtlichen Bedenken hat und bereits keine Wettbewerbsbeschränkung im Sinne des Art. 101 Abs. 1 AEUV annehmen will, sodass das Kartellverbot nicht eingreife.

Bevor jedoch inhaltlich auf die Horizontalleitlinien eingegangen wird (dazu unter Kap. 2. A. III. 2. b) bb) bbb)), soll zunächst in einem Exkurs die Bedeutung der Kommissionsleitlinien für die Anwendung des Europäischen Kartellverbotes dargestellt werden. Denn nur wenn man sich die Rechtsnatur der Leitlinien und ihre praktische Bedeutung bewusst macht, wird der Einfluss insbesondere der Horizontalleitlinien auf die Anwendung des Kartellverbotes deutlich.

aaa) Exkurs: Leitlinien der Europäischen Kommission

Da das Europäische Kartellverbot selbst nur aus den wenigen Sätzen des Art. 101 AEUV besteht und schon bei oberflächlicher Betrachtung deutlich wird, dass die Tatbestandsmerkmale ausfüllungs- und interpretationsbedürftig sind[632], hat die Europäische Kommission in verschiedenen Leitlinien, insbesondere aber in den sog. Horizontalleitlinien, Ausführungen zur Anwendbarkeit des Kartellverbotes auf Vereinbarungen über horizontale Zusammenarbeit gemacht und Hilfen zur Auslegung der Tatbestandsmerkmale des Art. 101 AEUV gegeben.

---

allokativen oder dynamischen Effizienzverluste mit anderen durch die Absprache hervorgerufenen Effizienzgewinnen erfolgen.

630 Vgl. *Weiß*, in: Calliess/Ruffert, Art. 81 EGV, Rn. 111; *Beuthien*, S. 122ff.

631 Ausführlich dazu *Fuchs*, ZWeR 2007, 369, 379ff.

632 *Ackermann*, in: Riesenhuber, § 21, Rn. 5.

(1) Rechtsnatur

Der durch die VO 1/2003 vollzogene Wechsel des Europäischen Kartellverbotes vom Verbot mit Erlaubnisvorbehalt zum System der Legalausnahme macht eine Selbsteinschätzung der Unternehmen erforderlich: Kooperierende Unternehmen müssen selbst beurteilen, ob ihre Absprache wegen eines Verstoßes gegen das Kartellverbot unwirksam oder ob sie nach Art. 101 Abs. 3 AEUV vom Kartellverbot freigestellt ist; dies birgt gewisse Risiken und Rechtsunsicherheit. Dem versucht die Europäische Kommission entgegen zu wirken, indem sie Gruppenfreistellungsverordnungen, Bekanntmachen, Mitteilungen und Leitlinien erlässt, in denen sie ihre Rechtsauffassung darlegt. Für die Bewertung technischer Standardsetzung anhand des Art. 101 AEUV erlangen insbesondere die „Leitlinien zur Anwendbarkeit von Art. 81 EG-Vertrag auf Vereinbarungen über horizontale Zusammenarbeit“[633] vom 06.01.2001 (im Folgenden: Horizontalleitlinien 2001) bzw. die „Leitlinien zur Anwendbarkeit von Art. 101 des Vertrages über die Arbeitsweise der Europäischen Union auf Vereinbarungen über horizontale Zusammenarbeit“[634] vom 14.01.2011 (im Folgenden: Horizontalleitlinien 2011) sowie die „Leitlinien zur Anwendung von Artikel 81 Absatz 3 EG-Vertrag“[635] vom 27.04.2004 Bedeutung.

Um die Relevanz der Leitlinien würdigen zu können, bietet es sich zunächst an, ihre Rechtsnatur in den Blickpunkt zu rücken. Einigkeit besteht darüber, dass jedenfalls die europäischen Gerichte nicht durch Leitlinien der Kommission gebunden werden,[636] da es ihre Aufgabe ist, über die Rechtmäßigkeit des Handelns der Kommission zu wachen.[637] Sowohl das EuG als auch der EuGH können das Kartellverbot des Art. 101 AEUV folglich unabhängig von der in den Leitlinien zum Ausdruck kommenden Auffassung der Kommission auslegen und anwenden. Obwohl der EuGH für sich die letztinstanzliche Auslegungsbefugnis bzgl. supranationalem Unionsrecht – somit auch bzgl. dem in Art. 101ff. AEUV niedergelegten Europäischen Wettbewerbsrecht – proklamiert[638], kann den Leitlinien der Kommission eine erhebliche Relevanz zukommen, falls sie Bindungswirkung für die Mitgliedstaaten oder eine Selbstbindung der Kommission entfalten:

(a) Bindungswirkung für die Mitgliedstaaten

Wie bei allen europäischen Rechtssätzen ist auch die Bindungswirkung der von der Kommission in Form von Bekanntmachungen oder Mitteilungen erlassenen

633 ABl. 2001 C 3/2.
634 ABl. 2011 C 11/1.
635 ABl. 2004 C 101/97.
636 Vgl. *Ellger*, in: Immenga/Mestmäcker, Wettbewerbsrecht, 5. Aufl., 2012, Art. 101 Abs. 3 AEUV, Rn. 72; Bundeskartellamt, Kooperationen zwischen Wettbewerbern, S. 26.
637 *Immenga/Mestmäcker*, in: Immenga/Mestmäcker, Wettbewerbsrecht, 5. Aufl., 2012, Einl EU D, Rn. 9.
638 *Pechstein/Drechsler*, in: Riesenhuber, § 8, Rn. 15.

Leitlinien für die Mitgliedstaaten der EU anhand der auf europäischer Ebene bestehenden Normenhierarchie zu bewerten. Zum Primärrecht gehören allein der Vertrag über die Europäische Union (EUV) sowie der Vertrag über die Arbeitsweise der Europäischen Union (AEUV). Da den Leitlinien auch keine Verbindlichkeit i.S.d. Art. 288 Abs. 1–4 AEUV (ex-Art. 249 Abs. 1–4 EGV) als Verordnung, Richtlinie oder Beschluss zukommt, könnte es sich bei ihnen allenfalls um eine Empfehlung oder Stellungnahme i.S.d. Art. 288 Abs. 5 AEUV handeln. Im Gegensatz zu einer Empfehlung begründen die Leitlinien bei den Adressaten jedoch die Erwartung, dass sich die Kommission an ihren Aussagen festhalten lassen will; im Unterschied zu einer Stellungahme sind die Leitlinien auf eine „unmittelbare Beeinflussung der Rechtswirklichkeit“ gerichtet.[639] Zudem sind die Leitlinien nicht aufgrund einer speziellen Ermächtigungsgrundlage erlassen worden, sodass sie kein Sekundärrecht i.S.d. Art. 288 AEUV darstellen. Es handelt sich vielmehr um bloße, von der Kommission veröffentlichte Verwaltungsgrundsätze.

Ob Leitlinien der Kommission dennoch rechtliche Bindungswirkung aufgrund des Art. 4 Abs. 3 EUV (ex-Art. 10 EGV) zukommst, ist umstritten. Nach Art. 4 Abs. 3 EUV sind u.a. die Mitgliedstaaten nach dem Grundsatz der loyalen Zusammenarbeit verpflichtet, geeignete Maßnahmen zu treffen, um die Union bei der Erfüllung ihrer Aufgaben zu unterstützen, und Maßnahmen zu unterlassen, die die Verwirklichung der Ziele der Union gefährden könnten. Die überwiegende Auffassung in der Literatur geht jedoch davon aus, dass sich aus Art. 4 Abs. 3 EUV keine Bindungswirkung für Leitlinien in Form von Bekanntmachungen oder Mitteilungen ableiten lässt.[640] Dafür spricht, dass in der VO 1/2003 die Pflicht nationaler Behörden und Gerichte, sich mit Kommissionsbekanntmachungen und -mitteilungen auseinanderzusetzen, umfassend konkretisiert und insoweit keine Bindungswirkung vorgesehen ist, sodass ein Rückgriff auf Art. 4 Abs. 3 AEUV zur Begründung einer Bindungswirkung nicht möglich erscheint.[641] Würde man über Art. 4 Abs. 3 AEUV eine mittelbare Einhaltungspflicht der Leitlinien begründen, würde „durch die Hintertür“ eine rechtliche Bindungswirkung für *soft law* begründet und somit die Normenhierarchie des Art. 288 AEUV ausgehebelt.[642] Zudem würde insbesondere eine Bindungswirkung der nationalen Gerichte dazu führen, dass sie sich an die Leitlinien halten und sich somit ggf. in Widerspruch zur Rechtsprechung des EuG und des EuGH setzen müssten, welche unstreitig nicht an die Leitlinien der Kommission gebunden sind.[643] Aus dem Grundsatz der loyalen Zusammenarbeit kann man somit folgern, dass die nationalen Behörden und Gerichte zwar nicht verpflichtet sind, die Klärung von Rechtsfragen durch eine „leitlinienkonforme“ Auslegung herbeizuführen;

639 *Thomas*, EuR 2009, 423, 424.
640 *Pampel*, EuZW 2005, 11, 12; ausführlich auch *Pohlmann*, WuW 2005, 1005 jeweils m.w.N. A.A. *Schweda*, WuW 2004, 1133, 1141.
641 *Pohlmann*, WuW 2005, 1005, 1008.
642 Bundeskartellamt, Kooperationen zwischen Wettbewerbern, S. 26f.
643 *Thomas*, EuR 2009, 423, 435f. m.w.N.

allerdings sind sie angehalten, die Leitlinien der Kommission nicht völlig zu ignorieren, sondern sich mit ihnen auseinanderzusetzen und Abweichungen ggf. zu begründen.[644] Dies liegt im Interesse einer europaweit einheitlichen Anwendung der EU-Wettbewerbsregeln und dient der Integration des Binnenmarktes,[645] sodass sich die Mitgliedstaaten einer Auseinandersetzung mit den Leitlinien nicht mutwillig entziehen werden.

Überdies ist folgender Umstand zu berücksichtigen: Wie schon angesprochen, wird aufgrund des Wechsels zum System der Legalausnahme mit Inkrafttreten der VO 1/2003 Art. 101 AEUV insgesamt unmittelbar von den Mitgliedstaaten angewendet. Die Kommission besitzt jedoch weiterhin das Recht, Verfahren über horizontale Absprachen bei Vorliegen des Zwischenstaatlichkeitsbezugs an sich zu ziehen, vgl. Art. 11 Abs. 6 VO 1/2003. Bei aus ihrer Sicht zu weitgehenden Abweichungen der nationalen Kartellbehörden von den Horizontalleitlinien ist davon auszugehen, dass sie die entsprechenden Verfahren an sich ziehen wird, sodass die nationalen Kartellbehörden zumindest faktisch zur Anwendung der in den Horizontalleitlinien festgelegten Grundsätze „gezwungen" sind.[646] Auch ist zu vermuten, dass starke Abweichungen von der (in den Leitlinien bekannt gemachten) Auslegung des Art. 101 AEUV durch die Kommission Rechtsmittel provozieren werden. Dies werden die nationalen Behörden und Gerichte voraussichtlich zu vermeiden versuchen.[647] Insoweit kann von einer „faktischen Bindungswirkung" der Leitlinien gesprochen werden.[648] Im Gegensatz zu einer rechtlichen Bindungswirkung besteht jedoch weiterhin die Möglichkeit abweichender Entscheidungen, die die nationalen Behörden und Gerichte nutzen können, um die eigene Auffassung darzulegen und als falsch empfundene Wertungen der Kommission ggf. prüfen zu lassen.

Damit sind die Leitlinien (zumindest formell) unverbindliche Vorgaben der Kommission,[649] und binden die nationalen Behörden und Gerichte nicht. Dies hat der EuGH in der Entscheidung *Expedia* nun auch erstmals allgemein für Bekanntmachungen bestätigt,[650] sodass fraglich ist, ob sich der aufgezeigte Streit weiterhin in der früheren Intensität fortsetzen wird. Die Horizontalleitlinien sowie die Leitlinien zur Anwendung von Artikel 81 Abs. 3 EG-Vertrag dienen trotz ihrer formellen Unverbindlichkeit jedoch auch den nationalen Behörden und Gerichten als

---

644 *Thomas*, EuR 2009, 423, 435; *von Graevenitz*, EuZW 2013, 169, 172 m.w.N. A.A. *Grune*, EuZW 2013, 113, 117.

645 Bundeskartellamt, Kooperationen zwischen Wettbewerbern, S. 27.

646 Vgl. auch Bundeskartellamt, Kooperationen zwischen Wettbewerbern, S. 27; *Pohlmann*, WuW 2005, 1005, 1008f. Dies wird jedoch nicht für jede noch so kleine Abweichung gelten, vgl. auch *Lübbig*, in: Wiedemann, § 7, Rn. 53.

647 *Pohlmann*, WuW 2005, 1005, 1008.

648 *Pampel*, EuZW 2005, 11, 12; Bundeskartellamt, Kooperationen zwischen Wettbewerbern, S. 27; mit etwas anderer Begründung *Geiger*, EuZW 2000, 325.

649 *Stopper*, EuZW 2001, 426.

650 EuGH, Urt. v. 13.12.2012, Az.: C-226/11, EuZW 2013, 113, Rn. 29 – Expedia. Dazu auch *Grune*, EuZW 2013, 113, 116f.

Auslegungshilfe, um eine europaweit einheitliche Anwendung des EU-Kartellrechts zu gewährleisten. Dies entspricht ebenfalls der von der Kommission in den Leitlinien zur Anwendung von Artikel 81 Abs. 3 EG-Vertrag geäußerten Auffassung hinsichtlich der „Bindungswirkung" ihrer Leitlinien gegenüber den Behörden und Gerichten der Mitgliedstaaten: „Sie sollen auch den Gerichten und Behörden der Mitgliedstaaten Anleitung bei der Anwendung von [Art. 101 Abs. 1 und 3 AEUV] geben, binden diese aber nicht."[651]

(b) Selbstbindung der Europäischen Kommission

Die Europäische Kommission selbst äußert sich in den Horizontalleitlinien 2011 nur insoweit ausdrücklich zu den Rechtswirkungen der Leitlinien, dass durch sie jedenfalls der Europäische Gerichtshof nicht gebunden werde.[652] Allerdings sollen die Leitlinien nach Auffassung der Kommission den analytischen Rahmen für die üblichsten Formen von horizontalen Vereinbarungen abstecken[653] und den Unternehmen „als Hilfestellung dienen, wenn sie ihre jeweiligen horizontalen Vereinbarungen auf Vereinbarkeit mit Artikel 101 [AEUV] prüfen".[654] Es gibt ein „großes Bedürfnis nach einer verlässlichen Guidance", bezüglich der Frage welche Sachverhalte von der Vorschrift des Art. 101 AEUV erfasst werden.[655] Dieses Bedürfnis ist insbesondere aufgrund der Notwendigkeit der Selbstveranlagung der Unternehmen im System der Legalausnahme noch gestiegen. Die Notwendigkeit einer Selbsteinschätzung gab es zwar in gewisser Form immer, da Unternehmen stets selbst prüfen mussten, ob eine Absprache gegen das Kartellverbot verstieß oder z.B. unter eine Gruppenfreistellungsverordnung fiel; allerdings bestand vor dem Wechsel zum System der Legalausnahme für die Unternehmen die Möglichkeit eventuell kartellrechtswidrige Absprachen bei der Kommission anzumelden und ein Negativattest oder eine Freistellung der Kommission zu erhalten.[656] Die Leitlinien der Kommission sollen den Unternehmen insoweit Orientierung geben und damit zur

651 ABl. 2004 C 101/97, Rn. 4.

652 ABl. 2011 C 11/1, Rn. 17 („Diese Leitlinien lassen die Rechtsprechung des Gerichtshofs der Europäischen Union zur Anwendung von Artikel 101 auf horizontale Vereinbarungen unberührt.").

653 ABl. 2011 C 11/1, Rn. 5.

654 ABl. 2011 C 11/1, Rn. 7. Indem bereits die Horizontalleitlinien 2001 den Unternehmen als Orientierung bei der Selbsteinschätzung dienen sollten, nahmen sie den nächsten Schritt der Kartellrechtsreform (Wechsel zum System der Legalausnahme durch die VO 1/2003) etwas vorweg, vgl. *Polley/Seeliger*, WRP 2001, 494, 495.

655 *Bechtold*, GRUR 2012, 107. Das Interesse an detaillierten Informationen wird ebenfalls durch den Eingang zahlreicher Stellungnahmen zum Entwurf der Horizontalleitlinien deutlich. So gingen bei der Kommission im Rahmen einer öffentlichen Konsultation zu den Horizontalleitlinien knapp 120 Stellungnahmen ein, verfügbar unter: http://ec.europa.eu/competition/consultations/2010_horizontals/index.html (abgerufen am 08.03.2016).

656 *Bechtold*, GRUR 2012, 107.

Rechtssicherheit beitragen.[657] So ist auch die Überarbeitung der Horizontalleitlinien 2001 unter der Prämisse begonnen worden, den Unternehmen bessere Anhaltspunkte für die Selbsteinschätzung ihrer Absprachen zu gewähren.[658]

Eine solche Orientierungshilfe können die Leitlinien aber nur dann darstellen, wenn die Kommission selbst davon ausgeht, dass sie sich bei der Beurteilung horizontaler Vereinbarungen an den in den Leitlinien aufgestellten Grundsätzen festhalten lassen muss.[659] Mit dem Erlass der Leitlinien hat die Kommission die Möglichkeit genutzt, ihre Auffassung zur Anwendung des Art. 101 AEUV auf horizontale Vereinbarungen und explizit auch auf Vereinbarungen über Normen zum Ausdruck zu bringen. In ihren Entscheidungen wird sie diese vorgegebene Linie verfolgen und sich – sollten keine besonderen Umstände vorliegen – an die aufgestellten Grundsätze halten. Die Selbstbindung der Kommission folgt insoweit aus dem Gleichheitssatz sowie dem öffentlich-rechtlichen Grundsatz des Vertrauensschutzes, insbesondere wenn Verwaltungsvorschriften – wie es bei den Leitlinien der Fall ist – veröffentlicht und an die Unternehmen adressiert sind.[660] Auch der Rechtsprechung der europäischen Gerichte lässt sich die Selbstbindung der Kommission infolge dieser Grundsätze entnehmen.[661] Sie bedeutet zwar nicht, dass die Kommission nicht doch in begründeten Fällen von ihren einmal getroffenen Bewertungen abweichen darf; denn die Verwaltungspraxis muss sich weiterentwickeln können.[662] Allerdings gewährt die Selbstbindung der Kommission Unternehmen relativen Schutz vor Bußgeldsanktionen. D.h. horizontale Absprachen zwischen Unternehmen, die im Einklang mit den Vorgaben der Leitlinien gem. Art. 101 Abs. 3 AEUV vom Kartellverbot freigestellt sind (oder bereits gar nicht erst in den Anwendungsbereich des Art. 101 Abs. 1 AEUV fallen sollen), können von der Kommission nicht mit einem Bußgeld sanktioniert werden.[663]

---

657 Vgl. *Pampel*, EuZW 2005, 11; *Ellger*, in: Immenga/Mestmäcker, Wettbewerbsrecht, 5. Aufl., 2012, Art. 101 Abs. 3 AEUV, Rn. 75.

658 Vgl. Kommission, Pressemitteilung IP/10/1702 v. 14.12.2010.

659 *Bechtold*, in: FS Hirsch, S. 223, 225 sieht den Hauptsinn der Leitlinien zwar nicht darin, „die Kommission selbst für ihre Entscheidungen von Einzelfällen festzulegen“, sondern dass sie den Unternehmen „in der prophylaktischen und nachträglichen Beurteilung von Einzelfällen Maßstäbe an die Hand geben sollen“. Eine verlässliche Hilfe zur Beurteilung können sie für die Unternehmen jedoch nur sein, wenn die Kommission zumindest im Grundsatz an die aufgestellten Maßstäbe gebunden ist.

660 *Thomas*, EuR 2009, 423, 426f. m.w.N.

661 *Thomas*, EuR 2009, 423, 426; *Pampel*, EuZW 2005, 11, 12 m.V.a. EuGH, Slg. 2005, I-5425, Rn. 211 – Dansk Rørindustri sowie EuG, Slg. 1998, II-717, Rn. 89 – Vlaams Gewest; EuG, Slg. 2003, II-1433, Rn. 242 – Royal Philips Electronics. Siehe auch EuGH, Urt. v. 11.07.2013, Az.: C-439/11 P, NZKart 2013, 364, Rn. 59f. – Ziegler.

662 *Ellger*, in: Immenga/Mestmäcker, Wettbewerbsrecht, 5. Aufl., 2012, Art. 101 Abs. 3 AEUV, Rn. 72; *Schweda*, WuW 2004, 1133, 1138f.; *Walzel*, S. 134ff. A.A. *Pampel*, S. 64, der ein Abweichen nur nach vorheriger Änderung der Leitlinien für möglich hält.

663 *Heckenberger*, in: Loewenheim/Meessen/Riesenkampff, Anh. Art. 81 EG, Rn. 26. Dieser relative Schutz vor Bußgeldsanktionen gilt mangels Bindungswirkung

Auch für die Unionsgerichte können die Leitlinien aufgrund der Selbstbindung der Kommission relevant werden. Zwar sind EuG und EuGH bei der Prüfung des Art. 101 AEUV selbst nicht an die Vorgaben der Leitlinien gebunden (siehe oben Kap. 2. A. III. 2. b) bb) aaa) (1)), allerdings kann vor den Gerichten geltend gemacht werden, dass die Kommission gegen die Selbstbindung verstoßen oder ihre eigenen Leitlinien falsch ausgelegt hat.[664]

(c) Bedeutung für die Bewertung von Standardisierungskooperationen

Die Leitlinien der Kommission werden in Form von Bekanntmachungen oder Mitteilungen erlassen. Aus diesem Grund stellen sie bloße Verwaltungsgrundsätze dar, die für die Behörden und Gerichte der EU-Mitgliedstaaten formell unverbindlich sind. Eine faktische Bindungswirkung wird man ihnen jedoch nicht absprechen können (siehe dazu oben Kap. 2. A. III. 2. b) bb) aaa) (1) (a)). Allerdings wird die Europäische Kommission durch die Veröffentlichung von Leitlinien bei ihrem eigenen Handeln selbst gebunden, sodass sie sich bei ihren Entscheidungen grds. an die Maßgaben der Leitlinien halten wird. Ausschlaggebend ist insoweit, dass sich Normungskooperationen bzw. die an ihnen beteiligten Unternehmen zur Selbsteinschätzung ihrer Absprachen an den Vorgaben der Leitlinien orientieren sollen, um Konflikte mit dem Kartellverbot des Art. 101 AEUV zu vermeiden. Trotz ihrer formellen Unverbindlichkeit werden die Leitlinien der Kommission für die Anwendung und Auslegung des europäischen Kartellrechts somit grundsätzlich zu Recht als „von eminenter Bedeutung" gewertet.[665] Sie sind deshalb – und weil zudem keine umfangreiche Rechtsprechung auf diesem Gebiet vorhanden ist – bei der Bewertung von Normungsverfahren der Standardisierungskooperationen anhand des Art. 101 AEUV in besonderem Maße zu berücksichtigen.

(2) Verhältnis der Leitlinien zueinander

Die Europäische Kommission trifft nicht nur in einer sondern in verschiedenen Leitlinien Aussagen zur Auslegung des Art. 101 AEUV. So können für die Bewertung von Vereinbarungen über Normen anhand der Voraussetzungen des Art. 101 Abs. 3 AEUV einerseits vor allem die Horizontalleitlinien, andererseits aber auch die Leitlinien zur Anwendung von Artikel 81 Abs. 3 EG-Vertrag relevant werden.[666] In den Leitlinien zur Anwendung von Artikel 81 Abs. 3 EG-Vertrag erklärte die Kommission, dass sie diese (2004 neu erlassenen) Leitlinien als detaillierter für die Anwendung des

---

jedoch nicht für nationale Behörden und Gerichte, vgl. *von Graevenitz*, EuZW 2013, 169.

664 *von Graevenitz*, EuZW 2013, 169, 171 m.w.N.

665 *Bechtold*, GRUR 2012, 107, 108.

666 Für die Beurteilung der Marktanteilsschwellen verweisen die Horizontalleitlinien 2011 auf die Einzelheiten in den jeweiligen Kapiteln bzw. auf die de-minimis-Bekanntmachung der Kommission (aktuell ABl. 2014 C 291/1), vgl. ABl. 2011 C 11/1, Rn. 44.

Art. 81 Abs. 3 EG-Vertrag (jetzt Art. 101 Abs. 3 AEUV) ansah als die zu dem Zeitpunkt geltenden Horizontalleitlinien 2001. Somit wollte die Kommission die Leitlinien zur Anwendung von Artikel 81 Abs. 3 EG-Vertrag auch auf die von den Horizontalleitlinien 2001 erfassten Vereinbarungen – mithin auch auf Vereinbarungen über Normen – anwenden.[667] Welche der beiden Leitlinien zur Anwendung kommen sollten, falls diese zu unterschiedlichen Ergebnissen hinsichtlich der Beurteilung einer horizontalen Vereinbarung kämen, äußerte die Kommission nicht, sodass etwaige Konfliktfälle wohl zugunsten der jüngeren Leitlinien, d.h. zugunsten der Leitlinien zu Anwendung von Art. 81 Abs. 3 EG-Vertrag, zu lösen waren.[668]

Mit Erlass der Horizontalleitlinien 2011 hat sich dieses Verhältnis geändert: Die Kommission stellt klar, dass die Leitlinien zur Anwendung von Art. 81 Abs. 3 EG-Vertrag (sog. „Allgemeine Leitlinien") allgemeine Erläuterungen zur Auslegung von Art. 101 Abs. 3 AEUV enthalten und die Horizontalleitlinien 2011 deshalb in Verbindung mit den Allgemeinen Leitlinien zu verstehen sind.[669] Mögliche Konflikte dürften nunmehr zugunsten der Horizontalleitlinien 2011 zu lösen sein; nur ergänzend wird auf die Leitlinien zur Anwendung von Art. 81 Abs. 3 EG-Vertrag zurückgegriffen werden können. Dies gilt insbesondere, da die Horizontalleitlinien zum einen nunmehr die jüngeren Leitlinien sind; zum anderen enthalten sie in Kapitel 7, das sich mit Vereinbarungen über Normen befasst, gegenüber den Horizontalleitlinien 2001 erheblich ausführlichere Angaben.

(3) Zusammenfassung

Die Europäische Kommission hat in verschiedenen Leitlinien Ausführungen zur Anwendbarkeit des Europäischen Kartellverbotes auf horizontale Vereinbarungen, darunter auch auf Vereinbarungen über Normen gemacht. Die Horizontalleitlinien 2001 bzw. die Horizontalleitlinien 2011 sowie die Leitlinien zur Anwendbarkeit des Art. 81 Abs. 3 EG auf Vereinbarungen über horizontale Zusammenarbeit sollen betroffenen Unternehmen eine Orientierungshilfe bei der Bewertung ihrer Absprachen anhand des Art. 101 AEUV bieten. Insbesondere nach dem durch die VO 1/2003 vollzogenen Wechsel des Europäischen Kartellverbotes vom Verbot mit Erlaubnisvorbehalt zum System der Legalausnahme ist eine Selbsteinschätzung der Unternehmen erforderlich geworden. Die Leitlinien bilden bei dieser Selbstbewertung eine wichtige Grundlage für die kooperierenden Unternehmen. Zwar binden die Leitlinien weder die europäischen Gerichte, noch kommt ihnen Bindungswirkung für die Behörden und Gerichte der EU-Mitgliedstaaten zu; allerdings tritt durch die Veröffentlichung der Leitlinien aus dem Gleichheitssatz sowie dem öffentlich-rechtlichen Grundsatz des Vertrauensschutzes eine Selbstbindung der Europäischen Kommission ein. Trotz ihrer formellen Unverbindlichkeit werden die Leitlinien so

667 ABl. 2004 C 101/97, Rn. 5.

668 Vgl. ausführlich *Pohlmann*, in: FK, Band 2, EG-Kartellrecht, Art. 81 Abs. 3 EG, 65. Lfg. 2008, Rn. 165ff.

669 ABl. 2011 C 11/1, Rn. 19.

zu einer wichtigen Auslegungshilfe für das Europäische Kartellverbot und seine Anwendung auf Vereinbarungen über Normen.

bbb) Normenvereinbarungen, die nach Auffassung der Kommission keine Wettbewerbsbeschränkung darstellen

Nachdem die große Bedeutung der Kommissionsleitlinien für die Auslegung und Anwendung des Europäischen Kartellrechts dargestellt worden ist, soll sich der folgende Abschnitt nun inhaltlich mit diesen Leitlinien auseinandersetzen. Wie bereits beschrieben (siehe oben Kap. 2. A. III. 2. b) aa) ccc)), will die Kommission nicht in jedem Fall, in dem eine Absprache zu einer Einschränkung der Handlungsfreiheit der an der Absprache Beteiligten oder Dritter führt, zwangsläufig eine Wettbewerbsbeschränkung i.S.d. Art. 101 Abs. 1 AEUV annehmen; unter bestimmten Voraussetzungen geht die Kommission davon aus, dass eine solche Absprache gar nicht erst vom Kartellverbot erfasst werde, weil bereits keine Wettbewerbsbeschränkung vorliege. Für Vereinbarungen über Normen hat die Kommission diese Voraussetzungen in den Horizontalleitlinien konkretisiert:

Bis zum Jahr 2001 enthielten zwei Bekanntmachungen und zwei Gruppenfreistellungsverordnungen der Kommission Anleitungen für die Bewertung horizontaler Zusammenarbeit anhand des Art. 81 EG-Vertrag (heute Art. 101 AEUV).[670] Die Bekanntmachungen betrafen zum einen bestimmte von Art. 81 EG-Vertrag nicht erfasste Arten von Kooperationsvereinbarungen.[671] Zum anderen befassten sie sich mit der Beurteilung kooperativer Gemeinschaftsunternehmen.[672] Ausführungen zur Bewertung von Vereinbarungen über Normen waren in ihnen nicht explizit enthalten. Bereits 1999 hatte die Kommission jedoch im „Weißbuch über die Modernisierung der Vorschriften zur Anwendung von Art. 85 und 86 EG" [heute Art. 101 und 102 AEUV] angekündigt, in Zukunft Bekanntmachungen und Leitlinien herauszugeben, die Anhaltspunkte für die Anwendung der europäischen Wettbewerbsregeln geben sollten.[673]

(1) Horizontalleitlinien 2001

Mit den „Leitlinien zur Anwendbarkeit von Art. 81 EG-Vertrag auf Vereinbarungen über horizontale Zusammenarbeit"[674] vom 06.01.2001 formulierte die Kommission Kriterien, die für die Anwendbarkeit von Art. 81 EG-Vertrag auf horizontale Vereinbarungen gelten sollten und ging dabei auch gezielt auf einzelne Arten von Vereinbarungen ein. Sie widmete ein Kapitel der Horizontalleitlinien 2001 den

670 Zu den Gruppenfreistellungsverordnungen siehe ABl. 2001 C 3/2, Rn. 5.
671 Vgl. ABl. 1968 C 75/3.
672 Vgl. ABl. 1993 C 43/2.
673 ABl. 1999 C 132/1, Rn. 14.
674 ABl. 2001 C 3/2.

Vereinbarungen über Normen.[675] Die Leitlinien sollten eine Orientierungshilfe dafür geben, welche Arten von Vereinbarungen in den Anwendungsbereich des Abs. 1 fielen und nach Maßgabe welcher Kriterien eine Freistellung nach Abs. 3 in Betracht kam.[676] Die Kommission unterschied insofern grundsätzlich zwischen drei Arten von Vereinbarungen: 1. Vereinbarungen, die nicht von Art. 81 Absatz 1 erfasst werden; 2. Vereinbarungen, die fast immer von Artikel 81 Absatz 1 erfasst werden und 3. Vereinbarungen, die von Artikel 81 Absatz 1 erfasst werden können.[677]

Vom Anwendungsbereich des Art. 81 Abs. 1 EG-Vertrag gänzlich ausgenommen – und deswegen häufig als „weiße Liste" bezeichnet[678] – sah die Kommission Vereinbarungen über Normen an, „die für alle zugänglich und transparent sind und nicht die Verpflichtung zur Einhaltung einer Norm enthalten", sowie Vereinbarungen über Normen, „die Bestandteil einer umfassenderen Vereinbarung zur Gewährleistung der Kompatibilität von Erzeugnissen sind"[679]; bei diesen Vereinbarungen liege schon keine Wettbewerbsbeschränkung i.S.d. Abs. 1 vor. Die genannten Voraussetzungen fänden sich normalerweise bei Standards, die von anerkannten Normungsorganisationen erlassen wurden und „auf nichtdiskriminierenden, offenen und transparenten Verfahren" beruhten.[680] Fast immer von Art. 81 Abs. 1 EG-Vertrag wurden nach Auffassung der Kommission Vereinbarungen erfasst, „die eine Norm als Mittel unter anderen Bestandteilen einer umfassenden, beschränkenden Vereinbarung benutzen, mit der bestehende oder potentielle Wettbewerber ausgeschlossen werden sollen"[681]. Diese in der Regel auch nicht freistellungsfähigen Vereinbarungen wurden häufig als sog. „schwarze Liste" betitelt.[682] Die von der Kommission verwendete dritte Kategorie (sog. „graue Liste")[683] umfasste Vereinbarungen über Normen, die den Teilnehmern eine gemeinsame Kontrolle über Produkte und Innovationen garantieren, wodurch die Fähigkeit eingeschränkt wird, bei Produktmerkmalen zu konkurrieren. Diese Art von Vereinbarungen war nach Auffassung der Kommission im Einzelfall auf ihre wettbewerbsbeschränkende Wirkung hin zu untersuchen: Sie beschränke dann den Wettbewerb und werde von Art. 81 Abs. 1 EG-Vertrag erfasst, wenn sie die an der

---

675 ABl. 2001 C 3/2, Rn. 159ff.

676 Kommission, XXX. Bericht über die Wettbewerbspolitik, SEK(2001) 694 endg., Rn. 22, 28; siehe auch *Jephcott*, S. 91; *Heckenberger*, in: Loewenheim/Meessen/Riesenkampff, Anh. Art. 81 EG, Rn. 27.

677 ABl. 2001 C 3/2, Rn. 163ff. Mit der Einführung dieser Unterscheidung zwischen nicht, fast immer und unter bestimmten Umständen von Art. 81 Abs. 1 EG-Vertrag [heute Art. 101 Abs. 1 AEUV] erfassten Vereinbarungen folgte die Kommission dem in der Gruppenfreistellungsverordnung für Vertikalvereinbarungen (ABl. 1999 L 336/21) eingeführten System, vgl. *Geiger*, EuZW 2000, 325, 328.

678 Vgl. *Geiger*, EuZW 2000, 325, 326.

679 ABl. 2001 C 3/2, Rn. 163.

680 ABl. 2001 C 3/2, Rn. 163.

681 ABl. 2001 C 3/2, Rn. 165.

682 Vgl. *Geiger*, EuZW 2000, 325, 327.

683 Vgl. *Geiger*, EuZW 2000, 325, 326.

Vereinbarung Teilnehmenden daran hindert, „alternative Normen zu entwickeln oder Produkte auf den Markt zu bringen, die mit der Norm nicht übereinstimmen."[684]

(2) Horizontalleitlinien 2011

Bereits im Dezember 2008 zeichnete sich eine Revision der Horizontalleitlinien ab, die allgemein positiv aufgenommen wurde.[685] Die Kommission begann zu diesem Zeitpunkt einen zweijährigen Überarbeitungsprozess der Horizontalleitlinien.[686] Nach einigen Jahren der Geltung der Horizontalleitlinien 2001 erschien eine Überarbeitung derselben notwendig, bei der die Kommission ihre Politik hinsichtlich von Vereinbarungen über Normen verfeinern und ihre bisherigen Erfahrungen in die neuen Horizontalleitlinien 2011 einbringen konnte.[687] Insbesondere der Ausbau des Kapitels zu Standardisierungsvereinbarungen wurde von Seiten der Unternehmen und Wissenschaft gewünscht.[688] Im Mai 2010 veröffentlichte die Europäische Kommission die Entwürfe zweier überarbeiteter Verordnungen und der zugehörigen Leitlinien für die Prüfung horizontaler Vereinbarungen. Den Entwurf der „Leitlinien zur Anwendbarkeit von Artikel 101 des Vertrags über die Arbeitsweise der Europäischen Union auf Vereinbarungen über horizontale Zusammenarbeit" (im Folgenden: Horizontalleitlinien-E 2011), in dem wiederum ein Kapitel den Vereinbarungen über Normen gewidmet war[689], stellte die Kommission zusammen mit den anderen Dokumenten vom 04.05.2010 bis zum 25.06.2010 zur öffentlichen Konsultation.[690]

---

684 ABl. 2001 C 3/2, Rn. 167.

685 BMWi, Schlaglichter der Wirtschaftspolitik, Monatsbericht Februar 2010, S. 23; Stellungnahme der Studienvereinigung Kartellrecht e.V., S. 2, verfügbar unter: http://ec.europa.eu/competition/consultations/2010_horizontals/studienvereinigungkartellrecht_de.pdf (abgerufen am 08.03.2016).

686 *Auf'mkolk*, WuW 2011, 699, 700.

687 *Emanuelson*, E.C.L.R. 2012, Issue 2, 69.

688 Vgl. z.B. Stellungnahme der Studienvereinigung Kartellrecht e.V., S. 2.

689 Ebenfalls sind dort Ausführungen zu Standardbedingungen (= Standardverkaufsbedingungen, die entweder von einem Wirtschaftsverband oder von den Wettbewerbern direkt ausgearbeitet worden sind, vgl. ABl. 2011 C 11/1, Rn. 259) enthalten. Diese sollen jedoch nicht Gegenstand der Untersuchung sein.

690 Das Interesse der Öffentlichkeit an detaillierten Informationen zu horizontalen Vereinbarungen wird durch die Vielzahl der eingegangenen Stellungnahmen zum Entwurf der Horizontalleitlinien 2011 dokumentiert. Von den etwa 120 bei der Kommission eingegangenen Stellungnahmen beschäftigt sich die überwiegende Anzahl vorwiegend mit dem neu eingefügten Kapitel über den Informationsaustausch sowie dem Kapitel über Vereinbarungen über Normen; ca. 2/3 kommentieren die Regelungen zur Standardsetzung (Auswertung der eingegangenen Stellungnahmen, Rn. 4, 6, verfügbar unter: http://ec.europa.eu/competition/consultations/2010_horizontals/consultation_summary.pdf (abgerufen am 08.03.2016). Die Stellungnahmen selbst sind verfügbar unter: http://ec.europa.eu/competition/consultations/2010_horizontals/index.html (abgerufen am 08.03.2016). Infolge der zahlreichen Stellungnahmen überarbeitete die Kommission die Horizontalleitlinien-E 2011 erneut und nahm

Einen Unterscheid wiesen die Horizontalleitlinien-E 2011 in ihrem Aufbau gegenüber den Horizontalleitlinien 2001 insoweit auf, dass die Kommission die horizontalen Absprachen nicht mehr einer „weißen", „grauen" und „schwarzen Liste" zuordnete, sondern nunmehr – entsprechend dem Gesetzeswortlaut des Art. 101 Abs. 1 AEUV – zwischen bezweckten und bewirkten Wettbewerbsbeschränkungen unterschied. Liege kein wettbewerbswidriger Zweck einer Vereinbarung vor, so sei zu prüfen, ob die horizontale Absprache wettbewerbsbeschränkende Auswirkungen habe. Dabei war nach den Vorgaben der Horizontalleitlinien-E 2011 das rechtliche und wirtschaftliche Umfeld der Vereinbarung heranzuziehen; die durch die Vereinbarung erzeugten Effizienzgewinne sollten jedoch erst bei der Prüfung des Art. 101 Abs. 3 AEUV berücksichtigt werden.[691]

Allerdings nahmen auch die Horizontalleitlinien-E 2011 Vereinbarungen über Normen unter bestimmten Voraussetzungen bereits vom Anwendungsbereich des Art. 101 Abs. 1 AEUV aus: Die Kommission hatte sich in den Horizontalleitlinien-E 2011 für sog. *safe harbours* entschieden und damit die Horizontalleitlinien 2001 weiterentwickelt, aber nicht völlig umstrukturiert.[692] Wenn eine Vereinbarung in den *safe harbour* fällt, werde sie – so die Horizontalleitlinien-E 2011 – in der Regel bereits nicht von Art. 101 Abs. 1 AEUV erfasst, da keine Wettbewerbsbeschränkung vorliege.[693] Dies setzte in groben Zügen drei Dinge voraus: Zunächst sollte ein offenes und transparentes Verfahren der Standardsetzungsorganisation gewährleisten, dass keine spezifische Interessengruppe benachteiligt wird. Zweitens sollte der Standard allen zugänglich und transparent sein und alle Interessierten sollten die Möglichkeit haben, sich über bevorstehende, laufende oder abgeschlossene Standardsetzungsverfahren zu informieren. Schließlich sollte die Normungsinstitution eine ausgewogene IPR-Policy aufweisen, die eine Offenlegung der Rechte des geistigen Eigentums vorsieht und Dritten den Zugang zum Standard zu FRAND-Bedingungen sicherstellt.[694]

Damit sind zwei charakteristische Merkmale der Horizontalleitlinien-E 2011 beschrieben, die die Kommission im Wesentlichen auch für die endgültige Fassung der Horizontalleitlinien 2011 übernommen hat. So setzt sich die bereits in den Horizontalleitlinien 2001 und in den Horizontalleitlinien-E 2011 zum Ausdruck gebrachte, wohlwollende Einstellung der Kommission gegenüber technischer Standardisierung auch in den (endgültigen) Horizontalleitlinien 2011 fort und wird von der Kommission bewusst verstärkt:

---

auch im Bereich der Vereinbarungen über Normen noch einige Änderungen vor, bevor sie am 14.01.2011 die abschließende Fassung der Horizontalleitlinien 2011 veröffentlichte. Diese ersetzt die Horizontalleitlinien 2001 (ABl. 2011 C 11/1, Rn. 18).

691 Horizontalleitlinien-E 2011, Rn. 27.

692 In der Auswertung der eingegangenen Stellungnahmen (Rn. 3) nutzt die Kommission die eingängige Beschreibung „evolution, not revolution" für den Ansatz ihrer Überarbeitung der Horizontalleitlinien.

693 Horizontalleitlinien-E 2011, Rn. 276.

694 Horizontalleitlinien-E 2011, Rn. 278–283.

Da am Entwurf der Horizontalleitlinien 2011 im Rahmen der öffentlichen Konsultation verschiedentlich kritisiert wurde, dass er die wettbewerbsbeschränkenden Auswirkungen von technischer Normung zu sehr in den Vordergrund rücke und die Standardisierung aus wettbewerblicher Sicht insgesamt zu negativ darstelle[695], hat die Kommission in der endgültigen Fassung der Horizontalleitlinien 2011 gegenüber dem Entwurf einige kleinere sprachliche Änderungen vorgenommen, um diese Einwände zu zerstreuen. So äußert die Kommission nicht mehr, dass sich Vereinbarungen über Normen „in der Regel positiv" auf die Wirtschaft auswirken, sondern dass die Auswirkungen „in der Regel sehr positiv" sind. Weiterhin wird die Aufzählung der positiven Auswirkungen von technischer Standardisierung (die nunmehr auch den Vorteil der Kompatibilität umfasst) nicht mehr auf die Weise eingeleitet, dass Normen diese Effekte hervorrufen können, sondern dass sie dies in der Regel tun. Schließlich ergänzt die Kommission die Ausführungen zu den möglichen wettbewerbsbeschränkenden Auswirkungen technischer Normung, dass diese nur „unter bestimmten Umständen" eintreten können. Auch bei der kartellrechtlichen Würdigung nach Art. 101 Abs. 3 AEUV setzen sich die positiveren Formulierungen fort. So leitet die Kommission den Abschnitt nicht mehr mit dem Satz ein: „Mit Normenvereinbarungen können erhebliche Effizienzgewinne erzielt werden."[696] Sondern: „Mit Normenvereinbarungen werden oft erhebliche Effizienzgewinne erzielt."[697]

Auch die Struktur der *safe harbours* hat die Kommission in die endgültige Fassung der Horizontalleitlinien 2011 übernommen. An den inhaltlichen Kernaussagen hält sie insoweit fest. Sie stellt verschiedene Voraussetzungen auf, bei denen eine Vereinbarung über Normen bereits nicht zu einer Wettbewerbsbeschränkung führe, sodass das Kartellverbot des Art. 101 Abs. 1 AEUV nicht eingreife. Im Einzelnen:

Zunächst hat die Kommission ihren Ausführungen zu bewirkten Wettbewerbsbeschränkungen in den Horizontalleitlinien 2011 vorangestellt, dass Normenvereinbarungen keine wettbewerbsbeschränkenden Auswirkungen haben können, wenn keine Marktmacht besteht;[698] eine solche Aussage existierte in dieser Deutlichkeit bislang weder in den Horizontalleitlinien 2001 noch in den Horizontalleitlinien-E 2011. Marktmacht meint dabei nach Auffassung der Kommission eine Situation, in der „der Wettbewerbsdruck nicht ausreicht, um Preise, Produktionsmenge, Produktqualität und -vielfalt sowie Innovation auf Wettbewerbsniveau zu halten", und

695 Vgl. Stellungnahme des BDI, S. 2 Stellungnahme des BDI, S. 1, verfügbar unter: http://ec.europa.eu/competition/consultations/2010_horizontals/bvdi_de.pdf (abgerufen am 08.03.2016); Stellungnahme der Deutschen Vereinigung für gewerblichen Rechtsschutz und Urheberrecht, S. 2, verfügbar unter: http://ec.europa.eu/competition/consultations/2010_horizontals/dvgrv_de.pdf (abgerufen am 08.03.2016). Vereinzelt wurde den Horizontalleitlinien-E 2011 sogar ein „sich gegen die Zulässigkeit von Normenvereinbarungen richtender Generalverdacht" unterstellt, vgl. Stellungnahme des BDI, S. 16.

696 Horizontalleitlinien-E 2011, Rn. 300.

697 ABl. 2011 C 11/1, Rn. 308.

698 ABl. 2011 C 11/1, Rn. 277.

nicht ein beträchtliches Maß an Marktmacht, das eine beherrschende Stellung i.S.d. Art. 102 AEUV voraussetzt.[699] Sollte also Wettbewerb zwischen mehreren freiwillig vereinbarten Normen herrschen, seien wettbewerbsbeschränkende Auswirkungen „sehr unwahrscheinlich".[700]

Im Folgenden kommt die Kommission zum eigentlich Kern der Verneinung einer Wettbewerbsbeschränkung im Sinne des Art. 101 Abs. 1 AEUV: Wenn „die Möglichkeit der uneingeschränkten Mitwirkung am Normungsprozess gegeben und das Verfahren für die Annahme der betreffenden Norm transparent [sei], lieg[e] bei Normungsvereinbarungen, die keine Verpflichtung zur Einhaltung der Norm enthalten und Dritten den Zugang zu der Norm zu fairen, zumutbaren und diskriminierungsfreien Bedingungen gewähren, keine Beschränkung des Wettbewerbs im Sinne von Artikel 101 Absatz 1 vor."[701] Die Kommission stellt damit vier Voraussetzungen auf: 1. Beteiligungsmöglichkeit, 2. Transparentes Verfahren, 3. Keine Verpflichtung zur Einhaltung der Norm und 4. Zugang zu fairen, zumutbaren und diskriminierungsfreien Bedingungen:

Laut Horizontalleitlinien 2011 müssten sich alle Wettbewerber beteiligten können und die Normungsorganisationen sollten „die Stimmrechte in einem objektiven und diskriminierungsfreien Verfahren zuweisen sowie gegebenenfalls objektive Kriterien für die Auswahl der für den Standard relevanten Technik anwenden", damit die Voraussetzung der uneingeschränkten Mitwirkung gegeben sei.[702] Die erforderliche Transparenz könne durch Verfahren gewährleistet werden, „die es den Akteuren ermöglichen, sich über die anstehende, laufende oder abgeschlossene Normungsarbeit zu informieren".[703] Die Normenvereinbarung dürfe für die Teilnehmer keine rechtliche Verpflichtung enthalten, den erarbeiteten Standard umsetzen zu müssen.[704] Der Zugang zur Norm zu fairen, zumutbaren und diskriminierungsfreien Bedingungen könne bei Normen, die Rechte des geistigen Eigentums enthalten,

699 ABl. 2011 C 11/1, Rn. 40, 42.
700 ABl. 2011 C 11/1, Rn. 277.
701 ABl. 2011 C 11/1, Rn. 280.
702 ABl. 2011 C 11/1, Rn. 281.
703 ABl. 2011 C 11/1, Rn. 282.
704 Diese Voraussetzung bedeutet jedoch auch nach Auffassung der Kommission nicht im Umkehrschluss, dass eine rechtliche Unverbindlichkeit einer technischen Norm automatisch zum Wegfall der Wettbewerbsbeschränkung führe (so versteht es jedoch wohl *Zorn*, S. 156ff. in Bezug auf die Horizontalleitlinien 2001). Zum einen spricht die Darstellung in den Horizontalleitlinien nicht für eine Auslegung, nach der bereits der Mangel an rechtlicher Verbindlichkeit einer Normenvereinbarung zum Entfallen einer Wettbewerbsbeschränkung führen soll, da die Unverbindlichkeit als eine Voraussetzung unter mehreren genannt wird. Zum anderen würde sich die Kommission mit einer solchen Aussage auch in Widerspruch zu ihrer allgemeinen Haltung gegenüber der Auslegung der Tatbestandsmerkmale „Vereinbarung, Beschluss und aufeinander abgestimmte Verhaltensweise" setzen (so auch *Jakobs*, S. 78), nach der eine Vereinbarung im Sinne des Art. 101 Abs. 1 AEUV nach Auffassung der Kommission auch dann vorliegen kann, wenn gar keine

durch ein klares und ausgewogenes Konzept sichergestellt werden, „das auf die betreffende Branche und den Bedarf der jeweiligen Normenorganisation zugeschnitten ist".[705] Dieses Konzept müsse zum einen vor allem beinhalten, dass die Beteiligten – wenn ihre Rechte des geistigen Eigentums in die Norm aufgenommen werden sollen – eine unwiderrufliche schriftliche Verpflichtung abgeben, Dritten zu fairen, zumutbaren und diskriminierungsfreien Bedingungen Lizenzen zu erteilen (sog. FRAND-Selbstverpflichtung).[706] Zum anderen müsse das Konzept die Mitglieder einer Normungsorganisation zur gutgläubigen Offenlegung der Rechte des geistigen Eigentums verpflichten, die für einen in der Erarbeitung befindlichen Standard essentiell sein könnten – zumindest dann, wenn die Normungsorganisation nicht sowieso nur mit gebührenfreien Lizenzen arbeitet.[707] Dies würde zu fundierten Entscheidungen hinsichtlich der Technologiewahl beitragen.

Unter den genannten Voraussetzungen führt eine Vereinbarung über Normen nach Auffassung der Kommission bereits nicht zu einer Wettbewerbsbeschränkung und wird daher nicht von Art. 101 Abs. 1 AEUV erfasst.[708] Die Kommission geht in diesen Fällen davon aus, dass die mit der Vereinbarung verbundenen positiven

---

Verbindlichkeit – weder eine rechtliche noch eine faktische – gegeben ist (siehe oben Kap. 2. A. II. 1. a)).

705 ABl. 2011 C 11/1, Rn. 284.

706 ABl. 2011 C 11/1, Rn. 285.

707 ABl. 2011 C 11/1, Rn. 286.

708 *M. Jakobs*, S. 68ff. benennt als weitere Konstellation, in der eine Normungsvereinbarung nicht von Art. 101 Abs. 1 AEUV erfasst werde, Standardisierungskooperationen zur Markterschließung und führt dazu die Kommissionsentscheidung ECR 900 (ABl. 1990 L 228/31) an. In der Entscheidung ging es um die Zusammenarbeit verschiedener Unternehmen (AEG, Alcatel und Nokia) zur Entwicklung und Herstellung eines neuartigen Kommunikationssystems, zur weiteren Definition und Anpassung technischer Spezifikationen sowie zum Vertrieb des Systems. Die Kommission verneinte eine Wettbewerbsbeschränkung, da aus tatsächlichen Gründen festgestanden habe, dass eine individuelle Entwicklung und Herstellung eines entsprechenden Systems wegen des damit verbundenen finanziellen und personellen Aufwandes unterbleiben würde (Kommission, ABl. 1990 L 228/31, Rn. II (2)). Die Entwicklungskosten wurden auf ca. 500 Millionen D-Mark geschätzt.
Tatsächlich werden in einem solchen Fall durch die Zusammenarbeit die Voraussetzungen für potenziellen Wettbewerb überhaupt erst geschaffen, sodass eine Wettbewerbsbeschränkung ausscheidet, da kein aktueller oder potenzieller Wettbewerb vorhanden ist, der hätte beschränkt werden können. Allerdings ist dies kein spezieller Fall von Standardisierungsvereinbarungen, da die Zusammenarbeit auf die Entwicklung eines gänzlich neuartigen Systems oder Produktes ausgerichtet ist und nicht – wie es eigentlich der Definition von technischer Normung entspricht – eine Vereinheitlichung zwischen verschiedenen konkurrierenden Technologien erfolgt. Die genannten Konstellationen werden daher allgemein unter dem Stichwort der „Arbeitsgemeinschaft" diskutiert, vgl. *Schröter*, in: von der Groeben/Schwarze/Hatje, Nach Art. 101 AEUV - Fallgruppen, Rn. 246; *Aicher/Schuhmacher/Stockenhuber/Schroeder*, in: Grabitz/Hilf, Art. 81 EGV, 17. EL 2001, Rn. 493ff.

Wirkungen derart gewichtig sind, dass man nicht von einer Beschränkung des Wettbewerbs sprechen könne. Zudem stellt die Kommission in den Horizontalleitlinien 2011 klar, dass nicht automatisch eine Wettbewerbsbeschränkung anzunehmen sei, auch wenn eine Vereinbarung über Normen die genannten Voraussetzungen nicht erfüllt.[709]

ccc) Stellungnahme

Es stellt sich die Frage, ob der Auffassung der Kommission gefolgt werden kann. Wenn der Auffassung der Kommission zuzustimmen ist, ist zwischen Vereinbarungen über Normen zu differenzieren, die zu keiner Wettbewerbsbeschränkung führen und somit bereits nicht vom Kartellverbot des Art. 101 Abs. 1 AEUV erfasst werden, und Vereinbarungen über Normen, die zu Wettbewerbsbeschränkungen führen und grds. von Art. 101 Abs. 1 AEUV erfasst werden, sodass für sie im Anschluss eine Freistellung unter den Voraussetzungen des Abs. 3 zu prüfen ist. Folgt man der Auffassung der Kommission nicht, sind zunächst alle Vereinbarungen über Normen aufgrund des ihr innewohnenden Potenzials wettbewerbsbeschränkender Auswirkungen vom Kartellverbot erfasst; es müsste in jedem Fall die Freistellungsmöglichkeit nach Art. 101 Abs. 3 AEUV erörtert werden. Um zu einer Antwort zu gelangen, ist das Tatbestandsmerkmal der Wettbewerbsbeschränkung auszulegen.

Der Wortlaut des Art. 101 Abs. 1 AEUV spricht weder für noch gegen die Berücksichtigung wettbewerbsfördernder Auswirkungen. Betrachtet man ausschließlich den Wortlaut, so kann man einerseits argumentieren, dass „Verhinderung, Einschränkung oder Verfälschung des Wettbewerbs" bedeuten solle, dass jede Form der negativen Beeinflussung des Wettbewerbs zunächst vom Kartellverbot erfasst werde[710], unabhängig davon, ob gleichzeitig positive Wirkungen auf den Wettbewerb eintreten. Andererseits ist eine Berücksichtigung der positiven Wettbewerbsauswirkungen ebenso mit dem Argument möglich, dass von einer Wettbewerbsbeschränkung nur dann ausgegangen werden könne, wenn im Gesamtergebnis eine negative Auswirkung auf den Wettbewerb verbleibt; um dies beurteilen zu können, seien aber eben auch positive wettbewerbliche Folgen einer Absprache zu berücksichtigen und in die Bewertung einzubeziehen.

Die Systematik des Kartellverbotes spricht jedoch gegen eine Berücksichtigung der positven Wirkungen der Normenvereinbarung bereits auf Tatbestandsebene und damit gegen die Auffassung der Kommission. Im Abs. 1 des Art. 101 AEUV ist der Grundsatz – nämlich das Verbot wettbewerbsbeschränkender Absprachen – geregelt, während die Ausnahmen von diesem Verbot ihren Platz in Abs. 3 gefunden haben. Bereits die Existenz des Abs. 3 mit den dort genannten Freistellungsvoraussetzungen spricht somit gegen eine Berücksichtigung positiver Auswirkungen schon im Rahmen des Tatbestandsmerkmals der Wettbewerbsbeschränkung im Sinne des Art. 101 Abs. 1

709 ABl. 2011 C 11/1, Rn. 279.

710 So wohl *Schröter/Voet van Vormizeele*, in: Schröter/Jakob/Klotz/Mederer, Europäisches Wettbewerbsrecht, 2. Aufl., 2014, Art. 101, Rn. 184.

AEUV. Würde man positive wettbewerbliche Wirkungen bereits auf Tatbestandsebene berücksichtigen, droht eine Umgehung der Voraussetzung des Abs. 3. So wurden bereits unlängst nach Erlass der Horizontalleitlinien 2001 Stimmen in der Literatur laut, die die Berücksichtigung positiver Auswirkungen im Rahmen des Anwendungsbereiches des Europäischen Kartellverbotes rügten; sie stelle einen „vermeidbaren Systembruch innerhalb von Art. 81 EG" dar und die Leitlinien fügten sich nicht in die Systematik des Regel-Ausnahme-Prinzips des Art. 81 EG-Vertrag ein.[711] Dem ist zuzustimmen, da sich bei einer solchen Vorgehensweise bestimmte kartellrechtlich relevante Vorgänge gänzlich außerhalb des Art. 81 EG-Vertrag abspielen, obwohl man sich bei der weiteren Beurteilung an dessen Tatbestandsmerkmalen orientiert.[712] Bereits bezüglich der Horizontalleitlinien 2001 wurde deshalb verschiedentlich gefordert, die Nichtanwendbarkeit des Art. 81 EG-Vertrag einheitlich unter Abs. 3 zu regeln, um die Systematik der Vorschrift zu erhalten.[713]

Dass die Handhabung durch die Kommission dogmatisch unsauber ist[714], wird deutlich, wenn man sich die Ausführungen der Kommission in den Horizontalleitlinien im Hinblick auf die Freistellungsmöglichkeiten von Vereinbarungen über Normen nach Abs. 3 anschaut und diese mit den Voraussetzungen vergleicht, die nach Auffassung der Kommission eine Wettbewerbsbeschränkung im Sinne des Abs. 1 entfallen lassen sollen:

Die Voraussetzungen der Freistellung gem. Abs. 3 („wirtschaftlicher Nutzen", „Unerlässlichkeit" und „keine Ausschaltung des Wettbewerbs") versuchte die Kommission für Vereinbarungen über Normen bereits in den Horizontalleitlinien 2001 zu präzisieren, indem sie forderte, dass die für die Norm erforderlichen Informationen Marktteilnehmern offen stehen müssen und ein erheblicher Anteil des betreffenden Wirtschaftszweiges an der Normsetzung einbezogen sein müsse, damit die Norm wirtschaftlichen Nutzen erziele. Unerlässlich sei die Norm grundsätzlich nur, wenn die Teilnahme an der Normsetzung allen offen stehe und nachvollziehbar sei, warum man eine bestimmte Norm ausgewählt habe. „Im Idealfall" sollten die Normen „technisch neutral" sein.[715] Damit schließlich keine Ausschaltung des Wettbewerbs eintrete, müsse „der Zugang zur Norm Dritten zu gerechten, vernünftigen und nicht diskriminierenden Bedingungen offen stehen".[716]

Kritisch ist insofern anzumerken, dass die Horizontalleitlinien 2001 eine Erläuterung dessen vermissen ließen, warum einerseits gerade die genannten Kriterien der freien Zugänglichkeit und Transparenz der Normen nach Auffassung der Kommission dazu führten, dass eine Vereinbarung keine wettbewerbsbeschränkende Wirkung habe; andererseits weitere Merkmale eines Standardisierungsverfahrens – wie z.B.

---

711 *Stopper*, EuZW 2001, 426, 429; kritisch auch *Immenga/Stopper*, RIW 2001, 241, 249; *M. Jakobs*, S. 102.

712 Vgl. *Stopper*, EuZW 2001, 426, 430.

713 *Immenga/Stopper*, RIW 2001, 241, 249; *Stopper*, EuZW 2001, 426, 430.

714 So auch *M. Jakobs*, S. 102, 215f.

715 ABl. 2001 C 3/2, Rn. 171.

716 ABl. 2001 C 3/2, Rn. 174.

die freie Teilnahmemöglichkeit an der Normsetzung oder der Zugang zur Norm unter gerechten, vernünftigen und nicht diskriminierenden Bedingungen – erst auf der Ebene des Abs. 3 Berücksichtigung finden sollten und nicht bereits ebenfalls im Rahmen des Abs. 1 eine Rolle spielten. Zudem wurden manche Kriterien bei der Beurteilung von Vereinbarungen über Normen doppelt eingesetzt: So wurden u.a. Zugänglichkeit und Transparenz einer Norm in den Horizontalleitlinien 2001 als ausschlaggebend dafür angeführt, dass die Absprache bereits nicht von Art. 81 Abs. 1 EG-Vertrag erfasst werde.[717] Ebendiese Kriterien zog die Kommission aber auch im Rahmen des Art. 81 Abs. 3 EG-Vertrag zur Feststellung des wirtschaftlichen Nutzens einer Norm heran. Die Unterscheidung der Prüfungen des Art. 81 Abs. 1 EG-Vertrag einerseits und des Art. 81 Abs. 3 EG-Vertrag andererseits wurde somit nicht hinreichend deutlich sondern war vielmehr völlig undurchsichtig.

Auch bezüglich der Horizontalleitlinien-E 2011 gab die wenig nachvollziehbare Differenzierung der Kommission zwischen der Prüfung des Art. 101 Abs. 1 AEUV und derjenigen des Abs. 3 Anlass zur Kritik. In den Horizontalleitlinien-E 2011 beleuchtete die Kommission im einleitenden Teil der Mitteilung die Ambivalenz horizontaler Vereinbarungen bezogen auf den Wettbewerb: Sie stellte fest, dass horizontale Vereinbarungen erheblichen wirtschaftlichen Nutzen bringen, aber auch zu Wettbewerbsproblemen führen können.[718] Aus den Horizontalleitlinien 2001 übernahm sie in die Horizontalleitlinien-E 2011 sinngemäß eine Passage, in der sie hervorhob, dass „Art. 101 (...) der rechtliche Rahmen für eine ausgewogene Prüfung [sei], bei der sowohl die wettbewerbsbeschränkenden als auch die wettbewerbsfördernden Auswirkungen berücksichtigt werden."[719] Allerdings gab sie an dieser Stelle keinen Hinweis darauf, ob die Abwägung der wettbewerblichen Auswirkungen bereits im Rahmen des Art. 101 Abs. 1 AEUV oder erst auf der Ebene des Abs. 3 erfolgen soll. Insofern ergaben sich aus dem einleitenden Teil der Horizontalleitlinien-E 2011 keine neuen Erkenntnisse. Gleichwohl schien es zunächst so, dass sich aus Rn. 20 der Horizontalleitlinien-E 2011 einige weitere Anhaltspunkte für den „Ort" der Abwägung entnehmen ließen: Danach sollte die Prüfung des Art. 101 AEUV in zwei Schritten erfolgen. Im ersten Schritt wurde nach Auffassung der Kommission nach Art. 101 Abs. 1 AEUV geprüft, ob die horizontale Vereinbarung eine Wettbewerbsbeschränkung bezweckt oder bewirkt. Wenn dies der Fall war, wurden im zweiten Schritt „die wettbewerbsfördernden Auswirkungen dieser Vereinbarung ermittelt" und daraufhin überprüft, „ob sie gegebenenfalls die wettbewerbsbeschränkenden Auswirkungen überwiegen".[720] Unter Hinweis auf die Rechtsprechung der europäischen Gerichte verwies die Kommission ausdrücklich darauf, dass diese „Abwägungsprüfung (...) ausschließlich in dem von Artikel 101 Absatz 3 gesteckten Rahmen" erfolgt.[721] An

717 ABl. 2001 C 3/2, Rn. 163.
718 Horizontalleitlinien-E 2011, Rn. 2, 3.
719 Horizontalleitlinien-E 2011, Rn. 4.
720 Horizontalleitlinien-E 2011, Rn. 20.
721 Horizontalleitlinien-E 2011, Rn. 20.

dieser Stelle der Horizontalleitlinien-E 2011 erfolgte somit zumindest formal eindeutig eine Ablehnung einer Berücksichtigung wettbewerbsfördernder Auswirkungen horizontaler Vereinbarungen im Rahmen des Art. 101 Abs. 1 AEUV.

Allerdings wurde diese Trennung im Folgenden durch die weiteren Ausführungen der Kommission wieder aufgeweicht; insofern führten die Horizontalleitlinien-E 2011 zu keiner Besserung gegenüber den Horizontalleitlinien 2001: Wie auch schon bei den Horizontalleitlinien 2001 nahm die Kommission bei der kartellrechtlichen Würdigung der Vereinbarungen über Normen nach Art. 101 Abs. 3 AEUV in den Horizontalleitlinien-E 2011 zum Teil auf Kriterien Bezug, die sie bereits im Rahmen des Abs. 1 als Aspekt des *safe harbours* anwenden wollte. Der Zugang zur Norm, ihre Transparenz, ein Verfahren, das Schutz vor Benachteiligung Einzelner bietet, sowie die Beteiligungsmöglichkeit aller interessierten Kreise am Normungsprozess machte die Kommission einerseits zu Voraussetzungen dafür, dass die Vereinbarung in den *safe harbour* fiel und damit gar nicht von Art. 101 Abs. 1 AEUV erfasst wurde. Andererseits sollten die ersten drei Kriterien maßgeblich dafür sein, dass Effizienzgewinne i.S.d. Art. 101 Abs. 3 AEUV eintreten können. Die Teilnahmemöglichkeit sämtlicher Wettbewerber an der Normsetzung prüfte die Kommission ebenfalls als Voraussetzung der Unerlässlichkeit i.S.d. Art. 101 Abs. 3 AEUV.[722] Einer klaren, nachvollziehbaren Trennung der Prüfung des Art. 101 Abs. 1 AEUV und des Abs. 3 war die Kommission mit diesen Vorgaben nicht näher gekommen.

Trotz der deutlichen Kritik, die insoweit durch die eingegangenen Stellungnahmen im Rahmen der öffentlichen Konsultation gegenüber der Kommission geäußert wurde, hat die Kommission in der endgültigen Fassung der Horizontalleitlinien 2011 keine weitergehende Klarstellung bezüglich des Verhältnisses von Art. 101 Abs. 1 AEUV zu Abs. 3 vorgenommen. In Rn. 20 der Horizontalleitlinien 2011 erfolgt die Trennung zunächst insofern scheinbar eindeutig, dass die Abwägung der wettbewerbsfördernden mit den wettbewerbsbeschränkenden Auswirkungen ausschließlich in dem von Art. 101 Abs. 3 AEUV gesteckten Rahmen stattfinde. Im folgenden bleibt es jedoch – wie schon in den Horizontalleitlinien-E 2011 – dabei, dass bestimmte Aspekte (Transparenz, Teilnahmemöglichkeit am Normungsprozess) nach den Vorgaben der Leitlinien sowohl im Rahmen des Abs. 1 als auch des Abs. 3 herangezogen werden. Ein „Fortschritt“ bezüglich der Differenzierung zwischen Art. 101 Abs. 1 und Abs. 3 AEUV lässt sich durch die endgültige Fassung der Horizontalleitlinien 2011 somit nicht verbuchen.

Die Auffassung der Kommission lässt sich damit erklären, dass sie zumindest bei Erlass der Horizontalleitlinien 2001 ein Bedürfnis sah, bestimmte Vereinbarungen über Normen bereits vom Tatbestand des Kartellverbotes auszunehmen. Diese Vorgehensweise der Kommission war zumindest bis zum Wechsel vom Verbot mit Erlaubnisvorbehalt zum System der Legalausnahme mit Inkrafttreten der VO 1/2003 am 01.05.2004 gewiss durch verfahrenstechnisch nachvollziehbare Gründe motiviert. Hätte man jegliche Ausnahme vom Eingreifen des Kartellverbotes erst im

722 Vgl. Horizontalleitlinien-E 2011, Rn. 278ff., 301, 307.

Rahmen des Art. 81 Abs. 3 EG-Vertrag berücksichtigt, so wäre mit einer Flut von Anmeldungen horizontaler Absprachen bei der Kommission zu rechnen gewesen, durch die die Unternehmen eine Freistellung nach Art. 81 Abs. 3 EG-Vertrag begehrten. Einer Vielzahl (zusätzlicher) Anmeldungen wäre die Kommission aufgrund ihrer bereits zuvor bestehenden hohen Arbeitsbelastung sicher nicht Herr geworden. In dem zum Zeitpunkt des Erlasses der Horizontalleitlinien 2001 bestehenden System eines Verbotes mit Erlaubnisvorbehalt ist das Bestreben der Kommission, das Merkmal der Wettbewerbsbeschränkung so zu interpretieren, dass bereits bestimmte Vereinbarungen über Normen gar nicht in den Anwendungsbereich des Art. 81 Abs. 1 EG-Vertrag fielen, folglich nachvollziehbar und verständlich.

Diese arbeitsökonomische Notwendigkeit ist mit dem Wechsel zum System der Legalausnahme jedoch entfallen. Der Kommission wäre es im Rahmen der Überarbeitung der Horizontalleitlinien möglich gewesen, die geäußerte Kritik aufzugreifen und die insofern bestehenden Schwachpunkte aufzulösen. Da Art. 101 Abs. 3 AEUV nach dem Wechsel zum System der Legalausnahme nun ebenfalls direkt anwendbar ist, ergibt sich einerseits kein administratives Bedürfnis mehr, der Kommission Arbeitsaufwand zu ersparen und bestimmte Vereinbarungen aus dem Anwendungsbereich des Abs. 1 herauszunehmen. Andererseits ist auch das mögliche Argument entfallen, nach dem das Bedürfnis nach einer einheitlichen Entscheidung über die positiven und negativen Wirkungen einer Vereinbarung es erforderlich mache, bereits alle wettbewerblichen Auswirkungen (positive sowie negative) im Rahmen des Tatbestandsmerkmals der Wettbewerbsbeschränkung zu berücksichtigen. Denn der Wechsel zum System der Legalausnahme hat dazu geführt, dass nicht mehr nur Art. 101 Abs. 1 AEUV sondern auch die Freistellung nach Abs. 3 unmittelbar in den Mitgliedstaaten anwendbar ist und keine Unterschiede in Bezug auf Verfahren und Zuständigkeiten vorliegen.[723] Insofern hat der Streit um die Verortung der Abwägung an Bedeutung verloren.[724] Wenn eine Abwägung ein Überwiegen der wettbewerbsfördernden Aspekte technischer Standardisierung gegenüber den wettbewerbsbeschränkenden Auswirkungen ergibt, ist die Frage, auf welcher Ebene wettbewerbsfördernde Aspekte zu berücksichtigen sind, nur für die Beweislastverteilung entscheidend.[725]

723 *Eilmansberger*, in: Streinz, EUV/AEUV, 2. Aufl., 2012, vor Art. 101 AEUV, Rn. 12, 84; *Säcker/Molle*, in: MüKo, 2. Aufl., Bd. 1, Europäisches Wettbewerbsrecht, Art. 101 AEUV, Rn. 89.

724 *Hengst*, in: Langen/Bunte, Band 2, 12. Aufl., 2014, Art. 101 AEUV, Rn. 191. So auch *Müller-Graff*, in: Vedder/Heintschel von Heinegg, Europäisches Unionsrecht, Art. 101 AEUV, Rn. 26.

725 Vgl. auch *Hengst*, in: Langen/Bunte, Band 2, 12. Aufl., 2014, Art. 101 AEUV, Rn. 191; *Roth/Ackermann*, in: FK, Band 2, EG-Kartellrecht, Art. 81 Abs. 1 EG, 68. Lfg. 2009, Rn. 351; *Säcker/Molle*, in: MüKo, 2. Aufl., Bd. 1, Europäisches Wettbewerbsrecht, Art. 101 AEUV, Rn. 90; *Leupold/Weidenbach,* WuW 2006, 1003, 1007. Für einen Gleichlauf der Beweislastverteilung unabhängig davon, ob die wettbewerbsfördernden Aspekte bei Art. 101 Abs. 1 oder Abs. 3 AEUV zu berücksichtigen wären,

Schließlich spricht nicht nur die Systematik des Kartellverbotes sondern auch der Sinn und Zweck der Europäischen Wettbewerbsregeln gegen die Auffassung der Kommission. Wie bereits ausgeführt strebt die Europäische Union gem. Art. 3 Abs. 3 S. 1 EUV die Errichtung eines Binnenmarktes an. Um diesen herzustellen schützt Art. 101 AEUV den Wettbewerb in umfassender Weise, d.h. in allen Erscheinungsformen und auf allen Wirtschaftsstufen.[726] Der Wettbewerbsbegriff ist weit aufzufassen, um seiner Funktion als Freiheitsgarantie und als Mittel zur optimalen Verteilung von Ressourcen gerecht zu werden.[727] Um diesen umfassenden Schutz zu gewährleisten, muss Gleiches für den Begriff der Wettbewerbsbeschränkung im Sinne des Art. 101 Abs. 1 AEUV gelten; er muss ebenfalls weit verstanden werden, sodass zunächst jede Beeinträchtigung des Wettbewerbs das Tatbestandsmerkmal der Wettbewerbsbeschränkung im Sinne des Kartellverbotes erfüllt und die Zulässigkeit einer solchen Beeinträchtigung erst auf Freistellungsebene zu prüfen ist.

Einer Verortung der Prüfung der wettbewerbsfördernden Aspekte technischer Standardisierung allein im Rahmen des Abs. 3 steht damit nichts im Wege. Eine solche Lösung wäre systematisch „sauber“ und würde die aufgezeigte Undurchsichtigkeit der Prüfungen des Art. 101 Abs. 1 und Abs. 3 AEUV vermeiden. Die Auffassung der Kommission überzeugt daher nicht.[728] Richtiger Rahmen für die Analyse und Abwägung der wettbewerbsbeschränkenden und wettbewerbsfördernden Effekte ist Art. 101 Abs. 3 AEUV.[729]

Dieser Ansatz soll technische Standardsetzung keinesfalls in ein aus kartellrechtlicher Sicht zweifelhaftes Licht rücken. Es soll vielmehr dem Umstand Rechnung getragen werden, dass technischer Standardsetzung in anerkannten Normungsorganisationen und sonstigen Foren und Konsortien auch Wettbewerbsbeschränkungen innewohnen, indem zum Beispiel der Innovationswettbewerb beschränkt oder die Angebotsvielfalt reduziert wird (ausführlich oben Kap. 1. B. III.).[730] Dass die technische Normung gleichzeitig zu erheblichen positiven Wirkungen auf den Wett-

---

Eilmansberger, in: Streinz, EUV/AEUV, 2. Aufl., 2012, Art. 101 AEUV, Rn. 86. Allerdings bleibt unklar, warum sich der Autor dann ausdrücklich für eine Abwägung im Sinne einer rule of reason im Rahmen des Art. 101 Abs. 1 AEUV ausspricht (ebd., Rn. 78ff.). Das Problem der Beweislast könnte auch dadurch gelöst werden, dass keine allzu strengen Anforderungen an den Beweis gestellt werden.

726 *Schröter*, in: Schröter/Jakob/Klotz/Mederer, Europäisches Wettbewerbsrecht, 2. Aufl., 2014, Art. 101, Rn. 16, 77.

727 *Jakobs*, S. 64.

728 Kritisch auch *Emmerich*, in: Immenga/Mestmäcker, Wettbewerbsrecht, 5. Aufl., 2012, Art. 101 Abs. 1 AEUV, Rn. 117.

729 *Schweitzer*, in: Baudenbacher, S. 66; *M. Jakobs*, S. 107. Siehe auch bereits kritisch *Axter*, in: FS Lieberknecht, S. 234f. zur nicht eindeutigen Unterscheidung der Tatbestandsmäßigkeit von Wettbewerbsbeschränkungen nach Abs. 1 und deren Freistellung nach Abs. 3 durch die Comfort Letter-Praxis der Kommission.

730 Auch *Picht*, S. 428 attestiert jeder Standardsetzung durch Standardisierungsorganisationen grds. ein Potenzial zur Wettbewerbsbeschränkung und Kartellbildung.

bewerb führt (ausführlich oben Kap. 1. B. I.), soll nicht in Abrede gestellt werden. Ob diese eintretenden positiven Wettbewerbsauswirkungen jedoch die negativen ausgleichen, ist eine Frage des Einzelfalls und nach den Vorgaben des Art. 101 Abs. 3 AEUV zu beantworten.

c) Bezweckte oder bewirkte Wettbewerbsbeschränkung

Das Europäische Kartellverbot des Art. 101 Abs. 1 AEUV verlangt, dass die Unternehmen oder Unternehmensvereinigungen die Wettbewerbsbeschränkung bezwecken oder bewirken. Zunächst ist also der Zweck einer Absprache in Augenschein zu nehmen. Dabei ist das wettbewerbsbeschränkende Potenzial der entsprechenden Absprache maßgeblich, sodass das Bestehen einer wettbewerbsbeschränkenden Zielsetzung oder Tendenz der Absprache für die Anwendbarkeit des Art. 101 Abs. 1 AEUV genügt, ohne dass es darauf ankäme, dass durch die Absprache tatsächlich eine Wettbewerbsbeschränkung eintritt.[731] Dies wird bei Vereinbarungen über Normen jedoch in der Regel nicht der Fall sein, da von der Zweckvariante nur besonders offensichtliche Kartellabsprachen erfasst werden: Das Bezwecken einer Wettbewerbsbeschränkung wird angenommen, wenn die Absprache „schon ihrer Natur nach als schädlich für das gute Funktionieren des normalen Wettbewerbs angesehen werden“ kann.[732] Es handelt sich um eine „auf die Schwere der Wettbewerbsbeschränkung und entsprechende Erfahrungen gestützte Vermutung“, nach der die Beschränkung wahrscheinlich negative Auswirkungen auf den Wettbewerb haben wird.[733] Der wettbewerbsbeschränkende Zweck ist dabei aus dem Inhalt und den objektiven Zielen der Vereinbarung und nicht nach den subjektiven Vorstellungen der Parteien zu ermitteln;[734] die Absichten der Beteiligten können allerdings als Indizien berücksichtigt werden.[735] Die Festlegung technischer Standards zielt in aller Regel auf die Vereinheitlichung und damit Rationalisierungs- und Kostenersparniseffekte ab und bezweckt damit allenfalls bei Vorliegen weiterer Besonderheiten eine Wettbewerbsbeschränkung:

Zu den „klassischen“ bezweckten Wettbewerbsbeschränkungen gehören z.B. Preisabsprachen.[736] Diese werden bereits in der Aufzählung der Regelbeispiele in Art. 101 Abs. 1 AEUV an vorderster Stelle genannt. Die Standardisierung darf also keinesfalls so weit gehen, dass auch die Preise der Produkte vereinheitlicht werden.

---

731 *Emmerich*, in: Immenga/Mestmäcker, Wettbewerbsrecht, 5. Aufl., 2012, Art. 101 Abs. 1 AEUV, Rn. 174.

732 EuGH, Slg. 2008, I-8637, Rn. 17 – Beef Industry Development Society Ltd und Barry Brothers.

733 *Fuchs*, ZWeR 2007, 369, 374.

734 *Hengst*, in: Langen/Bunte, Band 2, 12. Aufl., 2014, Art. 101 AEUV, Rn. 222 m.w.N.

735 *Roth/Ackermann*, in: FK, Band 2, EG-Kartellrecht, Art. 81 Abs. 1 EG, 68. Lfg. 2009, Rn. 317; *Emmerich*, in: Immenga/Mestmäcker, Wettbewerbsrecht, 5. Aufl., 2012, Art. 101 Abs. 1 AEUV, Rn. 174 jeweils m.w.N.

736 *Hengst*, in: Langen/Bunte, Band 2, 12. Aufl., 2014, Art. 101 AEUV, Rn. 224 m.w.N.

Aber auch losgelöst von solch offensichtlichen Fällen wie etwaigen Preisabsprachen werden Vereinbarungen über Normen von der Kommission als eine Wettbewerbsbeschränkung bezweckend bewertet, wenn die Norm als Teil einer umfassenden Vereinbarung eingesetzt wird, um den tatsächlichen oder potenziellen Wettbewerb auszuschließen.[737] Dies ist etwa dann der Fall, wenn „ein nationaler Herstellerverband eine Norm setzt und Druck auf Dritte ausübt, keine Produkte auf den Markt zu bringen, die mit dieser Norm nicht übereinstimmen".[738] Weiterhin handelt es sich nach Auffassung der Kommission bei Normenvereinbarungen, die geschlossen werden um neue Technologien auszuschließen,[739] um bezweckte Wettbewerbsbeschränkungen, sowie bei Vereinbarungen, bei denen vor Annahme der Norm die wesentlichen Rechte des geistigen Eigentums offen gelegt werden um gemeinsame Preise festzulegen.[740] Allerdings wird der letztgenannte Fall nur so verstanden werden können, dass es sich tatsächlich ausschließlich in solchen Fällen um eine bezweckte Wettbewerbsbeschränkung handelt, in denen die Offenlegung der wesentlichen Rechte des geistigen Eigentums gerade der gemeinsamen Preisfestlegung dient. Im Übrigen stellen Normenvereinbarungen, die eine vorherige Offenlegung der Lizenzbedingungen verlangen, nach Auffassung der Kommission grundsätzlich keine Wettbewerbsbeschränkung i.S.d. Art. 101 Abs. 1 AEUV dar.[741] Denn durch die Offenlegung der Lizenzbedingungen wird den am Normungsprozess Beteiligten die Möglichkeit geboten, „eine fundierte Entscheidung zu treffen, bei der sie nicht nur aus technischer Sicht, sondern auch in preislicher Hinsicht die Vor- und Nachteile der verschiedenen in Rede stehenden Technologien berücksichtigen könnten".[742] Die Variante des Bezweckens wird man auch dann ausnahmsweise annehmen können, wenn Unternehmen bewusst übertriebene Qualitätsstandards setzen, um eine künstliche Marktzutrittsschranke zu schaffen.[743]

Liegt keiner der aufgeführten „Sonderfälle" vor, so kommt es für die Anwendung des Art. 101 Abs. 1 AEUV auf die zweite Alternative, das Bewirken einer Wettbewerbsbeschränkung, an. Es ist zu prüfen, welche tatsächlichen und potenziellen Auswirkungen die Absprache hat. Als Maßstab zur Feststellung einer wettbewerbsbeschränkenden Wirkung einer Absprache sind die Verhältnisse auf dem betroffenen Markt heranzuziehen, die voraussichtlich ohne die entsprechende Absprache

---

737 ABl. 2011 C 11/1, Rn. 273.
738 ABl. 2011 C 11/1, Rn. 273. Dies entspricht exakt der Formulierung, die die Horizontalleitlinien 2001 verwenden, um ein Beispiel für eine Vereinbarung der „schwarzen Liste" („Vereinbarungen, die fast immer von Artikel 81 Absatz 1 erfasst werden") zu nennen (vgl. ABl. 2001 C 3/2, Rn. 165).
739 ABl. 2011 C 11/1, Rn. 273.
740 ABl. 2011 C 11/1, Rn. 274.
741 ABl. 2011 C 11/1, Rn. 299.
742 ABl. 2011 C 11/1, Rn. 299.
743 Vgl. *Zorn*, S. 89.

bestehen würden.[744] Es ist also in jedem Einzelfall ein Vergleich vorzunehmen zwischen der jetzigen Wettbewerbssituation bzw. der potenziellen, die voraussichtlich eintreten wird, und der Situation, die hypothetisch ohne die fragliche Absprache eingetreten wäre. Für die Anwendung des Art. 101 Abs. 1 AEUV genügt es dabei, dass die Absprache die (potenzielle) Wettbewerbsbeschränkung zumindest mitverursacht hat und ein adäquater Kausalzusammenhang zwischen der Absprache und der Wettbewerbsbeschränkung besteht; nur ganz ungewöhnliche Wirkungen sollen den an der Absprache Beteiligten nicht zugerechnet werden.[745] Da durch Normenvereinbarungen Beschränkungen der Handlungsfreiheit von Dritten oder von an der Standardsetzung Beteiligten auftreten (sog. externe oder interne Wettbewerbsbeschränkungen, siehe oben Kap. 2. A. III. 2. a)) und positive wettbewerbliche Auswirkungen nach dem Vorgenannten noch nicht auf Tatbestandsebene des Art. 101 Abs. 1 AEUV zu berücksichtigen sind, ist im „Normalfall" davon auszugehen, dass Vereinbarungen über Normen Wettbewerbsbeschränkungen *bewirken.*

d) Spürbarkeit der Wettbewerbsbeschränkung

Die negativen Auswirkungen auf den Wettbewerb müssen spürbar sein, damit das Kartellverbot eingreift.[746] Dies gilt sowohl für bereits tatsächlich eingetretene als auch für potenzielle Wettbewerbsbeschränkungen. Nach der Rechtsprechung ist eine Gesamtwürdigung der Verhältnisse erforderlich; dabei sind quantitative (z.B. Höhe der Marktanteile) sowie qualitative (z.B. Schwere der Beschränkung) Aspekte zu berücksichtigen.[747] Die Kommission hat ihre Auffassung in der sog. Bagatellbekanntmachung (auch als de-minimis-Bekanntmachung bezeichnet)[748] dargelegt:[749] Sie hat Schwellenwerte aufgestellt, bei deren Unterschreiten sie eine Spürbarkeit verneint. Die Kommission stellt jedoch klar, dass auch das Überschreiten der Schwellenwerte nicht stets bedeute, dass eine spürbare Wettbewerbsbeschränkung

---

744 *Emmerich,* in: Immenga/Mestmäcker, Wettbewerbsrecht, 5. Aufl., 2012, Art. 101 Abs. 1 AEUV, Rn. 179.

745 *Schröter/Voet van Vormizeele,* in: Schröter/Jakob/Klotz/Mederer, Europäisches Wettbewerbsrecht, 2. Aufl., 2014, Art. 101, Rn. 126.

746 Vgl. *Schröter/Voet van Vormizeele,* in: von der Groeben/Schwarze/Hatje, Art. 101 AEUV, Rn. 167; *Hengst,* in: Langen/Bunte, Band 2, 12. Aufl., 2014, Art. 101 AEUV, Rn. 236 m.w.N.

747 Vgl. insbesondere EuG, Slg. 1998, II-3141, Rn. 102f. – European Night Services.

748 ABl. 2014 C 291/1. Die Bagatellbekanntmachung behandelt nicht (mehr) die Frage, wann die Spürbarkeit der Handelsbeeinträchtigung zwischen den Mitgliedstaaten vorliegt (dazu unten Kap. 2 A. III. 3.), sondern befasst sich nur damit, wann eine spürbare Wettbewerbsbeschränkung gegeben ist.

749 Die Bagatellbekanntmachung ist für die Auslegung des Spürbarkeitsmerkmals durch die Gerichte zwar nicht bindend, ihr kommt jedoch aufgrund der Selbstbindung der Kommission eine faktische Bedeutung zu. Zur Bindungswirkung von Bekanntmachung und Mitteilungen siehe ausführlicher oben Kap. 2. A. III. 2. b) bb) aaa) (1).

vorliege, sondern dass solche Vereinbarungen im Einzelfall dennoch nur geringe Auswirkungen auf den Wettbewerb haben können.[750] Besonders schwerwiegende Wettbewerbsbeschränkungen (Kernbeschränkungen) werden jedoch nicht von der Bagatellbekanntmachung erfasst[751] und sind damit auch in Bagatellfällen als unzulässig gem. Art. 101 Abs. 1 AEUV zu bewerten. Eine mögliche Freistellung nach Abs. 3 bleibt davon allerdings unbenommen. Gegenstand der Spürbarkeitsprüfung ist nicht der Beitrag der einzelnen an der Absprache beteiligten Unternehmen oder Unternehmensvereinigungen, sondern die Vereinbarung, der Beschluss oder die aufeinander abgestimmte Verhaltensweise insgesamt.[752] Ein Beteiligter kann also nicht erfolgreich gegen die Anwendbarkeit des Art. 101 Abs. 1 AEUV vorbringen, dass er nicht spürbar zur Absprache und zur Wettbewerbsbeschränkung beigetragen habe.

Für die Bewertung einer Vereinbarung über Normen kommt es somit stets auf das konkrete Normungsvorhaben an, ob eine Spürbarkeit der Wettbewerbsbeeinträchtigung angenommen werden kann. Wenn beabsichtigt wird, einen branchenweiten technischen Standard festzulegen, wird der Erfolg häufig davon abhängig sein, dass die Normung unter Beteiligung der großen Akteure auf dem entsprechenden Markt erfolgt, sodass letztlich häufig von der Spürbarkeit der Wettbewerbsbeschränkung auszugehen sein wird.

3. *Zwischenstaatlichkeit*

Art. 101 Abs. 1 AEUV verlangt, dass die fraglichen Absprachen geeignet sind, „den Handel zwischen den Mitgliedstaaten zu beeinträchtigen". Diese sog. Zwischenstaatlichkeitsklausel ist sowohl Kollisionsnorm als auch Sachnorm.[753] Damit eine Standardisierungstätigkeit den Tatbestand des Art. 101 Abs. 1 AEUV verwirklicht, dürfen ihre Auswirkungen folglich nicht nur einen nationalen Markt betreffen,[754] sondern sie muss das Zwischenstaatlichkeitserfordernis erfüllen. Dies bedeutet, dass „sich anhand einer Gesamtheit objektiver rechtlicher oder tatsächlicher Umstände mit hinreichender Wahrscheinlichkeit voraussehen lässt, dass die Vereinbarung unmittelbar oder mittelbar, tatsächlich oder der Möglichkeit nach, den Warenverkehr zwischen Mitgliedstaaten beeinflussen kann".[755] In einigen Entscheidungen findet sich die Formulierung, dass die Vereinbarung geeignet sein muss, den Handel zwischen den Mitgliedstaaten „in einem der Erreichung der Ziele eines einheitlichen zwischenstaatlichen Marktes *nachteiligen* Sinn [zu]

750 ABl. 2014 C 291/1, Rn. 3.
751 ABl. 2014 C 291/1, Rn. 13.
752 *Roth/Ackermann*, in: FK, Art. 81 Abs. 1 EG Grundfragen, Rn. 400.
753 *Schröter/Voet van Vormizeele*, in: Schröter/Jakob/Klotz/Mederer, Europäisches Wettbewerbsrecht, 2. Aufl., 2014, Art. 101, Rn. 190.
754 In diesem Fall würde nur die entsprechende nationale Rechtsordnung zur Anwendung kommen, vgl. *Schröter/Voet van Vormizeele*, in: Schröter/Jakob/Klotz/Mederer, Europäisches Wettbewerbsrecht, 2. Aufl., 2014, Art. 101, Rn. 189 m.w.N.
755 So bereits EuGH, Slg. 1966, 282, 303 – Maschinenbau Ulm.

beeinflussen“ [Hervorh. d. Verf.].[756] Dennoch wird die Rechtsprechung insgesamt so verstanden, dass die Zwischenstaatlichkeitsklausel stets weit ausgelegt werden muss: Es reicht also jede (potenzielle) Entwicklung aus, die dazu führt, dass sich der Wirtschaftsverkehr anders entwickelt, als es ohne die Absprache zu erwarten wäre.[757] Ebenfalls weit ausgelegt wird der Begriff des Handels. Es wird nicht nur der Austausch von Waren und Dienstleistungen erfasst, sondern alle grenzüberschreitenden wirtschaftlichen Tätigkeiten.[758]

Augenscheinlich besteht eine Eignung zur Beeinträchtigung des zwischenstaatlichen Handels, wenn eine Absprache zwischen Unternehmen verschiedener Mitgliedstaaten getroffen worden ist, die sich auf den Waren- oder Dienstleistungsverkehr zwischen diesen Staaten bezieht.[759] So liegt der Fall zumindest bei der Standardisierungstätigkeit regionaler und internationaler Normungsorganisationen, da ihre Mitglieder u.a. Unternehmen bzw. nationale Normungsorganisationen verschiedener Mitgliedstaaten der Europäischen Union sind.[760] Eine Absprache zwischen diesen Teilnehmern ist im Sinne des Art. 101 Abs. 1 AEUV geeignet, den zwischenstaatlichen Handel zu beeinträchtigen.

Aber auch Absprachen, die ausschließlich zwischen Unternehmen aus einem einzigen EU-Mitgliedstaat getroffen werden, können die Zwischenstaatlichkeitsklausel des Art. 101 Abs. 1 AEUV erfüllen. Dann, wenn sie sich – ggf. auch nur teilweise – auf Importe aus anderen Mitgliedstaaten oder auf den Export in andere Mitgliedstaaten auswirken,[761] ist auch in einem solchen Fall die Eignung zur Beeinträchtigung des zwischenstaatlichen Handels gegeben; insbesondere, wenn die Gefahr der Abschottung nationaler Märkte besteht. Folglich können auch nationale Normungsorganisationen, d.h. Organisationen, an denen ggf. ausschließlich Unternehmen eines einzigen Mitgliedstaates teilnehmen, mit ihrer Standardisierungstätigkeit die Zwischenstaatlichkeitsklausel des Art. 101 Abs. 1 AEUV erfüllen. Die Existenz von nationalen Normen kann sich insbesondere negativ auf den Import auswirken, namentlich wenn ausländische Hersteller faktisch verpflichtet sind, normgerechte Produkte anzubieten, um auf dem fraglichen nationalen Markt erfolgreich ihre

---

756 EuGH, Slg. 1999, I-135, Rn. 47 – Bagnasco u.a.

757 Vgl. EuGH, Slg. 1975, 563, Rn. 37/38 – Frubo; *Zimmer*, in: Immenga/Mestmäcker, Wettbewerbsrecht, 5. Aufl., 2012, Art. 101 Abs. 1 AEUV, Rn. 198; *Mäger*, in: Mäger, Europäisches Kartellrecht, Kapitel 1 G, Rn. 71; *Müller-Graff*, in: Vedder/Heintschel von Heinegg, Europäisches Unionsrecht, Art. 101 AEUV, Rn. 29 m.w.N. *Grill*, in: Lenz/Borchardt, Vorb. Art. 101–106, Rn. 14.

758 Leitlinien über den Begriff der Beeinträchtigung des zwischenstaatlichen Handels, ABl. 2004 C 101/81, Rn. 19.

759 Vgl. auch *Schröter/Voet van Vormizeele*, in: Schröter/Jakob/Klotz/Mederer, Europäisches Wettbewerbsrecht, 2. Aufl., 2014, Art. 101, Rn. 202.

760 Zur Mitgliederstruktur der verschiedenen Normungsorganisationen im Einzelnen siehe oben Kap. 1. C. jeweils III.

761 *Grill*, in: Lenz/Borchardt, Vorb. Art. 101–106, Rn. 16.

Produkte vertreiben zu können und die Einhaltung der Norm somit faktisch zur Marktzutrittsschranke geworden ist (siehe dazu ausführlicher oben Kap. 1. B. III. 4.).

Die weite Auslegung der Zwischenstaatlichkeitsklausel wird – wenn auch nur in geringem Umfang – durch das von der Rechtsprechung entwickelte Erfordernis der Spürbarkeit eingeschränkt. Dem Spürbarkeitskriterium kommt insofern eine Doppelfunktion zu: Es ist zwischen der Spürbarkeit der Wettbewerbsbeeinträchtigung (siehe dazu Kap. 2. A. III. 2. d)) und der Spürbarkeit der Handelsbeeinträchtigung zu differenzieren.[762] Das Spürbarkeitserfordernis im Rahmen der Handelsbeeinträchtigung verlangt u.a., dass eine gewisse Wahrscheinlichkeit für den Eintritt einer Handelsbeeinträchtigung besteht.[763] Als Kriterien für die Beurteilung können insofern die Marktstellung der an der Absprache beteiligten Unternehmen, die Art der erfassten Waren, der Umsatz, der mit ihnen erzielt wird, und die Art der Absprache sowie ihr wirtschaftlicher und rechtlicher Kontext herangezogen werden.[764] Dabei gilt: „Je stärker die Marktstellung der beteiligten Unternehmen ist, umso größer ist die Wahrscheinlichkeit, dass eine Beeinträchtigung des Handels zwischen Mitgliedstaaten durch eine Vereinbarung (...) als spürbar einzustufen ist".[765] Die Kommission stellt in ihren Leitlinien über den Begriff der Beeinträchtigung des zwischenstaatlichen Handels Negativ- und Positiv-Kriterien auf, wann sie davon ausgeht, dass eine Vereinbarung nicht geeignet ist, den Handel zwischen den Mitgliedstaaten spürbar zu beeinträchtigen, bzw. wann eine Vermutung für das Bestehen einer spürbaren Handelsbeeinträchtigung spricht.[766] Für die technische Standardisierung bedeutet dies: Je stärker die Normungsinstitution am Markt akzeptiert ist und somit zu erwarten ist, dass sich die von ihr entwickelte technische Norm auf dem Binnenmarkt durchsetzen wird, desto wahrscheinlicher ist es, dass die beteiligten Unternehmen eine Marktstellung innehaben, die dazu führt, dass von einer Spürbarkeit der Handelsbeeinträchtigung auszugehen ist.[767]

4. Zusammenfassung und Bewertung

Die technische Standardisierung von Produkten und Prozessen kann sich auf vier verschiedene Märkte auswirken: 1. Die Produkt- und Dienstleistungsmärkte, auf die sich die Normen beziehen; 2. Die Technologiemärkte, wenn die Normung die

762 *Zimmer*, in: Immenga/Mestmäcker, Wettbewerbsrecht, 5. Aufl., 2012, Art. 101 Abs. 1 AEUV, Rn. 205; *Roth/Ackermann*, in: FK, Art. 81 Abs. 1 EG Grundfragen, Rn. 437. Siehe auch Leitlinien über den Begriff der Beeinträchtigung des zwischenstaatlichen Handels, ABl. 2004 C 101/81, Rn. 4.

763 *Schröter*, in: von der Groeben/Schwarze, Art. 81 EG, Rn. 183.

764 Leitlinien über den Begriff der Beeinträchtigung des zwischenstaatlichen Handels, ABl. 2004 C 101/81, Rn. 44f., 47, 49.

765 Leitlinien über den Begriff der Beeinträchtigung des zwischenstaatlichen Handels, ABl. 2004 C 101/81, Rn. 45.

766 Vgl. ABl. 2004 C 101/81, Rn. 3, 52f.

767 *M. Jakobs*, S. 84.

Technologiewahl beinhaltet und die Rechte des geistigen Eigentums getrennt von den Produkten vermarktet werden; 3. Den Markt für die Festsetzung von Normen, wenn mehrere Normungsorganisationen bestehen; 4. Den Markt für die Prüfung und Zertifizierung.[768] Die sachliche, räumliche und ggf. zeitliche Marktabgrenzung erfolgt auch für Vereinbarungen über Normen nach den allgemeinen kartellrechtlichen Grundsätzen. Bei Vereinbarungen über Normen spielen bei der sachlichen Marktabgrenzung insbesondere technische Eigenschaften für die Frage der Substituierbarkeit eine Rolle. Kann z.B. aufgrund verschiedener Maße, Qualitätsunterschiede oder fehlender Kompatibilität ein Produkt nicht durch ein anderes ersetzt werden, so besteht keine Austauschbarkeit und es sind unterschiedliche Märkte betroffen. Zieht man den Preis zur Abgrenzung des sachlichen Marktes heran, so wird man bei technischen Normen zum einen berücksichtigen müssen, dass allenfalls erhebliche Preisunterschiede zwischen Produkten für die Annahme unterschiedlicher Märkte sprechen, da gerade bei standardisierten Produkten der Preis vorrangiges Unterscheidungsmerkmal sein kann. Zum anderen können gerade bei einem etablierten Standard hohe switching costs anfallen, wenn zu einem neuen Standard gewechselt werden soll. Nachfrager akzeptieren aus diesem Grund ggf. höhere Preise, um die (ggf. noch höheren) switching costs zu vermeiden. Als räumlich relevanter Markt kann bei europäischer Normung in aller Regel der Binnenmarkt, bei internationalen Normen der Weltmarkt herangezogen werden. Selbst bei nationalen Normen ist der räumlich relevante Markt nicht stets auf das Hoheitsgebiet des entsprechenden Staates begrenzt; es ist im Einzelfall zu prüfen, ob die technische Norm nicht über nationale Grenzen hinaus Wirkung entfaltet. Der räumlich relevante Markt wird bei Standardisierungskooperationen eher weit zu ziehen sein, da sich das angestrebte Ziel der Kompatibilität erst durch eine weite Verbreitung des Standards erreichen lässt.[769] Die zeitliche Marktabgrenzung kann eine Rolle spielen, wenn ein Standard über seine eigentliche Geltungsdauer hinaus aufgrund eines Lock-Ins Wirkung entfaltet oder wenn durch geistige Eigentumsrechte geschützte Technologien in eine Norm aufgenommen wurden, da diese Schutzrechte nicht unbegrenzt fortbestehen.

Die Abgrenzung des relevanten Marktes kann nicht nur im Rahmen des Art. 102 AEUV, sondern auch für die Bewertung einer Absprache nach Art. 101 AEUV wichtig sein, namentlich um zu bestimmen, ob eine spürbare Wettbewerbsbeeinträchtigung vorliegt. Die wettbewerblich relevanten Auswirkungen von Standardisierung auf die genannten Märkte können Wettbewerbsbeschränkungen im Sinne des Kartellverbotes darstellen. Beschränkungen der wettbewerblichen Handlungsfreiheit an der Normung nicht beteiligter Dritte (externe Wettbewerbsbeschränkungen) können z.B. eintreten, wenn die Einhaltung des Standards zur faktischen Marktzugangsvoraussetzung für Dritte wird oder wenn der Einhaltung des Standards das Wesen eines Qualitätsmerkmals zukommt, sodass (nur) standardkonformen Produkten eine bestimmte Qualität(shöhe) zugeschrieben wird. Eine Beschränkung der wettbewerblichen

768 Horizontalleitlinien 2011, ABl. 2011 C 11/1, Rn. 261.
769 Vgl. *M. Jakobs*, S. 82.

Handlungsfreiheit der an der Absprache Beteiligten (interne Wettbewerbsbeschränkung) liegt bereits darin, dass wirtschaftlich handelnde Unternehmen zumindest faktisch an die Umsetzung des Standards gebunden sind, um die sich aus der technischen Standardisierung ergebenden Wettbewerbsvorteile nutzen zu können.

Auch wenn technische Normung nicht nur wettbewerbsbeschränkende, sondern ebenfalls – ggf. sogar überwiegende – wettbewerbsfördernde Wirkungen zeitigt, steht dies einer Anwendung des Art. 101 Abs. 1 AEUV nach der hier vertretenen Auffassung nicht entgegen. Die Kommission sieht dies unter bestimmten Voraussetzungen bei Normungsvereinbarungen jedoch anders und verneint bereits das Vorliegen einer Wettbewerbsbeschränkung im Sinne des Art. 101 Abs. 1 AEUV. In den Horizontalleitlinien 2011 hat sie dazu Ausführungen gemacht und *safe harbours* für Normungsvereinbarungen eröffnet: Immer dann, wenn „die Möglichkeit der uneingeschränkten Mitwirkung am Normungsprozess gegeben und das Verfahren für die Annahme der betreffenden Norm transparent [sei], lieg[e] bei Normungsvereinbarungen, die keine Verpflichtung zur Einhaltung der Norm enthalten und Dritten den Zugang zu der Norm zu fairen, zumutbaren und diskriminierungsfreien Bedingungen gewähren, keine Beschränkung des Wettbewerbs im Sinne von Artikel 101 Absatz 1 vor."[770] Unter den genannten Bedingungen sieht die Kommission die positiven Auswirkungen der Vereinbarung auf den Wettbewerb somit als derart gewichtig an, dass sie eine Wettbewerbsbeschränkung insgesamt verneint.

Der Berücksichtigung positiver wettbewerblicher Auswirkungen bereits auf Tatbestandsebene ist jedoch eine Absage zu erteilen. Vor allem die Systematik des Kartellverbots spricht gegen ein solches Vorgehen. Denn Art. 101 AEUV regelt in Abs. 1 die Verbotsvoraussetzungen, während erst in Abs. 3 die Freistellungsvoraussetzungen mit der Möglichkeit zur Abwägung der wettbewerbsbeschränkenden mit den wettbewerbsfördernden Aspekten einer Absprache enthalten sind. Dass die Handhabung der Kommission dogmatisch unsauber ist, wird auch dadurch deutlich, dass in den Horizontalleitlinien keine nachvollziehbare Trennung zwischen den Kriterien, die bereits im Rahmen des Abs. 1 und den Kriterien, die erst bei der Freistellungsmöglichkeit nach Abs. 3 berücksichtigt werden sollen, erfolgt. Zum Teil werden manche Kriterien bei der Beurteilung von Vereinbarungen über Normen sogar doppelt eingesetzt: So werden u.a. Zugänglichkeit und Transparenz einer Norm von der Kommission als ausschlaggebend dafür angeführt, dass die Absprache bereits keine Wettbewerbsbeschränkungen hervorrufe. Ebendiese Kriterien zieht die Kommission aber auch im Rahmen des Art. 101 Abs. 3 AEUV zur Freistellung einer Norm heran.

Nicht nur die Systematik des Kartellverbotes, auch das Telos der Europäischen Wettbewerbsregeln spricht gegen die Vorgehensweise der Kommission. Sinn und Zweck der Europäischen Wettbewerbsregeln ist der Schutz des Binnenmarktes. Um diesen zu gewährleisten, muss nicht nur der Begriff des Wettbewerbs weit ausgelegt werden, sondern auch bei der Frage, wann eine Beschränkung des Wettbewerbs im Sinne des Art. 101 Abs. 1 AEUV anzunehmen ist, ist ein weites Verständnis anzulegen,

---

770 ABl. 2011 C 11/1, Rn. 280.

sodass zunächst jede Beeinträchtigung des Wettbewerbs das Tatbestandsmerkmal der Wettbewerbsbeschränkung im Sinne des Kartellverbotes erfüllt und die Zulässigkeit einer solchen Beeinträchtigung erst auf Freistellungsebene zu prüfen ist. Die Auffassung der Kommission überzeugt daher nicht. Richtiger Rahmen für die Analyse und Abwägung der wettbewerbsbeschränkenden und wettbewerbsfördernden Effekte ist daher nicht Art. 101 Abs. 1 AEUV sondern Art. 101 Abs. 3 AEUV.

Schließlich verlangt Art. 101 Abs. 1 AEUV, dass die Absprache eine spürbare Wettbewerbsbeschränkung bezweckt oder bewirkt und geeignet ist, den Handel zwischen den Mitgliedstaaten spürbar zu beeinträchtigen. Üblicherweise wird man nicht davon ausgehen können, dass eine technische Standardisierung eine Wettbewerbsbeschränkung bezweckt, da sie auf Vereinheitlichung, Rationalisierungs- und Kostenersparniseffekte gerichtet ist; ein Bewirken von Wettbewerbsbeschränkungen ist jedoch stets in Betracht zu ziehen. In Einzelfällen wird man dennoch sogar von der Variante des Bezweckens ausgehen müssen, z.B. dann, wenn von der Standardisierungsorganisation Druck auf Dritte ausgeübt wird, keine Produkte auf den Markt zu bringen, die mit der Norm nicht übereinstimmen, wenn Normenvereinbarungen geschlossen werden, um neue Technologien vom Markt fernzuhalten, wenn vor der Annahme einer Norm die wesentlichen Rechte des geistigen Eigentums offen gelegt werden, um Preise festzulegen, oder wenn Unternehmen übertriebene Qualitätsstandards setzen, um eine künstliche Marktzutrittsschranke zu schaffen.[771] Gerade dann, wenn eine Normungsorganisation beabsichtigt, einen branchenweiten Standard zu setzen, wird der Erfolg des Standards häufig davon abhängen, dass die Normung unter Beteiligung der großen Akteure auf dem entsprechenden Markt erfolgt, sodass in vielen Fällen auch von der Spürbarkeit der Wettbewerbsbeschränkung auszugehen sein wird.

Zumindest bei der Standardisierungstätigkeit regionaler und internationaler Normungsorganisationen ist die Vereinbarung über eine Norm zudem geeignet, den zwischenstaatlichen Handel zu beeinträchtigen. Aber auch nationale Normen können die Zwischenstaatlichkeitsklausel des Art. 101 Abs. 1 AEUV erfüllen: Die Existenz von nationalen Normen kann sich insbesondere negativ auf den Import auswirken, namentlich wenn ausländische Hersteller faktisch verpflichtet sind, normgerechte Produkte anzubieten, um auf dem fraglichen nationalen Markt erfolgreich ihre Produkte vertreiben zu können. Je stärker die den Standard entwickelnde Organisation am Markt akzeptiert ist und somit zu erwarten ist, dass sich die von ihr entwickelte Norm durchsetzen wird, desto wahrscheinlicher ist es, dass die beteiligten Unternehmen eine Marktstellung innehaben, die dazu führt, dass von einer Spürbarkeit der Handelsbeeinträchtigung auszugehen ist.[772] Die technische Standardisierung sowohl in internationalen, regionalen als auch in nationalen Standardisierungsorganisationen kann trotz ihrer zahlreichen positiven Auswirkungen auf den Wettbewerb somit unter das Kartellverbot des Art. 101 Abs. 1 AEUV fallen.

771 Vgl. ABl. 2011 C 11/1, Rn. 273f. sowie *Zorn*, S. 89.
772 *M. Jakobs*, S. 84.

B. Freistellung nach Art. 101 Abs. 3 AEUV

Sofern ein Verstoß gegen das Kartellverbot des Art. 101 Abs. 1 AEUV vorliegt, bedeutet dies nicht stets, dass die fragliche Absprache unzulässig ist. Es kommt vielmehr grundsätzlich bei jeder Vereinbarung zwischen Unternehmen, jedem Beschluss einer Unternehmensvereinigung und jeder aufeinander abgestimmten Verhaltensweise eine Freistellung nach Art. 101 Abs. 3 AEUV in Betracht. Nachdem anhand der Merkmale des Abs. 1 beleuchtet wurde, dass Vereinbarungen über Normen aufgrund der ihr zumindest auch innewohnenden negativen Auswirkungen auf den Wettbewerb unter das Kartellverbot fallen können, können im Rahmen des Abs. 3 die wettbewerbsfördernden Aspekte der Absprache gewürdigt werden. Nach dem Wechsel vom Verbot mit Erlaubnisvorbehalt zum System der Legalausnahme mit Inkrafttreten der VO 1/2003 bedarf es dazu nicht mehr einer behördlichen Einzelfreistellung auf Antrag der an der Absprache Beteiligten oder einer einschlägigen Gruppenfreistellungsverordnung;[773] liegen die Voraussetzungen des Abs. 3 vor, so greift die Freistellung ohne weiteres Tätigwerden der Unternehmen bzw. der Unternehmensvereinigung und ohne dass eine Entscheidung der Europäischen Kommission erforderlich ist (vgl. Art. 1 Abs. 2 VO 1/2003). Die fragliche Absprache ist qua lege vom Kartellverbot ausgenommen.

Für die Unternehmen bedeutete die Umstellung zum System der Legalausnahme einerseits, dass arbeitsaufwendige und ggf. kostspielige Freistellungsanträge wegfielen.[774] Andererseits ist dadurch eine „Selbstbewertung" oder „Selbstveranlagung"[775] der Unternehmen hinsichtlich der Frage erforderlich geworden, ob ihre Absprache zwar gegen Abs. 1 des Art. 101 AEUV verstößt, aber die Voraussetzungen der Freistellung erfüllt. Diese Einschätzung durch die Unternehmen selbst birgt für sie ein gewisses Risiko und eine gewisse Rechtsunsicherheit.

Auch die gesetzlich genannten Freistellungsvoraussetzungen des Art. 101 Abs. 3 AEUV (dazu hinsichtlich der für die Bewertung von Vereinbarungen über Normen maßgeblichen Aspekte sogleich) bieten nur wenige Anhaltspunkte zur Beantwortung der Frage, wie ein Standardsetzungsverfahren ausgestaltet sein muss – z.B. wer bei Erarbeitung der Norm beteiligt sein muss, wer Zugriff auf die festgelegte Norm haben muss etc. – damit eine Freistellung vom Kartellverbot in Betracht kommt. Daher werden im zweiten Teil dieses Kapitels mögliche Entwicklungspfade eines Normungsverfahrens aufgegriffen. Diese bilden verschiedene

---

773 Teilweise wird die Einführung des Systems der Legalausnahme durch die VO 1/2003 als mit Art. 101 Abs. 3 AEUV unvereinbar angesehen, vgl. die Nachweise bei *Klees*, § 2, Rn. 4ff.; *Pohlmann*, in: FK, Band 2, EG-Kartellrecht, Art. 81 Abs. 3 EG, 65. Lfg. 2008, Rn. 79ff.; *Ellger*, in: Immenga/Mestmäcker, Wettbewerbsrecht, 5. Aufl., 2012, Art. 101 Abs. 3 AEUV, Rn. 41; *Wolf*, in: MüKo, 2. Aufl., Bd. 1, Europäisches Wettbewerbsrecht, Art. 101 AEUV, Rn. 796ff.

774 Vgl. Kommission, Weißbuch über die Modernisierung der Vorschriften zur Anwendung der Artikel 85 und 86 EG-Vertrag, ABl. 1999 C 132/1, Rn. 13, 50, 76.

775 *Bechtold/Bosch/Brinker/Hirsbrunner*, Art. 81 EG, Rn. 138.

typische Aspekte ab – ohne Anspruch darauf zu erheben, alle potenziell relevanten Aspekte zu erfassen – die Anhaltspunkte dafür liefern, unter welchen Bedingungen eine Freistellung der Normungsvereinbarung möglich erscheint und unter welchen dies kaum denkbar ist (dazu unter Kap. 2. B. II.).

I. Die gesetzlichen Freistellungsvoraussetzungen

Die Freistellung einer Absprache kommt grds. auf zwei verschiedenen Wegen in Betracht: Zum einen ist eine gegen das Kartellverbot des Art. 101 Abs. 1 AEUV verstoßende Absprache bei Eingreifen einer von der Europäischen Kommission erlassenen Gruppenfreistellungsverordnung, zum anderen bei Vorliegen der in Art. 101 Abs. 3 AEUV genannten vier Voraussetzungen freigestellt. Eine Gruppenfreistellungsverordnung existiert für den Bereich der Vereinbarungen über Normen nicht. Es ist deshalb eine Einzelfallprüfung anhand der Voraussetzungen des Art. 101 Abs. 3 AEUV vorzunehmen. Damit eine Vereinbarung über Normen nach Art. 101 Abs. 3 AEUV vom Kartellverbot freigestellt ist, muss sie einen Beitrag zur Verbesserung der Warenerzeugung oder -verteilung oder zur Förderung des technischen oder wirtschaftlichen Fortschritts leisten, die Verbraucher angemessen am Gewinn beteiligen, unerlässlich zur Erreichung der Effizienzvorteile sein und darf nicht die Möglichkeit zur Ausschaltung des Wettbewerbs für einen wesentlichen Teil der betreffenden Waren bieten. Diese vier Voraussetzungen müssen kumulativ vorliegen.[776]

Die Formulierungen der einzelnen Freistellungsvoraussetzungen in Art. 101 Abs. 3 AEUV sind sehr allgemein gehalten, sodass bei ihrer Auslegung der bisherigen gerichtlichen und behördlichen Praxis große Bedeutung beigemessen wird.[777] Die Vorgaben des Art. 101 Abs. 3 AEUV haben durch die Rechtsprechung des EuGH und des EuG sowie durch die Praxis der Europäischen Kommission (Kommissionsentscheidungen und Leitlinien) eine sich stets weiterentwickelnde Konkretisierung erfahren, auf die bei der Auslegung der Freistellungskriterien zurückgegriffen werden kann. Die Kommission beschäftigt sich sowohl in den „Leitlinien zur Anwendung

---

776 EuG, Slg. 1994, II-595, Rn. 104 – Matra Hachette.

777 Vgl. *Mäger*, in: Mäger, 1. Kap., Rn. 31. Ob Art. 101 Abs. 1 und Abs. 3 AEUV in einem Regel-Ausnahme-Verhältnis zueinander stehen, mit der Folge, dass die Freistellungsvoraussetzungen als Ausnahme eng auszulegen sind, ist umstritten; dafür *Ellger*, in: Immenga/Mestmäcker, Wettbewerbsrecht, 5. Aufl., 2012, Art. 101 Abs. 3 AEUV, Rn. 15, 55; *Hengst*, in: Langen/Bunte, Band 2, 12. Aufl., 2014, Art. 101 AEUV, Rn. 373. A.A. *Pohlmann* (in: FK, Band 2, EG-Kartellrecht, Art. 81 Abs. 3 EG, 65. Lfg. 2008, Rn. 205), die davon ausgeht, dass Abs. 1 und 3 zusammen ein Gesamtkonzept darstellen; das Kartellverbot des Abs. 1 sei zwar das „prägende Prinzip", die Freistellung nach Abs. 3 aber ein Element dieses Prinzips, da sie deutlich mache, dass das Kartellverbot nicht auf Kosten der Effizienz angewendet werden solle.

von Artikel 81 Absatz 3 EG-Vertrag"[778] als auch in den Horizontalleitlinien mit den Voraussetzungen der Freistellung nach Art. 101 Abs. 3 AEUV.

1. *Beitrag zur Verbesserung der Warenerzeugung oder -verteilung oder zur Förderung des technischen oder wirtschaftlichen Fortschritts*

Zunächst muss die Vereinbarung zwischen Unternehmen, der Beschluss einer Unternehmensvereinigung oder die aufeinander abgestimmte Verhaltensweise einen Beitrag zur Verbesserung der Warenerzeugung oder -verteilung oder zur Förderung des technischen oder wirtschaftlichen Fortschritts leisten; also sog. Effizienzvorteile hervorrufen.[779] Vom Vorliegen von Effizienzvorteilen wird man dann ausgehen können, wenn die Vorteile einer Absprache ihre nachteiligen Auswirkungen auf den Wettbewerb ausgleichen.[780] Es findet somit eine Gegenüberstellung der wettbewerbsbeschränkenden und der wettbewerbsfördernden Auswirkungen einer Absprache statt. Da eine solche Abwägung in hohem Maße von Prognosen abhängt, muss es genügen, „wenn auf Grund konkreter Erfahrungen der Eintritt bestimmter Folgen hinreichend wahrscheinlich ist."[781] Die positiven Wirkungen müssen jedoch grundsätzlich auf demselben Markt eintreten, auf dem auch die negativen Wirkungen bestehen.[782] Schließlich darf die Absprache nicht nur von Nutzen für die beteiligten Unternehmen sein, sondern muss auch der Steigerung der allgemeinen Wohlfahrt dienen.[783] Dass die Absprache für die beteiligten Unternehmen vorteilhaft ist, dürfte fast immer der Fall sein, da die Unternehmen sie andernfalls voraussichtlich nicht getroffen hätten.[784] Die Absprache muss also „spürbare objektive Vorteile mit sich

---

778 ABl. 2004 C 101/97.

779 Dieses Merkmal ist entgegen der vom Gesetz gewählten Reihenfolge bei der Prüfung vorzuziehen, da eine angemessene Beteiligung der Verbraucher erst geprüft werden kann, wenn überhaupt feststeht, an welchen Effizienzgewinnen sie zu beteiligen sind, vgl. auch *Pohlmann*, in: FK, Band 2, EG-Kartellrecht, Art. 81 Abs. 3 EG, 65. Lfg. 2008, Rn. 211.

780 EuGH, Slg. 1980, 3125, Rn. 185 – FEDETAB. Ferner *Hengst*, in: Langen/Bunte, Band 2, 12. Aufl., 2014, Art. 101 AEUV, Rn. 384; *Weiß*, in: Calliess/Ruffert, 4. Aufl. 2011, Art. 101 AEUV, Rn. 156; *Pohlmann*, in: FK, Band 2, EG-Kartellrecht, Art. 81 Abs. 3 EG, 65. Lfg. 2008, Rn. 242; *Koenig/Neumann*, WuW 2009, 382, 392. Teilweise wird gefordert, dass die Vorteile die Wettbewerbsnachteile überwiegen, vgl. *Eilmansberger*, in: Streinz, EUV/AEUV, 2. Aufl., 2012, Art. 101 AEUV, Rn. 148; *Bechtold/Bosch/Brinker/Hirsbrunner*, Art. 81 EG, Rn. 146; *Brinker*, in: Schwarze, Art. 101 AEUV, Rn. 86.

781 *Ellger*, in: Immenga/Mestmäcker, Wettbewerbsrecht, 5. Aufl., 2012, Art. 101 Abs. 3 AEUV, Rn. 144.

782 Vgl. *Pohlmann*, in: FK, Band 2, EG-Kartellrecht, Art. 81 Abs. 3 EG, 65. Lfg. 2008, Rn. 204.

783 *Ellger*, in: Immenga/Mestmäcker, Wettbewerbsrecht, 5. Aufl., 2012, Art. 101 Abs. 3 AEUV, Rn. 130.

784 Vgl. *Ellger*, in: Immenga/Mestmäcker, Wettbewerbsrecht, 5. Aufl., 2012, Art. 101 Abs. 3 AEUV, Rn. 137.

bringen, die geeignet sind, die mit ihr verbundenen Nachteile für den Wettbewerb auszugleichen".[785] Objektive Vorteile werden durch eine Kooperation von Unternehmen dann hervorgerufen, wenn die Absprache „etwa durch die Entwicklung neuer Produktionstechniken oder durch die Ausnutzung von Größen- und Verbundvorteilen zu Kosteneinsparungen führt, die Transaktionskosten senkt oder durch die Entwicklung neuer, fortschrittlicher Erzeugnisse zur Innovation beiträgt".[786]

Für Vereinbarungen über Normen bedeutet dies, dass sie grundsätzlich geeignet sind, die i.S.d. Art. 101 Abs. 3 AEUV erforderlichen Effizienzvorteile herbeizuführen: Wie bereits unter Kap. 1. B. I. ausführlich behandelt, kann technische Standardisierung bspw. zu Rationalisierungseffekten, Kosteneinsparungen, Förderung von Innovationen und zur Erleichterung des Marktzutritts für Dritte führen; sowohl in Literatur als auch Rechtsprechung werden technischen Standards zahlreiche Effizienzvorteile bescheinigt. Auch bei der Bewertung von technischen Standards auf nationaler Ebene ging man bereits frühzeitig von Effizienzvorteilen durch die technische Normung aus: So heißt es bereits in der Begründung zum deutschen GWB 1962, dass die Rationalisierungseffekte von Vereinbarungen über Normen die Nachteile der Wettbewerbsbeschränkung im Allgemeinen ausgleichen.[787] Diese positive Sicht auf technische Standardisierung hinsichtlich ihres gesamtwirtschaftlichen Nutzens setzt sich weiterhin fort.[788] Insbesondere die Warenverteilung kann durch technische Standardisierung eine Verbesserung erfahren. So können sich die Abnehmer aufgrund des technischen Standards darauf verlassen, überall Produkte von gleich bleibender Qualität beziehen zu können. Insbesondere unionsweite Normen bieten Unternehmen die Möglichkeit, ihre Waren in allen Mitgliedstaaten anzubieten.[789] Zudem führt technische Standardisierung infolge der daraus erwachsenden Austauschbarkeit zur Entstehung von Wettbewerb auf Märkten für Komponenten und Ersatzteile (siehe oben Kap. 1. B. I. 2.) sowie zu einer Steigerung der Innovationen auf Märkten für nachgelagerte Produkte, da Unternehmen auf bereits gemeinsam vereinbarte Lösungen aufbauen können (siehe oben Kap. 1. B. I. 5.), sodass insoweit ebenfalls von einer Verbesserung der Warenverteilung aufgrund des größeren Angebots an Produkten sowie einer Förderung des technischen Fortschritts ausgegangen werden kann.

Es stellt sich jedoch die Frage, ob insbesondere solche wettbewerbsfördernden Auswirkungen wie die Steigerung der Innovationen auf Märkten für nachgelagerte Produkte überhaupt zum Ausgleich der wettbewerbsbeschränkenden Wirkungen herangezogen werden können, da bei nachgelagerten Produkten ggf. nicht derselbe Markt betroffen ist, auf dem durch die technische Standardisierung Wettbewerbsbeschränkungen eintreten. Zwar müssen die Effizienzgewinne grds. auf dem Markt

785 EuGH, Slg. 1966, 322, LS 13, S. 396 – Consten und Grundig.

786 *Ellger*, in: Immenga/Mestmäcker, Wettbewerbsrecht, 5. Aufl., 2012, Art. 101 Abs. 3 AEUV, Rn. 138.

787 *Falke*, S. 216 m.V.a. BT-Drs. IV/2564, S. 11.

788 *Weck*, NJOZ 2009, 1177, 1185.

789 Vgl. Horizontalleitlinien 2011, ABl. 2011 C 11/1, Rn. 308.

eintreten, auf dem auch die Wettbewerbsbeschränkungen bestehen; denn Art. 101 Abs. 3 AEUV gestattet Wettbewerbsbeschränkungen nur dann, wenn die Ziele, die mit dem Wettbewerb verfolgt werden, durch die Absprachen besser erreicht werden als durch Wettbewerb.[790] Allerdings können auch vor- oder nachgelagerte sowie eng verknüpfte Märkte bei der Bewertung herangezogen werden,[791] da in diesen Fällen häufig dieselbe Verbrauchergruppe von der Wettbewerbsbeschränkung betroffen ist, aber auch von den Effizienzvorteilen profitiert. Die Entstehung von Wettbewerb auf Märkten für Komponenten und Ersatzteile und die Steigerung der Innovationen auf Märkten für nachgelagerte Produkte können also aufgrund der engen Verknüpfung zum Markt des standardisierten Produktes ebenfalls in die Bewertung einbezogen werden.

2. *Angemessene Beteiligung der Verbraucher am Gewinn*

Zweite Voraussetzung für eine Freistellung vom Kartellverbot nach Art. 101 Abs. 3 AEUV ist, dass die Verbraucher angemessen am Gewinn beteiligt werden. Verbraucher i.S.d. Art. 101 Abs. 3 AEUV ist dabei nicht unbedingt der Endverbraucher; es ist allgemein die Marktgegenseite gemeint, die die fraglichen Produkte nutzt.[792] Dies folgt daraus, dass die Vorschrift wettbewerbspolitischen Zwecken und nicht dem Verbraucherschutz im eigentlichen Sinne dient.[793] Auch der Begriff des Gewinns wird weit aufgefasst. Es sind nicht nur finanzielle Vorteile gemeint, sondern jeder Vorteil, „den die Verbraucher auf Grund einer wettbewerbsbeschränkenden Vereinbarung erlangen“[794]. Von einer angemessenen Beteiligung der Verbraucher kann man dann ausgehen, wenn nach den Gesamtumständen anzunehmen ist, dass die Unternehmen die positiven Wirkungen, die sich aus der Absprache ergeben, an die Verbraucher weitergeben.[795]

Für technische Standardsetzung bedeutet dies, dass infolge dieser insgesamt weiten Auslegung der zweiten Freistellungsvoraussetzung der aus einer wettbewerbsbeschränkenden Absprache entstehende Gewinn etwa bereits im Marktzutritt eines neuen Wettbewerbers bestehen kann, der das Angebot vergrößert und den Wettbewerb

---

790 Vgl. *Pohlmann*, in: FK, Band 2, EG-Kartellrecht, Art. 81 Abs. 3 EG, 65. Lfg. 2008, Rn. 203.

791 Siehe Kommission, ABl. 1991 L 306/22, Rn. 15 sowie *Pohlmann*, in: FK, Band 2, EG-Kartellrecht, Art. 81 Abs. 3 EG, 65. Lfg. 2008, Rn. 205 m.w.N.

792 *Ellger*, in: Immenga/Mestmäcker, Wettbewerbsrecht, 5. Aufl., 2012, Art. 101 Abs. 3 AEUV, Rn. 224f.

793 Vgl. *Habermeier*, in: MüKo, Bd. 1, Europäisches Wettbewerbsrecht, Art. 81 EG, Rn. 676.

794 *Ellger*, in: Immenga/Mestmäcker, Wettbewerbsrecht, 5. Aufl., 2012, Art. 101 Abs. 3 AEUV, Rn. 227 m.V.a. *Schröter*, in: von der Groeben/Schwarze, Art. 81 EG, Rn. 317.

795 *Mäger*, in: Mäger, 1. Kap., Rn. 111.

verstärkt;[796] denn der Wettbewerbsdruck kann zu einer angemessenen Beteiligung der Verbraucher führen.[797] Als Gewinn, an dem die Verbraucher beteiligt werden, reicht auch die leichtere Vergleichbarkeit der Produkte aufgrund der technischen Standardisierung und die dadurch verbesserte Information der Verbraucher[798] sowie die durch die Standardisierung erreichbare Effizienzsteigerung,[799] insbesondere wenn die eintretenden Kosteneinsparungen in Form von Preissenkungen an die Verbraucher „weitergereicht" werden.[800] Ob es voraussichtlich zu einer solchen Weitergabe der Kosteneinsparungen kommt, hängt von verschiedenen Faktoren, insbesondere der Struktur des Marktes sowie Art und Ausmaß der Effizienzgewinne ab.[801] Schließlich kann in bestimmten Fällen, in denen sich eine europäische Norm am Markt durchsetzt, überhaupt erst ein einheitlicher europäischer Markt entstehen. Das damit verbundene größere Produktangebot und die gesteigerte Verbraucherauswahl stellt ebenfalls eine Beteiligung der Verbraucher i.S.d. Art. 101 Abs. 3 AEUV dar.[802]

3. *Unerlässlichkeit*

Weiterhin müssen die durch die Absprache hervorgerufenen Wettbewerbsbeschränkungen zur Verwirklichung der Effizienzgewinne unerlässlich sein, damit eine Freistellung nach Art. 101 Abs. 3 AEUV in Betracht kommt. Das bedeutet, dass im Sinne einer Verhältnismäßigkeitsprüfung keine weniger einschneidenden aber genauso wirksamen Mittel zur Verfügung stehen dürfen, die angestrebten Ziele zu erreichen, und dass die erwarteten Effizienzvorteile zum Gewicht der Wettbewerbsbeschränkung nicht in einem Missverhältnis stehen.[803] Die sich aus der Absprache ergebenden Wettbewerbsbeschränkungen dürfen also nicht weiter gehen, als dies zur Erreichung der positiven Auswirkungen – namentlich der Verbesserung der Warenerzeugung und -verteilung sowie zur Förderung des technischen oder wirtschaftlichen Fortschritts – notwendig ist.[804] Unerlässlichkeit ist dann nicht gegeben,

---

796 Vgl. *Ellger*, in: Immenga/Mestmäcker, Wettbewerbsrecht, 5. Aufl., 2012, Art. 101 Abs. 3 AEUV, Rn. 239 m.V.a. Kommission, ABl. 1983 L 376/11, Rn. 27, 30 – VW-MAN.

797 Kommission, ABl. 1983 L 376/11, Rn. 34 – VW-MAN, vgl. auch *Zorn*, S. 186 m.w.N.

798 Kommission, ABl. 1990 L 15/25, Rn. 26 – Concordato Incendio; siehe auch *Habermeier*, in: MüKo, Bd. 1, Europäisches Wettbewerbsrecht, Art. 81 EG, Rn. 676.

799 Kommission, ABl. 2010 C 2/5 – Schiffsklassifikation. Sowie *Koenig/Neumann*, WuW 2009, 382, 393.

800 Vgl. *Koenig/Neumann*, WuW 2009, 382, 393.

801 *Lübbig*, in: Wiedemann, § 7, Rn. 76.

802 Vgl. Horizontalleitlinien 2011, ABl. 2011 C 11/1, Rn. 308; *Bunte*, in: FK, Band 2, EG-Kartellrecht, Fallgruppen II.7 Art. 101 Abs. 1, 3 AEUV, 75. Lfg. 2011, Rn. 28.

803 *Ellger*, in: Immenga/Mestmäcker, Wettbewerbsrecht, 5. Aufl., 2012, Art. 101 Abs. 3 AEUV, Rn. 130; *Brinker*, in: Schwarze, Art. 101 AEUV, Rn. 88.

804 *Ellger*, in: Immenga/Mestmäcker, Wettbewerbsrecht, 5. Aufl., 2012, Art. 101 Abs. 3 AEUV, Rn. 253.

wenn diese Ziele auch durch wettbewerbskonforme oder zumindest weniger einschneidende Maßnahmen erreicht werden könnten.[805]

Die Beurteilung der Unerlässlichkeit einer Wettbewerbsbeschränkung erfolgt im Rahmen einer „Zwei-Stufen-Prüfung“: Wenn auf der ersten Stufe grds. die Unerlässlichkeit der Vereinbarung zur Erreichung der Effizienzvorteile zu bejahen ist, muss auf einer zweiten Stufe geprüft werden, „ob auch die einzelnen in der Vereinbarung enthaltenen Wettbewerbsbeschränkungen notwendig sind, um die mit der Vereinbarung verfolgten Ziele zu erreichen“.[806] Z.B. ist bei der Frage, ob eine Wettbewerbsbeschränkung unerlässlich ist, auch die notwendige Dauer der Vereinbarung zu prüfen,[807] sodass ggf. nur eine zeitlich begrenzte Absprache unerlässlich i.S.d. Art. 101 Abs. 3 AEUV ist.

Auch die Kommission führt in den Horizontalleitlinien 2011 verschiedene Kriterien für die Unerlässlichkeit von Vereinbarungen über Normen an: Die Kommission geht z.B. davon aus, dass die Beteiligung an der technischen Standardsetzung normalerweise allen Wettbewerbern offen stehen sollte; nur wenn die Beteiligten nachweisen, dass eine solch umfassende Beteiligungsmöglichkeit ineffizient wäre, oder anerkannte Verfahren für die kollektive Interessenvertretung bestehen, sei eine umfassende Beteiligungsmöglichkeit nicht erforderlich.[808] Weiterhin sollten sich Normen „in der Regel nur auf das erstrecken, was zur Erfüllung ihres Zwecks (...) erforderlich ist“ z.B. technologieneutral formuliert werden.[809] Zudem sind nach Auffassung der Kommission „Beschränkungen in Normenvereinbarungen, die eine Norm für eine Branche verbindlich machen und ihre Verwendung verpflichtend vorschreiben“ „im Prinzip nicht unerlässlich“.[810] Schließlich hält die Kommission Normenvereinbarungen, die bestimmten Einrichtungen das ausschließliche Recht zur Prüfung der Normkonformität übertragen, für nicht unerlässlich; für einen bestimmten Zeitraum hält sie eine solche Ausschließlichkeit jedoch für gerechtfertigt, wenn z.B. Anlaufkosten zu amortisieren sind.[811]

Mit dieser Aufzählung spricht die Kommission – wenn auch keineswegs umfassend sondern eher andeutungsweise – verschiedene Bereiche eines Verfahrens zur technischen Standardsetzung an, die einer genaueren Betrachtung bedürfen, da sie vielschichtige Aspekte aufweisen können. Auf diese besonderen Fallkonstellationen im Zusammenhang mit Vereinbarungen über Normen, die ggf. die Freistellungsvoraussetzung der Unerlässlichkeit nicht erfüllen, wird im nächsten Abschnitt ausführlich eingegangen (Kap. 2. B. II.). Allgemein soll an dieser Stelle nur noch auf den Grundsatz hingewiesen werden, dass bei Wettbewerbsbeschränkungen, die

805 *Hengst*, in: Langen/Bunte, Band 2, 12. Aufl., 2014, Art. 101 AEUV, Rn. 389 m.w.N.
806 *Ellger*, in: Immenga/Mestmäcker, Wettbewerbsrecht, 5. Aufl., 2012, Art. 101 Abs. 3 AEUV, Rn. 259 m.V.a. ABl. 2004 C 101/97, Rn. 73.
807 *Pohlmann*, in: FK, Band 2, EG-Kartellrecht, Art. 81 Abs. 3 EG, 65. Lfg. 2008, Rn. 286.
808 Horizontalleitlinien 2011, ABl. 2011 C 11/1, Rn. 316.
809 Horizontalleitlinien 2011, ABl. 2011 C 11/1, Rn. 317.
810 Horizontalleitlinien 2011, ABl. 2011 C 11/1, Rn. 318.
811 Horizontalleitlinien 2011, ABl. 2011 C 11/1, Rn. 319.

üblicherweise als Kernbeschränkungen eingestuft werden, in der Regel keine Unerlässlichkeit in Betracht kommen kann.[812] Bei derartigen Beschränkungen wird in aller Regel kein angemessenes Verhältnis zwischen der Wettbewerbsbeschränkung und den angestrebten Effizienzvorteilen bestehen.

4. *Keine Ausschaltung des Wettbewerbs*

Das letzte Kriterium des Art. 101 Abs. 3 AEUV versagt einer Absprache die Freistellung vom Kartellverbot, wenn durch die Absprache Möglichkeiten eröffnet werden, für einen wesentlichen Teil der betreffenden Waren den Wettbewerb auszuschalten. Art. 101 Abs. 3 AEUV verlangt also, dass wirksamer Wettbewerb auf dem konkreten Markt fortbesteht. In dieser Freistellungsvoraussetzung kommt die Auffassung des Gesetzgebers zum Ausdruck, dass durch eine Absprache hervorgerufene Wettbewerbsbeschränkungen zwar durch eintretende Effizienzvorteile ausgeglichen werden können, die Effizienzsteigerungen jedoch nicht zu dem Preis einer (vollständigen) Ausschaltung des Wettbewerbs erkauft werden dürfen.[813]

Um die Frage beantworten zu können, ob noch ausreichender (Rest-)Wettbewerb vorhanden ist oder ob hingegen die Absprache die Möglichkeit eröffnet, den Wettbewerb auszuschalten, ist eine Abgrenzung des relevanten Marktes, auf dem der Wettbewerb erhalten werden soll, erforderlich.[814] Zur Marktabgrenzung kann dabei auf dieselben Kriterien wie bei Art. 101 Abs. 1 AEUV (siehe oben Kap. 2. A. III. 1.) abgestellt werden.[815] Ansatzpunkt für die Feststellung des (Rest-)Wettbewerbs ist vor allem der bestehende Wettbewerb durch dritte Anbieter, die nicht an der Absprache beteiligt sind; allerdings kann auch der zwischen den Parteien der Absprache fortbestehende (Rest-)Wettbewerb herangezogen werden.[816] Es ist also zu prüfen, ob es weiterhin nennenswerten Wettbewerb zwischen den an der Absprache Beteiligten und Nicht-Beteiligten gibt. Insoweit können die Marktanteile der an der wettbewerbsbeschränkenden Vereinbarung beteiligten Wettbewerber von Bedeutung werden. Allerdings bedeutet dies nicht, dass es stets gegen diese Freistellungsvoraussetzung verstieße, wenn ein wesentlicher Teil oder sogar alle Marktteilnehmer an der Absprache teilnehmen.[817] Eine solche Schlussfolgerung wäre besonders für Vereinbarungen über Normen problematisch, da die technischen Standards ihre erwünschten Wirkungen erst bei möglichst umfassender Verbreitung entfalten. Entscheidend für die Frage nach dem potentiellen Wettbewerb ist somit

812 *Mäger*, in: Mäger, 1. Kap., Rn. 113 m.V.a. ABl. 2004 C 101/97, Rn. 46.
813 *Ellger*, in: Immenga/Mestmäcker, Wettbewerbsrecht, 5. Aufl., 2012, Art. 101 Abs. 3 AEUV, Rn. 130; *Bechtold/Bosch/Brinker/Hirsbrunner*, Art. 81 EG, Rn. 157.
814 EuGH, Slg. 1973, 215, Rn. 32 – Continental Can.
815 *Weiß*, in: Calliess/Ruffert, 4. Aufl. 2011, Art. 101 AEUV, Rn. 165.
816 *Eilmansberger*, in: Streinz, EUV/AEUV, 2. Aufl., 2012, Art. 101 AEUV, Rn. 161.
817 Siehe auch *M. Jakobs*, S. 94.

das Bestehen von Marktzutrittsschranken.[818] Neben dem verbleibenden (Rest-)Wettbewerb zwischen an der Absprache Beteiligten und Dritten ist zudem zu prüfen, inwieweit sich die an der Absprache beteiligten Parteien untereinander weiterhin Konkurrenz machen.[819] Ein wichtiger Gesichtspunkt ist insoweit, ob die Zusammenarbeit der Parteien den Wettbewerb zwischen ihnen im Bereich der Vermarktung und des Vertriebs der Produkte unberührt lässt.[820]

Eine Ausschaltung des Wettbewerbs für einen wesentlichen Teil der betreffenden Waren könnte im Zusammenhang mit technischer Standardsetzung insbesondere durch die Gewährung von Zugangsrechten vermieden werden – soweit diese sich als wirksam erweisen.[821] Auf besondere Konstellationen im Rahmen eines Standardisierungsprozesses, die ggf. die Möglichkeit zur Ausschaltung des Wettbewerbs eröffnen, wird ausführlicher im nächsten Abschnitt der Arbeit eingegangen.

5. *Zusammenfassung*

Auch wenn Vereinbarungen über Normen aufgrund ihrer wettbewerbsbeschränkenden Auswirkungen gegen das Kartellverbot des Art. 101 Abs. 1 AEUV verstoßen können, führt dies nicht notwendig zu ihrer Unzulässigkeit. Liegen die vier Freistellungsvoraussetzungen des Art. 101 Abs. 3 AEUV vor – eine einschlägige Gruppenfreistellungsverordnung existiert für den Bereich der Vereinbarungen über Normen nicht – so sind entsprechende Absprachen qua lege vom Kartellverbot ausgenommen.

Um vom Kartellverbot freigestellt zu sein, muss eine Absprache zunächst einen Beitrag zur Verbesserung der Warenerzeugung oder -verteilung oder zur Förderung des technischen oder wirtschaftlichen Fortschritts leisten und die Verbraucher angemessen am Gewinn beteiligen. Diese beiden positiven Kriterien des Art. 101 Abs. 3 AEUV sind bei Vereinbarungen über Normen aufgrund ihres gesamtwirtschaftlichen Nutzens regelmäßig erfüllt: Die Anwendung einheitlicher technischer Standards dient zumeist der Rationalisierung sowie der Erhöhung der Produktsicherheit und -austauschbarkeit. Diese Vorteile kommen zumindest auch mittelbar den Verbrauchern – gemeint ist die Marktgegenseite insgesamt, nicht nur die Letztverbraucher – zugute.[822] Auch die beiden negativen Freistellungsvoraussetzungen des Art. 101 Abs. 3 AEUV („Unerlässlichkeit zur Erreichung der Effizienzvorteile" und „keine Möglichkeit zur Ausschaltung des Wettbewerbs für einen wesentlichen Teil der betreffenden Waren") können Vereinbarungen über Normen erfüllen. Bei der Beurteilung dieser Kriterien

---

818 *M. Jakobs*, S. 94. Maßgeblich wird dann insoweit die Frage, ob der Standard auch für nicht am Standardisierungsprozess beteiligte Unternehmen offen steht, d.h. von diesen angewendet werden kann.

819 *Brinker*, in: Schwarze, Art. 101 AEUV, Rn. 89.

820 EuG, Slg. 1994, II-595, Rn. 155 – Matra Hachette/Kommission.

821 Siehe auch *Meessen*, in: Loewenheim/Meessen/Riesenkampff, Art. 81 Abs. 3 EG, Rn. 45.

822 *Maaßen*, S. 165, Rn. 380.

können insbesondere bestimmte Fallkonstellationen Relevanz erlangen, wie z.B. eine Zusammenarbeit der Beteiligten im Bereich der Vermarktung und des Vertriebs der Produkte oder die Gewährung von Zugangsrechten zum Standardisierungsprozess oder zu dem entwickelten Standard. Auf diese und weitere Konstellationen wird im Folgenden ausführlicher eingegangen.

II. Entwicklungspfade eines Normungsprozesses – Konkrete Voraussetzungen für die Freistellung von Vereinbarungen über Normen

Nachdem im vorausgegangenen Abschnitt der Untersuchung die grundsätzliche Freistellungsmöglichkeit von Normungsvereinbarungen unter den Voraussetzungen des Art. 101 Abs. 3 AEUV dargestellt worden ist, stellt sich nunmehr die Frage, welche konkreten Aspekte eines Standardisierungsverfahrens einerseits eine Freistellung der Vereinbarung begünstigen oder andererseits eine solche verhindern können. Wie bereits angedeutet, kann ein Standardsetzungsprozess verschiedene Richtungen einschlagen, die aus kartellrechtlicher Sicht besonders bedenklich sind:

So sind auch in der Entscheidungspraxis der Europäischen Kommission und der europäischen Gerichte bestimmte Fallkonstellationen im Zusammenhang mit Vereinbarungen über Normen als kartellrechtlich problematisch aufgetreten. Bereits 1985 hatte die Kommission im Fall *X/Open Group*[823] die Frage zu klären, ob die Beschränkung des Zugangs zu einer Standardisierungsorganisation eine Freistellung der Vereinbarung verhindert. Der Fall *EMC* betraf die Frage, ob ein Standard detaillierte Anforderungen an die Herstellung eines Produktes enthalten darf, wenn sich die Norm auch in einer reinen Beschreibung der Leistungsanforderungen des Endproduktes hätte erschöpfen können. Auch der Fall *CECED* betraf eine Konstellation, in der die Kommission ihre Freistellungsentscheidung maßgeblich auf den Umstand stützte, dass der Standard so formuliert war, dass das durch ihn vorgegebene Ziel durch eine Vielzahl technischer Möglichkeiten erreicht werden konnte. Im Fall *Video-Cassetterecorders* musste sich die Kommission mit der Frage befassen, ob eine Normenvereinbarung nach Art. 101 Abs. 3 AEUV freigestellt werden kann, wenn sich die an der Absprache beteiligten Unternehmen verpflichtet hatten, nur noch Produkte herzustellen und zu vertreiben, die dem von ihnen entwickelten Standard entsprachen. Dem *Fall ETSI GSM 03.19* lag die Frage zugrunde, ob eine Vereinbarung über Normen gegen das Kartellverbot verstößt, wenn die Standardisierungsorganisation durch ihre Satzung ggf. nicht sicherstellt, dass Inhaber standardessentieller Schutzrechte[824] diese nach Abschluss

823 Zu diesem und den anderen genannten Fällen ausführlich unter Kap. 2. B. II.

824 Essentiell oder wesentlich für einen Standard sind Rechte des geistigen Eigentums, wenn es aus technischen Gründen – Wirtschaftlichkeit spielt insoweit keine Rolle – nicht möglich ist, Produkte herzustellen, zu verkaufen, zu importieren oder zu nutzen, die mit dem Standard übereinstimmen, ohne das Schutzrecht zu verletzen; siehe statt vieler *Bekkers/Liotard*, E.I.P.R. 1999, Issue 3, 110, 116.

des Normungsverfahrens nicht nutzen können, um überhöhte Lizenzgebühren zu verlangen oder eine Anwendung des Standards zu blockieren.

Ein Normungsverfahren kann folglich verschiedene Pfade beschreiten, bei denen eine Freistellung vom Kartellverbot nach Art. 101 Abs. 3 AEUV fraglich erscheint. Will man diese Konstellationen unter bestimmte Themenkomplexe bündeln, kristallisieren sich insbesondere folgende sechs Bereiche heraus: (1) die Teilnahmemöglichkeit am Normungsprozess; (2) die Abstimmungsregeln einer Standardisierungsorganisation; (3) die Frage, wie weit technische Normung gehen darf; (4) den offenen Zugang zur Norm; (5) den Informationsaustausch im Rahmen einer Standardisierungskooperation sowie (6) die Revision der Standards. Dabei erhebt diese Aufzählung jedoch keinen Anspruch auf Vollständigkeit.

Unter dem Stichwort der Teilnahmemöglichkeit am Normungsprozess (dazu unter Kap. 2. B. II. 1.) lassen sich die Fragen aufwerfen, warum es aus kartellrechtlicher Sicht von Bedeutung ist, dass alle interessierten Kreise die Möglichkeit haben, am Standardisierungsverfahren zu partizipieren, inwieweit Umsetzungsdefizite bestehen und wie diese behoben werden könnten. Zudem, auf welche Weise die Standardisierungsorganisationen die freie Teilnahmemöglichkeit einschränken und unter welchen Bedingungen eine solche Einschränkung unbedenklich ist. So kann z.B. die Größe der Standardisierungsorganisation entscheidend sein, da ggf. von kleineren, weniger formellen Kooperationen nicht dieselben Regeln und Verfahren verlangt werden können, wie von großen, anerkannten Standardisierungsorganisationen. Auch kartellrechtlich relevante Aspekte im Zusammenhang mit den Abstimmungsregeln der Standardisierungsorganisation lassen sich als ein Themenkomplex verstehen (dazu unter Kap. 2. B. II. 2.). Damit werden Konstellationen erfasst, bei denen die Ausgestaltung der Abstimmungsmechanismen einer Normungskooperation (z.B. Konsens, gewichtete Abstimmungen oder Mehrheitsregel) erheblichen Einfluss auf das Ergebnis des Standardisierungsverfahrens haben kann. Eine weitere Konstellation betrifft Fragen nach dem aus kartellrechtlicher Sicht zulässigen Umfang technischer Normung (dazu unter Kap. 2. B. II. 3.); auch dieser Bereich lässt sich in verschiedene Teilaspekte gliedern. So beschäftigt er sich u.a. damit, ob ergebnisorientierte Normen gegenüber verfahrensorientierten vorzugswürdig sind, ob substituierbare Technologien überhaupt in eine Norm aufgenommen werden dürfen und ob Standardisierungsorganisationen ihren Mitgliedern vorschreiben dürfen, keine von der technischen Norm abweichenden Produkte herzustellen oder zu vertreiben. Den Schwerpunkt im Rahmen des Themenbereiches des offenen Zugangs zum fertigen Standard (dazu unter Kap. 2. B. II. 4.) bilden die IPR-Policies (d.h. die Verfahrensregeln hinsichtlich des Umgangs mit Rechten des geistigen Eigentums/Intellectual Property Rights) verschiedener Normungsorganisationen mit den dort häufig enthaltenen Offenlegungs- und FRAND-Selbstverpflichtungen. Darunter ist zu verstehen, dass viele Standardisierungsorganisationen ihren Mitgliedern die Pflicht auferlegen, Rechte des geistigen Eigentums offenzulegen, wenn sie für den späteren Standard essentiell werden könnten, und im Anschluss den Inhaber des entsprechenden Schutzrechts auffordern, eine Verpflichtung abzugeben, für diese standardessentiellen Schutzrechte Lizenzen zu fairen, angemessenen und nichtdiskriminierenden Bedingungen zu vergeben. Auch hier geht es um die Frage, wie die Standardisierungsorganisationen diese IPR-Policies ausgestalten können, um wettbewerbliche Bedenken, die sich aus dem Kartellverbot ergeben könnten, möglichst gering zu halten. Wie zu zeigen sein wird, kann auch im Zusammenhang mit Art. 101 AEUV eine FRAND-Selbstverpflichtung Bedeutung erlangen, es kommt jedoch insoweit nicht auf die Bestimmung der Begriffe „fair", „reasonable" und „non-discriminatory" an. Neben der Möglichkeit von Offenlegungs- und FRAND-Lizenzierungsverpflichtungen können alternative Arten von IPR-Policies eine Rolle spielen, die z.B. ein „Licensing by default"-System oder eine Lizenzgebührenfreiheit für standardessentielle Schutzrechte vorsehen. Auch der Informationsaustausch (dazu unter Kap. 2. B. II. 5.) im Rahmen von Standardisierungskooperationen kann kartellrechtlich relevant sein. Dabei ist weniger der Austausch technischer Daten kritisch zu sehen; insbesondere im Zusammenhang mit der Offenlegung oder der Verhandlung zukünftiger Lizenzbedingungen vor Festlegung der Norm stellt sich die Frage, wo legitime Kooperation aufhört und Kollusion beginnt. Eine ex-ante Offenlegung oder ex-ante Verhandlung von Lizenzbedingungen könnte bereits während des Standardisierungsprozesses die Gefahr von „hold-ups" verhindern, wirft aber ihrerseits kartellrechtliche Bedenken in Bezug auf eine mögliche Preisfestsetzung auf. Die letzte Konstellation betrifft die Revision von Normen (dazu unter Kap. 2. B. II. 6.) und befasst sich mit der Frage, ob die Standardisierungsorganisationen die von ihnen erlassenen Standards in angemessenem Zeitraum überarbeiten, um einen Lock-in in veraltete Technologien zu verhindern.

Alle diese Aspekte sind entgegen der oben dargestellten Auffassung der Kommission[825] erst auf Freistellungsebene des Art. 101 Abs. 3 AEUV und dort insbesondere unter den beiden Freistellungsmerkmalen „Unerlässlichkeit" und „keine Ausschaltung des Wettbewerbs" zu berücksichtigen und zu diskutieren, da bereits allein die Erarbeitung und Festlegung einer Norm „als solche" zu Wettbewerbsbeschränkungen führt[826], auch wenn keine weiteren besonderen Umstände hinzutreten – wie z.B. die Nichtzulassung bestimmter Teilnehmer zu einer Normungsorganisation –, die die wettbewerbsbeschränkenden Auswirkungen (ggf. unnötig) verstärken. Die Effizienzvorteile sowie die angemessene Beteiligung der Verbraucher am Gewinn (so die erste und zweite Freistellungsvoraussetzung, dazu Kap. 2 B. I. 1. und 2.) treten auch durch die Entwicklung eines Standards ein, bei dessen Erarbeitung z.B. keine uneingeschränkte Mitwirkungsmöglichkeit bestand; nur die Art und Weise der Entwicklung „schießt" in diesen bestimmten Fallkonstellationen ggf. „über das Ziel hinaus" und die dadurch eintretenden Wettbewerbsbeschränkungen sind dann nicht mehr unerlässlich, um das angestrebte Ziel der Erarbeitung eines Standards zu erreichen.

Im Folgenden sollen diese möglichen Entwicklungspfade eines Normungsverfahrens auf ihre Vereinbarkeit mit Art. 101 Abs. 3 AEUV untersucht werden. Werden dabei kartellrechtliche Bedenken ermittelt, so werden, soweit möglich,

825 Siehe oben Kap. 2. A. III. 2. b) bb) bbb).
826 Siehe Kap. 2. A. III. 2.

Lösungsansätze aufgezeigt, wie diese ausgeräumt werden können, sodass eine Freistellung der Vereinbarung über Normen möglich ist. Sollten Entscheidungen der Kommission zu einzelnen Aspekten vorhanden und für die kartellrechtliche Bewertung hilfreich sein, werden sie ebenfalls in die Betrachtung an entsprechender Stelle aufgenommen. Gleiches gilt für Entscheidungen der europäischen Gerichte. Auch die von der Europäischen Kommission erlassenen Horizontalleitlinien liefern inhaltlich bezüglich der genannten Kriterien zur Bedenklich- bzw. Unbedenklichkeit einer Vereinbarung über Normen Anhaltspunkte, teilweise jedoch nur rudimentär. Zudem finden nicht alle Aspekte eine Entsprechung in den Horizontalleitlinien. Auf den konkreten Inhalt der Horizontalleitlinien wird ebenfalls vertieft im Zusammenhang mit dem jeweiligen Sachproblem eingegangen.

Die angekündigten Fallkonstellationen lassen sich in zwei Kategorien unterteilen: Zum einen die Aspekte, die die Art und Weise des Standardisierungsprozesses, also die Methode der Standardsetzung betreffen, zum anderen diejenigen, die den Standardisierungsgegenstand, also den Inhalt des Standards betreffen. Die nachfolgende Untersuchung orientiert sich am zeitlichen Ablauf des Standardisierungsverfahrens und behandelt die Konstellationen in der Reihenfolge, in der sie im Verfahren relevant werden können.

Bei der Untersuchung ist allerdings zu beachten, dass an technische Normen und Normungsverfahren vielfältige – sowohl rechtliche, aber auch tatsächliche – Anforderungen gestellt werden. So muss sich die Standardsetzung insbesondere in sich schnell verändernden technischen Bereichen an aktuelle Entwicklungen anpassen und mit den immer kürzer werdenden Innovationszyklen Schritt halten können, damit die entwickelte Norm überhaupt eine Chance hat, von den jeweiligen Akteuren auf dem Markt als zeitgemäß empfunden und angewendet zu werden. Aus diesem Grund bestehen stets Forderungen nach beschleunigten, vereinfachten und modernisierten Normungsverfahren.[827] Diese Ansprüche an ein Normungsverfahren beruhen zwar nicht unmittelbar auf kartellrechtlichen Überlegungen, wie sie im Rahmen dieser Arbeit eine Rolle spielen. Allerdings sind bei Festlegung aller kartellrechtlich relevanten Anforderungen an die Organisation eines Standardisierungsverfahrens auch diese tatsächlichen Gegebenheiten zu berücksichtigen, um nicht Gefahr zu laufen, dass bestimmte Kriterien ggf. aus kartellrechtlicher Sicht zu einem optimalen Ergebnis führen würden, aber z.B. wegen einer (über-)langen Dauer des Verfahrens praktisch unbrauchbar und die technische Norm bei ihrer endgültigen Annahme durch die Normungsorganisation bereits wieder veraltet ist. So hat es z.B. keinen Sinn, einen technischen Standard unter wiederholter Befragung aller interessierten Kreise in einem drei Jahre andauernden Prozess festzulegen, wenn der Lebenszyklus der entsprechenden Produkte nur zwei Jahre beträgt.

Zudem ist jedem klar, dass eine hoch entwickelte Wirtschaft nicht ohne technische Standardsetzung auskommen kann. So lassen sich in allen Lebensbereichen

827 Vgl. Kommission, Eine strategische Vision der europäischen Normung, KOM(2011) 311 endg., S. 3.

eine Vielzahl technischer Normen finden. Bislang sind in der Praxis der Kartellbehörden und Gerichte jedoch eher wenige Problemfälle aus dem Kontext der technischen Standardisierung im Zusammenhang mit dem Wettbewerbsrecht aufgetaucht; dem stehen tausende von Standards gegenüber, die jährlich entwickelt und genutzt werden, ohne rechtliche Probleme hervorzurufen. Aufgrund der Bedeutung der technischen Standardisierung für den Wettbewerb ist es dennoch aus Sicht des Kartellrechts erforderlich, einen kritischen Blick beizubehalten und eine ausgewogene Balance zu finden zwischen der Zulassung technischer Normung einerseits und andererseits der Notwendigkeit den Wettbewerb zu schützen. Technische Standardsetzung kann auch ein Vehikel für wettbewerbswidrige Aktivitäten verschiedener Art sein.[828] So sind z.B. die Experten, die in den Standardisierungsorganisationen zur Entwicklung technischer Normen tätig sind, zusammenarbeitende Wettbewerber; ihr Zusammenarbeiten könnte Nachteile für Verbraucher hervorrufen oder Konkurrenten, die nicht beteiligt werden, könnten erhebliche Einbußen erleiden. Das Wettbewerbsrecht muss somit trotz aller wettbewerblichen Vorteile technischer Standardsetzung wachsam bleiben. Dieser kritische Blick auf technische Standardsetzung darf – wie bereits angesprochen – aufgrund des gesamtwirtschaftlichen Nutzens der technischen Normung jedoch nicht so weit gehen, dass die Standardsetzung *unverhältnismäßig* erschwert oder gar verhindert wird. Zudem ist bei der Festlegung von Kartellregeln für kollektive Standardsetzung stets insofern einige Vorsicht geboten, da die Alternative de-facto-Standards sein könnten, die z.B. ohne Beteiligung verschiedener Interessengruppen von marktbeherrschenden Unternehmen gesetzt werden.[829]

1. *Teilnahmemöglichkeit der interessierten Kreise*

Zunächst befasst sich die Untersuchung mit solchen Aspekten eines Normungsverfahrens, deren Gemeinsamkeit darin liegt, dass sie alle die Teilnahmemöglichkeit der interessierten Kreise am Standardisierungsprozess betreffen. Was unter Teilnahmemöglichkeit zu verstehen ist und wer mit „interessierten Kreisen" gemeint ist, wird im Folgenden ebenso erörtert wie die Frage, welche Bedeutung eine solche Teilnahmemöglichkeit für die Freistellung einer Vereinbarung über Normen hat. Anschließend wird untersucht, ob die Standardisierungsorganisationen insoweit den kartellrechtlichen Anforderungen gerecht werden und – wo dies nicht ausreichend der Fall sein sollte – welche Lösungsansätze bestehen (zu alldem Kap. 2. B. II. 1. a), b) und c)). Weiterhin setzt sich die Untersuchung mit der Frage auseinander, wann eine Beschränkung des Teilnehmerkreises aus Sicht einer Standardisierungsorganisation notwendig ist (dazu Kap. 2. B. II. 1. d)) und ob diese Beschränkungen

---

828 So auch Stellungnahme Hammonds LLP, S. 2, verfügbar unter: http://ec.europa.eu/competition/consultations/2010_horizontals/hammonds_en.pdf (abgerufen am 09.03.2016).

829 Vgl. *Morse*, IP Litigator May/June 2003, 17, 20, der in diesem Zusammenhang von „aggressive antitrust enforcement" spricht.

aus kartellrechtlicher Perspektive in bestimmten Konstellationen zulässig sein können (dazu Kap. 2. B. II. 1. e)).

a) Grundprinzip

Ein wichtiges Prinzip eines Standardisierungsverfahrens ist die (grds. uneingeschränkte) Teilnahmemöglichkeit aller interessierten Kreise am Normungsprozess. Wer „drin" und wer „draußen" ist, hat einen erheblichen Einfluss auf den Inhalt des späteren Standards.[830] Unter den interessierten Kreisen sind dabei einerseits die Wettbewerber zu verstehen, die auf dem von der Norm betroffenen Markt tätig sind, andererseits aber auch Verbraucher(-organisationen), staatliche Institutionen und die Öffentlichkeit.

Der Grundsatz der (uneingeschränkten) Teilnahmemöglichkeit aller interessierten Kreise ist zum einen aus rein praktischer Sicht für den Erfolg eines technischen Standards entscheidend. Eine brauchbare technische Norm, die später möglichst umfassend verwendet werden soll, setzt voraus, dass die praktischen Erfahrungen verschiedener Wirtschaftsunternehmen, aber auch wesentliche Erkenntnisse aus Forschung und Entwicklung, zusammenfließen.[831] Nur wenn viele verschiedene Interessen bei der Erarbeitung der Norm berücksichtigt werden, wird die Norm auf breite Zustimmung und Umsetzungsbereitschaft stoßen. Bereits aus diesem Grund besteht aus Sicht der Normungsorganisationen ein Interesse daran, die Teilnahme am Normungsprozess bestenfalls allen Interessierten zu öffnen, damit der spätere Standard möglichst weite Verbreitung findet.

Zum anderen ist die Teilnahmemöglichkeit der interessierten Kreise aus Sicht des Kartellrechts maßgeblich: Grundsätzlich gilt, dass die wettbewerbsbeschränkenden Auswirkungen technischer Standardisierung geringer sind, wenn alle interessierten Kreise die Möglichkeit haben, an der Festlegung eines Standards teilzuhaben. Ob ein Unternehmen an einer Standardisierungskooperation teilnimmt und die damit ggf. verbundenen Nachteile, wie Mitgliedsbeiträge und Bindung personeller Ressourcen, in Kauf nimmt um in den Genuss der Normungsvorteile zu kommen, ist letztlich eine unternehmerische Entscheidung.[832] Diese bleibt den konkurrierenden Unternehmen bei uneingeschränkter Teilnahmemöglichkeit an der Standardisierungsorganisation erhalten; ihnen wird nicht die Gelegenheit zur Einflussnahme bei der Wahl und Ausarbeitung der technischen Norm genommen.[833] Sie können sich in den Normungsprozess einbringen und die Norm nach eigenen Vorstellungen mitgestalten; ggf. sogar ihre eigene Technologie zum Standard machen. Oder umgekehrt ausgedrückt: Die Gefahr der Marktabschottung ist dann besonders hoch, wenn nicht alle auf dem von der Norm betroffenen Markt tätigen Akteure am Normungsprozess teilhaben

830 *Egyedi/Toffaletti*, in: 13th EURAS Proceedings, 2008, S. 121.

831 Vgl. *Marburger*, in: DIN, Handbuch der Normung, Band 3, S. 4–8; *Ebert-Kern*, S. 99; *Fomin/de Vries*, in: Proceedings, 2009, S. 79, 86.

832 *Koenig/Neumann*, WuW 2009, 382, 388.

833 Vgl. Horizontalleitlinien 2011, ABl. 2011 C 11/1, Rn. 295.

können und ihnen so die Möglichkeit zur Einflussnahme und Wahrung ihrer Interessen verwehrt bleibt.[834] So könnte es z.B. im Interesse bereits bestehender Mitglieder einer Standardisierungsorganisation liegen, neue Wettbewerber nicht zuzulassen; ab einer bestimmten Größe der Organisation bringt ein neues Mitglied der Organisation im Verhältnis wenig Gewinn (neues Wissen etc.), während es aber selbst erheblichen Nutzen aus einer Mitgliedschaft zieht.[835] Auch kann die Vielfalt der Mitglieder zwar nicht zwangsläufig alle Manipulationsversuche des Standardisierungsprozesses (siehe dazu unten Kap. 2. B. II. 1. b) cc) bbb)) verhindern,[836] sie kann sie jedoch zumindest erschweren und somit kartellrechtlichen Problemen vorbeugen.[837]

---

834 *M. Jakobs*, S. 67 m.V.a. Kommission, ABl. 1989 L 36/16, Rn. 42f. – einheitliche Eurocheques. Aus diesem Grund würde auch eine Vereinbarung zwischen verschiedenen nationalen Standardisierungsorganisationen, nach der nur Unternehmen des jeweiligen Staates Mitglied an der Organisation werden können – die Unternehmen also anhand des Staates, in dem sie ihren Sitz haben, zwischen den Normungsorganisationen aufgeteilt würden – gegen Art. 101 AEUV verstoßen, vgl. in Bezug auf die Mitgliedschaft bei Verwertungsgesellschaften EuG, Urt. v. 12.04.2013, T-432/08, NZKart 2013, 250 – AKM.

835 *Van Wegberg*, in: 9th EURAS Proceedings, 2004, S. 214, 215.

836 *Anton/Yao*, Antitrust Law Journal 1995, Vol. 64, 247, 257.

837 *MacKie-Mason* und *Netz* befassen sich u.a. mit zwei Situationen, bei denen durch die Möglichkeit des Ausschlusses bestimmter Interessengruppen aus dem Standardisierungsprozess dieser manipuliert werden kann. Allerdings kann an dieser Stelle nicht beurteilt werden, ob es sich bei den beschriebenen Situationen um tatsächlich auftretende Phänomene der Normsetzung oder bloße theoretische Möglichkeiten handelt.

Zum einen könne die Situation eintreten, dass ein Standardisierungskonsortium sich darauf einige, den technischen Standard so festzulegen, dass in den Standard ein Schutzrecht aufgenommen wird, dessen Inhaber ein Mitglied des Konsortiums ist, sodass dieses Mitglied von externen Standardnutzern Lizenzgebühren verlangen könne, während andere Mitglieder des Konsortiums kostenlose oder vergünstigte Lizenzen erhielten; dies stelle eine unzulässige da wettbewerbsbeschränkende Absprache dar (vgl. *MacKie-Mason/Netz*, in: Greenstein/Stango, Standards and Public Policy, S. 231, 240f.). Sollten solche Fallgestaltungen tatsächlich eintreten, ist der Bewertung der Autoren zuzustimmen. Allerdings scheint dies aufgrund des Interesses jedes Rechteinhabers, seine geschützte Technologie in den Standard unterzubringen, allenfalls bei sehr kleinen, spezialisierten Standardisierungskonsortien möglich.

Zum anderen entwickeln *MacKie-Mason* und *Netz* unter dem Stichwort des sog. „one-way interface Standards" eine weitere Konstellation, in der eine Manipulation des Standardisierungsprozesses eintrete. Sie beschreiben unter diesem Schlagwort eine Situation, in der ein Konsortium einen Schnittstellenstandard entwickelt, um den Komponentenwettbewerb auf der einen Seite einer Schnittstelle zu erleichtern, während der Komponentenwettbewerb auf der anderen Seite der Schnittstelle eingeschränkt werde (vgl. *MacKie-Mason/Netz*, in: Greenstein/Stango, Standards and Public Policy, S. 231, 241ff.). Dies geschehe, indem das Konsortium den Standard so wähle, dass die Komponenten nicht unmittelbar miteinander kommunizieren,

Dem Standardisierungsprozess kommt dadurch eine Art Selbstüberwachungsfunktion zu.[838]

Schließlich verlangt Art. 101 Abs. 3 AEUV für eine Freistellung vom Kartellverbot, dass Effizienzvorteile eintreten, die der Steigerung der allgemeinen Wohlfahrt dienen (siehe oben Kap. 2. B. I. 1.). Voraussetzung dafür, dass solche allgemeinnützigen Effizienzvorteile entstehen können, ist ebenfalls, dass zumindest ein erheblicher Teil der Marktteilnehmer und sonstiger interessierter Kreise in die Standardisierungstätigkeit einbezogen ist; andernfalls wäre nicht ausreichend sichergestellt, dass sich der technische Standard durchsetzen wird und so seine effizienzsteigernde Wirkung entfalten kann.[839] Die Beteiligungsmöglichkeit bezieht sich dabei nicht nur auf die Standardisierungsorganisation als solche, sondern auch auf einzelne normschaffende Gremien: Die Besetzung der Arbeitsausschüsse muss sicherstellen, dass ein Problem umfassend und sachgerecht behandelt werden kann. Es sollten daher nicht nur die betroffenen Fachbereiche, sondern auch die verschiedenen Tätigkeitsbereiche in dem Ausschuss repräsentiert sein.[840] Dabei ist stets zu bedenken, dass die in einem Arbeitsausschuss tätigen Experten aus Sicht der Normungsorganisation in aller Regel „ehrenamtlich“ tätig werden, sie aber keineswegs allein aus rein uneigennützigen Interessen am Normungsverfahren teilnehmen. Sie werden häufig von Unternehmen, bei denen sie angestellt sind, in die Normungsgremien abgeordnet, um dort die Interessen des Unternehmens zu vertreten oder aus den Diskussionen um den Standard Wissen zu erwerben.[841] Auch das EuG sieht z.B.

---

sondern dass ein sog. „translator“ zwischengeschaltet sei; nach Festlegung des Standards hält das Konsortium die technischen Informationen, die eine Seite der Schnittstelle betreffen, zurück und macht sie nur den Konsortiumsmitgliedern zugänglich. Konkurrierende Hersteller, die Komponenten auf der offenen Seite der Schnittstelle vertreiben, können diese so entwickeln, dass sie mit dem „translator“ kommunizieren können, sodass Wettbewerb auf dieser Seite entstehen kann. Auf der geschlossenen Seite können nur Mitglieder es Konsortiums Komponenten herstellen, die mit dem „translator“ kommunizieren können. Der Wettbewerb auf dieser Seite werde folglich beschränkt. Auch dies stellt ein interessantes Szenario dar; allerdings können Nicht-Mitglieder, denen die technischen Informationen über die geschlossene Seite des „translators“ unbekannt sind, ihre Komponente so anpassen, dass sie unmittelbar auf die Signale der Gegenkomponente reagieren können und ein „translator“ nicht mehr erforderlich ist. Dies kann zwar durchaus erhebliche Entwicklungskosten hervorrufen und Zeit in Anspruch nehmen; der Wettbewerb auf der geschlossenen Seite des „translators“ wird jedoch nicht vollständig ausgeschlossen.

838 Vgl. auch *Lehr*, Journal of the American Society for Information Science 1992, 550, 552.

839 *Koenig/Neumann*, WuW 2009, 382, 392 m.w.N. Siehe auch *Marburger*, in: DIN, Handbuch der Normung, Band 3, S. 4–9; *Ebert-Kern*, S. 102.

840 *Marburger*, in: DIN, Handbuch der Normung, Band 3, S. 4–8; *Ebert-Kern*, S. 98.

841 *Appl*, S. 90. So nehmen insbesondere kleine Unternehmen an Arbeitsgruppen teil, um von ihren Wettbewerbern zu lernen, vgl. *Baron/Pohlmann*, Who Cooperates in

in dem Umstand, dass ein Vorsitzender eines Technischen Komitees enge Verbindungen zu einem vom Standard ggf. unmittelbar profitierenden Unternehmen hat, nichts Ungewöhnliches: Das EuG wies eine entsprechende Rüge einer Klägerin, mit der sie die Gefahr eines Interessenkonflikts anmahnt, wenn ein Mitarbeiter eines Herstellers Vorsitzender eines technischen Komitees ist, zurück; dieser Umstand sei nicht ungewöhnlich und begründe ohne konkrete Anhaltspunkte keine Zweifel an der Objektivität des Vorsitzenden.[842]

Ein anschauliches Beispiel für die tatsächliche Einflussnahmemöglichkeit des Vorsitzenden eines Technischen Komitees findet sich bei *Mertens*[843]: Gegeben sei ein Standardisierungskonsortium, bestehend aus drei Mitgliedern (A, B und C), das unter drei verschiedenen zur Verfügung stehenden Technologien (1, 2 und 3) per Mehrheitsregel abstimmen soll. Mitglied A zieht Technologie 3 gegenüber 1 und 1 gegenüber 2 vor (3 – 1 – 2), während Mitglied B Technologie 2 gegenüber 3 und 3 gegenüber 1 präferiert (2 – 3 – 1). Die bevorzugte Reihenfolge des Mitglieds C lautet (1 – 2 – 3). Wird in einer einzigen Abstimmung über alle drei Technologien entschieden, kommt kein Standard zustande, da sich jedes Mitglied für eine andere Technologie ausspricht. Wird jedoch zunächst nur zwischen zwei Technologien eine Wahl getroffen und erfolgt dann eine weitere Abstimmung zwischen der im ersten Schritt erfolgreichen Technologie und der noch übrigen, so kommt dem Vorsitzenden des Komitees, der die Reihenfolge der Abstimmungen festlegt, erhebliche Macht zu: Wird zunächst über Technologie 3 und 1 abgestimmt, wird 3 gewinnen (da Mitglied A Technologie 3 präferiert, Mitglied C Technologie 1 und B Technologie 3 gegenüber 1 bevorzugt). Es muss dann noch zwischen Technologie 3 und 2 entschieden werden, wobei diese Wahl Technologie 2 gewinnen wird. Erfolgt die Abstimmung in der Form, dass zunächst zwischen Technologie 1 und 2 abgestimmt wird, gewinnt 1. Bei der sich anschließenden Abstimmung mit Technologie 3 gewinnt diese. In der dritten Konstellation wird zunächst zwischen Technologie 2 und 3 und damit zugunsten von 2 gewählt. Die folgende Wahl zwischen Technologie 1 und 2 wird Technologie 1 gewinnen. Einem Vorsitzenden eines Technischen Komitees kann bei entsprechenden Abstimmungsregeln also allein durch die Reihenfolge der Abstimmung entscheidender Einfluss auf das Ergebnis der Entscheidung zukommen.

Eine möglichst pluralistische Besetzung der Arbeitsausschüsse ist auch aus diesem Grund erforderlich, um nicht den Interessen Einzelner erhebliches Gewicht zu verschaffen. Ebenso bietet sich ein „Rotationssystem" an, nach dem z.B. nicht stets dasselbe Unternehmen den Vorsitzenden Technischer Komitees stellen darf, damit Situationen minimiert werden, in denen Unternehmen sich durch die

---

Standards Consortia – Rivals or Complementors?, S. 6 m.w.N., verfügbar unter: https://www.law.northwestern.edu/research-faculty/searlecenter/innovationeconomics/documents/Who_Cooperates_in_Standards_Consortia_2013.pdf (abgerufen am 09.03.2016).

842 Vgl. EuG, Slg. 2010, II-1629, Rn. 69, 88 – EMC.

843 *Mertens*, S. 75f.

Organisationsbefugnisse des Vorsitzenden wie oben beschriebene Abstimmungsvorteile verschaffen können. Die grundsätzlich uneingeschränkte Teilnahmemöglichkeit der interessierten Kreise am Normungsprozess stellt folglich einen wichtigen Punkt für die kartellrechtliche Unbedenklichkeit von Vereinbarungen über Normen dar.

b) Kleine und mittelständische Unternehmen

aa) Umsetzungsdefizite

Allerdings sind bei der Umsetzung dieses Grundsatzes hinsichtlich einiger Akteure weiterhin Defizite festzustellen, sodass noch nicht alle relevanten Interessengruppen angemessen im Normungsverfahren vertreten sind. Für kleine und mittelständische Unternehmen (KMU) besteht vielfach noch keine ausreichende Möglichkeit sich am Normungsprozess zu beteiligen. Auch wenn ihnen formell die Teilnahme an einer Standardisierungsorganisation ebenso offensteht wie großen Unternehmen, bestehen für KMU zum Teil erhebliche praktische Hürden, diese Möglichkeit auch tatsächlich in Anspruch nehmen zu können. Bereits 1991 griff *Marburger* die Problematik auf, dass die Praxis der Standardsetzungsorganisationen dem Grundsatz der Teilnahmemöglichkeit der interessierten Kreise in Bezug auf KMU nicht gerecht wird; KMU waren aus finanziellen und personellen Gründen nicht in der Lage, in gleichem Umfang an der Normungsarbeit teilzunehmen, wie Großbetriebe.[844] Auch noch 20 Jahre später erkennt die Europäische Kommission dasselbe Problem bei einigen Normungsorganisationen. So mahnt sie an, dass „obgleich es die KMU sind, die das Rückgrat der europäischen Wirtschaft bilden, (...) größere Unternehmen nach wie vor stärker in den verschiedenen fachspezifischen Gremien der europäischen Normung vertreten" sind.[845]

Problematisch sind dabei für KMU häufig nicht einmal die für die Teilnahme an einer Standardisierungsorganisation anfallenden Mitgliedsbeiträge, da diese in aller Regel nach Größe des Unternehmens gestaffelt sind (siehe unten Kap. 2. B. II. 1. f) bb) aaa)). Die Teilnahme an einem Standardisierungsprozess ist KMU häufig nicht möglich, da die Mitarbeit zeitaufwendig ist und es ihnen dafür an den personellen und finanziellen Mitteln fehlt.[846] Sie besitzen nicht die personellen Ressourcen einen oder mehrere Vertreter ihres Unternehmens für einen Großteil der Arbeitszeit für die Mitarbeit in einer Standardisierungsorganisation abzustellen. Zudem finden bei europäischen oder internationalen Normungsorganisationen die Sitzungen der Normungsausschüsse häufig in verschiedenen Staaten statt, sodass die für den Vertreter

---

844 *Marburger*, in: DIN, Handbuch der Normung, Band 3, S. 4–9.

845 Kommission, Eine strategische Vision der europäischen Normung, KOM(2011) 311 endg., S. 13, verfügbar unter: http://eur-lex.europa.eu/LexUriServ/LexUriServ.do?uri=COM:2011:0311:FIN:DE:PDF (abgerufen am 09.03.2016). Siehe auch Kommission, Public Consultation on Standardisation Package – Overview of the responses, S. 10.

846 Vgl. *K. Jakobs*, S. 10f.

eines kleinen Unternehmens anfallenden Reisekosten eine nicht unerhebliche Belastung darstellen.[847] Aus diesen Gründen stellt sich eine Situation ein, in der KMU in den Normungsorganisationen – insbesondere bei der praktischen Entwicklung einer technischen Norm – unterrepräsentiert und damit bereits insofern den großen Unternehmen unterlegen sind.[848]

bb) Mitgliedermodelle

Es stellt sich die Frage, ob die Struktur einer Standardisierungsorganisation Auswirkungen auf die Beteiligungsmöglichkeit für KMU hat. So könnte eines der beiden unterschiedlichen Mitgliedermodelle (siehe oben Kap. 1. C. VIII.) insofern vorzugswürdig sein, dass es eine stärkere Partizipation von KMU begünstigt. Das z.B. von ETSI verfolgte Modell, bei dem auch auf europäischer Ebene unmittelbar alle juristischen Personen – somit auch KMU – Mitglied der Normungsorganisation werden können, hat den Vorteil, dass sich die KMU direkt am Normungsverfahren beteiligen und ihre Interessen unmittelbar in den Normungsprozess einbringen können. Allerdings sind bei dieser Beteiligungsmöglichkeit KMU darauf angewiesen, dass ihre Vertreter u.U. weite Reisen und erhebliche zeitliche Belastungen auf sich nehmen, um an den Sitzungen der Normungsgremien teilzunehmen. Bei dem u.a. von CEN/CENELEC praktizierten Modell können hingegen nur nationale Normungsorganisationen Mitglied der europäischen oder internationalen Organisation werden. Eine unmittelbare Beteiligung der Unternehmen ist nicht möglich, sondern sie können nur über ein Spiegelgremium der jeweiligen nationalen Normungsorganisation an der Standardsetzung teilnehmen (Prinzip der nationalen Repräsentation). Die ausschließliche Teilnahme über nationale Spiegelgremien ist für KMU insofern vorteilhaft, dass die unternehmerische Beteiligung ausschließlich auf nationaler Ebene stattfindet, sodass weite Wege und ggf. bestehende sprachliche Schwierigkeiten vermieden werden.[849] Andererseits sind die nationalen Vertreter eines Spiegelgremiums in der europäischen oder internationalen Normungsorganisation aufgrund der oben genannten personellen und finanziellen Gegebenheiten häufig Mitarbeiter großer Unternehmen, sodass insoweit eine stärkere Ausrichtung auf deren Interessen zu vermuten ist.[850] Folglich kann keinem der beiden Mitgliedschaftsmodelle ein eindeutiger Vorzug hinsichtlich der Partizipationsmöglichkeit von KMU gegeben werden; beide Modelle haben für KMU sowohl Vor- als auch

---

847 Vgl. auch *Tale-Yazdi*, DS 2015, 109, der als Sachverständiger von seinen Erfahrungen und der abschreckenden Wirkung von Reisekosten für die öffentliche Verwaltung, Hochschulen, Berufsgenossenschaften und freien Sachverständigen berichtet.

848 Vgl. bereits *Bopp-Schmehl*, in: Bopp-Schmehl/Heibült/Kypke, S. 121. Siehe auch *Tapia*, S. 56.

849 Kommission, Eine strategische Vision der europäischen Normung, KOM(2011) 311 endg., S. 14.

850 *Tapia*, S. 57.

Nachteile. Die Steigerung der Beteiligung(smöglichkeiten) von KMU lässt sich nicht durch die Wahl eines bestimmten Mitgliedermodelles erreichen und muss somit auf anderem Wege verfolgt werden.

cc) Maßnahmen zur Unterstützung von KMU

Die Notwendigkeit die Teilnahme von KMU an bzw. die Interessenvertretung von KMU in Normungsverfahren zu unterstützen, haben bereits viele Standardisierungsorganisationen erkannt und sich mit diesem Thema auseinandergesetzt. Maßnahmen zur verbesserten Einbeziehung der Interessen von KMU scheinen nach den oben aufgezeigten Problemen dann erfolgversprechend, wenn Standardisierungsorganisationen, die eine Mitgliedschaft von juristischen Personen und damit eine unmittelbare Beteiligungsmöglichkeit von KMU vorsehen, Lösungsansätze in Betracht ziehen, die die tatsächlichen Kosten für die Teilnahme von KMU an der Normung reduzieren. Hingegen müssten Standardsetzungsorganisationen, die dem Prinzip der nationalen Repräsentation folgen, bei möglichen Lösungsansätzen eher darauf achten, dass ihre Verfahren so ausgestaltet sind, dass die Interessen der KMU nicht gegenüber denen großer Unternehmen „zu kurz kommen", da die Vertreter der nationalen Normungsorganisationen in den Spiegelgremien oftmals aus dem Umfeld großer Unternehmen stammen und daher eher die Interessen großer Unternehmen verfolgen. Eine finanzielle Entlastung scheint für die verstärkte Berücksichtigung der Interessen von KMU bei Standardsetzungsorganisationen dieses Modelles in geringerem Maße entscheidend. Konkret bieten sich folgende Maßnahmen an:

aaa) Kostenreduzierung

Als eine Standardsetzungsorganisation, die das zuerst beschriebene Modell praktiziert, sieht das ETSI als kostenreduzierende Maßnahme die Möglichkeit von Telefon- und Web-Konferenzen vor.[851] Zumindest im Rahmen von Arbeitsgruppen mit geringer Mitgliederzahl scheint dies für Vertreter von KMU eine gute Lösung zu sein, um an den Beratungen des Normungsgremiums teilnehmen zu können, aber Kosten und Zeitaufwand für Reisen zu vermeiden; bei einer großen Teilnehmerzahl der entsprechenden Arbeitsgruppe erscheint die Praktikabilität solcher Konferenzen jedoch erheblich geringer. Bei Standardisierungsorganisationen, deren Mitglieder Unternehmen sind und bei denen Unternehmen folglich unmittelbar an der Normungsarbeit teilnehmen, könnte es sich aus Kostengründen für KMU zudem anbieten, sich mit anderen KMU abzustimmen und nur einen gemeinsamen Vertreter zu den Sitzungen der Normungsgremien zu entsenden, der die Befugnis besitzt, für alle „zusammengeschlossenen" Unternehmen aufzutreten und abzustimmen. Durch

---

851 Vgl. http://www.etsi.org/about/etsi-for-smes/how-to-participate-effectively (abgerufen am 09.03.2016). Auch die TCG sieht für die Versammlungen des zur Zeit 14 Mitglieder umfassenden Vorstands, aber auch für die Mitgliederversammlungen persönliche Treffen oder jede Kombination aus schriftlichem Austausch, Audio- oder Videokonferenzen vor, vgl. 4.7 und 13.1 der Satzung der TCG.

ein Rotationsprinzip könnten die KMU Kosten für die Teilnahme an den Sitzungen senken, wären aufgrund der vergleichbaren Interessenlage dennoch angemessen vertreten. Allerdings ist diese Vorgehensweise wohl dann nicht praktikabel, wenn auch innerhalb der Gruppe der KMU die Interessen der einzelnen Unternehmen stark voneinander abweichen. Zudem müssten die Statuten der entsprechenden Standardisierungsorganisationen ein derartiges Vorgehen zulassen. Auf weitere Kosten (reduzierungsmöglichkeiten, z.B. durch die Senkung der Mitgliedsbeiträge oder der Kosten für den Erwerb von Normen) wird unter Kap. 2. B. II. 1. f) bb) eingegangen.

bbb) Bedarf nach Stärkung der Interessenvertretung von KMU

Auch Standardsetzungsorganisationen, die dem Prinzip der nationalen Repräsentation folgen, beschäftigen sich mit der stärkeren Interessenberücksichtigung von KMU im Normungsprozess. So ist z.B. Small Business Standards (SBS) – eine Vereinigung, die sich u.a. mit der Vertretung der Interessen von KMU im europäischen Normungsprozess befasst – Partnerorganisation des CEN, hat somit einen Sitz im Technischen Lenkungsausschuss und kann an verschieden Arbeitsgruppen zur Normerstellung sowie an den Sitzungen der Generalversammlung (insoweit allerdings ohne Stimmrecht) teilnehmen (siehe oben Kap. 1. C. II. 3.). Trotz dieser Art von Interessenbündelung wird die tatsächliche Einflussmöglichkeit der KMU auf den Standardsetzungsprozess als gering bewertet,[852] da große Unternehmen in den technischen Komitees vorherrschend seien und ihre Kraft nutzen könnten, um innovative Technologien von KMU aus dem Geltungsbereich eines in der Entwicklung befindlichen Standards auszuschließen.[853]

(1) Fall: CEN TC 89

Dass die Auffassungen insofern jedoch durchaus auseinander gehen, macht folgender Fall deutlich: NORMAPME – die Vorgängerorganisation von SBS – führt als Beispiel dafür, dass große Unternehmen ihre Interessen zulasten der KMU durchsetzen, den Fall *CEN TC 89* an.[854] Das Technische Komitee des CEN „TC 89“ betraf die technische Standardisierung im Bereich der Energieeffizienz von Gebäuden und befasste sich insbesondere mit Energietransfer durch Bauteile und Wärmedämmung. Eine der im Rahmen dieses technischen Komitees tätigen Arbeitsgruppen beschäftigte sich mit reflektierenden Isolierungsprodukten. Diese Isolatoren, die ausschließlich von KMU hergestellt wurden, waren eine innovative Art der Isolierung, die hauptsächlich durch Strahlung wirkte – im Gegensatz zur herkömmlichen Isolierung durch geringe Leitfähigkeit der verwendeten Materialien (wie Mineralwolle oder Polyurethanschaum). Der Markt für die Herstellung von Dämmstoffen

852 Vgl. *K. Jakobs*, S. 13.

853 Stellungnahme NORMAPME, S. 5, verfügbar unter: http://ec.europa.eu/competition/consultations/2010_horizontals/normapme_en.pdf (abgerufen am 09.03.2016).

854 Stellungnahme NORMAPME, S. 5f.

wie Mineralwolle und Polyurethan war von großen Chemieunternehmen dominiert. Die Hersteller der Multifoil-Isolierung behaupteten, dass ihre Produkte in thermischer Leistung vergleichbar oder besser als die herkömmlichen Materialien, dass die vom CEN TC 89 gewählten Tests zur Feststellung der thermischen Leistung aber unzureichend für die Prüfung von Multifoil-Produkten seien. Dies bestätigten einige im Rahmen eines von NORMAPME organisierten wissenschaftlichen Kolloquiums vorgestellte Studien unterschiedlicher Labore. Trotz dieser Erkenntnisse kam es zu keiner Umstellung des Testverfahrens durch das CEN TC 89, sodass für die Multifoil-Produkte der KMU keine Möglichkeit bestand, dem technischen Standard zu entsprechen. NORMAPME sieht dies als einen Beispielsfall, in dem der Standardisierungsprozess von großen Unternehmen genutzt wird, um die im Wettbewerb potenziell bestehende Konkurrenz durch KMU auszuschalten.[855] Im Final Report der „Evaluation of the EU Actions for the Promotion of Craft and SMEs' Interests in the European Standardisation Area" wird der Sachverhalt aus Sicht der Mitglieder des Technischen Komitees TC 89 bzw. der entsprechenden Arbeitsgruppe hingegen so dargestellt, dass die Vertreter von NORMAPME enge Verbindungen zu bestimmten Unternehmen und Interessengruppen hatten und nicht unbedingt die allgemeinen Interessen der KMU vertraten; auch habe eine Uneinigkeit über die wissenschaftliche Gültigkeit der Forschungsergebnisse bestanden.[856] Von einer Benachteiligung der Interessen von KMU ist dort keine Rede.

(2) Fall: Allied Tube v. Indian Head

Ob große Unternehmen im Normungsprozess ihre Interessen zulasten denen der KMU durchsetzen, lässt sich anhand des Falles *CEN TC 89* nicht eindeutig beschreiben. Allerdings erscheint dies zumindest als kein abwegiger Gedanke, wie sich auch am bereits einige Jahre zurückliegenden U.S.-amerikanischen Fall *Allied Tube v. Indian Head*[857] darstellen lässt: Die Nation Fire Protection Association, eine private Standardisierungsorganisation, entwickelte und veröffentlichte Standards in Bezug auf Brandschutz; unter anderem den sog. National Electric Code, der Vorschriften für Planung und Installation von elektrischen Leitungssystemen enthielt. Der Code erlaubte die Verwendung elektrischer Leitungen aus Stahl. 1980 begann das Unternehmen Indian Head elektrische Leitungen aus PVC anzubieten und reichte einen Vorschlag ein, den Code so zu verändern, dass auch Leitungen aus PVC erfasst werden sollten. Der Vorschlag wurde von einem Gremium der Association akzeptiert, sodass er mit einfacher Mehrheit der Mitglieder auf dem Jahrestreffen 1980 in den Code hätte aufgenommen werden können. Vor dem Treffen einigten sich jedoch einige Mitglieder der

855 Stellungnahme NORMAPME, S. 6.
856 GHK/Technopolis, Evaluation of the EU Actions for the Promotion of Craft and SMEs' Interests in the European Standardisation Area, S. 61f., verfügbar unter: http://www.pedz.uni-mannheim.de/daten/edz-h/gdb/09/evaluation_mainreport_en.pdf (abgerufen am 09.03.2016).
857 Allied Tube & Conduit Copr. v. Indian Head, Inc., 486 U.S. 492 (1988).

Stahlindustrie, darunter der größte Hersteller von Stahlleitungen, die PVC-Produkte von Indian Head nicht in den Code aufzunehmen, indem sie 230 Personen rekrutierten, die der Association beitraten und deren einzige Aufgabe es war, gegen den Vorschlag von Indian Head zu stimmen. Die der Association neu Beitretenden wurden durch Gruppenleiter mittels Funkgeräten und Handzeichen angewiesen, wo sie sitzen und wie und wann sie abstimmen sollten; sie stimmten ohne weitere Begründung gegen die Aufnahme der PVC-Leitungen in den Code und der Vorschlag wurde mit 394 zu 390 Stimmen abgelehnt.[858] Der Vorstand der Association lehnte die Beschwerde von Indian Head gegen dieses Vorgehen mit der Begründung ab, dass die Verfahrensregeln der Association zwar umgangen, aber nicht verletzt worden seien.[859]

(3) Schutz der KMU durch Abstimmungsregeln

Trotz grundsätzlich unbedenklicher Abstimmungsregeln bestehen also insbesondere für große Unternehmen vielfältige Möglichkeiten den Normungsprozess zu manipulieren. So können – wie der Fall *Allied Tube v. Indian Head* zeigt – die Verfahrensregeln einiger Normungsorganisationen genutzt werden, um bestimmte, insbesondere den Interessen großer Unternehmen zuwider laufende Technologien aus einem technischen Standard auszuschließen. Eine weitere Möglichkeit den Standardisierungsprozess zum eigenen Vorteil zu nutzen, bietet sich finanzstarken Unternehmen, indem sie bei ihrer Stimmabgabe zusätzliche Kosten, die der neue Standard hervorrufen wird (z.B. für Konstruktion, Herstellung, Entsorgung der Produkte), in Kauf nehmen, wenn sie gleichzeitig davon ausgehen können, dass die Kosten der Konkurrenten noch stärker steigen als ihre eigenen und sie selbst so einen Wettbewerbsvorteil erzielen.[860] Auch könnten Unternehmen daran interessiert sein, den Standardsetzungsprozess zu verlangsamen, wenn sie bereits ein entsprechendes Produkt auf dem Markt haben und sie auf diese Weise seine Lebensdauer verlängern können.[861]

Trotz auf den ersten Blick gegenüber allen Teilnehmern fairer Verfahrensregeln besteht also weiterhin stets das Bedürfnis diese zu überprüfen und darauf zu achten,

---

858 Vgl. dazu auch *Gates*, Emory Law Journal 1998, Vol. 47, 583, 627f.

859 Allied Tube & Conduit Copr. v. Indian Head, Inc., 486 U.S. 492 (1988), S. 497. Zu den Entscheidungen der U.S.-amerikanischen Gerichte siehe ABA, Handbook, S. 61f.

860 *Hesser/Kleinemeyer*, in: Hesser, Standardisierung zwischen Kooperation und Wettbewerb, S. 12.

861 So empfanden bei der Entwicklung einer Folgegeneration des Wi-Fi Standards einige den Standardisierungsprozess so, dass bestimmte Unternehmen mehr daran interessiert waren, den Prozess zu verlangsamen als einen neuen Standard zu entwickeln, da ihre Chips bereits auf dem Markt waren und sie so die Lebensdauer ihrer bisherigen Produkte verlängern konnten. Andere wiederum wollten den Prozess blockieren, da sie entweder einen Standard mit ihrer eigenen geschützten Technologie wollten, oder gar keinen Standard, vgl. *DeLacey/Herman/Kiron/Lerner*, S. 17 m.w.N.

ob sie zulasten einzelner Interessengruppen ausgenutzt werden könnten. Steht die Teilnahme an einer Standardisierungsorganisation grundsätzlich jedem offen – was aus kartellrechtlicher Sicht wünschenswert ist –, so kann nur schwer verhindert werden, dass vor einer entscheidenden Abstimmung neue Mitglieder der Organisation beitreten, deren möglicherweise einziges Ziel es ist, die fragliche Entscheidung durch ihr Abstimmungsverhalten zu beeinflussen. Aufgrund der zu entrichtenden Mitgliedsbeiträge und weiterer Mitgliedschaftsvoraussetzungen wird ein solches Verhalten allerdings nicht allzu oft zu erwarten sein; dennoch ist es in Einzelfällen möglich. Der Erschwerung eines solchen Verhaltens kann eine Verfahrensordnung dienen, nach der die Ablehnung eines Vorschlages, also die Abgabe einer „Nein"-Stimme, begründet werden muss.[862] Zwar stellt auch dies kein absolutes Hindernis für ein wie oben beschriebenes Verhalten dar, vor allem wenn die Stimmabgabe der neu hinzutretenden Teilnehmer zentral organisiert wird; allerdings erhöht es zumindest den Aufwand, der von den manipulierenden Unternehmen betrieben werden muss, um das gewünschte Abstimmungsergebnis zu erhalten. Die Interessen von KMU könnten auf diese Weise etwas besser geschützt werden. Ebenfalls nur schwer zu verhindern sind Stimmabgaben von Unternehmen, die mit dem Ziel erfolgen, die Kosten der Wettbewerber stärker in die Höhe zu treiben, als die eigenen Kosten, oder den Standardisierungsprozess möglichst in die Länge zu ziehen. Auch insofern helfen nur ausgewogene Abstimmungsregeln und dabei insbesondere eine angemessene Stimmverteilung zwischen den verschiedenen Mitgliederkategorien (siehe dazu unten Kap. 2. B. II. 1. f) aa)).

(4) Verbesserte Information

Doch nicht nur die Abstimmungsregeln einer Standardisierungsorganisation können für die Durchsetzung der Interessen von KMU hinderlich sein. In einer 2010 durch die Europäische Kommission durchgeführten öffentlichen Konsultation zur technischen Standardisierung hat sich herausgestellt, dass zum einen der Mangel an Wissen über die Wichtigkeit des Standardisierungsprozesses und die Schwierigkeiten an Informationen über die für das jeweilige Unternehmen relevanten Standards zu gelangen, zum anderen die Komplexität und technische Sprache große Hindernisse insbesondere für KMU für die Anwendung technischer Standards darstellen.[863] Als weitere Maßnahme zur Behebung entsprechender Probleme und zur Einbindung

862 So sehen etwa die Statuten des ETSI und der ISO eine entsprechende Begründungspflicht der abgegebenen „Nein"-Stimmen vor (siehe oben Kap. 1. C. III. 2. und Kap. 1. C. IV. 2.). Allerdings kann dies bedeuten, dass einige Mitglieder ausschließlich oder vorwiegend aus Bequemlichkeit mit „Ja" stimmen; andernfalls müssten sie sich inhaltlich mit der Frage auseinandersetzen und Gründe für ihre Ablehnung finden und darlegen. Vgl. zu diesem Problem beim Verfahren der ISO *Tamm Hallström*, in: Brunsson/Jacobsson, S. 92.

863 Vgl. Kommission, Public Consultation on Standardisation Package – Overview of the responses, S. 15.

der Interessen von KMU in den Normungsprozess haben CEN/CENELEC im Jahr 2010 einen „Leitfaden für die Erstellung von Normen unter Berücksichtigung der Bedürfnisse und Belange von Kleinst-, kleinen und mittelständischen Unternehmen (KMU)"[864] herausgegeben. Der Leitfaden beinhaltet Grundsätze, die die Normenersteller berücksichtigen sollten, um die Interessen der KMU im Normungsprozess nicht zu vernachlässigen. Allerdings sind keine Vorschläge enthalten, wie KMU selbst besser in die Normungstätigkeit einbezogen werden könnten, um unmittelbar ihre eigenen Interessen vertreten zu können. In dem Leitfaden geht es vielmehr darum, welche Grundsätze die Normersteller berücksichtigen sollen, um die (fertigen) Normen für KMU verständlich und anwendbar zu gestalten, z.B. der Norm eine Einleitung mit unterstützenden Informationen vorschalten, den Anwendungsbereich der Normen genau beschreiben (da KMU häufig keinen präzisen Überblick haben, welche Normen für sie relevant werden könnten), teure und komplizierte Prüfverfahren vermeiden etc. Dieser Ansatz ist grundsätzlich zu begrüßen, da auf diese Weise den Verantwortlichen noch einmal die besondere Lage und Bedürfnisse von KMU vor Augen geführt werden. Bedenken bestehen jedoch insoweit, dass KMU dadurch nicht in die Lage versetzt werden, ihre Belange selbst oder durch ausschließlich ihren Interessen verpflichtete Vertreter in den Normungsprozess einzubringen, sondern auf andere Akteure angewiesen bleiben. Die in dem Leitfaden vorgegebenen Ansätze können also voraussichtlich nicht allein das Problem lösen.

Zur weiteren Förderung der Einbindung von KMU in die Normung haben auch das CEN-CENELEC Management Centre[865], NORMAPME und die nationalen Normungsorganisationen von Österreich (ASI), Deutschland (DIN) und den Niederlanden (NEN) gemeinsam das sog. KMU-Standardisierungs-Toolkit (SMEST II)-Projekt ins Leben gerufen. Ziel des SMEST II-Projektes ist es u.a. die Beteiligung von KMU an der Normung zu fördern; die Finanzierung des SMEST II-Projektes erfolgt durch die Europäische Kommission.[866] Im Rahmen dieses Projektes werden in verschiedenen europäischen Staaten Workshops durchgeführt, die sich an Leiter von KMU sowie an Vertreter von KMU-Verbänden richten und sie über technische Standardsetzung und die Beteiligungsmöglichkeiten von KMU informieren sollen. Aufgrund der verbesserten Information der KMU besteht die Hoffnung, dass sie sich des großen Nutzens der Standardisierung für das eigene Unternehmen bewusst(er) werden, die Kosten für die Beteiligung an der Standardsetzung als wirtschaftlich rentabel erachten und

864 Verfügbar unter: ftp://ftp.cencenelec.eu/EN/SMEs/Guide/CEN_CLC_17_DE.pdf (abgerufen am 09.03.2016).

865 Das CEN-CENELEC Management Centre (CCMC) ist u.a. für das Tagesgeschäft, die Koordinierung und Förderung aller Aktivitäten des CEN und CENELEC sowie die Korrespondenz und Zusammenarbeit mit der Europäischen Kommission verantwortlich, vgl. http://www.cencenelec.eu/aboutus/MgtCentre/Pages/default.aspx (abgerufen am 09.03.2016).

866 Siehe zum Ganzen http://www.cencenelec.eu/sme/SMEST/Pages/default.aspx (abgerufen am 09.03.2016).

bereit sind, sie im Gegenzug für die zu erwartenden Vorteile in Kauf zu nehmen.[867] Allerdings schafft das SMEST II-Projekt keine unmittelbare Abhilfe für KMU, die sich des Nutzens der Standardsetzung bereits bewusst sind und sich gern an ihr beteiligen würden, sich aber aufgrund von personellen oder finanziellen Engpässen daran gehindert sehen. Es verbleibt somit ein Handlungsbedarf.

ccc) Weiterer Lösungsansatz: Finanzielle Unterstützung und Stärkung der Interessenvertretung auf nationaler Ebene

Da allein die Wahl eines bestimmten Mitgliedschaftssystems keine ausreichende Verbesserung der Teilnahmemöglichkeiten von KMU bietet und auch die Aufmerksamkeit der Vertreter (der großen Unternehmen) aus den Spiegelgremien auf die Bedürfnisse von KMU zu lenken allein kein befriedigendes Ergebnis verspricht, verbleiben die Möglichkeiten, die Teilnahme von KMU an Normungsverfahren finanziell zu unterstützen sowie Druck auf die Standardisierungsorganisationen auszuüben, Vertreter von KMU in die Spiegelkomitees aufzunehmen.[868] Dies müsste wohl vorwiegend auf nationaler Ebene erfolgen, da in einem System der nationalen Repräsentation eine unmittelbare Beteiligung von Unternehmen auf europäischer oder internationaler Ebene nicht vorgesehen ist. Auch auf nationaler Ebene werden KMU als noch stark unterrepräsentiert empfunden.[869]

Sollten diese Standardisierungsorganisationen zukünftig eine horizontale Beteiligungsmöglichkeit von KMU-Verbänden in Betracht ziehen, so könnte diesen Interessenvertretern in einem System der nationalen Repräsentation nur beratende Funktion zukommen. Erfolgversprechend erscheint daher eine Koordinierung von KMU auf nationaler Ebene, sodass KMU in die Lage versetzt werden, einen Mitarbeiter aus ihrem Kreis als Vertreter in ein nationales Spiegelgremium zu entsenden und die besonderen Interessen von KMU – soweit sie untereinander übereinstimmen – in die europäische und internationale Normung einzubringen.

c) Verbraucher

Nicht nur KMU sind in Standardisierungsverfahren häufig unterrepräsentiert, auch die angemessene Beteiligung von Verbrauchern am Normungsprozess ist mit Schwierigkeiten behaftet. Im Folgenden soll zunächst dargestellt werden, dass es (trotz bereits vorhandener Möglichkeiten der Verbraucherbeteiligung) einen Bedarf an der (stärkeren) Einbringung von Verbraucherinteressen in den

---

867 So geben Unternehmen, die bislang nicht an der Normungsarbeit teilnehmen, selbst an, dass sie durch eine verbesserte Information über Normungsprojekte zur Teilnahme am Standardisierungsprozess motiviert würden, vgl. DIN, Gesamtwirtschaftlicher Nutzen der Normung, 2000, S. 21.

868 Vgl. auch *Tapia*, S. 210.

869 *Egyedi/Toffaletti*, in: 13th EURAS Proceedings, 2008, S. 121, 126.

Standardisierungsprozess gibt;[870] im Anschluss daran werden Überlegungen angestellt, welche weiteren Ansätze für eine solche Beteiligung möglich sind.

aa) Bedarf an separater Vertretung von Verbraucherinteressen

Zunächst muss die Frage beantwortet werden, ob es überhaupt einen Bedarf an einer gesonderten Vertretung von Verbraucherinteressen im Normungsprozess gibt. Berücksichtigen die den Standard entwickelnden Unternehmen nicht sowieso die Interessen der Verbraucher, da es ihr Ziel ist, später die standardisierten Produkte an die Verbraucher zu verkaufen? Dies wäre wohl etwas zu kurz gedacht.[871] Zwar sind die Interessen von Verbrauchern und Unternehmen nicht stets gegenläufig. So ist das Interesse der Verbraucher an technischer Standardisierung in aller Regel inhaltlich darauf gerichtet, dass Festlegungen getroffen werden, die die Gebrauchstauglichkeit, die Sicherheit und Qualität, die Verfügbarkeit und die Strapazierfähigkeit erhöhen bzw. verbessern.[872] Diese Kriterien sind insbesondere auch Aspekte des öffentlichen Interesses, sodass sie ebenfalls von Vertretern staatlicher Stellen berücksichtigt werden. Technische Normen, die diese Gesichtspunkte der Sicherheit, Qualität etc. kombinieren, sind auch durchaus nicht per se dem Interesse der Hersteller entgegen gerichtet;[873] die Hersteller sind für die Sicherheit ihrer Produkte verantwortlich und haben somit ebenso ein Interesse daran, dass die genannten Kriterien bei der Standardentwicklung berücksichtigt werden.

Um aber tatsächlich sicherzustellen, dass alle Interessengruppen im Rahmen der technischen Standardsetzung ausreichend bedacht werden, muss während des Verfahrens eine Verbraucherbeteiligung stattfinden. Unternehmen neigen eher dazu, sich auf die Bedürfnisse des Mainstream zu konzentrieren und die technische Norm auf den Durchschnittskunden anzupassen; denn mit entsprechenden Produkten lassen sich die größten Umsätze erzielen.[874] Dies kann allerdings zulasten besonders schutzwürdiger Verbrauchergruppen z.B. (jungen, alten, behinderten Menschen) gehen, sodass es wichtig ist, dass die Bedürfnisse aller Verbraucher (durch Verbraucherverbände etc.) im Standardisierungsprozess vertreten sind. So gibt es auf den verschiedenen Ebenen technischer Standardisierungstätigkeit (national, europäisch, international) unterschiedliche Ansätze, wie Verbraucherinteressen in den

---

870 Der Bedarf der Berücksichtigung von Verbraucherinteressen im Normungsprozess folgt nicht nur aus kartellrechtlichen Gesichtspunkten; insbesondere bei Normen, auf die staatliche Vorschriften verweisen oder auf die in gesetzlichen Regelungen Bezug genommen wird, besteht aufgrund eines Legitimationsbedürfnisses aus staatlicher Sicht ein Interesse an einer verstärkten Verbraucherbeteiligung. Dies soll im Rahmen dieser Arbeit jedoch keine Rolle spielen.

871 Siehe auch *Fabisch*, TUTB Newsletter, June 2004, 51.

872 Vgl. *Kypke*, in: Bopp-Schmehl/Heibült/Kypke, S. 44.

873 Vgl. *Kypke*, in: Bopp-Schmehl/Heibült/Kypke, S. 49f.

874 ANEC, Position Paper – European Standardization System Strategy 2020, April 2013, S. 3, verfügbar unter: http://www.anec.org/attachments/ANEC-SC-2013-G-010final.pdf (abgerufen am 09.03.2016).

Normungsprozess einfließen können. Als Beispiel sollen hier der Verbraucherrat des DIN sowie die European Association for the Co-ordination of Consumer Representation in Standardisation (ANEC) auf europäischer Ebene dienen. Auf internationaler Ebene gibt es keinen horizontalen Kanal, den Verbraucherinteressen in der ISO Gehör zu verschaffen.[875] Eine Beteiligung dort kann nur über die nationalen Normungsorganisationen stattfinden.[876]

aaa) Der Verbraucherrat des DIN

Der Verbraucherrat wurde 1974 als ständiger Ausschuss des DIN Präsidiums gegründet.[877] Seine Aufgaben sind es, die Lenkungs- und Arbeitsgremien des DIN in Fragen, die für die nichtgewerblichen Letztverbraucher von Interesse sind, zu beraten und unterstützen. Er setzt sich aus fünf Mitgliedern zusammen, die aus verschiedenen Verbraucherorganisationen bzw. verbrauchernahen Prüf- und Forschungseinrichtungen kommen und vom Präsidenten des DIN berufen werden. Die Mitglieder des Verbraucherrates handeln ehrenamtlich und unabhängig von den Interessen des DIN. Die Geschäftsstelle des Verbraucherrates ist im DIN angesiedelt. Ihre Mitglieder nehmen in den Normungsgremien die Interessen der Verbraucher entsprechend den Beschlüssen des Verbraucherrates wahr und werden durch ca. 60 ehrenamtliche Experten unterstützt. Die Arbeit der Geschäftsstelle wird durch das Bundesministerium für Ernährung und Landwirtschaft gefördert; auch das DIN leistet einen finanziellen Beitrag und gewährt organisatorische Unterstützung.[878]

bbb) Die European Association for the Co-ordination of Consumer Representation in Standardisation (ANEC)

ANEC wurde 1995 gegründet, wird von der Europäischen Union sowie der EFTA finanziert und bezeichnet sich selbst als „the European consumer voice in standardisation“. Geleitet wird ANEC von einer Generalversammlung, die sich aus Vertretern aus jedem Land der europäischen Union und EFTA zusammensetzt. Die Vertreter fungieren als Ansprechpartner zwischen den nationalen Verbraucherorganisationen

---

875 *Fabisch*, Consumers and Standards, 2003, S. 20, verfügbar unter: http://www.stanhopecentre.org/cotswolds/Fabisch%20Paper%202003.pdf (abgerufen am 09.03.2016).

876 Vgl. http://www.iso.org/iso/home/about/iso-and-the-consumer/consumers-getting-involved.htm (abgerufen am 10.10.2014). Auch das ISO-Komitee für Verbraucherpolitik (COPOLCO) besteht aus Vertretern der nationalen Normungsorganisationen.

877 Vgl. DIN, Geschäftsordnung des Präsidiums, Rn. 5.5, verfügbar unter: http://www.din.de/blob/64440/477d6f8baa19b95a3bc51a67814755fa/geschaeftsordnung-des-praesidiums-data.pdf (abgerufen am 09.03.2016).

878 Zum Ganzen DIN, Verbraucherschutz durch Normung – Verbraucherrat nimmt Einfluss, S. 3, verfügbar unter: http://www.verbraucherrat.din.de/sixcms_upload/media/2933/VR_Image_Broschuere_2013.pdf (abgerufen am 30.03.2015).

und ANEC.[879] ANEC nimmt durch ehrenamtlich arbeitende Experten – die in der Regel nationalen Verbraucherorganisationen angehören – an Standardisierungsvorhaben verschiedener europäischer Normungsorganisationen, darunter CEN, CENELEC und ETSI teil. Im CEN ist ANEC Partnerorganisation, bei CENELEC Kooperationspartner und bei ETSI ist ANEC (Voll-)Mitglied.

bb) Umsetzungsdefizite

Die Beteiligung von Verbrauchern an den nationalen Standardsetzungsverfahren vieler europäischer Staaten wird von Verbraucherorganisationen als schwach oder gar nicht vorhanden bewertet.[880] Auch auf europäischer Ebene wird trotz der vorhandenen Möglichkeiten der Interessenvertretung die Verbraucherbeteiligung als ausbaubedürftig angesehen.[881] So erkennt auch die Europäische Kommission einen Bedarf an verstärkter Unterstützung der Organisationen, die die Interessen von Verbrauchern im Standardisierungsprozess auf europäischer Ebene vertreten, und hatte Stellen, die sich für den Erhalt von Zuschüssen nach der VO 1025/2012 bewerben möchten, aufgerufen, bis Mitte November 2013 Bewerbungen einzureichen.[882]

Die bislang unzureichende Verbraucherbeteiligung kann auf verschiedene Gründe gestützt werden: Zunächst handelt es sich bei *den Verbrauchern* um eine inhomogene Gruppe; ihre Interessen sind mannigfaltig und häufig nicht einheitlich. Das Alter, persönliche Hintergründe und Lebensumstände etc. können für ihre Interessen und Belange eine nicht unerhebliche Rolle spielen. Zudem fehlt den Verbrauchern häufig das erforderliche Know-how, um an der Standardisierung mit ihren oft durchaus komplexen technischen Fragestellungen zweckdienlich partizipieren zu können. Die Verbrauchervertreter benötigen jedoch technisches Wissen, um konstruktiv Kritik üben und ggf. die Folgen einer technischen Norm überhaupt abschätzen zu können. Dieser Mangel an Fachwissen – gekoppelt mit der freiwilligen und ehrenamtlichen Arbeit, auf der die Verbraucherbeteiligung basiert – führt

879 Zum weiteren Organisationsaufbau von ANEC siehe http://www.anec.org/anec.asp?p=about-anec&ref=01-01 (abgerufen am 09.03.2016).

880 ANEC, Position Paper – European Commission Communication on the Annual Union Work Programme for European Standardisation, August 2013, S. 2, verfügbar unter: http://www.anec.org/attachments/ANEC-SC-2013-G-041final.pdf (abgerufen am 09.03.2016) m.w.N. Siehe auch *Fabisch*, TUTB Newsletter, June 2004, 51.

881 ANEC, Position Paper – European Commission Communication on the Annual Union Work Programme for European Standardisation, August 2013, S. 8. Siehe auch *K. Jakobs*, S. 13; Kommission, Public Consultation on Standardisation Package – Overview of the responses, S. 10. Eine positive Bewertung der Berücksichtigung von Verbraucherinteressen hingegen bei *Zorn*, S. 186.

882 Vgl. http://ec.europa.eu/chafea/consumers/proposals_2013_cons_06.html (abgerufen am 09.03.2016). ANEC und BEUC wurden entsprechende Zuschüsse für das Jahr 2013 bewilligt, vgl. http://ec.europa.eu/chafea/documents/consumers/Fin_contr_std_2013/eco-annual-publication-grants-2013_en.pdf (abgerufen am 09.03.2016).

häufig dazu, dass Verbraucherinteressen bei der Berücksichtigung in Spiegelkomitees gegenüber den unternehmerischen Interessen erheblich benachteiligt sind.[883] Zwar führt die Bündelung der Interessen und des Fachwissens in Verbraucherverbänden zu einer Verbesserung der Situation; jedoch verfügen auch diese nicht immer über eine ausreichende Zahl an Fachleuten, um in Normungsausschüssen selbstständig mitzuarbeiten.

Auch die vorhandenen Beteiligungsmöglichkeiten (z.B. durch den Verbraucherrat bzw. durch ANEC) bieten noch nicht ausreichend Gelegenheit, den Interessen der Verbraucher in den Standardisierungsorganisationen das erforderliche Gehör zu verschaffen. Es bestehen weiterhin Abhängigkeiten in personeller und finanzieller Hinsicht oder die tatsächlichen Möglichkeiten auf die Abstimmungsergebnisse Einfluss nehmen zu können, sind äußerst gering: So ist der Verbraucherrat als ständiger Ausschuss des Präsidiums angelegt und damit zwar grds. weisungsunabhängig und frei, seine Arbeit eigenständig zu organisieren;[884] die Mitarbeiter der Geschäftsstelle des Verbraucherrates sind jedoch Angestellte des DIN und unterstehen somit disziplinarisch dem Vorstand.[885] Auch die Beteiligungsmöglichkeiten von ANEC in den verschiedenen europäischen Standardisierungsorganisationen sind noch nicht optimal. ANEC ist am CEN und CENELEC als Partnerorganisation bzw. Kooperationspartner beteiligt. In diesen Stellungen kann sie zwar an den Gremiensitzungen teilnehmen und die Verbraucherinteressen durch Vorschläge oder Stellungnahmen in den Normungsprozess einbringen. Allerdings steht ANEC kein Stimmrecht zu, sodass sich die Beteiligungsmöglichkeiten auf eine beratende Funktion beschränken. Bei ETSI ist ANEC zwar (Voll-)Mitglied und kann sich somit unmittelbar an Entscheidungen beteiligen. Allerdings hat ANEC als Verbraucherverband nur eine Stimme, während großen Unternehmen allein bis zu 45 Stimmen zukommen können.[886] Die tatsächlichen Einflussmöglichkeiten in Abstimmungen sind also gelinde ausgedrückt sehr gering und entsprechen kaum der für eine Freistellung nach Art. 101 Abs. 3 AEUV erforderlichen angemessenen Beteiligungsmöglichkeit aller interessierten Kreise am Normungsprozess (siehe Kap. 2. B. II. 1. a)).

cc) Lösungsansätze

Um effektiv an der Normungsarbeit partizipieren zu können, ist das Interesse der Verbraucher nicht nur darauf gerichtet, die eigenen Bedürfnisse im Normungsprozess aufzuzeigen, sondern auch darauf, tatsächlich Einfluss auf das Standardisierungsverfahren und sein Ergebnis nehmen zu können. Die reine Information der teilnehmenden Unternehmen über Verbraucherbelange scheint z.B. durch den Verbraucherrat des DIN oder Verbrauchervereinigungen wie ANEC bereits möglich.

---

883 ANEC, Position Paper – European Standardization System Strategy 2020, April 2013, S. 2.

884 Vgl. DIN, Geschäftsordnung des Präsidiums, Rn. 5.3.

885 Vgl. DIN, Geschäftsordnung des Präsidiums, Rn. 5.4.

886 Vgl. http://www.etsi.org/membership/fees (abgerufen am 09.03.2016).

Erhebliche Defizite sind allerdings noch bei den tatsächlichen Einflussnahme- bzw. Abstimmungsmöglichkeiten zu verzeichnen. Um diese zu beheben, muss die Verbraucherbeteiligung in Standardisierungsorganisationen weiter gestärkt werden. So lange wie wichtige europäische und internationale Normungsorganisationen das Prinzip der nationalen Repräsentation verfolgen, muss – um eine stärkere Berücksichtigung von Verbraucherinteressen in diesen Standardisierungsorganisationen zu erreichen – die Verbraucherbeteiligung auf nationaler Ebene verbessert werden.[887] Mangels unmittelbarer Beteiligung von Verbraucherorganisationen verbleibt insoweit nur die Stärkung der Verbraucher in den nationalen Organisationen, um ihnen größeren Einfluss auf die Vertreter in den entsprechenden Spiegelgremien zu ermöglichen.

Bei ETSI hingegen ist eine unmittelbare Beteiligung von Verbraucherorganisationen möglich und findet bereits statt – allerdings mit dem Manko, dass z.B. ANEC nur eine einzige Stimme hat. Um ein angemessenes Verhältnis gegenüber wirtschaftlichen Interessen zu erreichen, erscheint die Stärkung der Verbraucherinteressen somit zum einen dadurch möglich, dass Verbraucherorganisationen wie ANEC, z.B. abhängig von der Anzahl der in ihnen zusammenarbeitenden nationalen Verbraucherverbände, mehr Stimmen gewährt werden. Zum anderen könnte die Verbraucherbeteiligung in den Technischen Komitees und Arbeitsgruppen dadurch gestärkt werden, dass bei ihrer Zusammensetzung Verbraucher stärker repräsentiert werden. Bei ETSI erfolgt die Zusammenstellung der Technischen Komitees und Arbeitsgruppen nach den verschiedenen Mitgliederkategorien. ETSI kennt sechs verschiedene Kategorien: 1. Verwaltungen; 2. andere Behörden und nationale Normungsorganisationen; 3. Network Operators; 4. Hersteller; 5. Nutzer und 6. Service Provider, Forschungseinrichtungen, Universitäten, Beratungsgesellschaften/ Partnerschaften und andere.[888] Die Verbrauchervereinigungen zählen dabei zu den Nutzern – obwohl typische Nutzer der von ETSI entwickelten Telekommunikationsstandards Unternehmen sind. Sinnvoll erschiene eine Trennung zwischen Nutzern des Standards und Nutzern der standardisierten Produkte, wozu Verbraucher zählten. Eine stärkere Berücksichtigung der Verbraucherinteressen ließe sich dadurch erreichen, dass für die Verbraucherorganisationen eine eigene Mitgliederkategorie eingerichtet würde, die in den Technischen Komitees und Arbeitsgruppen vertreten wäre. Dies würde der bisherigen Unterrepräsentation von Verbrauchern abhelfen und ließe sich auch aufgrund der unterschiedlichen Interessenlage zwischen Verbrauchern und Unternehmern als „Nutzern" rechtfertigen.

d) Beschränkung des Teilnehmerkreises

Die uneingeschränkte Beteiligung(-smöglichkeit) aller interessierten Kreise stellt sicherlich den Idealtypus[889] eines Normungsverfahrens dar, um kartellrechtliche

---

887 Siehe auch *Fabisch*, S. 15.

888 1.1 der Geschäftsordnung von ETSI.

889 Kritisch bezüglich der uneingeschränkten Teilnahmemöglichkeit allerdings *Hesser/ Kleinemeyer*, in: Hesser, Standardisierung zwischen Kooperation und Wettbewerb,

Bedenken insoweit möglichst auszuschließen. Eine Begrenzung der Teilnahmemöglichkeit tritt in der Praxis dennoch auf; häufiger bei kleinen Konsortien als bei großen (anerkannten) Standardisierungsinstitutionen, sodass jene insofern zunächst ein größeres Potenzial für Wettbewerbsbeschränkungen aufweisen.[890] Dennoch kann nicht von jeder Standardisierungsorganisation verlangt werden, tatsächlich allen Interessenten eine Mitgliedschaft zu ermöglichen. Denn dies kann mit verschiedenen praktischen Nachteilen verbunden sein.[891] Kleine Standardisierungsorganisationen können häufig effektiver arbeiten als Organisationen mit einer großen Anzahl an Mitgliedern. Das hat verschiedene Gründe: Zum einen muss Einigkeit nur zwischen einer begrenzten Teilnehmerzahl erreicht werden und Koordinierungskosten bleiben auf diese Weise überschaubarer, zum anderen ist bei kleineren Organisationen die Teilnahmemöglichkeit häufig marktmächtigen Unternehmen der entsprechenden Branche vorbehalten, denen große finanzielle und personelle Ressourcen zur Verfügung stehen.[892] Auch kann aus Sicht einzelner Teilnehmer eine kleine Standardisierungsorganisation vorzugswürdig sein, da der Einzelne dort mehr Einfluss auf die Erarbeitung des technischen Standards ausüben kann.

Weiterhin könnte ein Bedürfnis nach Begrenzung der Teilnahmemöglichkeit nach einem bestimmten Zeitablauf bestehen, sodass neue Teilnehmer ggf. nur zu Beginn eines Normungsverfahrens hinzutreten können, nach Erreichen eines bestimmten Verfahrensstadiums zumindest eine aktive Teilnahme am Normungsprozess jedoch nicht mehr möglich ist. Denn neue Teilnehmer bringen ggf. bestimmte

---

S. 16f., die in der Möglichkeit von Wettbewerbern kostenlos Wissen und Technologiekenntnisse zu erwerben und sich dadurch einen Wettbewerbsvorteil zu verschaffen, einen Grund sehen, durch den innovative Unternehmen von einer Teilnahme an einem Standardisierungskomitee Abstand nehmen könnten.

890 Auch eine öffentliche Konsultation der Europäischen Kommission ergab, dass viele der befragten Bürger, Unternehmen, Standardisierungsorganisationen, Organisationen von öffentlichem Interesse und Behörden in Verfahren von Foren und Konsortien die Gefahr sahen, dass der Standardisierungsprozess in diesen Organisationen nicht die Auffassungen und Meinungen aller relevanten Akteure widerspiegelte, vgl. Kommission, Public Consultation on Standardisation Package – Overview of the responses, 2010, S. 6. Allerdings kann es sein, dass bei kleinen Standardisierungsorganisationen das Kartellverbot mangels Spürbarkeit der Wettbewerbsbeschränkung aufgrund geringer Marktanteile der Teilnehmer nicht greift, siehe auch oben zur de-minimis-Bekanntmachung Kap. 2. A. III. 2. d).

891 So kann gerade auch in den ersten Stadien eines Normungsprozesses die Beteiligung aller interessierten Kreise schwierig sein, wenn die Idee für das Normungsprojekt von einer kleinen Gruppe oder einem Einzelnen ausgeht, vgl. Stellungnahme Intel, S. 14.

892 Vgl. auch *Koenig/Spiekermann*, European Competition Law Review 2010, Issue 11, 449, 451; *Koenig/Trías*, European Intellectual Property Review 2010, Issue 7, 320, 322; *Riefler*, in: 13th EURAS Proceedings, 2008, S. 221, 225 sowie *Werle*, S. 34, verfügbar unter: http://www.econstor.eu/bitstream/10419/43727/1/314050728.pdf (abgerufen am 09.03.2016).

Gesichtspunkte wieder in die Diskussion ein, über die die vorhandenen Mitglieder bereits gesprochen und entschieden haben.[893] Folglich besteht häufig ein Dilemma zwischen den Prinzipien der Partizipation und der Effektivität:

aa) Notwendigkeit der Beschränkung bei „kleinen" Standardisierungsorganisationen

Insbesondere bei kleinen Standardsetzungskooperationen, die sich ggf. ausschließlich gegründet haben, um einen technischen Standard für ein ganz konkretes Problem zu entwickeln, besteht häufig die praktische Notwendigkeit, die Teilnehmerzahl zu beschränken. Solche Konsortien greifen oft ein Normungsprojekt auf, um ein ganz aktuell erkanntes Bedürfnis nach einem technischen Standard zu befriedigen. Die Teilnahme aller interessierten Kreise kann deshalb bei kleinen Standardisierungsorganisationen nicht nur unpraktisch, sondern sogar schädlich sein; denn Geschwindigkeit und Flexibilität sind hier besonders wichtig. Um bei der Entwicklung eines technischen Standards mit dem erforderlichen Tempo einen bestimmten gemeinsamen Kurs einschlagen zu können, kann es aus dem Gesichtspunkt der Effektivität bei derartigen speziellen Konsortien nötig sein, dass sie die Möglichkeit haben, nur Unternehmen mit ähnlichen Interessen oder Ansichten in die Normungsarbeit aufzunehmen.[894] Heterogenität einer Standardisierungsorganisation kann zwar zu höherer Akzeptanz des Standards führen, bedeutet aber auch, dass Konsensfindung schwieriger und zeitaufwändiger wird; dies steigert die Teilnahmekosten.[895] Weiterhin müssen Standardsetzungsorganisationen grundsätzlich von ihren Teilnehmern erwarten können, dass sie auch tatsächlich in der Lage sind, einen Beitrag zur Entwicklung des Standards leisten zu können[896] – sei dies in finanzieller oder in fachlicher Hinsicht. Dies gilt umso mehr, je weniger Mitglieder an einem Normungsvorhaben teilhaben. Um die Zweckmäßigkeit nicht zu gefährden, darf auch das Kartellrecht eine Beschränkung des Teilnehmerkreises nicht gänzlich ausschließen, sondern muss den Standardsetzungsorganisationen eine Möglichkeit offen lassen, den Zutritt zu der Normungsorganisation beschränken zu können.

Dies entspricht nicht nur der Ansicht und dem Interesse der an der Standardsetzung Beteiligten, sondern auch die Europäische Kommission hat in den Horizontalleitlinien 2011 die Auffassung zum Ausdruck gebracht, dass die Begrenzung der Beteiligungsmöglichkeit keine besondere Wettbewerbsbeschränkung bewirke, wenn andernfalls die Annahme einer Norm gar nicht möglich wäre.[897] Die Teilnahme am

---

893 Vgl. *K. Jakobs*, S. 139f. m.w.N.

894 *Temple Lang*, Competition Law International 2011, 32, 40.

895 *Riefler*, in: 13th EURAS Proceedings, 2008, S. 221, 225f.

896 Vgl. Stellungnahme Federation of Netherlands Industry and Employer, S. 5, verfügbar unter: http://ec.europa.eu/competition/consultations/2010_horizontals/fnie_en.pdf (abgerufen am 09.03.2016).

897 Vgl. ABl. 2011 C 11/1, Rn. 295. Dass der Normungsprozess ohne Begrenzung der Beteiligungsmöglichkeit erheblich verzögert würde, kann auch aus Sicht der

Normungsprozess sollte danach normalerweise allen interessierten Kreisen offen stehen, „es sei denn, die Parteien weisen nach, dass dies ineffizient wäre".[898] Der Effektivitätsgedanke kommt also auch in den Horizontalleitlinien 2011 zum Ausdruck. Die Zulässigkeit einer Beschränkung der Mitgliedschaft hatte die Kommission dem Grundsatz nach bereits in der Entscheidung *X/Open Group* aus dem Jahr 1986 anerkannt:

bb) Fall: X/Open Group

Der Kommissionsentscheidung *X/Open Group* lag folgender Sachverhalt zugrunde: Im Jahr 1984 schlossen sich verschiedene Unternehmen aus den Bereichen der Kommunikations- und Informationstechnologie zusammen und gründeten die sog. X/Open Group. Sie wollten das hardwareunabhängige Betriebssystem Unix nutzen, um auf dessen Grundlage eine offene Industrienorm zu schaffen und Kompatibilität zwischen Hardware unterschiedlicher Hersteller und verschiedenen Anwendungsprogrammen herzustellen.[899] Dies sollte durch die Auswahl einer der für Unix bestehenden Schnittstellen geschehen. Durch die Schaffung eines Standards sollte das Volumen der für die Computersysteme der Mitglieder verfügbaren Anwendungen erhöht werden. Der Vertrag zur Gründung der Gruppe wurde neben weiteren Verträgen bei der Kommission 1985 angemeldet und ein Antrag auf Freistellung nach Art. 85 Abs. 3 EWG-Vertrag gestellt.[900]

Die Kommission beanstandete, dass die beschlossenen Schnittstellendefinitionen zwar der Öffentlichkeit zugänglich gemacht werden sollten, Nichtmitglieder allerdings keinen Einfluss auf die Ergebnisse hatten und den Standard auch erst nach seiner Veröffentlichung übernehmen konnten.[901] Den Mitgliedern der X/Open Group hingegen war es möglich, die festgelegte Schnittstelle schon vorher umzusetzen und so in dem Industriezweig der Informationstechnologie, in dem ein zeitlicher Vorsprung entscheidend sein kann, einen erheblichen Wettbewerbsvorteil zu erlangen.[902] Dies hätte aus Sicht der Kommission kein wettbewerbsrelevantes Problem dargestellt,

---

Kommission ein im Rahmen der Abwägung des Art. 101 Abs. 3 AEUV zu berücksichtigender Aspekt sein, vgl. ABl. 2011 C 11/1, Rn. 295, Fn. 2.

898 Horizontalleitlinien 2011, ABl. 2011 C 11/1, Rn. 316. In den Horizontalleitlinien 2001, ABl. 2001, C 3/2, Rn. 169, 172 formulierte die Kommission, dass Beschränkungen bei der Festsetzung von Normen möglich sind, wenn die Vertragspartner nachweisen, dass dies „wirtschaftlich von Nutzen sein" kann. Die Teilnahme an der Normungstätigkeit sollte allen offen stehen, „es sei denn, dass erhebliche Leistungsverluste aufgrund einer umfassenden Teilnahme nachgewiesen werden (...)".

899 Kommission, ABl. 1987 L 35/36, Rn. 9 – X/Open Group.

900 Es sollen hier nicht alle Einzelheiten der Verträge aufgegriffen werden, sondern nur diejenigen, die für die Entscheidung der Kommission sowie den an dieser Stelle maßgeblichen Grundsatz der Teilnahmemöglichkeit der interessierten Kreise entscheidend waren.

901 Kommission, ABl. 1987 L 35/36, Rn. 32 – X/Open Group.

902 Kommission, ABl. 1987 L 35/36, Rn. 32 – X/Open Group.

wenn die Mitgliedschaft in der Gruppe allen Interessenten offen gestanden hätte. Das war allerdings bei der X/Open Group nicht der Fall, der Beitritt zur Gruppe war beschränkt: Laut der Mitgliedervereinbarung mussten die bestehenden Mitglieder per Mehrheitsbeschluss über den Zutritt neuer Bewerber entscheiden. Dabei sollte vor allem berücksichtigt werden, ob der Bewerber ein Unternehmen aus dem Bereich der Informationstechnologie war und seine Erlöse aus diesem Bereich 500 Millionen U.S.-Dollar überstiegen; Bewerber, die dieses Kriterium nicht erfüllten, sollten nur dann als neues Mitglied akzeptiert werden, wenn sie „andere Qualifikationen (...) [hatten], die wesentlich zur Erreichung der Zielsetzung der Gruppe beitragen“ konnten.[903] Die Kommission kritisierte zum einen die geschilderten Zutrittsvoraussetzungen, zum anderen, dass die genannten Kriterien Raum für eine diskriminierende Behandlung der Aufnahmewilligen ließen, da die Kriterien nur „insbesondere“ gelten sollten.[904] Die im Vertrag gewählte Formulierung ließ die diskriminierende Nichtaufnahme von Wettbewerbern sowie die Möglichkeit, Aufnahmeanträge anderer Bewerber ohne sachlichen Grund zu bevorzugen, zu.[905]

Dennoch erteilte die Kommission eine Freistellung. Sie sah die durch die Beschränkung der Mitgliedschaft eintretenden Wettbewerbsbeeinträchtigungen im Rahmen einer Gesamtbilanz der Vor- und Nachteile dadurch ausgeglichen, dass die Ziele der X/Open Group vorsahen, dass „die Ergebnisse der Kooperation soweit und so schnell als möglich“ den übrigen Wettbewerbern zugänglich gemacht werden sollten[906] und es somit bei Konkurrenten nur zu einer minimalen Verzögerung bezüglich der für die Herstellung kompatibler Produkte nötigen Informationen käme.[907] Weiterhin ging die Kommission in der Entscheidung davon aus, dass die Ziele der Kooperation nicht erreicht werden konnten, wenn allen Interessierten der Zugang zur Gruppe offen gestanden hätte. Die Beschränkung des Zutritts insbesondere auf große Hersteller sei unerlässlich gewesen, da nur diese in der Lage seien, „geeignete Mittel aller Art zur Unterstützung der Tätigkeiten der Gruppe zur Verfügung zu stellen“.[908] Auch das Erfordernis des Mehrheitsbeschlusses zur Aufnahme neuer Mitglieder sah die Kommission dadurch gerechtfertigt, dass die Gruppe selbst am besten beurteilen könne, inwieweit die Anzahl der Mitglieder noch eine handhabbare Größe sei, und nicht die Gefahr endloser Diskussionen durch eine (zu) große Anzahl von Mitgliedern bestünde.[909] Da die Kommission die Vorschriften über die Mitgliedschaft zwar als unerlässlich ansah, sie jedoch auch eine Gefahr wahrnahm, dass sie „in unvernünftiger Weise“ angewendet werden

---

903 Kommission, ABl. 1987 L 35/36, Rn. 14 – X/Open Group.
904 Kommission, ABl. 1987 L 35/36, Rn. 34 – X/Open Group.
905 *Schießl*, S. 78.
906 Kommission, ABl. 1987 L 35/36, Rn. 42 – X/Open Group.
907 Kommission, ABl. 1987 L 35/36, Rn. 43 – X/Open Group.
908 Kommission, ABl. 1987 L 35/36, Rn. 45 – X/Open Group.
909 Vgl. Kommission, ABl. 1987 L 35/36, Rn. 45 – X/Open Group.

könnten, legte sie der Gruppe auf, der Kommission jährlich einen Bericht über die Fälle zu übermitteln, bei denen ein Antrag auf Mitgliedschaft abgelehnt wurde.[910]

Anhand dieser Entscheidung lassen sich zwei Aussagen über die Einstellung der Kommission zu Vereinbarungen über Normen bzw. über ihre Handhabung des Grundsatzes der Teilnahmemöglichkeit aller interessierten Kreise treffen: Zum einen fürchtet die Kommission Wettbewerbsbeeinträchtigungen vor allem durch die Ausgestaltung des Standardsetzungsverfahrens sowie der Mitgliedschaftsregeln innerhalb der Normungsorganisation.[911] Zum anderen kommt aus Sicht der Kommission dennoch eine Freistellung vom Kartellverbot in Betracht, wenn die Beitrittsbeschränkungen zum Normungskonsortium unerlässlich sind, um die Funktionsfähigkeit der Gruppe zu erhalten, und von einer nach Abschluss des Normungsverfahrens zeitnahen Veröffentlichung des technischen Standards auszugehen ist. Daran stellt die Kommission – wie aus der Entscheidung X/Open Group entnommen werden kann – keine besonders hohen Anforderungen:

Zu recht zieht die Kommission für ihre Abwägung die aufgrund der entstehenden Kompatibilität zu vermutende wettbewerbsanregende Wirkung des technischen Standards für die Neuentwicklung von Anwendungsprogrammen heran; ebenso besteht in dem Fall für Verbraucher eine größere Auswahlfreiheit sowie die Möglichkeit, Hardware zu wechseln, ohne dass auch die Anwendungsprogramme ausgetauscht werden müssten.[912] Allerdings lässt die Entscheidung der Kommission *X/Open Group* eine Erläuterung vermissen, aufgrund welcher Besonderheiten in diesem Fall eine Beschränkung der Beitrittsmöglichkeit auf besonders große und finanzkräftige Unternehmen erforderlich ist. Die Kommission stützt sich in ihrer Entscheidung allein darauf, dass „praktische und logistische Schwierigkeiten" entstehen und möglicherweise bewirken könnten, dass „geeignete Vorschläge nicht berücksichtigt werden"; nur von großen Unternehmen könne man „normalerweise erwarten, dass sie in der Lage sind, geeignete Mittel aller Art zur Unterstützung der Tätigkeiten der Gruppe zur Verfügung zu stellen".[913] Diese Argumentation lässt sich jedoch auf beinahe jedes Normungskonsortium übertragen. Die Kommission legt somit für die Annahme dieser Voraussetzungen für eine Freistellung einen durchaus großzügigen Maßstab an.[914] Dies ist in der dort praktizierten Allgemeinheit kritisch zu sehen, zumal die Entscheidung über den Beitritt neuer Mitglieder in der Hand der bereits vorhandenen Mitglieder der Gruppe liegt und dabei keinem Verfahren unterliegt, das objektiven Kriterien folgt. Auch wenn die Mitgliedschaft an einer Standardsetzungsorganisation aus Praktikabilitätsgründen ggf. nicht jedem Interessenten offen stehen muss, ist zumindest ein diskriminierungsfreies Verfahren nach Maßgabe objektiver Kriterien erforderlich, um eine Auswahl der neuen

910 Kommission, ABl. 1987 L 35/36, Rn. 52 – X/Open Group.
911 *M. Jakobs*, S. 87.
912 *Roth*, CR 1988, 195, 197.
913 Kommission, ABl. 1987 L 35/36, Rn. 45 – X/Open Group.
914 Vgl. auch *Roth*, CR 1988, 195.

Mitglieder nachvollziehbar zu machen, sachlich zu rechtfertigen und auf diese Weise die kartellrechtlichen Bedenken gegen eine Beschränkung der Beitrittsmöglichkeit auszuräumen. Die Mitgliedsbedingungen müssen also klare, neutrale und objektive Kriterien enthalten; jede Ablehnung einer Mitgliedschaft muss begründet und der ausgeschlossenen Person bzw. dem ausgeschlossenen Unternehmen die Möglichkeit zur Stellungnahme gegeben werden.[915] Dies hat auch die Kommission in der Entscheidung *Schiffsklassifikation*[916] konkretisiert:

cc) Fall: Schiffsklassifikation

Die Entscheidung *Schiffsklassifikation* der Kommission richtete sich an den Internationalen Verband der Klassifikationsgesellschaften (International Association of Classification Societies) sowie die International Association of Classification Societies Limited (zusammenfassend IACS). Eine Klassifikationsgesellschaft gibt im Bereich des Schiffsbaus technische Regeln heraus anhand derer sie später die Seetüchtigkeit eines Schiffes beurteilt und in eine sog. Klasse einstuft. Diese Klasse spielt bei der Schiffs- und Ladeversicherung sowie beim Handel mit Schiffen eine Rolle. Zudem können viele Häfen nicht von Schiffen angelaufen werden, die nicht von einem IACS-Mitglied klassifiziert worden sind.[917] Bei den von IACS herausgegebenen „Vorschriften und Verfahren" zur Klassifizierung von Schiffen handelt es sich somit um Industrienormen.[918]

Eine vorläufige Beurteilung durch die Kommission betraf das Verhalten von IACS gegenüber dritten Klassifikationsgesellschaften, die (noch) kein IACS-Mitglied waren. Als problematisch sah die Kommission insofern zwei Punkte an: Zum einen die Kriterien und Verfahren zur Aufnahme neuer Mitglieder; zum anderen, dass Klassifikationsgesellschaften, die nicht Mitglied in der IACS waren, nicht an den Arbeitsgruppen der IACS teilnehmen konnten und somit auch keinen Zugang zu technischen Hintergrundinformationen hatten. Solches Verhalten konnte den Eintritt neuer Teilnehmer in den Markt für Schiffsklassifikationen verhindern und zur Abschottung des Marktes führen. Aufgrund der großen Bedeutung der IACS-Vorschriften und Verfahren auf dem Markt für Schiffsklassifikationsdienste (für Versicherbarkeit, Handel, Anlaufen bestimmter Häfen etc.), vertrat die Kommission (vorläufig) die Auffassung, dass die beschriebene beschränkte Teilnahmemöglichkeit zu Wettbewerbsbeschränkungen und zur Unvereinbarkeit mit Art. 81 Abs. 1 EG-Vertrag führte.[919] Insbesondere hatte es die IACS versäumt, Zugangsbedingungen zu erlassen, die die Mitgliedschaft nach objektiven und nicht diskriminierenden

915 Vgl. z.B. ETSI, Guidelines for Antitrust Compliance, B.2.5 und C.1.1.
916 Kommission, ABl. 2010 C 2/5 – Schiffsklassifikation (Zusammenfassung).
917 Vgl. Kommission, Entscheidung v. 14.10.2009, 39416, Rn. 12c – Schiffsklassifikation.
918 Kommission, Entscheidung v. 14.10.2009, 39416, Rn. 12h – Schiffsklassifikation.
919 Kommission, Entscheidung v. 14.10.2009, 39416, Rn. 13 – Schiffsklassifikation.

Kriterien regelten und überprüfbar machten sowie auch Nichtmitgliedern die Teilnahme an der Erarbeitung der Standards ermöglichten.[920]

Aufgrund dieser vorläufigen Beurteilung der Kommission kam es zu einer Verpflichtungszusage seitens der IACS. Sie stellte Kriterien auf, bei deren Erfüllung ein Antragsteller ohne weitere Ermessensentscheidungen der Association die IACS-Mitgliedschaft (zunächst ohne Stimmrechte, nach drei Jahren bei Erfüllung eines weiteren Kriteriums automatisch jedoch mit vollen Stimmrechten) erhielt.[921] Zudem sollte mittels eines Online-Forums Nichtmitgliedern die Möglichkeit geboten werden, das Arbeitsprogramm von IACS zu kommentieren und sich mit anderen Klassifikationsgesellschaften darüber auszutauschen, sowie sich mit eigenen Mitarbeitern an den Arbeitsgruppen der IACS zu beteiligen, ohne jedoch ein Stimmrecht zu haben.[922] Auch verpflichtete sich die IACS technische Hintergrundinformationen zeitgleich mit der Mitteilung an die eigenen Mitglieder zu veröffentlichen.[923] Gegen alle Entscheidungen hinsichtlich des Beitritts ebenso wie hinsichtlich der Information und Teilnahme von Nichtmitgliedern sollte die Anrufung eines unabhängigen Ausschusses möglich sein.[924] Diese Zusagen konnten die Bedenken der Kommission ausräumen und sie erklärte sie für fünf Jahre für verbindlich; sie schaffen einen angemessenen Ausgleich zwischen den anspruchsvollen Anforderungen an die Mitgliedschaft und verhindern, dass die Effektivität der Arbeit durch zu milde Mitgliedschaftskriterien beeinträchtigt würde.[925] Zudem gewährleisten sie, dass auch Nichtmitglieder an der Entwicklung und dem Ergebnis des Normungsprozesses teilhaben können.[926]

Die Entscheidung *Schiffsklassifikation* bestätigt, dass es kartellrechtlich zulässig ist, die Mitgliedschaft in einer Standardisierungsorganisation von durchaus strengen Vorgaben abhängig zu machen. Allerdings muss es sich dabei um rein sachliche Kriterien handeln, die für ein effektives Handeln der Standardisierungskooperation notwendig erscheinen. So sah die Aufnahme in die IACS z.B. den Nachweis der fachlichen Fähigkeiten der Aufnahmewilligen eigene Klassifikationsvorschriften in englischer Sprache zu entwickeln, die Besichtigung der im Bau befindlichen und aktiven Schiffe nach den Anforderungen der Internationalen Schifffahrtsorganisation vorzunehmen, ausreichend Personal auch für die Mitarbeit in der IACS zur Verfügung stellen zu können etc. vor.[927] Alle Kriterien sind objektiviert und lassen keinen Spielraum, der zur diskriminierenden Behandlung einzelner Bewerber

920 Kommission, Entscheidung v. 14.10.2009, 39416, Rn. 14 – Schiffsklassifikation; siehe auch *Emanuelson*, E.C.L.R. 2012, Issue 2, 69, 71.
921 Vgl. Kommission, Entscheidung v. 14.10.2009, 39416, Rn. 18f. – Schiffsklassifikation.
922 Kommission, Entscheidung v. 14.10.2009, 39416, Rn. 23f. – Schiffsklassifikation.
923 Kommission, Entscheidung v. 14.10.2009, 39416, Rn. 25 – Schiffsklassifikation.
924 Kommission, Entscheidung v. 14.10.2009, 39416, Rn. 21, 24 – Schiffsklassifikation.
925 Kommission, Entscheidung v. 14.10.2009, 39416, Rn. 36 – Schiffsklassifikation.
926 Kommission, Entscheidung v. 14.10.2009, 39416, Rn. 37f. – Schiffsklassifikation.
927 Kommission, Entscheidung v. 14.10.2009, 39416, Rn. 18 – Schiffsklassifikation.

führen könnte. Zudem ist gegen die Entscheidungen die Überprüfungsmöglichkeit durch einen unabhängigen Ausschuss vorgesehen.

e) *„Ausgleich" für Beschränkungen*

Festzuhalten ist, dass die Verfahrensregeln einer Normungsorganisation die Beschränkung der Teilnahmemöglichkeit der interessierten Kreise vorsehen können, ohne dass in jedem Fall ein Verstoß gegen das Europäische Kartellverbot vorliegen muss. Allerdings müssen die Beitrittsbeschränkungen zur Erreichung der Ziele der Standardisierungsorganisation unentbehrlich sein sowie durch weitere Verfahrensvorgaben „ausgeglichen" werden, die die wettbewerbsbeschränkenden Auswirkungen der Teilnahmebeschränkungen entschärfen. Auch die Kommission deutet in den Horizontalleitlinien an, dass ein Ausgleich der negativen Auswirkungen einer eingeschränkten Mitwirkungsmöglichkeit erforderlich ist.[928] Als Ausgleichsmechanismen sind verschiedene Alternativen denkbar:

1. Zügige Offenlegung der Arbeitsergebnisse nach Abschluss des Normungsverfahrens
2. Transparenz des Normungsverfahrens
3. Verfahren zur kollektiven Interessenvertretung

aa) Zügige Offenlegung der Arbeitsergebnisse nach Abschluss des Normungsverfahrens

Wichtiger Ausgleich für die Beschränkung der Teilnahmemöglichkeit ist zunächst, dass die im entsprechenden Standardisierungsverfahren entwickelten technischen Normen nach Abschluss des Verfahrens unverzüglich der Öffentlichkeit und damit den von der Standarderarbeitung ausgeschlossenen Interessenten zugänglich gemacht werden. Um den Wettbewerb zu schützen, ist eine demokratische Teilhabe und Abstimmung am Standardisierungsprozess nicht zwingend erforderlich; es kann ausreichen, dass die relevanten Informationen den Wettbewerbern zeitnah zur Verfügung stehen.[929] Nur auf diese Weise kann verhindert werden, dass es zu einem möglicherweise uneinholbaren Wettbewerbsvorteil der an der Standardisierung Beteiligten gegenüber Nichtbeteiligten und einer Abschottung des Marktes kommt. Würde nach Abschluss des Standardisierungsverfahrens die technische Norm für einen längeren Zeitraum allein den Mitgliedern der Standardisierungsorganisation bekannt und zugänglich sein, so könnten diese bereits ihre Produkte auf den Standard einstellen bzw. diesem anpassen und den Marktzutritt für Nichtteilnehmer erheblich verzögern, erschweren oder durch Wissens- und Umsetzungsvorsprünge ggf. sogar ganz verschließen. Eine unverzügliche Offenlegung der Arbeitsergebnisse

928 Horizontalleitlinien 2011, ABl. 2011 C 11/1, Rn. 295.

929 Vgl. auch *MacKie-Mason/Netz*, in: Greenstein/Stango, Standards and Public Policy, S. 231, 240, Fn. 10.

kann einen Vorsprung der an der Standardisierung Teilnehmenden zwar nicht ganz verhindern, ihn jedoch auf ein Minimum reduzieren.

bb) Transparenz des Normungsverfahrens

Da Wettbewerbsbeschränkungen aber auch dadurch eintreten oder verstärkt werden können, dass Mitglieder einer Standardisierungsorganisation bereits während der Erarbeitung einer Norm einen Vorsprung an technischem Wissen gegenüber Nichtmitgliedern erlangen und sich bereits zu diesem Zeitpunkt und damit früher als Nichtmitglieder auf den Standard einstellen können, reicht es häufig nicht, dass „als Ergebnis des Standardisierungsverfahrens ein offener Standard steht", sondern auch das Verfahren selbst muss offen und transparent sein.[930] Die wettbewerbsbeschränkenden Auswirkungen von Beitrittsbeschränkungen können dadurch verringert werden, dass die nicht zur Normungsorganisation zugelassenen Wettbewerber noch während des Normungsverfahrens über den Stand der Arbeiten informiert und dazu konsultiert werden.[931] Die Kommission stellt die Wichtigkeit eines transparenten Verfahrens auch dadurch heraus, dass sie in den Horizontalleitlinien 2011 zwei Beispielsfälle bildet und analysiert, in denen die Zulässigkeit der Normenvereinbarung maßgeblich davon abhängt, ob der Normungsprozess eine offene Konsultation mit der Möglichkeit zur Stellungnahme zu Normenentwürfen vorsah.[932] Von einem transparenten Verfahren kann man dann sprechen, wenn es den interessierten Kreisen möglich macht, „sich über anstehende, laufende oder abgeschlossene Normungsarbeit zu informieren".[933]

Dies wird in den untersuchten Standardisierungsorganisationen schon weitgehend umgesetzt. So sehen die unter Kap. 1. C. beschriebenen Verfahren des DIN, CEN, ETSI sowie der ISO die Veröffentlichung vorläufiger Arbeitsergebnisse und die Möglichkeit zur Stellungnahme der Öffentlichkeit je nach Standardisierungsorganisation innerhalb von üblicherweise vier bis fünf Monaten vor. Im Anschluss daran beraten die entsprechenden Normungsgremien erneut über den Standard unter Berücksichtigung der eingegangenen Stellungnahmen. Als besonders positiv hervorzuheben ist insoweit das Verfahren des W3C, das in verschiedenen Phasen der Normungsarbeit die Entwürfe der Öffentlichkeit zugänglich macht, um frühzeitig und flexibel auf die eingehenden Vorschläge reagieren und sie in der weiteren Entwicklung berücksichtigen zu können.

Umso häufiger eine Information der Öffentlichkeit über (Zwischen-)Ergebnisse des Normungsprozesses durchgeführt und die Möglichkeit zur Stellungnahme geboten wird, desto weniger wirken sich etwaige Beitrittsbeschränkungen aus, denn bei hoher Frequenz der Veröffentlichungen verschiedener Entwürfe sinkt der

---

930 *Koenig/Neumann*, WuW 2003, 1138, 1143 m.V.a. *Köhler*, K&R 2000, 569, 578. Siehe auch *Koenig/Kulenkampff/Kühling/Loetz/Smit*, S. 311.

931 ABl. 2011 C 11/1, Rn. 295.

932 ABl. 2011 C 11/1, Rn. 331f.

933 ABl. 2011 C 11/1, Rn. 282.

Informationsabstand zwischen Mitgliedern der Normungsorganisation und Nichtmitgliedern. Standardisierungsorganisationen sollten ihre Verfahren also daraufhin überprüfen, ob nicht eine häufigere Veröffentlichung auch von Zwischenergebnissen möglich ist, ohne dass es zu starken Verzögerungen im Normungsprozess kommt.

Allein die Information der Öffentlichkeit ist jedoch nicht ausreichend. Für Nichtmitglieder muss zudem die Möglichkeit bestehen, eigene Ideen und Vorschläge in den Entscheidungsfindungsprozess einzubringen.[934] Dazu schlagen *Walther* und *Baumgartner* zwei Wege vor: Zum einen eine Art „informelle Mitgliedschaft", durch die Dritte das Recht erhalten, vor einer Entscheidung über einen neuen Standard gehört zu werden. Zum anderen die Einrichtung einer zentralen Stelle bei der Standardisierungsorganisation, die die eingehenden Kommentare Dritter sammelt, ggf. filtert und dann an die Mitglieder der Organisation weiterleitet.[935] Besonders bei Standardisierungsorganisationen mit großer Mitgliederzahl scheint die Zwischenschaltung einer „Sammelstelle" zielführend, um nicht den Standardisierungsprozess durch die Behandlung einer großen Anzahl einzelner Eingaben durch das über den Standard entscheidende Gremium in die Länge zu ziehen.

cc) Verfahren zur kollektiven Interessenvertretung

Die Kommission geht in den Horizontalleitlinien 2011 auf einen weiteren Grund ein, wann ausnahmsweise die Beschränkung der Beitrittsmöglichkeit zu einer Normungsorganisation möglich sein soll; namentlich, wenn die Parteien nachweisen, dass eine Beteiligung aller am Normungsprozess ineffizient wäre oder „anerkannte Verfahren für die kollektive Interessenvertretung vorgesehen [sind]".[936] Die Interessen der von der Beteiligung Ausgeschlossenen müssen somit auf andere Weise im Normungsprozess vertreten werden. Allerdings macht die Kommission keine Ausführungen dazu, wie nach ihrer Auffassung ein solches Verfahren aussehen könnte.[937]

Eine Möglichkeit ist die bereits oben unter Kap. 2. B. II. 1. e) bb) dargestellte Transparenz des Normungsverfahrens, bei der auch gewährleistet wird, dass während des laufenden Prozesses die nicht unmittelbar an der Erarbeitung Beteiligten über den aktuellen Stand und Fortgang informiert werden und selbst zu bestimmten Fragen Anregungen in das Normungsverfahren einbringen können. Ein Normungsverfahren, das diese Möglichkeiten vorsieht, stellt sicher, dass auch die Interessen derjenigen Eingang in das Verfahren finden können, die selbst nicht an der eigentlichen Normungsarbeit beteiligt sind.

---

934 *Walther/Baumgartner*, WuW 2008, 158, 163.

935 *Walther/Baumgartner*, WuW 2008, 158, 163.

936 ABl. 2011 C 11/1, Rn. 316. So auch bereits Horizontalleitlinien 2001, ABl. 2001 C 3/2, Rn. 172.

937 Auch der Entwurf der Horizontalleitlinien 2011 sprach nur von einem „offenen und transparenten Verfahren" (vgl. Horizontalleitlinien-E 2011, Rn. 277, 307) und kann somit keine weiteren Auslegungshilfen bieten.

Als weitere Möglichkeit wird die Hinzuziehung externer Berater vorgeschlagen.[938] Der Grundgedanke erscheint zunächst gut nachvollziehbar, da externe Berater nicht bestimmte Interessengruppen vertreten sollen, sondern eine unabhängige Instanz darstellen, die die Interessen aller im Auge behält. Schwierigkeiten dürfte es jedoch aufwerfen, tatsächlich *unabhängige* Berater zu finden. Da die Teilnahme an einer Standardisierungsorganisation aus Sicht der Organisation ehrenamtlich erfolgt und somit eine anderweitige Finanzierung erfordert, wird man wohl keineswegs von einer völligen Unabhängigkeit der Berater von jeglichen Interessengruppen ausgehen können. Sollte die Möglichkeit einer Finanzierung durch die Standardisierungsorganisation selbst geschaffen werden, bleiben entsprechende Probleme im Rahmen der Auswahl der Berater bestehen. Wer, wenn nicht die Mitglieder der Standardisierungsorganisation, sollte für die Auswahl der Berater zuständig sein? Dann ergäbe sich aber wiederum eine Situation, in der eher die großen Akteure ihre Interessen durchsetzen und Berater auswählen könnten, die besonders ihren eigenen Interessen nahe stehen.

f) Die Stellung der Mitglieder in der Standardisierungsorganisation

Nicht nur die dargestellten ausdrücklichen Beschränkungen des Mitgliederkreises oder faktischen Zugangshindernisse insbesondere für KMU und Verbraucherorganisationen können die Teilnahmemöglichkeit der interessierten Kreise einschränken. Auch eine Hierarchie innerhalb der Mitglieder einer Standardisierungsorganisation sowie die für die Teilnahme an der Standardisierungstätigkeit oder für den Erwerb der Normen anfallenden Kosten können unter Umständen zu ähnlichen Wirkungen führen:

aa) Mitgliederhierarchie

Um von einer echten Teilnahmemöglichkeit sprechen zu können, muss diese nicht nur die Möglichkeit umfassen, Mitglied der Standardisierungsorganisation zu werden, d.h. der Festlegung der Norm beizuwohnen; auch die inhaltliche Mitgestaltung muss davon umfasst sein. Die Teilnahmemöglichkeit muss also grundsätzlich auch die Möglichkeit beinhalten, den technischen Standard durch Stimmrechte inhaltlich beeinflussen zu können. Stellt es somit aus Sicht des Kartellrechts ein Problem dar, dass fast alle Standardisierungsorganisationen Mitgliederkategorien vorsehen, bei denen bestimmte Teilnehmer lediglich als Beobachter bzw. Observer (ETSI und ISO), als Affiliate (CEN) oder als Correspondent oder Subscriber Member (ISO) an Gremiensitzungen teilnehmen können, ohne Stimmrechte zu haben? Dass Mitglieder dieser Kategorien ggf. zwar Vorschläge oder Anregungen in den Standardisierungsprozess einbringen können, jedoch keinerlei Entscheidungsbefugnisse bezüglich

938 *Walther/Baumgartner*, WuW 2008, 158, 163 m.V.a. die Technologietransfer-Leitlinien, Rn. 232f.

der Festlegung des Standards haben? Oder dass sie ggf. nicht einmal Zugang zu denselben standardrelevanten Dokumenten erhalten wie Vollmitglieder?

Der Grundsatz der (unbeschränkten) Teilnahmemöglichkeit bedeutet nicht, dass eine Standardisierungsorganisation keine unterschiedlichen Mitgliederkategorien bilden dürfte; allerdings müssen die einzelnen Kategorien allen Mitgliedern diskriminierungsfrei und in transparenter Weise offenstehen. Andernfalls kann es zu internen Wettbewerbsbeschränkungen kommen, da die Handlungsfreiheit der Mitgliedsunternehmen eingeschränkt wird.[939] *Ob* ein Teilnehmer sich an Abstimmungen beteiligen darf und *welches Gewicht* seine Stimme hat, muss durch diskriminierungsfreie und transparente Regeln der Normungsorganisation entschieden werden. Auch innerhalb der Mitgliederkategorien mit Stimmrechten ist darauf zu achten, dass keine Bevorzugung Einzelner durch die Zuweisung vieler Stimmen stattfindet und das Stimmrecht Anderer auf diese Weise praktisch entwertet wird. So sind z.B. trotz der durchaus unterschiedlichen Stimmverteilung im ETSI bei einer „weighted national“ Abstimmung über eine Europäische Norm – einige Nationen haben nur 3 Stimmen, andere bis zu 29 – Alleingänge einzelner Staaten kaum zu befürchten, da für eine Blockade einer Europäischen Norm bei einer Gesamtsumme der Stimmen von 427 mindestens die vier stimmgewichtigsten Länder und ein weiteres mit mindestens zehn Stimmen erforderlich ist, während zur Durchsetzung einer Europäischen Norm mindestens 18 Nationen für die Annahme stimmen müssen.[940]

939 *Koenig/Neumann*, WuW 2009, 382, 390. Vgl. auch *Koenig/Neumann*, WuW 2003, 1138, 1146f.

940 Eine detaillierte Beschreibung (jedoch auf eine Summe von 423 Stimmen bezogen) ist zu finden bei *Wolfrum*, S. 218. Allerdings wird das Abstimmungssystem des ETSI im Rahmen eines „weighted individual voting“, was z.B. bei Abstimmungen über ETSI Standards (ES) zum Tragen kommt, teilweise als Schieflage zugunsten großer Unternehmen empfunden, da diese bis zu 45 Stimmen erhalten können, kleine Unternehmen, Verbrauchereinrichtungen oder universitäre Forschungsstellen jedoch nur eine Stimme (Annex 2 der Geschäftsordnung von ETSI), vgl. *Mariniello*, Bruegel Working Paper, 2013/01, 1, 11; ebenso *Grindley/Salant/Waverman*, International Journal of Communications Law and Policy 1999, Issue 3, 1, 13ff. Eine Gewichtung der Stimmen kann zwar dadurch gerechtfertigt werden, dass es größeren Unternehmen, die dem ES ggf. effektiver zur Durchsetzung verhelfen können, möglich sein muss, stärker auf ihn Einfluss zu nehmen. Allerdings sollte man die gewichtete Stimmabgabe nach Auffassung von *Grindley/Salant/Waverman* (International Journal of Communications Law and Policy 1999, Issue 3, 1, 21) zumindest in Fällen überdenken, in denen ein ES auf Grundlage einer bereits bestehenden Norm entwickelt werden soll. Wenn die Stimmverteilung auch in diesen Fällen von der Größe und damit mittelbar vom Marktanteil der Unternehmen abhinge, sei es für marktstarke Unternehmen ggf. ein Leichtes, ihre bereits existierende dominante Position bzgl. des bestehenden ES zu verwenden, um diese auch für den neu zu entwickelnden ES zu übernehmen. Auch wenn dieser Grundgedanke einleuchtet, ist schon die Entscheidung, ob ein neuer ES auf einem Vorgänger beruht und damit ggf. rückwärtskompatibel (d.h. dass bestehende standardisierte

Eine offene Teilnahmemöglichkeit bedeutet zudem auch, dass zu einem sehr frühen Zeitpunkt des Standardisierungsprozesses noch nicht alle wichtigen Entscheidungen getroffen sein dürfen, sodass die später zur Organisation Hinzutretenden faktisch keine Möglichkeit mehr haben, die grundlegenden Entscheidungen des technischen Standards mitzubestimmen. *Koenig* und *Spiekermann* bezeichnen dies als die Gefahr einer „Predefinition" des Standards.[941] Werden z.B. durch die Gründungsmitglieder einer Standardisierungsorganisation bereits in einem ersten Stadium die wichtigsten Entscheidungen hinsichtlich des Standards abschließend getroffen, so haben die später hinzutretenden Teilnehmer formell zwar dieselbe Position und Rechte wie die Gründungsmitglieder, faktisch sind sie jedoch hinsichtlich der Standardentwicklung Mitglieder „zweiter Klasse", da sie eben nicht (mehr) über grundlegende Entscheidungen mitbestimmen können. Allerdings wird es schwierig sein, abstrakt einen frühesten Zeitpunkt für die Festlegung grundlegender Entscheidungen zu bestimmen. Um in der Standardentwicklung voran zu schreiten, müssen irgendwann – gerade wenn es um Standards in sich schnell entwickelnden Technologiebereichen geht, möglichst frühzeitig – entscheidende Festlegungen getroffen werden. Allerdings muss zumindest eine gewisse Zeitspanne abgewartet werden, in der Interessenten die Möglichkeit haben, der Standardisierungsorganisation beizutreten und auch an diesen grundlegenden Entscheidungen teilzunehmen.

bb) Kosten

Neben einer diskriminierenden Mitgliederhierarchie können auch die für die Entwicklung oder Nutzung eines Standards anfallenden Kosten mittelbare Barrieren darstellen, die bestimmte Interessengruppen faktisch an der Teilnahme an einem Normungsprozess hindern können. Somit darf es auch insoweit nicht zu Diskriminierungen kommen.

aaa) Mitgliedsbeiträge

Von einer Diskriminierung ist einerseits dann auszugehen, wenn wesentlich Gleiches ungleich behandelt wird, d.h. wenn „gleichartige Unternehmen hinsichtlich der Bedingungen der Mitgliedschaft ohne sachlichen Grund unterschiedlich behandelt werden".[942] Andererseits ist es aber auch diskriminierend, wenn Ungleiches gleich behandelt wird, d.h. wenn nach ihren Voraussetzungen und ihrer Struktur völlig unterschiedliche Bewerber exakt dieselben Mitgliedschaftsbedingungen erfüllen

---

Produkte auch noch in Verbindung mit dem neuen Standard genutzt werden können und nicht sofort veralten) ist, oder ob eine völlig neue Technologie Standard werden soll, eine inhaltliche Frage, sodass nach den genannten Kriterien eine Grenzziehung zwischen der Zulässigkeit gewichteter Stimmabgaben und deren Unzulässigkeit nicht möglich erscheint.

941 Vgl. *Koenig/Spiekermann*, European Competition Law Review 2010, Issue 11, 449, 455.

942 *Koenig/Neumann*, WuW 2009, 382, 388. Allgemein bereits BVerfGE 1, 14, 51.

müssen. Ein solcher Fall läge z.B. vor, wenn KMU Mitgliedsbeiträge in derselben Höhe zu entrichten hätten, wie große Unternehmen.[943] Dabei ist zudem zu beachten, dass finanzschwächere Bewerber trotz Entrichtung eines geringeren Mitgliedsbeitrages auch in die Lage versetzt werden müssen, auf die Normungstätigkeit einzuwirken; d.h. es läge auch dann eine Diskriminierung vor, wenn z.B. ein kleines oder mittelständisches Unternehmen zwar einen geringeren Mitgliedsbeitrag entrichten müsste, in der Folge aber auch nur einen Beobachterstatus ohne Mitbestimmungsbefugnisse inne hätte.

Kritisch sind insoweit die Regelungen der TCG zu sehen: Damit Unternehmen in Abstimmungen einen Einfluss auf die Standardentwicklung haben können, müssen sie mindestens der Kategorie der Contributor angehören. Denn Adopter – zur Mitgliedschaft als Adopter würde bei kleinen Unternehmen mit weniger als 100 Beschäftigten schon ein Jahresbeitrag von 1.000 USD/2.500 USD[944] genügen – haben keinerlei Stimmrechte in den Arbeitsgruppen. Zwar sind auch in den anderen untersuchten Standardisierungsorganisationen durchaus Mitgliederkategorien ohne Stimmrechte vorgesehen; allerdings ist z.B. beim ETSI für KMU der Status als Vollmitglied bereits für 6.000 Euro jährlich zu erreichen (und damit „nur" 2.000 Euro teuer als die Mitgliedschaft als Observer für jährlich 4.000 Euro). Bei der TCG sind hingegen für eine Mitgliedschaft als Adopter, also als Mitglied ohne Stimmrechte 7.500/8.250 USD bzw. für Unternehmen mit weniger als 100 Beschäftigten 1.000/2.500 USD zu entrichten, während 15.000/16.500 USD jährlich für eine Mitgliedschaft als Contributor anfallen; Ermäßigungen für KMU sind bei dieser Kategorie nicht vorgesehen. Der Betrag von 15.000/16.500 USD erreicht eine Höhe, die für KMU wohl kaum zu stemmen sein wird, sodass sie keine Möglichkeit haben, stimmberechtigt an der TCG teilzunehmen.[945] Alle anderen untersuchten Standardisierungsorganisationen sehen hingegen gestaffelte Beitragssätze vor. Kriterien sind dabei u.a. die Kategorie des Beitretenden (ob es sich um Wirtschaftsunternehmen, non-profit Organisationen, Regierungsbehörden, Forschungseinrichtungen etc. handelt), die Größe des beitretenden Unternehmens bzw. der beitretenden Organisation und das Land seines/ihres Sitzes. Die relative Höhe der Mitgliedsbeiträge scheint somit in den meisten Fällen kein Problem darzustellen.

Auch aus der von der Kommission durchgeführten öffentlichen Konsultation über das europäische Standardisierungssystem hat sich nicht ergeben, dass die absolute Höhe der Mitgliedsbeiträge interessierte Unternehmen grds. von der Teilnahme am Standardisierungsprozess abschrecken würde. Die Hauptprobleme wurden vielmehr in dem Mangel an Wissen über die Wichtigkeit des Standardisierungsprozesses, in

943 Siehe auch *Koenig/Neumann*, WuW 2009, 382, 388 m.V.a. *Koenig/Neumann*, WuW 2003, 1138, 1146; zustimmend *Walther/Baumgartner*, WuW 2008, 158, 162, Fn. 34.

944 Zu den sich widersprechenden Angaben der TCG bzgl. der Höhe der Beiträge siehe oben Fn. 373.

945 Kritisch auch *Burghartz*, S. 87f., Fn. 300 sowie *Koenig/Neumann*, MMR 2003, 695, 699.

der Komplexität und technischen Sprache der Standards (siehe oben Kap. 2. B. II. 1. b)) sowie in den Kosten für den Erwerb der Normen gesehen (siehe unten Kap. 2. B. II. 4. a)). Eine weitere Senkung der Mitgliedsbeiträge dürfte somit bei den meisten der untersuchten Organisationen nicht zwingend erforderlich sein, um bisher unterrepräsentierten Gruppen die Teilnahme am Normungsprozess zu erleichtern.[946] Sollte jedoch die Höhe der Mitgliedsbeiträge einiger Normungskonsortien implizieren, dass nur wenige große Unternehmen in der Lage sind, diese zu entrichten und am Standardisierungsprozess teilzunehmen, sodass insbesondere KMU und Verbraucherverbände mit nicht ausreichenden finanziellen Mitteln ausgeschlossen wären,[947] würde dies eine unzulässige Diskriminierung darstellen, die mit dem Grundsatz der Teilnahmemöglichkeit aller interessierten Kreise nicht zu vereinbaren wäre.

bbb) Sitzgelder

Von den Mitgliedsbeiträgen sind Sitzgelder zu unterscheiden. Z.B. können die Normenausschüsse des DIN gemäß dem Präsidialbeschluss 10/1997 einen Kostenbeitrag pro Mitarbeiter und Ausschuss erheben. Dieser Beitrag dient u.a. dazu, die Kosten des DIN für die Durchführung von Sitzungen und die Bereitstellungen von Arbeitsunterlagen und -materialien zu decken.[948] Auch soll durch das Sitzgeld denjenigen ein Beitrag zur Normungsarbeit abverlangt werden, die andernfalls keinen solchen leisten würden, wenn sie als „Gast" an einem bestimmten Normungsvorhaben teilnehmen. Die Anpassungsmöglichkeit der Höhe der Sitzgelder durch den jeweiligen Normenausschuss an den konkreten Bedarf darf jedoch nicht dazu führen, dass Mitglieder des DIN, die durch ihren Mitgliedsbeitrag bereits die Standardisierungsarbeit finanziell fördern, in unverhältnismäßiger Weise doppelt belastet werden und ggf. KMU oder non-profit Organisationen, die Mitglieder der Standardisierungsorganisation sind, die Partizipation an der tatsächlichen Normungsarbeit über den Umweg (hoher) Sitzgelder doch noch unmöglich gemacht wird.

ccc) Kosten für den Erwerb von Normen

Auch (zu hohe) Kosten für den Erwerb der Normen können insbesondere für KMU Hürden für die Anwendung des technischen Standards darstellen. Da es sich bei diesen Kosten jedoch vorwiegend um Zugangshindernisse zur endgültigen Norm und nicht um eine Frage der Teilnahmemöglichkeit am Normungsprozess handelt, werden sie ausführlicher unten unter Kap. 2. B. II. 4. a) besprochen.

---

946 *Krechmer*, Open Standards Requirements, 2005, S. 15, verfügbar unter: http://www.csrstds.com/openstds.pdf (abgerufen am 09.03.2016) schlägt eine auf einzelne Sitzungen begrenzte Teilnahmemöglichkeit gegen geringeres Entgelt vor. Ob dies für Standardisierungsorganisationen nicht einen unverhältnismäßigen Verwaltungsaufwand entstehen lässt, lässt sich hier nicht beurteilen.

947 Vgl. auch *K. Jakobs*, S. 16.

948 Vgl. DIN – Finanzierung der Normung, S. 10.

g) *Zusammenfassung und Bewertung*

Es könnte als ein gewisser Widerspruch gewertet werden, dass einerseits Unternehmen ermutigt werden, an technischer Standardsetzung teilzunehmen, indem die vielen Vorteile eines Standards und der Einflussnahme auf diesen für das Unternehmen hervorgehoben werden. Wenn die Unternehmen den Standardisierungsprozess dann aber möglichst weitreichend zu ihren eigenen Gunsten (aus)nutzen wollen, soll dies andererseits in vielen Fällen nicht zulässig sein. Insofern gilt jedoch, dass die gesamtwirtschaftlichen Effizienzvorteile in einem technischen Standard liegen, der das Ergebnis eines fairen Prozesses darstellt. Für alle Normungsorganisationen und -konsortien gilt folglich das Prinzip, dass grundsätzlich die Teilnahme an der Normungsarbeit allen interessierten Kreisen offen stehen muss, damit kartellrechtliche Bedenken möglichst gering gehalten werden. Denn die Gefahr der Marktabschottung ist dann besonders hoch, wenn nicht alle Akteure am Normungsprozess teilhaben können und ihnen so die Möglichkeit zur Einflussnahme und Wahrung ihrer Interessen verwehrt bleibt.[949] Zudem kann die effizienzsteigernde Wirkung von technischen Normen, die Voraussetzung einer Freistellung nach Art. 101 Abs. 3 AEUV ist, nur dann eintreten, wenn der Standard auf dem entsprechenden Markt eine breite Akzeptanz und Durchsetzung erfährt. Voraussetzung dafür ist wiederum, dass ein erheblicher Teil der Marktteilnehmer und sonstigen Interessierten an der Normsetzung teilnehmen kann.

Allerdings sind bezüglich einiger Interessengruppen bei der Umsetzung dieses Grundsatzes noch Defizite zu erkennen. Als unterrepräsentierte Gruppen sind insbesondere KMU sowie Verbraucher(-organisationen) zu nennen. KMU fehlt es häufig an personellen und finanziellen Ressourcen, um effektiv an der zeitaufwendigen Normungsarbeit teilnehmen zu können. Beide auf europäischer Ebene praktizierten Mitgliedermodelle der verschiedenen Standardisierungsorganisationen (Modell der nationalen Repräsentation und Modell der unmittelbaren Beteiligung von Unternehmen und Interessengruppen) haben für die Beteiligungsmöglichkeit von KMU jeweils Vor- und Nachteile, sodass keinem der beiden insoweit ein Vorrang gegeben werden kann. Eine Stärkung der Interessenvertretung von KMU ist somit durch eine Kombination verschiedener Maßnahmen am erfolgversprechendsten: Bei Organisationen, die eine unmittelbare Beteiligung von Unternehmen vorsehen (wie das ETSI), kann eine finanzielle Unterstützung von KMU die Belastung durch Reise- und Zeitaufwand für ihre Vertreter mildern und zur stärkeren Beteiligung von KMU im Normungsprozess beitragen. Auch Web- oder Telefonkonferenzen statt persönlicher Teilnahme an Sitzungen können die Kosten erheblich senken. In Standardisierungsorganisationen, die das Prinzip der nationalen Repräsentation verfolgen, müssen die Interessen von KMU bereits auf nationaler Ebene verstärkt in die Normungsarbeit eingebracht werden, damit KMU über die nationalen Spiegelgremien einflussreicher an der europäischen Normung partizipieren können. Dies

949 Vgl. *M. Jakobs*, S. 67 m.V.a. Kommission, ABl. 1989 L 36/16, Rn. 42f. – einheitliche Eurocheques.

kann zum einen durch verbesserte Information der KMU selbst über den Nutzen und die Wichtigkeit technischer Normung geschehen, sodass KMU sich auf nationaler Ebene stärker in der Standardisierungsarbeit engagieren und ihre Interessen vermehrt in die Spiegelgremien einbringen. Zum anderen ist die Aufmerksamkeit der in der Standardisierung tätigen Personen immer wieder auf die Belange von KMU zu lenken, sodass sie bei der Normerarbeitung in inhaltlicher sowie in formeller Hinsicht (Gestaltung, Verständlichkeit des technischen Standards) auf die Interessen von KMU Rücksicht nehmen.

Auch für die stärkere eigenständige Beteiligung von Verbrauchern im Normungsprozess gibt es weiterhin Bedarf, da allenfalls einzelne Aspekte des Verbraucherinteresses auch im Interesse von Unternehmen und von Vertretern staatlicher Stellen liegen und von diesen bei der Normungsarbeit berücksichtigt werden. Die bereits vorhandenen Beteiligungsmöglichkeiten von Verbrauchergruppen im Normungsprozess reichen allein noch nicht aus, um ihre Interessen angemessen zu vertreten. Die Gründe liegen häufig in fehlenden finanziellen Mitteln sowie den mangelnden Fachkenntnissen der Mitarbeiter der Verbraucherorganisationen.[950] Zudem bedingt zum Teil die Struktur der Standardisierungsorganisationen, dass eine Verbraucherorganisation zwar eine Mitgliedschaft erwerben kann, ihrer Stimme bei Entscheidungen jedoch im Vergleich zu großen Wirtschaftsunternehmen nur ein äußerst geringes Gewicht zukommt. Abhilfe scheint bei Organisationen, die das Prinzip der nationalen Repräsentation befolgen, ebenfalls nur durch Stärkung der Verbraucherbeteiligung auf nationaler Ebene möglich; auf europäischer Ebene kann Verbraucherverbänden in solchen Standardisierungsorganisationen allenfalls beratende Funktion zukommen. Handelt es sich um Organisationen, die eine unmittelbare Beteiligung von Unternehmen bzw. Interessenverbänden vorsehen, könnte die Einführung einer eigenen Mitgliederkategorie für Verbraucher(-verbände) zu einer Besserung führen, da sie so bei der Zusammensetzung von Normungsgremien separat bedacht würden und nicht – wie z.B. auch produzierende Unternehmen – in die Kategorie „Nutzer des technischen Standards" fielen. Um dem Prinzip der unbeschränkten Teilnahmemöglichkeit aller interessierten Kreise gerecht zu werden, sind also weitere Maßnahmen zur Stärkung der Interessenvertretung von KMU und Verbraucher(-verbänden) vonnöten.

Damit steht fest, dass trotz der Grundtendenz die Normung von der nationalen auf die europäische oder die internationale Ebene zu verlagern, aufgrund des in einigen anerkannten Standardisierungsorganisationen herrschenden Prinzips der nationalen Repräsentation, der Struktur und Ausgestaltung der nationalen Standardisierungsorganisationen weiterhin erhebliche Relevanz zukommt. Nur über diese nationalen Gremien kann in vielen Fällen eine angemessene Beteiligung aller Interessengruppen, insbesondere der bislang unterrepräsentierten, gesteuert werden; auf dieser nationalen Ebene müssen Änderungen erfolgen, wenn KMU oder Verbraucher stärker am Normungsprozess teilhaben sollen.

---

950 Vgl. ANEC, Position Paper – European Standardization System Strategy 2020, April 2013, S. 2.

Auch wenn die unbeschränkte Teilnahmemöglichkeit aller interessierten Kreise aus kartellrechtlicher Sicht den Idealtypus eines Normungsverfahrens darstellt, kann es gute Gründe für eine Abweichung von diesem Prinzip geben. Dies ist insbesondere bei weniger formellen Standardisierungsorganisationen der Fall. Sie haben ein Interesse daran, ihre Mitgliederzahl zu beschränken, da kleine Organisationen häufig effektiver arbeiten können als Organisationen mit großer Mitgliederzahl: Zum einen muss Einigkeit nur zwischen einer begrenzten Teilnehmerzahl erreicht werden, zum anderen ist bei diesen Organisationen die Teilnahmemöglichkeit häufig marktmächtigen Unternehmen der entsprechenden Branche vorbehalten, denen große finanzielle und personelle Ressourcen zur Verfügung stehen, die sie für die Normungsarbeit einsetzen können. Auch kann aus Sicht einzelner Teilnehmer eine kleine Standardisierungsorganisation vorzugswürdig sein, da der Einzelne dort mehr Einfluss auf den Standard ausüben kann. Die Europäische Kommission hat dieses Interesse der Standardisierungsorganisationen an einer Beschränkung der Beteiligungsmöglichkeit in verschiedenen Entscheidungen sowie den Horizontalleitlinien 2011 grundsätzlich als schützenswert anerkannt. Sie hat aber ebenfalls klargestellt, dass eine Einschränkung der Teilnahmemöglichkeit nicht ohne Weiteres zulässig ist, sondern auf objektivierte und nachvollziehbare Kriterien gestützt werden muss, d.h. zum Beispiel nicht allein vom Willen der bisherigen Mitglieder der Organisation abhängen darf, sowie eines „Ausgleichs“ bedarf. Als Ausgleich für die Beschränkungen der Teilnahmemöglichkeit kommen verschiedene Maßnahmen in Betracht:

Ein erster Schritt als Ausgleich für die Beschränkung der Teilnahmemöglichkeit ist, dass der technische Standard nach Abschluss des Verfahrens unverzüglich der Öffentlichkeit und damit den von der Standarderarbeitung ausgeschlossenen Interessenten zugänglich gemacht wird. So kann verhindert werden, dass es zu einem möglicherweise uneinholbaren Wettbewerbsvorteil der an der Standardisierung Beteiligten gegenüber Nichtbeteiligten und einer Abschottung des Marktes kommt. Die wettbewerbsbeschränkenden Auswirkungen einer Begrenzung des Teilnehmerkreises können zudem dadurch verringert werden, dass nicht nur der schon fertige Standard unverzüglich veröffentlicht wird, sondern dass sich die Öffentlichkeit bereits während des Normungsverfahrens fortlaufend über den aktuellen Stand der technischen Norm unterrichten und Stellungnahmen abgeben kann. Um nicht den Standardisierungsprozess dadurch in die Länge zu ziehen, dass sich das Normungsgremium ggf. mit einer großen Anzahl eingehender Stellungnahmen beschäftigen muss, erscheint die Zwischenschaltung einer „Sammelstelle“ sinnvoll, die die eingehenden Anregungen sammelt und dem maßgeblichen Gremium geordnet und ggf. gefiltert zuleitet.

Schließlich ist im Rahmen des Grundsatzes der unbeschränkten Teilnahmemöglichkeit darauf zu achten, dass nicht die Mitgliederhierarchie einer Standardisierungsorganisation zu einer indirekten Teilnahmebeschränkung für bestimmte Interessengruppen führt. Dieser Grundsatz bedeutet zwar nicht, dass eine Standardisierungsorganisation keine unterschiedlichen Mitgliederkategorien bilden dürfte, allerdings müssen die einzelnen Kategorien allen Mitgliedern diskriminierungsfrei und in transparenter Weise offenstehen; andernfalls kann es zu internen Wettbewerbsbeschränkungen kommen. Eine Diskriminierung von KMU läge z.B. vor, wenn sie Mitgliedsbeiträge in derselben Höhe zu entrichten hätten, wie große, finanzkräftigere Unternehmen. Da fast alle hier untersuchten Standardisierungsorganisationen jedoch gestaffelte Mitgliedsbeiträge vorsehen, bestehen insofern kaum Bedenken. Allenfalls die von der TCG verlangten Mitgliedsbeiträge für eine Teilnahme an der Gruppe mit Stimmrechten könnten für KMU kaum zu leisten sein, sodass diese faktisch von einer aktiven Teilnahme an der Normungsarbeit ausgeschlossen sein können. Sollte eine Standardisierungsorganisation für die Teilnahme an einem bestimmten Normungsgremium ein sog. Sitzgeld vorsehen – eine solche Möglichkeit besteht z.B. beim DIN –, so ist bei der Festlegung der Höhe der Sitzgelder darauf zu achten, dass Mitglieder des DIN, die durch ihren Mitgliedsbeitrag bereits die Standardisierungsarbeit finanziell fördern, nicht in unverhältnismäßiger Weise doppelt belastet werden und ggf. KMU oder nonprofit Organisationen die Partizipation an der tatsächlichen Normungsarbeit über den Umweg (hoher) Sitzgelder unmöglich gemacht wird.

2. *Konsensprinzip*

Der zweite Bereich eines Standardisierungsverfahrens, der Auswirkungen auf die kartellrechtliche Freistellungsmöglichkeit einer Normenvereinbarung haben kann und mit dem sich die Untersuchung nun befasst, ist das Konsensprinzip. Es wird erörtert, was unter dem Konsensprinzip zu verstehen ist, welche Auswirkungen es auf die kartellrechtliche Beurteilung von Normungsvereinbarungen hat und an welche praktischen Grenzen es stößt.

Das Konsensprinzip stellt ein wichtiges mit technischer Standardisierung verknüpftes Prinzip dar. Denn alle hier untersuchten Standardisierungsorganisation verstehen unter einem technischen Standard, ein Dokument, das mit Konsens erstellt wird (siehe oben Kap. 1. A. I. 2.). Auch wenn unter Konsens im allgemeinen Sprachgebrauch wohl eine „Meinungsübereinstimmung“[951], also Einstimmigkeit verstanden wird, so ist das Verständnis durch die Standardisierungsorganisationen häufig ein etwas anderes: Mit Konsens ist dort teilweise das Fehlen anhaltenden Widerstandes bzw. das Fehlen eines formellen Einwandes gemeint (so z.B. ISO und W3C, siehe oben Kap. 1. C. IV. 2. und Kap. 1. C. V. 2.); Einstimmigkeit wird nur als spezieller Fall des Konsenses betrachtet.

Warum hat aber das Konsensprinzip (zu den aufgezeigten verschiedenen Interpretationen sogleich im Anschluss) Auswirkungen auf die kartellrechtliche Unbedenklichkeit von Vereinbarungen über Normen? Versteht man Konsens tatsächlich als Einstimmigkeit, so kann das Erfordernis eines Konsenses zwischen allen Teilnehmern helfen, dass der Inhalt eines technischen Standards nicht einseitig zugunsten oder zulasten einer Partei ausfällt.[952] Ist die Zustimmung aller Mitglieder erforderlich, kann ein einzelner Teilnehmer oder eine Gruppe von Mitgliedern ihre

951 Duden, 25. Aufl. 2010, „Konsens“.
952 Vgl. *Schepel/Falke*, S. 19.

Interessen nicht gegen den Willen der übrigen Mitglieder durchsetzen. Interessen kleiner Akteure können in dem Fall nicht übergangen werden. Konsens-Entscheidungen führen folglich dazu, dass der Prozess der Standardsetzung selbst-kontrollierend wird.[953] Dieser, die Interessen aller schützende Mechanismus kann natürlich nur dann wirkungsvoll eingreifen, wenn Konsens von allen oder nahezu allen Teilnehmern einer Standardisierungsorganisation verlangt wird; Konsens in einem kleinen, inneren Kreis von Vertretern, die allein die maßgeblichen Entscheidungen hinsichtlich des Standards treffen können, genügt insofern nicht.[954]

Das Erfordernis einer Einstimmigkeit hat jedoch auch einige praktische Nachteile für den Prozess der technischen Standardsetzung. So kann der gesamte Prozess durch die ablehnende Stimme eines Einzelnen ins Stocken geraten oder sogar vollständig zum Erliegen kommen. Diese Blockade-Möglichkeit besteht sowohl für etablierte Unternehmen, die sich das Verfahrensprinzip zu Nutze machen könnten, um den status quo zu untermauern und die Entstehung eines ihnen unliebsamen technischen Standards zu verhindern,[955] als auch für kleine Unternehmen, deren Technologie ggf. keine Aussicht auf Aufnahme in den Standard hätte und es ihnen durch die Abgabe einer „Nein"-Stimme allein darauf ankommt, die Pläne der Mitbewerber zu vereiteln. Insbesondere bei den für die technische Standardsetzung wichtigen IPR-Fragen wird man nur schwer Konsens im Sinne einer Einstimmigkeit erreichen können, da die Interessen der verschiedenen Teilnehmergruppen sehr unterschiedlich und häufig auch gegenläufig sind:[956] So sind sog. *upstream firms*, d.h. Unternehmen, die ihren Umsatz allein mit der Entwicklung von Technologien und deren Lizenzierung erzielen, darauf angewiesen, dass die Einnahmen durch Lizenzgebühren so hoch sind, dass ihre Arbeit rentabel wird und auch die Kosten für ggf. fehlgeschlagene Projekte ausgeglichen werden, während sog. *downstream firms*, d.h. reine Hersteller, die selbst keine Technologien entwickeln sondern ihre Produkte basierend auf von anderen Unternehmen entwickelten Technologien anfertigen, daran interessiert sind, die Lizenzgebühren möglichst gering zu halten um ihre Kosten zu senken und den Profit zu erhöhen. Unternehmen, die weder Technologien entwickeln noch Produkte herstellen, sondern allein Produkte kaufen, die auf der Basis von patentierten Technologien entwickelt worden sind, haben ebenfalls ein Interesse an niedrigen Lizenzgebühren, da bei funktionierendem Wettbewerb davon auszugehen ist, dass so auch die Preise für die von ihnen zu erwerbenden Produkte niedriger ausfallen. Schließlich sind auch vertikal integrierte Unternehmen, d.h. Unternehmen, die sowohl Technologien entwickeln und sie lizenzieren als auch Produkte basierend auf ihren eigenen und fremden Technologien herstellen, Mitglied in Standardisierungsorganisationen. Bei

953 Vgl. auch *Lehr*, Journal of the American Society for Information Science 1992, 550, 552.

954 Vgl. *Schepel/Falke*, S. 20.

955 Vgl. auch *Lehr*, Journal of the American Society for Information Science 1992, 550, 553.

956 Vgl. auch zum Folgenden *Geradin*, in: The Pros and Cons of Standard Setting, S. 107ff. sowie Horizontalleitlinien 2011, ABl. 2011 C 11/1, Rn. 267.

ihnen treffen beide Bestrebungen zusammen, je nachdem ob es um von ihnen selbst entwickelte oder fremde Technologien geht. Unabhängig von den mit IPR-Rechten verknüpften vielfältigen Problemen der Lizenzierung zu FRAND-Bedingungen (dazu unten Kap. 2. B. II. 4. b)), könnte also das Erfordernis einer Einstimmigkeit im ungünstigsten Fall dazu führen, dass insbesondere die Aufnahme von geschützten Technologien in einen technischen Standard nicht erfolgen kann, und den Abbruch des Standardisierungsprozesses zur Folge haben, wenn sich die Akteure aufgrund ihrer unterschiedlichen Interessen auf kein gemeinsames Vorgehen einigen können. Dasselbe Problem kann sich auch auf die inhaltliche Ebene des technischen Standards auswirken. Sollten sich die Teilnehmer, um den entsprechenden Standardisierungsprozess nicht insgesamt zu gefährden, doch zu einer Einigung durchringen und sich auf eine Technologie verständigen, an der keine Rechte des geisteigen Eigentums bestehen (falls eine solche überhaupt zur Verfügung steht), so könnte sich dies zum Nachteil der Qualität des Standards auswirken, da die fortschrittlichste Technologie häufig eine ist, an der Rechte des geistigen Eigentums bestehen.[957] Das Erfordernis eines Konsenses bedeutet also nicht, dass das dadurch gefundene Ergebnis stets aus Sicht des Gemeinwohls als die „beste" Lösung anzusehen ist; es kann sich auch als „kleinster gemeinsamer Nenner" darstellen. Konsens ist häufig nur dann erzielbar, wenn allen Beteiligten die Technologie bereits hinreichend bekannt ist, sodass ggf. auf ältere Technologien zurückgegriffen werden muss.[958]

Auch aus kartellrechtlicher Sicht kann ein solches, als Einstimmigkeit verstandenes, striktes Konsensprinzip in seinen Folgen Bedenken aufwerfen. Jedem Teilnehmer kommt dann faktisch – unabhängig von der Anzahl aller Teilnehmer – ein Vetorecht zu. Für Mitglieder einer Standardisierungsorganisation besteht damit eher ein Anreiz, weitere Teilnahmeinteressierte von der Organisation auszuschließen, um ihnen nicht ebenfalls die Entscheidung über das Zustandekommen des Standards zu gewähren und damit die Implementierung der eigenen Technologie in den Standard möglicherweise zu gefährden.[959]

Versteht man das Konsensprinzip hingegen als Fehlen anhaltenden, formellen Widerstandes, oder ersetzt es gar durch verschiedene Abstimmungsmechanismen falls keine Einstimmigkeit erreichen werden kann (so CEN oder auch ISO, siehe oben Kap. 1. C. II. 2. und Kap. 1. C. IV. 2.), so bestehen in der Regel die oben aufgezeigten Probleme nicht und eine Blockade des Standardisierungsprozesses kann durch einen einzelnen oder eine kleine Gruppe von Akteuren kaum eintreten. Sollte es allerdings zu Abstimmungen nach dem Mehrheitsprinzip kommen, so können wiederum marktstarke Unternehmen ihre Interessen gegenüber kleinen Akteuren durchsetzen.

957 *Burrone*, S. 2.

958 Vgl. auch *M. Jakobs*, S. 104f.

959 Siehe auch *Hesser/Kleinemeyer*, in: Hesser, Standardisierung zwischen Kooperation und Wettbewerb, S. 16.

Damit alle Interessen im Standardisierungsprozess berücksichtigt werden, sollten die Verfahrensregeln der Standardisierungsorganisationen daher als angestrebtes Ziel eine Einstimmigkeit vorsehen. Sollte diese in Einzelfragen jedoch nicht erreicht werden können, sind Abstimmungen erforderlich, um die Funktionsfähigkeit des Standardisierungsprozesses zu erhalten. Allerdings muss bei Festlegung der Abstimmungsregeln darauf geachtet werden, dass ein Quorum, das über die einfache Mehrheit hinausgeht, hilfreich sein kann; zum einen damit der technische Standard bei der späteren Umsetzung die erforderliche Unterstützung erhält und die effizienzsteigernden Wirkungen auch tatsächlich eintreten können, zum anderen, um Akteuren die Manipulation des Standardisierungsprozesses zu erschweren.

3. *Gefahr der „Overstandardisation" – Wie weit darf technische Normung gehen?*

Unter dem Schlagwort der „Overstandardisation" werden im Folgenden verschiedene Aspekte eines Standardisierungsverfahrens behandelt, die sich im weiteren Sinne mit der Frage befassen, wie weit technische Normung gehen darf. Denn es können Situationen eintreten, in denen mehr Parameter eines Produktes durch einen technischen Standard festgelegt werden, als eigentlich zur Erreichung der mit der Normung verfolgten Ziele erforderlich sind. In solchen Fällen fehlt es an der für eine Freistellung nach Art. 101 Abs. 3 AEUV erforderlichen Unerlässlichkeit. Es wird daher untersucht, ob technische Standardsetzung überhaupt in Standardisierungsorganisationen stattfinden soll (dazu Kap. 2. B. II. 3. a)), welche Inhalte ein Standard haben darf, d.h. inwieweit er ein Produkt oder einen Prozess vereinheitlichen darf (dazu Kap. 2. B. II. 3. b)), und auf welche Weise diese Inhalte auszuwählen sind (dazu Kap. 2. B. II. 3. c)), zu welchem Zeitpunkt die Vereinheitlichung stattfinden (dazu Kap. 2. B. II. 3. d)) und ob die Vereinheitlichung so weit gehen darf, dass sich die Standardanwender dazu verpflichten, nur noch standardisierte Produkte herzustellen und zu vertreiben (dazu Kap. 2. B. II. 3. e)). Dem Begriff der „Overstandardisation" wird somit ein weites Verständnis zugrunde gelegt.

a) Technische Normung durch Standardisierungsorganisationen

Zunächst muss sich die technische Normung durch Standardisierungsorganisationen der Kritik stellen, dass sie – im Gegensatz zur de-facto-Normung durch den Markt – überhaupt erst zu Konflikten mit dem Europäischen Kartellverbot des Art. 101 AEUV führen kann. Würden technische Normen nicht durch Standardisierungsorganisationen festgelegt werden, sondern die Herausbildung eines Standards stets dem Markt bzw. dem Wettbewerb überlassen bleiben (sog. de-facto-Standardisierung), könnten mehrere Ansätze einer Technologie auf dem Markt getestet werden und um die Nutzerakzeptanz konkurrieren. Auch die Einrichtung von Standardisierungsorganisationen und der damit verbundene Verwaltungsaufwand wären nicht erforderlich.[960] Schließlich wären kartellrechtliche Konflikte im Sinne des Art. 101 AEUV aufgrund mangelnder Kooperation zwischen Wettbewerbern von vornherein ausgeschlossen.

Allerdings hat de-facto-Standardsetzung durchaus auch Nachteile: Häufig kann sich erst in einem langwierigen und kostenintensiven Konkurrenzkampf eine Technologie als de-facto-Standard auf dem Markt durchsetzen. Insbesondere Investitionen von Herstellern und Verbrauchern in die später unterlegene Technologie sind dann vergeblich gewesen (siehe bereits oben Kap. 1. B. I. 4.). Ebenfalls könnte eine Situation eintreten, in der es bei nahezu gleichstarken konkurrierenden Technologien keine der Technologien schafft, sich gegenüber der anderen durchzusetzen, sodass gar kein Standard durch den Markt gebildet wird.[961] Einen Bedarf nach Normung durch Standardisierungsorganisationen kann man somit nicht bestreiten.[962]

b) Inhalte technischer Normen

Hinsichtlich des Inhalts einer technischen Norm lassen sich verschiedene kartellrechtlich relevante Fragestellungen aufwerfen. Was darf ein technischer Standard normieren? Wie detailliert darf ein technischer Standard sein? Wann darf eine Standardisierungsorganisation ihre Normungsarbeit aufnehmen? Diese Fragen können naturgemäß nicht pauschal beantwortet werden. Allerdings lassen sich auch insofern einige Grundregeln aufstellen.

aa) Bedarf nach technischer Normung

Zunächst darf technische Normung kein Selbstzweck sein. Ein Normungsprojekt soll nur dann durchgeführt werden, wenn ein Bedarf nach Standardisierung des entsprechenden Produktes oder der Dienstleistung besteht. In diesem Sinne sehen die untersuchten Normungsorganisationen vor Annahme eines neuen Normungsvorhabens eine „Bedarfsprüfung" vor.[963] Nur wenn feststeht, dass ein Bedürfnis nach entsprechender Normung besteht, eine bestimmte Anzahl an Unternehmen das Normungsvorhaben unterstützt, ausreichend finanzielle Mittel vorhanden sind und auch keine Standardisierung auf einer höheren Ebene (d.h. statt einer nationalen z.B. eine europäische Norm) vorzugswürdiger wäre, wird das Normungsvorhaben weiterverfolgt. Häufig wird statt über nationale Standards über eine Normung auf

960 Siehe *Grindley/Salant/Waverman*, International Journal of Communications Law and Policy 1999, Issue 3, 1, 11.

961 Siehe auch *Greenstein*, Journal of the American Society for Information Science 1992, 538, 539; *Nemec/Orviska/Hudson*, in: 17th EURAS Proceedings, 2012, S. 281, 284.

962 Kritisch *Kriegel* (Washington University Law Review 2006, Vol. 84, 211, 231f.), der eine kollektive Standardsetzung möglichst vermeiden will. Gerade in Industrien, in denen starke Netzwerkeffekte herrschten, könne der Markt den besten Standard hervorbringen; Interoperabilität könne zum Beispiel auch durch einen „open source code" hergestellt werden.

963 Siehe z.B. oben Kap. 1. C. I. 2.

europäischer Ebene nachgedacht werden müssen, um eine Segmentierung des Binnenmarktes zu vermeiden.

bb) Vorrang ergebnisorientierter Normen gegenüber verfahrensorientierten Normen

aaa) Grundsatz

Inhaltlich muss sich die technische Standardsetzung auf das beschränken, was zur Erreichung ihres Zwecks erforderlich ist. Die Vereinheitlichung muss auf die Merkmale begrenzt werden, die zur Erreichung der Kompatibilität, der Interoperabilität etc. notwendig sind. Die Horizontalleitlinien 2011 sprechen insofern ungenau davon, dass Vereinbarungen über Normen sich *in der Regel* nur auf das erstrecken *sollten*, was zur Erfüllung ihres Zwecks erforderlich ist.[964] Es würde jedoch dem Grundsatz der Unerlässlichkeit aus Art. 101 Abs. 3 AEUV widersprechen, wenn die Normenvereinbarung über das hinausginge, was zur Erreichung der mit ihr verfolgten Ziele notwendig ist.

Bei technischen Standards lassen sich verschiedene Typen unterscheiden. So kann man z.B. zwischen eher verfahrensorientierten Normen (auch als Design-Standards bezeichnet) und eher ergebnisorientierten Normen (auch als Funktionalitätsstandards oder Funktionsnormen bezeichnet) differenzieren. Verfahrensorientiert sind technische Standards, die genau die Mittel beschreiben, die anzuwenden sind, damit das Produkt die von der Norm vorgegebenen Merkmale aufweist.[965] Solche Standards müssen daher recht umfangreich und ausführlich sein; ggf. wird der gesamte Produktionsprozess einschließlich der zu verwendenden Werkstoffe und Bauteile bis in letzte Einzelheiten sowie das Design des Produktes beschrieben.[966] Bei ergebnisorientierten Normen hingegen ist das Resultat entscheidend, das dem technischen Standard entsprechen soll. Durch den Standard wird beschrieben, welche Funktion das Produkt erfüllen soll. Wie sich das Produkt zusammensetzt oder welches Verfahren zur Herstellung befolgt werden kann, ist nicht Gegenstand der technischen Norm. Der oben aufgezeigte Grundsatz, dass sich der Standard auf das beschränken muss, was zur Erreichung des Zwecks erforderlich ist, macht in aller Regel ergebnisorientierte Normen gegenüber verfahrensorientierten vorzugswürdig. D.h. eine Norm sollte wenn möglich „technisch neutral" sein; sie sollte keine bestimmte Technologie vorschreiben, sondern es sollten nur „die Ziele, d.h. die Anforderungen an ein Produkt, genormt werden, aber Schritte, die dorthin führen, dem Hersteller überlassen bleiben".[967] Dadurch, dass ergebnisorientierte Normen die Art und Weise,

964 Vgl. Horizontalleitlinien 2011, ABl. 2011 C 11/1, Rn. 317.

965 *Nicolas/Repussard*, S. 18.

966 *Nicolas/Repussard*, S. 18.

967 *Böttger*, WuW 1984, 365, 370. Siehe auch *Niedziella*, S. 56. Auch bei der Betrachtung des „patent ambush"-Problems werden ergebnisorientierte Standards als gegenüber Designstandards vorzugswürdig diskutiert, da ein „patent ambush" schwieriger ist, wenn mehrere patentierte Technologien dieselbe Funktion erfüllen

wie das gewünschte Ziel erreicht wird, nicht festlegen, wird der technische Fortschritt nicht gehemmt, sondern es bestehen weiterhin Anreize auch „innerhalb der Norm", also innerhalb des von der Norm abgesteckten Rahmens, neue Technologien zu entwickeln, die das gewünschte Ergebnis auf kostengünstigere oder effizientere Weise herbeiführen. Es leuchtet ein, dass je detaillierter ein technischer Standard ist, desto größer sein Einfluss auf die Produktvielfalt ist. Werden nur Basisfunktionen vereinbart und bleibt es den Anwendern der Norm überlassen, die weiteren Produktmerkmale selbst zu entwerfen, ist die entsprechende Norm weniger wettbewerbsbeschränkend als ein detaillierter Designstandard.[968]

Zu beachten ist jedoch stets, dass es sich beim Vorrang ergebnisorientierter Normen gegenüber verfahrensorientierten Normen nur um einen Grundsatz handelt. Es bestehen insofern praktische Umsetzungsprobleme, dass in vielen Bereichen Funktionalitäten nicht ausreichend beschrieben werden können, ohne dass nicht auch das Design des Produktes im Wesentlichen vorgegeben wird.[969] Auch kann es bei ergebnisorientierten Standards aufwändiger sein zu überprüfen, ob ein Produkt tatsächlich mit dem Standard übereinstimmt: Es muss nicht wie bei einem verfahrensorientierten Standard „nur" festgestellt werden, ob die verwendeten Stoffe und Bauteile den Vorgaben des Standards entsprechen, sondern es sind ggf. umfangreiche Tests nötig, ob das Produkt in jedem Fall tauglich ist, das im Standard festgelegte Ergebnis zu erzielen.[970] Zudem lässt sich die Tendenz erkennen, dass in wirtschaftlich weniger weit entwickelten Ländern häufig Designstandards gewünscht werden,[971] vermutlich um eigene Entwicklungsarbeit entbehrlich zu

können, vgl. Kommission, Mitteilung „Gewerbliche Schutzechte und Normen", KOM(92) 445 endg., S. 21; *Brenning*, S. 6.
Zu Recht wird jedoch in der Stellungnahme der Federation of Netherland Industry and Employer, S. 5 kritisch angemerkt, dass es unwahrscheinlich ist, dass die Europäische Kommission oder die nationalen Behörden in der Lage sind, sich ein Urteil darüber zu bilden, ob die Norm mehr festschreibt, als technisch erforderlich ist, um das gewünschte Ziel zu erreichen. Die Gefahr einer Overstandardisation deshalb als reine Fiktion zu bezeichnen, erscheint dennoch als zu weitgehend, da sich zum einen entsprechende Hinweise aus den Dokumenten der Standardisierungsorganisationen ergeben können, zum anderen die Standardisierungsorganisationen – bei denen Experten mitwirken, die mit entsprechendem Fachwissen ausgestattet sind – bei ihren Verfahren darauf zu achten haben, dass es nicht zu einer Overstandardisation kommt.

968 *Van Bael/Bellis*, S. 504; *Gates*, Emory Law Journal 1998, Vol. 47, 583, 651; *Balto*, The Computer & Internet Lawyer 2001, Vol. 18, No. 6, 5, 9. Einen ergebnisorientierten Ansatz verfolgen auch CEN/CENELEC: So sieht die Geschäftsordnung vor, dass eher Leistungsmerkmale als konstruktive oder beschreibende Merkmale in einen technischen Standard aufgenommen werden sollen, vgl. CEN/CENELEC Geschäftsordnung, Teil 3, 4.2.

969 *Loest/Bartlik*, ZWeR 2008, 41, 46.

970 Vgl. auch *Krislov*, S. 19f.

971 *Niedziella*, S. 56.

machen und den Anschluss an die Industrieländer nicht zu verlieren. Dies kann dazu führen, dass bei Abstimmungen über den Detailgrad eines Standards ggf. schwer Konsens erreicht werden kann.

bbb) Fall: DVSI

Als Beispielsfall für eine Overstandardisation im oben genannten Sinn kann der Fall *DVSI* herangezogen werden. Als im ETSI ein technischer Standard für den privaten digitalen Mobilfunk (TETRA) entwickelt werden sollte, standen verschiedene Technologien als Grundlage für einen standardisierten voice coder/decoder zur Verfügung. Die Hauptentscheidung wurde zwischen einer Technologie des Unternehmens Digital Voice Systems, Inc. (DVSI) und einer des Unternehmens Thomson Electronics getroffen. Ein vergleichender Test zwischen verschiedenen codern/decodern zeigte, dass die DVSI-Technologie zur besten Qualität der Produkte führte. Die von DVSI entwickelte Technologie konnte zudem auf verschiedene Art und Weise umgesetzt werden, während die Thomson-Technologie jegliche Auswahl bei der Umsetzung ausschloss. DVSI war bereit, seine Technologie zu FRAND-Bedingungen zu lizenzieren; dennoch wurde im Standardisierungsverfahren des ETSI die Thomson-Technologie für den Standard ausgewählt, da DVSI sich trotz Drängens der ETSI-Mitglieder weigerte, den Quellcode seiner Software öffentlich zu machen.[972] DVSI reichte wegen der Ablehnung seiner Technologie Beschwerde ein; zum einen da es keine ETSI-Regel gab, die die Unternehmen zur Veröffentlichung des kompletten Quellcodes verpflichtete, zum anderen da die Abstimmungsfrage über die Aufnahme der DVSI-Technologie so unklar formuliert war, dass im Nachhinein eine deutsche Delegation ETSI informierte, dass sie die Frage falsch verstanden habe und bei deutlicherer Formulierung anders, nämlich für die Aufnahme der DVSI-Technologie gestimmt hätte.[973] Trotzdem wurde keine neue Abstimmung durchgeführt und der TETRA-Standard auf die Thomson-Technologie gestützt. Die Overstandardisation ist somit darin zu sehen, dass die Einbeziehung der DVSI-Technologie in den Standard – so weit bekannt – zu demselben Ergebnis hätte führen können, jedoch weniger wettbewerbsbeschränkend als die Thomson-Technologie gewesen wäre, da sie auf verschiedene Weise hätte umgesetzt werden können.[974]

ccc) Fall: EMC

Als weiteres (negatives) Beispiel kann der Fall *EMC* dienen.[975] Die EMC Development AB (im Folgenden EMC), ein in der Erprobung, Entwicklung und kommerziellen Nutzung einer Methode zur Herstellung eines energetisch modifizierten Zements

972 Zum Ganzen *Dolmans*, Standards for Standards, S. 11; *Bekkers*, S. 405.

973 *Bekkers*, S. 405.

974 Die Europäische Kommission lehnte ein Eingreifen mit der Begründung ab, dass ein auf der Thomson-Technologie basierender Standard u.a. besser die Entwicklung kompatibler Produkte erlaube, vgl. *Dolmans*, Standards for Standards, S. 11.

975 EuG, Slg. 2010, II-1629 – EMC.

tätige Gesellschaft, rügte im Jahr 2002 bei der Kommission und nach deren Zurückweisung durch Klage vor dem EuG u.a. eine Verletzung des Art. 81 EG-Vertrages: Die europäischen Zementhersteller hätten ein Kartell gebildet, um den Zugang zum europäischen Zementmarkt zu beschränken, wobei die wichtigste der Beschränkungen in einer vermittelt durch Cembureau und CEN angenommenen Norm bestehe.[976] Die Norm definiert jedes der 27 Normalzementprodukte, d. h. die sogenannten traditionellen Zemente, die von den verschiedenen nationalen Normungsgremien des CEN geprüft worden sind. Die Definition enthält Anforderungen an die Bestandteile, an mechanische, physikalische und chemische Eigenschaften und an die Dauerhaftigkeit der 27 Normalzemente sowie „Festigkeitsklassen".[977] Die Kommission kam zu dem Ergebnis, dass kein Verstoß gegen das Wettbewerbsrecht vorliege. Weder sie noch das EuG befassten sich mit der Frage, ob nach den Anforderungen des Kartellverbotes die angegriffene Norm eher als ergebnisorientierter Standard denn als Design-Standard hätte abgefasst werden müssen. Dies, obwohl EMC rügte, die Norm sei diskriminierend, „da sie bestimmte Erzeugnisse ausschließe und sich auf die Zusammensetzung der Produkte statt auf die für sie geltenden Leistungsanforderungen stütze".[978] Die Kommission äußerte vielmehr ausdrücklich, dass es für die Beurteilung der Norm anhand des Kartellverbotes nicht notwendig ist festzustellen, ob es sich um eine ergebnisorientierte oder eine verfahrensorientierte Norm handelt.[979]

Zustimmung enthält die Entscheidung von *Lundqvist*, der die Auffassung vertritt, dass sich die Kommission und die europäischen Gerichte nur selten mit dem inhaltlichen Gehalt eines Standards befassen sollten; anders wäre der Fall nach seiner Ansicht zu bewerten gewesen, wenn z.B. der Normungsprozess missbraucht, indem ein Wettbewerber ausgeschlossen worden wäre.[980] Zuzustimmen ist dem insoweit, dass weder die Kommission noch die Gerichte beurteilen und darüber entscheiden können, ob eine Technologie gegenüber einer anderen vorzugswürdig ist; insoweit kann der Inhalt technischer Normen nicht Gegenstand eines Verfahrens wegen eines möglichen Verstoßes gegen das Kartellverbot sein. Wenn es aber nicht notwendig ist, einen Standard verfahrensorientiert abzufassen, sondern auch eine ergebnisorientierte Norm ausreichen würde, wird der Wettbewerb unnötig beschränkt, sodass die Wettbewerbsbehörden und Gerichte dies bei entsprechenden Anhaltspunkten im Rahmen des Art. 101 AEUV prüfen sollten.

---

976 EuG, Slg. 2010, II-1629, Rn. 28 – EMC.
977 EuG, Slg. 2010, II-1629, Rn. 13 – EMC.
978 EuG, Slg. 2010, II-1629, Rn. 71 – EMC.
979 Kommission, SG-Greffe(2005) D/ 205249, Rn. 107, 111, verfügbar unter: http://ec.europa.eu/competition/antitrust/cases/dec_docs/38401/38401_35_5.pdf (abgerufen am 09.03.2016).
980 *Lundqvist*, S. 372.

ddd) Exkurs: Unterlassene Normung

Von der im Fall *EMC* von der Klägerin gerügten diskriminierenden Nichtaufnahme einer Technologie in eine Norm (dort genauer: der Nichtberücksichtigung bestimmter Zementzusammensetzungen in der Norm) zu unterscheiden ist das gänzliche Unterlassen einer technischen Standardisierung eines Produktes oder eines Prozesses.[981] Findet schlicht kein Standardisierungsprozess bezüglich eines bestimmten Produktes statt, stellt dies bereits unschwer erkennbar keine Vereinbarung zwischen Unternehmen, keinen Beschluss einer Unternehmensvereinigung und auch keine aufeinander abgestimmte Verhaltensweise dar. Etwas anderes könnte allenfalls gelten, wenn ein an der Normung interessiertes Unternehmen bei einer Standardisierungsorganisation einen Vorschlag einreicht oder einen Antrag auf Normung eines bestimmten Produktes stellt; lehnt die Standardisierungsorganisation diesen ab, ist zumindest eine – wenn auch negative – Entscheidung der Standardisierungsorganisation gegeben. Ein Anknüpfungspunkt für das Kartellverbot liegt darin dennoch nicht: Diese Ablehnung erfüllt zum einen nicht die Voraussetzungen an die von Art. 101 Abs. 1 AEUV verbotenen Verhaltensweisen, da sie kein zukünftiges Verhalten mindestens eines der Beteiligten vorgibt. Zum anderen führt sie zu keiner Wettbewerbsbeschränkung i.S.d. Art. 101 AEUV. Es wird weder die Handlungsfreiheit der an der Entscheidung Beteiligten noch die Handlungsfreiheit Dritter eingeschränkt. Durch die unterlassene Normung können die wettbewerbsfördernden Vorteile technischer Standardisierung zwar nicht realisiert werden; es findet folglich insoweit keine Wettbewerbsförderung statt. Eine Beschränkung des Wettbewerbs erfolgt jedoch nicht. Somit lässt sich aus Art. 101 AEUV kein allgemeiner Anspruch auf Erstellung eines technischen Standards ableiten.

eee) Fall: CECED

Für den Themenbereich der Overstandardisation kann des Weiteren die Entscheidung *CECED* der Kommission angeführt werden.[982] Ihr liegt eine Vereinbarung zwischen Waschmaschinenherstellern und -importeuren im Rahmen des belgischen Verbandes Conseil Européen de la Construction d'Appareils Domestiques (CECED) zugrunde, deren Ziel eine Effizienzsteigerung und Energieverbrauchssenkung bei Waschmaschinen war. Als Mittel sah die Vereinbarung u.a. eine Beschränkung der Produktion und Einfuhr von Waschmaschinen vor, die nicht eine bestimmte Effizienzklasse und damit einen Mindesteffizienzstandard erreichten.[983] Die Kommission stellte fest, dass auf diese Weise der Wettbewerb insofern beschränkt wurde, dass die Unternehmen nicht mehr in sämtlichen Effizienzklassen miteinander konkurrierten, sodass die technische Vielfalt und Verbraucherauswahl eingeschränkt wurde.[984] Sie erteilte jedoch eine Freistellung nach Art. 85 Abs. 3 EG (heute Art. 101 Abs. 3 AEUV), da sie

981 Vgl. auch *Schießl*, S. 31.
982 Kommission, ABl. 2000 L 187/47 – CECED.
983 Kommission, ABl. 2000 L 187/47, Rn. 19f., 28 – CECED.
984 Kommission, ABl. 2000 L 187/47, Rn. 31f. – CECED.

die Beschränkungen zur Erreichung der Effizienzgewinne (niedrigere Stromkosten für die Verbraucher, Umweltschonung etc.) als unerlässlich ansah[985] und die Vereinbarung keine erheblichen Zutrittsschranken für den Binnenmarkt hervorrief, da andere Produktfaktoren (wie Preis, technische Leistung etc.) nicht geregelt wurden und den Herstellern nur ein Mindesteffizienzstandard vorgeschrieben wurde, sodass verschiedene Effizienzklassen weiterhin zur Verfügung standen. Wesentlich stellte die Kommission auch darauf ab, dass den Herstellern keine „spezifischen Lösungen zur Verbesserung der Energieeffizienz" vorgeschrieben wurden, sondern alle „Zugang zu der für die Herstellung (...) benötigten Technologie" hatten und sie „demnach über eine Vielzahl technischer Möglichkeiten [verfügten], um den Mindestenergieeffizienzstandard zu erfüllen".[986] An dieser Entscheidung zeigt sich, dass es für eine kartellrechtliche Freistellung nach Art. 101 Abs. 3 AEUV wesentlich darauf ankommen kann, dass der Standard wenn möglich technologieneutral formuliert ist und das angestrebte Ziel auf verschiedenen Wegen erreicht werden kann. Voraussetzung ist natürlich, dass es durch die Nutzung verschiedener Technologien z.B. nicht zu Kompatibilitätsproblemen etc. kommt.

cc) Aufnahme substituierbarer Technologien in eine technische Norm

Auch die Kommission äußert sich an verschiedenen Stellen der Horizontalleitlinien mehr oder weniger ausdrücklich zum zulässigen Inhalt technischer Normen. Es fällt auf, dass im Rahmen der bereits angesprochenen öffentlichen Konsultation zum Entwurf der Horizontalleitlinien 2011 eine große Anzahl der eingegangenen Stellungnahmen die folgende Passage (Rn. 288) zur Aufnahme substituierbarer Technologien in eine Norm als missverständlich, ungenau oder unklar kritisiert oder sogar ausdrücklich als falsch bewertet:[987]

> „Die Einbeziehung substituierbarer Technologien (d. h. von Technologien, die von den Nutzern/Lizenznehmern aufgrund der spezifischen Merkmale und in Bezug auf ihren Zweck als untereinander austauschbar oder als Ersatz für eine andere Technologie betrachtet werden und die im vorliegenden Kontext in eine andere Norm aufgenommen werden könnten) könnte den Wettbewerb zwischen Technologien einschränken. Setzt sich eine Norm aus substituierbaren Technologien zusammen, kann eine solche Lösung in der Praxis zu einem Ausschluss von Wettbewerbern führen, weil dadurch verhindert wird, dass eine alternative, potenziell in Frage kommende Technologie nicht in eine andere Norm aufgenommen wird. In der Regel gilt, dass es im Falle der Aufnahme von

---

985 Kommission, ABl. 2000 L 187/47, Rn. 52, 58ff. – CECED.

986 Kommission, ABl. 2000 L 187/47, Rn. 64f. – CECED.

987 Siehe z.B. Stellungnahme Technicolor, S. 5. Da sowohl die angesprochene Passage aus dem Entwurf der Horizontalleitlinien 2011 als auch die entsprechende Passage aus der endgültigen Fassung der Horizontalleitlinien 2011 schwer verständlich formuliert sind, werden beide Passagen hier wörtlich wiedergegeben, um eine Diskussion nachvollziehbarer zu machen.

substituierbaren Technologien in eine Norm wahrscheinlich ist, dass dies wettbewerbsbeschränkende Auswirkungen im Sinne von Artikel 101 Absatz 1 hat."[988]

Für die endgültige Fassung hat die Kommission diese Passage noch einmal überarbeitet und sie wie folgt abgeändert:

„Werden substituierbare Rechte des geistigen Eigentums als wesentlicher Bestandteil einer Norm einbezogen und die Nutzer der Norm gleichzeitig gezwungen, mehr für diese Rechte des geistigen Eigentums zu zahlen, als technisch notwendig wäre, so geht dies über das Maß hinaus, das für die Erzielung der angestrebten Effizienzgewinne notwendig wäre. Ebenso würde die Einbeziehung substituierbarer Rechte des geistigen Eigentums als wesentlicher Bestandteil einer Norm und die gleichzeitige Beschränkung der Nutzung der betreffenden Technologie auf diese bestimmte Norm (d. h. eine ausschließliche Nutzung) den Wettbewerb zwischen Technologien einschränken und wäre zudem nicht notwendig, um die angestrebten Effizienzgewinne zu erzielen."[989]

In der Tat bietet die angeführte Passage (sowohl in der Fassung des Entwurfes als auch in der Fassung der endgültigen Horizontalleitlinien) Anlass zur Kritik. Diese ist allerdings, wie sich zeigen wird, zumindest zum Teil eher sprachlicher als inhaltlicher Natur. Kritisiert wurde an der Passage des Entwurfes der Horizontalleitlinien u.a., dass unklar sei, warum die Kommission der Meinung ist, dass die Aufnahme substituierbarer Technologien in einen Standard zu Wettbewerbsbeschränkungen führen kann.[990] Insofern wurde eine Klarstellung gefordert. Nicht nachvollziehbar sei vor allem, „wieso die Einbeziehung von Technologie A in Norm X verhindern soll, dass eine mit A substituierbare Technologie in Norm Y aufgenommen wird";[991] dies könne allenfalls dann eintreten, wenn für ein bestimmtes Produkt beide Normen erfüllt werden müssten, sodass es ggf. kostengünstiger wäre, nur eine der beiden Technologien einzusetzen.[992]

Betrachtet man den ersten Satz der Rn. 288 des Entwurfes der Horizontalleitlinien 2011 genauer und vergleicht ihn mit der englischen Sprachfassung, in welcher die Erläuterung einer substituierbaren Technologie „technology which is regarded by

988 Horizontalleitlinien-E 2011, Rn. 288.

989 Horizontalleitlinien 2011, ABl. 2011 C 11/1, Rn. 317.

990 Vgl. Stellungnahme Allen & Overy LLP, Rn. 2.40; Stellungnahme BusinessEurope, Rn. 2.2, verfügbar unter: http://ec.europa.eu/competition/consultations/2010_horizontals/businesseurope_en.pdf (abgerufen am 09.03.2016); Stellungnahme Eversheds LLP, Rn. 6.5, verfügbar unter: http://ec.europa.eu/competition/consultations/2010_horizontals/eversheds_en.pdf (abgerufen am 09.03.2016).

991 Stellungnahme BDI, S. 19, verfügbar unter: http://ec.europa.eu/competition/consultations/2010_horizontals/bvdi_de.pdf (abgerufen am 09.03.2016). Siehe auch Stellungnahme ETSI, S. 2, verfügbar unter: http://ec.europa.eu/competition/consultations/2010_horizontals/etsi_en.pdf (abgerufen am 09.03.2016); Stellungnahme International Chamber of Commerce, S. 7f., verfügbar unter: http://ec.europa.eu/competition/consultations/2010_horizontals/icc_en.pdf (abgerufen am 09.03.2016).

992 Stellungnahme BDI, S. 19.

users/licensees as interchangeable with or substitutable for another technology (...)" lautet, also im Singular ausgeführt wird, so lässt sich der Satz so verstehen, dass nicht *eine bestimmte* (substituierbare) Technologie in den Standard aufgenommen werden soll, wenn andere Technologien zu demselben vom Standard gewünschten Ergebnis führen können, die fragliche Technologie also ersetzen könnten. Bei diesem Verständnis ist auch nachvollziehbar, dass die Aufnahme einer Technologie zu Wettbewerbsbeschränkungen hinsichtlich der weiteren mit ihr austauschbaren Technologien führt, die zu demselben Ergebnis führen aber ohne plausiblen Grund die Norm nicht erfüllen. Der Satz sagt noch nichts zur Haltung der Kommission darüber aus, ob in einen Standard mehrere untereinander substituierbare Technologien alternativ aufgenommen werden dürfen. Insoweit gilt zunächst: Entweder muss der Standard technologieneutral gehalten werden oder es müssen alle fraglichen substituierbaren Technologien in den Standard aufgenommen werden.[993] Dafür, dass die Horizontalleitlinien 2011 in diesem Sinne verstanden werden sollen, spricht auch die Einbettung der Passage zur Aufnahme substituierbarer Technologien im Rahmen der endgültigen Fassung der Leitlinien in Rn. 317. Diese Randnummer beginnt mit Ausführungen dazu, dass sich eine technische Norm nur auf das erstrecken soll, was zur Erfüllung ihres Zwecks erforderlich ist. Wenn nicht im Einzelfall eine ganz bestimmte Technologie aus Gründen des Verbraucherinteresses oder des Interesses der Wirtschaft insgesamt für den Standard notwendig ist, seien technologieneutrale Normen vorzugswürdig. Für die oben aufgezeigte Auslegung kann des Weiteren das Beispiel 1 der Horizontalleitlinien 2011 herangezogen werden. In dem Beispielsfall wird von einer Normungsorganisation eine (Sicherheits-)Norm „ohne objektive Begründung so formuliert", dass auch Produkte, die in Bezug auf Leistung und Funktion der Norm gleichwertig sind, dennoch die Norm nicht erfüllen.[994] Die Analyse der Kommission ergibt, dass bei derartigen Normenvereinbarungen Wettbewerbsbeschränkungen im Sinne des Art. 101 Abs. 1 AEUV wahrscheinlich, eine Freistellung nach Art. 101 Abs. 3 AEUV unwahrscheinlich sei. Dies stützt die Kommission darauf, dass es sich um eine nicht diskriminierungsfreie Vereinbarung handele, die Innovation und Produktvielfalt begrenze.[995] Diskriminierend ist also nach Auffassung der

993 Bei der alternativen Aufnahme verschiedener, untereinander substituierbarer Technologien in einen Standard können allerdings Probleme mit den zu entrichtenden Lizenzgebühren entstehen, wenn es sich um durch Rechte des geistigen Eigentums geschützte Technologien handelt und sie z.B. in einen Patent Pool aufgenommen werden.

994 Horizontalleitlinien 2011, ABl. 2011 C 11/1, Rn. 325.

995 Horizontalleitlinien 2011, ABl. 2011 C 11/1, Rn. 325. Sprachlich missglückt ist die deutsche Fassung, indem anders als es die englische Sprachfassung formuliert („The members of the standards development organisation have, without any objective justification, set the standard in such a way that products of their competitors which are based on *other technological solutions* cannot satisfy it, even though they have equivalent performance"), die Analyse in der deutschen Fassung lautet: „Die Mitglieder der Normenorganisation haben die Norm ohne

Kommission eine Vereinbarung über Normen, wenn ohne objektive Begründung technisch und funktional gleichwertige Lösungen die Norm nicht erfüllen. Dies entspricht dem unter Kap. 2. B. II. 3. b) bb) festgehaltenen Fazit, dass ergebnisorientierte Normen gegenüber verfahrensorientierten Normen vorzugswürdig sind, da sie die Möglichkeit eröffnen, das gewünschte Normziel auf verschiedene Weise zu erreichen und folglich den Wettbewerb weniger beschränken.

Die inhaltliche Kritik am zweiten Satz der Rn. 288 des Entwurfes der Horizontalleitlinien 2011 ist allerdings umfassend berechtigt. Es ist keine Grundlage ersichtlich, auf der die Kommission zu der – ohne Einschränkungen oder besondere Voraussetzungen aufgestellten – Annahme gelangt, dass die Aufnahme (einer oder mehrerer) substituierbarer Technologien in eine Norm dazu führt, dass *andere* Technologien nicht in eine *andere* Norm aufgenommen werden. Auch die endgültige Fassung der Horizontalleitlinien 2011 schafft insofern keine befriedigende Abhilfe. Die Leitlinien stellen nun zwar auf substituierbare Rechte des geistigen Eigentums als Bestandteil einer Norm ab, die bei gleichzeitiger Beschränkung der Nutzung auf diese Norm zu Wettbewerbsbeschränkung zwischen Technologien führen sollen. Unklar bleibt jedoch zum einen auch bei dieser Fassung, warum die Kommission in einem solchen Fall von Wettbewerbsbeschränkungen ausgeht; zum anderen ist es nur schwer vorstellbar, wie in einem technischen Standard festgelegt werden sollte, dass die implementierte substituierbare Technologie ausschließlich im Rahmen dieses Standards Verwendung findet. Bei einer Überarbeitung der Horizontalleitlinien 2011 sollte dieser Satz der Rn. 317 folglich gestrichen werden.

c) *Nachvollziehbarkeit der Technologieauswahl*

Ist es allerdings nicht möglich, einen Standard technologieneutral zu formulieren, so ist im Idealfall die *objektiv beste* Technologie zur Lösung des Problems auszuwählen und in den Standard aufzunehmen. Was ist aber die objektiv beste Technologie? Ist es eine Technologie mit sehr guter Qualität, die aber auch recht teuer ist? Oder eine Technologie etwas niedrigerer Qualität, die günstiger ist? Fast immer gibt es nicht nur eine richtige Lösung für das technische Problem und es lässt sich nicht aus Sicht aller Interessengruppen eindeutig eine beste Technologie feststellen[996], sodass

---

objektive Begründung so formuliert, dass die Produkte von Wettbewerbern, die sich auf *dieselben technologischen Lösungen* stützen und eine gleichwertige Leistung erbringen können, die Norm nicht erfüllen" [Hervorh. d. Verf.], vgl. dazu und anderen Übersetzungsfehlern auch *Auf'mkolk*, WuW 2011, 699, 711 sowie *Braun*, in: Langen/Bunte, Band 2, 12. Aufl., 2014, Nach Art. 101 AEUV, Rn. 259.

996 So war zwischen den verschiedenen Akteuren bei der Standardisierung der Ladeinfrastruktur für Elektroautos heftig umstritten, ob das Ladegerät besser in der Ladesäule oder im Fahrzeug untergebracht werden sollte, vgl. FAZ v. 03.08.2010, S. 12 („Das Ladegerät sollte nicht Teil des Elektroautos sein"); Spiegel online v. 29.08.2010 („Sorry, falsches Ladekabel!"); FAZ v. 08.12.2010, S. B2 („Noch kein grenzenloses Vergnügen").

stets eine wertende Auswahl erforderlich wird. Dabei spielt neben rein technischen Fragen u.a. auch die Wirtschaftlichkeit eine Rolle.[997] Sowohl das Europäische Kartellverbot als auch die Horizontalleitlinien 2011 können nicht vorgeben, was die beste Technologie für eine Norm ist. Zum einen fehlt es dem europäischen Gesetzgeber und der Kommission an der erforderlichen technischen Fachkenntnis, zum anderen lässt sich dies nicht abstrakt regeln, sondern bedarf einer Entscheidung im Einzelfall. Durch das Kartellrecht können folglich nur Anforderungen an ein Verfahren festgelegt werden, die dazu führen, dass es möglichst zur Auswahl der objektiv besten Technologie kommt.

Dass der Abwägungsvorgang zur Auswahl der Technologie nicht unverhältnismäßig zugunsten eines Teilnehmers ausfällt, kann sichergestellt werden, indem die Entscheidungsträger möglichst pluralistisch zusammengesetzt sind (große Unternehmen, KMU, Verbraucher etc.), sodass sich automatisch ein vermittelnder Weg bildet. Ein weiterer Sicherungsmechanismus liegt darin, dass die in den Standard aufzunehmende Technologie nach objektiven, neutralen Kriterien ausgewählt werden muss.[998] Auch wenn der Begriff „objektive Kriterien" ein wenig greifbarer als „beste Technologie" ist, so ist damit dennoch nicht gesagt, welches Kriterium ggf. bei einer Abwägung überwiegt. Ist z.B. die technische Qualität ausschlaggebend oder der Preis? Auch diese Entscheidungen bleiben stets einem wertenden Abwägungsvorgang vorbehalten. Damit dieser gegenüber allen Interessengruppen möglichst fair stattfindet, muss die Auswahl in offener und überprüfbarer Weise durchgeführt werden. Die Auswahl der in den Standard aufzunehmenden Technologie muss also so vorgenommen werden, dass im Nachhinein noch nachvollziehbar ist, warum einer bestimmten Technologie der Vorrang gegeben wurde. D.h. der Auswahlvorgang muss dokumentiert werden und es ist die Begründung festzuhalten, mit der sich das entscheidende Gremium für die fragliche Technologie entschieden und andere abgelehnt hat. Durch eine solche Dokumentation wird Transparenz geschaffen und unfaire Absprachen zwischen einzelnen Teilnehmern, die zu Wettbewerbsbeschränkungen führen können, werden weniger wahrscheinlich.

d) Zeitpunkt der technischen Normung

Einen Aspekt, den man ebenfalls unter die Überschrift „Wie weit darf Normung gehen?" fassen kann, ist der Zeitpunkt der Normung. Gemeint ist damit insbesondere die Frage, wie früh technische Normung in den Wettbewerb eingreifen darf. Eine

---

997 Vgl. *Ebert-Kern*, S. 62. Zu weiteren Faktoren, die den Auswahlprozess einer Technologie beeinflussen, findet sich eine Auswertung von 40 theoretischen Veröffentlichungen und praktischen Fallstudien bei *den Uijl/de Vries*, in: 13th EURAS Proceedings, 2008, S. 105ff.

998 Vgl. Horizontalleitlinien 2011, ABl. 2011 C 11/1, Rn. 281. *Dolmans* (Standards for Standards, S. 12) schlägt zur Sicherstellung der Neutralität Tests von Personen oder Einrichtungen vor, die kein unmittelbares Interesse am Ergebnis haben, sowie die Möglichkeit der Anrufung einer unabhängigen Stelle.

allgemeingültige Antwort wird man auch darauf nicht geben können, da im Einzelfall die Ausgangsvoraussetzungen der Standardisierung erheblich voneinander abweichen. Jedoch können zumindest die Fragen in den Blickpunkt gerückt werden, die sich ein Normungsgremium vor dem Beginn eines neuen Normungsprojektes stellen muss, um in kartellrechtlich zulässiger Weise zu handeln.

Darf die technische Standardisierung aus Sicht des Kartellrechts bereits dann eingreifen, wenn es sich um ein neuartiges, ggf. noch in der Entwicklung befindliches Produkt handelt?[999] Eine frühzeitige Normung hätte zur Folge, dass von Anfang an nur standardisierte Produkte auf den Markt gebracht werden. Eine Produktvielfalt würde zu keinem Zeitpunkt bestehen und die Entwicklung alternativer Technologien würde ggf. sogar abgebrochen werden, damit sich das jeweilige Unternehmen auf den Standard konzentrieren kann. Je länger man mit der Standardisierung wartet, desto genauere Informationen über die Qualität der fraglichen Technologien stehen zur Verfügung. Ein zu früh festgelegter Standard kann damit eine potenziell überlegene Technologie ausschließen, bevor sie die Möglichkeit hat, sich zu entwickeln.[1000] Dieses Problem stellt sich gerade dann, wenn es sich um Design-Standards handelt, da bei diesen eher detaillierten Normen nahezu keine Möglichkeiten verbleiben mit alternativen Technologien dasselbe Normenziel zu erreichen und somit ebenfalls den Standard zu erfüllen (siehe oben Kap. 2. B. II. 3. b) bb) aaa)). Andererseits wird verstärkt der Ruf nach entwicklungsbegleitender Normung laut. Diese ist gekennzeichnet durch schnelle Umsetzung neuester Erkenntnisse sowie schnelles Einbringen der in Zusammenarbeit mit der Forschung gewonnenen Erkenntnisse auch in die internationale und europäische Normung.[1001] Der Vorteil liegt darin, dass bei möglichst zeitgleicher Entwicklung von Technologien und deren Normierung Forschungspotenziale gebündelt werden und nicht (im Endeffekt unnötige) Entwicklungskapazitäten in Technologien investiert werden, die im Ergebnis nicht weiter verfolgt werden. Auch führt eine späte Standardsetzung zumindest vorübergehend

---

999 An dieser Stelle sind nicht Entwicklungs- oder Forschungskooperationen gemeint, bei denen sich die teilnehmenden Unternehmen zu einer gemeinsamen Entwicklung einer Technologie entschließen. Gegenstand der Untersuchung ist vielmehr eine Situation, in der ein Unternehmen seine Technologie für ein neuartiges Produkt bereits frühzeitig in ein Normungsgremium einbringt und sie bereits vor Fertigstellung entsprechender Produkte zum wesentlichen Teil eines technischen Standards machen will.

1000 Vgl. *Kriegel*, Washington University Law Review 2006, Vol. 84, 211, 222; *Grindley/Salant/Waverman*, International Journal of Communications Law and Policy 1999, Issue 3, 1, 29; *Braun*, in: Langen/Bunte, Band 2, 11. Aufl., 2010, Art. 81, Fallgruppen, Rn. 242. Siehe auch *Kroes*, Being Open About Standards, Speech/08/317 v. 10.06.2008, verfügbar unter: http://europa.eu/rapid/press-release_SPEECH-08-317_en.htm (abgerufen am 09.03.2016): „First, we should only standardize when there are demonstrable benefits and we should not rush to standardize on a particular technology too early."

1001 *Niedziella*, S. 18.

zu Verlusten aufgrund der in der Regel so lange bestehenden Inkompatibilität der verschiedenen Technologien.[1002] Insbesondere in schnelllebigen Bereichen wie der Telekommunikation und Information wird aufgrund der Kompatibilitätsanforderungen davon ausgegangen, dass eine Standardisierung bereits in der Entwicklungsphase einsetzen muss, damit die dann standardisierte Technologie überhaupt marktfähig sein kann.[1003] Diese Fragen muss sich eine Standardisierungsorganisation vor Beginn jedes einzelnen Normungsprojektes stellen und bezogen auf den konkreten Fall potenzielle Vor- und Nachteile gegeneinander abwägen.

e) Herstellung und Vertrieb vom Standard abweichender Produkte

Ein zumindest auf den ersten Blick allseits akzeptierter und wenig hinterfragter Grundsatz technischer Normung ist, dass niemand, also weder Teilnehmer der Normungsorganisation noch Dritte, dazu verpflichtet werden darf, die technische Norm umzusetzen und ausschließlich nach ihnen Vorgaben zu produzieren. Die Umsetzung des technischen Standards beruht auf Freiwilligkeit; sollte sich ein Unternehmen zur Anwendung des Standards entscheiden, so bleibt es ihm überlassen, daneben auch weiterhin andere, vom Standard abweichende Produkte herzustellen.

aa) Fall: Video-Cassetterecorders

Mit dem Problemkreis der Herstellung und des Vertriebs vom Standard abweichender Produkte setzte sich die Europäische Kommission in ihrer Entscheidung *Video-Cassetterecorders*[1004] auseinander und zeigte so Grenzen von Normungsabsprachen auf, die ihnen durch das Europäische Kartellverbot gesetzt werden. Gegenstand der Entscheidung war eine Vereinbarung zwischen Philips und mehreren deutschen Unterhaltungselektronikherstellern über die Anwendung des von Philips entwickelten Systems für Video-Bandkassetten und Video-Kassettengeräte. Zu dem Zeitpunkt hatten nur die Unternehmen Philips und Sony marktreife Video-Bandkassettensysteme entwickelt, die in Europa verkauft wurden; die Kommission schätze den Marktanteil beider Unternehmen zusammen auf mehr als 70 %.[1005] Die Systeme von Philips und Sony waren jedoch technisch so verschieden, dass die zu verwendenden Kassetten jeweils nur zu dem dazugehörigen Gerät passten. In der Vereinbarung mit Philips verpflichteten sich die beteiligten Unterhaltungselektronikhersteller ausschließlich das von Philips entwickelte geschlossene System zu übernehmen und allein die technischen Normen für die Herstellung von Video-Bandkassetten und Video-Kassettengeräten nach dem VCR-System zu verwenden.[1006] Die Kommission stellte in der Entscheidung *Video-Cassetterecorders* fest, dass diese Absprache

1002 Siehe auch *Choi*, European Journal of Political Economy 1996, Vol. 12, 273, 274.
1003 Vgl. *Ullrich*, in: Leistner, S. 16f.
1004 Kommission, ABl. 1978 L 47/42. Siehe dazu auch *Sucker*, CR 1988, 271, 272 sowie *Vollmer*, E.C.L.R. 1986, 388, 394ff.
1005 Kommission, ABl. 1978 L 47/42, Rn. 5, 6 – Video-Cassetterecorders.
1006 Kommission, ABl. 1978 L 47/42, Rn. 11 – Video-Cassetterecorders.

gegen Art. 85 Abs. 1 EG-Vertrag (heute Art. 101 Abs. 1 AEUV) verstieß und auch nicht gem. Abs. 3 freigestellt werden konnte. Hauptkritikpunkt war, dass sich die an der Absprache beteiligten Unternehmen verpflichtet hatten, bei Herstellung und Vertreib von Video-Kassettengeräten und Video-Kassetten die technischen Normen einzuhalten, die dem Philips-VCR-System entsprachen.[1007] Die Unternehmen waren also daran gehindert, zu einem anderen Video-Kassettensystem überzugehen oder auch nur Recorder oder Kassetten eines anderen Systems zusätzlich zu dem von Philips entwickelten zu produzieren oder zu vertreiben. Die dadurch eintretenden Wettbewerbsbeschränkungen in der technischen Entwicklung, der Erzeugung und des Absatzes anderer Video-Kassettensysteme konnten aus Sicht der Kommission auch nicht durch die mit der Vereinbarung verbundenen Verbrauchervorteile ausgeglichen werden:[1008] Positiv sei zwar zu bewerten gewesen, dass die Ausschließlichkeitsvereinbarung hauptsächlich zu dem Zweck geschlossen worden sei, die Verwendbarkeit der Video-Kassetten des VCR-Systems ohne Qualitätsverluste für die von anderen Unternehmen stammenden VCR-Geräte herzustellen.[1009] Allerdings führte die Verpflichtung zur Exklusivität zum Marktausschluss anderer, möglicherweise besserer Systeme und war nicht unerlässlich, um die Kompatibilität zu erreichen; diese wäre auch eingetreten, wenn die Unternehmen sich zum Beispiel verpflichtet hätten, bei der Herstellung nach dem VCR-System die VCR-Normen einzuhalten.[1010] Die Kommission ließ eine Freistellung somit pauschal an der fehlenden Unerlässlichkeit einer Ausschließlichkeitsvereinbarung scheitern und sah es folglich für unzulässig an, wenn einem Unternehmen wirtschaftliche Nachteile für den Fall angedroht oder zugefügt werden, dass es sich einem anderen Standard anschließt, eine eigene vom Standard abweichende Technologie entwickelt oder Produkte auf den Markt bringt, die nicht mit dem Standard übereinstimmen.[1011]

bb) Exkurs: Vereinbarung von Gütezeichen – insbesondere Fall: Kraanverhuur

Auch die Bedingungen für den Zugang zu Gütezeichen, verstanden als Vereinbarungen über bestimmte qualitative Waren- oder Dienstleistungsmindestvoraussetzungen, stellen Vereinbarungen über Normen dar.[1012] Soweit also Gütezeichengemeinschaften die Bedingungen für den Zugang zu einem Gütezeichen selbst festlegen, ist ihre Tätigkeit mit der eines Normungsgremiums vergleichbar und unterliegt damit denselben kartellrechtlichen Voraussetzungen.[1013] Daher ist

1007 Kommission, ABl. 1978 L 47/42, Rn. 23 – Video-Cassetterecorders.
1008 Kommission, ABl. 1978 L 47/42, Rn. 23 – Video-Cassetterecorders.
1009 Kommission, ABl. 1978 L 47/42, Rn. 10, 29 – Video-Cassetterecorders.
1010 Kommission, ABl. 1978 L 47/42, Rn. 31 – Video-Cassetterecorders.
1011 *Loest/Bartlik*, ZWeR 2008, 41, 48.
1012 Horizontalleitlinien 2011, ABl. 2011 C 11/1, Rn. 257; siehe auch *Braun*, in: Langen/Bunte, Band 2, 12. Aufl., 2014, Nach Art. 101 AEUV, Rn. 249.
1013 Vgl. *Wiebe*, WRP 1993, 74, unter B., II., 1.

es wenig überraschend, dass auch zu den Vergabebedingungen von Gütezeichen Entscheidungen der Kommission und der europäischen Gerichte existieren, die ähnliche Aspekte zum Gegenstand haben, wie Entscheidungen zur technischen Standardisierung. Sie können somit ergänzend herangezogen werden.

Eine der Entscheidung *Video-Cassetterecorders* ähnliche Problematik betrifft der Fall *Kraanverhuur*. Den Entscheidungen der Kommission und des EuG in dieser Sache lag folgender Sachverhalt zugrunde: Im Jahr 1992 reichten zehn Unternehmen bei der Europäischen Kommission Beschwerde ein, da sie der Auffassung waren, dass die Federatie van Nederlandse Kraanverhuurbedijven (FNK) und die Stichting Certificatie Kraanverhuurbedrjif (SCK) gegen das Kartellverbot verstießen. Bei der FNK handelt es sich um eine niederländische Vereinigung von Unternehmen, die mobile Kräne vermieten; laut Satzung fördert die Vereinigung die Interessen der Kranvermietungsunternehmen im Allgemeinen und ihrer Mitglieder im Besonderen.[1014] Die SCK wurde mit der satzungsmäßigen Aufgabe gegründet, einen hohen Qualitätsstandard bei Kranvermietungsunternehmen aufrechtzuerhalten; dieses Ziel soll sie u.a. mit Hilfe eines Zertifizierungssystems erreichen.[1015] Danach legt die SCK den Unternehmen drei Arten von Verpflichtungen auf: Zunächst Anforderungen an die mobilen Kräne, weiterhin allgemeine Verpflichtungen in Bezug auf das Unternehmen und schließlich Anforderungen an das Personal des Unternehmens.[1016] Die SCK führte 1991 das sog. Zumietverbot ein, nach dem es zertifizierten Firmen untersagt war, im Bedarfsfall zusätzliche Kräne von Unternehmen zuzumieten, die nicht der SCK angehörten und von ihr zertifiziert waren.[1017] Dies hatte weitreichende Folgen, da an der SCK große Unternehmen beteiligt waren, die häufig lukrative Aufträge an Kranvermietungsunternehmen vergaben.[1018] Die Kommission erkannte in dem Zumietverbot einen Verstoß gegen das Europäische Kartellverbot, der auch nicht nach Abs. 3 freigestellt werden konnte. Durch das Zumietverbot „wurde nicht nur die Handlungsfreiheit der angeschlossenen Unternehmen und damit deren Wettbewerb untereinander beschränkt; auch Dritten (...) wurde der Zugang zum niederländischen Markt erheblich erschwert."[1019] Eine Freistellung kam aus Sicht der Kommission nicht in Betracht, da das Zumietverbot nicht unerlässlich war, um die Qualität der Kräne und der Dienstleistungen der Unternehmen sicherzustellen. Denn die Pflichten, die den Unternehmen auferlegt waren, die sich der SCK angeschlossen hatten, waren mit den gesetzlich geltenden Pflichten „nahezu identisch", sodass auch Nichtmitglieder aufgrund der gesetzlichen Regelungen einen entsprechenden Qualitätsstandard einhalten mussten.[1020] Zudem war durch die SCK keine Möglichkeit vorgesehen, dass andere Zertifizierungssysteme oder Garantien als

---

1014 Kommission, ABl. 1995 L 312/79, Rn. 4, 10 – Kraanverhuur.
1015 Kommission, ABl. 1995 L 312/79, Rn. 5, 11 – Kraanverhuur.
1016 Vgl. Kommission, ABl. 1995 L 312/79, Rn. 197 – Kraanverhuur.
1017 Kommission, ABl. 1995 L 312/79, Rn. 11, 22 – Kraanverhuur.
1018 Kommission, ABl. 1995 L 312/79, Rn. 12 – Kraanverhuur.
1019 Kommission, ABl. 1995 L 312/79, Rn. 26 – Kraanverhuur.
1020 Kommission, ABl. 1995 L 312/79, Rn. 37 – Kraanverhuur.

gleichwertig anerkannt wurden, wodurch außenstehende Unternehmen die erforderliche Sicherheit ihrer Kräne hätten nachweisen können. Dass das Zumietverbot ausschließlich die Qualität der durch die SCK zertifizierten Gegenstände und Dienstleistungen gewährleisten wollte, konnte somit nicht angenommen werden.[1021] Die Auffassung der Kommission wurde durch das EuG bestätigt.[1022] Das Zumietverbot finde keine objektive Rechtfertigung in dem Bestreben, die Qualität der zertifizierten Erzeugnisse und Dienstleistungen zu gewährleisten, da es „die zertifizierten Unternehmen daran hindert, nicht zertifizierte Unternehmen einzuschalten, selbst wenn diese Garantien beibringen, die denen des Zertifizierungssystems gleichwertig sind".[1023] Vielmehr schütze das Verbot die zertifizierten Unternehmen vor Wettbewerb mit konkurrierenden, nichtzertifizierten Unternehmen und beeinträchtige die Wettbewerbschancen der nichtzertifizierten Unternehmen nachteilig.

Der Fall *Kraanverhuur* betrifft somit eine Situation, in der in einer Vereinigung zusammengeschlossene Unternehmen die *ausschließliche Einhaltung* eines bestimmten Zertifizierungssystems auferlegt wurde. Es bestand ein Verbot abweichende bzw. nicht zertifizierte Kräne anzumieten. Aus den genannten Entscheidungen in Sachen *Kraanverhuur* lässt sich auch hier der allgemeine Grundsatz ablesen, dass nicht von einer unzulässigen Wettbewerbsbeschränkung auszugehen ist, wenn es den einer Gütezeichen- bzw. Zertifizierungsgemeinschaft angeschlossenen Unternehmen freisteht, auch weiterhin Produkte zu vertreiben oder zu verwenden, die nicht die Bedingungen des Gütezeichens erfüllen.[1024] Sind die Teilnehmer hingegen verpflichtet, nur noch Produkte herzustellen oder zu vertreiben, die das Gütezeichen haben, bestehen erhebliche kartellrechtliche Bedenken an der Zulässigkeit

---

1021 Vgl. Kommission, ABl. 1995 L 312/79, Rn. 23 – Kraanverhuur.

1022 Mit der Klage vor dem EuG griffen die FNK und SCK verschiedene Punkte der Entscheidung der Europäischen Kommission an. Hier soll jedoch nur auf die Klagegründe und Rügen eingegangen werden, die das Zumietverbot als nicht freistellungsfähige Wettbewerbsbeschränkung im Sinne des Europäischen Kartellverbotes betreffen.

1023 EuG, Slg. 1997, II-1739, Rn. 137 – Kraanverhuur.

1024 Vgl. bereits Kooperationsbekanntmachung, ABl. 1968 Nr. C 75/3, Ziff. II/8. Ebenfalls in Kommission, ABl. 1970 L 153/14, unter II. – ASBL als maßgeblicher Aspekt für die kartellrechtliche Unbedenklichkeit bewertet. Keinen Widerspruch stellt die Entscheidung der Kommission, ABl. 1990 L 18/35, Rn. 20 – A.P.B. dar, in der die Kommission nicht gegen eine Vereinbarung der Belgischen Pharmazeutischen Vereinigung einschritt, obwohl sich die Hersteller als Gegenleistung für die Untersuchungen des Prüfdienstes, die Genehmigung zur Anbringung der Prüfmarke und die Möglichkeit, die Erzeugnisse in Apotheken abzusetzen, verpflichteten, die mit einer Prüfmarke versehenen Erzeugnisse nicht außerhalb von Apotheken zu vertreiben. Die Besonderheit des Falles war darin begründet, dass es dem Hersteller freistand, „das gleiche Produkt in der gleichen Verpackung und mit der gleichen Bezeichnung, aber ohne Prüfmarke, auch über andere Vertriebssysteme als die Apotheken abzusetzen" (Rn. 30). Zur kartellrechtlichen Zulässigkeit von Gütezeichengemeinschaften siehe auch *Wiebe*, WRP 1993, 74, unter B., II., 1., a).

der Vereinbarung. Zudem muss bei solchen Vereinigungen gewährleistet sein, dass Wettbewerber, deren Erzeugnisse objektiv den Qualitätsanforderungen des Zertifizierungssystems bzw. Gütezeichens entsprechen, das Zeichen unter denselben Bedingungen wie die Mitglieder der Gütezeichengemeinschaft nutzen können.[1025] Kartellrechtliche Bedenken entstehen also in Situationen, in denen nicht nur *ein Produkt*, sondern ein ganzes Unternehmen zertifiziert bzw. bei Produktion und Vertrieb an bestimmte Gütezeichen gebunden wird.

cc) Stellungnahme

Die Auffassung, dass eine Verpflichtung, künftig ausschließlich normkonforme Produkte herzustellen oder anzubieten und eigene Neuentwicklungen zu unterlassen, zu Wettbewerbsbeschränkungen führt, die nicht unerlässlich sind, lässt sich nicht nur in weiteren Entscheidungen der Kommission[1026] sondern auch in den Horizontalleitlinien 2011[1027] finden. Danach „erhöht sich die Wahrscheinlichkeit wettbewerbswidriger Auswirkungen erheblich", wenn die Vereinbarung die Beteiligten dazu verpflichtet, nur normkonforme Produkte zu fertigen.[1028] Die Wettbewerbsbeschränkung liegt darin, dass auf diese Weise die Entwicklung und Herstellung alternativer Produkte ausgeschlossen werden.[1029] Insbesondere, wenn eine technische Norm bereits eine längere Zeit existiert, wäre es schädlich, wenn nicht nach neueren Erkenntnissen und abweichend von der „veralteten" Norm Produkte hergestellt werden könnten.[1030]

Diese Argumentation erscheint ohne Weiteres nachvollziehbar. Allerdings lässt sich die Frage aufwerfen, ob in bestimmten Fällen nicht dennoch eine Verpflichtung zur ausschließlichen Umsetzung eines technischen Standards oder zumindest eine Verpflichtung zur Produktion einer bestimmten Quote standardisierter Produkte wettbewerbsrechtlich zugelassen werden sollte. Die Formulierung der Horizontalleitlinien 2011[1031] und auch eine entsprechende Passage in den Horizontalleitlinien

1025 Vgl. bereits Kooperationsbekanntmachung, ABl. 1968 Nr. C 75/3, Ziff. II/8; Kommission, ABl. 1982 L 167/39, Rn. 48, 58 – NAVEWA-ANSEAU. Siehe auch *Haag*, in: von der Groeben/Schwarze, Art. 81 EG Anhang, Rn. 56.

1026 Vgl. Kommission, ABl. 1999 L 125/12, Rn. 75f. – P&I Clubs (zu genormten Versicherungsprodukten); Kommission, ABl. 1988 L 305/33, Rn. 13 – Continental/Michelin.

1027 Horizontalleitlinien 2011, ABl. 2011 C 11/1, Rn. 266, 318. So bereits auch Horizontalleitlinien 2001, ABl. 2001 C 3/2, Rn. 167.

1028 Horizontalleitlinien 2011, ABl. 2011 C 11/1, Rn. 293. Sie führt nach Auffassung der Kommission unter bestimmten Umständen sogar zu einer bezweckten Wettbewerbsbeschränkung.

1029 Kommission, ABl. 1978 L 47/42, Rn. 23 – Video-Cassetterecorders.

1030 Vgl. *Bunte*, in: FK, Band 2, EG-Kartellrecht, Fallgruppen II.7 Art. 81 Abs. 1, 3 EG, 63. Lfg. 2007, Rn. 14.

1031 Vgl. z.B. Horizontalleitlinien 2011, ABl. 2011 C 11/1, Rn. 319.

2001[1032] deute(te)n darauf hin, dass dies – zumindest theoretisch – zulässig ist. So könnte es aus Sicht der an der Normung teilnehmenden Unternehmen erforderlich sein, die übrigen Teilnehmer zu einer bestimmten Quote zu verpflichten, um die Umstellung auf den Standard rentabel zu machen und sicher zu gehen, dass der Standard die für ein Bestehen am Markt erforderliche Durchsetzung erfährt. So äußerte auch schon *Vollmer* Kritik an der Kommissionsentscheidung *Video-Cassetterecorders*: Die Kommission hätte stärker berücksichtigen müssen, warum die Parteien eine Exklusivitätsvereinbarung getroffen hatten; sie brauchten Sicherheit, dass auch die anderen Teilnehmer tatsächlich Produkte desselben Typs herstellen würden.[1033] Es hätte auch geprüft werden können, ob geringere Einschränkungen, wie z.B. die zeitliche Begrenzung der Exklusivität oder ein bestimmter Prozentsatz der Produktion, akzeptabel gewesen wären.[1034]

Insbesondere das unternehmerische Interesse an einer gewissen Sicherheit, dass sich die möglicherweise kostenintensive Umstellung der Produktion auf den technischen Standard lohnen wird, ist verständlich; die Teilnehmer an einem Standardisierungsprojekt wollen sich gegenseitig verpflichten, zumindest eine bestimmte Quote an standardkonformen Produkten herzustellen, um die Einführung des Standards rentabel zu machen. Allerdings kämen die an der Standardisierung beteiligten Unternehmen im Wettbewerb – wenn sich eine Technologie als de-facto-Standard durchsetzen müsste – nicht in den Genuss der Sicherheit, dass eine bestimmte Mindestanzahl an Unternehmen den technischen Standard auf jeden Fall umsetzen wird. Das unternehmerische Interesse allein kann also für die Begründung der Unerlässlichkeit nicht ausreichen. Dass ohne eine Exklusivitätsabsprache gar kein technischer Standard vereinbart würde und die Effizienzgewinne damit gänzlich ausblieben, erscheint nur in den seltensten Fällen nachweisbar. Gerade auch unter Berücksichtigung der aufgezeigten Kommissionspraxis ist eine Verpflichtung zur Einhaltung der Norm somit nur selten in der Lage, das Erfordernis der Unerlässlichkeit zu erfüllen.

1032 In den Horizontalleitlinien 2001 drückte die Kommission den entsprechenden Grundsatz noch wie folgt aus: „Grundsätzlich sollte eine klare Unterscheidung getroffen werden zwischen der Setzung einer Norm und, falls notwendig, der damit verbundenen Forschung und Entwicklung sowie der gewerblichen Nutzung der Norm. (...) So müsste z.B. nachgewiesen werden, warum es für die Erzielung eines wirtschaftlichen Nutzens unerlässlich ist, dass eine Vereinbarung zur Verbreitung einer Norm in einem Wirtschaftszweig, wo nur ein Wettbewerber eine Alternative anbietet, die an der Vereinbarung Beteiligten zwingt, diese Alternative zu boykottieren“, vgl. Horizontalleitlinien 2001, ABl. 2001 C 3/2, Rn. 173.

1033 *Vollmer*, E.C.L.R. 1986, 388, 395f.

1034 *Vollmer*, E.C.L.R. 1986, 388, 396.

f) Zusammenfassung

Obwohl durch die kooperative Standardsetzung überhaupt erst Konflikte mit Art. 101 AEUV auftreten können, ist es nicht stets die bessere Alternative, dem Markt die Bildung von technischen Standards zu überlassen. Dabei kann es zu „standard wars" zwischen konkurrierenden Technologien kommen, bei denen sich Investitionen in Technologien, die sich im Ergebnis nicht durchsetzen, als völlig nutzlos herausstellen. Weiterhin können Situationen eintreten, in denen sich keine Technologie als Standard am Markt durchsetzt, sodass mangelnde Kompatibilität zu wirtschaftlichen Verlusten führt.

Um potenzielle Wettbewerbsbeschränkungen durch kooperative Standardsetzung jedoch soweit wie möglich gar nicht erst entstehen zu lassen, muss sich die technische Normung auf das beschränken, was zur Erreichung ihrer Ziele tatsächlich notwendig ist. Dies gilt u.a. im Hinblick auf den Gegenstand und den Inhalt technischer Standards: Zunächst muss der Bedarf an Standardisierung erkennbar sein, d.h. dass die Normung entsprechender Produkte oder Dienstleistungen von einem großen Teil des fraglichen Wirtschaftszweiges gewünscht wird. Weiterhin sind grds. ergebnisorientierte Normen (d.h. Normen, die das Resultat beschreiben, ohne festzulegen, auf welche ganz bestimmte Weise es erreicht werden muss) gegenüber verfahrensorientierten Normen (also Normen, die genau die Mittel beschreiben, um das gewünschte Ergebnis zu erzielen) vorzugswürdig. Sie sind weniger innovations- und damit weniger wettbewerbsbeschränkend, da sie die Möglichkeit offen halten, das gewünschte Normziel auf verschiedene Weise zu erreichen. Allerdings wird es in der Praxis durchaus Fälle geben, in denen ein bestimmtes gewünschtes Ergebnis eines Produktes nicht genormt werden kann, ohne dass nicht auch das Verfahren zur Herstellung und das Design des Produktes durch den technischen Standard vorgegeben wird. Ein weiterer Aspekt dieses Grundgedankens ist, dass in eine Norm keine bestimmten Technologien aufgenommen werden sollten, wenn das gewünschte Ergebnis auch durch andere Technologien ebenso gut zu erzielen ist; der Standard soll möglichst technologieneutral sein. Die Aufnahme nur einer der untereinander substituierbaren Technologien würde den Wettbewerb unnötig beschränken. Verbesserungswürdig sind insoweit die Ausführungen der Kommission in den Horizontalleitlinien 2011, da sie dieses Ergebnis sehr missverständlich darstellen.

Wenn ein Standard nicht technologieneutral formuliert werden kann, sollte die objektiv beste Technologie in den Standard aufgenommen werden. Da weder vom Europäischen Gesetzgeber noch von der Kommission abstrakt geregelt werden kann, welche Technologie im Einzelfall die beste ist, können nur die Verfahrensregeln der Standardisierungsorganisationen Mechanismen vorsehen, die dafür sorgen, dass bei der erforderlichen wertenden Auswahl durch die Standardisierungsteilnehmer alle Interessen angemessen berücksichtigt werden. Dies ist durch eine pluralistische Zusammensetzung der Entscheidungsgremien sowie durch die Schaffung von Transparenz bzgl. des Normungsvorganges möglich. Insbesondere durch eine Dokumentation des Auswahlvorganges zwischen den verschiedenen in Frage stehenden Technologien wird die Entscheidungsfindung im Nachhinein nachvollziehbar und transparent.

Nicht nur auf die Frage „Was ist die objektiv beste Technologie für den Standard?“ sondern auch auf die Frage „Zu welchem Zeitpunkt sollte die Normung stattfinden?“ lässt sich keine allgemeingültige Antwort finden. Die Standardisierungsorganisationen müssen insoweit zwischen möglichst frühzeitiger Normung, die die aktuelle technische Entwicklung begleiten kann und unnötige Verwendung von Entwicklungskapazitäten auf später nicht weiter verfolgte technologische Alternativen vermeidet, und späterer Normung, zu deren Zeitpunkt die Vor- und Nachteile der verschiedenen Technologien bereits erprobt sind, abwägen.

Ein weiterer Grundsatz, der im Zusammenhang mit dem zulässigen Umfang technischer Standardisierung steht, ist, dass eine Vereinbarung über Normen nicht so weit gehen darf, dass die an der Vereinbarung Beteiligten verpflichtet werden, die Norm umzusetzen und von der Norm abweichende Produkte weder herzustellen noch zu vertreiben. Die Kommission vertritt diesen Grundsatz sowohl in verschiedenen Entscheidungen (*Video-Cassetterecorders* sowie zu Gütezeichengemeinschaften *Kraanverhuur*) als auch in den Horizontalleitlinien 2011. Zu recht; denn durch die Verpflichtung zur Umsetzung des Standards und das Verbot der Herstellung und des Vertriebes abweichender Produkte würde der Wettbewerb hinsichtlich der Entwicklung neuartiger Produkte erheblich behindert bzw. sogar ausgeschlossen. Obwohl man sich die Frage stellen muss, ob nicht in Ausnahmefällen eine (zeitlich begrenzte) Exklusivitätsvereinbarung, ausschließlich oder in einer bestimmten Quote normenkonforme Produkte herzustellen oder zu vertreiben, zulässig sein könnte, reicht allein das unternehmerische Interesse der Beteiligten nicht aus die Wettbewerbsbeschränkung zu rechtfertigen. Eine solche Sicherheit in Bezug auf die Beteiligung anderer Unternehmen bestünde nämlich auch nicht, wenn sich eine Technologie als de-facto-Standard am Markt durchsetzen müsste. Da zudem nur in den seltensten Fällen nachweisbar sein wird, dass eine Exklusivitätsvereinbarung erforderlich ist, um überhaupt einen technischen Standard entwickeln zu können, fehlt es in aller Regel an der für eine Freistellung nach Art. 101 Abs. 3 AEUV erforderlichen Unerlässlichkeit.

4. *Offener Zugang zur endgültigen Norm*

Nicht nur der Zugang zur Standardisierungsorganisation und zum Normungsprozess sowie die damit verbundene Möglichkeit den Standard inhaltlich zu beeinflussen stellt ein aus Sicht des Europäischen Kartellverbotes wichtiges Prinzip dar. Auch der Zugang zur endgültigen Norm muss offen sein, also allen interessierten Kreisen unter angemessenen Bedingungen offenstehen. Denn wenn ein Unternehmen nicht die Möglichkeit hat, die Inhalte eines technischen Standards zur Kenntnis zu nehmen und ihn bei Bedarf anzuwenden, kann es zu Abschottungen des von dem Standard betroffenen Marktes kommen. Oder anders ausgedrückt: „Erst der allgemeine und grundsätzlich gleiche Zugang zum Standard und zu seiner Nutzung ermöglicht einen intensiven und innovativ-dynamischen Wettbewerb auf der Basis des Standards."[1035] Es reicht auch insofern nicht aus, wenn während des Standardisierungsverfahrens alle Interessierten die Möglichkeit zur Teilnahme an der Standardisierungsorganisation sowie zur Mitwirkung bei der Erarbeitung des Standards hatten und nach Abschluss des Verfahrens der Standard (allein) den Teilnehmern der Normungsorganisation zur Verfügung steht. Die Teilnahmemöglichkeit während des Standardisierungsverfahrens genügt nicht, um eine Marktabschottung zu verhindern, denn ein Unternehmen kann aus finanziellen, zeitlichen oder sonstigen Gründen im Einzelfall gehindert gewesen sein, diese wahrzunehmen. Auch der Zugang zum „fertigen" Standard muss offen sein. Was ein *offener Zugang* im Einzelnen bedeutet, ist positiv nicht leicht festzustellen, da er ggf. durch verschiedene Modelle erreicht werden kann.[1036] Aussichtsreicher ist es deshalb, verschiedene Zugangsbarrieren herauszuarbeiten, bei denen jedenfalls kein offener Zugang zur Norm besteht. Mit solchen Konstellationen rund um die Frage des offenen Zugangs zum Standard beschäftigt sich der folgende Abschnitt der Untersuchung. Als mögliche Hindernisse des Zugangs zu einer von einer Standardisierungsorganisation festgelegten technischen Norm können zum einen der zum Teil relativ hohe Preis für den Erwerb der Norm (Kaufpreis) (dazu unter Kap. 2. B. II. 4. a)), zum anderen mögliche Lizenzgebühren für die Nutzung von in der Norm enthaltenen durch Rechte des geistigen Eigentums geschützten Technologien identifiziert werden (dazu unter Kap. 2. B. II. 4. b)). Wann der Zugang zur Norm trotz Aufnahme proprietärer Technologien in den Standard ausreichend gesichert ist, wird anhand von drei IPR-Modellen erörtert, die in verschiedenen Standardisierungsorganisationen zur Anwendung kommen.

a) Kaufpreis

Die Horizontalleitlinien 2011 sowie auch ihre Vorgänger gehen durchaus auf das Problem des Zugangs zur Norm ein. Dies erfolgt allerdings ausschließlich unter dem Gesichtspunkt der Lizenzierung der in der Norm enthaltenen geschützten Technologien zu sog. FRAND-Bedingungen (dazu sogleich). Der Kaufpreis wird in den Horizontalleitlinien nicht als mögliches Zugangshindernis zur Norm wahrgenommen. Dennoch kann sich insbesondere für KMU ein hoher Kaufpreis zum Zugangshindernis zur Norm entwickeln. Dies stellt keine rein theoretische Möglichkeit dar; auch in der bereits erwähnten öffentlichen Konsultation durch die Kommission zum Entwurf der Horizontalleitlinien 2011 ist der Preis für den Erwerb von Standards vor allem für KMU als große Barriere für die Anwendung technischer Standards ermittelt

---

1035 *Picht*, S. 219.

1036 Auf welche Weise ein offener Zugang am besten gewährleistet werden sollte, hängt z.B. auch von der betreffenden Branche, die den Standard entwickelt, ab, vgl. *Dolmans*, International Free and Open Source Software Law Review 2010, Vol. 2, Issue 2, 115, 125f.

worden.[1037] Dabei liegt das Problem nicht unbedingt in dem Preis für den Erwerb eines einzelnen Standards, sondern darin, dass für ein bestimmtes Produkt häufig mehrere Standards erforderlich sind und die Vorschau eines Standards häufig keine klare Vorstellung davon vermittelt, ob der Standard für die Bedürfnisse des Unternehmens erforderlich ist, sodass Unternehmen ggf. in die Lage geraten, Standards zu erwerben, die sie im Endeffekt nicht benötigen.[1038]

Aus kartellrechtlicher Sicht könnte eine Verpflichtung von Standardisierungsorganisationen, die von ihnen entwickelten Normen kostenfrei zur Verfügung zu stellen, die Gefahr einer Marktabschottung durch zu hohe Kaufpreise verhindern. Eine entsprechende Verpflichtung würde jedoch stark in die unternehmerische Freiheit der privatwirtschaftlich tätigen Standardisierungsorganisationen eingreifen.[1039] Es darf nicht außer Acht gelassen werden, dass viele Normungsorganisationen aus den Verkaufserlösen der Standards einen Großteil ihrer Arbeit finanzieren.[1040] Dabei erscheint es durchaus sachgerecht, „diejenigen, die sich durch das Anwenden der Normen die Ergebnisse der Normungsarbeit unmittelbar zunutze machen, über den Kaufpreis verstärkt zur Kostendeckung heranzuziehen, als etwa die [Mitglieder der Standardisierungsorganisationen] über höhere Mitgliedsbeiträge [noch] stärker zu belasten (...)".[1041] Der Verkaufspreis darf jedoch nie eine derartige Höhe erreichen, die sich insbesondere für finanzschwächere potenzielle Normenanwender tatsächlich als absolutes Zugangshindernis zur Norm erweisen würde. Der Zugang zu den Normtexten sollte folglich insbesondere für KMU vereinfacht werden. Nach Finanzstärke des Erwerbers gestaffelte Kaufpreise, d.h. Rabatte für KMU, Verbraucherorganisationen oder Mitglieder der entsprechenden Normungsorganisation, die über ihre Mitgliedsbeiträge bereits einen gewissen Beitrag zur Finanzierung der Normung beitragen, können die Gefahr des Entstehens einer Zugangsbarriere durch hohe Preise verringern. Auch Mengenrabatte oder Sonderpreise können etwaige Hindernisse beseitigen.[1042]

1037 Kommission, Public Consultation on Standardisation Package – Overview of the responses, S. 15. Siehe auch Kommission, Eine strategische Vision der europäischen Normung, KOM(2011) 311 endg., S. 14; Stellungnahme des BDI, S. 19.

1038 Kommission, Public Consultation on Standardisation Package – Overview of the responses, S. 15.

1039 BMWi, Schlaglichter der Wirtschaftspolitik, Monatsbericht Oktober 2012, S. 9f. A.A. wohl Stellungnahme VDMA, S. 5, verfügbar unter: http://ec.europa.eu/competition/consultations/2010_horizontals/vdma_de.pdf (abgerufen am 10.03.2016), der sich für einen kostenlosen Zugang zu Normentexten ausspricht.

1040 Z.B. besteht das Gesamtbudget des DIN zu ca. 70 % aus eigenen Erträgen, wobei dazu neben den Erträgen aus dem Verkauf der Normen auch Zinserträge, Mieteinnahmen etc. gehören, vgl. DIN, Finanzierung der Normung, S. 3.

1041 *Marburger*, in: DIN, Handbuch der Normung, Band 3, S. 4–11; *Ebert-Kern*, S. 106.

1042 Kommission, Eine strategische Vision der europäischen Normung, KOM(2011) 311 endg., S. 14.

b) Lizenzgebühren – Lizenzierung zu FRAND-Bedingungen

Insbesondere proprietäre Standards, d.h. Standards, in denen durch Rechte des geistigen Eigentums[1043] geschützte Technologien enthalten sind, haben wettbewerbsbeschränkendes Potenzial. Das kann soweit gehen, dass eine Marktabschottung eintritt, wenn innerhalb der Standardisierungsorganisation die Lizenzerteilung an Dritte ausdrücklich oder stillschweigend ausgeschlossen wird.[1044] Eine Marktverschließung droht aber auch, wenn die Inhaber der entsprechenden Rechte nach Festlegung des Standards eine Lizenzierung nur zu unangemessen hohen Lizenzgebühren durchführen,[1045] sodass (potenziellen) Wettbewerbern die Nutzung des Standards nicht möglich ist. Hohe Lizenzgebühren können somit ein weiteres Zugangshindernis zur Norm und damit Grund für eine mögliche Marktverschließung sein. Dieser Konflikt zwischen den Interessen der Schutzrechtsinhaber und den Interessen der potenziellen Lizenznehmer kann in zwei unterschiedlichen Varianten auftreten: Zum einen in dem Fall, in dem eine einzelne Lizenzgebühr für eine im Standard implementierte Technologie für die Nutzer unangemessen hoch erscheint. Zum anderen in dem Fall, dass in einem Standard eine Vielzahl an geschützten Technologien enthalten ist, bei denen erst die Summe der einzelnen Lizenzgebühren eine für den Nutzer nicht mehr bezahlbare Höhe erreicht.

aa) Keine Aufnahme geschützter Technologien in einen Standard?

Die oben aufgezeigte Problematik wettbewerbsbeschränkender Lizenzgebühren könnte umgangen werden, wenn eine Standardisierungsorganisation die Devise vertritt, in ihre Standards keine durch Rechte des geistigen Eigentums geschützten Technologien aufzunehmen.[1046] Wenn in einer Norm allein Technologien enthalten

---

1043 Im Bereich von technischen Standards handelt es sich ganz überwiegend um Patente; jedoch sind auch andere in Betracht kommende Rechte des geistigen Eigentums erfasst (so kann z.B. das Urheberrecht für Quellcodes von Computersoftware maßgeblich werden, vgl. *M. Jakobs*, S. 40). Im Folgenden wird deshalb überwiegend von Patenten oder allgemein von Schutzrechten gesprochen.

1044 Vgl. Kommission, ABl. 1991 L 19/25, Rn. 18 – KSB/Goulds/Lowara/ITT.

1045 Zur Wettbewerbsbeschränkung durch die Verweigerung von Patenten und durch überhöhte Lizenzgebühren siehe bereits Kommission, Elfter Bericht über die Wettbewerbspolitik, 1982, S. 71 – IGR sowie Kommission, Vierzehnter Bericht über die Wettbewerbspolitik, 1985, S. 85f. – IGR.

1046 Vgl. auch *Nicolas/Repussard*, S. 141. So sieht z.B. das DIN als Grundsatz vor: „Normen sollten sich nicht auf Gegenstände erstrecken, auf denen Schutzrechte ruhen.“, vgl. DIN 820-1:2009-05, Rn. 7.9, sowie DIN 820-1:2013-06 – Entwurf, Rn. 7.9. Allerdings ist in der selben Regelung enthalten, wie vorgegangen werden soll, wenn es „in Ausnahmefällen nicht vermeidbar [ist], dass bestehende Schutzrechte von einer Norm erfasst werden“. Ob es sich bei solchen Situationen tatsächlich um Ausnahmefälle handelt, ist mehr als fraglich. Insbesondere im IT- und Telekommunikationsbereich wird man wohl keinen Standard mehr setzen können, in dem keine patentierte Technologie enthalten ist, vgl. auch *Treacy/Lawrance*, Journal of

sind, die keinem Schutz durch Rechte des geistigen Eigentums unterliegen, kann jeder Interessierte den Standard umsetzen, ohne Lizenzgebühren entrichten zu müssen. Eine Marktzutrittsschranke kann insoweit nicht entstehen.

Allerdings würde ein solches Modell, bei dem keine Rechte des geistigen Eigentums in einen Standard aufgenommen werden, implizieren, dass die Ziele des Immaterialgüterrechts, des Wettbewerbsrechts und der technischen Standardsetzung einander zwangsläufig widersprechen. Das Verhältnis von Standardisierung, Immaterialgüterrecht und Wettbewerbsrecht ist jedoch differenzierter zu betrachten. Richtig ist, dass eine Spannung zwischen Immaterialgüterrecht und technischer Standardisierung besteht: Während das Immaterialgüterrecht gegenüber dem Einzelnen den Schutz seiner von ihm hervorgebrachten Erfindung sichern und somit andere von dessen Verwendung ausschließen will, ist technische Standardisierung auf Vereinheitlichung und möglichst weite Verbreitung einer Technologie ausgerichtet. Die Gewährung von Ausschließlichkeitsrechten stellt auf den ersten Blick ebenfalls einen „Widerspruch" zum Grundgedanken der Wettbewerbsfreiheit dar. Dieser kann jedoch aufgelöst werden: Das Kartellrecht will nur Wettbewerbsbeschränkungen ausschließen, die sich nicht aus dem Schutzrecht des geistigen Eigentums selbst, sondern erst „aus dem wettbewerblichen Umgang mit demselben" ergeben.[1047] Zudem dient das Immaterialgüterrecht ebenso wie das Wettbewerbsrecht der Förderung von Innovation, indem durch (einen zeitlich befristeten) Schutz der Erfindungen Nachahmung verhindert wird und Anreize geschaffen werden, neue Entwicklungen zu leisten und wirtschaftlich verwerten zu können, damit sich die Entwicklungskosten amortisieren.[1048] Auch die technische Standardisierung verfolgt den Zweck, Innovationen (auf nachgelagerten Märkten) zu vereinfachen und die Entwicklung der Wirtschaft und der Verbraucherwohlfahrt zu fördern (siehe oben Kap. 1. B. I. 5.). Insofern besteht durchaus ein Gleichlauf der Ziele.

Auch würde ein völliger Verzicht auf geschützte Technologien in technischen Normen der Standardisierung insgesamt keinen Gefallen tun. Nähme man kategorisch Technologien, die durch Rechte des geistigen Eigentums geschützt sind, von der Aufnahme in technische Standards aus, so würden in vielen Bereichen gerade die innovativen, aktuellen und fortschrittlichen Lösungsmöglichkeiten eines Problems nicht technischer Standard werden können und eine technische Norm (wenn es in einem solchen Fall überhaupt zu einer entsprechenden Einigung der Standardisierungsteilnehmer käme) würde häufig keine weite Verbreitung finden

Intellectual Property Law & Practice 2008, Vol. 3, No. 1, 22, 23; *Ascheid*, in: Leistner, S. 7; *Schöler*, in: Prinz zu Waldeck und Pyrmont u.a., S. 181; *Balitzki*, S. 1f.

1047 *Jestaedt*, in: Langen/Bunte, Band 2, 12. Aufl., 2014, Nach Art. 101 AEUV, Rn. 1234 m.V.a. *Ullrich*, GRUR Int 1996, 555, 556.

1048 Siehe auch *Morse*, IP Litigator May/June 2003, 17, 18; *Shurmer/Lea*, StandardView 1995, Vol. 3, No. 2, 50, 53; *Ullrich*, in: Leistner, S. 78 m.w.N. Stärker spannungsbelastet wird das Verhältnis zwischen technischer Normung und gewerblichen Schutzrechten von der Kommission noch in der Mitteilung „Gewerbliche Schutzechte und Normen", KOM(92) 445 endg., S. 1b dargestellt.

und ein Dasein am Rande des Marktgeschehens fristen müssen. Wenn eine Standardisierungsorganisation also fortschrittliche, erfolgreiche Normen entwickeln will, kann sie in aller Regel nicht pauschal die Aufnahme geschützter Technologien in die Norm ausschließen. Zudem können patentierte Technologien im Einzelfall z.B. von der Implementierung deutlich vorteilhafter sein und die höheren Nutzungskosten die Lizenzkosten mehr als aufwiegen.[1049] Es muss folglich darum gehen, dass für in einen Standard implementierte geschützte Technologien durchaus Lizenzgebühren anfallen dürfen, dass diese Gebühren jedoch keine Höhe erreichen, die zur Marktabschottung führt. Zentrales Schlagwort ist dabei die Lizenzierung zu sog. FRAND-Bedingungen.

bb) FRAND – Eine Frage des Art. 101 AEUV?

Die hier angedeuteten Konfliktfelder zwischen technischer Standardsetzung, Wettbewerbsrecht und Schutz des geistigen Eigentums sind vor allem im Zusammenhang mit der Frage aufgearbeitet worden, ob und inwieweit die Verweigerung einer Lizenz ein Verstoß gegen das Missbrauchsverbot des Art. 102 AEUV darstellen kann;[1050] die Lizenzierung(spflicht) zu FRAND-Bedingungen ist entwickelt worden, um sog. „hold-ups" bzw. „patent ambushes" zu vermeiden, die u.a. aus der Nicht- oder verspäteten Offenlegung von Schutzrechten folgen können (dazu sogleich).[1051] FRAND soll dabei dem Ausgleich der Interessen des Inhabers der Rechte des geistigen Eigentums und denen der Umsetzer des Standards dienen: zum einen den Zugang zum Standard sicherstellen, zum anderen den Rechteinhabern eine angemessene Vergütung für ihre Entwicklungs- und Erfindungsarbeit gewähren.[1052] Für diese Untersuchung stellt sich somit die Frage, ob die Lizenzierung zu FRAND-Bedingungen nicht nur für die Anwendung des Art. 102 AEUV maßgeblich, sondern gleichzeitig auch ein unter dem Blickwinkel des Art. 101 AEUV relevanter Aspekt ist.

Im Verhältnis zu den anderen Grundsätzen, die besagen sollen unter welchen Bedingungen eine Vereinbarungen über Normen nach Auffassung der Kommission keine wettbewerbsbeschränkenden Auswirkungen hat, besprechen die Horizontalleitlinien

---

1049 *Ascheid*, in: Leistner, S. 6. Solch „offene Standards" können weiterhin anfällig für Zersplitterung oder Fragmentierung sein (vgl. *Hoenkamp/Folmer/Huitema*, in: 17th EURAS Proceedings, 2012, S. 163, 166 m.w.N.); wenn sich verschiedene Ausprägungen des Standards in unterschiedliche Richtungen entwickeln, kann dies zu Lasten der Kompatibilität gehen.

1050 Siehe dazu *Kübel*, Zwangslizenzen im Immaterialgüter- und Wettbewerbsrecht; *Montag*, EuZW 1997, 71, 77f. Zu den Voraussetzungen des unbedingten Angebots auf Abschluss eines Lizenzvertrages durch den Lizenzsucher *Körber*, NZKart 2013, 87.

1051 Kritisch hinsichtlich der Frage, ob diese Phänomene tatsächlich in mehr als nur unerheblichem Umfang auftreten, *Geradin/Rato*, European Competition Journal 2010, 129, 134.

1052 Vgl. *Lemley/Shapiro*, Berkeley Technology Law Journal 2013, Vol. 28, 1135, 1138; *Tapia*, S. 15.

2011 den Grundsatz des effektiven Zugangs zur Norm zu FRAND-Bedingungen relativ ausführlich. Die Kommission ging bereits in den Horizontalleitlinien 2001 davon aus, dass „der Zugang zur Norm Dritten zu gerechten, vernünftigen und nicht diskriminierenden Bedingungen offen stehen [muss]“, damit es zu keiner Ausschaltung des Wettbewerbs im Sinne des Art. 101 Abs. 3 AEUV kommt.[1053] Im Rahmen der endgültigen Fassung der Horizontalleitlinien 2011 wurden die Ausführungen noch erheblich erweitert. So soll nach Auffassung der Kommission bereits keine Wettbewerbsbeschränkung im Sinne des Art. 101 Abs. 1 AEUV vorliegen, wenn Dritten der Zugang zur Norm zu FRAND-Bedingungen gewährt wird;[1054] nur die vor Annahme der Norm von den Inhabern der Rechte des geistigen Eigentums abzugebende unwiderrufliche schriftliche Verpflichtung, „Dritten zu fairen, zumutbaren und diskriminierungsfreien Bedingungen Lizenzen für diese Rechte zu erteilen“ könne „die Wahrscheinlichkeit [erhöhen], dass die Umsetzer der Norm auch tatsächlich Zugang zu der Norm erhalten“.[1055] Die FRAND-Selbstverpflichtung solle verhindern, dass die Inhaber von Rechten geistigen Eigentums die Anwendung einer Norm nach deren Annahme erschweren, indem sie eine Lizenzerteilung insgesamt ablehnen oder überhöhte Gebühren verlangen.[1056] Dieser Grundsatz soll nach Ansicht der Kommission zu den zentralen Punkten der Prüfung zählen, ob eine Vereinbarung über Normen wettbewerbsbeschränkend ist.[1057]

Diese Behandlung von FRAND-Lizenzen in den Horizontalleitlinien ist unabhängig von der systematischen Verortung in Art. 101 Abs. 1 oder Abs. 3 AEUV[1058] in der Literatur teilweise auf heftige Kritik gestoßen. Bereits der Ansatz der Kommission, die kartellrechtliche Beurteilung von Standardisierungskooperationen anhand des Kartellverbotes von Maßnahmen abhängig zu machen, die der Verhinderung missbräuchlicher Verhaltensweisen dienen, sei „dogmatisch fragwürdig“ und Ausführungen zur Ermittlung einer angemessenen Lizenzgebühr seien in den Horizontalleitlinien „schlichtweg fehlplatziert“.[1059] Denn die Ausübung der Machtposition des Inhabers der Rechte des geistigen Eigentums sei grundsätzlich als einseitige Maßnahme eines Unternehmens im Sinne des Art. 102 AEUV zu bewerten.[1060] Eine Ausweitung der Missbrauchskontrolle in den Bereich des Art. 101 AEUV sei nicht

1053 Horizontalleitlinien 2001, ABl. 2001 C 3/2, Rn. 174.
1054 ABl. 2011 C 11/1, 60, Rn. 280ff.
1055 ABl. 2011 C 11/1, 60, Rn. 284f.
1056 ABl. 2011 C 11/1, 60, Rn. 287.
1057 ABl. 2011 C 11/1, Rn. 294.
1058 Vgl. *Körber*, S. 47 (Es sei „systematisch nicht unzweifelhaft“, wenn die Kommission bereits das Vorliegen des Tatbestandes des Kartellverbotes ablehnt.).
1059 *Auf'mkolk*, WuW 2011, 699, 711.
1060 *Bunte*, in: FK, Band 2, EG-Kartellrecht, Fallgruppen II.7 Art. 101 Abs. 1, 3 AEUV, 75. Lfg. 2011, Rn. 3. Siehe auch Stellungnahme der Deutschen Vereinigung für gewerblichen Rechtsschutz, S. 3f., 8, verfügbar unter: http://ec.europa.eu/competition/consultations/2010_horizontals/dvgrv_de.pdf (abgerufen am 10.03.2016).

gerechtfertigt.[1061] Dieser Auffassung zufolge sei der Abschnitt zu FRAND-Bedingungen vollständig aus den Horizontalleitlinien zu streichen oder zumindest ein ausdrücklicher Hinweis aufzunehmen, dass die Horizontalleitlinien an dieser Stelle ihr eigentliches Terrain verlassen, da das angesprochene Problem der Lizenzierung standardessentieller Patente zu FRAND-Bedingungen ausschließlich Auswirkungen auf Art. 102 AEUV haben könne.[1062] In den Stellungnahmen lässt sich jedoch auch die genaue Gegenposition wiederfinden, die das Bemühen der Kommission, entsprechenden Marktmachtmissbräuchen i.S.d. Art. 102 AEUV bereits im Normungsverfahren vorzubeugen, als legitim bewertet, so dass die Aufnahme der Lizenzierungspflicht in die Horizontalleitlinien zu Art. 101 AEUV angemessen sei.[1063]

Zunächst ist zu bedenken, dass Art. 101 und 102 AEUV unabhängig voneinander zur Anwendung kommen, d.h. bei ein und demselben Lebenssachverhalt beide Vorschriften eingreifen können, wenn ihre jeweiligen Voraussetzungen vorliegen.[1064] Um zu klären, ob die aufgezeigte Kritik berechtigt ist, stellt sich somit die Frage, ob „hold-up“-[1065] und „patent ambush“-Situationen zumindest auch die Tatbestandsmerkmale des Art. 101 AEUV erfüllen; dazu sind diese Situationen ein wenig genauer zu betrachten. Auch wenn beide Begriffe häufig in einem Atemzug genannt werden und sie in der Tat sehr ähnliche Situationen beschreiben, lassen sich zwischen ihnen Unterschiede feststellen:[1066] Mit dem Begriff „hold-up“ wird ein Verhalten eines an einer Standardisierungsorganisation Beteiligten beschrieben, der sich während des Standardisierungsverfahrens entsprechend dem Regelwerk der Standardisierungsorganisation verhält und standardessentielle Patente offenlegt, sich aber im Nachhinein nach Verabschiedung des Standards weigert, für seine geschützten Technologien Lizenzen zu vergeben oder zwar Lizenzen vergibt, aber überhöhte Lizenzgebühren verlangt.

Als wohl populärstes Beispiel eines (vermeintlichen) „hold-ups“ soll hier kurz auf den Fall *Qualcomm* verwiesen werden.[1067] Das Unternehmen Qualcomm war Inhaber von Rechten des geistigen Eigentums an sog. CDMA- und WCDMA-

1061 Stellungnahme der Deutschen Vereinigung für gewerblichen Rechtsschutz, S. 3.

1062 Vgl. Stellungnahme Joint Working Party of the Bars and Law Societies of the United Kingdom on Competition Law, S. 3, verfügbar unter: http://ec.europa.eu/competition/consultations/2010_horizontals/jwp_en.pdf (abgerufen am 10.03.2016).

1063 Stellungnahme des Bundesministeriums für Wirtschaft und Technologie und des Bundeskartellamts, S. 3.

1064 *Eilmansberger/Bien*, in: MüKo, 2. Aufl., Bd. 1, Europäisches Wettbewerbsrecht, Art. 102 AEUV, Rn. 27.

1065 Von *Lundqvist*, S. 29 als „FRAND ambush“ bezeichnet.

1066 Zur Unterscheidung zwischen den Begriffen „hold-up“ und „patent ambush“ siehe auch *Kroes*, Setting the standards high, Speech/09/475 v. 15.10.2009, verfügbar unter: http://europa.eu/rapid/press-release_SPEECH-09-475_en.htm?locale=en (abgerufen am 10.03.2016).

1067 Zu entsprechenden aktuellen Patentstreitigkeiten im Mobilfunksektor siehe *Picht*, GRUR Int 2014, 1, 3f.

Mobilfunkstandards, die wiederum Teil des G3-Standards für die europäische Mobilfunktechnologie sind.[1068] Die Europäische Kommission leitete auf Beschwerde verschiedener Mobiltelefon- und Chiphersteller ein Verfahren gegen Qualcomm Inc. ein, da die Unternehmen behaupteten, Qualcomm Inc. halte nicht die von ihm während des Standardisierungsverfahrens abgegebene FRAND-Selbstverpflichtung bzgl. der standardessentiellen Patente ein.[1069] Denn auch wenn ein Inhaber eines geistigen Schutzrechtes eine FRAND-Verpflichtung abgegeben hat, müssen potenzielle Lizenznehmer und Rechteinhaber immer noch über die konkreten Lizenzgebühren verhandeln und einen Lizenzvertrag schließen; die FRAND-Verpflichtung selbst ist noch keine Lizenz. Ein Vorwurf, dass Qualcomm Inc. an unzulässigen Handlungen während des Standardisierungsverfahrens beteiligt gewesen sei, wurde allerdings nicht erhoben. Etwa zwei Jahre später schloss die Kommission das Verfahren wieder, da sie keine belastbaren Ergebnisse ermitteln konnte und alle Beschwerdeführer ihre Beschwerden bereits zurückgezogen hatten oder zumindest angekündigt hatten, dies zu tun.[1070]

Unter einem „patent ambush" (auch „Patenthinterhalt" genannt) versteht man hingegen eine Situation, in der der Inhaber eines Rechts des geistigen Eigentums alles daran setzt, den Standardisierungsprozess so zu nutzen bzw. zu beeinflussen, dass seine patentierte Technologie Teil des Standards wird; erst nach Abschluss des Standardisierungsverfahrens, wenn der entsprechende Standard bereits endgültig festgelegt worden ist und ggf. auf dem Markt schon verwendet wird, legt der Inhaber das Bestehen des Schutzrechts offen und verlangt (überhöhte)[1071] Lizenzgebühren für die Nutzung seiner geschützten Technologie im Rahmen des Standards. Maßgeblich ist also, dass bewusst und zielgerichtet Patente oder ihre Wesentlichkeit für den entsprechenden Standard verschwiegen werden.[1072] Das Verschweigen von Patenten kann dazu führen, dass alternative Technologien bei der Standardentwicklung außer Acht gelassen werden und es so zu Wettbewerbsverzerrungen kommt.[1073]

Bekanntestes Beispiel für einen „patent ambush" ist der Fall *Rambus*. Das Unternehmen Rambus konzipiert, entwickelt und lizenziert Schnittstellentechnologien für Hochgeschwindigkeitschips, die in Unterhaltungselektronik, Computern und Kommunikationsmitteln verwendet werden. Es schloss sich 1991 dem Joint Electron Device

1068 Bekannt unter dem Begriff UMTS.

1069 Vgl. Kommission, MEMO/07/389 v. 01.10.2007, verfügbar unter: http://europa.eu/rapid/press-release_MEMO-07-389_de.htm?locale=en (abgerufen am 10.03.2016).

1070 Vgl. Kommission, MEMO/09/516 v. 24.11.2009, verfügbar unter: http://europa.eu/rapid/press-release_MEMO-09-516_en.htm?locale=en (abgerufen am 10.03.2016).

1071 Auch wenn der Schutzrechtsinhaber nach Festlegung des Standards „nur" Lizenzen zu FRAND-Bedingungen verlangt, kann von einer Wettbewerbsverzerrung gesprochen werden, da ohne Manipulation des Standardisierungsprozesses die geschützte Technologie möglicherweise gar nicht Teil des Standards geworden wäre.

1072 Vgl. *Burghartz*, S. 97.

1073 Kommission, Pressemitteilung IP/05/1565 v. 12.12.2005; *Kroes*, Setting the standards high, Speech/09/475 v. 15.10.2009.

Engineering Council (JEDEC) an, um an der Entwicklung von Standards für Speicher-Module (SDRAM) teilzunehmen. Dabei legte Rambus Inc. jedoch nicht seine möglicherweise standardessentiellen Patente und Patentanmeldungen offen, sondern nutzte die während der Normungsarbeit erlangten Informationen, um die Ansprüche seiner Patentanmeldungen so abzuändern, dass sie für den entstehenden SDRAM-Standard wesentlich wurden. Vor Änderung der Anmeldungen trat Rambus Inc. aus JEDEC aus – zu dem Zeitpunkt war jedoch der Fortgang des Standardisierungsverfahrens und der entstehenden Norm bereits absehbar. Drei Jahre nach Veröffentlichung des Standards nutzte Rambus Inc. die Patente, um eine Reihe von SDRAM-Herstellern wegen Patentverletzungen zu verklagen und (möglicherweise überhöhte) Lizenzgebühren zu verlangen.[1074] Die Kommission ermittelte wegen eines Verstoßes gegen das Missbrauchsverbot des Art. 102 AEUV.[1075] Das Verfahren gegen Rambus Inc. wurde jedoch ohne abschließende Entscheidung über einen Verstoß gegen das Kartellrecht beendet, da die Kommission eine Verpflichtungszusage von Rambus Inc. zur Senkung der Lizenzgebühren und Festlegung auf bestimmte Höchstsätze akzeptierte.[1076]

Anreiz für einen „hold-up" oder einen „patent ambush" besteht für Inhaber von Rechten des geistigen Eigentums immer dann, wenn die Standardnutzer auf die technische Norm und damit die Verwendung der standardessentiellen Schutzrechte angewiesen sind sowie keine (kostengünstige) Möglichkeit haben, den Standard zu umgehen oder einen neuen Standard zu entwickeln. Dies ist vor allem dann der Fall, wenn die Nutzer bereits hohe sunk costs in standardspezifische Technologien vorgenommen haben, die anderweitig nicht verwertbar sind, wenn hohe Standardsetzungskosten bestehen, die die Entwicklung eines alternativen Standards unrentabel machen, oder wenn die Rechteinhaber auf einfache Weise Unterlassungsverfügungen erreichen können, sodass potenzielle Lizenznehmer leicht von einer Nutzung des Standards ausgeschlossen werden können, bis sie sich mit den Rechteinhabern auf Lizenzbedingungen einigen.[1077]

Wie die kurze Darstellung der Fälle *Qualcomm* und *Rambus* verdeutlicht, tritt ein „hold-up" erst nach Abschluss des Standardisierungsprozesses, wenn der Standard bereits endgültig festgelegt worden ist, auf. Eine sich an das Standardisierungsverfahren

1074 Siehe zum Sachverhalt statt vieler *Fröhlich*, GRUR 2008, 205, 209f.; *Picht*, GRUR Int 2014, 1, 2f.; *Verbruggen/Lõrincz*, GRUR Int 2002, 815, 822f.; *Schellingerhout/Cavicchi*, Competition Policy Newsletter 2010/1, 32.

1075 Dennoch ist der Fall *Rambus*, wie im Folgenden gezeigt werden wird, auch aus Sicht des Art. 101 AEUV nicht uninteressant. Er zeigt, dass die Transparenz des Standardisierungsverfahrens wichtig ist, damit die Standardisierungsteilnehmer informierte Entscheidungen – auch über die Aufnahme standardessentieller Patente in die Norm – treffen können, und so Wettbewerbsverzerrungen vermieden werden, vgl. auch *Emanuelson*, E.C.L.R. 2012, Issue 2, 69, 70.

1076 Kommission, Entscheidung v. 09.12.2009 – Rambus, verfügbar unter: http://ec.europa.eu/competition/antitrust/cases/dec_docs/38636/38636_1202_1.pdf (abgerufen am 10.03.2016).

1077 Vgl. *Reiß*, S. 368f., 384.

anschließende Lizenzverweigerung durch den Rechteinhaber stellt ein einseitiges Verhalten dar, das (wenn überhaupt) nur über Art. 102 AEUV erfasst werden kann. Für eine Anwendung des Art. 101 AEUV fehlt es insoweit am Zusammenwirken mehrerer Beteiligter. Allerdings liegt bei einer Gewährung von Lizenzen zu *überhöhten* Lizenzgebühren im Rahmen von technischer Standardisierung zwischen dem Rechteinhaber und dem Lizenznehmer eine Vereinbarung vor, die Marktzutrittsschranken errichten kann und somit eine Wettbewerbsbeschränkung hervorruft.[1078]

Auch ein „patent ambush" kommt zwar erst nach Abschluss des Standardisierungsverfahrens zur Geltung, wenn ein Unternehmen plötzlich (überhöhte) Lizenzgebühren für die Nutzung einer in einem Standard enthaltenen Technologie verlangt, obwohl das Bestehen eines entsprechenden Patentes zuvor gar nicht bekannt war. Werden nach Standardfestlegung überhöhte Lizenzgebühren vom Rechteinhaber durchgesetzt, gelten die zum „hold-up" getätigten Ausführungen entsprechend – es liegt eine wettbewerbsbeschränkende Vereinbarung vor. Aber auch bei einer Lizenzverweigerung kann Art. 101 AEUV eingreifen, da bei einem „patent ambush" das kollektive Verfahren der Standardsetzung ausgenutzt und beeinflusst wird, um die eigene geschützte Technologie im Standard unterzubringen; dabei wird das Bestehen des Schutzrechtes verschwiegen. Insofern kann also schon bei der kollektiven Komponente, d.h. dem Standardisierungsverfahren und Art. 101 AEUV angesetzt werden. Der Ausschluss konkurrierender Technologien aus dem Standard stellt sich bei einem „patent ambush" als Folge des (ggf. nicht transparenten oder manipulierten) Standardsetzungsverfahrens dar. Noch eindeutiger unter Art. 101 Abs. 1 AEUV sind Fälle zu fassen, in denen sich zwei oder mehr Unternehmen verabreden, ein standardessentielles Patent, von dem die Beteiligten Kenntnis haben, nicht offen zu legen, sodass es zu Wettbewerbsverzerrungen kommen kann.[1079]

Die Kritik an den Horizontalleitlinien 2011, die sich ausführlich mit der Lizenzierung zu FRAND-Bedingungen und der Bedeutung von FRAND beschäftigen, ist somit nur zum Teil berechtigt. Wegen der auch aus Sicht des Art. 101 AEUV relevanten „hold-up" Situation bei Lizenzvergabe zu überhöhten Lizenzgebühren und der „patent ambush"-Situationen ist eine Behandlung von FRAND zumindest dem Grunde nach in den Horizontalleitlinien durchaus zutreffend angesiedelt. Ob es insoweit allerdings tatsächlich einer derartig ausführlichen Behandlung, wie sie die Kommission vornimmt, bedarf, wird im Folgenden zu erörtern sein. Da FRAND-Bedingungen somit zum Teil Relevanz im Rahmen des Art. 101 AEUV entfalten, zum Teil im Zusammenhang mit Art. 102 AEUV bedeutsam werden, könnte die

1078 Die Spürbarkeit der Wettbewerbsbeschränkung wird häufig zu bejahen sein, weil davon auszugehen ist, dass der Inhaber eines standardessentiellen Schutzrechtes in diesen Fällen nicht nur von einzelnen, sondern von allen Lizenznehmern überhöhte Gebühren verlangt.

1079 Vgl. *Petritsi*, World Competition 2005, Vol. 28, No. 1, 25, 29f.; siehe auch *Dolmans*, S. 18, der allerdings bereits aus der Tatsache, dass die Unternehmen eine Notwendigkeit sehen, das fragliche Patent nicht offen zu legen, einen Hinweis darauf entnehmen will, dass der Normungsprozess bei Offenlegung anders abgelaufen wäre.

Kommission darüber nachdenken, falls sie die mit FRAND-Bedingungen wichtig werdenden Aspekte an einem Ort gebündelt behandeln will, die technische Standardsetzung aus den Horizontalleitlinien herauszunehmen und sich mit ihr in einer gesonderten Leitlinie auseinanderzusetzen, die alle Aspekte der technischen Normung umfassen könnte.[1080] Auf diese Weise könnten die oben aufgezeigten dogmatischen Bedenken – dass die Kommission in den Horizontalleitlinien, die auf eine Beurteilung von Standardisierungskooperationen anhand des Art. 101 AEUV abzielen, zu unrecht auch von Maßnahmen abhängig mache, die eigentlich der Verhinderung missbräuchlicher Verhaltensweisen gem. Art. 102 AEUV dienen – ausgeräumt werden.

cc) Bedeutung von FRAND

Was aber bedeutet FRAND inhaltlich? „FRAND" stellt die Abkürzung für eine Lizenzgewährung zu Bedingungen, die „fair, reasonable and non-discriminatory" also „fair, angemessen und nichtdiskriminierend" sein sollen, dar.[1081] Eine FRAND-Selbstverpflichtung ist also grundsätzlich eine Vereinbarung, nicht die vollen (Ausschließlichkeits-)Rechte aus dem Schutzrecht geltend zu machen – sondern Lizenzen zu FRAND-Bedingungen zu gewähren – im Austausch dafür, dass die geschützte Technologie in einen Standard aufgenommen wurde.[1082] Was aber „fair", „angemessen" und „nichtdiskriminierend" genau besagt, ist ungeklärt. Auch die Frage, ob es überhaupt Aufgabe der Europäischen Kommission in den Horizontalleitlinien oder Aufgabe der einzelnen Standardsetzungsorganisationen sein kann, die Höhe von FRAND oder ihre Berechnungsmethode zu bestimmen, ober ob dies nicht vielmehr einer Verhandlung zwischen den Inhabern der Rechte des geistigen Eigentums und potenziellen Lizenznehmern vorbehalten bleiben muss, ist umstritten.[1083] Der Streit geht insoweit über die Verortung der Pflicht zur Lizenzierung unter FRAND-Bedingungen in den Horizontalleitlinien hinaus und betrifft auch die inhaltliche Bedeutung von FRAND. So beanstandeten einige Stellungnehmenden im Rahmen der öffentlichen Konsultation, dass die Kommission es unterlassen habe, die von ihr verwendeten Begriffe „fair" und „reasonable" auszulegen bzw. zu erklären: Die

---

1080 Siehe auch Stellungnahme der Deutschen Vereinigung für gewerblichen Rechtsschutz, S. 5.

1081 In der U.S.-amerikanischen Literatur und Rechtsprechung wird vorwiegend von „RAND"-Bedingungen gesprochen. Da damit jedoch kein inhaltlicher Unterschied zu FRAND verbunden ist und beide Begriffe synonym verwendet werden können (vgl. *Tapia*, S. 1), kann entsprechende Literatur auch für die Betrachtung von FRAND-Bedingungen herangezogen werden.

1082 *Lemley/Shapiro*, Berkeley Technology Law Journal 2013, Vol. 28, 1135, 1140.

1083 Vgl. beispielhaft für eine Bestimmung durch die Kommission *Chappatte*, European Competition Journal 2009, 319, 336. Dagegen Stellungnahme IPO, S. 3, verfügbar unter: http://ec.europa.eu/competition/consultations/2010_horizontals/ipo_en.pdf (abgerufen am 10.03.2016) sowie Stellungnahme ANSI, S. 14. Siehe auch *Nestler/Ordosch*, GRUR Prax 2012, 372, 374.

Kommission solle erläutern, was diese Begriffe bedeuten; insbesondere eine Unterscheidung zwischen den einzelnen Begriffsbestandteilen sowie der Unterschied zu der im U.S.-amerikanischen Recht gebräuchlichen „Lizenzierung zu RAND-Bedingungen" werde durch die Horizontalleitlinien-E 2011 nicht deutlich.[1084] Auch der Begriff der „überhöhten" Lizenzgebühren, den die Kommission für die Umschreibung von Lizenzen verwendet, die nicht FRAND-Bedingungen entsprächen, wird als zu unbestimmt empfunden.[1085]

Es gibt zahlreiche Untersuchungen zu der Frage, wie FRAND-Bedingungen zu berechnen sein sollen. Im Folgenden kann nur eine kurze Zusammenfassung der verschiedenen Ansätze dargestellt werden: Die Horizontalleitlinien 2011 nennen unterschiedliche Faktoren, die bei der Berechnung einer Lizenz nach FRAND-Bedingungen herangezogen werden sollten. Um ein angemessenes Verhältnis der Lizenzgebühren zu dem wirtschaftlichen Wert des Schutzrechtes zu bestimmen, schlägt die Kommission z.B. einen Vergleich der Lizenzgebühren für das einschlägige Patent vor und nach der Aufnahme der Technologie in den Standard oder die Einholung eines unabhängigen Expertengutachtens vor. Kostenbezogene Methoden hält sie für weniger zielführend.[1086] Nach den Vorgaben der Horizontalleitlinien 2011 soll es aber nicht Aufgabe einer Normungsorganisation sein, selbst zu überprüfen, ob die Lizenzierung nach FRAND-Grundsätzen erfolgt: „Die Beteiligten müssen selbst prüfen, ob die Lizenzbedingungen und insbesondere die erhobenen Gebühren die FRAND-Voraussetzungen erfüllen."[1087] Eine andere Ansicht in der Literatur geht davon aus, dass zur Bestimmung der Angemessenheit von FRAND eine „Abstrahierung des Patentlohns vom Standardisierungslohn" vorzunehmen sei; d.h. in den Lizenzgebühren dürfe sich nur der Wert widerspiegeln, der der Erfindung selbst zukomme, nicht der Wert, der sich aus der Aufnahme der patentierten Technologie in den Standard ergebe.[1088] Die Angemessenheit müsse aber im Einzelfall durch

---

1084 Vgl. Stellungnahme Allen & Overy LLP, S. 6f., verfügbar unter: http://ec.europa.eu/competition/consultations/2010_horizontals/allen_overy_en.pdf (abgerufen am 10.03.2016).

1085 Vgl. Auswertung der eingegangenen Stellungnahmen, Rn. 19; Stellungnahme der Deutschen Vereinigung für gewerblichen Rechtsschutz und Urheberrecht, S. 3f.; Stellungnahme der Studienvereinigung Kartellrecht e.V., S. 8.

1086 Horizontalleitlinien 2011, ABl. 2011 C 11/1, Rn. 289f. A.A. *Friedl/Ann*, GRUR 2014, 948.

1087 Horizontalleitlinien 2011, ABl. 2011 C 11/1, Rn. 288.

1088 *Temple Lang*, Competition Law International 2011, 32, 35f.; *Heyers*, WRP 2014, 1253, 1256. A.A. *Weck*, NJOZ 2009, 1177, 1187 („Der Schutzrechtsinhaber hat vielmehr Anspruch auf eine marktgerechte Gegenleistung für die Einräumung einer Lizenz. Wenn der Markt die geschützten Inhalte wegen der Aufnahme in eine Norm höher bewertet, ist ein entsprechend erhöhter Marktpreis für die Lizenz angemessen."). *Geradin/Rato*, Can Standard-Setting lead to Exploitative Abuse?, S. 22, argumentieren, dass ein Rechteinhaber – wenn seine geschützte Technologie so herausragend ist, dass keine Alternativen existieren und der Standard nicht auf einfache Weise um die geschützte Technologie herum festgelegt werden kann – auch schon vor der

Verhandlungen zwischen Patentinhaber und Lizenznehmer bestimmt werden; eine Beschreibung durch abstrakte Kriterien sei aufgrund der Vielzahl der differierenden Umstände nicht möglich.[1089] Wiederum andere halten einen Ansatz, nach dem die Standardisierungsorganisationen neutrale Gremien bilden sollen, die ex-ante Lizenzbedingungen für die im entsprechenden Standard enthaltenen geschützten Technologien festlegen, für vielversprechend.[1090] In anderen Untersuchungen wurde ein sog. „ex-ante Auktionsmodell"[1091] entwickelt, um die FRAND-Höhe zu bestimmen. Danach sollen die Inhaber von Schutzrechten bevor der Standard festgelegt wird, durch die Einreichung von FRAND-Verpflichtungen verbunden mit beispielhaften Lizenzbedingungen bei der Standardisierungsorganisation auf die Aufnahme ihrer geschützten Technologie in den Standard „bieten".[1092] So sollen ggf. kostenaufwendige Verhandlungen mit allen potenziellen Lizenzgebern vermieden werden. Eine weitere Alternative könnte ein verbindliches Schiedsverfahren sein, bei dem die Entscheidung nach dem sog. „Baseball-Style" getroffen wird.[1093]

Standardisierung die Möglichkeit hatte, erhebliche Lizenzgebühren zu verlangen; die (hohen) Lizenzgebühren resultierten dann aus der Einzigartigkeit der Technologie und nicht aus deren Standardisierung. Dies kann durchaus möglich sein, trifft allerdings nicht auf Fälle zu, in denen vor einer Standardisierung alternative Technologien bestehen, die aber untereinander inkompatibel sind, sodass sich die Norm auf eine Technologie festlegen muss. Die Standardisierung führt in solchen Fällen durchaus zu einer stärkeren Position des Rechteinhabers.
Siehe auch *Rapp/Stiroh*, Standard Setting and Market Power, 2002, S. 11, die den Standardisierungslohn nicht vollständig unbeachtet lassen wollen, sondern vorschlagen, den Wert der Technologie, der sich bei Berücksichtigung der Standardisierung ergibt, zu schätzen und mit dem geschätzten Wert zu vergleichen, der der Technologie ohne Berücksichtigung der Standardisierung zukäme; die Differenz solle zwischen Lizenzgeber und Lizenznehmer aufgeteilt werden.

1089 Zu diesem Ansatz insgesamt *Burghartz*, S. 153ff.; Kommission, Mitteilung „Gewerbliche Schutzechte und Normen", KOM(92) 445 endg., S. 16. Auch z.B. die ISO IPR-Policy überlässt ausdrücklich die Verhandlungen über Lizenzen und Lizenzgebühren den Parteien, vgl. ISO IPR-Policy, Rn. 2.1, 2.2, verfügbar unter: http://isotc.iso.org/livelink/livelink/fetch/2000/2122/3770791/Common_Policy.htm (abgerufen am 10.03.2016).

1090 *Picht*, GRUR Int 2014, 1, 13 m.w.N. Weitere Ansätze sind zu finden bei *Chappatte*, European Competition Journal 2009, 319, 336ff.

1091 Vgl. zum Ganzen *Swanson/Baumol*, Antitrust Law Journal 2005, Vol. 73, 1, 10ff.

1092 Ein solches Auktionsmodell scheint jedoch darauf hinaus zu laufen, dass die Lizenzgebührenhöhe der entscheidende Faktor für die Aufnahme einer Technologie in einen Standard ist. Qualitätsunterschiede können bei einem solchen Modell kaum Berücksichtigung finden.

1093 Nach diesem Ansatz verpflichtet sich der Rechteinhaber neben der FRAND-Verpflichtung auch dazu, dass er – falls keine Einigung über die Lizenzbedingungen gefunden wird – an einem bindenden Schiedsverfahren nach dem sog. „Baseball-Style" teilnehmen wird: Jede Partei macht dem Schiedsrichter einen Vorschlag für die Lizenzbedingungen und dieser wählt einen der beiden Vorschläge aus; einen

Ein den Wert der Technologie und Lizenzverhandlungen zwischen Rechteinhaber und Lizenznehmern völlig außer Acht lassender Ansatz für die Bestimmung der Lizenzgebührenhöhe führt ein sog. „step-down"-Lizenzverfahren ein. Danach wird im Voraus ein bestimmter Prozentsatz für die Höhe der Lizenzgebühren festgelegt; während der Rechteinhaber, der als erstes sein standardessentielles Schutzrecht offenlegt, den höchsten Prozentsatz der Nettoeinkommen der Lizenznehmer als Lizenzgebühr verlangen kann, sinken die Prozentsätze in der zeitlichen Reihenfolge der Offenlegung der Schutzrechte ab.[1094] In die gleiche Richtung geht der Vorschlag, einen Gesamtlizenzpool zu bilden aus dem die Lizenzgebühren an die Schutzrechtsinhaber aufgeteilt werden.[1095]

Da bei der Bestimmung von FRAND-Bedingungen im Einzelfall viele verschiedene Faktoren wichtig werden (z.B. Umfang der Inanspruchnahme eines Patents durch den konkreten Lizenznehmer, Art und Umfang der sonstigen Geschäftsbeziehungen zwischen den Parteien, Marktverhältnisse zum Zeitpunkt der Lizenzierung etc.[1096]), eine Vergleichbarkeit der gewährten Lizenzen ggf. nur schwer gegeben ist (z.B. Festpreis, Festpreis pro verkaufter Einheit, gestaffelte Gebührensätze abhängig von der Produktionsmenge, gedeckelte Höchstsätze, verschiedene Gebühren je nach Einsatz der Technologie in verschiedenen Produkten, Cross-Licensing) und die Interessen der Beteiligten bzgl. der Lizenzhöhe z.B. erheblich danach differenzieren, ob es sich um *upstream firms*, *downstream firms* oder vertikal integrierte Unternehmen handelt (siehe oben Kap. 2. B. II. 2.)[1097], spricht viel dafür, dass keine

---

eigenen macht er nicht. Die Parteien müssen die von ihnen vorgeschlagenen Lizenzbedingungen also mit Bedacht wählen, da andernfalls das Risiko sehr groß ist, dass der Vorschlag der Gegenpartei vom Schiedsrichter ausgewählt wird. Dazu *Lemley/Shapiro*, Berkeley Technology Law Journal 2013, Vol. 28, 1135, 1141ff.

1094 Zu diesem Ansatz *Lemley*, Boston College Law Review 2007, 149, 160f. (Eine solche „step-down royalty rate procedure" könnte z.B. so aussehen, dass der Rechteinhaber, der zuerst sein standardessentielles Schutzrecht offenlegt 5 %, der zweite 3 %, der dritte 2 % usw. erhält. Die folgenden würden zwar nicht den Wert Null erreichen, sich diesem jedoch annähern.).

1095 *Lemley*, Boston College Law Review 2007, 149, 161.

1096 *Burghartz*, S. 134.

1097 So sind Unternehmen, die ausschließlich Technologien entwickeln und patentieren lassen, um Lizenzen an produzierende Unternehmen zu vergeben und ihre Arbeit durch die Lizenzgebühren zu finanzieren, darauf angewiesen, dass die Lizenzgebühren nicht allzu gering ausfallen. Zudem haben sie kein Interesse daran, Zugang zum Standard zu erhalten, falls nicht ihre Technologie sondern eine andere in den Standard aufgenommen wird; für sie besteht damit nicht aus der Ungewissheit vor Festlegung des Standards, ob sie ggf. auf fremde Technologien und Lizenzen angewiesen sein werden, ein Interesse, dass alle Beteiligten FRAND-Bedingungen akzeptieren, siehe Stellungnahme Max Planck Institute for Intellectual Property, Competition and Tax Law, S. 19, Rn. 41, verfügbar unter: http://ec.europa.eu/competition/consultations/2010_horizontals/max_planck_institute_en.pdf (abgerufen am 10.03.2016).

allgemeine Berechnungsmethode für FRAND bestimmt werden kann. Die Frage nach der genauen Bedeutung von FRAND ist jedoch – wie im Folgenden gezeigt werden wird – (genau wie weitere Fragen im Zusammenhang mit FRAND, z.B. welche Auswirkungen die Erklärung auf den Unterlassungsanspruch des Patentinhabers gegenüber möglichen Patentverletzern hat[1098] und wie FRAND-Verpflichtungen durchgesetzt werden können[1099]) für die mit dieser Arbeit verfolgte Zielsetzung nicht richtungsweisend und muss daher nicht entschieden werden:[1100] Für den Untersuchungsgegenstand kommt es bzgl. FRAND nur auf die Wirkungen des *kollektiven* Standardsetzungsverfahrens, d.h. die Beeinflussung und Ausnutzung des kooperativen Standardsetzungsprozesses durch den Inhaber eines Patents, an. Um einer Marktabschottung durch überhöhte Lizenzgebühren vorzubeugen und damit im Einklang mit Art. 101 AEUV zu handeln, genügt es also, wenn eine Standardisierungsorganisation in ihren Verfahrensregeln Sicherungsmechanismen vorsieht, die eine Lizenzierung zu angemessenen Bedingungen sicherstellen. Dies kann z.B. im

---

1098 *Burghartz*, S. 161ff. (kein Verzicht auf den Unterlassungsanspruch; Ausübung des Unterlassungsanspruchs auch keine unzulässige Rechtsausübung) A.A. *M. Jakobs*, S. 195ff. (zumindest wenn die Tatbestandsmerkmale des Art. 102 AEUV erfüllt sind). Siehe auch *Barthelmeß/Gauß*, WuW 2010, 626, 632ff.; *Walz*, GRUR Int 2013, 718, 723ff.; *Farrell/Hayes/Shapiro/Sullivan*, Antitrust Law Journal 2007, Vol. 74, 603, 638; *Körber*, NZKart 2013, 239.
Am 29.04.2014 hat die Europäische Kommission in einem Verfahren gegen Motorola Mobility entschieden, dass die Beantragung einer Unterlassungsverfügung auf Grundlage eines standardessentiellen Patentes eine missbräuchliche Ausnutzung einer marktbeherrschenden Stellung darstellen kann, wenn der Rechteinhaber eine FRAND-Verpflichtung abgegeben hatte und das Unternehmen, gegen das sich die Verfügung richtet, bereit ist, eine Lizenzvereinbarung zu FRAND-Bedingungen zu schließen; vgl. Kommission, Pressemitteilung IP/14/489 v. 29.04.2014. In einem vergleichbaren Verfahren hat die Kommission eine Verpflichtungszusage von Samsung angenommen, vgl. Kommission, Pressemitteilung IP/14/490 v. 29.04.2014. Zu beidem *Jakobs*, NZKart 2014, 394. Aktuell zur Frage, ob die Patentverletzungsklage des Inhabers eines standard-essentiellen Patents, der sich zur Erteilung von Lizenzen zu FRAND-Bedingungen verpflichtet hat, als Missbrauch einer marktbeherrschenden Stellung anzusehen ist, auf eine entsprechende Vorlagefrage des LG Düsseldorf an den EuGH Schlussanträge GA *Wathelet* in der Rechtssache C-170/13, verfügbar unter: http://curia.europa.eu/juris/documents.jsf?num=C-170/13 (abgerufen am 10.03.2016) sowie EuGH, Urt. v. 16.07.2015, Az.: C-170/13, NJW 2015, 2783 – Huawei Technologies/ZTE; siehe auch *Hauck*, NJW 2015, 2767; *Heinemann*, GRUR 2015, 855.

1099 *Mariniello*, Bruegel Working Paper, 2013/01, 1, 4 (vertragliche Natur, sodass sie über das Vertragsrecht und nicht das Kartellrecht durchgesetzt werden sollten). A.A. *Temple Lang*, Competition Law International 2011, 32, 33 (um effektiv zu sein, reiche keine vertragliche Durchsetzung; das Kartellrecht müsste insoweit bemüht werden).

1100 Dass die inhaltliche Ausgestaltung von FRAND vorrangig Art. 102 AEUV zuzuordnen ist, lässt sich auch bereits daraus ableiten, dass die Begriffe „fair" und „angemessen" eine Entsprechung im Ausbeutungsmissbrauch in Art. 102 AEUV finden; entsprechendes gilt für den Begriff „nichtdiskriminierend".

Rahmen einer IPR-Policy erfolgen, die dafür sorgt, dass die Mitglieder der Standardisierungsorganisation ihre Patente, die für den Standard wesentlich werden könnten, während des laufenden Verfahrens offenlegen und eine Verpflichtung abgeben, Lizenzen zu FRAND-Bedingungen zu vergeben, sollte die geschützte Technologie tatsächlich in den Standard aufgenommen werden. Wie sich FRAND genau berechnen lässt, ist unter dem Blickwinkel des Art. 101 AEUV damit nicht entscheidend; das kollektive Standardsetzungsverfahren selbst, das für ein Eingreifen des Art. 101 AEUV der maßgebliche Anknüpfungspunkt ist, kann keinesfalls im Voraus festlegen, ob die Höhe einer bestimmten Lizenzgebühr FRAND-Bedingungen entspricht oder nicht. Die Benennung von Berechnungsmethoden hätte die Kommission somit – nicht nur aufgrund der Unsicherheiten bzgl. der einzelnen Methoden – sondern auch deshalb in der endgültigen Fassung der Horizontalleitlinien 2011 unterlassen sollen, da die konkrete Berechnung der Gebühren für die Bewertung von Normungskooperationen im Rahmen des Art. 101 AEUV nicht relevant ist.

Als Zwischenergebnis lässt sich festhalten, dass eine FRAND-Selbstverpflichtung auch im Rahmen des Art. 101 AEUV[1101] eine Rolle spielen kann, nämlich bei der Frage, ob die Vereinbarung über Normen zur Abschottung des Marktes führen kann. Sie kann dafür sorgen, dass das Ergebnis eines Normungsprozesses und damit der Zugang zur Norm „offen" ist und auf diese Weise den Wettbewerbsdruck auf die an der Standardisierung teilnehmenden Unternehmen erhöhen. Die Bestimmung der konkreten FRAND-Bedingungen ist zur Erreichung dieses Ziels jedoch nicht relevant; die Standardisierungsorganisationen müssen nur im Grundsatz sicherstellen, dass es nicht durch Verweigerungen von Lizenzen oder unangemessen hohen Lizenzgebühren zur Marktverschließung kommt. Dies geschieht in aller Regel durch IPR-Policies. Im Folgenden wird deshalb näher auf die IPR-Policies der Standardisierungsorganisationen eingegangen und untersucht, ob und inwieweit die dort enthaltenen Verpflichtungen geeignet sind, einer potenziellen Marktabschottung durch überhöhte Lizenzgebühren zu begegnen ohne selbst kartellrechtliche Bedenken im Sinne des Art. 101 AEUV hervorzurufen.

dd) Die IPR-Policies der Standardisierungsorganisationen

Die meisten untersuchten Standardisierungsorganisationen verfügen über detaillierte Vorgaben zum Umgang mit Rechten des geistigen Eigentums. Diese Regeln werden im Folgenden einheitlich als IPR-Policy bezeichnet, auch wenn sie in den verschiedenen Organisationen z.B. „(Common) Patent Policy"[1102] oder „Guidelines for Implementation of the Common IPR Policy on Patent (and other statutory

1101 Daneben ggf. im Rahmen des Art. 102 AEUV, wenn überhaupt eine marktbeherrschende Stellung des Schutzrechtsinhabers anzunehmen ist.

1102 So bei der ISO, verfügbar unter: http://isotc.iso.org/livelink/livelink/fetch/2000/2122/3770791/Common_Policy.htm (abgerufen am 10.03.2016) und beim W3C, verfügbar unter: http://www.w3.org/Consortium/Patent-Policy-20040205/ (abgerufen am 10.03.2016).

intellectual property rights based on inventions)“[1103] genannt werden. Die IPR-Policies verfolgen verschiedene Zwecke: Zunächst sollen sie dem Ausgleich der unterschiedlichen Interessen der an der Standardisierung Beteiligten bzgl. der Implementierung von gewerblichen Schutzrechten dienen[1104], weiterhin Verstöße gegen das Kartellverbot verhindern und schließlich „hold-ups“ und „patent ambushes“ vermeiden.[1105] Zwar sind Fälle, in denen Rechteinhaber ihr standardessentielles Schutzrecht nutzen, um die Anwendung des Standards zu blockieren, eher selten. Denn auch die Rechteinhaber profitieren davon, wenn ihre Technologie durch eine häufige Verwendung des Standards weite Verbreitung findet, sodass sie grds. an der Vergabe von Lizenzen interessiert sind.[1106] Allerdings sind in der Vergangenheit durchaus entsprechende Fallgestaltungen aufgetreten, sodass diese Gefahr nicht völlig missachtet werden darf.

Auch wenn die IPR-Policies in ihren Einzelheiten untereinander erheblich divergieren[1107], lassen sich drei verschiedenen Grundtypen unterscheiden: 1. IPR-Policies, die eine Offenlegungspflicht von Rechten des geistigen Eigentums sowie die Aufforderung zur Abgabe einer FRAND-Verpflichtung vorsehen, 2. IPR-Policies mit einem „Licensing by default“- bzw. „negative disclosure“-System und 3. IPR-Policies, die eine Lizenzgebührenfreiheit festschreiben. Die verschiedenen IPR-Policy-Modelle werden im Anschluss näher beleuchtet. Aus Sicht des Art. 101 AEUV ist entscheidend, ob die Standardisierungsorganisationen grds. ein wirksames System vorsehen, das einen offenen Zugang zum Standard gewährleistet; das also verhindert, dass Schutzrechtsinhaber die Nutzung des Standards blockieren können.[1108] Denn ohne eine Offenlegungspflicht bezüglich standardessentieller Schutzrechte oder ohne ein ähnliches System, besteht aus kartellrechtlicher Sicht kein wirksamer Schutz vor „hold-ups“ oder „patent ambushes“; die Rechteinhaber sind nicht bereits aufgrund der Wettbewerbsregeln zur Offenlegung ihrer Schutzrechte verpflichtet. Eine

1103 So bei CEN/CENELEC, verfügbar unter: ftp://ftp.cencenelec.eu/EN/European Standardization/Guides/8_CENCLCGuide8.pdf (abgerufen am 10.03.2016).

1104 Vgl. ETSI IPR-Policy, Rn. 3.1, verfügbar unter: http://www.etsi.org/images/files/IPR/etsi-ipr-policy.pdf (abgerufen am 10.03.2016).

1105 Vgl. auch *Burghartz*, S. 97.

1106 *Iversen*, Standardization and Intellectual Property Rights, 1999, S. 2, verfügbar unter: http://eprints.utas.edu.au/1297/1/Iversen_ETSI_2OO2.pdf (abgerufen am 10.03.2016); Kommission, Mitteilung „Gewerbliche Schutzechte und Normen“, KOM(92) 445 endg., S. 3; *Dolmans*, Standards for Standards, S. 14 (Der Standard erschafft einen Markt für die Technologien der Rechteinhaber).

1107 *Lemley*, California Law Review 2002, Vol. 90, Issue 6, 1889, 1954ff. führt diesen Umstand einerseits darauf zurück, dass die IPR-Policies die Besonderheiten der jeweiligen Branche, die Größe der Standardisierungsorganisation etc. berücksichtigten; andererseits darauf, dass Standardisierungsorganisationen häufig IPR-Policies erlassen hätten, ohne über alle Konsequenzen der getroffenen Regelungen nachzudenken.

1108 A.A. wohl *Abbott/Gebhard*, Antitrust 2002, Vol. 16, 29, 34f.

Nichtoffenlegung stellt keinen Verstoß gegen Art. 101 AEUV dar, da das Schweigen des Rechteinhabers keine Vereinbarung zwischen Unternehmen, kein Beschluss einer Unternehmensvereinigung und auch keine aufeinander abgestimmte Verhaltensweise ist. Ein Verstoß gegen Art. 102 AEUV würde eine marktbeherrschende Stellung voraussetzen, die nicht in jeden Fall vorliegen wird.[1109]

Dabei darf das von einer Standardisierungsorganisation befolgte IPR-Modell einerseits jedoch nicht selbst kartellrechtliche Bedenken hervorrufen. Andererseits ist zu berücksichtigen, dass die Teilnahme an den Standardisierungsorganisationen freiwillig ist und Unternehmen ggf. nicht bereit sind, allzu strenge Lizenzierungsbedingungen zu akzeptieren. Die Verfahrensregeln der Standardisierungsorganisationen müssen folglich die richtige Balance zwischen diesen Anforderungen finden.

aaa) Offenlegungspflicht mit Aufforderung zur Abgabe einer FRAND-Verpflichtung

In den meisten IPR-Policies der untersuchten Standardisierungsorganisationen ist eine Pflicht zur Offenlegung von solchen Rechten des geistigen Eigentums enthalten, die für den zu entwickelnden Standard bedeutsam werden könnten. Ziel ist es, dass die an der Normungsarbeit Beteiligten aufgrund der Offenlegung bestehender Schutzrechte hinsichtlich der Technologieauswahl für den Standard eine fundierte Entscheidung treffen können.[1110] Eine frühzeitige Offenlegung der Schutzrechte kann grds. auch im Interesse des Rechteinhabers liegen; er kann dann unter den Mitgliedern der Standardisierungsorganisation Unterstützung für seine Technologie aufbauen, um sie für den Standard durchsetzen zu können.[1111] Variationen bestehen allerdings beim Umfang der Offenlegungspflicht. In der schwächsten Ausgestaltung müssen nur bereits bestehende Schutzrechte offen gelegt werden[1112], teilweise wird auch die Offenlegung von (noch nicht veröffentlichten) Patentanmeldungen verlangt[1113]. Diese Offenlegungspflichten beziehen sich jedoch nur auf Schutzrechte, von denen die an der Standardsetzungsorganisation beteiligten Vertreter der

1109 Vgl. zu einem Verstoß gegen Sec. 2 Sherman Act durch bloße Nichtoffenlegung des Rechteinhabers, wenn die Standardisierungsorganisation keine Offenlegungspflicht vorsieht, *Jacobsen*, Santa Clara Computer & High Technology Law Journal 2010, Vol. 26, 459, 469ff.

1110 Horizontalleitlinien 2011, ABl. 2011 C 11/1, Rn. 286.

1111 Vgl. *Geradin*, in: The Pros and Cons of Standard Setting, S. 111.

1112 Vgl. DIN 820-4:2010-07, Rn. 9.2, wonach jeder Mitarbeiter eines Normungsgremiums allerdings verpflichtet ist „ihm bekannte Patente, die im Rahmen der Anwendung der Norm betroffen sein können, so früh wie möglich zu benennen." Von der Offenlegungspflicht sind also nicht nur eigene Schutzrechte, sondern auch einem Beteiligten bekannte fremde Schutzrechte erfasst. Siehe auch DIN 820-2:2012-12, Anhang F, Rn. F.1.

1113 Vgl. CEN/CENELEC IPR-Policy, Rn. 3; ISO IPR-Policy, Rn. 1 (jeweils auch ausdrücklich bezogen auf fremde Schutzrechte); ETSI IPR-Policy, Rn. 15.7; W3C IPR-Policy, Rn. 6.6.

Mitglieder Kenntnis haben.[1114] Denkbar ist ebenfalls, dass die Unternehmen zu einer sog. Patentrecherche verpflichtet werden, bei der sie ihr eigenes Schutzrechtsportfolio prüfen müssen, ob entsprechende Schutzrechte bestehen, die für den Standard relevant werden können. Die Horizontalleitlinien 2011 machen eine solche Suche jedoch nicht zur Voraussetzung einer aus ihrer Sicht zur Vermeidung von Marktverschließungen wirksamen Offenlegungsverpflichtung: Eine Verpflichtung zur Offenlegung durch die Teilnehmer der Standardisierungsorganisation „könnte [zwar] in angemessenen Bemühungen bestehen, darüber zu informieren, welche ihrer bestehenden oder beantragten Rechte des geistigen Eigentums für die anvisierte Norm in Betracht kämen“, sie müsse allerdings „nicht so weit gehen, dass von den Beteiligten verlangt wird, ihre Rechte des geistigen Eigentums mit der potenziellen Norm zu vergleichen und dann zusätzlich zu bestätigen, dass ihre Rechte des geistigen Eigentums für die geplante Norm nicht in Betracht kommen“.[1115] Eine solche Pflicht zur Patentrecherche sieht auch keine der untersuchten Standardisierungsorganisationen vor.[1116]

Sobald während eines Standardsetzungsprozesses bekannt wird, dass an einer für den Standard vorgesehenen Technologie Rechte des geistigen Eigentums bestehen, wird der entsprechende Rechteinhaber von der Standardisierungsorganisation aufgefordert, eine FRAND-Selbstverpflichtung abzugeben. D.h. der Rechteinhaber soll sich unwiderruflich verpflichten, „that it is prepared to grant irrevocable licences on fair, reasonable and non-discriminatory („FRAND“) terms and conditions.”[1117] Eine Pflicht zur Abgabe einer FRAND-Erklärung besteht bei diesem Modell einer IPR-Policy jedoch nicht.

Ein weiteres denkbares Modell ist, dass (Voll-)Mitglieder weitergehenden Offenlegungs- und Lizenzierungsverpflichtungen unterworfen sind als Observer.[1118] Die unterschiedliche Behandlung der verschiedenen Mitgliederkategorien ließe sich damit begründen, dass Observer weniger oder gar keine Möglichkeiten haben den Standardisierungsprozess aktiv zu beeinflussen und so zu manipulieren. Ein solcher Denkansatz

---

1114 Vgl. CEN/CENELEC IPR-Policy, Rn. 5. Die an der Standardisierung Teilnehmenden kennen jedoch das volle Patentportfolio ihrer Unternehmen häufig nicht, vgl. *Alban*, Berkeley Technology Law Journal 2004, Vol. 19, 309, 328.

1115 Horizontalleitlinien 2011, ABl. 2011 C 11/1, 60, Rn. 286.

1116 Eine ausdrückliche Ablehnung einer Patentsuche erfolgt z.B. bei CEN/CENELEC IPR-Policy, Rn. 3; ISO IPR-Policy – Guidelines, Rn. 3; W3C IPR-Policy, Rn. 6.7; ETSI IPR-Policy, Rn. 4.2 (eine Ausnahme ist in Rn. 6.4 geregelt, wonach auf Anfrage der Europäischen Kommission oder EFTA auf deren Kosten eine solche Suche durchgeführt werden soll. Da eine solche Recherche jedoch sehr aufwendig ist, wird sie nur äußerst selten, insb. bei Grundlagentechnologien durchgeführt, um deren freie Anwendbarkeit sicherzustellen, vgl. *Maaßen*, S. 281). Zu den möglichen Nachteilen einer Verpflichtung zur Patentsuche siehe Stellungnahme ANSI, S. 18.

1117 ETSI IPR-Policy, Rn. 6.1. Siehe auch CEN/CENELEC IPR-Policy, Annex 2.; ISO IPR-Policy, Guidelines, Annex 2.

1118 So *Teece/Sherry*, Minnesota Law Review 2003, Vol. 87, 1913, 1981.

stellt die Offenlegungs- und Lizenzierungspflicht allerdings als eine Art „negative Konsequenz“ aus einer aktiven Einflussnahmemöglichkeit auf die Standardfestlegung dar. Betrachtet man den hinter den Offenlegungs- und Lizenzierungspflichten stehenden Grundgedanken – den an der Standardisierung Teilnehmenden eine informierte Entscheidung zu ermöglichen und eine Blockade des technischen Standards im Nachhinein durch Inhaber standardessentieller Schutzrechte zu verhindern – so gibt es jedoch keinen Grund, Parteien, die nur als Observer am Standardisierungsprozess teilnehmen, nur abgeschwächte Offenlegungs- und Lizenzierungspflichten aufzuerlegen. Das Bedürfnis nach einer Information der Standardisierungsmitglieder über mögliche standardessentielle Schutzrechte besteht auch in diesem Fall. Die Standardisierungsorganisationen würden mit abgeschwächten Offenlegungs- und Lizenzierungspflichten für Observer unnötig eine Chance vergeben, den Zugang zum Standard soweit wie möglich offen zu halten.

Falls bei einem Modell, dass die Abgabe einer FRAND-Verpflichtung vorsieht, diese Abgabe durch den Rechteinhaber abgelehnt wird, ist das weitere Vorgehen der Standardisierungsorganisationen unterschiedlich: Die ETSI IPR-Policy sieht z.B. vor, dass der für die Erarbeitung der Norm zuständige Standardisierungsausschuss in Abstimmung mit dem Sekretariat beschließt, ob die Arbeit an dem fraglichen Standard so lange ausgesetzt wird, bis die Angelegenheit geklärt ist.[1119] Lehnt der Rechteinhaber weiterhin eine Lizenzierung zu FRAND-Bedingungen ab, so wird geprüft, ob eine brauchbare Alternativtechnologie existiert, auf der keine Rechte des geistigen Eigentums ruhen;[1120] wenn dies nicht der Fall ist und trotz nochmaligen dringlichen Nachfragens durch ETSI der Rechteinhaber nicht zur Unterzeichnung der FRAND-Erklärung bereit ist, muss entschieden werden, ob der Standard trotz fehlender Lizenzzusage mit der geschützten Technologie verabschiedet oder das Normungsprojekt aufgegeben wird. IPR-Policies anderer Organisationen sehen vor, dass der Standard, falls die Rechteinhaber nicht bereit sind, die FRAND-Selbstverpflichtung abzugeben, keine Bestimmungen enthalten sollte, die auf dem Patent beruhen;[1121] wiederum andere äußern sich nicht ausdrücklich zum weiteren Fortgang des Verfahrens.[1122]

Ob eine Offenlegungspflicht bezüglich standardessentieller Schutzrechte und die Aufforderung zur Abgabe einer FRAND-Verpflichtung in der beschriebenen Form tatsächlich stets ein wirksames Mittel darstellen, den Zugang zur technischen Norm offen zu halten und so eine Marktverschließung zu vermeiden, wird zum Teil bezweifelt.[1123] Dies muss an dieser Stelle jedoch dahingestellt bleiben, da die Beantwortung

1119 ETSI IPR-Policy, Rn. 6.3.

1120 ETSI IPR-Policy, Rn. 8.1.1.

1121 ISO IPR-Policy, Rn. 2.3.

1122 So z.B. die CEN/CENELEC IPR-Policy.

1123 Vgl. *Burghartz*, S. 93; *Ohana/Hansen/Shah*, E.C.L.R. 2003, Issue 12, 644, 647. Wohl auch *Brakhahn*, S. 151f. (FRAND-Lizenzierungserklärung sei „reine Absichtserklärung ohne verpflichtenden Charakter); *Simpson*, Competition Law Insight 2008, 8, 9. Vehemente Verfechter des Offenlegungs- und FRAND-Systems sind hingegen *Geradin/Rato*, Can Standard-Setting lead to Exploitative Abuse?, S. 1, 10, 18f.

der Frage entscheidend von der Durchsetzbarkeit und diese wiederum von der Rechtsnatur der FRAND-Verpflichtung abhängt. Die Rechtsnatur von FRAND-Erklärungen ist jedoch äußerst umstritten und kann des Weiteren von der konkreten Ausgestaltung der Erklärung im Einzelfall abhängen. Insoweit kann folglich nur auf die zahlreichen Untersuchungen verwiesen werden.[1124] Im Grundsatz reicht zumindest einem Teil der Literatur aus kartellrechtlicher Sicht ein solches System aus der Kombination von Offenlegungspflicht während des Standardisierungsverfahrens und Aufforderung zur Abgabe einer FRAND-Selbstverpflichtung aus; Vertreter dieser Ansicht sehen darin ein prinzipiell wirksames Instrumentarium, um den Zugang zum Standard offen zu halten. Sei dies, indem von einem zivilrechtlichen Anspruch auf Lizenzerteilung (oder zumindest Vertragsverhandlungen)[1125], einem Anspruch gestützt auf Art. 102 AEUV[1126] oder einem direkten FRAND-Zwangslizenzanspruch aus Art. 101 AEUV[1127] ausgegangen wird. Dafür sprechen ebenfalls die tausende Standards, die nach den bisherigen FRAND-Regimen entwickelt worden sind, ohne dass es zu einem massenhaften Auftreten wettbewerblicher Probleme gekommen ist. Auch die Kommission sieht ein IPR-Modell, in dem die wesentlichen Rechte des geistigen Eigentums vorab offengelegt werden, als ein System, bei dem die Zugangsgewährung zur Norm wahrscheinlicher wird, weil die Beteiligten die möglichen Auswirkungen auf den Preis des Normungsergebnisses berücksichtigen und die Bereitschaft der Rechteinhaber zur Lizenzierung der geschützten Technologie ausloten können.[1128] Dies bedeutet jedoch nicht, dass

---

1124 Vgl. *Burghartz*, S. 109ff.; *Straus*, GRUR Int 2011, 469, 473ff.; *Körber*, S. 39ff.; *Maaßen*, S. 313ff.

1125 *Tapia*, S. 18ff.; *Straus*, GRUR Int 2011, 469, 478f.; *Burghartz*, S. 114f.; *Körber*, S. 54. Ablehnend für das österreichische Recht *Appl*, S. 481.

1126 *Chappatte*, European Competition Journal 2009, 319, 331ff.; *Körber*, S. 58f.

1127 *Barthelmeß/Gauß*, WuW 2010, 626, 629ff.

1128 Horizontalleitlinien 2011, ABl. 2011 C 11/1, Rn. 268.
Die bereits in den Horizontalleitlinien-E 2011 vorgesehene Offenlegung von Rechten des geistigen Eigentums vor Festlegung der technischen Norm hatte zahlreiche Stellungnehmende zu Äußerungen veranlasst: Viele erklärten ihr generelles Verständnis für die mit der Offenlegung von Rechten des geistigen Eigentums verfolgten Ziele. Allerdings wurde angemahnt, dass die Horizontalleitlinien keine unangemessenen Schwierigkeiten für diejenigen Unternehmen hervorrufen dürften, die sich am Standardisierungsprozess beteiligen. Die Stellungnehmenden sahen das Risiko, dass Unternehmen gezwungen sein könnten, umfangreiche Recherchen nach möglicherweise standardessentiellen Patenten vorzunehmen, um einer solchen Offenlegungsverpflichtung gerecht zu werden; dies könne erhebliche Kosten verursachen (vgl. Auswertung der eingegangenen Stellungnahmen, Rn. 14). Aus den Horizontalleitlinien-E 2011 werde nicht klar, wie die Kommission feststellen möchte, dass sich die Inhaber von Rechten des geistigen Eigentums „nach Kräften darum bemüht" haben zu ermitteln, ob ihre Schutzrechte standardessentiell sind (Stellungnahme des BDI, S. 17). Auch die allgemein gefasste Formulierung der Offenlegungspflicht, nach der vor Annahme einer Norm eine Offenlegung jener Rechte des geistigen Eigentums erforderlich sein

es aus Sicht der Kommission das einzig zulässige System ist, den Zugang zum technischen Standard offen zu halten (zu Alternativen unten Kap. 2. B. II. 4. b) dd)). Im

soll, „die für die Anwendung einer in Ausarbeitung befindlichen Norm erforderlich sein könnten" (Horizontalleitlinien-E 2011, Rn. 281), wurde kritisch gesehen. Zum einen, da umfangreiche Offenlegungspflichten zu unnötigen Offenlegungen führen könnten; es sei häufig schwierig im Voraus sicher festzustellen, ob ein Schutzrecht standardessentiell ist (bzw. wird) oder nicht (Auswertung der eingegangenen Stellungnahmen, Rn. 16). Zum anderen, da sie ihrem Wortlaut nach auch die Offenlegung von Patent*anmeldungen* erfasse. Patentanmeldungen könnten jedoch Betriebs- und vertrauliche Geschäftsgeheimnisse enthalten (Auswertung der eingegangenen Stellungnahmen, Rn. 15; Stellungnahme Baker & McKenzie, S. 7, Rn. 7.5, verfügbar unter: http://ec.europa.eu/competition/consultations/2010_horizontals/baker_mckenzie_en.pdf (abgerufen am 10.03.2016); Stellungnahme Freshfields Bruckhaus Deringer, S. 11, Rn. 6.4, verfügbar unter: http://ec.europa.eu/competition/consultations/2010_horizontals/freshfieldsbruckhausderinger_en.pdf (abgerufen am 10.03.2016)). Würde auch die endgültige Fassung der Horizontalleitlinien 2011 eine derart weitreichende Offenlegungspflicht vorsehen, bestünde die Gefahr, dass Unternehmen aus diesem Grund nicht am Normungsprozess teilnehmen (Stellungnahme der Studienvereinigung Kartellrecht e.V., S. 7f.).
Die Kommission hat in der endgültigen Fassung der Horizontalleitlinien 2011 zum Teil auf diese Kritik reagiert: Zunächst weist sie ausdrücklich darauf hin, dass die Nichteinhaltung der in den Horizontalleitlinien 2011 dargelegten Grundsätze nicht bedeute, dass eine Wettbewerbsbeschränkung i.S.d. Art. 101 Abs. 1 AEUV vorliege; es werde vielmehr anerkannt, dass es verschiedene Normungsmodelle unterschiedlicher Normungsorganisationen gebe, die wettbewerblich unbedenklich sein können (vgl. ABl. 2011 C 11/1, Rn. 279). Diese Erklärung stellt keine echte Neuerung sondern vielmehr eine Klarstellung dar, da bereits – wenn auch mit anderen Worten ausgedrückt – in den Horizontalleitlinien-E 2011 die Aussage zu finden ist, dass die dort beschriebenen Grundsätze nicht stets erfüllt sein müssen, damit Normenvereinbarungen nicht unter Art. 101 Abs. 1 AEUV fallen, aber in der Regel sicherstellen, dass Art. 101 Abs. 1 AEUV keine Anwendung finde (Horizontalleitlinien-E 2011, Rn. 276). Die Kommission betont dabei ausdrücklich, dass ein auf die Rechte des geistigen Eigentums ausgerichtetes Konzept „auf die betreffende Branche und den Bedarf der jeweiligen Normenorganisation zugeschnitten" sein müsse. Allerdings wird diese – zunächst auf eine völlige Unvoreingenommenheit der Kommission bzgl. verschiedener IPR-Policies hindeutende – Aussage in den folgenden Randnummern der Horizontalleitlinien 2011 insofern eingeschränkt, dass ein solches Konzept auch die bereits in den Horizontalleitlinien-E 2011 vorgesehene FRAND-Selbstverpflichtung beinhalten „müsste" (ABl. 2011 C 11/1, Rn. 285). Das Konzept der FRAND-Selbstverpflichtung wird in den Horizontalleitlinien 2011 um die Möglichkeit ergänzt, dass die Unternehmen in die Lage versetzt werden sollten, gewisse Technologien von der Lizenzierungspflicht auszuschließen. Ebenfalls „müsste" das Konzept nach Auffassung der Kommission die Mitglieder der Standardisierungsorganisation zur gutgläubigen Offenlegung ggf. standardessentieller Rechte des geistigen Eigentums vor Annahme der Norm verpflichten (ABl. 2011 C 11/1, Rn. 286).

Folgenden soll jedoch zunächst kurz auf einige Problempunkte eingegangen werden, die die Wirksamkeit dieser Art von IPR-Policy betreffen.

(1) Fall: ETSI GSM 03.19

Dem unter der Bezeichnung *ETSI GSM 03.19* bekannten Fall der Europäischen Kommission aus dem Jahr 2005 lag die Frage zugrunde, ob die Verfahrensregeln einer Standardisierungsorganisation wirksam „patent ambush"-Situationen vermeiden und somit den Zugang zur Norm offen halten können: Gegenstand war die Entwicklung von Standards für Mobilfunknetze durch das ETSI. Erst nachdem das ETSI die Norm GSM 03.19 bereits seit zwei Monaten verabschiedet hatte, gab ein Mitglied des ETSI eine allgemeine FRAND-Lizenzverpflichtung gegenüber dem ETSI ab und legte standardessentielle Patente offen – ohne jedoch dadurch gegen Regelungen der ETSI IPR-Policy zu verstoßen.[1129] Die Europäische Kommission vertrat die Auffassung, dass die ETSI IPR-Policy – insbesondere der damalige Art. 4.1[1130] – bereits nicht geeignet sei, wirksam „patent ambushes" zu verhindern und eröffnete ein Verfahren wegen eines möglichen Verstoßes gegen das Kartellverbot des Art. 101 AEUV gegen das ETSI.[1131] Im Jahr 2005 beschloss das ETSI im Rahmen der 46. Generalversammlung eine Änderung der beanstandeten Klausel 4.1 und kam damit den Forderungen der Kommission nach:[1132] Es änderte die Anforderungen an die frühzeitige Offenlegung von Rechten des geistigen Eigentums, indem es u.a. eine Passage einfügte, die deutliche machte, dass ein Mitglied die standardessentiellen Schutzrechte insbesondere schon während des Standardisierungsprozesses offenlegen muss. Die Kommission begrüßte die Änderungen ausdrücklich und stellte daraufhin das Verfahren gegen ETSI ein.[1133]

Der Fall *ETSI GSM 03.19* dokumentiert die von der Europäischen Kommission an die Normungsorganisationen gestellten Erwartungen; er macht erstens deutlich, dass die Kommission es durchaus als Aufgabe der Standardisierungsorganisationen ansieht, durch ihre Verfahrensvorschriften und IPR-Policies Regelungen zu schaffen, die wirksam Zutrittsschranken zum Standard verhindern. Zweitens zeigt er, dass

1129 Vgl. *Fröhlich*, GRUR 2008, 205, 210.

1130 Er lautete: „Each MEMBER shall use its reasonable endeavours to timely inform ETSI of ESSENTIAL IPRs it becomes aware of. In particular, a MEMBER submitting a technical proposal for a STANDARD or TECHNICAL SPECIFICATION shall, on a bona fide basis, draw the attention of ETSI to any of that MEMBER's IPR which might be ESSENTIAL if that proposal is adopted", vgl. 4.6 der ETSI Guide on IPR, 2013, verfügbar unter: https://portal.etsi.org/directives/35_directives_dec_2015.pdf (abgerufen am 10.03.2016).

1131 Weiterhin meldete die Kommission aufgrund des Umstandes Bedenken an, dass einige als wesentlich deklarierten Rechte des geistigen Eigentums tatsächlich für den Standard nicht essentiell seien, siehe zu einer solchen Overdeclaration Kap. 2. B. II. 4. b) dd) aaa) (4).

1132 Vgl. 4.6 der ETSI Guide on IPR.

1133 Kommission, Pressemitteilung IP/05/1565 v. 12.12.2005.

eine solche IPR-Policy nach Auffassung der Kommission darin liegen kann, dass die Teilnehmer einer Normungsorganisation aufgrund ihrer IPR-Policy frühzeitig, bereits während des Normungsverfahrens verpflichtet sind, potenziell standardessentielle Schutzrechte offenzulegen.

(2) Übergang der FRAND-Selbstverpflichtung bei Übertragung des maßgeblichen Schutzrechtes

Im Folgenden geht es um eine weitere Problemstellung im Zusammenhang mit der Abgabe einer FRAND-Selbstverpflichtung, namentlich um die Auswirkungen der Schutzrechtsnachfolge auf die FRAND-Verpflichtung. Zur Verdeutlichung soll der Fall *IPCom* herangezogen werden: Das Unternehmen Bosch war Inhaber von standardessentiellen Patenten, auf deren Grundlage Mobilfunk- und UMTS-Normen entwickelt wurden. Bezüglich dieser Patente hatte Bosch eine FRAND-Selbstverpflichtung gegenüber ETSI abgegeben. In der Folgezeit übernahm das Unternehmen IPCom diese Patente von Bosch und verklagte Nokia wegen einer vermeintlichen Patentverletzung auf eine Zahlung von 12 Milliarden Euro. Diese Summe entsprach angeblich nicht der von Bosch abgegebenen FRAND-Selbstverpflichtung. Die Kommission eröffnete ein Verfahren, konnte dieses aber ohne Aussage dazu, ob durch das aufgezeigte Verhalten ein Kartellverstoß vorlag, wieder schließen, da IPCom die Zusage erteilte, die von Bosch abgegebene FRAND-Verpflichtung ebenfalls zu übernehmen. Diese Zusage von IPCom begrüßte die Kommission ausdrücklich in einer Pressemitteilung.[1134]

Der Fall IPCom zeigt folgende Problemstellung auf: Die Wirksamkeit einer FRAND-Selbstverpflichtung und damit der Zugang zur Norm könnten in erheblichem Maße beeinträchtigt sein, wenn die Übertragung des der FRAND-Erklärung zugrunde liegenden Schutzrechtes vom Rechteinhaber auf einen Dritten dazu führen würde, dass der Dritte nicht mehr verpflichtet ist, Lizenzen zu FRAND-Bedingungen zu vergeben. Einer Umgehung der FRAND-Selbstverpflichtung wären bereits auf diese einfache Weise Tür und Tor geöffnet. Um die Wirksamkeit einer FRAND-Verpflichtung auch bei Übertragung des standardessentiellen Schutzrechtes zu gewährleisten, sehen die Horizontalleitlinien 2011 vor, dass die Schutzrechtsinhaber dafür sorgen „sollten", „dass auch Unternehmen, an die sie ihre Rechte des geistigen Eigentums (einschließlich des Rechts zur Lizenzerteilung) übertragen, an diese Verpflichtung gebunden sind"; dies könne z.B. „mittels einer entsprechenden Klausel zwischen Käufer und Verkäufer geregelt werden".[1135] Dritte, die ggf. selbst nicht am Standardisierungsprozess beteiligt waren, können durch die Verfahrensregeln der Normungsorganisationen nicht unmittelbar verpflichtet werden, Lizenzen zu FRAND-Bedingungen zu vergeben. Da eine vertragliche Regelung zwischen ursprünglichem Rechteinhaber und Erwerber die einzige Möglichkeit ist, die Geltungsdauer der FRAND-Verpflichtung auf vertraglicher Ebene fortzuführen – für Dritte kann eine Pflicht zur Lizenzvergabe zu FRAND-Bedingungen jedenfalls nicht unmittelbar aus Art. 101 AEUV folgen,

1134 Kommission, MEMO/09/549 v. 10.12.2009.
1135 Horizontalleitlinien 2011, ABl. 2011 C 11/1, Rn. 285.

weil diese Erwerber des Schutzrechtes ggf. nicht an dem Standardsetzungsverfahren beteiligt waren –, sollten die Horizontalleitlinien 2011 an dieser Stelle etwas strenger formulieren, dass die Rechteinhaber nicht nur eine Übertragung der Verpflichtung sicherstellen *sollten*, sondern sicherstellen *müssen*, indem sie sich verpflichten, ihre Rechte des geistigen Eigentums nur dann zu übertragen, wenn der Erwerber sich gleichzeitig bereit erklärt, Lizenzen zu FRAND-Bedingungen zu vergeben.[1136] Ist nicht sichergestellt, dass der Erwerber die FRAND-Verpflichtung des ursprünglichen Inhabers des standardessentiellen Schutzrechtes übernimmt, stellt die Vereinbarung einen Verstoß gegen Art. 101 AEUV dar.[1137]

Vorteilhaft für einen offenen Zugang zum Standard wäre es, wenn eine Übertragung der FRAND-Verpflichtung auf einen Erwerber des Schutzrechtes unabhängig vom Verhalten der Parteien wäre. So geht auch ETSI in seiner IPR-Policy davon aus, dass eine FRAND-Erklärung wenn möglich so interpretiert werden sollte, dass auch der Erwerber des standardessentiellen Schutzrechts automatisch durch die FRAND-Erklärung des ursprünglichen Rechteinhabers gebunden wird.[1138] Unter diesem Gesichtspunkt wurden verschiedene Ansätze entwickelt, die der FRAND-Erklärung einen automatischen Übergang auf den Schutzrechtserwerber attestieren. Sei dies als öffentlich-rechtliche Last des geistigen Eigentums[1139]; abgeleitet aus einer „Normbindung des Patents", bei dem die Abgabe der FRAND-Erklärung auch als ein „Akt der Schutzrechtsverwertung" gesehen wird[1140]; oder abgeleitet aus sachenrechtlichen Grundsätzen[1141] in Verbindung mit einem Vergleich zur Grunddienstbarkeit, dem Jedermanns-Recht zur Betretung des Waldes und dem common law.[1142]

1136 Stellungnahme Deutsche Telekom, Huawei Technologies Düsseldorf, Vodafone Group, S. 2, verfügbar unter: http://ec.europa.eu/competition/consultations/2010_horizontals/deutschetelekomhuaweivodafone_en.pdf (abgerufen am 10.03.2016). Siehe auch *Babey/Rizvi*, WuW 2012, 808, 810.

1137 Siehe auch *Körber*, S. 57.

1138 6.1bis ETSI IPR-Policy ("FRAND licensing undertakings made pursuant to Clause 6 shall be interpreted as encumbrances that bind all successors-in-interest."). Vgl. auch 4.2 der ETSI Guide on IPR.

1139 Ohne weitere Herleitung *M. Jakobs*, S. 199. Fraglich ist jedoch, ob sich eine öffentlich-rechtliche Last ohne jegliche Beteiligung eines Trägers öffentlicher Gewalt oder einer Eintragung in ein öffentliches Verzeichnis begründen lässt.

1140 *Ullrich*, in: Leistner, S. 90f. Durch die Einbringung des Schutzrechts in die Norm sichere sich der Rechteinhaber einen hohen Verbreitungsgrad seiner Technologie und übe seine Verwertungsautonomie damit „zwar nur teilweise und eingeschränkt, aber eben endgültig" aus. Aufgrund dieser Normbindung sei die Lizenzbereitschaftserklärung unabhängig von einer wechselnden Inhaberschaft des Schutzrechts (S. 94).

1141 Die Publizität werde dadurch gewahrt, dass die FRAND-Erklärung durch die Standardisierungsorganisation in einer Online-Datenbank der Öffentlichkeit zugänglich gemacht werde, *Balitzki*, S. 307.

1142 *Balitzki*, S. 270ff.

Wenn auch im Ergebnis unterstützenswert, erscheint es fraglich, ob derartige Auslegungen von der Rechtsprechung nachvollzogen werden.[1143] So gibt es z.B. nach der deutschen Rechtsordnung keinen dinglichen Verzicht auf (Ausschließlichkeits-)Rechte aus einem Patent (der FRAND-Erklärung wird allenfalls schuldrechtliche Wirkung zugesprochen)[1144] und ein neues dingliches Recht könnte nur vom Gesetzgeber geschaffen werden. Die Standardisierungsorganisationen sollten die FRAND-Verpflichtung also nach dem zu Beginn Festgestellten so formulieren, dass die Inhaber standardessentieller Schutzrechte bei Übertragung dieser Rechte verpflichtet sind, auch die FRAND-Verpflichtung zu übertragen.

(3) Geltung der FRAND-Verpflichtung auch zugunsten nicht an der Standardisierungsorganisation beteiligter Dritter

Die Frage, ob die FRAND-Selbstverpflichtung auch zugunsten nicht an der Standardisierungsorganisation beteiligten Dritten wirksam ist, stellt sich zumindest dann, wenn man von einer zivilrechtlichen Durchsetzbarkeit der Verpflichtung ausgeht. Wird der Anspruch auf Erteilung von Lizenzen zu FRAND-Bedingungen direkt aus dem Kartellrecht abgeleitet und auf Art. 101 oder Art. 102 AEUV gestützt, so besteht er unabhängig von der Mitgliedschaft der potenziellen Lizenznehmer in der Standardisierungsorganisation, da es in diesen Fällen nicht auf die FRAND-Selbstverpflichtung ankommt, sondern z.B. eine marktbeherrschende Stellung des Schutzrechtsinhabers maßgeblich ist.

Während die meisten der untersuchten Standardisierungsorganisationen die FRAND-Selbstverpflichtung so vorformuliert haben, dass eine Pflicht zur Lizenzerteilung unter FRAND-Bedingungen nicht nur gegenüber den Mitgliedern der entsprechenden Normungsorganisation, sondern gegenüber allen interessierten Lizenznehmern gelten soll (so z.B. ausdrücklich CEN und ISO[1145]), sieht die TCG eine Lizenzierungsverpflichtung ausschließlich gegenüber den anderen Mitgliedern der

1143 Auch ETSI geht davon aus, dass ein solcher automatischer Übergang der FRAND-Verpflichtung auf den Erwerber eines standardessentiellen Schutzrechtes nicht in jeder Rechtsordnung möglich sein wird („Recognizing that this interpretation may not apply in all legal jurisdictions, any Declarant who has submitted a FRAND undertaking according to the POLICY who transfers ownership of ESSENTIAL IPR that is subject to such undertaking shall include appropriate provisions in the relevant transfer documents to ensure that the undertaking is binding on the transferee and that the transferee will similarly include appropriate provisions in the event of future transfers with the goal of binding all successors-in-interest.", 6.1bis ETSI IPR-Policy). Ebenfalls *Hauck* (NJW 2015, 2767, 2770) geht davon aus, dass sich eine Bindungswirkung für den Erwerber zivilrechtlich nicht begründen lässt.

1144 LG Mannheim, Urt. v. 02.05.2012, Az.: 2 O 240/11, BeckRS 2012, 11804. Siehe dazu auch *Balitzki*, S. 175f.

1145 Vgl. CEN IPR-Policy, Annex 2 und ISO IPR-Policy – Guidelines, Annex 2 („licence to an unrestricted number of applicants"); so auch das DVB (siehe dazu unten Kap. 2. B. II. 4. b) dd) bbb)), vgl. Art. 14.2 DVB Statutes.

Gruppe vor.[1146] Gegenüber Nichtmitgliedern besteht nach dem von der TCG befolgten System der automatischen Verpflichtung zur Lizenzerteilung zu FRAND-Bedingungen (siehe dazu unten Kap. 2. B. II. 4. b) dd) bbb)) keine Pflicht der Schutzrechtsinhaber Lizenzen zu FRAND-Bedingungen zu vergeben. Dies ist aus Sicht des Art. 101 AEUV bedenklich; insbesondere wenn eine Mitgliedschaft die Zahlung relativ hoher Mitgliedsbeiträge voraussetzt oder anderweitige strenge Voraussetzungen hat. Der Zugang zur Norm ist nur dann offen, wenn die Lizenzierungspflicht gegenüber allen potenziellen Lizenznehmern gilt und nicht nur gegenüber denjenigen, die auch Mitglied der entsprechenden Standardisierungsorganisation sind. Andernfalls würde die Mitgliedschaft in einer Standardisierungsorganisation eine Zugangsvoraussetzung für Lizenzen zu FRAND-Bedingungen und damit eine Zugangsvoraussetzung zum Standard werden. Solche Gefahren der Marktabschottung müssen durch eine weiter gefasste Formulierung der FRAND-Lizenzverpflichtung vermieden werden.

(4) Exkurs: Overdeclaration

Ein Folgeproblem aus der Pflicht zur Offenlegung standardessentieller Schutzrechte ist eine sog. Overdeclaration[1147]. Darunter versteht man eine Situation, in der von den Standardisierungsteilnehmern (viel) mehr Schutzrechte offengelegt und als essentiell für den in der Entwicklung befindlichen Standard deklariert werden, als sie es tatsächlich sind. So hat z.B. eine Studie ergeben, dass etwa 80 % der als essentiell deklarierten und offengelegten Patente für den 3G-Mobilfunkstandard im Ergebnis nicht essentiell waren.[1148] Eine Overdeclaration kann zum einen eintreten, weil ein Teilnehmer unbeabsichtigt nicht essentielle Schutzrechte als wesentlich für den Standard ausgibt; er also selbst davon ausgeht, dass die fraglichen Schutzrechte tatsächlich wesentlich sind, oder die ursprünglich korrekten Angaben im Laufe des Standardisierungsprozesses „veralten", indem sich die Arbeiten am Standard anders entwickeln als zum Zeitpunkt der Offenlegung der Schutzrechte erwartet. Zum anderen können Standardisierungsteilnehmer bewusst zu viele Schutzrechte als essentiell offenlegen, um bei den Lizenzverhandlungen eine bessere Position zu erlangen, da sie den Anschein erwecken, einen größeren Einfluss auf die Nutzungsmöglichkeit der für den Standard notwendigen Technologien zu haben, als es der Realität entspricht. Solche Situationen bleiben zunächst unbemerkt, da die Standardisierungsorganisationen die Wesentlichkeit der offengelegten und als standardessentiell benannten Schutzrechte in aller Regel nicht prüfen.[1149]

Auf den ersten Blick scheint eine Overdeclaration nicht unmittelbar Probleme mit dem Kartellverbot des Art. 101 AEUV auszulösen, sondern nur hinsichtlich

1146 16.4 der Satzung der TCG.
1147 Auch als „Overdisclosure" bezeichnet, siehe *Zhang*, IIC 2010, 380, 394.
1148 *Goodman/Myers*, 3G Cellular Standards and Patents, S. 5, verfügbar unter: http://eeweb.poly.edu/dgoodman/wirelesscom2005.pdf (abgerufen am 10.03.2016).
1149 *Eltzroth*, Journal of IT Standards & Standardization Research 2009, Vol. 7, No. 2, 1, 13.

der Frage relevant zu sein, ob die in einer IPR-Policy ggf. aufgenommene Pflicht zur Offenlegung standardessentieller Schutzrechte praktikabel umsetzbar ist oder vielmehr neue Schwierigkeiten hervorruft. Allerdings kann durch die bewusste Overdeclaration der Standardisierungsprozess manipuliert und dadurch können Wettbewerbsverzerrungen verursacht werden.[1150] Die erwarteten zu entrichtenden Lizenzgebühren für den Standard insgesamt fallen ggf. erheblich höher aus, als es tatsächlich der Fall ist. Auch unter dem Gesichtspunkt des Art. 101 AEUV kann eine Overdeclaration folglich relevant werden.

Die Verfahrensregeln der Standardisierungsorganisationen, die eine Offenlegungspflicht bezüglich standardessentieller Schutzrechte enthalten, sehen keine negativen Konsequenzen für Rechteinhaber bei einer Overdeclaration vor. Es stellt sich die Frage, ob die Androhung negativer Konsequenzen überhaupt sinnvoll ist. Um eine Overdeclaration zu verhindern oder zumindest einzudämmen wird vorgeschlagen, dass sich die FRAND-Selbstverpflichtung nicht nur auf die Schutzrechte beziehen sollte, die später tatsächlich für den Standard wesentlich sind, sondern dass die Rechteinhaber auch für die Schutzrechte Lizenzen zu fairen, angemessen und nichtdiskriminierenden Bedingungen vergeben müssen, die zwar nicht standardessentiell sind, die sie aber als vermeintlich standardessentiell offengelegt haben.[1151] Gegen ein solches Vorgehen spricht jedoch zum einen, dass damit nur die bewusste Overdeclaration verhindert werden könnte. Gegenüber Unternehmen, die im guten Glauben ihre nicht-standardessentiellen Schutzrechte offenlegen, kann die „Abschreckungswirkung“ der Lizenzverpflichtung nicht eintreten. Zum anderen kann eine solche Ausweitung der FRAND-Verpflichtung dazu führen, dass Unternehmen ihrer Offenlegungspflicht möglichst spät nachkommen, um sich wirklich sicher zu sein, dass ihre Schutzrechte für den Standard wesentlich werden und sie nicht später zur Lizenzvergabe auch bezüglich nicht-standardessentieller Schutzrechte verpflichtet sind. Auch lässt sich dieses Problem nicht dadurch lösen, dass die Ausweitung der FRAND-Verpflichtung nur auf Fälle angewendet wird, in denen eine bewusste Overdeclaration vorliegt. Denn es ist in aller Regel wohl nicht nachvollziehbar, ob ein Unternehmen bewusst nicht-essentielle Schutzrechte offengelegt hat, oder ob dies unbeabsichtigt geschehen ist.

Weiterhin wäre denkbar, dass die jeweilige Standardisierungsorganisation die als essentiell deklarierten Schutzrechte nach ihrer Offenlegung auf ihre Wesentlichkeit für den Standard überprüft. Auf diese Weise könnten (zumindest theoretisch) Overdeclarations aufgedeckt werden.[1152] Es ist jedoch zu befürchten, dass bei einer Vielzahl von offengelegten Schutzrechten eine Prüfung durch die

---

1150 So hielt auch die Kommission im Fall *ETSI GSM 03.19* die Tatsache, dass viele nicht-essentielle Schutzrechte offengelegt wurden, für bedenklich, vgl. Schriftliche Anfrage E-0553/03, verfügbar unter: www.europarl.europa.eu/sides/getAllAnswers.do?reference=E-2003-0553&language=DE (abgerufen am 10.03.2016).

1151 *Tapia*, S. 211f.

1152 So sieht *Zhang*, IIC 2010, 380, 394 die Standardisierungsorganisationen in der Pflicht, Overdeclarations zu verhindern bzw. zu sanktionieren.

Standardisierungsorganisation eine erhebliche Zeit in Anspruch nehmen, den Standardisierungsprozess allzu stark lähmen und erhebliche Kosten verursachen würde. Zudem sehen einige IPR-Policies vor, dass die Rechteinhaber nur offenlegen müssen, *dass* sie an den für den Standard maßgeblichen Technologien Schutzrechte besitzen. Eine Identifizierung der genauen Schutzrechte muss zum Zeitpunkt der Offenlegung noch nicht stets erfolgen. Auch dies würde eine Überprüfung der Wesentlichkeit durch die Standardisierungsorganisationen erheblich erschweren.

Somit ist kein Lösungsansatz ersichtlich, der eine Overdeclaration verhindern kann, ohne nicht auf andere Art negativ in die Funktionsweise des Standardisierungsverfahrens einzugreifen. Das Manipulationspotenzial durch Overdeclarations muss folglich hingenommen werden, wenn eine Standardisierungsorganisation sich für eine IPR-Policy entscheidet, die eine Offenlegungspflicht standardessentieller Schutzrechte mit anschließender Aufforderung zur Abgabe einer FRAND-Selbstverpflichtung vorsieht. Dies ruft aus Sicht des Art. 101 AEUV jedoch keine allzu großen Bedenken hervor, da sich die Rechteinhaber durch eine bewusste Overdeclaration ggf. nur bei den späteren Verhandlungen um die Lizenzbedingungen in eine bessere Position bringen. Auswirkungen auf die Erarbeitung des Standards selbst sind weniger wahrscheinlich.

bbb) „Licensing by default" bzw. „negative disclosure"

Um Durchsetzungsprobleme des oben aufgezeigten Systems der Offenlegungspflicht und anschließenden Aufforderung zur Abgabe eine FRAND-Selbstverpflichtung zu vermeiden, könnte eine Standardisierungsorganisation ein sog. „Licensing by default"-System ihren IPR-Policies zugrunde legen. Ein solches sah ETSI von 1993 bis 1994 vor. Damit war ETSI die bislang einzige anerkannte Standardisierungsorganisation, die versuchte, eine strengere IPR-Policy zu etablieren.[1153] ETSI proklamierte sie selbst als „the world's most ambitious attempt to reduce the risks of Intellectual Property Right complications causing immense damage after standards have been adopted for Europe's advanced telecommunications networks".[1154] Das „Licensing by default"-Modell zeichnet sich dadurch aus, dass sich ein Unternehmen automatisch mit der Teilnahme an der Standardisierungsorganisation verpflichtet, seine für den Standard essentiellen (auch unbekannten oder zukünftigen) Patente zu FRAND-Bedingungen zu lizenzieren. Eine Ausnahme von dieser automatischen Lizenzgewährung war bei dem von ETSI befolgten System nur dann vorgesehen, wenn das Mitglied ausdrücklich innerhalb einer Frist von sechs Monaten nach Aufnahme eines Normenentwurfes in das ETSI-Arbeitsprogramm ein bestimmtes Schutzrecht offenlegte und von der Lizenzierungspflicht ausnahm.[1155]

1153 Hintergrund war, dass die Entwicklung des GSM-Standards ins Stocken geriet, weil die Inhaber standardessentieller Patente nicht zu einer unbeschränkten Lizenzierung bereit waren. Für detaillierte Informationen siehe *Bekkers*, S. 234f.

1154 ETSI, Pressemitteilung v. 18.03.1993, zitiert nach *Schießl/Prins*, E.I.P.R. 1993, 263.

1155 Siehe *Van Bael/Bellis*, S. 507f.; *Dixon*, in: Hansen: International Intellectual Property Law and Policy 1996, Vol. 1, 369, 371f.; Kommission, ABl. 1995 C 76/5, Rn. 8.

Vorteile dieses Systems lassen sich nicht bestreiten: Die teilweise unklaren und kaum kontrollierbaren Offenlegungspflichten (Wer kann schon kontrollieren, ob alle Teilnehmer ihre für den Standard eventuell essentiellen Patente offen gelegt haben? Ob unveröffentlichte Patentanmeldungen existieren? Oder ob die an der Normungsarbeit teilnehmenden Vertreter der Mitglieder Kenntnis von möglicherweise nicht offen gelegten Schutzrechten hatten oder nicht?) würden gleichsam überflüssig. Entsprechende Vorschläge wurden deshalb auch während der öffentlichen Konsultation zum Entwurf der Horizontalleitlinien 2011 geäußert.[1156]

Dennoch wird dieses System in der Literatur überwiegend abgelehnt. Das „Licensing by default"-Modell steht im Verdacht gegen Art. 101 AEUV zu verstoßen. Grund für die negative Haltung ist u.a. folgender: Ohne eine Offenlegung wesentlicher Schutzrechte bereits während des Standardisierungsverfahrens wird den Teilnehmern der Standardisierungsorganisation mangels Kenntnis über die bestehenden Schutzrechte die Möglichkeit genommen, sich für eine andere Technologie zu entscheiden, die mit keinerlei Schutzrecht – auch keines, das zu FRAND-Bedingungen lizenziert werden muss – „belastet" ist.[1157] Auch die Europäische Kommission äußerte aufgrund einer bei ihr eingegangen Beschwerde[1158] gegen das von ETSI betriebene „Licensing by default"-Modell Bedenken. Die Kommission stellte in einem an ETSI gerichteten „discomfort letter" ihre vorläufige – für eine abschließende Entscheidung lagen noch nicht ausreichend Ermittlungsergebnisse vor – ablehnende Haltung gegenüber einem „Licensing by default"-System dar.[1159] Eine formelle Entscheidung folgte jedoch nicht, da ETSI sich auch aufgrund fehlender Zustimmung seiner Mitglieder und politischen Drucks der USA gezwungen sah, seine IPR-Policy zu ändern.[1160]

Ein Modell, das dem vormals von ETSI befolgtem ähnlich ist, wird vom Digital Video Broadcasting Project (DVB) verfolgt. Das DVB – ein 1993 gegründetes Standardisierungskonsortium bestehend aus ca. 200 Rundfunkanstalten, Netzbetreibern, Herstellen, Software-Entwicklern und Regulierungsbehörden zur Entwicklung offener Standards für die Übermittlung von digitalem Fernsehen – sieht ein sog. „negative disclosure"-System vor. Gleichzeitig mit der Mitgliedschaft stimmen die Teilnehmer der DVB IPR-Policy zu.[1161] Danach sind die Mitglieder verpflichtet,

---

1156 Vgl. Stellungnahme Nokia, S. 4, verfügbar unter: http://ec.europa.eu/competition/consultations/2010_horizontals/nokia_en.pdf (abgerufen am 10.03.2016); Stellungnahme Clifford Chance, S. 9, Rn. 4.18.

1157 *Dobler/Sattler*, in: FS Canenbley, S. 139, 148, Fn. 45.

1158 Eine Zusammenfassung der Beschwerde findet sich bei *Tuckett*, Patent World September 1993, 23, 28.

1159 Siehe *Bekkers*, S. 238; *Ohana/Hansen/Shah*, E.C.L.R. 2003, Issue 12, 644, 646f. Sehr kritisch bezüglich der damaligen ETSI IPR-Policy auch *Good*, E.I.P.R. 1992, 295f.

1160 Vgl. Kommission, ABl. 1995 C 76/5, Rn. 9; Kommission, XXV. Bericht über die Wettbewerbspolitik, 1996, S. 140f.; *Iversen*, Standardization and Intellectual Property Rights, 1999, S. 1, 6; *Shurmer/Lea*, StandardView 1995, Vol. 3, No. 2, 50, 56ff.

1161 Vgl. Art. 14 DVB Statutes, verfügbar unter: http://www.dvb.org/resources/public/documents_site/dvb_mou.pdf (abgerufen am 10.03.2016).

Lizenzen für die für den Standard essentiellen Schutzrechte zu FRAND-Bedingungen zu gewähren.[1162] Allerdings haben die Mitglieder das Recht, eine Erklärung abzugeben, dass sie nicht bereit sind, Lizenzen für bestimmte geschützte Technologien zu erteilen und diese so von der allgemeinen Lizenzierungspflicht auszunehmen. Diese Möglichkeit besteht in zweierlei Hinsicht: Zunächst innerhalb eines 90-Tages-Zeitfensters nach Anzeige der Annahme einer Spezifikation; weiterhin ohne enge zeitliche Beschränkung, allerdings mit strengeren inhaltlichen Bedingungen, bis zu dem Zeitpunkt der endgültigen Annahme der vom DVB entwickelten Spezifikation durch eine anerkannte Normungsorganisation als Standard.[1163]

Ein ähnliches Lizenzierungsmodell, welches grds. eine Pflicht zur Vergabe von Lizenzen zu FRAND-Bedingungen vorsieht, befolgt die TCG: 60 Tage vor Annahme eines neuen Standards soll der TCG-Vorstand die Mitglieder darüber informieren, dieser Bekanntmachung einen kompletten Entwurf des Standards beifügen und einen Termin bekannt geben, ab wann der Standard und alle essentiellen Schutzrechte den Lizenzbedingungen der IPR-Policy der TCG unterliegen.[1164] Die Mitglieder haben dann Zeit, den Standard auf Schutzrechte zu überprüfen, deren Inhaber sie sind. Eine Pflicht zur Recherche innerhalb des eigenen Patentportfolios der Mitglieder besteht zwar nicht; allerdings stimmen die Mitglieder, wenn der Standard angenommen wird, automatisch zu, anderen Mitgliedern der TCG Lizenzen für standardessentielle Schutzrechte zu FRAND-Bedingungen zu gewähren.[1165] Eine Ausnahme von dieser allgemeinen Lizenzierungspflicht besteht nur, wenn das Mitglied, das nicht bereit ist Lizenzen für standardessentielle Patente unter FRAND-Bedingungen zu erteilen, spätestens 15 Tage vor dem von TCG-Vorstand angekündigten Termin mitteilt, dass es die TCG verlassen wird.[1166] Da mit dem vom DVB befolgten „negative disclosure"-System und dem System der TCG weiterhin Modelle existieren, die dem ehemaligen „Licensing by default"-System ETSI äußerst ähnlich sind, bleibt die Frage aktuell, ob ein „Licensing by default"- bzw. ein „negative disclosure"-Modell tatsächlich einen Verstoß gegen Art. 101 AEUV darstellt.

Zuzustimmen ist den Überlegungen, wonach die beschriebenen Lizenzierungsmodelle eine Wettbewerbsbeschränkung im Sinne des Art. 101 Abs. 1 AEUV begründen. Die Kommission äußerte über das von ETSI 1993 eingeführte „Licensing by default"-System, dass sie darin eine Wettbewerbsbeschränkung sehe, wenn ein Unternehmen seiner freien Entscheidung darüber beraubt werde, ob es Lizenzen

1162 Art. 14.2 DVB Statutes.

1163 Art. 14.1 und 14.3 DVB Statutes. Nach der 90-Tages-Frist ist ein Ausschluss von der allgemeinen Lizenzierungspflicht nur noch mit der Begründung möglich, dass andernfalls ein wichtiges Geschäftsinteresse ernsthaft gefährdet wäre. Vgl. dazu auch *Eltzroth*, Journal of IT Standards & Standardization Research 2008, Vol. 6, No. 2, 21, 33f.

1164 16.3a der Satzung der TCG.

1165 16.3b und 16.4 der Satzung der TCG.

1166 16c der Satzung der TCG.

für seine geschützten Technologien vergeben werde oder nicht.[1167] In dieser Auffassung kommt die Befürchtung zum Ausdruck, dass ein solches „Licensing by default"-System einen Schritt in Richtung Zwangslizenzen bedeute und eine Entwertung der von den Unternehmen durch Forschungs- und Entwicklungsleistung erlangten Patente zur Folge habe, obwohl diese ggf. mit erheblichen Kosten und Aufwand verbunden war. Zudem ist zu befürchten, dass dadurch der Anreiz für neue Innovationen sinkt.[1168] Schließlich ist zu beachten, dass ein „Licensing by default"-System eine Marktzutrittsbarriere errichten kann. Wenn die Zustimmung zu einer IPR-Policy, die eine automatische Lizenzierungspflicht vorsieht, Bedingung für die Mitgliedschaft in der Standardisierungsorganisation ist, wird sie gleichzeitig Voraussetzung für die Möglichkeit, den Standard inhaltlich zu beeinflussen, nützliche Informationen aus dem Standardisierungsverfahren zu ziehen etc.[1169] Dass ein „Licensing by default"-System eine Wettbewerbsbeschränkung im Sinne des Art. 101 Abs. 1 AEUV darstellt, wird man somit nicht bestreiten können. Allerdings bedeutet dies nicht zwangsläufig, dass eine solche automatische Lizenzierungspflicht stets unzulässig sei. Vielmehr kommt unter bestimmten Voraussetzungen durchaus eine Freistellung nach Art. 101 Abs. 3 AEUV in Betracht:

Zunächst sind die Effizienzvorteile, die ein „Licensing by default"- oder „negative disclosure"-System mit sich bringt, im Rahmen einer möglichen Freistellung nach Art. 101 Abs. 3 AEUV zu berücksichtigen. Durch die beschriebenen Lizenzierungssysteme können unabhängig von Offenlegungsverpflichtungen, deren Einhaltung nur schwer oder gar nicht kontrolliert werden kann, „patent ambush"-Probleme hinsichtlich bestehender Schutzrechte vermieden werden.[1170] Von den Gegnern dieser allgemeinen Lizenzierungspflicht wird angeführt, dass den Unternehmen damit eine ggf. zeitintensive und kostspielige Patentrecherche auferlegt wird, um ihre Schutzrechte vor der Entwertung zu schützen.[1171] Die allgemeine

1167 Kommission, Open letter, Februar 1994, zitiert nach *Dolmans*, Standards for Standards, S. 15 und ABA, Handbook, S. 220.

1168 Kommission, Open letter, Februar 1994, zitiert nach *Dolmans*, Standards for Standards, S. 15 und ABA, Handbook, S. 220.

1169 Siehe auch *Dolmans*, Standards for Standards, S. 14.

1170 Dies gilt natürlich nur bezüglich Mitgliedern der fraglichen Standardisierungsorganisation; Nichtmitglieder können nicht durch die IPR-Policies zur Lizenzierung zu FRAND-Bedingungen verpflichtet werden. Dieses Problem besteht jedoch in gleicher Weise bei IPR-Policies, die eine Offenlegung von essentiellen Patenten und im Anschluss eine (freiwillige) FRAND-Selbstverpflichtung vorsehen.

1171 *Ohana/Hansen/Shah*, E.C.L.R. 2003, Issue 12, 644, 650, Fn. 35 gehen davon aus, dass sowohl „Licensing by default"-Modelle als auch die Verpflichtung zur Lizenzgebührenfreiheit gegen Art. 101 AEUV verstoßen, da sie nicht den Markt die richtige Technologie zum richtigen Preis wählen lassen. Während dieses Argument in Bezug auf eine Verpflichtung Lizenzen gebührenfrei zur Verfügung zu stellen noch nachvollziehbar erscheint, ist ihm in Bezug auf „Licensing by default"-Modelle zu widersprechen. Denn dort wird die Technologie gerade nicht aufgrund bestehender Belastungen durch Lizenzgebühren verworfen und ggf. eine Alternative

Lizenzierungspflicht wird dagegen versucht mit dem Argument zu rechtfertigen, dass ein Rechteinhaber, wenn ein Patent für ihn so bedeutend ist, dass er nicht einmal Lizenzen zu FRAND-Bedingungen gewähren will, positive Kenntnis von solchen Patenten haben sollte und sie dann durch die Offenlegung von der automatischen Lizenzgewährung ausschließen kann.[1172] Ob dies gerade bei sehr großen Patentportfolios von Unternehmen tatsächlich der Realität entspricht, ist fraglich. Als durchschlagender erscheint jedoch das Argument, dass der Rechteinhaber zum einen die Möglichkeit hat, innerhalb eines bestimmten Zeitraumes durch eine Offenlegung des fraglichen Schutzrechts dieses von der allgemeinen Lizenzierungspflicht auszuschließen; zum anderen ist er, sollte er die Offenlegung und den Ausschluss eines Patents von der allgemeinen Lizenzierungspflicht versäumen, nicht schutzlos gestellt;[1173] er kann dennoch Lizenzen zu FRAND-Bedingungen vergeben.[1174] Ob dies eine ausgewogenen Balance zwischen den Interessen der Schutzrechtsinhaber und der Allgemeinheit zur Verhinderung von „patent ambushes" darstellt, hängt davon ab, ob ein Rechteinhaber die „opt-out"-Möglichkeit auch tatsächlich wirkungsvoll nutzen kann, um seine Schutzrechte bei Bedarf vor einer automatischen Lizenzierungspflicht zu schützen. Nach Auffassung der Kommission kam bei dem von ETSI befolgten „Licensing by default"-Modell keine Freistellung nach Art. 101 Abs. 3 AEUV in Betracht, wenn aufgrund der noch spärlichen Informationen zu Beginn des Standardisierungsprozesses eine Identifikation essentieller Patente bei den Unternehmen nicht machbar sei, sodass auch keine Möglichkeit bestehe, die Patente von der automatischen Lizenzierungspflicht durch eine Offenlegung auszuschließen. Wäre dies allerdings möglich – wenn auch vielleicht kostspielig –, so hielt auch die Kommission eine Freistellung nach Abs. 3 für denkbar.[1175] Maßgeblich

für den Standard ausgewählt; die Schutzrechte sind ggf. gar nicht offengelegt, solange sie nach dem Willen des Schutzrechtsinhabers nicht von der allgemeinen Lizenzierungspflicht ausgenommen werden sollen.

1172 Vgl. *Zhang*, IIC 2010, 380, 397.

1173 Anders sähe die Situation ggf. aus, wenn der Rechteinhaber die Lizenzen gebührenfrei zur Verfügung stellen müsste, sollte er nicht von der Möglichkeit Gebrauch machen, die Schutzrechte von der Lizenzierungspflicht auszunehmen. Dazu unten Kap. 2. B. II. 4. b) dd) ccc).

1174 *Zhang*, IIC 2010, 380, 397.

1175 Kommission, Open letter, Februar 1994, zitiert nach *Dolmans*, Standards for Standards, S. 15 und ABA, Handbook, S. 220. Dafür, dass die Kommission ein „Licensing by default"-System nicht per se für unvereinbar mit Art. 101 AEUV hält, spricht auch Beispiel 3 der Horizontalleitlinien 2011: Dort beschreibt die Kommission eine IPR-Policy, die auf eine Offenlegungspflicht hinsichtlich standardessentieller Schutzrechte verzichtet und stattdessen von allen Beteiligten die Abgabe einer FRAND-Verpflichtung verlangt; das Konzept sieht jedoch eine Freistellungsmöglichkeit vor, nach der Inhaber eines Schutzrechts dieses von der pauschalen Lizenzierungspflicht ausnehmen können. Die Kommission hält dieses System zumindest in dem Fall für zulässig, dass sich die Umstände der Standardisierung so darstellen, dass in der Regel alle möglicherweise relevanten Technologien, die für eine Aufnahme in den

für eine Freistellung nach Art. 101 Abs. 3 AEUV kann somit der Zeitraum sein, den die IPR-Policy für die Offenlegung vorgibt. Während bei dem „Licensing by default“-System des ETSI ein maximaler Zeitraum von sechs Monaten vorgesehen war, können Mitglieder des DVB ihre essentiellen Schutzrechte bis zur abschließenden Annahme des Standards durch eine anerkannte Normungsorganisation offenlegen und von der allgemeinen Lizenzierungspflicht ausschließen. Damit besteht für die Mitglieder des DVB während des gesamten Standardisierungsverfahrens die Möglichkeit, ihre Patente auf Wesentlichkeit für den Standard zu prüfen; in einem frühen Stadium, wenn ggf. die weitere Entwicklung des Standards noch gar nicht absehbar ist, ist keine abschließende Entscheidung über eine Offenlegung erforderlich. Das vom DVB angewendete Modell lässt anders als die ehemalige ETSI IPR-Policy den Unternehmen folglich genügend Zeit, ihre Schutzrechte zu überprüfen und ihr weiteres Vorgehen zu überdenken. Bei dem von der TCG befolgten Modell liegt der Entwurf des Standards zwar grds. schon vor, wenn die Unternehmen über eine Offenlegung von Schutzrechten entscheiden müssen, sodass über die verwendeten Technologien keine entsprechenden Unsicherheiten herrschen; allerdings verbleibt den Mitgliedern im für sie ungünstigsten Fall nur ein Zeitraum von 45 Tagen[1176] um zu prüfen, ob sie Inhaber standardessentieller Patente sind und die Lizenzierung zu FRAND-Bedingungen ausschließen möchten. Dies ruft unter den genannten zeitlichen Kriterien erhebliche Bedenken hinsichtlich der Zulässigkeit des von der TCG befolgten Systems hervor.

Wird den Mitgliedern durch die IPR-Policy einer Standardisierungsorganisation also ein ausreichend langer Zeitraum gewährt, um ihre essentiellen Patente für den zu entwickelnden Standard ermitteln zu können, sodass sie wirkungsvoll in der Lage sind durch eine Offenlegung diese Patente bei Bedarf von der allgemeinen Lizenzierungspflicht auszunehmen, so stellt ein „Licensing by default“- oder „negative disclosure“-System zwar eine Wettbewerbsbeschränkung im Sinne des Art. 101 Abs. 1 AEUV dar, die jedoch nach Abs. 3 freigestellt ist. Solche Systeme sollten folglich nicht pauschal „wegen kartellrechtlicher Bedenken“ abgelehnt werden.

ccc) Lizenzgebührenfreiheit

Ein weiteres IPR-Modell, das z.B. das W3C verfolgt, sieht die Gebührenfreiheit der Lizenzen für die Nutzung der in den Standard aufgenommenen geschützten Technologien vor. Ziel ist es, die größtmögliche Verbreitung der (Web-)Standards

---

Standard in Betracht kommen, durch Rechte des geistigen Eigentums geschützt sind, sodass eine Offenlegung von Schutzrechten keine nennenswerten Vorteile brächte. Vgl. Horizontalleitlinien 2011, ABl. 2011 C 11/1, Rn. 327.

1176 Der Vorstand muss spätestens 60 Tage vor Annahme des Standards den Mitgliedern den Entwurf zur Prüfung vorlegen und nicht-lizenzierungsbereite Mitglieder müssen ihr Ausscheiden spätestens 15 Tage vor dem angekündigten Datum erklären.

sicherzustellen.[1177] Nach diesem System ist es Voraussetzung für die Teilnahme an einer Arbeitsgruppe zur Entwicklung eines Standards, einer gebührenfreien Lizenzierung der Schutzrechte zuzustimmen; die bloße Mitgliedschaft im W3C führt nicht zu einer solchen Verpflichtung.[1178] Allerdings sieht die W3C IPR-Policy auch Ausnahmen vor, bei denen einzelne Schutzrechte nicht von der gebührenfreien Lizenzierung erfasst werden: U.a. wenn der Teilnehmer spätestens 150 Tage nach der Veröffentlichung des ersten Arbeitsentwurfes das entsprechende Schutzrecht offenlegt und anzeigt, dass er nicht zu einer gebührenfreien Vergabe von Lizenzen bereit ist, kann er weiterhin an der Arbeitsgruppe teilnehmen.[1179] Eine weitere Ausnahme besteht z.B., wenn der Schutzrechtsinhaber spätestens 90 Tage nach der Veröffentlichung des ersten Arbeitsentwurfes aus der Arbeitsgruppe austritt[1180] In dem Fall, dass nicht alle für einen Standard essentiellen Patente lizenzgebührenfrei zur Verfügung gestellt werden, wird eine sog. Patent Advisory Group (PAG) eingesetzt, um den Konflikt zu lösen.[1181] Kann dieses Ziel nicht erreicht werden, so kann die PAG u.a. zu dem Schluss kommen, dass die Arbeitsgruppe den Standard um das fragliche Schutzrecht herum entwickeln sollte, dass die Arbeitsgruppe geschlossen werden sollte oder dass über alternative Lizenzierungsbedingungen beraten werden sollte;[1182] nur wenn ausnahmsweise die Aufnahme der geschützten Technologie in den Standard die beste Alternative ist, den Auftrag des W3C zu erfüllen und die Interessen der Web-Gemeinschaft zu befriedigen, ist eine Aufnahme ohne Verpflichtung des Rechteinhabers zur Gewährung gebührenfreier Lizenzen in den Standard möglich.[1183]

Mit einer solchen IPR-Policy wird jedenfalls das Problem „faire, angemessene und nichtdiskriminierende Lizenzbedingungen" bestimmen zu müssen umgangen. Angesichts ihrer (vorläufigen) Einschätzung zu dem zwischenzeitlich von ETSI angewendeten „Licensing by default"-System mutet es jedoch überraschend an, dass die Europäische Kommission hinsichtlich einer IPR-Policy, die vorschreibt grundsätzlich nur lizenzgebührenfreie Standards zu entwickeln, keinerlei kartellrechtliche Bedenken zu haben scheint.[1184] Denn es stellt sich durchaus die Frage, ob

---

1177 Vgl. W3C IPR-Policy, Rn. 2, verfügbar unter: http://www.w3.org/Consortium/Patent-Policy-20040205/ (abgerufen am 10.03.2016).

1178 W3C IPR-Policy, Rn. 3.1, 3.2.

1179 W3C IPR-Policy, Rn. 4.1. Dort auch zu den wenigen weiteren Ausnahmen, wenn der Rechteinhaber weiterhin Teilnehmer der Arbeitsgruppe bleiben will.

1180 W3C IPR-Policy, Rn. 4.2.

1181 W3C IPR-Policy, Rn. 7.1.

1182 W3C IPR-Policy, Rn. 7.5.1.

1183 W3C IPR-Policy, Rn. 7.5.3.

1184 So setzt die Kommission in den Horizontalleitlinien 2011, ABl. 2011 C 11/1, Rn. 274, Fn. 1 und Rn. 286 Normungsorganisationen, die mit gebührenfreien Lizenzen arbeiten, als zulässig voraus.
Bereits Rn. 278 der Horizontalleitlinien-E 2011 enthielt eine Passage nach der „in Bezug auf die relativen Vorzüge gebührenfreier Normen gegenüber anderen

eine Verpflichtung der an einem Standardisierungsvorhaben Beteiligten, Lizenzen für ihre für den Standard essentiellen Patente gebührenfrei zur Verfügung zu stellen, nicht selbst das Kartellverbot des Art. 101 AEUV verletzt.[1185]

Alternativen (...) weder eine positive noch eine negative Voreingenommenheit herrschen" solle. Nach der im Rahmen der öffentlichen Konsultation vielfach vertretenen Auffassung der Stellungnehmenden müssten die Leitlinien insofern klargestellt werden, dass die Kommission durch diese Passage jedenfalls keine IPR-Policy verbieten wolle, die ausschließlich eine gebührenfreie Lizenzierung standardessentieller Rechte des geistigen Eigentums vorschreibe – und somit lizenzgebührenfreie Normen gegenüber gebührenpflichtigen Normen einen Vorrang einräume. Es könne nicht Ziel der Kommission sein, Standardisierungsorganisationen, die bisher ausschließlich lizenzgebührenfreie Normen entwickelten, für unzulässig zu erklären. Bislang seien die Horizontalleitlinien-E 2011 jedoch so zu verstehen (vgl. Stellungnahme ABA – Sections of Antitrust Law and of International Law, S. 13; Stellungnahme Apple, S. 6, Rn. 18; Stellungnahme ANSI, S. 15, verfügbar unter: http://ec.europa.eu/competition/consultations/2010_horizontals/ansti_en.pdf (abgerufen am 10.03.2016); Stellungnahme Broadcom Cisco Systems, Hewlett-Packard, International Business Machines, Oracle and Research in Motion, S. 6; Stellungnahme Cleary Gottlieb Stehen & Hamilton LLP, S. 4; Stellungnahme ECIS, S. 1, 3, verfügbar unter: http://ec.europa.eu/competition/consultations/2010_horizontals/ecis_en.pdf (abgerufen am 10.03.2016). Sehr kritisch auch Stellungnahme FFII, S. 2, verfügbar unter: http://ec.europa.eu/competition/consultations/2010_horizontals/ffii_guidelines_en.pdf (abgerufen am 10.03.2016); Stellungnahme Red Hat, S. 6, verfügbar unter: http://ec.europa.eu/competition/consultations/2010_horizontals/redhat_en.pdf (abgerufen am 10.03.2016); Stellungnahme W3C, S. 1, verfügbar unter: http://ec.europa.eu/competition/consultations/2010_horizontals/w3c_en.pdf (abgerufen am 10.03.2016)). Demgegenüber legten andere Teilnehmer der öffentlichen Konsultation die Horizontalleitlinien-E 2011 an dieser Stelle gerade so aus, dass die Kommission mit diesem Satz der Rn. 278 die Auffassung vertrete, nichtproprietäre und damit gebührenfreie Standards sollten durch die Verfahrensregeln und IPR-Policies der Standardisierungsorganisationen bevorzugt werden. Auch eine solche Auslegung sei bedenklich, da patentierte Technologien häufig die bessere technische Lösung seien (vgl. Stellungnahme AIPLA, S. 2, verfügbar unter: http://ec.europa.eu/competition/consultations/2010_horizontals/aipa_en.pdf (abgerufen am 10.03.2016)). Dieser äußerst umstrittene Satz der Horizontalleitlinien-E 2011 wurde in den Horizontalleitlinien 2011 ersatzlos gestrichen. Das kann nach der enormen Kritik an dieser Passage nur bedeuten, dass die Kommission weiterhin Normungskooperationen, die eine gebührenfreie Lizenzierung vorsehen, ebenso zulassen will wie gebührenpflichtige Standards.

1185 So ohne weitere Begründung *Staniszewski*, Journal of Intellectual Property Law & Practice 2007, Vol. 2, No. 10, 666, 680. Siehe auch *Beurskens*, An offer you can't refuse, 2009, S. 6, verfügbar unter: http://www.law.washington.edu/Casrip/WWIP/Papers/2009/An%20offer%20you%20cant%20refuse.pdf (abgerufen am 10.03.2016) sowie ABA, Handbook, S. 221 (Lizenzgebührenfreiheit sollte auf Freiwilligkeit beruhen).

Eine Wettbewerbsbeschränkung im Sinne des Art. 101 Abs. 1 AEUV liegt darin, dass die Verpflichtung zur gebührenfreien Vergabe von Lizenzen eine Marktzutrittsbarriere errichten kann. Theoretisch können zwar alle interessierten Unternehmen an der Standardisierungsorganisation teilnehmen und ihre Technologie für den Standard empfehlen, indem sie sich zur gebührenfreien Lizenzierung verpflichten. Faktisch werden jedoch solche Unternehmen von einer aktiven Teilnahme am Normungsverfahren ausgeschlossen, die aufgrund ihres Geschäftsmodelles darauf angewiesen sind, durch Lizenzgebühren ihre Arbeit zu finanzieren, also sog. *upstream firms* (siehe oben Kap. 2. B. II. 2.), die ausschließlich in der Forschung und Entwicklung, nicht aber in der Produktion tätig sind.[1186] Zudem führt die Festlegung einer IPR-Policy auf lizenzgebührenfreie Standards dazu, dass nicht der Markt die richtige Technologie zum richtigen Preis wählen kann.[1187] Der Preis der Lizenzen für alle Technologien wird auf den Wert Null festgelegt bzw. es werden nur solche Technologien für eine Aufnahme in den Standard zugelassen, die sich auf diesen vorgeschriebenen Preis einlassen. Daher befürchten Stimmen in der Literatur, dass die Verpflichtung zur gebührenfreien Lizenzierung den Pool verfügbarer Technologien derart beschränkt, dass ggf. nur zweitklassige Technologien zur Verfügung stehen. Zwar könnten die Inhaber von Rechten geistigen Eigentums durchaus ein Interesse an der kostenfreien Zurverfügungstellung ihrer Technologien haben, da sie auf diese Weise ihren Markt erweitern; dies solle jedoch eine freiwillige Entscheidung sein.[1188]

Trotz dieser nachteiligen Auswirkungen auf den Wettbewerb ist zu beachten, dass die W3C IPR-Policy – wenn auch beschränkte – Ausnahmen von der Verpflichtung zur gebührenfreien Lizenzierung vorsieht. Sie stellt somit keine absolute Beschränkung zum Marktzutritt dar. Zudem fördern lizenzgebührenfreie Standards Innovationen erheblich, da jedes interessierte Unternehmen sie umsetzen und auf ihrer Grundlage weiterarbeiten kann. Hinzu kommt, dass die Lizenzgebührenfreiheit den Verbrauchern zugute kommt, da den produzierenden Unternehmen keine Kosten für die Nutzung der Technologien entstehen, die sie an die Verbraucher weitergeben müssten. Dieses Zusammenspiel aus Effizienzvorteilen lässt entsprechende IPR-Policies, die mit lizenzgebührenfreien Standards arbeiten, zulässig erscheinen. Zudem ist die Unterstützung für lizenzgebührenfreie Standards, z.B. in der Softwarebranche, wenn es um Software- und Internetinteroperabilität geht, durch die dort tätigen Unternehmen selbst erheblich: Als das W3C in seine IPR-Policy neben die Lizenzgebührenfreiheit eine Vergabe von Lizenzen zu FRAND-Bedingungen einführen wollte, regte sich erheblicher Widerstand und viele der Mitglieder drohten, zukünftig W3C-Standards nicht mehr zu nutzen, sollte die Änderung der IPR-Policy

---

1186 Vgl. *Glader*, European Competition Journal 2010, Vol. 6, No. 3, 611, 642; siehe auch *Burghartz*, S. 104, der erhebliche Bedenken hinsichtlich der Zulässigkeit einer Verpflichtung zu gebührenfreier Lizenzierung äußert, ohne jedoch eine Freistellung nach Art. 101 Abs. 3 AEUV in Betracht zu ziehen.

1187 *Ohana/Hansen/Shah*, E.C.L.R. 2003, Issue 12, 644, 650, Fn. 35.

1188 *Dolmans*, Standards for Standards, S. 16. Zu den Vorschlägen einer Umgestaltung der IPR-Policy siehe S. 17.

erfolgen. Das W3C nahm deshalb von seinem Vorhaben Abstand und setzt weiterhin auf lizenzgebührenfreie Standards.[1189]

c) *Zusammenfassung und Bewertung*

Wettbewerbsbeschränkungen sind nicht nur durch *geschlossene* Normungs*verfahren*, sondern auch durch Zugangshindernisse zum bereits festgelegten Standard denkbar. Besteht kein offener Zugang zur technischen Norm für potenzielle Anwender, die zudem möglicherweise selbst nicht an der Standardisierung beteiligt waren, erhöht sich die Gefahr einer kartellrechtswidrigen Marktabschottung erheblich. Als mögliche Hindernisse, die einem offenen Zugang zur Norm entgegen stehen könnten, lassen sich zwei verschiedene Komplexe identifizieren: Zum einen der Kaufpreis für den Erwerb eines technischen Standards, zum anderen Lizenzgebühren, die bei proprietären Standards für die Verwendung der im Standard integrierten, geschützten Technologien an den Schutzrechtsinhaber zu leisten sind.

Fast alle untersuchten Normungsorganisationen stellen die von ihnen entwickelten Standards nur gegen Zahlung eines gewissen Entgeltes zur Verfügung. Dies stellt nicht per se eine unzulässige Barriere für den Zugang zur Norm dar; die Erlöse aus den Verkäufen sind in entscheidendem Maße zur Finanzierung der privatwirtschaftlich organisierten Standardisierungsorganisationen erforderlich. Allerdings sehen insbesondere KMU in hohen Preisen zum Erwerb technischer Normen Barrieren für die Anwendung derselben im eigenen Unternehmen. Eine Entspannung der Situation ist durch gestaffelte Verkaufspreise je nach Größe und Finanzstärke des Unternehmens, durch sonstige Sonderkonditionen oder Mengenrabatte relativ einfach erreichbar.

Ein schwerer zu lösendes Problem können Lizenzgebühren für die Nutzung von geschützten Technologien darstellen, die einen Teil des betreffenden Standards bilden. Diese führen zu einer Marktverschließung, wenn der Schutzrechtsinhaber für seine standardessentiellen Schutzrechte so hohe Gebühren verlangt, dass sie für potenzielle Nutzer des Standards nicht mehr bezahlbar erscheinen. Eine mögliche Konsequenz könnte sein, keine durch Rechte des geistigen Eigentums geschützten Technologien in einen Standard aufzunehmen; dies ist jedoch nicht zielführend. Erstens ist es in vielen Branchen über alle Maßen unrealistisch, dass technische Standards entwickelt werden können, ohne dass eine einzige Technologie enthalten ist, die unter dem Schutz eines Rechtes des geistigen Eigentums steht. Zweitens würde der kategorische Ausschluss aller geschützten Technologien von einer Aufnahme in einen Standard die Gefahr begründen, dass nur veraltete Technologien Standard werden können. Maßgeblich für weitere Überlegungen muss folglich sein, dass Standardnutzer durchaus Lizenzgebühren für standardessentielle Patente entrichten

---

1189 Vgl. *Weitzner*, Standards, Patents and the Dynamics of Innovation on the World Wide Web, 2004, verfügbar unter: http://www.w3.org/2004/10/patents-standards-innovation.html (abgerufen am 10.03.2016); *Glader*, European Competition Journal 2010, Vol. 6, No. 3, 611, 642.

müssen, dass diese jedoch keine marktverschließende Höhe erreichen dürfen. Zentrales Stichwort ist dabei die Lizenzierung zu FRAND-Bedingungen.

Wie sich aus dem Vergleich von „hold-up"-Situationen (= ein an der Standardsetzung beteiligtes Unternehmen legt seine standardessenziellen Schutzrechte während des Standardisierungsprozesses zwar offen und gibt eine FRAND-Selbstverpflichtung ab, verlangt aber nach Festlegung des Standards überhöhte Lizenzgebühren) mit „patent ambushes" (= ein an der Standardsetzung beteiligtes Unternehmen verschweigt während des Standardisierungsprozesses seine standardessentiellen Patente und fordert nach Festlegung des Standards (überhöhte) Lizenzgebühren) ergibt, ist eine Behandlung von FRAND nicht nur in Bezug auf Art. 102 AEUV, sondern auch im Zusammenhang mit Art. 101 AEUV zutreffend, da zumindest bei „hold-ups" in Form einer Lizenzvergabe zu überhöhten Gebühren eine wettbewerbsbeschränkende Vereinbarung vorliegt und bei „patent ambushes" das kollektive Verfahren der Standardsetzung von Unternehmen ausgenutzt und durch Verschweigen ihrer standardessentiellen Patente beeinflusst wird, damit die eigene, geschützte Technologie in den Standard aufgenommen wird.

Welche Bedeutung die einzelnen Merkmale „fair", „reasonable" und „non-discriminatory" haben und wie die Höhe von FRAND-Lizenzen zu bestimmen ist, ist äußert umstritten und es haben sich verschiedene Auffassungen und Lösungsansätze herausgebildet. Für die mit dieser Arbeit verfolgte Zielsetzung ist die Berechnungsmethode von FRAND jedoch nicht relevant, da es aus Sicht der Standardisierungsorganisationen für eine Unbedenklichkeit der technischen Standardsetzung nach Art. 101 AEUV allein darauf ankommt, dass die Standardisierungsorganisationen durch ihre Verfahrensregeln im Grundsatz sicherstellen, dass Inhaber standardessentieller Schutzrechte z.B. durch Offenlegungspflichten und Abgabe von FRAND-Erklärungen ihre Schutzrechte nicht nutzen können, um den Zugang zum Standard zu sperren. Da FRAND-Bedingungen somit zum Teil Relevanz im Rahmen des Art. 101 AEUV, zum Teil im Rahmen des Art. 102 AEUV entfalten, sollte die Kommission darüber nachdenken, falls sie die im Zusammenhang mit FRAND-Bedingungen wichtig werdenden Aspekte an einem Ort gebündelt ausarbeiten will, die technische Standardsetzung aus den Horizontalleitlinien herauszunehmen und eine gesonderte Leitlinie abzufassen, die alle Aspekte der technischen Normung behandeln könnte.

Um den Umgang mit Rechten des geistigen Eigentums im Rahmen von Standardisierungsprozessen zu regeln, haben fast alle untersuchten Standardisierungsorganisationen IPR-Policies verabschiedet. Solche Regelungen sind notwendig, einerseits um für die Mitglieder der Standardisierungsorganisation Klarheit zu schaffen, was von ihnen erwartet wird; andererseits, um die wettbewerblichen Risiken beherrschbar zu machen, indem die Standardisierungsorganisation eine Strategie verfolgt, die zum einen die innovativen Effekte von Rechten des geistigen Eigentums berücksichtigt, zum anderen aber sicherstellt, dass diese Schutzrechte die Nutzung eines technischen Standards im Nachhinein nicht behindern. Auch wenn sich die Regelungen der IPR-Policies in Einzelheiten durchaus unterscheiden, lassen sich drei verschiedene Grundstrukturen herausarbeiten: 1. IPR-Policies, die eine Offenlegungspflicht von Rechten des geistigen Eigentums sowie die Aufforderung zur

Abgabe einer FRAND-Verpflichtung vorsehen. 2. IPR-Policies, die mit einem „Licensing by default"- bzw. „negative disclosure"-System arbeiten und 3. IPR-Policies, die eine Lizenzgebührenfreiheit festschreiben.

Das am weitesten verbreitete Modell ist das zuerst genannte, nach dem die Teilnehmer einer Standardisierungsorganisation verpflichtet sind, während des Standardsetzungsverfahrens ihre standardessentiellen Schutzrechte offen zu legen und daraufhin aufgefordert werden, eine FRAND-Selbstverpflichtung abzugeben. Weigert sich der Rechteinhaber, so wird in aller Regel versucht, den Standard so zu verändern, dass die geschützte Technologie nicht Teil der Norm wird. Auch wenn im Einzelnen umstritten ist, welche rechtliche Bedeutung einer solchen FRAND-Erklärung zukommt, besteht überwiegend Einigkeit, dass ein solches IPR-Modell geeignet ist, den Zugang zum technischen Standard offen zu halten. Bestätigt wird dies durch die Europäische Kommission, die im Fall *ETSI GSM 03.19* die damalige ETSI IPR-Policy als zu wenig wirkungsvoll gegenüber „patent ambushes" kritisierte und ein Verfahren wegen eines möglichen Verstoßes gegen Art. 101 AEUV gegen das ETSI einleitete. Nachdem ETSI die Formulierung der beanstandeten Klausel hin zu der heutigen Fassung so abgeändert hatte, dass die Offenlegung standardessentieller Schutzrechte insbesondere schon während des Standardisierungsverfahrens erfolgen muss, sah die Kommission ihre Forderungen erfüllt und stellte das Verfahren gegen ETSI ein.

Weiterhin darf der Zugang zum Standard nicht dadurch blockiert werden, dass der Rechteinhaber sein standardessentielles Schutzrecht auf einen Dritten überträgt, der nicht an eine FRAND-Selbstverpflichtung gebunden ist. Bei der Übertragung des Schutzrechtes muss der ursprüngliche Rechteinhaber folglich dafür sorgen, dass der Erwerber ebenfalls die FRAND-Verpflichtung übernimmt. Andernfalls läge ein Verstoß gegen Art. 101 AEUV vor. Auch müssen die IPR-Policies vorsehen, dass die FRAND-Selbstverpflichtung nicht nur zugunsten der Mitglieder der entsprechenden Standardisierungsorganisation gilt, sondern dass die Schutzrechtsinhaber auch gegenüber Dritten zur Lizenzerteilung zu FRAND-Bedingungen verpflichtet sind. Andernfalls würde die Mitgliedschaft in der Standardisierungsorganisation eine faktische Zugangsvoraussetzung zum Standard darstellen und es entstünde die Gefahr der Marktabschottung. Schließlich können eine Manipulation des Standardisierungsprozesses und Wettbewerbsverzerrungen durch eine (bewusste oder unbewusste) Overdeclaration eintreten; d.h. dadurch, dass erheblich mehr Schutzrechte als essentiell für einen Standard offengelegt werden, als sie es tatsächlich sind. Eine Prüfung der Wesentlichkeit der Schutzrechte durch die Standardisierungsorganisationen würde eine Overdeclaration zwar aufdecken, stellt aber keine praktische Abhilfemöglichkeit dar, da zu befürchten ist, dass aufgrund der Vielzahl von Schutzrechten der Standardisierungsprozess gelähmt würde oder ganz zum Stillstand käme. Auch eine Ausweitung der FRAND-Verpflichtung auf alle als essentiell offengelegten Schutzrechte unabhängig davon, ob sie tatsächlich für den Standard wesentlich sind, könnte nur bewusste Overdeclarations verhindern, würde aber dazu führen, dass die Rechteinhaber ihre Schutzrechte möglichst spät offenlegen, damit sie sich sicher sein können, dass ihre geschützte Technologie tatsächlich in den Standard aufgenommen wird und sie nicht auch für nicht-standardessentielle Schutzrechte Lizenzen zu FRAND-Bedingungen vergeben müssen. Die Gefahren von Overdeclarations müssen bei IPR-Policies, die Offenlegungspflichten vorsehen, somit hingenommen werden. Da die möglichen Wettbewerbsverzerrungen sich aber vorwiegend auf die Lizenzbestimmung auswirken und weniger auf die Auswahl der Technologie für den Standard, ist dies aus wettbewerblicher Sicht bei Vorliegen der sonstigen Vorteile aus einer Offenlegung zu verschmerzen.

Das zweite untersuchte IPR-Modell lässt sich mit dem Schlagwort „Licensing by default" beschreiben. Darunter versteht man ein System, bei dem sich die Teilnehmer einer Standardisierungsorganisation automatisch mit ihrer Teilnahme verpflichten, mögliche standardessentielle Schutzrechte zu FRAND-Bedingungen zu lizenzieren. Eine „opt-out"-Möglichkeit von der allgemeinen Lizenzierungspflicht besteht nur bei Offenlegung bestimmter Schutzrechte und der damit verbundenen Erklärung, dass diese Rechte nicht der automatischen Lizenzierungspflicht unterliegen sollen. Ein solches Modell sah die ETSI IPR-Policy von 1993 bis 1994 vor. Es rief jedoch sowohl Bedenken der Europäischen Kommission wegen eines möglichen Verstoßes gegen Art. 101 AEUV als auch Widerstand der Mitglieder des ETSI hervor, die eine Entwertung ihrer Schutzrechte befürchteten. Weiterhin befolgen jedoch einige Standardisierungsorganisationen ähnliche Modelle – als „negative disclosure" bezeichnet –, so z.B. das DVB sowie die TCG.

Fest steht, dass eine Standardisierungsorganisation ihre Mitglieder nicht zwingen darf, Lizenzen gegen ihren Willen zu vergeben.[1190] Zu bestreiten ist ebenfalls nicht, dass die automatische Lizenzierungspflicht Marktzutrittshindernisse errichten kann, wenn sie Voraussetzung für die Teilnahme an einer Standardisierungsorganisation ist. Zudem kann der Anreiz für Innovationen sinken, wenn Unternehmen fürchten müssen, dass ihre durch zeitaufwendige und kostspielige Entwicklungsarbeit erworbenen Rechte des geistigen Eigentums entwertet oder sie faktisch zu einer Patentrecherche verpflichtet werden. Diese wettbewerbsbeschränkenden Auswirkungen können jedoch durch die eintretenden Effizienzvorteile ausgeglichen werden: Durch eine automatische Lizenzierungspflicht können „patent ambush"-Situationen vermieden werden; die mit der Offenlegungspflicht des zuerst beschriebenen IPR-Modelles verbundenen Durchsetzungs- und Nachprüfungsschwierigkeiten werden umgangen. Weiterhin ist der Rechteinhaber auch bei einer automatischen Lizenzierungspflicht nicht schutzlos gestellt; er kann durch Offenlegung bestimmte Schutzrechte von der Pflicht ausnehmen und selbst wenn er dies nicht tut, erhält er von den Nutzern des Standards Lizenzgebühren in Höhe von FRAND. Zumindest wenn die „opt-out"-Möglichkeit durch die IPR-Policy so ausgestaltet ist, dass die Rechtinhaber sie auch tatsächlich wirkungsvoll nutzen können, um ihre standardessentiellen Schutzrechte von der allgemeinen Lizenzierungspflicht auszuschließen, besteht keine Gefahr der Entwertung der Schutzrechte. Eine wirkungsvolle „opt-out"-Möglichkeit ist gegeben, wenn ein ausreichend langer

1190 Vgl. *Dolmans*, Standards for Standards, S. 14.

Zeitraum zur Verfügung steht, in dem die Rechteinhaber ihre standardessentiellen Schutzrechte identifizieren und eine Entscheidung treffen können, ob sie diese Rechte offenlegen und von der automatischen Lizenzierungspflicht ausnehmen wollen oder nicht. „Licensing by default"- und „negative disclosure"-Systeme sollten deshalb nicht pauschal abgelehnt werden, sondern stellen bei Berücksichtigung dieser Vorgaben ein mit Art. 101 AEUV zu vereinbarendes IPR-Modell dar.

Einen noch stärkeren Eingriff in die erworbenen Schutzrechte stellt aus Sicht der Rechteinhaber eine IPR-Policy dar, die vorsieht, dass Lizenzen für standardessentielle Schutzrechte gebührenfrei zur Verfügung gestellt werden müssen. Dadurch können Schutzrechtsinhaber, die aufgrund ihres Unternehmensmodelles auf die wirtschaftliche Verwertung ihrer Schutzrechte angewiesen sind, faktisch von der Standardsetzung ausgeschlossen werden. Wenn die IPR-Regeln jedoch im Einzelfall „opt-out"-Möglichkeiten vorsehen, durch die die Rechteinhaber eine Entwertung ihrer Schutzrechte verhindern können, können die Effizienzvorteile lizenzgebührenfreier Standards (weitestmögliche Verbreitung des Standards, da jeder Interessierte die Norm anwenden kann; Kostenreduzierung für Nutzer und geringere Preise für Verbraucher) derartiges Gewicht erlangen, dass eine Freistellung nach Art. 101 Abs. 3 AEUV in Betracht kommt.

Die Untersuchung hat gezeigt, dass auch eine Begrenzung des Zugangs zum bereits festgelegten Standard, wie die Verpflichtung eines Standardnutzers die technische Norm käuflich zu erwerben oder Lizenzgebühren für die Nutzung der standardessentiellen Schutzrechte zu entrichten, gerechtfertigt sein kann. Diese Zugangsbeschränkungen sind jedoch stets „relativ", da jedem, der die erforderlichen Mittel aufbringt, die Nutzung des Standards möglich sein muss. Dabei gilt, dass diese relativen Zugangsbeschränkungen keine derartige Höhe erreichen dürfen, dass sie zu einer faktischen Zugangsbarriere werden und insbesondere finanzschwächere potenzielle Standardanwender von der Nutzung ausschließen.

5. *Informationsaustausch*

Neben den bereits behandelten Themenbereichen kommen als potenziell wettbewerbsbeschränkend einige weitere im Zusammenhang mit technischer Standardsetzung stehende Aspekte in Betracht: Zunächst die Pflicht zur Offenlegung noch nicht veröffentlichter Patentanmeldungen (dazu unter Kap. 2. B. II. 5. b) aa)). Außerdem in Verbindung mit Lizenzbedingungen zum einen eine ex-ante[1191] Offenlegung der restriktivsten Lizenzbedingungen für in den Standard aufzunehmende proprietäre Technologien durch den Rechteinhaber (dazu unter Kap. 2. B. II. 5. b) bb)); zum anderen eine ex-ante Verhandlung dieser Lizenzbedingungen unter den Mitgliedern der Standardisierungsorganisation (dazu unter Kap. 2. B. II. 5. b) cc)). Da alle

1191 Der Begriff „ex-ante" bezeichnet in diesem Zusammenhang den Zeitraum vor der Verabschiedung des technischen Standards, während der Begriff „ex-post" den Zeitraum danach betrifft.

diese Punkte den Bereich des Informationsaustausches zwischen Wettbewerbern betreffen, werden im Folgen zunächst einige Grundlagen zur wettbewerblichen Behandlung eines Informationsaustausches dargestellt, soweit sie für diese Untersuchung relevant werden können, bevor im Anschluss auf die einzelnen möglicherweise kartellrechtlich problematischen Teile des Standardisierungsverfahrens eingegangen wird.

Wenn und soweit ein Austausch von Informationen Teil einer anderen horizontalen Vereinbarung ist – wie es bei den genannten Offenlegungsverpflichtungen bzgl. noch nicht veröffentlichter Patentanmeldungen sowie den ex-ante Offenlegungen bzw. ex-ante Verhandlungen von Lizenzbedingungen als Teil des Standardsetzungsprozesses der Fall ist – sollte der Informationsaustausch zwar grds. mit dieser anderen horizontalen Vereinbarung zusammen und nach den für sie geltenden Regelungen geprüft werden.[1192] Dennoch ist es bei technischer Normung sinnvoll, die genannten Aspekte separat anhand der Beurteilungskriterien für einen Informationsaustausch genauer zu untersuchen, da sich ein Standardisierungsprozess aus einer Vielzahl voneinander separierbarer Teile zusammensetzt, die die Standardisierungsorganisationen unabhängig von den jeweils anderen ausgestalten könnten. Es ist durchaus möglich, dass die im Zusammenhang mit dem Informationsaustausch stehenden Aspekte aus Sicht des Kartellverbotes anders zu bewerten sind, als andere Teile der Verfahrensregeln der Standardisierungsorganisationen. Freilich wird bei der Untersuchung beachtet, dass der Informationsaustausch im Rahmen eines Standardisierungsverfahrens stattfindet und sollten insofern Besonderheiten gelten, werden sie vorranging berücksichtigt. An geeigneter Stelle werden auch hier immer wieder die Horizontalleitlinien 2011 in Bezug genommen, in denen die Kommission dem Informationsaustausch erstmalig ein eigenes Kapitel gewidmet hat, das ausführlich für alle Arten von horizontalen Vereinbarungen allgemeine Grundsätze aufstellt.[1193]

1192 *Schroeder*, in: Grabitz/Hilf/Nettesheim, Das Recht der Europäischen Union, 51. Lfg. 2013, Art. 101, Rn. 718. Siehe auch *Bennett/Collins*, European Competition Journal 2010, Vol. 6, No. 2, 311, 328. Dies trifft hier nur auf den Austausch der technischen Daten zu, da er für die Standardisierung nicht wegzudenken ist.

1193 Horizontalleitlinien 2011, ABl. 2011 C 11/1, Rn. 55ff. Bereits im Jahr 1968 veröffentlichte die Kommission in der „Bekanntmachung über Vereinbarungen, Beschlüsse und aufeinander abgestimmte Verhaltensweisen, die eine zwischenbetriebliche Zusammenarbeit betreffen" einige wenige Anmerkungen zum Austausch von Informationen zwischen Wettbewerbern, vgl. ABl. 1968 C 75/3 unter II.1. In den Horizontalleitlinien 2001 fehlten entsprechende Ausführungen wieder. Nur in den Leitlinien für die Anwendung von Artikel 81 des EG-Vertrags auf Seeverkehrsdienstleistungen, ABl. 2008 C 245/2, Rn. 38ff. aus dem Jahr 2008 waren einige Anmerkungen, allerdings speziell auf Seeverkehrsdienstleistungen bezogen, enthalten.

a) Allgemeine Grundsätze

Zwischen Wettbewerben kann es in verschiedensten Zusammenhängen zum gegenseitigen Informationsaustausch kommen. Ihm kann eine Vereinbarung zugrunde liegen, deren primärer Zweck der Austausch der Daten ist, oder aber auch eine anderweitige Vereinbarung, bei der der Informationsaustausch nur einen Teil darstellt; so wie es auf technische Standardisierung zutrifft. Warum aber rückt ein Informationsaustausch zwischen Wettbewerbern in den Fokus des Kartellrechts? Kritisch wird bewertet, dass ein Informationsaustausch die Transparenz auf dem betroffenen Markt künstlich erhöht. Das maßgebliche Schlagwort ist das Selbstständigkeitspostulat (d.h. das grds. Verbot jedweder Fühlungnahme zwischen Wettbewerbern, da die Wettbewerbsregeln so ausgerichtet sind, dass auf einem Markt mit Wettbewerb jedes Unternehmen seine Entscheidungen grundsätzlich autonom treffen und sein Verhalten selbstständig bestimmen sollte, siehe oben Kap. 2. A. II. 1. c)) bzw. der Geheimwettbewerb, der durch eine künstliche Transparenz des Marktes berührt wird.[1194] Als wettbewerbsrelevanter Nutzen einer Undurchsichtigkeit der Marktverhältnisse wird angesehen, dass jedes Unternehmen einen Vorstoß wagen und seine Preise senken kann, sodass es solange einen Wettbewerbsvorteil erzielt, bis die Wettbewerber dies bemerken und ggf. nachziehen.[1195] Ist die Transparenz auf einem Markt aber durch einen Informationsaustausch zwischen Wettbewerbern erhöht, haben die Unternehmen nur noch wenig Anreiz Preise zu senken, da die informierten Wettbewerber darauf unverzüglich reagieren können. Zudem wird ein kollusives Verhalten der Wettbewerber erleichtert und sie können gemeinsam ein höheres Preisniveau anstreben, als es ein funktionierender Wettbewerb eigentlich zulassen würde. Der Informationsaustausch unter Wettbewerbern birgt also die Gefahr der Beeinflussung des Preises nach oben und/oder der Qualität nach unten.[1196]

Sowohl die Europäische Kommission als auch die europäischen Gerichte messen einem Informationsaustausch mittlerweile mehr wettbewerbliche Relevanz zu

1194 Dem europäischen Selbstständigkeitspostulat wird häufig auf nationaler Ebene das deutsche Konzept des Geheimwettbewerbs gegenübergestellt (unter Geheimwettbewerb versteht man „den Marktzustand, der dadurch gekennzeichnet ist, dass die Marktteilnehmer jeweils unbemerkt voneinander und autonom agieren können", vgl. *Karenfort*, WuW 2008, 1154, 1156); beide Konzepte entsprechen sich im Wesentlichen, sodass Literatur wechselseitig herangezogen werden kann, vgl. *Dreher/Hoffmann*, WuW 2011, 1181, 1182. Kritisch zum Begriff des Geheimwettbewerbs *Heyers*, NZKart 2013, 99f.

1195 *Karenfort*, WuW 2008, 1154, 1156. Siehe auch *Schrey*, S. 251ff.

1196 *Meyer/Müller*, WuW 2007, 117. Dass jedoch nicht jede Reduzierung der Ungewissheit den Wettbewerb beschränkt und zulasten der Verbraucher ausfällt, stellen *Bennet/Collins*, European Competition Journal 2010, Vol. 6, No. 2, 311, 326 anschaulich an einem einfachen Beispiel dar; es kommt vielmehr auf die Art der herrschenden Ungewissheit, die Art des Wettbewerbs und die Erwartungen den Wettbewerber an.

und betrachten ihn kritischer, als es noch in der Vergangenheit der Fall war.[1197] Dennoch reicht nicht jeder Informationsaustausch zwischen Wettbewerbern aus, um kartellrechtliche Bedenken zu schüren; in gewissem Umfang ist Markttransparenz für einen funktionsfähigen Wettbewerb erforderlich.[1198] Um zu einer Wettbewerbsbeschränkung zu führen, muss es sich vielmehr um einen Austausch sog. strategischer Informationen, d.h. Wettbewerbsparameter handeln, durch die wettbewerbsrelevante Tatsachen preisgegeben werden und die Ungewissheit auf dem Markt beseitigt wird.[1199] Dazu gehören insbesondere Informationen über Preise, Mengen, Produktionskosten, Umsatz- und Verkaufszahlen etc.[1200] Der reine Austausch über technische Daten zur Schaffung technischer Standards stellt hingegen keine strategisch wichtige Information in diesem Sinne dar;[1201] er ist zur Schaffung von Kompatibilität zwingend notwendig und aus ihm lässt sich wettbewerblich relevantes Verhalten der Marktteilnehmer nicht ableiten, sodass die Ungewissheit auf dem Markt nicht reduziert wird. Nur bei dem Austausch strategischer Daten erhalten die Unternehmen Aufschluss über die Wettbewerbsstrategien ihrer Konkurrenten; nur dann sind Wettbewerbsbeschränkungen zu befürchten.[1202]

Eine bezweckte Wettbewerbsbeschränkung liegt dann vor, wenn die Absprache bereits ihrem Wesen nach geeignet ist, den Wettbewerb zu beschränken.[1203] Dass ein Informationsaustausch bereits seiner Natur nach derart schädlich für den Wettbewerb ist, dass es auf wettbewerbsbeschränkende Wirkungen gar nicht mehr ankommt, ist in drei Fallgruppen anerkannt;[1204] von diesen wird im Zusammenhang mit technischer Standardsetzung und den aufgezeigten möglichen Verfahrensregeln zur ex-ante Offenlegung oder Verhandlung der restriktivsten Lizenzbedingungen insoweit unmittelbar nur der Austausch über künftiges Marktverhalten, insbesondere ein Informationsaustausch zur Preisfestsetzung relevant (siehe dazu sogleich). Werden Informationen über die Absichten eines Unternehmens in Bezug auf sein künftiges Preisverhalten ausgetauscht, ist die Wahrscheinlichkeit besonders groß, dass es zu einem Kollusionsergebnis kommt,[1205] denn die Daten können die

---

1197 Vgl. *Pischel/Hausner*, EuZW 2013, 498, 499. Siehe auch *Lorenz*, WM 2012, 1113, 1116.

1198 *Schrey*, S. 248.

1199 Horizontalleitlinien 2011, ABl. 2011 C 11/1, Rn. 86; *Meyer/Müller*, WuW 2007, 117, 120 m.w.N.

1200 *Rahlmeyer*, in: FK, Band 2, EG-Kartellrecht, Art. 101 Abs. 1, 3, Fallgruppen II.6., 76. Lfg. 2012, Rn. 27, 31 m.w.N.

1201 Vgl. Kommission, ABl. 1987 L 35/36, Rn. 37f. – X/Open Group.

1202 Horizontalleitlinien 2011, ABl. 2011 C 11/1, Rn. 58f.

1203 Siehe oben Kap. 2. A. III. 2. c).

1204 Dazu *Rahlmeyer*, in: FK, Band 2, EG-Kartellrecht, Art. 101 Abs. 1, 3, Fallgruppen II.6., 76. Lfg. 2012, Rn. 22ff.

1205 Horizontalleitlinien 2011, ABl. 2011 C 11/1, Rn. 73.

Geschäftsstrategien der sie offenbarenden Unternehmen offenlegen und die Konkurrenz zwischen den Beteiligten folglich erheblich beschränken.[1206]

Liegt kein wettbewerbsbeschränkender Zweck vor, kommt es auf die Auswirkungen des Informationsaustausches auf den Wettbewerb an. Der Austausch von Informationen hat wettbewerbsbeschränkende Wirkungen und stellt einen Verstoß gegen Art. 101 Abs. 1 AEUV dar, wenn die Struktur des Marktes sowie die Art der ausgetauschten Daten konkret geeignet sind, die Ungewissheit über das Marktverhalten der Wettbewerber derart zu reduzieren, dass dadurch der Wettbewerb zwischen den Unternehmen eingeschränkt wird.[1207] Es haben sich verschiedene Prüfkriterien herauskristallisiert – die von der Kommission auch in den Horizontalleitlinien 2011 aufgegriffen werden –, nach denen eine Beurteilung eines Informationsaustausches stattfinden kann: Auf der einen Seite ist die Struktur des betroffenen Marktes wichtig (u.a. die Konzentration und der Transparenzgrad vor und nach dem Informationsaustausch, die Komplexität und die Stabilität des Marktes), auf der anderen Seite die spezifischen Merkmale der ausgetauschten Informationen (u.a. die Individualisierbarkeit der Wettbewerber, der Detailgrad und die Aktualität der Daten, die Zahl der am Informationsaustausch Beteiligten).[1208] Auch die Öffentlichkeit der Daten, d.h. ob die Daten außenstehenden Wettbewerbern oder der Marktgegenseite (ohne für diese erheblich höhere Kosten zu verursachen) zugänglich sind, spielt bei der Bewertung eines Informationsaustausches eine Rolle. Ebenso könnte nicht nur die Öffentlichkeit der Informationen selbst, sondern auch die Öffentlichkeit des Austausches für die Bewertung maßgeblich sein. Zumindest deutet darauf die englische Sprachfassung („genuinely public exchanges of information") der Horizontalleitlinien 2011 in Rn. 94 hin, während jedoch die deutsche Fassung an derselben Stelle wieder von einem „Austausch echter öffentlicher Informationen" spricht.[1209] Nicht nur der Öffentlichkeit der Informationen sondern auch der Öffentlichkeit des Austausches eine Bedeutung beizumessen erscheint nicht abwegig, da auf diese Weise nicht an der Absprache beteiligte Wettbewerber sowie Verbraucher ebenfalls an der erhöhten Transparenz des Marktes partizipieren können, sodass wettbewerbsbeschränkende Auswirkungen weniger wahrscheinlich sind. Ob eine bewirkte Wettbewerbsbeschränkung vorliegt, hängt somit von einer Vielzahl von Faktoren ab, die sich gegenseitig beeinflussen, d.h. verstärken aber auch ausgleichen können. Indem die Kommission in

1206 *Stancke*, BB 2009, 912, 916.

1207 Vgl. *Schroeder*, WuW 2009, 718, 720; *Stancke*, BB 2009, 912, 913.

1208 Vgl. EuGH, Slg. 2006, I-11125, Rn. 54 – Asnef-Equifax/Ausbanc; *Pischel/Hausner*, EuZW 2013, 498, 500ff.; *Wagner-von Papp*, KSzW 2011, 87. Eine gute Übersicht auch bei *Rahlmeyer*, in: FK, Band 2, EG-Kartellrecht, Art. 101 Abs. 1, 3, Fallgruppen II.6., 76. Lfg. 2012, Rn. 19ff.

1209 *Dreher/Hoffmann*, WuW 2011, 1181, 1187 ziehen daraus und aus der niederländischen Fassung („een echt openbare uitwisseling van informatie") den Schluss, dass die deutsche Fassung der Horizontalleitlinien insoweit fehlerhaft sei. Allerdings spricht auch die italienische Fassung („gli scambi di informazioni effettivamente pubbliche") von einem Austausch öffentlicher Informationen.

den Horizontalleitlinien 2011 diese Kriterien ebenfalls aufgreift und darauf hinweist, dass es bei Vorhandensein bestimmter Kriterien „wahrscheinlich“, bei Vorliegen anderer „weniger wahrscheinlich“ sei, dass wettbewerbsbeschränkende Auswirkungen eintreten,[1210] hat sie sich dagegen entschieden, „safe harbours“ für den Bereich des Informationsaustausches zu errichten[1211] und insoweit die Rechtsprechung der europäischen Gerichte übernommen.[1212]

Anhand der aufgezeigten verschiedenen Prüfkriterien lassen sich grundsätzlich sämtliche Formen des Austausches von Informationen – auch ein Informationsaustausch im Rahmen von Standardisierungsvereinbarungen – kartellrechtlich beurteilen.[1213] Dabei gilt es jedoch nicht zu vergessen, dass grds. wie bei allen horizontalen Vereinbarungen, die gegen Art. 101 Abs. 1 AEUV verstoßen, auch bei einem Informationsaustausch eine Freistellung nach Art. 101 Abs. 3 AEUV in Betracht kommt. Denn ein Informationsaustausch kann durchaus auch wettbewerbsfördernde Wirkungen haben und Effizienzvorteile hervorrufen: Die erhöhte Transparenz auf dem betroffenen Markt kann kleinen und neuen Wettbewerbern den Marktzutritt und Verbrauchern den Vergleich der Angebote erleichtern;[1214] oder die beteiligten Unternehmen können durch den Informationsaustausch effizienter arbeiten. Zudem kann der Austausch von Informationen für die Marktbeteiligten eine Planungssicherheit schaffen, die ihnen andernfalls nicht möglich wäre;[1215] eine verbesserte Angebots-, Produktions- und Vertriebssteuerung erscheint realisierbar. Auch wenn die Verbraucher im Einzelfall keinen unmittelbaren Nutzen aus dem Informationsaustausch ziehen können, können sie an den Effizienzgewinnen mittelbar, insbesondere durch niedrigere Preise beteiligt sein.[1216]

b) Informationsaustausch im Rahmen von Standardisierungsorganisationen

Die Kommission legt in den Horizontalleitlinien 2011 nicht nur allgemein bezogen auf horizontale Vereinbarungen und einen Austausch von Informationen[1217], sondern auch speziell auf einen Informationsaustausch im Rahmen von Vereinbarungen über Normen dar, dass sie darin Potenzial für unzulässige Absprachen und

---

1210 Horizontalleitlinien 2011, ABl. 2011 C 11/1, Rn. 76ff.

1211 *Rahlmeyer*, in: FK, Band 2, EG-Kartellrecht, Art. 101 Abs. 1, 3, Fallgruppen II.6., 76. Lfg. 2012, Rn. 2. Der Vorgehensweise der Kommission zustimmend *Wagner-von Papp*, KSzW 2011, 87, 91. Kritisch *Fritzsche*, EuZW 2011, 208, 212f.

1212 *Blattmann*, S. 247.

1213 Vgl. *Schroeder*, WuW 2009, 718, 725.

1214 Vgl. *Karenfort*, WuW 2008, 1154, 1155f.

1215 Vgl. *Pischel/Hausner*, EuZW 2013, 498.

1216 Vgl. *Rahlmeyer*, in: FK, Band 2, EG-Kartellrecht, Art. 101 Abs. 1, 3, Fallgruppen II.6., 76. Lfg. 2012, Rn. 54.

1217 Horizontalleitlinien 2011, ABl. 2011 C 11/1, Rn. 35 („Eine horizontale Vereinbarung kann auch zur Offenlegung strategischer Informationen führen und damit die Wahrscheinlichkeit einer Koordinierung zwischen den Parteien innerhalb oder außerhalb des Bereichs der Zusammenarbeit erhöhen (...)“).

Preisfestsetzungen erkennt: „Wenn Unternehmen sich im Rahmen der Normung in wettbewerbswidriger Weise absprechen, kann dies (...) den Preiswettbewerb auf den betreffenden Märkten verringern oder ausschließen und ein Kollusionsergebnis auf dem Markt begünstigen."[1218] Diese Wettbewerbsbeschränkungen können nach Auffassung der Kommission dabei auf Anbieter oder Abnehmerseite auftreten, je nachdem, wer an der Standardisierung beteiligt ist. Offen lässt die Kommission allerdings insoweit, ob sie in bestimmten, von den Standardisierungsorganisationen vorgegebenen Verfahrensweisen einen potenziell wettbewerblich unzulässigen Informationsaustausch erkennt oder nur allgemein darauf hinweisen möchte, dass das Zusammentreffen von Unternehmen in einer Standardisierungsorganisation nicht dazu führen darf, dass die beteiligten Unternehmen Preise für die standardisierten Produkte oder Dienstleistungen absprechen. Zunächst gilt allgemein, dass Standardisierungsorganisationen durch Erlass entsprechender Verfahrensordnungen darauf achten müssen, dass der Normungsprozess nicht als Plattform für Kollusionen verwendet wird.[1219] Es dürfen keine Informationen ausgetauscht werden, die es den Mitgliedern der Standardisierungsorganisation ermöglichen, ihr Wettbewerbsverhalten aufeinander abzustimmen; der Austausch ist auf die Daten zu beschränken, die zur Festlegung des Standards zwingend erforderlich sind.[1220] Das folgt bereits aus dem allgemeinen Grundsatz der Unerlässlichkeit nach Art. 101 Abs. 3 AEUV (siehe dazu oben Kap. 2. B. I. 3.).

Aus den verschiedenen Aspekten eines Standardisierungsverfahrens lassen sich insbesondere drei Komplexe heraustrennen, die im Zusammenhang mit einem Informationsaustausch zwischen den Wettbewerbern kartellrechtlich relevant werden können: Eine Verpflichtung der Standardisierungsmitglieder zur Offenlegung noch nicht veröffentlichter Patentanmeldungen. Eine ex-ante Offenlegung der restriktivsten Lizenzbedingungen sowie eine ex-ante Verhandlung der Lizenzbedingungen für standardessentielle Schutzrechte.[1221] Zwar ist ein Informationsaustausch zudem auch insofern Teil des Standardisierungsverfahrens, dass während der eigentlichen Normungsarbeit technisches Know-how, das für die Erarbeitung und spätere Umsetzung des Standards wichtig wird, ausgetauscht wird, sodass ein Ausschluss von der Normungsorganisation zu einer Marktverschließung führen kann.[1222] Doch für die in diesem Zusammenhang entstehenden wettbewerblichen Bedenken ist es weitgehend irrelevant, ob die (Standardisierungs-)Organisation Informationen

1218 Horizontalleitlinien 2011, ABl. 2011 C 11/1, Rn. 265.

1219 Vgl. *Dolmans*, Standards for Standards, S. 9. Siehe auch *González Díaz*, in: Faull/Nikpay, S. 737; *Swanson/Baumol*, Antitrust Law Journal 2005, Vol. 73, 1, 52.

1220 *Burghartz*, S. 87; *Emanuelson*, E.C.L.R. 2012, Issue 2, 69, 71.

1221 *Calderini/Giannaccari*, S. 6, 25, verfügbar unter: http://www.imtlucca.it/whos_at_imt/researchers/_publications/publication3-4888_Standard_in_ICT_by_Giannaccari.pdf (abgerufen am 10.10.2014) sehen – allerdings ohne weitere Begründung – bereits in der Verpflichtung Lizenzen zu FRAND-Bedingungen zu vergeben die Gefahr einer Preisabsprache.

1222 Vgl. Horizontalleitlinien 2011, ABl. 2011 C 11/1, Rn. 69ff.

austauscht, Anzeigen veröffentlicht oder in irgendeiner anderen Aktivität, die vorwiegend für ihre Mitglieder vorteilhaft ist, tätig wird; diese Art von möglicherweise wettbewerbswidriger Abschottung hat keinen immanenten Zusammenhang zum Informationsaustausch.[1223] Diese Problematik eines nicht frei zugänglichen Standardisierungsprozesses wurde deshalb ausführlich im Zusammenhang mit der Teilnahmemöglichkeit am Standardisierungsprozess behandelt (siehe oben Kap. 2. B. II. 1.).

Fraglich ist, ob die Standardisierungsverfahren die Grenzen eines zulässigen Informationsaustausches einhalten oder ob diese bereits durch die Offenlegungsverpflichtung bzgl. noch nicht veröffentlichter Patentanmeldungen oder die ex-ante Offenlegung der restriktivsten Lizenzbedingungen durch Inhaber von standardessentiellen Rechten des geistigen Eigentums verletzt werden; sollte eine solche Offenlegung der restriktivsten Lizenzbedingungen kartellrechtlich zulässig sein, müssen in einem weiteren Schritt Forderungen nach ex-ante Verhandlungen von Lizenzbedingungen kritisch hinterfragt werden.

aa) Verpflichtung zur Offenlegung noch nicht veröffentlichter Patentanmeldungen

Wie bereits oben aufgezeigt, sehen die Verfahrensordnungen vieler Standardisierungsorganisationen vor, dass ihre Mitglieder bereits während des Normungsprozesses mögliche standardessentielle Schutzrechte offenlegen müssen. Bei einigen Organisationen geht diese Pflicht noch weiter und erfasst nicht nur bereits veröffentlichte Schutzrechte, insbesondere Patente, sondern auch noch nicht veröffentlichte Patentanmeldungen.

Bei der Offenlegung noch nicht veröffentlichter Patentanmeldungen könnte es sich um eine *einseitige* Offenlegung seitens des Patentanmelders handeln. Einseitige Verhaltensweisen erfüllen wie zu Beginn unter Kap. 2. A. II. 2. d) gezeigt per Definition das Kartellverbot nicht. Für ein Eingreifen des Art. 101 AEUV ist eine Vereinbarung zwischen Unternehmen, ein Beschluss einer Unternehmensvereinigung oder eine aufeinander abgestimmte Verhaltensweise erforderlich. Dennoch bewerten die Horizontalleitlinien 2011 eine Information von Wettbewerbern als nur scheinbar einseitiges Verhalten und gehen hingegen vom Vorliegen einer abgestimmten Verhaltensweise aus, „wenn nur ein Unternehmen gegenüber einem oder mehr Wettbewerbern strategische Informationen offenlegt und dieser/diese dies akzeptiert/akzeptieren".[1224] So geht die Kommission davon aus, dass bereits die Teilnahme an einer Sitzung, bei der ein Wettbewerber strategische Informationen preisgibt, oder der Erhalt entsprechender Informationen per Post oder auf elektronischem Weg dafür spricht, dass ein Unternehmen die Informationen akzeptiert und sein Marktverhalten den Kenntnissen anpassen wird; nur bei einem ausdrücklichen Widerspruch gelte dies nicht.[1225] Ob die Anwendung des Kartellverbotes tatsächlich

1223 Vgl. *Wagner-von Papp*, KSzW 2011, 87, 90.
1224 Horizontalleitlinien 2011, ABl. 2011 C 11/1, Rn. 62.
1225 Horizontalleitlinien 2011, ABl. 2011 C 11/1, Rn. 62.

derartig weit ausgedehnt werden sollte, ist fraglich; mit derselben Argumentation, die dieser Ausdehnung zugrunde liegt – dass aufgrund einer solchen Veröffentlichung von Informationen die Unternehmen ihr Marktverhalten gegenseitig beobachten, sodass sich Wettbewerbsvorsprünge durch Preissenkungen nicht lohnen, da die Konkurrenten sich unverzüglich anpassen können – könnte man z.B. auch Ankündigungen von Änderungen der Preispolitik eines Unternehmens in Tageszeitungen etc. als unzulässig betrachten[1226], da sie ebenfalls die Aufmerksamkeit der Wettbewerber wecken.[1227] Zudem könnte bei einer solchen Ausdehnung des Kartellverbotes ein Informationsempfänger ohne sein Mitwirken zum Beteiligten eines unzulässigen Informationsaustausches werden.[1228] Es kann hier jedoch dahinstehen, ob in diesen Fällen ein zulässiges einseitiges Verhalten vorliegt oder nicht, da es sich bei der Offenlegung noch nicht veröffentlichter Patentanmeldungen im Rahmen eines Normungsverfahrens gerade nicht um eine einseitige Verhaltensweise im eigentlichen Sinn handelt. Der Fall der Offenlegung noch nicht veröffentlichter Patentanmeldungen ist nicht mit Fällen vergleichbar, in denen ein Unternehmen Informationen preisgibt, die der Empfänger nicht angefordert hat. Die Offenlegung erfolgt aufgrund der Verfahrensregeln der Standardisierungsorganisation, die den Beschluss einer Unternehmensvereinigung darstellen (siehe oben Kap. 2. A. II. 2. a)), und nicht aufgrund einer völlig selbstständigen Entscheidung des jeweiligen Rechteinhabers. Indem eine Standardisierungsorganisation ausdrücklich verlangt, dass die Mitglieder nicht nur bereits bestehende Schutzrechte, sondern auch noch nicht veröffentlichte Patentanmeldungen offenlegen, ist der Informationsaustausch in solchen Fällen somit bereits durch die Standardisierungsregeln „vorprogrammiert".

Zwar stellt der reine Austausch über technische Daten zur Schaffung technischer Standards keinen kartellrechtlich relevanten Informationsaustausch dar,[1229] anders könnte jedoch die Verpflichtung zur Offenlegung noch nicht veröffentlichter Patentanmeldungen zu bewerten sein. Denn im Unterschied zu Patenten sind Patentanmeldungen für einen bestimmten Zeitraum nicht öffentlich zugänglich.[1230] Dies soll sicherstellen, dass die Erfindung nicht von Dritten genutzt werden kann, während sie noch ungeschützt ist, da das Patenterteilungsverfahren noch läuft. Zudem droht bei vorherigem Bekanntwerden der Erfindung die Patentierung am Neuheitserfordernis zu scheitern. Es handelt sich bei noch nicht veröffentlichten Patentanmeldungen also um Umstände, die nicht offenkundig, sondern nur einem begrenzten Personenkreis zugänglich sind und an deren Nichtverbreitung der Rechtsträger ein berechtigtes Interesse hat – mithin um Betriebs- bzw.

1226 Diese sollen nach Auffassung der Kommission allerdings keine abgestimmte Verhaltensweise darstellen, vgl. Horizontalleitlinien 2011, ABl. 2011 C 11/1, Rn. 63.

1227 *Heyers*, NZKart 2013, 99, 102.

1228 *Rahlmeyer*, in: FK, Band 2, EG-Kartellrecht, Art. 101 Abs. 1, 3, Fallgruppen II.6., 76. Lfg. 2012, Rn. 8.

1229 Siehe oben Kap. 2. B. II. 5. a).

1230 Nach deutschem Recht beträgt dieser Zeitraum in aller Regel 18 Monate ab Anmeldedatum, vgl. § 31 Abs. 2 Nr. 2 PatG.

Geschäftsgeheimnisse.[1231] Das Interesse an der Geheimhaltung liegt aus Sicht der Patentanmelder darin, dass sie ungestört etwaige mit der Erfindung verbundene Forschung- und Entwicklungsaktivitäten zu Ende führen können, ohne befürchten zu müssen, dass Wettbewerber die aus der Patentanmeldung zu entnehmenden Kenntnisse nutzen, um entsprechende Maßnahmen zu treffen. Aber auch aus kartellrechtlichter Sicht kann ein Interesse an der Geheimhaltung noch nicht veröffentlichter Patentanmeldungen bestehen. Die Offenlegung (noch) nicht patentierter Geschäftsgeheimnisse kann eine wettbewerbswidrige Koordination erleichtern;[1232] da sie Wettbewerbern wertvolle Informationen über die zukünftigen Patent-Portfolios der Patentanmelder und damit über ihre künftigen technischen Strategien und ggf. über ihr künftiges Marktverhalten vermitteln kann,[1233] stellt sie eine Wettbewerbsbeschränkung dar.

Weil insoweit ein Gleichlauf von unternehmerischem sowie kartellrechtlichem Geheimhaltungsinteresse besteht, spricht dies zunächst dafür, die Offenlegungspflichten zu begrenzen, sodass Standardisierungsorganisationen in ihren Verfahrensregeln von einer Verpflichtung zur Offenlegung noch nicht veröffentlichter Patentanmeldungen absehen sollten. Allerdings kann gerade auch ein wettbewerbliches Interesse an der Offenlegung bestehen. Denn wenn Unternehmen nach den Statuten der entsprechenden Normungsorganisation nur ihre bereits bestehenden Schutzrechte offenlegen müssen, kann dies zu einer Situation wie im Fall *Rambus* führen: Eine Norm wird in dem Glauben verabschiedet, sie stehe insoweit ohne standardessentielle Schutzrechte zu berühren „frei" zur Verfügung, während im Nachhinein entsprechende Schutzrechte entstehen, der Rechteinhaber Lizenzgebühren geltend machen kann und ein offener Zugang zur Norm nicht mehr gewährleistet ist. Bei einem IPR-Modell, dass die Offenlegung standardessentieller Schutzrechte und die anschließende Abgabe einer FRAND-Selbstverpflichtung vorsieht, ist somit nicht nur die Offenlegung bereits bestehender Schutzrechte, sondern ebenfalls die Offenlegung noch nicht veröffentlichter Patentanmeldungen notwendig, um den Zugang zum festgelegten Standard weitmöglichst offen zu halten und damit den insofern bestehenden Anforderungen des Kartellverbotes gerecht zu werden. Da eine in den Verfahrensregeln einer Standardisierungsorganisation festgelegte Verpflichtung zur Offenlegung auch noch nicht veröffentlichter Patentanmeldungen sowohl wettbewerblich bedenkliche, als auch wettbewerblich wünschenswerte Effekte hat, kann die Abwägung im Einzelfall zugunsten der Zulässigkeit solcher Verpflichtungen ausfallen; aus demselben Grund ist es jedoch nicht zwingend, dass Normungsorganisationen eine entsprechende Verpflichtung in ihre IPR-Policies aufnehmen.

1231 BVerfGE 115, 205, 229f. m.w.N.

1232 *Swanson/Baumol*, Antitrust Law Journal 2005, Vol. 73, 1, 52.

1233 Vgl. *Chiao/Lerner/Tirole*, The Rules of Standard Setting Organizations, S. 8, verfügbar unter: http://neeo.univ-tlse1.fr/216/1/setting_organizations.pdf (abgerufen am 10.10.2014); *Layne-Farrar/Padilla/Schmalensee*, Pricing Patents for Licensing in Standard Setting Organizations, S. 7, verfügbar unter: ftp://ftp.cemfi.es/wp/07/0702.pdf (abgerufen am 14.03.2016).

bb) Ex-ante Offenlegung der restriktivsten Lizenzbedingungen

In einigen Standardisierungsorganisationen wird den Mitgliedern durch die Verfahrensordnung die Möglichkeit eröffnet[1234] oder die Pflicht auferlegt[1235], vor Annahme einer Norm die restriktivsten Lizenzbedingungen für standardessentielle Schutzrechte offenzulegen. Auch in Standardisierungsorganisationen, die nicht ausdrücklich eine solche Offenlegung in ihren Verfahrensregeln vorsehen, findet sie dennoch bereits jetzt unter eng begrenzten Umständen statt: Wenn die Rechteinhaber ihrer Offenlegungspflicht bezüglich möglicher standardessentieller Schutzrechte nachkommen und im Anschluss eine FRAND-Verpflichtung abgeben, sehen die Formulare einiger Standardisierungsorganisationen vor, dass die Rechteinhaber wählen können, ob sie (1.) eine Lizenzvergabe verweigern, (2.) sich zur Vergabe von Lizenzen unter FRAND-Bedingungen oder (3.) zur Vergabe gebührenfreier Lizenzen bereit erklären.[1236] Zumindest im Falle der Selbstverpflichtung zur Vergabe gebührenfreier Lizenzen legen die Rechteinhaber die zukünftigen Lizenzbedingungen bereits vor Festlegung des Standards offen – nämlich, dass die Höhe der Lizenzgebühren „0“ betragen wird.

Auch bei der Offenlegung der restriktivsten Lizenzbedingungen soll es sich laut der Verfahrensregeln der Standardisierungsorganisationen ausdrücklich um eine *einseitige* Offenlegung seitens des Rechteinhabers handeln. Da die Offenlegung der restriktivsten Lizenzbedingungen wie auch die Offenlegung noch nicht veröffentlichter Patentanmeldungen auf Initiative der Standardisierungsorganisation erfolgt, handelt es sich nicht um eine einseitige Maßnahme im eigentlich Sinn. Indem eine Standardisierungsorganisation ausdrücklich die Möglichkeit eröffnet, die restriktivsten Lizenzbedingungen im Rahmen des Normungsverfahrens offen zu legen, damit die Kosten des Standards vorhersehbar werden, und die Standardisierungsorganisation

---

1234 So sieht z.B. ETSI vor, dass die ex-ante Offenlegung der Lizenzbedingungen nicht verboten ist (vgl. 4.1 der ETSI Guide on IPR); eine Pflicht zur Offenlegung der Bedingungen besteht jedoch nicht (vgl. 2.2 der ETSI Guide on IPR). Zumindest vor Einführung der Horizontalleitlinien 2011 nahmen nur wenige Mitglieder diese Möglichkeit in Anspruch, da sie befürchteten, durch die Offenlegung das Wettbewerbsrecht zu verletzen, vgl. *Schellingerhout*, Competition Policy Newsletter 2011/1, 3, 8.

1235 So sieht die IPR-Policy der VMEbus International Trade Association (VITA) neben der Pflicht zur Offenlegung standardessentieller Patente (vgl. 10.2 VSO Policies and Procedures, verfügbar unter: a.vita.com/home/VSO/vso-pp-r2d6.pdf (abgerufen am 10.10.2014)) und der Abgabe einer FRAND-Verpflichtung (vgl. 10.3.1 VSO Policies and Procedures) auch eine Pflicht zur Offenlegung der maximalen Lizenzgebühren für die standardessentiellen Patente vor (vgl. 10.3.2 VSO Policies and Procedures). Sowohl ein Verstoß gegen die Pflicht zur Offenlegung standardessentieller Patente als auch gegen die Pflicht zur Offenlegung der restriktivsten Lizenzgebühren führt gem. 10.4 VSO Policies and Procedures dazu, dass die Rechteinhaber Lizenzen gebührenfrei zur Verfügung stellen müssen.

1236 Vgl. CEN IPR-Policy, Annex 2 und ISO IPR-Policy – Guidelines, Annex 2.

selbst bzgl. der offengelegten Lizenzbedingungen als Hinterlegungsstelle agiert[1237], vermittelt sie den Mitgliedern, dass die Aufnahme der entsprechenden geschützten Technologie in den Standard bei einer vorherigen Offenlegung der restriktivsten Lizenzbedingungen wahrscheinlicher wird; der Informationsaustausch ist somit auch in diesen Fällen bereits durch die Standardisierungsregeln „vorprogrammiert". Dies gilt selbst dann, wenn eine Offenlegung der Lizenzbedingungen ohne jeglichen Druck seitens der Standardisierungsorganisation im Belieben der Rechteinhaber liegt; denn faktisch können Rechteinhaber zur Offenlegung gezwungen sein um sich die Chance zu erhalten, dass ihre geschützte Technologie in die Norm aufgenommen wird, wenn auch die Konkurrenz weit überwiegend die restriktivsten Lizenzbedingungen veröffentlicht hat. Sollten die Verfahrensregeln einer Standardisierungsorganisation eine Pflicht zur Offenlegung der restriktivsten Lizenzbedingungen begründen, ist der Informationsaustausch erst recht bereits unumgänglich.

Mit der ex-ante Offenlegung der restriktivsten Lizenzbedingungen werden auch die zukünftigen Lizenzgebühren offengelegt. Informationen über zukünftige Preise stellen strategische Daten dar, durch die das künftige Marktverhalten der Wettbewerber vorhersehbar wird und die Wettbewerbsbeschränkungen befürchten lassen; dies gilt auch für die Offenlegung der zukünftigen Lizenzgebühren, da andere Rechteinhaber ihre Gebühren anpassen können, wenn sie selbst zu einem späteren Zeitpunkt die restriktivsten Lizenzbedingen für die Nutzung ihrer ggf. standardessentiellen Schutzrechte offenlegen. Eine gleichzeitige Offenlegung der restriktivsten Lizenzbedingungen durch alle Inhaber standardessentieller Schutzrechte zu einem bestimmten Termin wird sich nicht realisieren lassen, da sich ggf. erst im fortschreitenden Verlauf des Standardisierungsverfahrens die Wesentlichkeit eines Schutzrechtes für den in der Entwicklung befindlichen Standard herausstellt. Auch allein der Umstand, dass die ex-ante Offenlegung der restriktivsten Lizenzbedingungen durch einen Rechteinhaber in aller Regel bzgl. eines bestimmten Standards nur einmalig erfolgen wird und keine immer wieder wechselseitige Preisanpassung stattfinden kann, hindert das Eingreifen des Kartellverbotes nicht, da für einen wettbewerblich relevanten Informationsaustausch keine wiederkehrende Kommunikation zwischen den Wettbewerbern zwingend erforderlich ist.[1238]

Obwohl die Kommission wie aufgezeigt bei einem Informationsaustausch recht schnell von einer aufeinander abgestimmten Verhaltensweise ausgeht und zukünftige Preise als strategische Informationen einstuft, deren Austausch zu Wettbewerbsbeschränkungen führt, deuten die Ausführungen in den Horizontalleitlinien 2011 darauf hin, dass sie eine Offenlegung der restriktivsten Lizenzbedingungen vor Annahme der Norm – unter der Voraussetzung, dass keine Verhandlungen zwischen den Standardisierungsteilnehmern stattfinden[1239] – als wettbewerbsrechtlich zulässig ansieht. Zwar äußerst die Kommission in Rn. 274 der Horizontalleitlinien

1237 Vgl. z.B. 4.1 der ETSI Guide on IPR.
1238 Vgl. EuGH, Slg. 2009, I-4529, Rn. 60 – T-Mobile Netherlands.
1239 Dazu unten Kap. 2. B. II. 5. b) cc).

2011, dass die Offenlegung der restriktivsten Lizenzregelungen vor Annahme der Norm „um letztendlich gemeinsame Preise (...) festzulegen" „als bezweckte Wettbewerbsbeschränkung betrachtet" werde. Diese Aussage muss jedoch so verstanden werden, dass die wettbewerblichen Bedenken durch *die Festlegung von gemeinsamen Preisen* hervorgerufen werden. Denn an einer späteren Stelle in den Horizontalleitlinien führt die Kommission aus, dass „Normenvereinbarungen, die eine vorherige Offenlegung der restriktivsten Lizenzbedingungen verlangen, (...) grundsätzlich keine Wettbewerbsbeschränkung im Sinne von Artikel 101 Absatz 1 dar[stellen]".[1240] Allerdings hat es die Kommission versäumt klarzustellen, wie sich dies zur Möglichkeit lizenzgebührenfreier Standards verhält. Denn dort muss bei der Festlegung der Standardisierungsziele und -verfahren oder zumindest vor Annahme des technischen Standards in gemeinsamer Absprache festgelegt werden, dass eine gebührenfreie Lizenzierung erfolgen soll, so dass eine Preisfestsetzung (Preis = 0) für die Rechte des geistigen Eigentums stattfindet. Da die Kommission wohl aber Normungskooperationen, die eine gebührenfreie Lizenzierung vorsehen, weiterhin zulassen will (siehe oben Kap. 2. A. III. 2. b) bb) bbb)), ist insoweit eine Klärung erforderlich. Positiv berücksichtigt die Kommission bei einer Offenlegung der restriktivsten Lizenzbedingungen, dass die Parteien auf diese Weise über die voraussichtlichen Kosten der geschützten standardessentiellen Technologien informiert werden; sie stellt aber auch noch einmal klar, dass die Offenlegung kein Deckmantel für eine gemeinsame Preisfestsetzung sein darf.[1241]

1240 Horizontalleitlinien 2011, ABl. 2011 C 11/1, Rn. 299. Auch in der ETSI IPR-Policy von 1993–1994, die ein „Licensing by default"-System vorsah (siehe oben Kap. 2. B. II. 4. b) dd) bbb)), war eine ex-ante Offenlegung der restriktivsten Lizenzbedingungen vorgesehen; gegen diesen Aspekt der Policy äußerte die Kommission jedoch keine Bedenken (vgl. *Glader*, European Competition Journal 2010, Vol. 6, No. 3, 611, 643; *Dixon*, in: Hansen: International Intellectual Property Law and Policy 1996, Vol. 1, 369, 373). Eine ex-ante Offenlegung der Lizenzbedingungen wird ebenfalls von den U.S.-amerikanischen Kartellbehörden positiv aufgenommen, vgl. *Ullrich*, in: Leistner, S. 44 m.w.N.

1241 Horizontalleitlinien 2011, ABl. 2011 C 11/1, Rn. 299 sowie Rn. 299, Fn. 1. So auch bereits *Kroes*, Setting the standards high, Speech/09/475 v. 15.10.2009.
Bereits die entsprechenden Ausführungen in den Horizontalleitlinien-E 2011 (Rn. 287) – nach denen Rechteinhaber vor Annahme einer Norm die restriktivsten Lizenzbedingungen, einschließlich der höchsten Lizenzgebühren offenlegen sollten, die sie für ihr Recht des geistigen Eigentums verlangen werden – boten vielen Stellungnehmenden Anlass zur Darlegung ihrer Ansicht. Unterstützung erfuhr der Entwurf der Kommission insoweit, dass die vorherige Kenntnis der Kosten zur erfolgreichen Erarbeitung eines technischen Standards als wichtig empfunden wurde. Allerdings müsse die Kommission, wenn sie eine vorherige Offenlegung der restriktivsten Lizenzbedingungen unterstütze, klarstellen, dass eine gemeinsame Diskussion der Bedingungen unter den an der Standardisierung Teilnehmenden nicht als bezweckte Wettbewerbsbeschränkung klassifiziert werde, sondern dass sie vielmehr einer unvoreingenommenen Beurteilung nach Art. 101 Abs. 1 und 3

Dass die ex-ante Offenlegung der restriktivsten Lizenzbedingungen durch die Kommission in der Regel zu Recht positiv bewertet wird, wird im Folgenden dargelegt werden. Denn auch wenn man von einer kartellrechtlich relevanten Absprache ausgeht, können die aus dem Informationsaustausch folgenden Wettbewerbsbeschränkungen durch die eintretenden positiven Wettbewerbseffekte in einer Vielzahl der Fälle ausgeglichen werden. Zunächst sind die Nachteile bzw. Schwachpunkte einer ex-ante Offenlegung der restriktivsten Lizenzbedingungen zu nennen. Diese sind allerdings häufig eher praktischer Natur und führen nicht grundsätzlich zu einer negativen kartellrechtlichen Bewertung. Da einzelne Aspekte jedoch auch Auswirkungen auf den Wettbewerb haben, sind sie in einer einzelfallbezogenen Bewertung einer ex-ante Offenlegung der restriktivsten Lizenzbedingungen zu berücksichtigen:

AEUV unterliege (Stellungnahme Apple, S. 2f., Rn. 8, verfügbar unter: http://ec.europa.eu/competition/consultations/2010_horizontals/apple_en.pdf (abgerufen am 14.03.2016). Siehe auch Stellungnahme Broadcom Cisco Systems, Hewlett-Packard, International Business Machines, Oracle and Research in Motion, S. 11; Stellungnahme ccia, S. 6, verfügbar unter: http://ec.europa.eu/competition/consultations/2010_horizontals/ccia_en.pdf (abgerufen am 14.03.2016)). Eine Diskussion über die Lizenzbedingungen müsse also stattfinden können, solange die Voraussetzungen des Art. 101 Abs. 3 AEUV ebenfalls eingehalten werden (Stellungnahme Clifford Chance, S. 10, Rn. 4.20, verfügbar unter: http://ec.europa.eu/competition/consultations/2010_horizontals/cliffordchance_en.pdf (abgerufen am 14.03.2016)). Die Passage der Horizontalleitlinien-E 2011 über die Offenlegung der restriktivsten Lizenzbedingungen rief aber auch Kritik hervor. Die Beanstandungen wendeten sich in verschiedene Richtungen: Zum einen könne durch eine derartige Offenlegung das Ziel der umfassenden Information der an der Standardisierung teilnehmenden Parteien über die damit verbundenen voraussichtlichen Kosten nicht erreicht werden; Lizenzgebühren könnten sich als „Einmalzahlungen, laufende Gebühren, Festbeträge, Prozentbeträge vom Produktverkaufspreis" etc. darstellen, so dass es an der Vergleichbarkeit fehle (Stellungnahme des BDI, S. 18). Zum anderen sei die ex-ante Offenlegung von Lizenzbedingungen für Standardsetzungsorganisationen unpraktikabel; das Ziel bei der Erarbeitung einer technischen Norm sei es, den bestmöglichen Standard zu finden. Es sei davor zu warnen, Entscheidungen über die technisch richtige Norm gezwungenermaßen mit wirtschaftlichen Fragen zu überfrachten (Stellungnahme des BDI, S. 18f.). Weiterhin vertreten viele Stellungnehmende die Auffassung, dass die Horizontalleitlinien-E 2011 weder bestimmte IPR-Policies (z.B. solche, die eine ex-ante-Offenlegung der restriktivsten Lizenzbedingungen vorsehen) begünstigen noch benachteiligen sollten, da nicht jede Policy für jede Standardisierungsorganisation passend sei (keine „one-size-fits-all"-Lösung) (Stellungnahme der ABA – Section Science & Technology Law, S. 2f., verfügbar unter: http://ec.europa.eu/competition/consultations/2010_horizontals/aba_science_technology.pdf (abgerufen am 14.03.2016); Stellungnahme Intel, S. 13, verfügbar unter: http://ec.europa.eu/competition/consultations/2010_horizontals/intel_en.pdf (abgerufen am 14.03.2016)).

Gegen eine ex-ante Offenlegung der restriktivsten Lizenzgebühren könnte zunächst die von der Kommission noch im Entwurf der Horizontalleitlinien 2011 geäußerte Überlegung sprechen, dass in den Verfahrensregeln der Standardisierungsorganisationen „in Bezug auf die relativen Vorzüge gebührenfreier Normen gegenüber anderen Alternativen (...) weder eine positive noch eine negative Voreingenommenheit herrschen [sollte]".[1242] Es darf keine Situation eintreten, in der die ex-ante Bekanntgabe bindender Lizenzbedingungen dazu führt, dass statt der technisch besten, die billigste Technologie zur Norm wird.[1243] Dies ist insoweit zu unterstützen, dass lizenzgebührenfreie Standards nicht *stets* die bessere Alternative gegenüber Normen darstellen, für deren Nutzung Lizenzgebühren zu entrichten sind. Würde man die Aussage der Kommission aus dem Entwurf der Leitlinien jedoch konsequent umsetzen, dürften beim Standardisierungsprozess die Lizenzgebühren streng genommen gar keine Rolle spielen und sie dürften den Beteiligten vor Festlegung des Standards nicht bekannt sein. In der endgültigen Fassung der Horizontalleitlinien 2011 spricht sich die Kommission zu Recht nicht mehr für diese völlige Neutralität der Verfahrensregeln aus. Die Wirtschaftlichkeit eines Standards sollte bei dessen Festlegung durchaus Beachtung finden. So kann ein technisch überlegener Standard in der Praxis unbrauchbar sein, wenn er für eine Vielzahl der Unternehmen in der Umsetzung unbezahlbar ist. Jedoch bedeutet dies nicht, dass die Wirtschaftlichkeit andere Aspekte stets überlagert; es muss nicht zwangsläufig die kostengünstigste Technologie in den Standard aufgenommen werden. Die Wirtschaftlichkeit ist vielmehr selbst ein Faktor unter mehreren und fließt in die Abwägung der Vor- und Nachteile verschiedener Technologien bei der Festlegung eines technischen Standards ein. Die ex-ante Offenlegung nicht nur der standardessentiellen Schutzrechte, sondern auch der restriktivsten Lizenzbedingungen kann den Vorteil herbeiführen, dass die Kosten der Nutzung eines technischen Standards vorhersehbar werden. In der wissenschaftlichen Auseinandersetzung mit technischer Standardisierung wird jedoch davor gewarnt, dass die mit einer ex-ante Offenlegung der restriktivsten Lizenzbedingungen verbundene gesteigerte Kenntnis bei den Standardisierungsteilnehmern den Charakter des Standardsetzungsprozesses verfälsche. Bei den Teilnehmern eines Normungsverfahrens handelt es sich vorwiegend um technische Experten; müssen diese bei der Festlegung des Standards nicht nur technische, sondern auch wirtschaftliche und ggf. juristische Aspekte berücksichtigen, könne es leicht zu einer Überforderung und Überfrachtung des Standardisierungsprozesses kommen.[1244] Es sei zu befürchten, dass die Entscheidungsfindung erheblich verlangsamt wird.

1242 Horizontalleitlinien-E, Rn. 278.

1243 So befürchtend *Ullrich*, GRUR 2007, 817, 826.

1244 Vgl. *Välimäki*, A flexible approach to RAND licensing, 2008, S. 5, verfügbar unter: http://www.valimaki.com/org/frand_web.pdf (abgerufen am 08.12.2015), der allerdings Situationen der einseitigen ex-ante Offenlegung der Lizenzbedingungen und der ex-ante Verhandlungen von Lizenzbedingungen miteinander vermischt.

Gegen eine Offenlegung lässt sich weiter argumentieren, dass – da es sich bei den offengelegten Konditionen um die restriktivsten Lizenzbedingungen handeln soll – die angegebenen Gebühren bereits naturgemäß am oberen Ende der später tatsächlich anfallenden Lizenzgebühren angegeben werden. Es könnte zudem die Situation eintreten, dass Rechteinhaber die Lizenzgebühren noch höher als eigentlich erforderlich ansetzen, um im Nachhinein eine bessere Verhandlungsposition zu besitzen. Zum einen wären die tatsächlichen Kosten des Standards in solchen Fällen kaum noch realistisch abzuschätzen und der durch die Offenlegung angestrebte Vorteil würde nicht eintreten können; in Extremfällen könnten die (für mehrere standardessentielle Schutzrechte addierten) Lizenzgebühren vielleicht sogar so hoch anmuten, dass die Standardsetzung bzgl. des konkreten Normungsgegenstandes insgesamt unrentabel erschiene. Zum anderen besteht das Risiko, dass die maximalen Gebühren, die die Rechteinhaber ex-ante offenlegen, tatsächlich zum späteren „Wert" des Schutzrechtes avancieren; die vorherige Offenlegung hätte dann den wettbewerbsbeschränkenden Effekt, den Preis des Schutzrechts zu erhöhen.[1245] Diese Gefahr der allzu hohen Ausweisung der restriktivsten Lizenzgebühren dürfte sich allerdings in der Regel durch den Umstand selbst regeln, dass sich ein Rechteinhaber durch ein solches Verhalten der Gefahr aussetzt, dass ein Konkurrent attraktivere Lizenzbedingungen offenlegt und aus diesem Grund dessen Technologie in den Standard aufgenommen wird. Es verbleibt jedoch das Risiko, dass der Konkurrent, der die von ihm angebotenen restriktivsten Lizenzbedingungen bereits offengelegt hat, von einem zeitlich später offenlegenden Wettbewerber nur minimal unterboten wird, obwohl erheblich niedrigere, lizenznehmerfreundlichere Bedingungen möglich wären.

In eine ähnliche Richtung geht ein weiteres praktisches Problem einer ex-ante Offenlegung der Lizenzbedingungen. Es erscheint nicht unwahrscheinlich, dass die Rechteinhaber in einem frühen Stadium des Standardisierungsprozesses aufgrund der Komplexität der Umstände noch nicht zuverlässig abschätzen können, zu welchen Bedingungen sie später Lizenzen vergeben können. Sie können oder wollen sich daher durch eine frühzeitige Offenlegung der restriktivsten Bedingungen nicht unwiderruflich binden lassen. Würde man jedoch der ex-ante Offenlegung keine Bindungswirkung zusprechen, so bestünde die Gefahr, dass die Rechteinhaber die Lizenzgebühren zunächst sehr niedrig ausweisen, damit ihre Technologie eine größere Chance hat, in den Standard aufgenommen zu werden, im Nachhinein aber dennoch höhere Lizenzgebühren verlangen. Um die Vorteile einer ex-ante Offenlegung der Lizenzbedingungen zu erhalten, müssen diese in ihrer maximalen Höhe verbindlich sein. Schließlich spricht gegen eine ex-ante Offenlegung der restriktivsten Lizenzbedingungen, dass sich auf diese Weise die Konditionen für die Lizenzvergabe nicht aufgrund bilateraler Verhandlungen zwischen den Schutzrechtsinhabern und den Lizenznehmern ergeben – so wie es viele Ansätze für „faire, angemessene und nichtdiskriminierende

1245 Stellungnahme Nokia, S. 7.

Lizenzbedingungen" vorsehen[1246] –, sondern die Bedingungen einseitig durch den Rechteinhaber festgelegt werden. Ob eine ex-ante Offenlegung der restriktivsten Lizenzbedingungen daher wirklich dazu führt, dass die Lizenzbedingungen den FRAND-Grundsätzen entsprechen, lässt sich durchaus bezweifeln.

Allerdings lassen sich auch für die Zulässigkeit einer ex-ante Offenlegung der restriktivsten Lizenzbedingungen gewichtige Argumente finden. Zunächst dienen die durch die ex-ante Offenlegung eintretende höhere Markttransparenz und Vorhersehbarkeit des Marktverhaltens der Rechteinhaber offensichtlich nicht der Erzielung eines höheren Preisniveaus, als die Unternehmen bei wirksamem Wettbewerb erreichen könnten. Stehen verschiedene geschützte Technologien um die Aufnahme in einen Standard in Konkurrenz zueinander und muss eine Entscheidung für eine der Technologien fallen, da andernfalls die Kompatibilität nicht gesichert wäre,[1247] so müssen die Rechteinhaber darauf achten, dass sie für die Nutzer des Standards möglichst günstige Lizenzbedingungen anbieten. Nur so können sie darauf hinwirken, dass ihre Technologie gegenüber den Alternativen besonders attraktiv erscheint; nicht nur die Qualität der Technologie, sondern auch der Preis für ihre Anwendung kann ein wichtiges Merkmal bei der Festlegung des Standards darstellen. Als „bester Standard" kann derjenige verstanden werden, der die optimale Balance zwischen Kosten und technischer Überlegenheit findet.[1248] Die übrigen Rechteinhaber müssen nach der Offenlegung der restriktivsten Lizenzbedingungen durch einen Konkurrenten folglich vielmehr versuchen sich gegenseitig zu unterbieten, als das Preisniveau, das der Konkurrent vorgelegt hat, zu stabilisieren. Der Preiswettbewerb wird damit eher gesteigert als reduziert. Genau genommen eröffnet die Offenlegung der Lizenzbedingungen überhaupt erst den Preiswettbewerb um den Standard. Während bei einer technischen Standardisierung ohne ex-ante Offenlegung der Lizenzbedingungen erst die standardisierten Produkte in einen Preiswettbewerb zueinander treten können („(Preis-)Wettbewerb innerhalb des Standards"), ermöglicht ein Standardisierungsverfahren mit ex-ante Offenlegung der Lizenzbedingungen bereits auf der vorgelagerten Ebene einen Preiswettbewerb zwischen den geschützten Technologien, die um die Aufnahme in den Standard konkurrieren („(Preis-)Wettbewerb um den Standard"). Die Beteiligten können durch die Offenlegung der restriktivsten Lizenzbedingungen vor Annahme der Norm den Wettbewerb folglich nicht ersetzen – wie es bei einer Kartellabsprache der Fall wäre – sondern stellen sich mit den angebotenen Konditionen dem Markt.[1249]

1246 Siehe oben Kap. 2. B. II. 4. b) cc).

1247 Sind die Technologien untereinander substituierbar, ist der Standard technologieneutral zu formulieren, sodass das gewünschte, genormte Ergebnis auf verschiedene Weise erreicht werden kann (siehe oben Kap. 2. B. II. 3. b) bb)).

1248 Vgl. *Kelly/Prywes*, The Antitrust Source March 2006, 1.

1249 Vgl. *Fuchs*, in: Lange/Klippel/Ohly, S. 172. *M. Jakobs*, S. 170 sieht aus demselben Grund in einer zu frühzeitigen Festlegung der Gebühren die Gefahr einer Unterkompensation der Schutzrechtsinhaber.

Zudem ermöglicht die ex-ante Offenlegung der restriktivsten Lizenzbedingungen nicht nur festzustellen, *dass* für die Nutzung eines Standard aufgrund der enthaltenen geschützten Technologien voraussichtlich Kosten anfallen werden (dies lässt sich bereits auf der Offenlegung der standardessentiellen Schutzrechte ablesen, siehe oben Kap. 2. B. II. 4. b) dd) aaa)), sondern auch *wie hoch* die Kosten (maximal) ausfallen werden. Die Umsetzbarkeit und der Nutzen eines Standards insgesamt werden damit vorhersehbarer. Weiterhin können auf diese Weise „hold-ups"[1250] insofern vermieden werden,[1251] dass die Inhaber der standardessentiellen Schutzrechte und potenzielle Lizenznehmer nicht von einem völlig unterschiedlichen Verständnis der FRAND-Bedingungen ausgehen. Wenn bereits vor Festlegung der Norm feststeht, wie die Lizenzbedingungen in dem für die Nutzer „schlechtesten Fall" ausfallen werden, d.h. wie der Rechteinhaber die von ihm abgegebene FRAND-Selbstverpflichtung interpretieren wird, werden Streitigkeiten im Nachhinein über die konkrete Höhe von FRAND vermieden.[1252]

Positiv zu berücksichtigen ist schließlich, dass die ex-ante Offenlegung nicht nur den Wettbewerbern untereinander Kenntnis über die zukünftigen Lizenzbedingungen verschafft, sondern dass es sich um einen öffentlichen Austausch von Informationen handelt; d.h. auch die Marktgegenseite, also die potenziellen Lizenznehmer, sind unmittelbar über die veröffentlichten Daten informiert, sodass kein Informationsungleichgewicht zwischen Wettbewerbern und Marktgegenseite entsteht. Dies gilt im Rahmen der technischen Standardsetzung umso mehr, da ursprüngliche Konkurrenten, deren Technologie nicht in den Standard aufgenommen wird, in vielen Fällen automatisch zu potenziellen Lizenznehmern werden, wenn es sich bei ihnen nicht ausschließlich um *upstream* Unternehmen handelt, sondern sie auch selbst den Standard anwenden wollen. Dass (potenzielle) Nutzer an dem Informationsaustausch beteiligt sind, senkt das Kollusionsrisiko aber nur dann, wenn sie auch tatsächlich Einfluss auf das Wettbewerbsergebnis ausüben können. Erhält die Marktgegenseite eine Information zwar, ist aber zum bloßen Zuschauen verurteilt, können kartellrechtliche Bedenken hinsichtlich des Informationsaustausches auch durch ihre Teilnahme nicht reduziert werden.[1253] Im Rahmen der technischen Standardsetzung ist der erforderliche Einfluss der Marktgegenseite allerdings gegeben: Sie kann zwar

1250 Zur in dieser Arbeit vorgenommenen Unterscheidung zwischen „hold-ups" und „patent ambushes" siehe oben Kap. 2. B. II. 4. b) bb).

1251 Siehe auch *Dobler/Sattler*, in: FS Canenbley, S. 139, 149. Kritisch insofern *Ullrich*, in: Leistner, S. 45.

1252 Die Festlegung der Lizenzbedingungen ex-ante wird zum Teil schon aus praktischen Gründen als notwendig erachtet, weil nach einer Vielzahl der Ansätze zur Bestimmung von FRAND der „Standardisierungslohn" nicht berücksichtigt werden soll. Diesen nach Festlegung des Standards bei der Bestimmung des Wertes des Schutzrechtes „herauszurechnen", stößt auf kaum überwindbare praktische Schwierigkeiten.

1253 Vgl. *Heyers*, NZKart 2013, 99, 100; *Wagner-von Papp*, Marktinformationsverfahren, S. 250f.

nicht unmittelbar auf die Lizenzhöhe einwirken, ist aber im Anschluss an die ex-ante Offenlegungen der restriktivsten Lizenzbedingungen an der Entwicklung der Norm beteiligt und kann mitentscheiden, welche Technologie Standard wird.[1254] Damit besteht (zumindest mittelbar) ein Einfluss auf die Höhe der Lizenzgebühren. Zudem können die einzelnen Lizenznehmer besser einschätzen und vergleichen, ob sie selbst Lizenzen zu fairen und diskriminierungsfreien Bedingungen vom Rechteinhaber erhalten, wenn die restriktivsten Lizenzbedingungen vorab offengelegt worden sind.[1255]

Die ex-ante Offenlegung der restriktivsten Lizenzbedingungen hat somit zwar einige praktische und kartellrechtlich relevante Nachteile. Diese können jedoch wie dargestellt in der Regel durch die Vorteile für den Wettbewerb (Verhinderung von „hold-ups", Vorhersehbarkeit der Kosten etc.) ausgeglichen werden, sodass aus Sicht des Europäischen Kartellverbotes eine ex-ante Offenlegung zulässig ist.

cc) Ex-ante Verhandlungen der Lizenzbedingungen

Um die aufgezeigten praktisch und teilweise auch wettbewerbsrechtlich relevanten Nachteile einer ex-ante Offenlegung der restriktivsten Lizenzbedingungen zu vermeiden, lässt sich über einen weitergehenden Schritt – die ex-ante Verhandlung der Lizenzbedingungen – nachdenken. Insbesondere im Anschluss an die Kommissionsverfahren *Qualcomm* und *Rambus* wurden Überlegungen hinsichtlich eines effektiveren Schutzes vor „hold-ups" und „patent ambushes" in die wissenschaftliche Diskussion eingebracht, die bei der Festlegung der Lizenzgebühren vor Entscheidung über den Standard ansetzten. Bislang finden die Verhandlungen über die konkreten Lizenzbedingungen in aller Regel ex-post in bilateralen Gesprächen außerhalb der Standardisierungsorganisationen statt. Einige Standardisierungsorganisationen untersagen es in ihren Verfahrensordnungen sogar ausdrücklich, dass in den Arbeitsgruppen und bei sonstigen Treffen im Rahmen des Standardisierungsprozesses über die zukünftigen Lizenzbedingungen diskutiert wird.[1256] Diesem Verbot liegt die Befürchtung zugrunde, dass die Wettbewerbsbehörden in ex-ante Lizenzverhandlungen einen Verstoß gegen Art. 101 AEUV erblicken könnten.[1257]

1254 Die Größe des Einflusses hängt freilich von der Struktur und Zusammensetzung der Standardisierungsorganisation ab.

1255 *Updegrove*, Consortium Standards Bulletin 2006, Vol. V, No. 6, unter II, verfügbar unter: http://www.consortiuminfo.org/bulletins/jun06.php#feature (abgerufen am 14.03.2016).

1256 Vgl. 4.1 ETSI IPR-Policy; 10.3.4 VSO Policies and Procedures (VITA IPR-Policy). *Ullrich*, in: Leistner, S. 22 sieht darin die Einhaltung des Neutralitätsanspruchs der Standardisierungsorganisationen, mit dem einer Gefährdung der Normqualität vorgebeugt werden soll.

1257 Teilweise wird zudem befürchtet, dass potenzielle Schutzrechtsinhaber von einer Teilnahme am Standardisierungsprozess abgeschreckt werden könnten. Dies wäre jedoch in der Regel nur dann zu erwarten, wenn die Rechteinhaber vorhaben, nach Festlegung des Standards ihre i.d.R. starke Position auszunutzen und überhöhte Lizenzgebühren zu verlangen; ein solches Verhalten soll durch das

Ob diese Besorgnis begründet ist und ex-ante Lizenzverhandlungen aus Sicht des Europäischen Kartellverbotes tatsächlich eine unzulässige Ausgestaltung eines Standardisierungsverfahrens darstellen, wird im Folgenden untersucht.

Um eine kartellrechtliche Bewertung vornehmen zu können,[1258] ist nicht nur wichtig, ob es sich bei den ex-ante Verhandlungen um bilaterale Gespräche nur zwischen dem Rechteinhaber und einem potenziellen Lizenznehmer handelt, oder ob die Verhandlungen multilateral zwischen Rechteinhabern und vielen potenziellen Lizenznehmern im Rahmen einer (Arbeits-)Gruppe in der Standardisierungsorganisation stattfinden; es stellt sich ebenfalls die Frage, auf welchen Handelsstufen die jeweiligen Unternehmen tätig sind, zwischen denen die Verhandlungen stattfinden, d.h. ob es sich bei ex-ante Lizenzabsprachen um horizontale Vereinbarungen (also Vereinbarungen zwischen Wettbewerbern) oder um vertikale Vereinbarungen (also Absprachen zwischen Unternehmen, die auf unterschiedlichen Produktions- und Vertriebsstufen tätig sind) handelt.

Zu dem Zeitpunkt *ex ante*, also vor Festlegung der Norm, steht noch nicht fest, welche Technologie zum Standard erhoben wird. Es konkurrieren ggf. noch verschiedene Technologien um die Aufnahme in den Standard; die entsprechenden Schutzrechtsinhaber sind insoweit Wettbewerber. Da die unterlegenen Rechteinhaber ggf. selbst Lizenznehmer werden, wenn ihre eigene Technologie nicht Standard wird und wenn sie selbst (zukünftig) standardisierte Produkte herstellen, kann somit der Fall eintreten, dass sich bei den Lizenzverhandlungen Unternehmen gegenüber stehen, die zu diesem Zeitpunkt Wettbewerber sind. Bei den ex-ante Lizenzabsprachen handelt es sich folglich in solchen Konstellationen um horizontale Absprachen.[1259] Allerdings werden die Absprachen häufig zwischen Rechteinhabern als Lizenzgebern und Standardnutzern als Lizenznehmern stattfinden, die in keinem Wettbewerbsverhältnis zueinander stehen.[1260] Sei es, weil die Lizenznehmer selbst nicht Inhaber von Rechten des geistigen Eigentums sind, die für den Standard essentiell werden könnten, oder weil die verschiedenen geschützten Technologien nicht *alternativ* für den Standard essentiell werden, also nicht um die Aufnahme in den Standard konkurrieren, sondern *kumulativ* für die Befolgung der Norm erforderlich werden. In diesen Konstellationen handelt es sich um Absprachen zwischen Nicht-Wettbewerbern, also vertikale Absprachen. Dass bei ex-ante Lizenzabsprachen nicht nur horizontale sondern vielfach

---

Wettbewerbsrecht bzw. die IPR-Regeln der Standardisierungsorganisationen aber gerade nicht unterstützt, sondern vermieden werden, vgl. *Ohana/Hansen/Shah*, E.C.L.R. 2003, Issue 12, 644, 649.

1258 Im Folgenden soll es ausschließlich um die Verhandlung von Lizenzgebühren gehen. Häufig werden die Parteien auch über weitere Aspekte wie Unterlizenzierungsbefugnisse, Rücklizenzen etc. Vereinbarungen treffen wollen; diese über die reinen Absprachen über Lizenzgebühren hinausgehenden Vereinbarungen können jedoch weitere wettbewerbliche Bedenken hervorrufen oder eine Freistellung verhindern.

1259 So im Ergebnis auch *Ohana/Hansen/Shah*, E.C.L.R. 2003, Issue 12, 644, 650, 652; *Dorn*, S. 186, 189, 193. Siehe auch Technologietransfer-Leitlinien, ABl. 2014 C 89/3, Rn. 35.

1260 Siehe auch *Dorn*, S. 191.

auch vertikale Vereinbarungen vorliegen werden, ist für die grds. Anwendbarkeit des Art. 101 AEUV unschädlich; Art. 101 AEUV ist auf vertikale Vereinbarungen ebenso anwendbar wie auf horizontale.[1261] Zu den ggf. unterschiedlichen Anforderungen an eine Freistellung vom Kartellverbot siehe unten Kap. 2. B. II. 5. b) cc) bbb).

aaa) Praktische Probleme und wettbewerbsbeschränkende Aspekte von ex-ante Lizenzverhandlungen

Damit ex-ante Lizenzverhandlungen ernsthafte kartellrechtliche Bedenken hervorrufen können, müssen sie zu einer Wettbewerbsbeschränkung führen. Durchaus lassen sich sowohl praktische Probleme als auch wettbewerbsbeschränkende Aspekte, die infolge einer ex-ante Verhandlung der zukünftigen Lizenzbedingungen eintreten, identifizieren:

(1) Verzögerung des Standardisierungsprozesses

Ein rein praktisches Problem liegt darin, dass durch ex-ante Diskussionen über Lizenzbedingungen der Standardisierungsprozess verzögert werden kann. Sowohl bi- als auch multilaterale Verhandlungen über zukünftige Lizenzbedingungen bedürfen Zeit. Gilt dies bereits für eine ex-ante Offenlegung der restriktivsten Lizenzgebühren, die „nur" dazu führt, dass die Standardisierungsteilnehmer in ihre Entscheidung über die Auswahl der richtigen Technologie die Kosten als einen weiteren Faktor einbeziehen müssen[1262], müssen sie bei ex-ante Verhandlungen zudem selbst tätig werden und eine Einigung mit den potenziellen Lizenzgebern erzielen. Dies kann die Entscheidungsfindung erheblich hinauszögern und den Standardisierungsprozess insgesamt verlangsamen.[1263] Diesem Argument kann jedoch seine Schärfe genommen werden, wenn man sich den Standardisierungsprozess und die sich (ohne ex-ante Verhandlungen) anschließende Einführungsphase der Norm anschaut: Findet keine ex-ante Verhandlung der Lizenzbedingungen statt, sondern haben die Rechteinhaber nur eine FRAND-Verpflichtung abgegeben und/oder die restriktivsten Lizenzbedingungen offengelegt, müssen sich nach Festlegung der Norm die Inhaber der standardessentiellen Schutzrechte und die potenziellen Lizenznehmer über die konkreten Lizenzbedingungen einigen. Auch während dieses Zeitraumes könnten die potenziellen Lizenznehmer den Standard nicht ohne Weiteres nutzen.[1264] Die eintretende Verzögerung durch die ex-ante Verhandlungen ist folglich keine neu begründete, sondern nur eine vorverlagerte. Der Prozess insgesamt von Beginn eines

1261 *Hengst*, in: Langen/Bunte, Band 2, 12. Aufl., 2014, Art. 101 AEUV, Rn. 440.
1262 Siehe oben Kap. 2. B. II. 5. b) bb).
1263 Vgl. DOJ and FTC, Antitrust Enforcement and Intellectual Property Rights, 2007, S. 49 m.w.N., verfügbar unter: http://www.ftc.gov/reports/antitrust-enforcement-intellectual-property-rights-promoting-innovation-competition-report (abgerufen am 14.03.2016).
1264 Vgl. *Curran*, The University of Chicago Law Review 2003, 983, 1005.

neuen Normungsvorhabens an bis zur tatsächlichen Nutzung der Norm wird also durch eine ex-ante Verhandlung von Lizenzbedingungen nicht verlängert.

(2) „Reverse hold-ups"

Eine Einigung auf konkrete Lizenzbedingungen für standardessentielle Schutzrechte vor Festlegung der technischen Norm löst bei Wettbewerbshütern unverzüglich Bedenken hinsichtlich eines Verstoßes gegen das Kartellverbot aus, da als Teil der Lizenzbedingungen auch die zukünftigen Lizenzgebühren besprochen und beschlossen werden. Worin genau liegt jedoch die Gefahr einer Wettbewerbsbeschränkung bei ex-ante Verhandlungen über Lizenzbedingungen?

Aus kartellrechtlicher Sicht bedenklich ist das mögliche Eintreten eines sog. „reverse hold-ups"[1265].[1266] Wenn es um die Frage geht, ob ex-ante Lizenzverhandlungen gegen das Kartellverbot des Art. 101 AEUV verstoßen, kann nur die Position der Mitglieder einer Standardisierungsorganisation als Gruppe maßgeblich sein, nicht die mögliche Marktmacht eines einzelnen Rechteinhabers.[1267] Da das Bestehen eines Systems aus Schutzrechten des geistigen Eigentums wettbewerbsfördernd ist, könnten Standardisierungsorganisationen bzw. ihre Mitglieder gegen das Wettbewerbsrecht verstoßen, wenn sie gemeinsam versuchen, gegen Patentdurchsetzungen vorzugehen und die Inhaber zur (für sie möglichst kostengünstigen) Lizenzierung zu zwingen.[1268] Unter einem „reverse hold-up" lässt sich also eine Situation verstehen, in denen die Standardisierungsteilnehmer ihre Nachfragemacht bündeln und dahingehend nutzen, dass sie den Inhaber eines für den Standard als essentiell in Betracht kommenden Schutzrechtes zwingen, Lizenzen zu Bedingungen zu vergeben, die unter Wettbewerbsniveau liegen. Die Inhaber standardessentieller Schutzrechte werden in einem solchen Fall nicht über- sondern unterkompensiert. Dies hat auch negative Auswirkungen auf Verbraucher und den Wettbewerb insgesamt; zwar steht in dieser Konstellation häufig ein kostengünstiger Standard zur Verfügung, aber für (potenzielle)

1265 Diese Gefahr werde in der Literatur noch zu sehr unterschätzt, während das Problem „klassischer hold-ups" unverhältnismäßig aufgebauscht werde, vgl. *Geradin*, in: The Pros and cons of Standard Setting, 102f. Andere Autoren schätzen das Risiko des Eintretens von „reverse hold-ups" eher gering ein, vgl. *Majoras*, Recognizing the Procompetitive Potential of Royalty Discussions in Standard Setting, Speech v. 23.09.2005, S. 9, verfügbar unter: http://www.ftc.gov/sites/default/files/documents/public_statements/recognizing-procompetitive-potential-royalty-discussions-standard-setting/050923stanford.pdf (abgerufen am 14.03.2016).

1266 Dass als Ergebnis von ex-ante Lizenzverhandlungen überhöhte Preise stehen (so *Dorn*, S. 186) erscheint unwahrscheinlich, da substituierbare Technologien um die Aufnahme in den Standard konkurrieren und sich die Rechteinhaber eher gegenseitig „unterbieten" müssen, als dass sie in der Lage wären, überhöhte Lizenzgebühren durchzusetzen.

1267 Zu einem Verstoß gegen Sec. 1 Sherman Act siehe DOJ and FTC, Antitrust Enforcement and Intellectual Property Rights, 2007, S. 39.

1268 *Lemley*, California Law Review 2002, Vol. 90, Issue 6, 1889, 1939.

Entwickler neuer Technologien kann dadurch der Anreiz für Innovationen sinken, weil sie befürchten müssen, dass sich ihre Investitionen nicht mehr durch die Vergabe von Lizenzen amortisieren lassen.[1269] Insofern kann eine Marktzutrittsschranke entstehen. Die Teilnehmer der Standardisierungsorganisation haben in aller Regel eine solche „Machtposition", da der Rechteinhaber zum Zeitpunkt der Standardsetzung bereits Zeit und Geld in Erforschung und Entwicklung der dem Schutzrecht zugrunde liegenden Technologie gesteckt hat. Damit diese *sunk investments* nicht vergeblich waren, kann er darauf angewiesen sein, dass seine Technologie in den Standard aufgenommen wird.[1270] Dies gilt insbesondere, wenn es sich bei den Rechteinhabern um *upstream firms* handelt, die ihr Geschäftsmodell allein darauf aufgebaut haben, Technologien zu entwickeln, und ihren Gewinn ausschließlich durch deren Lizenzierung erzielen. Der Schutzrechtsinhaber ist bei ex-ante Verhandlungen von Lizenzbedingungen also der „unterschwelligen Drohung" durch die Standardisierungsteilnehmer ausgesetzt, dass sie gegen die Aufnahme seiner Technologie in den Standard abstimmen werden, wenn er seine Lizenzbedingungen nicht ihren Vorstellungen anpasst und erheblich senkt.[1271] Nur wenn die Möglichkeit besteht, dass die Technologie in einen alternativen Standard (z.B. im Rahmen einer anderen Standardisierungsorganisation) aufgenommen wird (siehe dazu sogleich), wird sich der Rechteinhaber diesem Druck widersetzen können.[1272] Wahlweise könnte er nur mit einzelnen Unternehmen Lizenzverträge abschließen und darauf hoffen, dass sich seine Technologie als de-facto-Standard am Markt durchsetzt. Das Risiko eines solchen Vorgehens scheint für den Rechteinhaber jedoch hoch und eine de-facto-Standardisierung seiner Technologie eher unwahrscheinlich, gerade weil für den betreffenden Normungsgegenstand bereits ein kollektives Standardisierungsverfahren läuft.

Geringer ist die Gefahr eines solchen „reverse hold-ups", wenn die ex-ante Lizenzverhandlungen innerhalb einer relativ kleinen Standardisierungsorganisation stattfinden. Wenn die Normungsorganisation durch ihre Teilnehmer nicht die gesamte betroffene Branche des Normungsgegenstandes abdeckt, hat ein Rechteinhaber für den Fall, dass der Druck, der von den Standardisierungsteilnehmern ausgeht die Lizenzgebühren zu senken, zu groß wird, die Möglichkeit auf eine alternative Standardisierungsorganisation auszuweichen und dort zu versuchen, seine Technologie in einer alternativen Norm unterzubringen.[1273] Ex-ante Lizenzverhandlungen sind aus diesem Grund in kleinen Standardisierungsorganisationen unbedenklicher aus Sicht des Kartellverbotes. Jedoch besteht gerade bei großen, branchenweiten

1269 Vgl. *Sidak*, Journal of Competition Law & Economics 2009, Vol. 5, No. 1, 123, 141f.; *Cotter*, The Journal of Corporation Law 2009, Vol. 34, No. 4, 1151, 1204; Stellungnahme AIPLA, S. 4.

1270 Vgl. *Gilbert*, Deal Or No Deal?, 2010, S. 3, 7, verfügbar unter: http://escholarship.org/uc/item/1642q403#page-1 (abgerufen am 14.03.2016).

1271 Vgl. *Mariniello*, Bruegel Working Paper, 2013/01, 1, 11.

1272 Vgl. *Gilbert*, Deal Or No Deal?, 2010, S. 12.

1273 Im Ergebnis ähnliche Überlegungen bei *Ohana/Hansen/Shah*, E.C.L.R. 2003, Issue 12, 644, 649.

Standardisierungsorganisationen ein besonderes Bedürfnis nach ex-ante Verhandlungen von Lizenzbedingungen, da dort die Gefahr von „(klassischen) hold-ups" besonders groß ist.[1274] Wenn es bezüglich eines Normungsgegenstandes kaum oder überhaupt keine alternativen Standards oder Standardisierungsorganisationen gibt, haben Rechteinhaber einen besonders starken Anreiz ihre Einnahmen zu steigern, indem sie möglichst hohe Lizenzgebühren verlangen. Die potenziellen Lizenznehmer sind in einem solchen Fall stark auf die Rechteinhaber angewiesen, da ein Ausweichen auf einen alternativen Standard nicht möglich ist.

Das Risiko von „reverse hold-ups" kann unabhängig von der Größe der Standardisierungsorganisation auch dadurch gesenkt werden, dass die ex-ante Lizenzverhandlungen bilateral zwischen einem Rechteinhaber und einem potenziellen Lizenznehmer stattfinden und nicht multilateral in einem Gremium der Standardisierungsorganisation. Die Mitglieder der Normungsorganisation als potenzielle Lizenznehmer können bei bilateralen Verhandlungen ihre Nachfragemacht nicht in derselben Form bündeln, wie bei multilateralen Verhandlungen. Dem Rechteinhaber steht keine sich untereinander abstimmende Gruppe gegenüber, die über die zukünftige Ausgestaltung des Standards und damit die Aufnahme seiner Technologie in die Norm bestimmen kann. In bilateralen Verhandlungen kann ein einzelner potenzieller Lizenznehmer keine entsprechende Macht ausüben, da er allein in aller Regel nicht über die entsprechende Stimmenzahl verfügt, um die Aufnahme einer bestimmten Technologie in einen Standard zu verhindern. Anders wäre es jedoch, wenn die Standardisierungsorganisationen die Festlegung des Standards durch Konsensentscheidungen treffen würden, bei denen Einstimmigkeit erforderlich wäre. In dem Fall hätte jedes Mitglied alleine auch bei bilateralen ex-ante Verhandlungen mit einem Rechteinhaber eine starke Verhandlungsposition, da ihm durch ein Einstimmigkeitserfordernis faktisch ein Vetorecht bezüglich der Frage zustünde, ob die Technologie des Rechteinhabers in den Standard aufgenommen wird; es könnte die Lizenzgebühren aufgrund dieser Abstimmungsregel drücken. Da jedoch in fast allen untersuchten Standardisierungsorganisationen kein „echter" Konsens erforderlich ist und – zumindest wenn keine Einstimmigkeit erzielt werden kann – eine Mehrheitsentscheidung zur Festsetzung des Standards ausreicht, können bilaterale Verhandlungen „reverse hold-ups" vorbeugen. Sie besitzen folglich weniger wettbewerbsbeschränkendes Potenzial als multilaterale ex-ante Lizenzverhandlungen.[1275]

Ein Nachteil bilateraler Verhandlungen könnte darin gesehen werden, dass die einzelnen potenziellen Lizenznehmer im Gegensatz zu kollektiven Verhandlungen zunächst nicht sicher sein können, dass sie nicht schlechtere Lizenzierungskonditionen erhalten, als andere Lizenznehmer. Wird der Rechteinhaber jedoch auch bei einem

1274 Vgl. *Ohana/Hansen/Shah*, E.C.L.R. 2003, Issue 12, 644, 649f.

1275 Vgl. *Gilbert*, Deal Or No Deal?, 2010, S. 29. Skeptisch bzgl. der Durchführbarkeit bilateraler ex-ante Lizenzverhandlungen *Besen/Levinson*, North Carolina Journal of Law & Technology 2009, Vol. 10, Issue 2, 233, 258; *Farrell/Hayes/Shapiro/Sullivan*, Antitrust Law Journal 2007, Vol. 74, 603, 632.

IPR-System, das bilaterale ex-ante Lizenzverhandlungen vorsieht, aufgefordert eine FRAND-Selbstverpflichtung abzugeben bzw. sich zumindest zu einer nichtdiskriminierenden Behandlung potenzieller Lizenznehmer zu verpflichten, ist auch diese Gefahr grds. gebannt. Nichtdiskriminierend bedeutet auch in diesem Zusammenhang nicht, dass alle Lizenznehmer dieselben Gebühren entrichten müssen. Eine mögliche Lösung könnte z.B. sein, dass der Rechteinhaber verschiedene Lizenzbedingungen anbietet (z.B. einen Festpreis pro verkaufter Einheit, gestaffelte Gebührensätze abhängig von der Produktionsmenge, verschiedene Gebühren je nach Einsatz der Technologie in verschiedenen Produkten, Cross-Licensing) und die potenziellen Lizenznehmer alle aus demselben „Gebührenverzeichnis" die für sie günstigsten Konditionen auswählen können.[1276] Die Nichtdiskriminierungskomponente ist wichtig, sowohl um die Gleichbehandlung der ex-ante verhandelnden Lizenznehmer zu gewährleisten, als auch diejenigen Lizenznehmer zu schützen, die nicht bereits vor Festlegung des Standards mit den Rechteinhabern verhandelt haben.[1277] Bilaterale ex-ante Lizenzverhandlungen in Verbindung mit einer Nichtdiskriminierungsverpflichtung seitens des Rechteinhabers rufen somit geringere kartellrechtliche Bedenken hinsichtlich von „reverse hold-ups" hervor als kollektive ex-ante Lizenzverhandlungen, haben gegenüber diesen jedoch kaum Nachteile.[1278]

bbb) Freistellung von ex-ante Lizenzabsprachen

Trotz der beschriebenen Gefahr von Wettbewerbsbeschränkungen durch „reverse hold-ups" kommt eine Freistellung von ex-ante Lizenzabsprachen in Betracht. Wenn es sich bei den Absprachen um horizontale Vereinbarungen handelt (siehe Kap. 2. B. II. 5. b) cc)) sind im Rahmen des Art. 101 Abs. 3 AEUV die wettbewerbsfördernden Wirkungen der Absprache mit den Wettbewerbsbeschränkungen abzuwägen (dazu sogleich). Handelt es sich hingegen um vertikale Vereinbarungen (siehe ebenfalls Kap. 2. B. II. 5. b) cc)), werden diese von der Kommission grds. eher großzügig behandelt.[1279] Zwar greift die sog. Vertikal-Gruppenfreistellungsverordnung (VO 330/2010)[1280] nicht, da es sich bei den ex-ante Lizenzabsprachen entgegen Art. 2

1276 *Gilbert*, Deal Or No Deal?, 2011, S. 22.

1277 *Gilbert*, Deal Or No Deal?, 2011, S. 6, 16f. Die Verpflichtung zur Nichtdiskriminierung birgt immer – unabhängig davon, ob Lizenzverhandlungen ex-ante oder ex-post erfolgen – die Gefahr, dass der Lizenzgeber möglicherweise vor der Vergabe von Lizenzen zu besonders günstigen Konditionen an bestimmte Lizenznehmer – die ggf. speziell schutzwürdig sind – zurückschreckt, damit er nicht Gefahr läuft, an alle Interessierten Lizenzen zu denselben für ihn weniger vorteilhaften Bedingungen vergeben zu müssen, vgl. *Gilbert*, Deal Or No Deal?, 2011, S. 30f.

1278 Zum Problem des „royalty stacking" siehe unten Kap. 2. B. II. 5. b) cc) bbb) (2).

1279 Vgl. *Wollmann/Herzog*, in: MüKo, 2. Aufl., Bd. 1, Europäisches Wettbewerbsrecht, Art. 101 AEUV, Rn. 249.

1280 Verordnung 330/2010 über die Anwendung von Artikel 101 Absatz 3 des Vertrags über die Arbeitsweise der Europäischen Union auf Gruppen von vertikalen Vereinbarungen und abgestimmten Verhaltensweisen, ABl. 2010 L 101/1.

Abs. 3 Vertikal-GVO um die Lizenzierung geistiger Eigentumsrechte dreht, wobei die Überlassung der Rechte Hauptgegenstand der Vereinbarung ist. Allerdings können die ex-ante Lizenzabsprachen nach der Technologietransfer-Gruppenfreistellungsverordnung (VO 316/2014)[1281] freigestellt sein – denn bei ihnen handelt es sich um „Vereinbarungen, auf deren Grundlage der Lizenzgeber dem Lizenznehmer einer Lizenz zur Nutzung von Technologierechten für die Produktion von Waren oder Dienstleistungen“ erteilt.[1282] Maßgeblich ist, dass der Lizenzvertrag nur zwischen zwei Parteien geschlossen wird[1283] und die übrigen Voraussetzungen der TT-GVO vorliegen (vor allem die Marktanteilsschwellen nicht überschritten werden[1284], der Lizenzvertrag keine Kernbeschränkungen[1285] oder nichtfreigestellte Beschränkungen[1286] enthält). Liegt auch keine Freistellung nach der TT-GVO vor, weil die genannten Voraussetzungen nicht eingehalten sind, so besteht auch für vertikale Vereinbarungen die Möglichkeit der Freistellung nach Art. 101 Abs. 3 AEUV.[1287] In diesem Fall sind wie bei horizontalen Vereinbarungen folgende wettbewerbsfördernde Aspekte der Absprache zu berücksichtigen:

(1) Wettbewerbsfördernde Aspekte von ex-ante Lizenzverhandlungen

Trotz der wettbewerbsbeschränkenden Auswirkungen von ex-ante Lizenzverhandlungen gibt es durchaus Unterstützer eines solchen Modelles.[1288] Denn genau wie eine Offenlegung der restriktivsten Lizenzbedingungen durch die Rechteinhaber,

---

1281 Verordnung 316/2014 über die Anwendung von Artikel 101 Absatz 3 des Vertrags über die Arbeitsweise der Europäischen Union auf Gruppen von Technologietransfer-Vereinbarungen, ABl. 2014 L 93/17.

1282 Technologietransfer-Leitlinien, ABl. 2014 C 89/3, Rn. 1. Die grds. positive Einstellung der Kommission gegenüber Lizenzvereinbarungen kommt in Rn. 8 der Technologietransfer-Leitlinien zum Ausdruck.

1283 Vgl. Art. 1 c) TT-GVO.

1284 Handelt es sich bei den Vertragsparteien um Wettbewerber, darf der gemeinsame Marktanteil auf dem relevanten Markt 20 % nicht überschreiten; bei Nicht-Wettbewerbern liegt der Schwellenwert bei 30 %, vgl. Art. 3 TT-GVO.

1285 Bei Kernbeschränkungen handelt es sich z.B. um Preisfestsetzungen für an Dritte verkaufte Produkte, um Output-Beschränkungen, um Zuweisungen von Märkten oder Kunden etc., vgl. Art. 4 TT-GVO.

1286 Nichtfreigestellte Beschränkungen sind nach Art. 5 TT-GVO u.a. ausschließliche Rücklizenzen, Nichtangriffs- und Kündigungsklauseln etc.

1287 Statt vieler *Jestaedt*, in: Langen/Bunte, Band 2, 12. Aufl., 2014, Nach Art. 101 AEUV, Rn. 1353 sowie Technologietransfer-Leitlinien, ABl. 2014 C 89/3, Rn. 79, 156.

1288 Vgl. *Ohana/Hansen/Shah*, E.C.L.R. 2003, Issue 12, 644; *Farrell/Hayes/Shapiro/Sullivan*, Antitrust Law Journal 2007, Vol. 74, 603, 629; *Picht*, GRUR Int 2014, 1, 7, Fn. 62; *Picht*, S. 68ff., 129ff., 351ff., 431; *Lemley*, Boston College Law Review 2007, 149, 161f.; *Lemley/Shapiro*, Texas Law Review 2007, Vol. 85, 1991, 2043f.; *Patterson*, Berkeley Technology Law Journal 2002, Vol. 17, 1043, 1078ff.; *Skitol*, Antitrust Law Journal 2005, Vol. 72, 727, 729; *Rubin*, Rutgers Law Journal 2007, Vol. 38, 509, 536f.; unter bestimmten Bedingungen *Temple Lang*, Competition Law International 2011,

haben auch ex-ante Verhandlungen erhebliche positive Auswirkungen auf den Wettbewerb. So fördert auch eine ex-ante Verhandlung den Preiswettbewerb um den Standard bzw. eröffnet ihn erst, indem die für die Aufnahme in die Norm in Frage kommenden Technologien nicht nur durch ihre Qualität, sondern auch durch ihren Preis um den Eingang in die Norm konkurrieren können. Ebenso werden „hold-ups" sowie zeit- und kostenintensive Rechtsstreitigkeiten nach Festlegung des Standards vermieden, wenn bereits vor seiner Festlegung die konkreten Konditionen der späteren Lizenzierung feststehen. Dies gilt bereits für eine Offenlegung der restriktivsten Lizenzgebühren[1289], umso mehr jedoch für *bilaterale* ex-ante Lizenzverhandlungen, da diese bereits auf die konkreten Umstände eines bestimmten potenziellen Lizenznehmers ausgerichtet sein können.[1290] Die tatsächlichen zukünftigen Lizenzbedingungen bzw. die Lizenzgebührenhöhe sind für die einzelnen Lizenznehmer im Voraus besser abzusehen, als dies bei einer ex-ante Offenlegung der restriktivsten Bedingungen der Fall sein kann, da eine Offenlegung durch den Rechteinhaber nicht auf bei einzelnen potenziellen Lizenznehmern hinzutretende Sonderbedingungen (wie z.B. Cross-Licensing etc.) eingehen kann. Zudem entsprechen ex-ante verhandelte Gebühren eher dem eigentlichen Wert der patentierten Technologie („Patentlohn")[1291], da zum einen jedenfalls ein zusätzlicher „Standardisierungslohn", der durch die Aufnahme einer geschützten Technologie in einen Standard entsteht, vor Festlegung der Norm noch nicht hinzugetreten sein kann; zum anderen besteht nicht die Gefahr, dass die *restriktivsten*, einseitig offengelegten Lizenzbedingungen zum tatsächlichen „Wert" des Schutzrechts erhoben werden.

(2) Verhinderung von „royalty stacking"

Trotz einer Offenlegung der standardessentiellen Schutzrechte in Verbindung mit der Abgabe einer FRAND-Verpflichtung könnte eine Situation eintreten, in der sich ex-post herausstellt, dass die Summe der einzelnen Lizenzgebühren für alle standardessentiellen Schutzrechte – wobei jede Lizenzvereinbarung für sich FRAND-Grundsätzen entspricht – so hoch ist, dass die Nutzung des Standards insgesamt nicht mehr wirtschaftlich ist (sog. „royalty stacking"). Obwohl die Existenz eines „royalty stacking" zum Teil erheblich bestritten und als „mehr Mythos denn Realität" bezeichnet wird,[1292] soll hier kurz auf diese Möglichkeit eingegangen werden,

---

32, 38. Zu ex-ante Verhandlungen insgesamt sehr kritisch eingestellt *Sidak*, Journal of Competition Law & Economics 2009, Vol. 5, No. 1, 123ff.

1289 Siehe oben Kap. 2. B. II. 5. b) bb).

1290 Dies erkennen auch *Besen/Levinson*, North Carolina Journal of Law & Technology 2009, Vol. 10, Issue 2, 233, 278 an, obwohl sie kollektive ex-ante Lizenzverhandlungen bevorzugen.

1291 Vgl. auch *Ohana/Hansen/Shah*, E.C.L.R. 2003, Issue 12, 644, 648.

1292 *Geradin/Layne-Farrar/Padilla*, Royalty Stacking in High Tech Industries, S. 42, verfügbar unter: ftp://ftp.cemfi.es/wp/07/0701.pdf (abgerufen am 14.03.2016); Auch *Sidak*, Journal of Competition Law & Economics 2009, Vol. 5, No. 1, 123, 128 hält

da zumindest diejenigen, die die Gefahr eines „royalty stacking“ anerkennen, Lösungsmöglichkeiten vorschlagen, welche jedoch wiederum selbst kartellrechtliche Bedenken hervorrufen könnten.

Zuzugestehen ist den Skeptikern eines „royalty stacking“ jedenfalls, dass verschiedene Voraussetzungen kumulativ vorliegen müssen, damit auch theoretisch überhaupt ein „royalty stacking“ eintreten könnte:[1293] So müssen zunächst eine Vielzahl verschiedener Schutzrechte für einen Standard essentiell sein. Diese Schutzrechte müssen sich weiterhin derart ergänzen, dass sie alle zusammen zur Nutzung des Standards erforderlich sind. Zudem müssten die Schutzrechte von vielen verschiedenen Rechteinhabern gehalten werden, da sonst ein „royalty stacking“ durch Verhandlungen mit einem einzelnen oder wenigen Schutzrechtsinhabern relativ einfach verhindert werden könnte. Schließlich dürfen die potenziellen Lizenznehmer keine oder nur geringe eigene standardessentielle Schutzrechte besitzen. Andernfalls könnten Cross-Licensing oder Patent Pools das Entstehen von „royalty stacking“ verhindern.[1294] Dass entsprechende Bedingungen gegeben sein müssen, erkennen auch die Fürsprecher der „royalty stacking“-Theorie an[1295] und haben in einer – wenn auch nicht unumstrittenen – Studie dargestellt, dass beim 3G Standard für Mobilfunk bspw. über 6000 Patente als essentiell deklariert wurden. Für jedes Patent sei zwar nur eine Lizenzgebühr in Höhe eines geringen Prozentsatzes des Nettoerlöses des Lizenznehmers vorgesehen gewesen. Aufgrund der hohen Anzahl der Patente habe die Gesamtlizenzhöhe zur Nutzung des Standards jedoch bei 130 % gelegen.[1296] Eine Anwendung des Standards ist unter solchen Bedingungen faktisch nicht möglich. Auch die ex-ante Offenlegung der restriktivsten Lizenzbedingungen genügt nicht, um ein solches „royalty stacking“ zu vermeiden, da die restriktivsten Bedingungen häufig keine realistische Abschätzung der tatsächlich anfallenden Gebühren zulassen. Potenziellen Lizenznehmern ist ebenfalls nicht damit geholfen, nach Abschluss des Standardisierungsverfahrens eine gerichtliche Entscheidung zu erwirken: Ein Gericht kann dieses Problem nicht lösen, da dort nicht alle fraglichen Parteien beteiligt sind, sondern nur die Angemessenheit einer bestimmten Lizenzgebühr zur Überprüfung steht.[1297]

„royalty stacking“ für eine reine Vermutung und nicht empirisch bewiesen. Siehe auch *Sidak*, Minnesota Law Review 2008, Vol. 92, 714, 718.

1293 *Geradin/Rato*, Can Standard-Setting lead to Exploitative Abuse?, S. 23f.; *Geradin/Rato*, European Competition Journal 2010, 129, 138f.; *Geradin/Layne-Farrar/Padilla*, Royalty Stacking in High Tech Industries, S. 5f.

1294 Unter Darstellung verschiedener Szenarien zum Cross-Licensing *Geradin/Rato*, European Competition Journal 2010, 129, 140.

1295 Vgl. *Lemley/Shapiro*, Texas Law Review 2007, Vol. 85, 1991, 2013f.

1296 *Lemley*, Boston College Law Review 2007, 149, 152 m.w.N. Siehe auch *Lemley/Shapiro*, Texas Law Review 2007, Vol. 85, 1991, 2025f. Kritisch *Geradin/Rato*, Can Standard-Setting lead to Exploitative Abuse?, S. 24; *Geradin/Layne-Farrar/Padilla*, Royalty Stacking in High Tech Industries, S. 22.

1297 Vgl. *Temple Lang*, Competition Law International 2011, 32, 38.

Aus diesem Grund werden zwei verschiedene Verfahren diskutiert, nach denen durch Festlegung einer Lizenzgebührenhöchstgrenze ein „royalty stacking" verhindert werden soll: Bei dem sog. „royalty cap"-System wird eine Höchstgrenze der Lizenzgebühren, z.B. ein bestimmter Prozentsatz des Umsatzerlöses aus dem standardisierten Produkt, festgelegt, die die Inhaber standardessentieller Schutzrechte gemeinsam nicht überschreiten dürfen.[1298] Jeder Rechteinhaber erhält aus dieser Gesamtlizenzgebühr einen Anteil entsprechend der Anzahl seiner standardessentiellen Schutzrechte.[1299] In eine ähnliche Richtung geht das von *Lemley* vorgeschlagene „step down"-Lizenzverfahren, bei dem im Voraus im Rahmen des Standardisierungsprozesses ein bestimmter (Gesamt-)Prozentsatz für die Höhe aller Lizenzgebühren festgelegt wird; während der Rechteinhaber, der als erstes sein standardessentielles Schutzrecht offenlegt, den höchsten Prozentsatz der Nettoeinkommen der Lizenznehmer hinsichtlich des Produktes, für das der Standard verwendet wird, als Lizenzgebühr verlangen kann, sinken die Prozentsätze in der zeitlichen Reihenfolge der Offenlegung der Schutzrechte.[1300]

Gegen beide Verfahren sprechen jedoch erhebliche kartellrechtliche Bedenken: Ein „royalty cap"-System, bei dem die Gesamtlizenzgebühr unter den Rechteinhabern nach deren Anzahl standardessentieller Schutzrechte aufgeteilt wird, verleitet Rechteinhaber dazu, möglichst viele Schutzrechte als standardessentiell zu deklarieren, um einen größeren Anteil der Gesamtlizenzgebühren zu erhalten.[1301] Dies führt dazu, dass eine Überprüfung der Schutzrechte auf ihre tatsächliche Wesentlichkeit für den technischen Standard noch aufwändiger würde. Zudem können sich die Gebühren, die ein Schutzrechtsinhaber erhält, im Nachhinein immer wieder verändern, sobald mehr und mehr standardessentielle Schutzrechte offengelegt werden und der „Wert" jedes einzelnen Schutzrechtes sinkt. Andererseits könnte er auch wieder steigen, wenn sich herausstellt, dass bestimmte Rechte für den technischen Standard anders als zunächst angenommen nicht wesentlich sind. An einem solchen System dürften Schutzrechtsinhaber kaum interessiert sein, da sie

---

1298 Für die Zulässigkeit einer anteiligen Aufteilung einer Gesamtlizenzgebühr unter den Rechteinhabern siehe auch *Holtz/Louko*, CPI Antitrust Journal 2010, Vol. 1, 1, 3.

1299 Vgl. *Piesiewicz/Schellingerhout*, Competition Policy Newsletter 2007/3, 36, 37.

1300 *Lemley*, Boston College Law Review 2007, 149, 160f. In die gleiche Richtung zielt der Vorschlag, einen Gesamtlizenzpool zu bilden, aus dem die Lizenzgebühren an die Schutzrechtsinhaber aufgeteilt werden, vgl. *Lemley*, Boston College Law Review 2007, 149, 161.

1301 Zudem ist fraglich, ob eine Aufteilung der Lizenzgebühren nach Anzahl der Schutzrechte tatsächlich gegenüber den Schutzrechtsinhabern „fair" und „angemessen" ist, wenn z.B. eine der standardessentiellen geschützten Technologien eine „Weltneuheit" darstellt, der Rechteinhaber jedoch nur Lizenzgebühren in der gleichen Höhe erhält, wie alle anderen Inhaber geschützter Technologien auch, vgl. auch *Geradin*, Standardization and technological innovation, S. 15, verfügbar unter: http://ist-socrates.berkeley.edu/~scotch/DigitalAntitrust/Geradin_Frand.pdf (abgerufen am 14.03.2016).

keinerlei Planungssicherheit haben. Diese Nachteile kommen einem „step down“-Lizenzverfahren zwar nicht zu, da den einzelnen Schutzrechten bestimmte feste Prozentsätze zugeordnet werden; für beide Verfahren gilt jedoch Folgendes: Zum einen ist zu berücksichtigen, dass aufgrund der Erfahrungen aus der Vergangenheit „hold-ups“ und „patent ambushes“ eher in Ausnahmefällen auftreten werden, sodass nicht allen Rechteinhabern pauschal jegliche Hoheit zur Gestaltung ihrer Lizenzkonditionen entzogen werden sollte.[1302] Anders als bei ex-ante Lizenzverhandlungen werden zum anderen sowohl bei einem „royalty cap“- als auch bei einem „step down“-Lizenzverfahren die maximalen Preise nicht zwischen den Schutzrechtsinhabern und den potenziellen Lizenznehmern ausgehandelt, sondern im Rahmen der Standardisierungsorganisation als maximale Gebühren festgelegt. Die Bedingungen, zu denen ein bestimmter Rechteinhaber sein Schutzrecht im Folgenden lizenzieren muss, hängen dann nicht mehr von seiner Entscheidung ab, ob er mit den konkreten Konditionen einverstanden ist; es sind vielmehr die äußeren Umstände (z.B. wie viele andere Rechteinhaber ihre Schutzrechte bereits vor ihm offengelegt haben) maßgeblich. Jeder Preiswettbewerb zwischen den Inhabern von Schutzrechten um die Aufnahme ihrer Technologie in den Standard wird durch solche Verfahren ausgeschlossen, da die Höhe der Lizenzgebühren anhand der zuvor festgelegten Höchstgrenze bzw. der einzelnen festgelegten Prozentsätze bestimmt wird. Eine Freistellung nach Art. 101 Abs. 3 AEUV scheint aus diesem Grund nicht möglich. Insbesondere, da „royalty stacking“ auch auf andere Weise verhindert werden kann.

Abhilfe können ebenso ex-ante Lizenzverhandlungen zwischen den Rechteinhabern und den potenziellen Lizenznehmern schaffen.[1303] Das gilt jedoch vor allem dann, wenn es sich nicht um bilaterale Verhandlungen handelt, sondern die Verhandlungen multilateral im Rahmen der Standardisierungsorganisation stattfinden. Bei bilateralen Verhandlungen könnte den potenziellen Lizenznehmern ggf. ähnlich wie bei ex-ante Offenlegungen der restriktivsten Lizenzbedingungen die Übersicht fehlen, welche Gesamthöhe die Kosten erreichen, die sie für die Nutzung des Standards als Lizenzgebühren an die verschiedenen Schutzrechtsinhaber zu entrichten haben. Allerdings sind bilaterale ex-ante Lizenzverhandlungen schon auf den konkreten Einzelfall ausgerichtet, sodass es in der Verantwortung der potenziellen Lizenznehmer liegt, zu berechnen, wie hoch die Gesamtkosten für die Nutzung des technischen Standards sein werden.

(3) Exkurs: Patent Pools

Als Alternative zu ex-ante Lizenzverhandlungen zur Verhinderung von „royalty stacking“ werden Patent Pools angeführt. Darunter versteht man eine Zusammenstellung, in der Patente verschiedener Inhaber, die für den Standard essentiell sind,

---

1302 Wohl als Argument gegen die ex-ante Bestimmung von Lizenzbedingungen insgesamt herangezogen bei *M. Jakobs*, S. 171.

1303 Vgl. auch *Temple Lang*, Competition Law International 2011, 32, 38f.

zusammengefasst und „als Paket“ lizenziert werden.[1304] Patent Pools können darüber hinaus Transaktionskosten senken, da keine separaten Verhandlungen zwischen einem potenziellen Lizenznehmer und jedem einzelnen Inhaber eines standardessentiellen Schutzrechts erforderlich sind. Der Lizenznehmer kann sich bestenfalls an eine einzige Stelle wenden; ggf. kann ein neues Produkt geschaffen werden, das andernfalls nicht realisiert werden könnte.[1305] Inwieweit aber Patent Pools selbst aus kartellrechtlicher Sicht problematisch sein können, kann hier nicht abschließend geklärt werden; bei Patent Pools handelt es sich um selbstständige Vereinbarungen, die sich ihrerseits am Europäischen Kartellrecht messen lassen müssen.[1306] Es können nur einzelne Problempunkte aufgezeigt werden, die eine Beurteilung von Patent Pools im Zusammenhang mit technischer Standardsetzung berücksichtigen müsste.

Bereits bei der Zusammenstellung des Patent Pools stellt sich die Frage, ob nur standardessentielle Patente in den Pool aufgenommen werden dürften. Werden auch nicht-essentielle Patente aufgenommen, so müsste ein Lizenznehmer für mehr Patente Gebühren entrichten, als für die Nutzung des Standards eigentlich erforderlich sind. Auch eine Aufnahme substituierbarer Technologien könnte Probleme hervorrufen, da der Lizenznehmer zur Nutzung des Standards keine Lizenzen bezüglich aller substituierbaren Technologien benötigt; die Aufnahme substituierbarer Technologien vollständig zu unterlassen wäre allerdings ebenfalls nicht sinnvoll, da ein Standardnutzer zumindest die Lizenz bezüglich einer der substituierbaren Technologien benötigt; andernfalls wäre die Nutzung des Standards nicht sichergestellt.[1307] Weiterhin könnte der Zusammenschluss der Inhaber standardessentieller Patente in einem Pool die Gefahr von Preisabsprachen erhöhen, da sich die Rechteinhaber durch den Pool besser koordinieren können. Die Sinnhaftigkeit eines Patent Pools könnte schließlich darunter leiden, dass nicht alle Inhaber standardessentieller Schutzrechte bereit sind, sich am Pool zu beteiligen.

Über diese speziellen Probleme eines Patent Pools hinaus ist jedenfalls aus Sicht des Art. 101 AEUV relevant, dass der Pool die auch für die Standardisierungsverfahren entwickelten Regeln (wie offene Teilnahmemöglichkeit, Lizenzvergabe zu FRAND-Bedingungen etc.) einhält, damit aus der Zusammenfassung standardessentieller Patente in einem Pool gegenüber der separaten Lizenzierung keine Wettbewerbsbeschränkungen zum Nachteil der Konkurrenten und der Nutzer entstehen.

1304 *Bekkers*, S. 250.

1305 *Anderman/Schmidt*, S. 293.

1306 Es kann insoweit nur auf bereits vorhandene Literatur verwiesen werden: siehe im Zusammenhang mit technischer Standardsetzung z.B. *Crane*, Cardozo Legal Studies Research Paper No. 232 m.w.N., verfügbar unter: http://papers.ssrn.com/sol3/papers.cfm?abstract_id=1120071 (abgerufen am 14.03.2016). *Anderman/Schmidt*, S. 291ff.

1307 *Crane*, Cardozo Legal Studies Research Paper No. 232, S. 9 geht davon aus, dass sich dieses Problem im Zusammenhang mit technischer Standardisierung etwas relativiert, da die Patentinhaber im Rahmen der Standardisierungsorganisation selbst entscheiden, welche Patente standardessentiell werden.

(4) Beschränkung der ex-ante Verhandlungen auf einen Informationsaustausch über Lizenzbedingungen

Die aufgezeigten wettbewerbsfördernden Aspekte von ex-ante Lizenzverhandlungen sowie ihre Vorteile einerseits gegenüber ex-post Vereinbarungen über die Lizenzbedingungen andererseits gegenüber einseitigen ex-ante Offenlegungen der restriktivsten Lizenzbedingungen können je nach Einzelfall die wettbewerbsbeschränkenden Auswirkungen durchaus überwiegen, sodass eine Abwägung im Rahmen des Art. 101 Abs. 3 AEUV häufig zugunsten einer Freistellung vom Kartellverbot ausfällt.[1308] Dabei ist jedoch sorgfältig zwischen Verhandlungen über Lizenzbedingungen auf der einen Seite und Preisabsprachen für sog. Downstream-Produkte auf der anderen Seite zu unterscheiden. Preise für die Produkte, die die potenziellen Lizenznehmer unter Verwendung der geschützten Technologie herstellen wollen, dürfen keinesfalls abgesprochen werden.[1309] Einer solchen Festlegung kommt keine der aufgezeigten wettbewerbsfördernden Eigenschaften zu. Die Standardisierungsorganisationen müssen darauf achten, dass ein Austausch und eine ex-ante Verhandlung ausschließlich über Informationen stattfinden, die für die Festlegung der Lizenzbedingungen der möglicherweise standardessentiellen Schutzrechte erforderlich sind.

Aufgrund der Regelmäßigkeit der in den Standardisierungsorganisationen stattfindenden Treffen, auf denen bestimmte Informationen ausgetauscht werden müssen damit ein technischer Standard festgelegt werden kann, und auf denen – nach dem hier vertretenen Ansatz – aus kartellrechtlicher Sicht bereits ex-ante die Lizenzbedingungen verhandelt werden dürfen, besteht die Gefahr, dass die Standardisierungstreffen darüber hinaus als Forum für Kollusionen dienen;[1310] dass also nicht nur die erforderlichen technischen Daten und die Bedingungen der Lizenzvergabe besprochen werden, sondern auch weitere sensible Daten ausgetauscht werden. Allein die Möglichkeit dieser kartellrechtswidrigen Nutzung der Austauschmöglichkeit unter den Standardisierungsteilnehmern darf jedoch nicht dazu führen, dass die sich durch eine ex-ante Verhandlung bietenden Wettbewerbsvorteile nicht eingesetzt werden. Ein solches Ausnutzen der Standardisierungstreffen, das den Wettbewerbsregeln widerspricht, kann und muss durch Sicherungsmechanismen der Standardisierungsorganisationen begegnet werden:

Ein einfaches Mittel und erster Schritt ist, die an der Standardsetzung beteiligten Personen über die Gefahr von Wettbewerbsverstößen aufzuklären und darüber zu informieren, inwieweit ex-ante Verhandlungen der Lizenzbedingungen im Rahmen der Standardisierungsorganisation stattfinden dürfen. Zuvorderst, dass eine

1308 So auch *Dorn*, S. 193f.

1309 *Kelly/Prywes*, The Antitrust Source March 2006, 1, 11; *Temple Lang*, Competition Law International 2011, 32, 38.

1310 Vgl. *Picht*, S. 183f. Siehe auch *Majoras*, Recognizing the Procompetitive Potential of Royalty Discussions in Standard Setting, Speech v. 23.09.2005, S. 10; *Mintzer/Breed*, Intellectual Property & Technology Law Journal 2007, Vol. 19, No. 9, 5, 9.

Absprache der Preise für die herzustellenden Produkte unter keinen Umständen zulässig ist; die ex-ante Verhandlungen dürfen sich allein auf die Bedingungen für die Lizenzierung der standardessentiellen Schutzrechte beziehen. Eine solche Sensibilisierung der Standardisierungsteilnehmer kann z.B. die Verabschiedung eines Verhaltenskodex umfassen, der konkrete Verhaltensvorgaben enthält.[1311] Die Gefahr einer unzulässigen Kollusion kann weiterhin dadurch reduziert werden, dass die an der Normung beteiligten Unternehmen in die Standardisierungsgremien keine Mitarbeiter entsenden, die Preisverantwortung für die von ihnen anhand des Standards herzustellenden Produkte haben.[1312] Wenn die an der Standardisierung Beteiligten keine Kenntnis hinsichtlich kritischer Daten haben oder jedenfalls keine Entscheidungen in diesem Bereich treffen können, wird ein unzulässiger Informationsaustausch weniger wahrscheinlich. Bereits die Auswahl der konkreten Teilnehmer anhand ihres Wissensstandes und ihrer Entscheidungsbefugnisse kann folglich kartellrechtliche Bedenken reduzieren. Wenn bereits ex-ante Lizenzbedingungen verhandelt werden sollen, können die an der Standardisierung beteiligten Unternehmen allerdings nicht ausschließlich technische Experten in die Normungsgremien abordnen; die Personen müssen dann auch ökonomische und rechtliche Kenntnisse mitbringen. Schließlich könnten die Standardisierungsorganisationen selbst kartellrechtlich versierte Mitarbeiter zu möglichen (multilateralen) ex-ante Verhandlungen entsenden, die darauf achten, dass die Grenzen eines zulässigen Informationsaustausches eingehalten werden.

Selbstverständlich ziehen diese Maßnahmen einigen Organisations- und Kostenaufwand nach sich. Es verbleibt jedoch in der Entscheidung jeder einzelnen Standardisierungsorganisation, ob sie die Vorteile der ex-ante Lizenzverhandlungen nutzen will und entsprechenden Aufwand für die Verhinderung kartellrechtlicher Bedenken in Kauf nimmt. Auch hier gilt die Devise, dass eine „one-size-fits-all"-Lösung nicht wünschenswert ist. Jede Standardisierungsorganisation sollte selbst abwägen, ob sie ihren Teilnehmern ex-ante Lizenzverhandlungen ermöglicht oder nicht.

Als weitere Einschränkung der Zulässigkeit von ex-ante Verhandlungen über Lizenzbedingungen wird zum Teil die Auffassung vertreten, dass ex-ante Lizenzverhandlungen nur dann statthaft sein sollen, wenn mehrere Technologien zur Aufnahme in den Standard zur Verfügung stehen.[1313] Bestehe keine Auswahl zwischen verschiedenen Technologien, so seien keine positiven Effekte der ex-ante Verhandlungen zu erwarten. Es ist zwar richtig, dass kein Preiswettbewerb um den Standard entstehen kann, wenn es ohnehin nur eine potenzielle Technologie gibt, die in den Standard aufgenommen werden könnte. Allerdings haben ex-ante Verhandlungen in einem solchen Fall auch keine kartellrechtlich relevanten Nachteile, da auch der Rechteinhaber eine starke Verhandlungsposition besitzt und mögliche

1311 *Loest/Bartlik*, ZWeR 2008, 41, 47f. Vgl. bspw. ETSI Guidelines for Antitrust Compliance.

1312 *Fuchs*, in: Lange/Klippel/Ohly, S. 160; *Loest/Bartlik*, ZWeR 2008, 41, 47f.

1313 *Wolfrum*, S. 256.

Lizenznehmer bei der Festlegung der Norm auf seine Technologie angewiesen sind; sie können ihm nicht ohne Weiteres mit der Nichtaufnahme seiner Technologie in den Standard „drohen“ und dadurch für sie günstige Lizenzbedingungen erzwingen. Ex-ante Lizenzverhandlungen können jedoch auch in einer solchen Lage den Vorteil haben, dass die Standardisierungsmitglieder insoweit eine informierte Entscheidung treffen können, ob sie bereit sind die geforderten Lizenzgebühren zu zahlen oder es bevorzugen, keinen Standard zu verabschieden. Auch in einer Situation, in der nur eine einzige Technologie für die Aufnahme in einen Standard in Betracht kommt, sollten ex-ante Verhandlungen somit zulässig sein.

ccc) Zukünftig positive Bewertung von ex-ante Lizenzverhandlungen

Ein effektives Modell, um den Mitgliedern einer Standardisierungsorganisation eine informierte Entscheidung über die Aufnahme geschützter Technologien in einen Standard zu ermöglichen und „hold-ups“ zu verhindern, ist es, ex-ante Lizenzverhandlungen im Rahmen einer Standardisierungsorganisation zuzulassen. Ex-ante Verhandlungen über die Lizenzbedingungen stehen jedoch als IPR-Modell nicht für sich, sondern setzen naturgemäß eine vorherige Pflicht zur Offenlegung möglicher standardessentieller Schutzrechte voraus. Bei ex-ante Verhandlungen von Lizenzbedingungen besteht – ebenso wie bei der Offenlegung der restriktivsten Lizenzbedingungen durch den Schutzrechtsinhaber – die Gefahr, dass sich die Umstände ändern oder bereits von Beginn an von den Parteien falsch eingeschätzt worden sind. Dies kann sowohl zu Lasten des Lizenzgebers als auch der Lizenznehmer eintreten. Die Parteien haben folglich ein berechtigtes Interesse daran, die Lizenzvereinbarungen so auszugestalten, dass diese nicht statisch festgelegt sind, sondern eine Anpassung im Nachhinein an Veränderungen der äußeren Umstände möglich ist.

Da selbst Preisabsprachen die Wohlfahrt fördern können, indem ihre positiven Effekte ggf. die negativen Auswirkungen auf den Wettbewerb überwiegen,[1314] sollte ein besonderes Augenmerk darauf gelegt werden, dass trotz eintretender Wettbewerbsbeschränkungen eine Freistellung nach Art. 101 Abs. 3 AEUV im Einzelfall in Betracht kommt, wenn die ex-ante Lizenzabsprachen nicht sowieso bereits durch die TT-GVO freigestellt sind. Sie sind stets daran zu messen, ob die wettbewerbsbeschränkenden Effekte durch die Effizienzvorteile ausgeglichen werden.[1315] Ein entsprechender Ansatz wird im U.S.-amerikanischen Recht verfolgt, nach dem für ex-ante Lizenzverhandlungen ebenfalls vielfach die Anwendbarkeit der rule of

---

1314 Vgl. ABA, Handbook, S. 125f.

1315 Die gemeinsame ex-ante-Verhandlung von Lizenzgebühren sollte folglich nicht automatisch als Verstoß gegen das Kartellverbot betrachtet, sondern von Fall zu Fall nach Art. 101 Abs. 3 AEUV geprüft werden; aber auch nicht automatisch als unbedenklich gem. Art. 101 Abs. 1 AEUV erklärt werden (so im Ansatz *Ohana/Hansen/Shah*, E.C.L.R. 2003, Issue 12, 644, 652, Fn. 40a und 41a). *Kuhn*, ZWeR 2014, 143, 164 weist darauf hin, dass eine Freistellung für bezweckte Wettbewerbsbeschränkungen in der Praxis allerdings nahezu nie gelinge.

reason befürwortet wird.[1316] Schließlich spricht der von der Europäischen Kommission verfolgte *more economic approach* dafür, nicht nur die *einseitige* Offenlegung der restriktivsten Lizenzbedingungen für zulässig zu erklären,[1317] sondern auch die daraus folgende ablehnende Haltung bezüglich ex-ante Lizenzverhandlungen unter wirtschaftlichen Gesichtspunkten zu überdenken. Wenn sich die Kommission stärker den ökonomischen Auswirkungen bei einer kartellrechtlichen Bewertung von Absprachen zuwendet, sollte dies für jede Art der Wettbewerbsbeschränkung, folglich auch für die ex-ante Festlegung von Lizenzbedingungen gelten.

Die Kommission sollte ihre Einstellung somit ändern und nicht nur zu „unilateralen" ex-ante Offenlegungen der restriktivsten Lizenzbedingungen, sondern auch zu ex-ante Verhandlungen von Lizenzbedingungen im Rahmen einer technischen Standardsetzung Stellung beziehen. Die bislang aus der ausschließlichen Behandlung einer „einseitigen" ex-ante Offenlegung in den Horizontalleitlinien folgende Ablehnung von ex-ante Verhandlungen sollte die Kommission nicht weiter verfolgen. Ex-ante Lizenzverhandlungen kommen nicht nur wettbewerbsbeschränkende, sondern auch erhebliche wettbewerbsfördernde Aspekte zu, sodass sie Teil einer kartellrechtlich zulässigen IPR-Policy sein können. Allerdings wäre es insbesondere aufgrund der im Kartellrecht allgemein herrschenden negativen Voreinstellung gegenüber Preisabsprachen nicht ausreichend, wenn die Kommission in Leitlinien nur darauf hinwiese, dass ex-ante Lizenzverhandlungen nicht per se bedenklich sind. Den Standardisierungsorganisationen und ihren Teilnehmern müssen – wie in anderen Bereichen auch – Anhaltspunkte gegeben werden, wie sie ihr Verfahren ausgestalten können, um kartellrechtliche Bedenken zu reduzieren bzw. von Anfang an gering zu halten. Ziel des Standardisierungsverfahrens muss es sein, dass einerseits die Teilnehmer durch die Verhandlungen der Lizenzbedingungen vor einer abschließenden Entscheidung über die Norm nicht nur über die standardessentiellen geschützten Technologien, sondern auch über die mit ihnen zusammenhängenden zukünftigen Kosten informiert sind, andererseits für die Rechteinhaber aber ein möglichst geringes

---

1316 Vgl. *Majoras*, Recognizing the Procompetitive Potential of Royalty Discussions in Standard Setting, Speech v. 23.09.2005, S. 7; DOJ and FTC, Antitrust Enforcement and Intellectual Property Rights, 2007, S. 37.

1317 Eine trennscharfe Abgrenzung trifft die Kommission in den Horizontalleitlinien 2011 jedoch auch nicht in jedem Fall: Wenn sie in den Horizontalleitlinien 2011, ABl. 2011 C 11/1, Rn. 274, Fn. 1 und Rn. 286 die Festlegung einer pauschalen Lizenzgebührenfreiheit im Rahmen einer Standardisierungsorganisation für zulässig voraussetzt, wirft dies nicht nur im Zusammenhang mit dem Zugang zum Standard das Problem auf, dass bestimmte Unternehmen aufgrund ihres Geschäftsmodelles ggf. nicht die Möglichkeit haben an einer solchen Standardisierungsorganisation teilzunehmen (siehe oben Kap. 2. B. II. 4. b) dd) ccc)); auch wird durch ein solchen IPR-Modell der Preis für die Lizenzen vorab gemeinschaftlich durch Festlegung der Satzung der Standardisierungsorganisation bestimmt, nämlich auf die Höhe 0. Ein kartellrechtliches Problem scheint die Kommission darin dennoch nicht zu erkennen.

Risiko besteht, dass die potenziellen Lizenznehmer ihre Nachfragemacht bündeln und sie zur Vergabe von Lizenzen unter Wettbewerbsniveau zwingen können. Zudem stellt es eine unternehmerische Entscheidung dar, zu welchem Zeitpunkt ein Unternehmen die zukünftigen Lizenzbedingungen der Marktgegenseite offenbaren will. Die Teilnahme an ex-ante Lizenzverhandlungen sollte deshalb auf einer freiwilligen Basis beruhen. Sollten einzelne Inhaber standardessentieller Schutzrechte nicht bereit sein, an derartigen Verhandlungen teilzunehmen, wird dies allerdings voraussichtlich bei der Entscheidung der Standardisierungsteilnehmer über die Norm berücksichtigt werden, da die entsprechende Technologie dann mit Unsicherheiten bezüglich der anfallenden Kosten für die Lizenznehmer behaftet ist.

Ob die Horizontalleitlinien der richtige Ort für entsprechende Ausführungen wären, ist zumindest fraglich, da die ex-ante Lizenzvereinbarungen sowohl horizontale als auch vertikale Absprachen darstellen können. Auch dieser Gesichtspunkt spricht eher für eine einheitliche Behandlung der im Zusammenhang mit technischer Standardisierung auftretenden kartellrechtlichen Fragestellungen im Rahmen sachgebietsbezogener Leitlinien (siehe auch Kap. 2. B. II. 4. b) bb)).

c) *Zusammenfassung und Bewertung*

Auch ein Austausch von Informationen kann im Zusammenspiel von technischer Standardsetzung und dem Europäischen Kartellverbot relevant werden. Dabei wird es weniger um den Fall gehen, dass primär der Datenaustausch Sinn und Zweck einer Vereinbarung ist; sondern vielmehr, dass dieser entweder notwendig ist, um überhaupt einen technischen Standard festlegen zu können (Austausch technischer Daten) oder dass bestimmte Informationen über zukünftige Lizenzbedingungen für standardessentielle Schutzrechte bereits vor Festlegung der Norm offengelegt oder diskutiert werden (Informationsaustausch bzgl. Lizenzbedingungen). Aus kartellrechtlicher Sicht kritisch ist ein Informationsaustausch immer dann, wenn strategische Daten ausgetauscht werden, sodass die Markttransparenz erhöht und das Verhalten eines Marktteilnehmers für die Wettbewerber vorhersehbar wird. Der Austausch rein technischer Daten, die zur Schaffung der technischen Norm erforderlich sind, enthält keine solchen strategischen Informationen, aus denen sich das Verhalten eines Marktteilnehmers ableiten ließe. Im Sinne des Art. 101 AEUV ist er somit unbedenklich.

Anders könnte es jedoch bei einer Verpflichtung zur Offenlegung noch nicht veröffentlichter Patentanmeldungen aussehen: Bei ihr handelt es sich nicht um eine kartellrechtlich unbedenkliche einseitige Verhaltensweise, sondern die Offenlegung erfolgt aufgrund der Verfahrensregeln der Standardisierungsorganisationen und ist somit durch diese „vorprogrammiert". Da Patentanmeldungen (zumindest für einen gewissen Zeitraum) nicht öffentlich zugänglich sind, kann ihre Offenlegung eine wettbewerbswidrige Koordination erleichtern, indem sie den Wettbewerbern wertvolle Informationen über die zukünftigen Patent-Portfolios der Konkurrenten verschafft und damit über ihre technischen Strategien und ggf. ihr künftiges Marktverhalten. Auch wenn dies einerseits aus kartellrechtlicher Sicht gegen die Zulässigkeit einer Pflicht zur Offenlegung noch nicht veröffentlichter Patentanmeldungen spricht, folgen aus einer solchen Verpflichtung andererseits wettbewerblich positive Effekte: Der Zugang zum Standard wird möglichst umfangreich offen gehalten, indem vor Festlegung der Norm feststeht, ob die in ihr implementierten Technologien „frei" zur Verfügung stehen und dies auch zukünftig bleiben. Die Abwägung dieser wettbewerbsfördernden und wettbewerbsbeschränkenden Aspekte kann im Einzelfall zugunsten einer Zulässigkeit ausfallen, sodass die Normungsorganisationen eine entsprechende Verpflichtung in ihre IPR-Policies aufnehmen könnten aber nicht zwingend müssen.

Auch die gegenseitige Information der Standardisierungsteilnehmer über zukünftige Lizenzbedingungen für standardessentielle Schutzrechte könnte kartellrechtlich bedenklich sein: Denn wenn Lizenzbedingungen offengelegt oder diskutiert werden, beinhaltet dies auch immer Angaben über die zukünftigen Lizenzgebühren, also Preise. Preisabsprachen – zumindest unter Wettbewerbern – gelten von jeher als „klassische" bezweckte Wettbewerbsbeschränkung und werden von den Kartellbehörden äußert kritisch betrachtet. Diese Auffassung findet sich auch in den Horizontalleitlinien 2011 wieder, wenn es um ex-ante Verhandlungen von Lizenzbedingungen geht. Unilaterale ex-ante Offenlegungen der restriktivsten Lizenzbedingungen – wie sie einige Standardisierungsorganisationen ihren Mitgliedern ermöglichen oder sogar zwingend vorschreiben – sieht die Europäische Kommission hingegen als wettbewerbsrechtlich zulässig an. Zu Recht: Zwar stellt eine ex-ante Offenlegung der restriktivsten Lizenzbedingungen gerade kein einseitiges Verhalten dar, das schon nicht unter die von Art. 101 Abs. 1 AEUV erfassten Verhaltensweisen fiele; denn die Offenlegung erfolgt aufgrund der Verfahrensregeln der Standardisierungsorganisation – welche einen Beschluss einer Unternehmensvereinigung verkörpern – und nicht aufgrund einer eigenständigen Entscheidung der Rechteinhaber. Die Verfahrensregeln legen es den Rechteinhabern nah, die restriktivsten Bedingungen der Lizenzvergabe vor Festlegung des Standards aufzudecken, um die Chance zu erhöhen, dass ihre Technologie in den in der Entstehung befindlichen Standard aufgenommen wird. Der Informationsaustausch ist somit bereits durch das Regelwerk der Standardisierungsorganisation „vorprogrammiert". Dies gilt ohne Weiteres, wenn die Organisation eine Pflicht zur Offenlegung der restriktivsten Lizenzbedingungen vorsieht, aber auch dann, wenn sie lediglich die Möglichkeit zur Offenlegung eröffnet, da Rechteinhaber faktisch gezwungen sein können die Gelegenheit wahrzunehmen, um der Konkurrenz, die Lizenzbedingungen offenlegt und somit die potenziell anfallenden Kosten für ihre Technologie vorhersehbar macht, keinen Wettbewerbsvorteil zuzugestehen.

Gegen eine ex-ante Offenlegung der restriktivsten Lizenzbedingungen kann angeführt werden, dass die unmittelbar an der Standardisierung beteiligten Personen bei der Festlegung der Norm dann nicht nur technische Umstände, sondern auch ökonomische und juristische Aspekte berücksichtigen müssten, was sie als *technische* Experten überfordern könnte. Weiter könnte der erhoffte Nutzen ausbleiben, wenn die Rechteinhaber als restriktivste Bedingungen derartig hohe Gebühren offenlegen um sich nicht frühzeitig zu strengen Bindungen zu unterwerfen, dass eine realistische Beurteilung der voraussichtlichen Kosten kaum möglich erscheint. Dies kann zum Teil auch dem Umstand geschuldet sein, dass es den Rechteinhabern zu einem frühen Zeitpunkt des Standardisierungsprozesses selbst noch gar nicht möglich ist zuverlässig abzuschätzen, zu welchen Bedingungen sie zukünftig Lizenzen vergeben können.

Der wettbewerblich unerwünschten Erhöhung der Markttransparenz – die dadurch entsteht, dass sich andere Wettbewerber den offengelegten Lizenzbedingungen anpassen können – und den praktischen Schwachpunkten einer ex-ante Offenlegung der restriktivsten Lizenzbedingungen stehen jedoch wettbewerblich wünschenswerte Aspekte gegenüber, die im Rahmen einer Abwägung nach Art. 101 Abs. 3 AEUV die wettbewerbsbeschränkenden Aspekte überwiegen können. Zuvorderst ist zu nennen, dass im Rahmen der Offenlegung die Vorhersehbarkeit des Marktverhaltens gerade nicht der Erzielung eines über Wettbewerbsniveau liegenden Preisverhaltens dient, sondern die Rechteinhaber durch möglichst attraktive Lizenzbedingungen für die potenziellen Lizenznehmer um die Aufnahme in den Standard konkurrieren müssen. Ein Preiswettbewerb der Technologien „um den Standard" wird auf diese Weise überhaupt erst möglich. Zudem ermöglicht es die Offenlegung der restriktivsten Lizenzbedingungen, nicht nur festzustellen, dass standardessentielle Schutzrechte existieren und Lizenzgebühren für die Nutzung des Standards anfallen, sondern auch wie hoch diese maximal ausfallen werden. Die Rechteinhaber informieren die potenziellen Lizenznehmer darüber, wie sie die FRAND-Selbstverpflichtung verstehen und im ungünstigsten Fall auslegen, sodass „hold-ups" vermieden werden. Schließlich erfolgt der Informationsaustausch unter Beteiligung der Marktgegenseite: d.h. auch die potenziellen Lizenznehmer erhalten dieselben Informationen wie die Wettbewerber untereinander. Es entsteht kein Informationsungleichgewicht und das Kollusionsrisiko sinkt, da die Marktgegenseite die Informationen nutzen und in die Entscheidung über die Festlegung des Standards einfließen lassen kann.

Doch nicht nur die ex-ante Offenlegung auch ex-ante Verhandlungen von Lizenzbedingungen sollten unter den nachfolgend genannten Umständen als zulässig bewertet werden, da ihnen wettbewerbsfördernde Effekte zukommen. Bislang sehen weder die Horizontalleitlinien noch die Verfahrensregeln der Standardisierungsorganisationen die Möglichkeit vor, dass Schutzrechtsinhaber und potenzielle Lizenznehmer vor Festlegung einer Norm die zukünftigen Lizenzbedingungen absprechen. Die Zurückhaltung der Standardisierungsorganisationen – teilweise wird sogar ausdrücklich ein Verbot von Diskussionen über Lizenzbedingungen ausgesprochen – beruht darauf, dass sie befürchten, die Wettbewerbsbehörden könnten in ex-ante Lizenzverhandlungen einen Verstoß gegen das Kartellverbot erblicken. Die bisherigen Ausführungen der Kommission in den Horizontalleitlinien 2011 legen dies durchaus nahe, da die Kommission stets nur „unilaterale" ex-ante Offenlegungen als zulässig erwähnt. Die wettbewerblichen Gefahren von ex-ante Lizenzverhandlungen liegen zum Teil in der möglichen Verzögerung des Standardisierungsprozesses, wenn während des Verfahrens zusätzlich noch Verhandlungen über zukünftige Lizenzbedingungen stattfinden sollen; vor allem aber in der Gefahr sog. „reverse hold-ups", bei denen die potenziellen Lizenznehmer ihre Nachfragemacht im Rahmen der Standardisierungsorganisation bündeln und so die Inhaber geistiger Schutzrechte – die ggf. bereits erhebliche finanzielle Mittel in Forschung und Entwicklung bezüglich der geschützten Technologie investiert haben – mit der Drohung, andernfalls ihre Technologie nicht in den Standard aufzunehmen, zwingen können, Lizenzen zu Bedingungen unter Wettbewerbsniveau zu vergeben. Dadurch können Anreize für Innovationen sinken und der Wettbewerb insgesamt negativ beeinträchtigt werden. Es entsteht somit folgendes Dilemma: Die Festlegung der konkreten Lizenzbedingungen für standardessentielle Schutzrechte nach Festlegung eines technischen Standards ist mit dem Risiko eines „hold-ups" behaftet, bei dem ein Rechteinhaber versucht überhöhte Lizenzgebühren von den Standardnutzern zu erzielen; die Verhandlung und Festlegung der Bedingungen vor Entscheidung über den Standard allerdings mit dem Risiko eines „reverse hold-ups". Aus kartellrechtlicher Sicht gibt es keinen Grund eine der Parteien (also weder die Schutzrechtsinhaber noch die Lizenznehmer) gegenüber der anderen zu bevorzugen. Folglich muss ein Weg gefunden werden, keine Seite über die Maßen zu belasten. Dies ist bei Zulassung von ex-ante Verhandlungen möglich. Denn die Gefahr von „reverse hold-ups" kann auf zweierlei Weise reduziert werden; zum einen, indem die ex-ante Lizenzverhandlungen in kleinen Standardisierungsorganisationen stattfinden, da die Rechteinhaber sich dann in der Regel nicht einem solchen Druck ausgesetzt sehen, ihre Technologie in die bestimmte Norm unterbringen zu müssen, sondern ggf. auf eine andere Standardisierungsorganisation ausweichen können; zum anderen, wenn die Verhandlungen bilateral zwischen einem Rechteinhaber und einem potenziellen Lizenznehmer, anstatt multilateral erfolgen. Die potenziellen Lizenznehmer können ihre Nachfragemacht in einem solchen Fall nicht bündeln und dem Rechteinhaber mit einer kollektiven Abstimmung gegen die Aufnahme seiner Technologie in den Standard drohen. Bei ihnen ist die Gefahr von Wettbewerbsbeschränkungen also geringer als bei kollektiven ex-ante Verhandlungen. Hinzu kommen weitere wettbewerbsfördernde Aspekte von ex-ante Lizenzverhandlungen. So eröffnen sie – ebenso wie die ex-ante Offenlegung – den Preiswettbewerb um den Standard und entsprechen am ehesten dem eigentlichen Wert der patentierten Technologie, da vor Festlegung der Norm noch keine Wertsteigerung allein aufgrund der Standardisierung hinzugetreten sein kann.

Berücksichtigen müssen die Standardisierungsorganisationen allerdings, dass die Treffen der Mitglieder im Rahmen eines Normungsverfahrens nicht über Verhandlungen von Lizenzgebühren hinaus zu weiteren Absprachen, z.B. Preisabsprachen hinsichtlich nachgelagerter Produkte, genutzt werden dürfen. Dies kann durch bestimmte Sicherungsmechanismen sowohl seitens der Standardisierungsorganisation selbst (z.B. Sensibilisierung der Teilnehmer, Beteiligung kartellrechtlich versierter Mitarbeiter) als auch seitens der Mitglieder (z.B. keine Entsendung von Mitarbeitern mit Preisverantwortung bzgl. der nachgelagerten Produkte in die Gremien der Standardisierungsorganisation) geschehen. Der dadurch entstehende Mehraufwand ist ein Faktor, den jede Standardisierungsorganisation bei der Entscheidung berücksichtigen muss, ob sie die Möglichkeit von ex-ante Lizenzverhandlungen in ihre Verfahrensregeln aufnehmen will.

Sind diese Bedingungen erfüllt, können die wettbewerbsfördernden Aspekte von ex-ante Lizenzverhandlungen die Wettbewerbsbeschränkungen im Rahmen einer

Abwägung nach Art. 101 Abs. 3 AEUV durchaus überwiegen, wenn die ex-ante Lizenzabsprachen nicht sowieso bereits nach den Voraussetzungen der TT-GVO freigestellt sind. Die Kommission sollte ihre Einstellung daher überdenken und den Standardisierungsorganisationen die Möglichkeit eröffnen, ein IPR-Modell auszuwählen, das ex-ante Lizenzverhandlungen umfasst.

6. *Revision der Standards*

Auch wenn die Standardisierungsorganisationen alle aufgeführten Grundsätze während des Standardsetzungsprozesses eingehalten haben und eine technische Norm festgelegt sowie veröffentlicht worden ist, ist die Aufgabe der Standardisierungsorganisationen noch nicht beendet. Sie müssen innerhalb eines bestimmten Turnus die Norm überprüfen und ggf. überarbeiten. Wenn eine regelmäßige Revision der Standards stattfindet, kann ein „Lock-in" in möglicherweise mittlerweile veraltete Technik bestenfalls vermieden werden; die Norm kann neuen technischen Entwicklungen angepasst werden. Dazu gehört auch, dass die Standardisierungsorganisationen überprüfen müssen, ob die (durch Rechte des geistigen Eigentums geschützten) Technologien, die ursprünglich standardessentiell waren, mittlerweile vielleicht nicht mehr wesentlich sind, um den gewünschten Erfolg herbeizuführen, und die Norm zu diesem späteren Zeitpunkt technologieneutral gefasst werden kann.[1318]

Die turnusmäßige Überprüfung festgelegter Standards stellt somit einen weiteren Verfahrensgrundsatz dar, den die Standardisierungsorganisationen in ihr Regelwerk aufnehmen müssen, um Wettbewerbsbeschränkungen weitgehend einzudämmen und im Einklang mit Art. 101 AEUV zu handeln. Die untersuchten Organisationen sehen einen Turnus von drei bis fünf Jahren vor, in dem die entsprechenden Normen geprüft werden. Anhaltspunkte dafür, dass eine Kontrolle innerhalb kürzerer Zeitabstände notwendig ist, lassen sich nicht allgemein feststellen; dies gilt insbesondere, da die Normungsverfahren, trotz des Bestrebens diese möglichst zu komprimieren und zu verkürzen, bei den anerkannten Normungsorganisationen weiterhin bis zu drei Jahren in Anspruch nehmen, sodass ein zu kurz gewählter Revisionsturnus die Handlungsfähigkeit der Standardisierungsorganisationen erheblich einschränken würde.

C. Exkurs: Rechtsfolgen des Verstoßes gegen das Kartellverbot

Sollte eine Vereinbarung über Normen gegen Art. 101 Abs. 1 AEUV verstoßen und keine Freistellung nach Abs. 3 in Betracht kommen, so ist die Absprache verboten. Art. 101 Abs. 2 AEUV regelt die wichtigste Zivilrechtsfolge des Kartellverstoßes: die Nichtigkeit der Vereinbarung oder des Beschlusses. Nichtigkeit i.S.d. Art. 101 Abs. 2 AEUV bedeutet, dass die Vereinbarungen oder Beschlüsse keine rechtlichen

---

1318 Vgl. auch *Brenning*, S. 6.

Wirkungen zeitigen.[1319] Technische Standards sind jedoch in aller Regel unverbindlich, ihre Umsetzung freiwillig.[1320] Ebenso wie bei aufeinander abgestimmten Verhaltensweisen – die ebenfalls stets unverbindlich sind und daher in Art. 101 Abs. 2 AEUV keine Erwähnung finden – passt in diesen Fällen die Nichtigkeitsfolge des Art. 101 Abs. 2 AEUV nicht.[1321] Gegenüber rein faktischen Bindungen ist die Nichtigkeitsanordnung somit folgenlos, ihnen begegnet Art. 101 AEUV allein mit dem in Abs. 1 festgelegten Verbot.[1322] Für eine zivilrechtliche Sanktion besteht in diesen Fällen jedoch auch kein Bedürfnis, da die Beteiligten zumindest rechtlich von Anfang an nicht gehindert sind, sich abweichend von der Absprache zu verhalten, und die Verhaltensabstimmung ohne rechtliche Bindungswirkung gerichtlich nicht durchgesetzt werden kann.[1323]

Etwas anderes kann jedoch für die über die reine, unverbindliche Standardfestlegung hinausgehenden Vereinbarungen im Zusammenhang mit technischer Normung gelten: Geben Standardisierungsteilnehmer z.B. eine FRAND-Selbstverpflichtung ab, so ist deren Rechtsnatur maßgeblich, ob bei einem Verstoß gegen das Kartellverbot die Nichtigkeitsfolge des Art. 101 Abs. 2 AEUV greift oder nicht. Die Rechtsnatur von FRAND-Erklärungen ist zwar umstritten,[1324] wenn man in der Selbstverpflichtung jedoch nicht nur eine rein unverbindliche Absichtserklärung sehen will – dies würde auch ihrem Sinn und Zweck, den Zugang zum Standard offen zu halten, widersprechen – liegt eine Vereinbarung vor, die bei einem Verstoß gegen Art. 101 AEUV nichtig ist. Im Ergebnis greift dies wohl allerdings eher bei Lizenzverpflichtungserklärungen, die nicht den Bedingungen von FRAND entsprechen, da Lizenzverpflichtungen zu FRAND-Bedingungen gerade dazu führen, dass eine Freistellung nach Art. 101 Abs. 3 AEUV möglich ist.[1325]

Die Nichtigkeitsanordnung des Art. 101 Abs. 2 AEUV ist jedoch nicht die einzige Rechtsfolge eines Verstoßes gegen das Kartellverbot. Daneben bleibt es der Kommission unbenommen, die Abstellung von Zuwiderhandlungen und einstweilige Maßnahmen anzuordnen, Verpflichtungszusagen anzunehmen und Geldbußen,

1319 *Hengst*, in: Langen/Bunte, Band 2, 12. Aufl., 2014, Art. 101 AEUV, Rn. 456.

1320 Siehe Kap. 2. A. II. 1. a).

1321 Vgl. *Hengst*, in: Langen/Bunte, Band 2, 12. Aufl., 2014, Art. 101 AEUV, Rn. 456. Auch die Horizontalleitlinien 2011 gehen auf die Nichtigkeitsfolge im Zusammenhang mit technischer Standardsetzung nicht ein, sondern erwähnen Art. 101 Abs. 2 AEUV nur allgemein in einem Satz: Dass eine nicht freigestellte Vereinbarung „automatisch nichtig" sei, vgl. Horizontalleitlinien 2011, ABl. 2011 C 11/1, Rn. 20.

1322 *Schröter/van der Hout*, in: Schröter/Jakob/Klotz/Mederer, Europäisches Wettbewerbsrecht, 2. Aufl., 2014, Art. 101, Rn. 213.

1323 *Schröter/van der Hout*, in: Schröter/Jakob/Klotz/Mederer, Europäisches Wettbewerbsrecht, 2. Aufl., 2014, Art. 101, Rn. 213; *Jaeger*, in: Loewenheim/Meessen/Riesenkampff, Art. 81 Abs. 2 EG, Rn. 18; *Säcker/Jaecks*, in: MüKo, 2. Aufl., Bd. 1, Europäisches Wettbewerbsrecht, Art. 101 AEUV, Rn. 628.

1324 Siehe unter Kap. 2. B. II. 4. b) dd) aaa).

1325 Siehe unter Kap. 2. B. II. 4. b) dd) aaa).

Zwangsgelder oder sonstige Sanktionen zu verhängen.[1326] Dritten verbleibt die Möglichkeit, sich gegen unverbindliche Absprachen mit Hilfe von Unterlassungs- und Schadensersatzklagen zu wehren.[1327] Sollte die Kommission aufgrund des Verstoßes gegen das Kartellverbot des Art. 101 AEUV Geldbußen verhängen[1328], so richten sich diese gem. Art. 23 Abs. 2 VO 1/2003 gegen Unternehmen oder Unternehmensvereinigungen.[1329]

Ob die Geldbuße die Standardisierungsorganisation als Unternehmensvereinigung oder die in ihr zusammengeschlossenen Unternehmen trifft, hängt wohl grds. davon ab, worin der Kartellverstoß liegt. Da der Kartellbußgeldbescheid vollstreckungsfähig sein muss, muss Adressat eine rechtsfähige Person sein; bei nichtrechtsfähigen Vereinigungen (wie z.B. dem W3C) richtet sich die Bußgeldentscheidung zwingend gegen die rechtsfähigen Mitglieder.[1330] Da der Verstoß gegen Art. 101 AEUV wie gezeigt häufig bereits in den Statuten der Standardisierungsorganisationen angelegt ist (indem z.B. nicht alle interessierten Kreise Zugang zur Standardisierungsorganisation bekommen oder die Normungsorganisationen erforderliche Maßnahmen unterlassen, die einen „offenen“ Zugang zum fertigen Standard gewähren würden etc.), spricht Einiges dafür, dass Adressat der Geldbuße die Standardisierungsorganisation selbst wäre. Darauf deuten auch einige der bereits erwähnten Entscheidungen bzw. Verfahren der Europäischen Kommission hin: So erging die Entscheidung im Fall *Kraanverhuur*[1331] gegen die FNK und die SCK, also die Vereinigungen zur Kranvermietung bzw. zur Zertifizierung. Ebenso führte die Kommission die Verfahren *Schiffsklassifikation*[1332] und *ETSI GSM 03.19*[1333] gegen die Normungs- und Zertifizierungsorganisationen (einerseits den Verband der Klassifikationsgesellschaften IACS und andererseits das ETSI), nicht gegen die in ihnen zusammengeschlossenen Unternehmen. Zudem besteht, wenn die materiell-rechtliche Verantwortung für Kartellverstöße sowohl bei der Unternehmensvereinigung

1326 *Hengst*, in: Langen/Bunte, Band 2, 12. Aufl., 2014, Art. 101 AEUV, Rn. 451.

1327 *Schröter/van der Hout*, in: Schröter/Jakob/Klotz/Mederer, Europäisches Wettbewerbsrecht, 2. Aufl., 2014, Art. 101, Rn. 213.

1328 Bei der Verhängung von Bußgeldern gilt das Opportunitätsprinzip, d.h. die Kommission „kann“ ein Bußgeld verhängen, muss es aber nicht, vgl. *Johanns*, in: Mäger, 12. Kap., Rn. 69.

1329 Da diese tatsächlich nicht selbst handeln können, wird ihnen letztlich das Handeln ihrer Vertreter oder Organe, also natürlicher Personen, zugerechnet, vgl. *Schneider/Engelsing*, in: MüKo, 2. Aufl., Bd. 1, Europäisches Wettbewerbsrecht, Art. 23 VO 1/2003, Rn. 55. Die Kommission ist nicht berechtigt, natürliche Personen, die für ein Unternehmen handeln, mit einem Bußgeld zu belegen, *Klees*, § 10, Rn. 7.

1330 Vgl. *Kindhäuser/Meyer*, in: FK, Band 2, EG-Kartellrecht, Art. 101 AEUV, Bußgeldrechtliche Folgen, 77. Lfg. 2012, Rn. 63.

1331 Kommission, ABl. 1995 L 312/79 – Kraanverhuur.

1332 Kommission, ABl. 2010 C 2/5 – Schiffsklassifikation (Zusammenfassung). Sowie Kommission, Entscheidung v. 14.10.2009, 39416 – Schiffsklassifikation.

1333 Kommission, Pressemitteilung IP/05/1565 v. 12.12.2005.

als auch bei ihren Mitgliedern liegt, gem. Art. 23 Abs. 4 VO 1/2003 eine abgestufte und letztlich gesamtschuldnerische Haftung:[1334] Ist die Unternehmensvereinigung primärer Adressat des Bußgeldbescheides und ist sie selbst nicht zahlungsfähig, so kann auf die Mitglieder der Unternehmensvereinigung zurückgegriffen werden; dies geschieht in einem ersten Schritt durch die Vereinigung selbst. Sollten die Deckungsbeiträge nicht in einer von der Kommission gesetzten Frist erbracht werden, so kann die Kommission die Zahlung unmittelbar von jedem Unternehmen fordern, dessen Vertreter Mitglieder in den betreffenden Entscheidungsgremien der Vereinigung waren, subsidiär von allen Mitgliedern der Vereinigung, die auf dem Markt tätig waren, auf dem der Kartellrechtsverstoß erfolgte.[1335]

1334 Mestmäcker/Schweitzer, in: Mestmäcker/Schweitzer, § 22, Rn. 29. Kritisch zu dieser Vorschrift *Klees*, § 10, Rn. 130ff.

1335 *Dannecker/Biermann*, in: Immenga/Mestmäcker, Wettbewerbsrecht, 5. Aufl., 2012, Art. 23 VO 1/2003, Rn. 308ff.

Kapitel 3: Schlussbetrachtung

A. Ergebnisse

1. Für eine kartellrechtliche Untersuchung von Vereinbarungen über Normen anhand des Art. 101 AEUV bietet sich als Definition für die synonym zu verwendenden Begriffe „Standard" und „Norm" als Grundlage die Definition der Verordnung 1025/2012 des Europäischen Parlaments und des Rates an. Eine Norm kann als eine von einem Normungsgremium angenommene technische Spezifikation zur wiederholten oder ständigen Anwendung, deren Einhaltung nicht zwingend ist, definiert werden. Es muss sich nicht um ein auf nationaler, europäischer oder internationaler Ebene anerkanntes Normungsgremium handeln, welches den Standard entwickelt hat, sodass auch sonstige Konsortialnormung innerhalb verschiedener Foren und Konsortien von der Definition erfasst wird. Vom Gesetzgeber festgelegte Vorschriften, innerbetriebliche Normen und de-facto-Standards fallen nicht unter die Definition.
2. Bei technischer Standardsetzung ist der Anwendungsbereich des Europäischen Kartellverbotes des Art. 101 Abs. 1 AEUV sowohl in sachlicher, persönlicher als auch in räumlicher Hinsicht eröffnet. Selbst wenn der Gesetzgeber in einer rechtlich verbindlichen Vorschrift auf eine technische Norm Bezug nimmt, die Normungs- und Zertifizierungsorganisation eine Alleinstellung in Bezug auf die Überprüfung der Einhaltung der Norm hat und dadurch bei Nichtzertifizierung bestimmter Unternehmen den Marktzutritt erheblich erschweren könnte, bleibt Art. 101 AEUV neben Art. 34 AEUV anwendbar. Allenfalls, wenn ausnahmsweise eine Betrauung einer Standardisierungsorganisation mit der Entwicklung einer Norm und damit die Übertragung von Hoheitsrechten stattgefunden hat, liegt keine wirtschaftliche Tätigkeit der Normungsorganisation vor und das Handeln der Standardisierungsorganisation ist ausschließlich an Art. 34 AEUV zu messen.
3. Im Standardisierungsprozess ergeben sich verschiedene Anknüpfungspunkte für das Eingreifen des Europäischen Kartellverbotes. Bereits durch die Festlegung von Normungszielen und -verfahren werden faktisch alternative Arten der Standardentwicklung ausgeschlossen, sodass die Festlegung der Ziele und Verfahren als Vereinbarung zwischen Unternehmen bzw. Beschluss einer Unternehmensvereinigung zu bewerten ist.
   Durch die Teilnahme am Normungsprozess bringen Unternehmen ihren Willen zum Ausdruck, den Standard später auch umsetzen zu wollen, sodass der Vorgang der Erarbeitung eines Standards als Vereinbarung zwischen Unternehmen anzusehen ist. Dasselbe gilt für die Verabschiedung des endgültigen Standards.
   Durch die Veröffentlichung einer Norm empfiehlt die Standardisierungsorganisation den an der Normung Beteiligten und Dritten, den Standard anzuwenden. Befolgen die Beteiligten und/oder Dritte die Empfehlung, liegt eine von Art. 101 Abs. 1 AEUV erfasste Form des Zusammenwirkens vor.

4. Technische Standardsetzung kann sowohl positive als auch negative Auswirkungen auf den Wettbewerb, die Marktteilnehmer und Verbraucher zeitigen. Richtiger Rahmen für die Berücksichtigung der wettbewerbsfördernden Auswirkungen einer Absprache und ihre Abwägung mit den wettbewerbsbeschränkenden Effekten ist die Freistellungsebene des Art. 101 Abs. 3 AEUV, sodass bei technischer Normung aufgrund der ihr auch innewohnenden negativen Auswirkungen auf den Wettbewerb grds. eine Wettbewerbsbeschränkung zu bejahen ist.
5. Vereinbarungen über Normen durch anerkannte Standardisierungsorganisationen und sonstige Foren und Konsortien erfüllen grds. den Tatbestand des Europäischen Kartellverbotes des Art. 101 Abs. 1 AEUV.
6. Standardisierungsvereinbarungen sind freistellungsfähig gem. Art. 101 Abs. 3 AEUV. Da die Entwicklung und Anwendung technischer Standards der Rationalisierung sowie der Erhöhung der Produktsicherheit und –austauschbarkeit dient und diese Vorteile zumindest mittelbar der Marktgegenseite zugutekommen, erfüllen Vereinbarungen über Normen regelmäßig die ersten beiden Freistellungsvoraussetzungen des Art. 101 Abs. 3 AEUV: Sie leisten einen Beitrag zur Verbesserung der Warenerzeugung oder -verteilung oder zur Förderung des technischen oder wirtschaftlichen Fortschritts und gewähren eine angemessene Beteiligung der Verbraucher am Gewinn. Auch die beiden weiteren Freistellungsvoraussetzungen der Unerlässlichkeit und der fehlenden Ausschaltung des Wettbewerbs können erfüllt sein. Insoweit kommt es auf die konkrete Ausgestaltung des Standardisierungsverfahrens an:
7. Für die Bejahung der Unerlässlichkeit ist es grds. erforderlich, dass die Teilnahme am Standardisierungsprozess allen Interessierten offen steht. Insbesondere bei weniger formellen Normungsgremien kann es nachvollziehbare und schützenswerte Gründe für eine Abweichung vom Prinzip der unbeschränkten Teilnahmemöglichkeit geben. Eine Einschränkung der Teilnahmemöglichkeit muss jedoch auf objektivierte und nachvollziehbare Kriterien gestützt werden und bedarf eines Ausgleiches. Als Ausgleich für die Beschränkungen kommen verschiedene Maßnahmen in Betracht: Dass sich die Öffentlichkeit bereits während des Normungsverfahrens fortlaufend über den aktuellen Stand der technischen Norm unterrichten und Stellungnahmen abgeben kann sowie dass der technische Standard nach Abschluss des Verfahrens unverzüglich der Öffentlichkeit zugänglich gemacht wird. Auch bedeutet unbeschränkte Teilnahmemöglichkeit nicht, dass eine Standardisierungsorganisation keine verschiedenen Mitgliederkategorien mit unterschiedlichen Beteiligungsrechten bilden dürfte; die einzelnen Kategorien müssen jedoch allen Mitgliedern diskriminierungsfrei und in transparenter Weise offenstehen.
8. Konsensentscheidungen im Rahmen einer Standardisierungsorganisation führen dazu, dass der Normungsprozess selbstkontrollierend wird. Damit alle Interessen im Standardisierungsprozess berücksichtigt werden, sollten die Verfahrensregeln der Standardisierungsorganisationen als angestrebtes Ziel eine Einstimmigkeit bei Entscheidungen vorsehen. Sollte diese in Einzelfragen nicht

erreicht werden können, sind Abstimmungen erforderlich, um die Funktionsfähigkeit des Standardisierungsprozesses zu erhalten.

9. Ergebnisorientierte Normen sind weniger wettbewerbsbeschränkend und daher gegenüber verfahrensorientierten Normen grds. vorzugswürdig. Zudem sollten Normen soweit wie möglich technologieneutral formuliert werden. Dass die beste Technologie zum Standard erhoben wird, lässt sich durch pluralistische Zusammensetzung der Entscheidungsgremien sowie durch die Schaffung von Transparenz bzgl. des Normungsvorganges erzielen. Insbesondere durch eine Dokumentation des Auswahlvorganges zwischen den verschiedenen in Frage stehenden Technologien wird die Entscheidungsfindung im Nachhinein nachvollziehbar und transparent. Die Vereinbarung über Normen darf nicht so weit gehen, dass die an der Vereinbarung Beteiligten verpflichtet werden, die Norm umzusetzen und von der Norm abweichende Produkte weder herzustellen noch zu vertreiben.
10. Der Zugang zur fertig entwickelten Norm darf nicht durch überhöhte oder unangemessene Kaufpreise erschwert werden, die zu einer Marktabschottung führen könnten. Eine Verpflichtung von Standardisierungsorganisationen, die von ihnen entwickelten Normen kostenfrei zur Verfügung zu stellen, würde hingegen zu stark in die unternehmerische Freiheit der privatwirtschaftlich tätigen Normungsorganisationen eingreifen.
11. Damit eine Normungsvereinbarung nicht zu einer Ausschaltung des Wettbewerbs führt, müssen die Standardisierungsorganisationen durch ihre Verfahrensregeln sicherstellen, dass Inhaber standardessentieller Schutzrechte den Zugang zur Norm nicht durch Verweigerung von Lizenzen oder die Forderung von (überhöhten) Lizenzgebühren sperren können. Der Zugang zur Norm kann durch IPR-Policies erhalten werden, die eine Offenlegungspflicht von Rechten des geistigen Eigentums im Rahmen des Standardisierungsverfahrens sowie die Abgabe einer FRAND-Verpflichtung vorsehen. Ebenfalls durch IPR-Policies, die mit einem „Licensing by default"- bzw. „negative disclosure"-System arbeiten, d.h. einem System, bei dem sich die Teilnehmer einer Standardisierungsorganisation automatisch mit ihrer Teilnahme verpflichten, mögliche standardessentielle Schutzrechte zu FRAND-Bedingungen zu lizenzieren, es sei denn, sie legen bestimmte Schutzrechte offen und erklären gleichzeitig, dass diese Rechte nicht der automatischen Lizenzierungspflicht unterliegen sollen. Schließlich durch IPR-Policies, die eine Lizenzgebührenfreiheit festschreiben.
12. Ein kartellrechtlich relevanter Informationsaustausch findet bei technischer Standardsetzung insbesondere bei der Offenlegung von Patentanmeldungen, bei der ex-ante Offenlegung der restriktivsten Lizenzbedingungen und bei der ex-ante Verhandlung von Lizenzbedingungen statt. Alle drei möglichen Aspekte einer Vereinbarung über Normen sind aufgrund der ihr auch innewohnenden wettbewerbsfördernden Wirkung freistellungsfähig: Insbesondere eine ex-ante Offenlegung und ex-ante Verhandlungen von Lizenzbedingungen eröffnen erst die Möglichkeit eines Preiswettbewerbs der Technologien „um den Standard".

13. Die Standardisierungsorganisationen müssen ihre bereits verabschiedeten Standards turnusmäßig überprüfen, um einen Lock-in in veraltete Technologien zu vermeiden und den Wettbewerb nicht stärker und länger als nötig zu beschränken.

B. Materielle Vorgaben an die Organisation von Standardsetzungsverfahren und Verfahrensverbindlichkeit

Aus dem Europäischen Wettbewerbsrecht und insbesondere aus dem Kartellverbot des Art. 101 Abs. 1 und 3 AEUV lassen sich verschiedene Vorgaben für die Organisation von Standardsetzungsverfahren ableiten. Denn anders als das Missbrauchsverbot des Art. 102 AEUV, welches das Bestehen einer marktbeherrschenden Stellung durch das entsprechende Unternehmen voraussetzt, kann das Kartellverbot bereits während des kollektiven Standardsetzungsprozesses – also noch bevor die Entscheidung über einen technischen Standard abschließend getroffen worden ist – eingreifen. Das Kartellverbot kann damit unmittelbar Auswirkungen auf den Standardisierungsprozess zeitigen.

Dass die kartellrechtliche Zulässigkeit von technischer Standardisierung aufgrund ihrer Notwendigkeit für das Wirtschaftsleben nicht grundsätzlich in Frage gestellt werden soll, stand bereits bei Beginn der Untersuchung fest. Ziel der Rechtsordnung muss es sein, dass die der technischen Standardisierung innewohnenden wettbewerblich positiven Potenziale realisiert werden können, während zugleich die bestehenden Gefahren möglichst gebannt werden.[1336] Dabei ist zu beachten, dass die Effizienz der technischen Normung zu einem erheblichen Teil gerade aus der Freiwilligkeit der Aktivitäten der Standardisierungsorganisationen und ihrer Mitglieder resultiert. Um diese zu bewahren, muss bei der Auslegung und Anwendung der Rechtsordnung stets berücksichtigt werden, dass das Wettbewerbsrecht die Eingriffe in den Standardisierungsprozess möglichst minimal halten sollte.

So hat die Untersuchung im Hinblick auf die eingangs gestellten Fragen ergeben, dass technische Standardisierung durchaus die Voraussetzungen nach Art. 101 Abs. 1 AEUV erfüllt und damit grds. unter das Europäische Kartellverbot fällt. Ebenso hat sich jedoch gezeigt, dass technische Standardisierung in zahlreichen Fällen aufgrund der ihr innewohnenden positiven Auswirkungen auf den Wettbewerb, die Marktteilnehmer und Verbraucher gem. Art. 101 Abs. 3 AEUV vom Kartellverbot freigestellt sein kann. Es soll also keinesfalls der Eindruck erweckt werden, dass das Kartellrecht allgemein stärker gegen technische Standardisierungsaktivitäten durchgreifen müsste. Allerdings können dennoch einzelne Aspekte eines Standardsetzungsprozesses oder bestimmte Verhaltensweisen der Teilnehmer eines Standardisierungsverfahrens durchaus gegen das Kartellverbot verstoßen und

1336 Vgl. *Picht*, S. 219.

unzulässig sein. Die Standardisierungsorganisationen und ihre Teilnehmer müssen bei der Ausgestaltung des Prozesses folglich bestimmte Regeln beachten, um kartellrechtliche Bedenken auszuräumen. Die häufig anzutreffende pauschal unkritische Einstellung, insbesondere gegenüber anerkannten Standardisierungsorganisationen und den von ihnen entwickelten technischen Standards, ist dabei ebenso wenig zielführend einen angemessenen Ausgleich zwischen den wettbewerblichen Gefahren technischer Standardisierung und ihren Vorteilen für den Wettbewerb zu finden, wie die Annahme der Unzulässigkeit jeglicher Art technischer Standardisierung.[1337]

Die Untersuchung hat ergeben, dass bei der Frage nach der Zulässigkeit technischer Normung der konkreten Struktur der jeweiligen Standardisierungsorganisation und ihren Verfahrensregeln große Bedeutung zukommt. Dass sich eine Standardisierungsorganisation selbst Verfahrensregeln gibt, ist zum einen aus praktischer Sicht erforderlich, um ein geregeltes und zügiges Fortschreiten des Normungsprozesses zu ermöglichen.[1338] Es ist aber auch aus kartellrechtlicher Sicht unausweichlich, um die wettbewerblichen Bedenken, die aus der Zusammenarbeit der Wettbewerber in einer Standardisierungsorganisation resultieren, auszuräumen. Die durch die Standardisierung eintretende Schwächung des Wettbewerbs zwischen den Technologien kann nur gerechtfertigt werden, wenn Verfahrensregeln sicherstellen, dass die Entscheidungen der Standardisierungsorganisationen nach objektiven Kriterien erfolgen, dass alle Interessierten eine Möglichkeit zur Partizipation haben, dass der Zugang zur Norm für Teilnehmer und Nichtteilnehmer einer Standardisierungsorganisation offensteht etc.[1339] In den Verfahrensregeln der Standardisierungsorganisationen müssen die verschiedenen Aspekte, die den Standardisierungsprozess aus wettbewerbsrechtlicher Sicht unbedenklich erscheinen lassen und seine Freistellung nach Art. 101 Abs. 3 AEUV fördern, verbindlich festgelegt werden. Fest steht, dass nur eine Verfahrensverbindlichkeit als formelles Erfordernis an die Regeln einer Standardisierungsorganisation gewährleisten kann, dass die herausgearbeiteten materiellen Kriterien eingehalten werden und die Arbeit der Standardisierungsorganisation kartellrechtlich unbedenklich ist. Das Kartellverbot des Art. 101 AEUV stellt somit nicht nur die materiellen Anforderungen

1337 Die Annahme einer solchen „Immunität" ist zudem überflüssig, da Art. 101 Abs. 3 AEUV eine taugliche Grundlage ist, um die wettbewerbsfördernden Aspekte technischer Standardisierung den Wettbewerbsbeschränkungen entgegen zu halten und bei Beachtung bestimmter Grundsätze eine Freistellung von Normungskooperationen unproblematisch gegeben ist, vgl. auch *Schweitzer*, in: Baudenbacher, S. 44f. sowie 65f.

1338 Anders als noch zu Beginn der Normungstätigkeit durch Standardisierungsorganisationen folgen mittlerweile alle anerkannten Standardisierungsorganisationen, aber auch die meisten Foren und Konsortien, festgelegten Verfahrensregeln. In den Vorgängerorganisationen des DIN, dem NADI bzw. DNA, gab es hingegen noch keine Verfahrensregeln, anhand derer der Normungsprozess ablief (siehe oben Fn. 172).

1339 Vgl. auch *Schweitzer*, in: Baudenbacher, S. 75.

an die Organisation von Standardsetzungsverfahren auf; ihre Verbindlichkeit und Durchsetzbarkeit ist ebenso wichtig.

Damit kommt den Standardisierungsorganisationen die Verpflichtung zu, Verfahrensregeln aufzustellen, die die Einhaltung der herausgearbeiteten materiellen Kriterien gewährleisten. Diese Aufgabe kann ihnen das Kartellverbot des Art. 101 AEUV nicht abnehmen. Zwar ergeben sich die verschiedenen Vorgaben an die Organisation eines Standardsetzungsverfahrens unmittelbar aus der Norm; sie können jedoch auf unterschiedliche Art und Weise erfüllt werden, sodass es der jeweiligen Standardisierungsorganisation überlassen bleibt, wie sie die Anforderungen an den Standardisierungsprozess in ihren Verfahrensregeln umsetzen möchte. Da nach den Vorgaben des europäischen Kartellrechts verschiedene Systeme zulässig sind, verbietet sich eine allgemeingülige Lösung (keine „one-size-fits-all"-Lösung).

Die Verfahrensregeln sind so zu gestalten, dass eine Manipulation des Verfahrens weitestgehend ausgeschlossen wird. Diese „Neutralität" des Standardisierungsprozesses liegt auch im Interesse der Normungsorganisationen selbst, damit eine Teilnahme für potenzielle Mitglieder interessant wird.[1340] Wie der Fall *Allied Tube v. Indian Head*[1341] verdeutlicht, können selbst ohne wettbewerbsbeschränkende Absicht aufgestellte Verfahrensregeln in bestimmten Konstellationen von Einzelnen manipuliert werden, sodass es zu Wettbewerbsbeschränkungen kommt. Auch den Mitgliedern einer Standardisierungsorganisation selbst ist mit klaren, verständlichen und eindeutigen Verfahrensregeln geholfen. Sie erhalten erst auf diese Weise die Vorstellung, was genau von ihnen verlangt wird und in welcher Form sie miteinander kooperieren dürfen, ohne befürchten zu müssen, gegen Kartellrecht zu verstoßen. Den Überblick über die konkreten Verhaltensanforderungen zu behalten ist aus Sicht der Standardisierungsorganisations-Teilnehmer gerade bei Mitgliedschaft in verschiedenen normschaffenden Organisationen mit voneinander erheblich oder auch nur in Einzelheiten abweichenden Regeln durchaus nicht immer einfach. Die Verfahrensregeln müssen neben Vorgaben zur Mitgliedschaft, zu Abstimmungsregeln etc. insbesondere auch IPR-Policies, also Vorgaben zum Umgang mit standardessentiellen Schutzrechten des geistigen Eigentums umfassen. Dabei werden die Standardisierungsorganisationen bestrebt sein, den Teilnehmern nicht allzu strenge Auflagen zu machen. Werden den Unternehmen zu viele Verpflichtungen auferlegt, kann eine Teilnahme für sie uninteressant werden, und das auf Freiwilligkeit basierende System der technischen Standardsetzung könnte darunter leiden.

Existieren überhaupt keine entsprechenden Regeln der Standardisierungsorganisation oder sind die Regelungen unklar, ruft dies wettbewerbliche Bedenken hervor und kann ein Eingreifen der Wettbewerbsbehörden erforderlich machen. Die Auffassung, nach der wegen unzureichender Verfahrensregeln oder IPR-Policies kein Verfahren nach Art. 101 AEUV oder Art. 102 AEUV gegen Standardisierungsorganisationen selbst eingeleitet werden sollte, weil auf diese Weise mehr das Opfer

---

1340 *Bousquet*, in: 9th EURAS Proceedings, 2004, S. 157, 165f.
1341 Siehe ausführlich oben Kap. 2. B. II. 1. b) cc) bbb) (2).

als der Täter von Standardmanipulationen oder „hold-ups“ bestraft würde,[1342] kann nicht überzeugen. Auch eine Standardisierungsorganisation selbst kann in den Anwendungsbereich des Art. 101 AEUV fallen und die weiteren Voraussetzungen des Art. 101 Abs. 1 AEUV erfüllen (siehe oben Kap. 2. A. I. 2.). Wenn ihre Verfahrensregeln nicht die Bedingungen des Art. 101 Abs. 3 AEUV erfüllen, sondern die Gefahr wettbewerbsbeschränkender Absprachen vergrößern, stellt dies einen Kartellverstoß dar, gegen den die Kartellbehörden zum Schutz des Wettbewerbs einschreiten müssen. Auch wenn eine Standardisierungsorganisation in bestimmten Fällen selbst eher das Opfer einer Manipulation ihres Verfahrens durch Teilnehmer sein kann, kann sie durch die kartellrechtskonforme Ausgestaltung ihrer Verfahrensregeln Wettbewerbsbeschränkungen reduzieren. Da sie den Rahmen für Kooperationen unter Wettbewerbern bietet, ist sie auch für die Einhaltung des Kartellrechts im Rahmen ihrer Möglichkeiten verantwortlich.

C. Folgerungen für die Horizontalleitlinien der Kommission

Welche Aufgabe kommt dann aber den Horizontalleitlinien der Kommission in diesem Zusammenhang zu? Sie sind gemeinsam mit den bisherigen Entscheidungen der Kommission und der europäischen Gerichte die maßgebliche Interpretationshilfe für Art. 101 AEUV, an denen sich die Standardisierungsorganisationen und ihre Teilnehmer orientieren können. Voraussetzung dafür ist, dass die Kommission in den Horizontalleitlinien belastbare Aussagen trifft, die dieses Ziel erfüllen und den Standardisierungsorganisationen und ihren Teilnehmern Unterstützung bei der Prüfung ihrer Standardisierungskooperationen anhand des Kartellverbotes bieten können; die Kommission muss den Standardisierungsorganisationen in den Horizontalleitlinien Wege aufzeigen, wie eine technische Standardsetzung möglich ist, ohne gegen das Kartellverbot zu verstoßen. Da aus Sicht des Kartellrechts verschiedene Modelle zulässig sind, wie Standardisierungsorganisationen sich und den Verfahrensablauf zur Entwicklung einer technischen Norm organisieren könnten, handelt es sich dabei nicht um *einen* ganz bestimmten Weg. Es ist nicht die Rolle der Wettbewerbsbehörden, den Standardisierungsorganisationen eine bestimmte Struktur, Verfahrensordnung und IPR-Policy vorzuschreiben, sondern darzulegen, welche Elemente eines Standardisierungsverfahrens problematisch sein können und welche nicht; sie müssen kommunizieren, welche Gefahren sie in Normungsaktivitäten erkennen, unter welchen Bedingungen diese wahrscheinlich eintreten und wie Standardisierungsorganisationen diesen Gefahren wirksam begegnen können. Dann ist es an den Standardisierungsorganisationen aus den verschiedenen Modellen das zu wählen, das für sie aufgrund ihrer Größe, der beteiligten Branchen oder auch der

1342 So *Dolmans*, International Free and Open Source Software Law Review 2010, Vol. 2, Issue 2, 115, 134f.

historisch gewachsenen Struktur am besten passt.[1343] Die Kommission soll möglichst wenig direkt in die Normungsarbeit eingreifen, sondern Grundsätze aufstellen, die der internen Verfahrensordnung einer Standardisierungsorganisation zugrunde liegen sollte.[1344] Sie muss in den Horizontalleitlinien eine Balance zwischen allzu offenen Regelungen – die untauglich sind, belastbare Aussagen zu treffen – und allzu strikten Vorgaben – die nur ein einziges Konzept für die Organisation eines Standardisierungsverfahrens zulassen, obwohl aus kartellrechtlicher Sicht verschiedene möglich wären – finden. Die erforderliche Flexibilität der Horizontalleitlinien wird zwar stets zu Lasten der Vorhersehbarkeit und Rechtssicherheit gehen; sie darf jedoch nicht dazu führen, dass die Standardisierungsorganisationen sich ohne konkrete Anhaltspunkte dem Kartellverbot gegenüber sehen. In den Horizontalleitlinien sollten die Bedingungen, die für eine Freistellung der Normungskooperation vom Kartellverbot nach Art. 101 Abs. 3 AEUV sprechen, so dargestellt werden, dass sie zwar nicht zwingend vorliegen müssen, damit eine Freistellung eintritt, dass sie aber die wettbewerbsbeschränkenden Effekte technischer Standardisierung minimieren.

Bewertet man die Horizontalleitlinien der Kommission anhand dieser Anforderungen, ist bezüglich der Horizontalleitlinien 2011 positiv gegenüber den Horizontalleitlinien 2001 festzuhalten, dass sie in ihrer Ausführlichkeit zu Vereinbarungen über Normen erheblich gestiegen sind und die Kommission zudem einige Kritikpunkte, die während der öffentlichen Konsultation zum Entwurf der Leitlinien eingegangen sind, in der endgültigen Fassung noch aufgegriffen und umgesetzt hat. Allerdings verbleiben einige Schwachpunkte der Leitlinien, die die Kommission in einer erneuten Überarbeitung ausbessern sollte:

Um einen systematisch nachvollziehbaren Aufbau der Horizontalleitlinien herbeizuführen und dem im allgemeinen Teil der Horizontalleitlinien formulierten Anspruch nach klarer Trennung der Prüfung nach Art. 101 Abs. 1 und Abs. 3 AEUV gerecht zu werden, sollte die Kommission die einzelnen (unter Kap. 2. B. II.) herausgearbeiteten) Kriterien, die für eine kartellrechtliche Zulässigkeit einer Standardisierungskooperation sprechen, im Rahmen einer Abwägung nach Art. 101 Abs. 3 AEUV berücksichtigen. Die bisherige Differenzierung zwischen Kriterien, die bereits zu einem Ausschluss der Anwendbarkeit des Art. 101 Abs. 1 AEUV führen sollen, und Kriterien, die erst im Rahmen des Art. 101 Abs. 3 AEUV zum Zuge kommen, oder gar die doppelte Berücksichtigung mancher Kriterien ist nicht nachvollziehbar. Die Systematik des Kartellverbotes spricht dafür, wettbewerbsfördernde Einzelaspekte eines Standardisierungsverfahrens einheitlich einer Beurteilung im Rahmen des Abs. 3 zu unterziehen.

Zu dieser grundsätzlichen Frage treten einige weitere Punkte hinzu, bei denen die Kommission Änderungen vornehmen sollte. So sollten die sprachlichen Ungenauigkeiten bzw. Verfälschungen in der deutschen Übersetzung der Horizontalleitlinien

---

1343 Vgl. *Schellingerhout/Cavicchi*, Competition Policy Newsletter 2010/1, 32, 36.

1344 Kommission, Mitteilung „Gewerbliche Schutzechte und Normen“, KOM(92) 445 endg., S. 1b.

gegenüber der englischen Fassung klargestellt werden. Zwar lässt sich aus dem Kontext der Horizontalleitlinien die eigentliche Bedeutung der entsprechenden Passagen entnehmen, bei einer Überarbeitung der Leitlinien kann dies jedoch gerade gerückt werden. Weiterhin bedürfen insbesondere einige Aspekte im Zusammenhang mit IPR-Policies der Standardisierungsorganisationen einer Neubewertung durch die Kommission; bislang stellen die Leitlinien insoweit eher eine Verfestigung des „Altbewährten" dar: Auch wenn die Kommission in den Horizontalleitlinien 2011 zwar darauf hinweist, dass sie den Standardisierungsorganisationen kein bestimmtes Normungsmodell vorschreiben will[1345], setzt sie sich im Folgenden vorwiegend mit einem IPR-Modell, das eine Offenlegungsverpflichtung bzgl. standardessentieller Schutzrechte und die anschließende Abgabe einer FRAND-Selbstverpflichtung durch die Rechteinhaber vorsieht, auseinander. Um jedoch tatsächlich dem Anspruch gerecht werden zu können, den Standardisierungsorganisationen keine bestimmte IPR-Policy vorzuschreiben, sollte die Kommission zukünftig nähere Ausführungen auch zu alternativen Modellen machen. Fehlen solche Ausführungen, kann bei Standardisierungsorganisationen große Unsicherheit herrschen, ob und unter welchen Voraussetzungen das alternative Modell kartellrechtlich unbedenklich ist, sodass sie von einer Umsetzung abgeschreckt werden und doch auf die einzige von der Kommission näher beschriebene IPR-Policy zurückgreifen (müssen). Insbesondere ein „Licensing by default"- bzw. „negative disclosure"-Modell kann von der Freistellung des Art. 101 Abs. 3 AEUV profitieren, wenn den Inhabern standardessentieller Schutzrechte ein ausreichend langer Zeitraum gewährt wird, um ihre Schutzrechte bei Bedarf von der allgemeinen Lizenzierungspflicht auszunehmen. Die Kommission sollte sich näher damit auseinandersetzen.

Weiterhin sollte die Kommission ihre Einstellung zu ex-ante Lizenzverhandlungen überdenken und sich mit den wettbewerblichen Vor- und Nachteilen im Rahmen einer Abwägung nach Art. 101 Abs. 3 AEUV auseinandersetzen. Zumindest wenn bestimmte Sicherungsmechanismen vorhanden sind, die ein unzulässiges kollusives Zusammenwirken der potenziellen Lizenznehmer und weitergehende Absprachen verhindern, können ex-ante Lizenzverhandlungen durchaus eine Alternative sein, um „hold-up"-Situationen zu verhindern und ein Gleichgewicht zwischen den Interessen der Rechteinhaber und der potenziellen Lizenznehmer herzustellen.

Schließlich hat die Untersuchung gezeigt, dass einige Bereiche des konfliktträchtigen Verhältnisses zwischen Rechten des geistigen Eigentums und technischer Standardsetzung für die Organisation von Standardisierungsverfahren nach den Vorgaben des Art. 101 AEUV durchaus Bedeutung erlangen; andere Aspekte, wie z.B. die konkrete Berechnung von FRAND-Bedingungen, spielen für die kartellrechtliche Unbedenklichkeit eines Normungsverfahrens noch keine Rolle. Sollte die Kommission dennoch Ausführungen dazu machen wollen – obwohl eine allgemein gehaltene Darlegung der Berechnungsmethoden kaum möglich erscheint – bietet es sich an, das Kapitel zu Vereinbarungen über Normen aus den Horizontalleitlinien

1345 Horizontalleitlinien 2011, ABl. 2011 C 11/1, Rn. 279.

herauszulösen und eigene Leitlinien über die kartellrechtliche Bewertung von Normungsvereinbarungen zu erlassen, in denen dann auch Aspekte der technischen Standardsetzung behandelt werden könnten, die ausschließlich im Zusammenhang mit Art. 102 AEUV Bedeutung erlangen. Die bisherige Vermischung in den Horizontalleitlinien 2011 führt zu dem Anschein, dass z.B. auch die konkrete Berechnung von FRAND für die Bewertung der Zulässigkeit eines Standardisierungsverfahrens von Bedeutung ist, obwohl dies nur im Rahmen des Missbrauchsverbotes eine Rolle spielt – welches andere Ausgangsvoraussetzungen als das Kartellverbot, z.B. das Bestehen einer marktbeherrschenden Stellung, hat.

www.ingramcontent.com/pod-product-compliance
Ingram Content Group UK Ltd.
Pitfield, Milton Keynes, MK11 3LW, UK
UKHW021918290926
8980IPUK00015B/1325

9 783631 723470